Dominique Fernandez

IN DER HAND DES ENGELS

DOMINIQUE FERNANDEZ

In der Hand des Engels

Romanbiographie

Aus dem Französischen von
Egon Wiszniewsky

PROMEDIA

CIP-Titelaufnahme der Deutschen Bibliothek
Fernandez, Dominique:
In der Hand des Engels: Romanbiographie /
Dominique Fernandez. Aus d. Franz. von Egon Wiszniewsky. - Wien :
Promedia, 1990
Einheitssacht.: Dans la main de l'ange <dt.>
ISBN 3-900478-33-3

Titel der französischen Originalausgabe:
Dans la main de l'ange; © Editions Grasset & Fasquelle
Nutzung der deutschen Übersetzung von Egon Wiszniewsky
© (deutsche Übersetzung): Verlag Volk und Welt, Berlin - DDR, 1985
Umschlaggestaltung: Gisela Scheubmayr
Druck: Wiener Verlag, Himberg
Printed in Austria
ISBN 3-900478-33-3

Für Charles F. Dupêchez

Man schildert seine
eigene Person nur dann gut, wenn man sie
einem anderen zuschreibt.

Chateaubriand

I

I

Ich wurde am 5. März 1922 in Bologna geboren. Was, mein lieber Gennariello, ist in diesen wenigen Worten nicht alles enthalten! Und wie froh bin ich, daß dein Herz einfach, lauter genug und dein Verstand noch völlig frisch und aufgeschlossen ist für das Weltgeschehen! Ich muß die Reihenfolge meines Berichts nicht künstlich durcheinanderbringen und keine Angst haben, mit dem Anfang zu beginnen. Du bist mein Adressat, mein einziger Adressat, ich will keine anderen. Bleibe stets der neapolitanische Junge, den ich liebe: lebhaft, aufrichtig, robust an Leib und Seele, immer bereit, in jedes neue Buch mit dem Ernst eines armen Kindes einzudringen, das zum erstenmal zur Schule geht, es aber auch laut lachend zurückzuweisen, wenn dich der Verfasser durch seinen verworrenen und unklaren Stil zu Tode langweilt.

Hätte ich mir das oberflächliche Lesepublikum zum Auditorium gewählt sowie seine pedantischen Mentoren, die es schmähen, weil es sich an den chronologischen Ablauf hält, würde ich mich dann ebenso frei fühlen, mein Leben zu erzählen, eine Episode nach der anderen, so wie sie sich zugetragen haben? Man müßte, um diesen Herren zu gefallen, die natürliche Folge der Ereignisse unterbrechen, die Daten mißachten, wirr durcheinander berichten, Gegenwart, Vergangenheit und Zukunft zu einem prätentiösen Puzzlespiel vermengen. Ebenso dürfte das Wort nicht länger das schlichte Gewand des Gedankens sein, das all seine Berechtigung, all seine Eleganz aus seiner vollkommenen Übereinstimmung mit der wiederzugebenden Idee bezieht, sondern ein willkürliches Spiel mit Worten, das sie »Sprache« nennen, unabhängig von dem, was auszudrücken ist.

Da sitzt du also auf einem gußeisernen Stühlchen, dessen weißer Lack wieder unter den Unbilden des Winterwetters gelitten hat, auf dem Balkon eurer Wohnung bei der Porta Capuana unter den Weinranken der Pergola, die dich vor der schon brennenden Maisonne schützt, zwei Schritt von deinem Vater entfernt, der in seinem Segeltuchstuhl vor sich hin döst, und verlangst, daß sich die Worte an das Geschehen halten und daß die ersten Seiten dir von dem erzählen, was zuerst gewesen ist. Deshalb werde ich die Stadt und das Jahr meiner Geburt vor deinen Augen erstehen lassen, so wie der Wald der Druiden auf der Bühne aufgebaut ist, wenn sich der Vorhang zu »Norma« hebt. Du wirst gleich die Straßen, die Häuser, den Himmel von Bologna sehen, während deine Mutter, sobald sie die Teller vom Mittagessen abgetrocknet und den Rest der Mozzarella zum Frischhalten in eine feuchte Serviette gewickelt hat, ihre Gießkanne nimmt, um ihre Basilika- und Minzepflanzen zu versorgen.

Du wirst von den Kolonnaden in Bologna gehört haben; da alle Straßen im Zentrum von Arkaden gesäumt sind, bleibt nur ein schmaler Fahrstreifen zwischen zwei überdachten Galerien. Besorgungen, Spazierwege, Bummel, der Ausgang am Morgen, die Heimkehr aus dem Büro – die Kolonnaden sind zu jeder Tageszeit angefüllt mit städtischem Leben. Dort diskutiert man die Neuigkeiten des Tages und flucht über die von der Regierung beschlossenen Preiserhöhungen, vor allem aber über das Ungeschick des Torwarts, der schuld daran war, daß die Mannschaft von Bologna gegen Inter Mailand oder gegen Juventus Turin verloren hat. Du würdest diese aneinandergereihten Säulen großartig finden; doch du mußt wissen, daß hier, wie bei allem, was wirklich schön ist und würdig, eine Stadt zu schmücken, der Gedanke an Kunst zweitrangig war, daß der Nutzwert vor der Schönheit stand. Zu jener Zeit, da die aufblühende Universität – die erste in Europa, sogar noch vor der Sorbonne in Paris – eine ständig zunehmende Zahl von Studenten in die Mauern der mittelalterlichen Stadt lockte, suchte man nach Mitteln und Wegen, mehr Unterkünfte zu schaffen, ohne den städtischen Verkehr zu beeinträchtigen. Damals gab es noch keine Vororte; die Stadtmauern grenzten die bewohnte Fläche streng ein. Aus diesem Grunde wurden die Kolonnaden ersonnen. Als Vorbau vor den Häuserfronten errichtet, stabil genug, um auf der gesamten Straßenlänge mehrere Stockwerke mit zusätzlichen Räumen zu tragen, dienten sie vor allem dazu, den Bevölkerungszustrom zu absorbieren. Verordnungen der Stadtverwaltung bestimmten ihre Mindesthöhe: sieben Bologneser Fuß, 2,66 Meter, ausreichend für einen Mann zu Pferde.

Halte dich nicht mit dem Gedanken auf, daß die Arkaden vor Sonne und Regen schützen. Sieh auch über den Vorteil hinweg, unter ihnen vor den Gefahren der Straße sicher zu sein, obwohl dieser Trumpf tausendmal wertvoller geworden ist in einer Zeit, da einen die langhaarigen jungen Halbirren mit ihren knatternden Motorrädern streifen, als in jener Epoche, da der gelehrte Accursio vor einem Kreis lautlos lauschender Studenten über das Papsttum und das Imperium dozierte.

Bewundere lieber den großartigen Anschauungsunterricht bürgerlichen Gemeinschaftssinns. Jedes Haus ist mit seinen Nachbarn durch ein fortlaufendes Vestibül solcherart verbunden, daß sich das des Reichen von dem des Armen von außen nicht unterscheidet. Die Säulen sind bei allen die gleichen: rund, stabil, rosa; die runden (selten spitzen) Bögen wölben sich über dem Schaufenster des Fleisch-und-Wurst-Ladens ebenso zum Schlußstein wie vor dem zweiflügeligen Portal, das den Hof eines Patrizierhauses abschirmt. Wiewohl dies eine Täuschung ist, auf die hingewiesen werden muß, hat es doch, das wirst du nicht bestreiten, niemals eine herrlichere Irreführung gegeben als diese fünfunddreißig Kilometer überdachter Galerien, die die Unterschiede der Vermögensverhältnisse verwischen.

Eine weitere Segnung der Kolonnaden: Sie verbinden die Privatsphäre des Wohnhauses mit der öffentlichen Sphäre der Promenade. Sie dienen nicht nur dem Ausgleich, sondern auch dem gesellschaftlichen Verkehr, stellen sie doch eine Art Raum dar, der allen offen ist, einen langen Korridor, der niemandem gehört, einen Ort des Durchgangs, der Begegnung und der Freundschaft. Die Bürger kommen sich dort leichter näher und knüpfen spontaner Beziehungen, als wenn sich die einen zu den anderen begeben, auf einen Klingelknopf drücken, die Barriere einer Tür überwinden müßten. Ein Freund, dem man einen Besuch abstattet, ist schon kein richtiger Freund mehr, er ist »ein anderer«, von dem man den Eindruck hat, ihn zu stören, selbst wenn er einen nicht warten läßt und einem sofort mit offenen Armen entgegenkommt. Unter den Kolonnaden entfällt der Unterschied zwischen »den einen« und »den anderen«. Jeder ist für jeden da. Ein jeder gibt für die Freude, in der Gemeinschaft zu sein, das Bestreben auf, er zu sein. Trennmauern fallen, Egoismen schmelzen. Man verliert seine persönliche Identität und gewinnt dafür ein wohltuendes lebhaftes Gefühl der Kameradschaft und der Zusammengehörigkeit.

Diese Kolonnadenkultur hat seit dem Mittelalter in Bologna die Oberhand behalten, und zwar nur in Bologna, während überall anderwärts die individuelle Behausung – vom Heim des Bürgers bis zum Palast des Aristokraten – den Gegensatz der Klassen offenbarte, die diskriminierende Macht des Geldes, den Willen, sich abzusondern, die Vorliebe für ein Familienleben hinter geschlossenen Türen, den Geldschrank- und Alkovenkult. In Florenz zum Beispiel bildet jeder Palast einen Block für sich. Die Pracht des Gebäudes, das man von mehreren Seiten aus betrachten kann, rühmt das Ansehen und den Reichtum des Eigentümers. Nichts dergleichen in Bologna, wo der Gemeinschaftsbau über das Einzelhaus triumphiert und wo der Gedanke der Volksverbundenheit den Geist des Besitzes, des Protzentums und des Clans aus dem Felde geschlagen hat. Wenn ich aus meinem Gymnasium kam – einem staatlichen Gymnasium für das kleine und mittelständische Bürgertum –, fand ich nebeneinander: den Palazzo Spada (dessen verborgene Pracht ich an dem Tag entdeckte, da ich, die Wachsamkeit des Pförtners überlistend, mich bis in den zweiten Hof vorwagte und durch ein offenes Fenster einen von Stoffwogen umwallten, rosa gekleideten Engel an der Decke eines mit Stuck und Fresken verzierten Salons bemerkte), die Tabak-Bar, wo wir einen Kaffee zu schlürfen pflegten (Enrico »korrigierte« ihn mit einem Schuß *Grappa*), das (von einer Bergbäuerin aus dem Apennin betriebene) Milchgeschäft, dem ich den Vorzug gab, die Schusterwerkstatt, die Buchhandlung, die Bude des Holz-und-Kohlen-Händlers. Zwischen all diesen so unterschiedlichen und ungleichen Örtlichkeiten spannten die Arkaden ihre einigenden Bögen von Pfeiler zu Pfeiler.

Gewiß, ich machte mir nichts vor. Ich wußte wohl, daß unter den Gewölben des Barockpalastes der rosa Himmelsbote den am Tisch Sitzenden kein viereckiges Stück Polenta neben einige Scheiben Modenaer Kochwurst auf den Teller legte, das höchste, was uns unser mehr prosaischer und plebejischer Engel – der Monatssold meines Vaters – einmal im Monat als Festmahl zugestand. Reiche und Arme hat es in Bologna von jeher gegeben; aber mindestens mehrere Jahrhunderte lang haben sie das, was sie einander näherbrachte, für wichtiger gehalten als das, was sie trennte. Lebten sie denn nicht in der Gemeinschaft der Kolonnaden? Mit dieser Legende bin ich aufgewachsen; dieser Inkarnation menschlicher Brüderlichkeit im städtischen Zusammenleben habe ich vertraut. Aufgrund meiner jugendlichen Begeisterungsfähigkeit habe ich nicht nur meine Geburtsstadt, sondern ganz Italien gegen das kleinbürgerliche Ideal der Familie und der häuslichen Abgeschiedenheit gefeit geglaubt; so bereitete ich mir selbst viele Enttäuschungen, die mir erspart geblieben wären, hätte dieses Dekor von Galerien und Kolonnaden mein argloses, empfindsames Gemüt nicht so stark beeindruckt.

Erst nachts ging ich aus, zog ich doch der bunten Bewegtheit des Tages den verlassenen Anblick dieser langen nächtlichen Korridore vor, die sich, einer dem anderen völlig gleich, in der geheimnisvollen Dunkelheit aneinanderreihen. Katzen, leichter als Schatten, springen von Pfeiler zu Pfeiler und verschwinden in der Ferne unter dem Gewölbe; der Mond gleitet über die Dächer; ein später Passant schlägt seinen Mantelkragen hoch, als er aus dem Espresso tritt, dessen eisernes Rouleau mit Getöse hinter ihm niederfällt. Dann wird alles wieder still; aus einem hochgelegenen Fenster hängt an einer Schnur ein Eimer herab, in den der Milchjunge in den frühen Morgenstunden des nächsten Tages eine volle Flasche legen wird ... Ich war begeistert, in einer Stadt geboren zu sein, in der die Reserviertheit, die eigene Identität, das persönliche Glück, der Familienegoismus unbekannte Begriffe scheinen; in der das Mißtrauen gegenüber dem Nachbarn, der prüfende Blick auf sein Privatleben, die anderwärts als legitim erachtete Gewohnheit, Rechenschaft von ihm zu verlangen, nicht als Grundlage für die Beziehungen untereinander gelten. Mich, der ich der »Andersartige« par excellence, das räudige Schaf, der Paria sein sollte, mich faszinierte diese Utopie einer Gesellschaft ohne trennende Wände. Ahnte ich zu jener Zeit schon, daß die Einsamkeit, die Ächtung, die Verfolgung mein Schicksal sein würden? Versuchte ich, mich durch diesen Mythos einer Solidarität ohne Grenzen, in Hinsicht auf jenen Tag zu verschanzen, an dem man mir den Rücken zuwenden, an dem ich niemanden mehr finden würde, der mir hilft?

Wäre ich weniger vertrauensselig, weniger impulsiv gewesen, ich hätte mich nicht von dem Trugbild einer zauberhaften Architektur gefangennehmen lassen. Ich kostete das Gefühl, daß wir alle gleich wären – wir, die Bewohner der Kolonnaden –, bis zur Neige aus, ohne zu ahnen, daß mich die Furcht vor meiner eigenen Zukunft in den Bann eines von der Wirklichkeit weit entfernten Traums schlug. Was ist vom mittelalterlichen Geist Bolognas geblieben? Ein lächerliches Relikt, ein nichtssagendes Andenken, kurz, ein Spezialgericht. Jawohl, die *scaloppa bolognese*, die als ausgefranste Fahne unseres alten Glanzes ihren Weg um die ganze Welt gemacht hat. Das ist eine Scheibe Kalbfleisch, hauchdünn mit Schinken belegt und in geschmolzenen Käse getaucht. Aufgrund der alten verbindenden Kultur, die in der Nachbarschaft von Plebs und Adel unter gemeinsamen Arkaden ihren Ausdruck findet, vereinen meine Landsleute noch heute all das auf einem Teller, was überall anderwärts drei verschiedene Gerichte darstellt: Schinken als Horsd'œuvre, Fleisch als Hauptmahlzeit und Käse als Dessert.

Bei all meinen Reisen dorthin habe ich nie versäumt, meinen Studienkameraden und guten Freund Enrico zu Cantunzein zu führen. Er hatte die Gewohnheit beibehalten, nach den Mädchen zu schielen, und nutzte unsere Schlemmerrast, um irgendein neues Madrigal zu reimen. Ich wählte einen Tisch unter der Loggia und bestellte die berühmte *scaloppa*; einmal, um in mir die soziale Idee von den Kolonnaden wieder zu wecken, indem ich meine Blicke über die Fluchtlinien der Arkaden schweifen ließ; zum anderen, um ironische Bemerkungen über unseren Niedergang zu machen, über uns, die wir die Reste unseres alten Traums von der Verschmelzung in der Nichtigkeit eines kulinarischen Einfalls erschöpft haben.

2

Wer war dieser Neugeborene, den seine Eltern Pier Paolo tauften? Peter und Paul! Als könnte man unter zwei so gegensätzlichen Schutzpatronen vereint leben! Petrus, der Rom zur Stadt des Pontifikats machte und das Evangelium Jesu zur herrschenden Religion umgestaltete. Ein biederer, gewissenhafter Mensch, einer der ersten zwölf Apostel, persönlicher Freund Christi, Sachwalter seiner Botschaft, dem Buchstaben seiner Lehre verhaftet, eingespannt in die Aufgabe, die Kirche zu errichten, ehrerbietig gegenüber Riten und Hierarchien, ein Mann des Ausgleichs, darauf bedacht, keinen Anstoß zu erregen, Feind jeglicher Neuerungen. Und Paulus, das ganze Gegenteil: unstet, mystisch, ungewöhnlich; er hatte Christus nicht gekannt und war eben deshalb von jeder Buchstabentreue dispensiert; ebenso reiselustig, wie Petrus seßhaft war, durcheilte er die Welt, um sie zu bekehren; heftig, unpopulär, selbst für seine Freunde ein schwieriger Charakter; mehr und mehr isoliert, ungeachtet der Anhänglichkeit einer Handvoll Schüler; nach dem Martyrium strebend, seine Bemühungen steigernd, in dem Maße, wie er sich dem Ziel näherte. Nach seinem Tode vergaß ihn das Volk. So war er im Mittelalter nahezu unbekannt; nie wurde ihm zu Ehren eine Kirche erbaut, eine Kerze angezündet. Er wurde weder als Statue noch auf einem Gemälde dargestellt. Vor dem 16. Jahrhundert trug kaum jemand seinen Namen. Erst mit der Reformation begann eine Zeit, die ihm Beachtung und Autorität zuteil werden ließ. Angesichts Luthers, der die Welt mit seiner Leidenschaft und seiner Tatkraft entflammte, genügten der Geist des Petrus, die konservative Besonnenheit, der Pomp der Priesterschaft nicht mehr. Man mußte den Geist des Paulus, seinen dem Elan und dem Fanatismus des deutschen Mönches gleichen Elan und Fanatismus zum Kampf aufrufen. Sooft eine Häresie, das heißt ein Glaubensexzeß, die Routine der Kirche bedroht, erinnert man sich des Paulus und daran, daß er, eine brennende Fackel in der Hand, Länder und Meere durchkreuzt hat. Unbequemer Seher in ruhigen Zeiten, Schutzengel inmitten des Sturms. Ist das Unwetter vorüber, dann besteigt Petrus von neuem seinen Thron. Er setzt sich die Tiara aufs Haupt und segnet die Menge, die ihm in der wiedergewonnenen Majestät seiner Macht zujubelt.

Verwegenheit, Vereinsamung und Elend bei Paulus. Sicherheit, Pracht, Erfolg bei Petrus. Sosehr mich mein ungezwungenes Naturell zu dem suchenden und umherirrenden Manne hinzog, so imponierte mir der andere wegen seiner Wirkung und seiner Ausstrahlung. Dem Begründer der Kirche, dem Hirten mit dem unfehlbaren Krummstab brachte das Volk Ovationen dar; dem weltverbessernden Vagabunden, dem zerlumpten Poeten kam der wahre Ruhm zu. Ich beeilte mich, aus der Schule heimzukommen, um die Geschichte ihrer parallel verlaufenden Leben weiterzuverfolgen.

Christus war gestorben, bevor er sich über einen Punkt ausgesprochen hatte, der sofort erbitterte Kontroversen unter seinen Jüngern auslöste: Waren die Christen in Zukunft gehalten, die verschiedenen Übungen des jüdischen Gotteskultes zu beachten, oder würde die Religion dieses Jesus sich von allem Jüdischen frei machen? Die ersten Bekehrten, lauter Juden, befolgten in der Regel das Alte Testament: Beschneidung, Beachtung der Vorschriften hinsichtlich erlaubter und verbotener Fleischgerichte, kein Genuß tierischen Blutes. In den alten Städten brachte man viel Zeit in den öffentlichen Bädern und in den Gymnasien zu. Die Männer zeigten sich dort splitternackt. Die Beschneidung setzte die Juden zahlreichen Schmähungen aus; daher ihr Bestreben, das Gemeinschaftsleben zu fliehen und eine abgesonderte Kaste zu bilden. Aus Angst, an unkoscheres Fleisch zu geraten, vermieden sie es, sich auf dem Markt zu versorgen.

Die ersten zwölf Apostel, Petrus wie die anderen, begriffen einfach nicht, daß man Christ werden konnte, ohne das Gesetz des Moses Punkt für Punkt zu befolgen. Paulus dagegen erfaßte sofort, daß die Bedenken einiger Talapoins die Zukunft des Christentums gefährdeten. Im Verlauf seiner weiten Reisen begann er vor Nichtjuden, vor Angehörigen anderer Volksstämme, vor Heiden zu predigen; er forderte sie auf, in Gottes Reich einzutreten, ohne vorher von ihnen zu verlangen, Mitglieder der Familie Abrahams zu werden. Im syrischen Antiochia begegnete er Titus, einem jungen Mann, mit dem er Freundschaft schloß, den er bekehrte und den er als Schüler zu sich nahm.

Diese Nachrichten mißfielen der hierosolymitischen Gruppe der Apostel. Paulus witterte die Gefahr und kehrte schleunigst nach Jerusalem zurück. Er fand die Nächsten und die Freunde Christi in starrer Frömmelei befangen, so, wie ihr Meister sie so heftig bekämpft hatte. Petrus, Jakobus und Johannes weigerten sich, Titus zu empfangen und beschuldigten ihn, nach wie vor ungläubig zu sein. Sie kannten von der Welt nur die Ausmaße der Wüste und der Obstgärten, die Palästina bildeten. Paulus half sich, indem er den am wenigsten unzugänglichen, den am wenigsten engstirnigen der Apostel beiseite nahm: eben Petrus. Er sprach zu ihm von der Unermeßlichkeit der Gebiete, die er gerade in Kleinasien durchstreift hatte, und von der Vielzahl derer, die zu besuchen er sich anschickte: Mazedonien, Griechenland, Sizilien, Italien, Spanien. Warum den Neubekehrten, die nicht zum Stamme Israels gehörten, ein unerträgliches Joch aufbürden? Abschließend sagte er zu ihm: »Wir können uns verständigen: für dich das Evangelium mit der Beschneidung, für mich das Evangelium mit der Vorhaut.« Die Apostel waren froh über diesen Kompromiß. Die Bekehrung der Heiden wurde als legitim anerkannt; als Gegenleistung erwirkte Petrus von Paulus, daß er Titus mitnehmen würde, um ihn beschneiden zu lassen.

Ich wußte noch nicht recht, was die Worte »Vorhaut« und »Beschneidung« bedeuteten; aber über welchen Teil meines Körpers Petrus und Paulus diskutierten, da brauchte ich niemanden, der es mir erklärte. Anstatt über die Vorstellung zu lachen, daß das Schicksal der Kirche an einem so erbärmlichen Zipfelchen Fleisch gehangen hatte, schaute ich mir mein Geschlechtsteil an – ich war damals elf oder zwölf Jahre alt –, verwundert und verstört darüber, daß ich etwas besaß, was das Los der Menschheit bestimmt hatte.

Die Geschichte des Timotheus verwirrte mich vollends. Paulus war ihm während seiner ersten Reise in Galatien begegnet; einem erst fünfzehnjährigen Knaben, dessen Großmutter und Mutter er bekehrte. Als er einige Jahre später nach Lystra zurückkehrte, fand er einen reifen jungen Mann vor, den er zärtlich liebte und dem er wie einem Sohn verbunden war. Niemals, sagte er, war ein Schüler so völlig nach seinem Herzen zu ihm gekommen. Doch mit einem unbeschnittenen Schreiber an seiner Seite fürchtete er ernste Schwierigkeiten. Die Querelen, die durch die Aussprache in Jerusalem eben erst beigelegt worden waren, konnten neu entbrennen. Paulus wollte das Mißtrauen seiner Widersacher beschwichtigen und ihren Vorwürfen die Spitze abbrechen: Deshalb beschnitt er Timotheus selbst. Der kleine katholische Junge, der ich war, konnte sich eines gewissen Unbehagens nicht erwehren, als ich diese ebenso grausame wie geheimnisumwitterte Episode las. Wenngleich es Paulus mit seinem Vorgehen auch gelungen war, einem Skandal vorzubeugen und seine Verurteilung zu vermeiden, so fand ich dennoch, daß ihm seine Widersacher insofern eine weit gefährlichere Falle gestellt hatten, als sie ihn zwangen, seinen Freund eigenhändig zu verstümmeln. Die Worte »... und beschnitt ihn«, die in der Apostelgeschichte so einfach klangen, befremdeten mich zutiefst. Wo hatte sich die Szene abgespielt? In einem Zimmer? Unter einem Olivenbaum? Und wie? War Blut an den Beinen hinabgeflossen? War Paulus mit Timotheus allein gewesen? Was hatte er empfunden, als er das Glied eines jungen Mannes in seinen Fingern hielt? Ich wälzte diese Fragen in Gedanken hin und her und fühlte mich schuldig, daß ich sie mir stellte. Daß die Beschneidung eine reine Grundsatzfrage, eine Angelegenheit kirchlicher Autorität war, das schienen alle Autoren, die sie behandelten, als eine offenkundige Binsenwahrheit zuzugeben. Nur ich hatte ein Bild vor Augen: Ein Mann näherte sich einem jungen Burschen, entblößte ihn und nahm eine Operation an ihm vor, deren wesentliche Bestandteile Rute, Eichel, Messer hießen. Ein Eingriff voller Magie und Grausamkeit; und dabei hätte man in ihm doch nur eine diplomatische Geste zu sehen brauchen, ein Zugeständnis des Paulus an Petrus!

Man hat gesagt, man hat geschrieben, Paulus sei mein einziger Lehrer gewesen. Es ist wahr, daß ich in meinen ersten Träumen seinen Spuren gefolgt bin, daß ich mich in meinem kindlichen Eifer mit den Drangsalen seiner drei großen Reisen nach Westen, den Bitternissen seiner dreimaligen Rückkehr nach Jerusalem identifiziert habe. Voller Elan und Hoffnung schiffte ich mich mit ihm im syrischen Antiochia ein, landete an den Küsten Kleinasiens, durchquerte die Städte Galatiens. Im pisidischen Antiochia predigte ich in der Synagoge, weit weniger erfolgreich als auf dem öffentlichen Platz, wo mir die Heiden gern zuhörten. Die Juden gerieten in Zorn und verbannten mich aus dem Gebiet. Ich habe den Staub dieser Stadt von meinen Füßen geschüttelt. In Iconium löste meine Predigt einen Aufruhr aus: Ich mußte fliehen und der Hauptstadt Lykaoniens den Rücken kehren. In Lystra wurde ich von Fanatikern verhaftet, aus der Stadt geschleppt, mit Steinwürfen schwer verwundet und für tot liegengelassen. Die Athener spotteten meiner, als ich vor dem Areopag sprach. Der Vorsteher der Synagoge von Korinth band mir die Hände und zerrte mich vor den römischen Prokonsul von Achaia. In Jerusalem jagten mich die Juden zum drittenmal aus dem Tempel, um mich hinzurichten. Meine Rettung verdanke ich dem Tribunen, der die römische Wache befehligte: er sperrte mich ins Arbeitshaus für Sklaven ein. Ich habe zwei Jahre in Cäsarea in Eisen gelegen, wurde dann nach Rom übergeführt und habe bis zu meinem Tod nur Finsternis, Ketten und die Einsamkeit des Kerkers kennengelernt. Fünfmal im Verlauf meiner Predigten hatten mir die Juden ihre neununddreißig Geißelhiebe verabreicht; dreimal bin ich geprügelt, einmal gesteinigt worden; dreimal habe ich zwischen den Inseln Schiffbruch erlitten; einen Tag und eine Nacht trieb ich, an eine Schiffsplanke geklammert, in den Wellen; achtmal wäre ich beim Überqueren von Flüssen beinah umgekommen.

Strapazen, Mühen, immer wieder schlaflose Nächte, Hunger, Durst, verlängerte Fasten, Kälte, Blöße, Gefängnisse – das war das Leben dessen, den ich mir im Unterbewußtsein zum Vorbild nahm, wenn ich abends in meinem Bett seine Abenteuer leidenschaftlicher verschlang als die Romane von Jules Verne, Alexandre Dumas, Salgari oder Stevenson. Jawohl, mein Lieblingsheld war er, dieser ärmlich aussehende, barfüßige Mann, der unermüdliche Wanderer, ohne Unterlaß verfolgt und gehaßt von denen, die er erretten wollte, dieser Spott und Nachstellungen ausgesetzte versponnene Träumer, überall als Aufwiegler angezeigt, gezwungen, nachts zu fliehen und im Freien zu schlafen, ohne Rechtstitel, ohne Auftrag, ohne Macht, ohne jede andere Autorität als die, die er aus seinen auf einem Felsbrocken im Mondschein abgefaßten Briefen ableitete.

Kaum der Kindheit entwachsen, habe ich Petrus um seinen Beistand gebeten. Ich wäre verloren gewesen, wäre ich der Stimme dessen gefolgt, der meinen natürlichen Neigungen schmeichelte. Petrus hat mir den Sinn für das zu vollendende Werk gegeben, die erforderliche Demut und Geduld, die begonnene Arbeit zu Ende zu führen – mir, den man beschuldigt, frühreif, wankelmütig, ein Wirrkopf gewesen zu sein. Niemand weiß, mit welchem Ingrimm ich meine Instinkte gebändigt habe. Hätte ich ohne den gesunden Menschenverstand und die Bescheidenheit, die ich in Petri Schule gelernt habe, meine Bücher schreiben können? Hätte ich ohne das Bemühen, mich faßlich für meine Leser auszudrücken, ein Publikum gefunden? Ein Roman, ein Film ist wie eine Kirche: Man muß die einzelnen Teile mit Eifer und Sorgfalt zusammenfügen. Wieviel reizvoller ist es doch, die für jede gemachte Anstrengung unerläßlichen Tugenden herabzumindern! Wie rasch scheinen einem Ordnung, Korrektheit, Ausdauer lächerlich! Petrus fesselte mich an meinen Schreibtisch: jeden Vormittag vier Stunden vor meinen Papieren. Paulus trieb mich nach draußen, nannte meine Konzentration Geiz, meinen festen Arbeitsplan Egoismus. Geh hinaus auf die Straße, flüsterte er mir ins Ohr; begib dich in Gefahren, setz dein Leben ein, wenn du es retten willst. Würde ich als Schreiberling oder als Professor enden?

Lange hat mich dieser Kampf hin und her gerissen. Petrus breitete auf meinem Bett ein weißes Hemd und einen dunklen Anzug aus, er band mir eine Krawatte um den Hals und schickte mich nach Venedig oder nach Cannes, meine Filme vor der Festivaljury zu verteidigen. Paulus kleidete mich hastig aus, ließ mir nur ein Fußballtrikot und eine Turnhose und befahl mir, mich am Ende der Straßenbahnlinie auf dem unbebauten Gelände unterhalb der Mietskasernen den *ragazzi* zuzugesellen. Die Wohnung in der Via Eufrate, deren römischer Luxus dich schockiert hat? Gekauft auf strikte Anweisung von Petrus. Paulus hat sich stets geweigert, die Marmortreppe mit dem vergoldeten Bronzegeländer hinaufzusteigen. Er wartete die Dämmerung ab, um sich am Dienstboteneingang zu melden und mich schnurstracks zu den zweideutigen Anziehungspunkten im Bahnhof mitzunehmen. Wem sollte ich Gehör schenken, um mir selbst treu zu bleiben? Der eine wünschte mich ehrenwert, im Interesse der Sache, die ich zu verfechten hatte. Aus demselben Grunde hätte der andere gern gesehen, daß ich alle Bürde über Bord werfe. Ich habe meine Bücher veröffentlicht, ich habe meine Arbeit getan, ich habe den Erfolg gesucht, um Petrus zu gehorchen. Ich bin von der Presse verfemt, vor den Kadi geschleppt, dreiunddreißigmal vor Gericht geladen worden – aus Liebe zu Paulus. Eines Tages jedoch hat der eine von beiden gewonnen. Ich werde dir den seltsamen Umstand erzählen, der dafür gesorgt hat, daß der Sieg dem Zilizier zugefallen ist.

Die Maler haben die beiden Apostel oft dargestellt, einen jeden in einem ganz bestimmten Augenblick seines Lebens, immer demselben. Als könnte man die abenteuerlichen Erlebnisse des Paulus auf einen Sturz vom Pferd reduzieren und Petrus hätte nur dazu getaugt, seinen Geist am Kreuze aufzugeben. Es gehörte fast zur Regel, die beiden Heiligen miteinander zu vergleichen, aber in gewissermaßen entgegengesetzten Szenen, denn der Märtyrertod des Petrus kennzeichnete das Ende seines Apostolats ebenso sicher wie die Blendung des Paulus den Anfang seiner Predigten. Man erfaßte den einen am Beginn, den anderen am Ende seiner Geschichte. Ebenso verfuhr Caravaggio, dessen beide Petrus und Paulus gewidmeten Gemälde in der kleinen römischen Kirche Santa Maria del Popolo an den Wänden einander gegenüberhängen. Links sieht man Paulus, wie er von seinem Reittier abgeworfen wird; rechts Petrus mit dem Kopf nach unten am Kreuz. Er hatte seine Henker um diese Gunst gebeten, weil er zu bescheiden war, sich mit Jesus auf eine Stufe zu stellen.

Des Paulus Tod machte mich im höchsten Grade neugierig. Warum hatte er die Maler nie interessiert? Warum hat sich die Heiligenlegende nie mit seinem Martyrium beschäftigt? Er wurde wahrscheinlich im selben Jahr wie Petrus enthauptet, zur selben Zeit wie er, in der Masse der Opfer, die Nero in den Tod schickte. Aber sosehr die dem einen zugefügten Foltern die Phantasie des Volkes beflügelt haben, so wenig weckt der Leidensweg des anderen Neugier noch Mitleid.

All die ersten Heiligen haben ein glorreiches Andenken an ihren Tod hinterlassen. Die Steinigung des Stephanus, das Augenausstechen bei Lucia, die Enthauptung Johannes' des Täufers, die Häutung des Bartholomäus füllen Tausende von Fresken und Gemälden. Jeder Martertod kam gewissermaßen einer Apotheose gleich. Die Flammen und das Schwert für Januarius, deinen Schutzpatron, der Rost für Laurentius, die Löwen für Blandine, die Pfeile für Ursula und für Sebastian. Für alle außer für den Missionar aus Tarsus. Ich verstehe diese Ausnahme nicht. Mir schien, seine Geschichte wäre noch nicht zu Ende, ihr fehlte ein Stück. Nach so vielen Kränkungen und Demütigungen hätte er mehr als irgendein anderer das Recht auf ein spektakuläres Ende gehabt. Aus seinem Leben sind nur Ekstasen, Wunder, Predigten, Siege bekannt; doch der endgültige Mißerfolg, die Agonie, die Verhöhnung und die Erniedrigung auf dem Richtblock? Sein skandalöser Erdenwandel verdiente, ein anderes Andenken zu hinterlassen als das Bild eines Phantasten und Schwärmers. Kein Tropfen Blut, keine Spur seines Leichnams. Der Herrgott hatte ihn ganz still zu sich in den Himmel abberufen, ohne ihm zu gestatten, die Welt durch ein aufsehenerregendes Zeichen der Niedertracht zu schokkieren.

Darin erblickte ich eine echte Ungerechtigkeit; schließlich sagte ich mir, daß es meine Pflicht sei, sie wiedergutzumachen. Mir kam es zu, der unvollendet gebliebenen Geschichte des Paulus die erforderliche Ergänzung hinzuzufügen. Den schmachvollen Tod, den Gott ihm versagt hatte, würde ich an seiner Stelle erleiden. Ich wußte jedoch nicht, wann und wie. Lange Zeit waren die einzigen Gefahren, die ich lief, die, daß ich vor Gericht zitiert, daß meine Bücher und meine Filme beschlagnahmt wurden. Von dem Tag an, da ich mich mit diesen Schikanen nicht mehr zufriedengab, da ich begann, nicht mehr meine Arbeit, sondern mein Leben zu riskieren, von diesem Tag an datiert das, was ich den Sieg des Paulus nenne. Er konnte auf mich zählen: Ich war bereit, unsägliche Mißhandlungen zu erleiden, um seinen Heiligenschein neu zu vergolden. Ich träumte, daß mich lachende Henkersknechte am Straßenrand ermordeten und meinen Leichnam schändeten, bevor sie ihn im Staub der Böschung liegenließen.

3

Susanna Colussi, meine Mutter: Susanna nach dem Namen ihrer Urgroßmutter, einer polnischen Jüdin, die ein Soldat Napoleons, mein Ururgroßvater, im besetzten Warschau traf, eroberte und als Kriegsbeute in sein heimatliches Friaul mitnahm. Die Männer in meiner Familie haben ihre Frauen stets rücksichtslos entführt, um sie ihrem räuberischen Willen zu unterwerfen: Ehen, die mehr durch die Gewalt der Waffen als durch den Zauber der Liebe zustande kamen. In Uniform durchgeführte militärische Operationen. So ist es auch bei meinen Eltern gewesen, ein Jahrhundert nach dem historischen Raub an der Weichsel.

Als Sohn des Grafen Argobasto P... Dall'Onda entstammte mein Vater Carlo Alberto einer alten Familie aus Ravenna. Stolz auf seinen Titel, liebte er es in seiner Jugend, sich vor dem Hintergrund des Meeres fotografieren zu lassen: die Hand in die Hüfte gestützt, den Blick auf den Horizont gerichtet, das Kinn herausfordernd gereckt, die kurzen, aber stämmigen Beine fest in den Sand gestemmt. Diese Großspurigkeit war um so notwendiger, als sie eine wirtschaftliche Lage vertuschen sollte, die für die Ambitionen eines jungen Patriziers so ungünstig wie nur möglich war: ein baufälliger Palazzo, dessen schönstes Stockwerk an einen durch Geschäfte mit Unterwasserlacken reich gewordenen Farbenhändler vermietet war; eine Mutter und Schwestern, die ständig um einen einst in eine ferne Stadt ausgewanderten Verwandten trauerten, was für die Nachbarn, die sie am frühen Morgen zur Kirche wandeln sahen, das Tragen von schwarzer Kleidung und ein bescheidenes Auftreten im Verein mit einer hochmütigen Verachtung der kurzlebigen Modeschwankungen rechtfertigte; schließlich die kärglichen, schwerverdaulichen und eintönigen Mahlzeiten auf der Basis von Teigwaren, eingekauft mit Rabatt, dank dem Entgegenkommen des Verwalters der nahe gelegenen Jesuitenschule. Die Tomatensoße wurde während der dreißig Tage des Monats September in dem zum Einmachzimmer umgewandelten Salon im Hause hergestellt. Der kostbare Fußbodenbelag aus Marmor, eines der wenigen Überbleibsel adliger Pracht, färbte sich alljährlich purpurn von blutrotem Saft.

Die Mittag- und die Abendessen waren derart karg, daß mein Vater es sich zur Gewohnheit machte, Karten zu spielen: aus dem legitimen Verlangen, einem ständigen Heißhunger zu begegnen, aber auch, um seinem Stand keine Unehre zu bereiten. Ein P... Dall'Onda, der das Geld nicht mit vollen Händen hinauswarf! Du zeihst mich, geizig zu sein. Ich mag nur nicht die törichte und unnütze, aus reiner Effekthascherei gemachte Ausgabe. In der Verschwendungssucht meines Vaters sehe ich eher eine aufreizende Wichtigtuerei als wahre Großzügigkeit. Schau dir seine Augen auf dem Bild an, das ich dir schicke: hart, unstet, lauernd. Zwei Schießscharten. Er hat mir seine verkniffenen Züge, seine hohlen Wangen, seine zusammengepreßten Kinnladen, seine hohen Backenknochen, seine schmalen Lippen vererbt. Pech oder Ungeschick, er brachte das kleine Vermögen, das ihm sein Vater vermacht hatte, beim Spiel durch. Ein einziger Ausweg blieb diesem jungen Mann aus gutem Hause, unfähig, einen Beruf auszuüben, aber eingebildet auf seinen Namen und auf sein Äußeres: die Armee. So wurde er Soldat. Zuerst stand er in Libyen, dann, im Jahre 1915, als Italien in den Krieg eintrat, in Friaul, unweit der österreichischen Grenze. Als Leutnant wurde er der Garnison Casarsa zugeteilt, dem Heimatort der Familie Colussi.

Meine Mutter war die zweite Tochter wohlhabender Bauern. Ihr Vater hatte eine kleine *Grappa*-Brennerei aufgebaut, die nach dem Kriege Konkurs machte. Die Frauen arbeiteten als Erzieherinnen, wie meine Mutter und eine ihrer Schwestern, oder betrieben einen Laden, wie eine andere meiner Tanten, die ein Schreibwarengeschäft neben unserem Haus eröffnet hatte. Mein Vater wurde, als er sich erklärte, zunächst abgewiesen. Die Begegnung hatte beim Tanz auf dem Dorfplatz vor der Kirche stattgefunden. Meine Mutter, ein zierliches Persönchen von lebhaftem und spöttischem Temperament, eine eifrige Romanleserin, begeistert von ihrem Beruf, der sie unabhängig machte, schrieb Fabeln und Lieder und übte ihre Stimme an den alten Ritornellen des Landes. Die Großspurigkeit und die Tressen eines Offiziers konnten ein junges Mädchen ihres Schlages nur lachen machen. Abgeblitzt, versuchte er es noch einmal: Wenige Tage nach Kriegsende sah man ihn in Casarsa einfallen. Er heiratete meine Mutter fast mit Gewalt; die Gewalt äußerte sich in seinem schroffen Gebaren, aber auch in dem Druck seitens des Dorfes, der Angehörigen, der Freunde. Meine Mutter war immerhin schon dreißig Jahre alt. Sie gab der Notwendigkeit zu heiraten ebenso nach wie dem besitzgierigen Drängen dessen, der sie, mit den Insignien des Triumphes von Vittorio Veneto heimgekehrt, als zusätzliche Trophäe vor seinen Wagen spannte.

Meine Eltern haben sich nie verstanden. Schon in der ersten Nacht empfand meine Mama Abscheu vor dem Überfall des Hauptmanns.

»Garibaldi hat ein dickes Fell!« brüllte er, sein Degengehenk wieder umschnallend. Mit diesen mir rätselhaften Worten knallte er die Tür zu und verließ das Haus, in seiner Mannesehre gekränkt, die er mit käuflichem Trost beschwichtigte, an dem es in der Nähe von Kasernen nie mangelt. Dann stellte er sich abermals bei ihr ein und bedang sich die ihm periodisch zustehenden ehelichen Pflichten aus, so wie der Minotaurus seine alljährliche Ration frischen Blutes. Vorhaltungen und Flüche begleiteten seine Rückkehr an den häuslichen Herd. Die Fensterscheiben klirrten unter seiner Stimme, die um so lauter und arroganter war, als sich nunmehr dem Dünkel des Soldaten die Anmaßung des Faschisten zugesellte. Nicht ganz ein Jahr nach meiner Geburt war er schon in der Partei und brüllte in den Korridoren, daß Mussolini ihn rächen werde. Ich rettete mich an das andere Ende der Wohnung. Meine Mutter bewahrte in einem Wandschrank einen alten Kaninchenfellmantel auf. Wie oft habe ich mich in diesem staubigen Kabuff eingeschlossen, meine Wange zärtlich an dem abgetragenen Pelz gerieben und, vom Niesreiz bedrängt, mir sehnlichst gewünscht zu sterben.

Bedingt durch Versetzungen meines Vaters, zogen wir oft um. In meiner Phantasie war es so, daß meine Mutter die Flucht ergriff, um den Schikanen des häuslichen Zusammenlebens zu entgehen. Sie rief mich zu sich, ich eilte aus meinem Zimmer herbei und warf mich ihr weinend in die Arme. Wir packten auf die Schnelle die Kleidung und die wenigen Habseligkeiten, die wir besaßen, in unsere von unzähligen Reisen abgenutzten Pappmachékoffer. Meine Mutter mußte mich daran hindern, auch den *belpaese* und das Gemüse aus der Speisekammer hineinzutun, weil ich in meiner Angst für den Fall, daß wir auf einer einsamen Robinsoninsel stranden oder wie Edmond Dantes in einer Zelle des Château d'If landen sollten, Notverpflegung mitnehmen wollte. Auf dem Bahnsteig zitterte ich, ohne zu wissen, daß uns mein Vater in seinen neuen Garnisonsort vorausgefahren war, daß er unsere Flucht schon entdeckt haben könnte. War er uns so dicht auf den Fersen, daß er uns vor Eintreffen des Zuges einholen würde? Wie lange der doch ausblieb! Ich lauschte auf das geringste Geräusch, das vom offenen Lande kam (oft war der Bahnhof nichts anderes als eine Station inmitten der Felder), und atmete erst dann wieder auf, wenn sich die Bahnschranke vor den Fahrzeugen senkte. Denis Papin, der Erfinder der Dampfmaschine, dürfte keine größere Freude empfunden haben, als er zum erstenmal Dampf aus dem Topf aufsteigen sah, als ich in dem Augenblick, da die von der Lokomotive ausgestoßene weiße Rauchfahne verkündete, daß der Zug weiterfuhr. Gerettet, wir waren gerettet!

Parma, Belluno, Conegliano, Sacile, Cremona, Scandiano und wieder Bologna. Erinnern diese Städte andere entweder an ein Bukett duftender Veilchen oder an einen Zielbahnhof auf dem Weg zum Skigelände, an einen Maler zarter Madonnenbilder, an Dynastien berühmter Geigenbauer, so assoziiere ich mit ihnen nur plötzliche Aufbrüche, im Vorzimmer gestapelte Kisten und Kästen, die Suche nach einem Stück Schnur, um ein aus dem Leim gegangenes Paket zusammenzubinden, die Furcht, entdeckt zu werden, bevor unsere Flucht gelungen wäre, die ungeduldige Schlange am

Fahrkartenschalter des Bahnhofs, den Seufzer der Erleichterung im Wagen, dann, gegen Ende der Reise, die abermalige schreckliche Angst, Vater könnte unser Vorhaben vereitelt und die verdiente Rache für unsere Kühnheit schon geplant haben. Wir fanden ihn in der Tat jedesmal an Ort und Stelle vor: Er thronte auf seinem Offiziersgepäck mitten im Salon, ein dem Ruhm seiner Männlichkeit errichtetes Denkmal, der Grabstein für unsere verlorenen Illusionen.

So wie du ihn siehst, so war er für mich geworden: der Vater. Ich nannte ihn bei mir selbst nie anders. Auch nicht: mein Vater, denn von seiner Kraft und seiner Gewalttätigkeit schien mir meine Mutter ebenso verwundbar, schutzlos und ohnmächtig wie ich, so als wären wir gleich kindlich und gleich klein. Aber auch nicht: unser Vater, da die Herrschaft, die er über uns ausübte, bar jeder Liebe war. Er war *der* Vater schlichtweg, und einzig und allein dieser Artikel vermochte in seiner verletzenden Kürze das Grauen wiederzugeben, das uns sein gebieterisches Auftreten einflößte, wenn er sich in einen Sessel fallen ließ und uns ein Bein entgegenstreckte, damit wir ihm den Stiefel auszögen. War er sich bewußt, daß er letztlich nichts anderes war als ein Versager? Vielleicht, aber was bei anderen den Charakter insofern hätte besänftigen können, als er ihn zur Nachsicht geneigt machte, reizte den seinen bis zum Wahnsinn. Er nahm die Gewohnheit an, sich an der Stelle zu kratzen, wo am Ärmel die vierte Tresse fehlte.

Was meine Mutter betrifft, so war sie für mich immer nur die Mama. Dieses Wort, das sich mit der zarten Volute seines mit verschlossenen Lippen wiederholten Labiallautes um sich selbst wickelt, beschwor für mich das Bild eines Kokons, eines Asyls, eines Nestes herauf; und in die beiden Silben, die als das Femininum des französischen Possessivpronomens gelten können, projizierte ich meinen Wunsch, diejenige völlig für mich allein zu besitzen, die alles für mich war. Eine anfangs leichte Aufgabe, die aber dann, als mir ein jüngerer Bruder geboren wurde – drei Jahre, nachdem ich auf die Welt gekommen war –, augenblicklich Diplomatie und Gerissenheit verlangte. Guido, dessen Namen ich mit keinem bekannten Heiligen in Verbindung zu bringen vermochte, es sei denn mit dem von Guido Reni gemalten heiligen Sebastian auf jener Leinwand im Museum von Bologna, die ich vom ersten Augenblick an bewundert habe. Das Gemälde stellt den jungen Mann fast nackt dar, die auf dem Rücken gebundenen Hände an einen Baumstamm gefesselt, den Oberkörper nach vorn geneigt, das Gesicht gen Himmel gewandt. Die Schönheit des Körpers, die Jugend des Modells, die Musikalität der Landschaft, die zarten Grautöne haben seitdem ganz andere Empfindungen bei mir ausgelöst. Zuerst war es nur die Gleichheit des Vornamens des Malers mit dem Vornamen meines Bruders, die mich verwirrte und gefangennahm: so als hätte ich, das Bildnis dieses glorreichen Märtyrers mit dem assoziierend, der als Rivale in mein Leben getreten war, ihn seinerseits mit Pfeilen durchbohren und für den Kummer bestrafen mögen, den er mir zufügte. Bei unseren Umzügen und bei unserem fieberhaften Packen beschuldigte ich ihn, daß wir uns immer dann verspäteten, wenn Mama ihm helfen mußte, seine auf dem Bett verstreuten Spielsachen zusammenzuraffen. Wessen Schuld war es, wenn wir, am Bestimmungsort angelangt, auf der Schwelle unserer neuen Behausung die furchterregende und grimmige Silhouette des Vaters erblickten, der mit gerunzelter Stirn das wunderliche Sammelsurium unserer Gepäckstücke verächtlich mit dem Fuße trat?

Guido machte mich schon vor seiner Geburt leiden. Mama war noch schwanger, als meine Augen behandelt werden mußten. Doktor Marengo trug einen Mantel mit Biberpelzkragen. Sein seidiges glattes Kinnbärtchen schien ein Stück von dem gleichen Tier, dessen Fell seine Kleidung schmückte. Ein gewaltiger Namensschnörkel mit komplizierten Grundstrichen nahm die Hälfte des Rezepts ein. Er händigte meinem Vater ein kleines Fläschchen aus und kniff mir, bevor er ging, in die Wange. Ich zog mich in mein Zimmer zurück, begierig zu erfahren, ob es Vater gelingen würde, die Tür zu öffnen, die ich mit einem Aufbau aus meinem Nachttisch und zwei übereinandergestülpten Stühlen verbarrikadiert hatte. Ich hörte seine Schritte im Korridor. Er drückte mehrmals die Klinke herunter, dann verkündete ein Heidenkrach meine Niederlage.

Jetzt waren wir in der Küche: Ich lag auf dem Tisch und

strampelte, sosehr ich konnte, mit den Beinen, weniger in dem Verlangen, meine Freiheit wiederzugewinnen, als um ihn zu zwingen, sich anzustrengen; mit gebleckten Zähnen über mein Gesicht gebeugt, versuchte er, mich mit der einen Hand daran zu hindern, mich zu bewegen, mit der anderen war er bemüht, die Tropfen einzuträufeln. Meine Muskeln entspannten sich, ich hörte auf, mich zu winden, ein Gefühl des Wohlbefindens überkam mich.

Zweimal am Tag wiederholte sich dieses kleine Drama: Verfolgung durch das Zimmer, Flucht auf den Korridor, ich werde eingefangen, ich werde gepackt, ich kämpfe, ich leiste Widerstand, ich ergebe mich. Ein Stückchen Gold funkelt mitten in seinem Mund. Zeichen seiner wirklich königlichen Macht, Abrundung der Schönheit und des Zaubers einer in jedem Detail feststehenden Prozedur: Er schließt die Küchentür hinter sich, er hebt mich vom Boden auf, legt mich auf den Tisch, klemmt mich auf dem Wachstuch fest, öffnet mein Auge mit seinem Finger und träufelt die Augentropfen hinein.

Warum diese Entzündung, und warum an den Augen? Eifersucht, Angst, das Monopol mütterlicher Liebe zu verlieren? Ich frage mich, ob es keinen anderen Grund dafür gab. Diese Szenen, in denen ich das Opfer spielte und er den Henker, brachten mich der Mama näher als jeder Gutenachtkuß oder der Austausch von Zärtlichkeiten. So wie sie ertrug ich die Tyrannei des Vaters; so wie sie erlitt ich seine körperlichen Quälereien. Ihr nächtliches Treiben in der Stille des ehelichen Schlafzimmers malte ich mir unter dem doppelten Gesichtspunkt einer blutrünstigen Zeremonie und eines paradiesischen Höhenfluges aus. Tortur und Segnung: Das waren auch die beiden Phasen der Augenbehandlung. Der Finger, der mein Lid hochschob, mißhandelte mich schonungslos. Ich spürte einen stechenden Schmerz, so als würde ich von einem Blitz zerrissen. Kaum aber berührte der erste Tropfen die Hornhaut und breitete sich über die feine Membrane, stieß ich einen Seufzer der Beglückung aus. Auf das Weh der Kränkung folgte die Euphorie der Erleichterung, auf die Schmach der Unterwürfigkeit das Kribbeln der Erlösung.

Aber warum immer in der Küche? Stimmt es, daß mich

der Vater dort hineinstieß? Es war doch so, daß ich Reißaus nahm, sobald das dunkelblaue Fläschchen mit dem gelben Etikett des Doktors Marengo vom Bücherbord im Salon in Vaters Hand glitt. Also mußte das Opfer anderswo gebracht werden: am Ende der Wohnung, in dem Raum, der Mamas Reich war und den Vater nie betrat, außer bei dieser Gelegenheit. Ausschließlich weibliches Betätigungsfeld, den Attributen des Haushaltes vorbehalten: Besen, Küchenschürzen, Scheuertüchern, Töpfen, Durchschlägen; finsteres Loch und Allerheiligstes, wo sich meine Metamorphose in eine Frau vollzogen haben würde, hätte mich der Vater mit der gleichen geheimnisvollen Opfergabe bedacht, mit der er Mutter zwischen zwei Auseinandersetzungen beehrte.

Sooft ich allein im Haus war, zog mich die Verwunderung in ihr Schlafzimmer mit dem Türdrücker in Form eines Schwans, dort die Serienmöbel aus den Galeries Lombardes zu sehen: Nicht ein einziges besonderes Stück, das meiner Erwartung entsprochen hätte – stellte ich mir doch vor, daß selbst ein Altar aus Marmor wie in den Kirchen kein unwürdiges Requisit bei der Vereinigung meiner Eltern gewesen wäre.

Das große Ehebett, Schauplatz dieses unklaren Rituals, faszinierte mich aus einem anderen Grund: Von seinen vier kupfernen Knäufen, in denen sich der Schrank aus Tannenholz spiegelte, war einer zwischen Parma und Cremona verlorengegangen.

Die Identifizierung mit einer Frau, das Verlangen, eine weibliche Rolle zu spielen, aus Solidarität mit derjenigen, die Vaters Gewalttätigkeit kränkte, die Weigerung, mich in der Gemeinheit, der Anmaßung, der Grobheit meines Geschlechts wiederzuerkennen – nehmen wir an, gewisse Vorlieben, die ich als Erwachsener offenbart habe, sind die Auswirkungen der Atmosphäre, in der ich als Kind gelebt habe. Aber meine physischen Neigungen durch das Milieu »erklärt« zu hören, in dem ich groß geworden bin, durch meine Erziehung, durch meine »Bindung« an meine Mutter (auch daß du, Gennariello, mir so gefällst, rühre daher, weil mir der andere Weg, der »normale« Weg, für immer versperrt sei! O gotteslästerliche Unkenntnis deiner neapolitanischen Schönheit!), meine Entscheidungen als Mann durch die

Verhältnisse in meiner Familie »entschuldigt« zu hören (und gleichzeitig mit anzusehen, wie mir die Lockrute der »Heilung« entgegengestreckt wird) – das ist von allen Liebenswürdigkeiten, die ich von Psychiatern erfahren habe, die, die mich am meisten anwidert.

Aus einem Atlas von Europa würden sie mehr lernen als aus ihren klinischen Lehrbüchern. Sie sollen sich doch einmal ansehen, wo Casarsa liegt, in diesem schon halb Österreich, halb Jugoslawien verpflichteten Friaul und so grenznah, daß es überhaupt nicht mehr zu Italien gehört; dann sollen sie ihr Augenmerk auf Ravenna richten, eine Stadt in Mittelitalien, die, selbst wenn sie des Ranges einer Hauptstadt, den sie im Mittelalter einmal eingenommen hat, verlustig gegangen ist, vortreffliche Spuren ihrer früheren Macht bewahrt hat; und dann sollen sie sagen, ob ein Kind, das Zeuge der Aggressivität eines Vaters aus Ravenna gegen eine Mutter aus dem Friaul war, nicht dazu neigen muß, insgeheim mit dem Randgebiet gegen das Zentrum zu paktieren und dann dieses instinktive Mitschuldgefühl auf alle Bereiche seines Lebens auszuweiten.

Mein Vater hatte nicht nur geographisch eine Position der Mitte (die für mich Begriffe wie Durchschnitt, Ordnung, Norm, Gewohnheit wachrief) gegen meine »periphere« (ausgeschlossene, abseitige) Mutter inne, er personifizierte auch – bekleidet mit seiner Uniform, die ihm das Kriegsministerium lieferte, geschmückt mit seinen Tressen, bedeckt mit seiner Dienstmütze, ausgestattet mit seinen dreifarbigen Ausweispapieren und ermächtigt, seine Befehle zu brüllen – Rom, die Macht, das Gesetz. Für mich zwei Gründe, den Vorschriften den Gehorsam zu verweigern und mich offen alldem zuzuwenden, was mir anders, außergewöhnlich schien, was im Schatten lag, Grenzbereichen angehörte. Unsagbare Duldungen, die sich auf alle meine Betätigungsfelder erstreckten. Ich habe meine ersten Gedichte in Dialekt geschrieben: Weder eingebildete Nostalgie nach Folklore noch das Hirngespinst vom ländlichen Paradies trieb mich zu diesem Versuch, lediglich die Entscheidung für das »exzentrische« mütterliche Idiom gegen die offizielle Sprache. In der Politik bin ich Freischärler gewesen; in der Liebe vogelfrei; wenn ich reiste, haben mich die entvölkerten Einöden des Jemen an den Grenzen der zivilisierten Welt mehr angezogen als Hauptstädte wie London oder Paris. Nichts zeigt so deutlich wie meine Vorliebe für den Stadtrand, daß ich mich erst weitab vom verabscheuten Herzen der Städte, in den Vororten, zu Hause fühle. Wie oft habe ich meine Freunde kurz vor Beendigung des Abendessens brüsk verlassen, habe eine Straßenbahn genommen, die mich zur Endhaltestelle brachte, zu einer dieser Wendestellen auf dem freien Land, von denen es bis vor kurzem so viele rund um Rom gab: ein wenig vergilbtes Gras, zwei mit obszönen Kritzeleien beschmierte Bänke, eine zementene Wartehalle mit beschädigtem Wetterdach. Weiter in der Ferne vor dem Himmel die Gerüste einiger halbfertiger Sozialbauten. Ich suchte nichts, ich erwartete nichts, ich stieß eine alte Konservenbüchse mit dem Fuß die Schienen entlang. Der Fahrer gab mir ein Zeichen; ich stieg wieder in den leeren Wagen und kehrte befriedigt zu den Lichtern zurück.

4

Unablässig von einem Ort zum anderen geworfen, hatte ich das Gefühl, in meinem Leben sei alles Provisorium: mein einziger Festpunkt war Casarsa, das Friaul, das Haus meiner mütterlichen Vorfahren, wohin wir – Mutter, Guido und ich – jedes Jahr Anfang des Sommers zurückkehrten. Ein von einem Nachbarn gelenkter Karren erwartete uns am Bahnhof. Der kräftige Maulesel wedelte den Angriff der Fliegen auf seine Flanken mit dem Schwanz ab. Wir überquerten die Nationalstraße, die Udine mit Pordenone verbindet. Der Ort fängt auf der anderen Seite an, wurde entlang einer einzigen Straße angelegt, die bis zur Kirche ansteigt und sich dann gabelt. Unten, fast am Ortseingang, liegt linker Hand unser Haus: eine einflügelige Tür, zwei Stockwerke, fünf grüne Fensterläden an der Vorderfront, Geranien im Mittelfenster. Ihm gerade gegenüber die *Bar degli amici*. Der junge Mann, der hinter dem Tresen Gläser wusch, unterbrach einen Augenblick seine Arbeit, um uns beim Gepäckabladen zu helfen. Er hieß Roberto und war ein entfernter Cousin von mir. Im übrigen, wer fühlt sich in Casarsa nicht mehr oder minder mit allen verwandt? Ein halbes Dutzend Namen genügt für fünfzig Familien. In den Kirchenbüchern und auf den Grabsteinen findet man nur Colussi, Morassutti, Portolan, Gregoris, Campesis.

Namen, die größtenteils ebensowenig italienisch sind wie das Gepräge des Ortes, in dem der Einfluß Tirols bewirkt, daß die Fassaden mit einem dicken Verputz beworfen, die vollen Fensterläden mit großen Nägeln übersät, die Rosenstöcke in den kleinen Höfen beschnitten, die Scheunendächer verlängert, die Holzbrüstungen der Balkone mit geschnitzten Girlanden verziert, die Bettdecken durch Federbetten ersetzt sind und Kuckucksuhren an den Küchenwänden hängen. Österreich, lange Zeit unser Beherrscher, hat dieser Flachlandgemeinde, um die sich unbewegte Ebene breitet, so weit das Auge sieht, die Gebirgstracht dagelassen. Selbst von der Spitze des Kirchturms reicht der Blick nicht weit genug, um die ersten Ausläufer der Alpen zu erkennen. Die unmittelbar hinter den Gemüsegärten beginnende freie Flur mit ihren freundlichen Laubbäumen erinnert kaum an eine italienische oder Mittelmeerlandschaft; außer den Weinstöcken, aus denen der fahle Pinot von Casarsa gewonnen wird, würdest du keine von den Pflanzen finden, die du liebst. Du könntest dein Brot nur in importiertes Öl tunken. Anstelle von Basilikum und Majoran, die deine Mutter in Töpfen auf ihrer Terrasse zieht, hättest du, um deine Tomaten zu würzen, nichts als die armselige Petersilie, aus der die Altvorderen ein Trauersymbol machten; bei dir zu Hause bedienen sich ihrer die Schlächter nur, um sie den toten Färsen im Schaufenster ihres Ladens in die Nüstern zu stekken. Auf den Feldern an den Ufern der Kanäle wogt der Mais, nicht das Korn. Schnurgerade verlaufen die Straßen zwischen Reihen frischgrüner Eichen oder Akazien. Du begegnest Mädchen, die Ingrid oder Trudeliese heißen, Knaben, die deutsch Gunnar, Dieter, Franz getauft wurden.

Der durchreisende Fremde macht nur halt, um in der Gaststätte kurz vor dem Ortseingang einige Scheiben San-Daniele-Schinken und ein Paar Wachteln mit einem Stück Polenta zu verzehren. Die Kirche dünkt ihn plump und stillos, das Innere ärmlich und nichtssagend. Der Genius von Venedig, der auf die gotischen Paläste, die Spitzbögen der

Arkaden, die Loggien aus rosa Gestein des nicht fernen Udine ausstrahlt, ist bei uns auf den praktischen Verstand und auf die ungehobelte Grobheit der Bauern gestoßen, die eher ein Schar an ihrem Pflug als eine Verzierung am öffentlichen Brunnen anbringen würden. Ihre Hauptstadt ist nicht das vornehme und elegante Udine, sondern der nach der anderen Seite ebenso weit entfernte große bäurische Marktflekken Pordenone, der durch Baumwollspinnereien und durch den Viehmarkt reich geworden ist; dank der Zahl und dem Einkommen seiner Bewohner hat er so an Bedeutung gewonnen, daß er einige Jahre nach dem Krieg in den Rang der Bezirkshauptstadt erhoben wurde, und das mit einer Zeremonie, die als einziges Datum in die Annalen einer Stadt bar jeder besonderen Vorkommnisse eingegangen ist. »Sie haben einen Präfekten eingestellt, um eine historische Persönlichkeit zu haben«, sagte Mama lachend, da sie sich der Zeit erinnerte, als sie auf Bitten ihrer Schwester nach Pordenone fuhr, um Briefumschläge, Bleistifte und andere kleinere Papierwaren für sie zu besorgen.

Ein Spott, der zwanzig Jahre nach den Lateranverträgen das tiefe Mißtrauen verriet, das nach wie vor das katholische und päpstliche Friaul gegenüber dem italienischen beseelte. In meiner Jugend war Don Paolo, der Pfarrer von Casarsa, die einzige sowohl religiöse wie zivile Autorität, die von den Dorfbewohnern anerkannt wurde. In der Person von König Viktor Emanuel III. verurteilten sie den Enkel des Mannes, der Pius IX. seine Hauptstadt geraubt hatte. Don Paolo verheiratete die jungen Paare, die laut Gesetz nicht verpflichtet waren, sich im Rathaus zu melden; meist vermieden sie diesen Kompromiß mit den Usurpatoren. Die Namen der Neugeborenen sowie die der Verstorbenen wurden vorzugsweise in den Kirchenbüchern eingetragen und nicht in den Registern des Standesamtes. In dieser polemischen Atmosphäre bin ich aufgewachsen, in der das Festhalten am religiösen Glauben keineswegs heimliches Einvernehmen mit der Macht noch Verteidigung von Privilegien bedeutete, sondern im Gegenteil Widerstand gegen den zentralistischen Staat und Selbstschutz einer bedrohten Minderheit. Ist es beispielsweise ein Zufall, daß der Furlaner Klerus überall dort, wo er konnte, den Gebrauch des Dialektes beibehielt?

Die Behördenangestellten und ein Teil der Lehrer bedienten sich des Italienischen, den Priestern fielen das Risiko und die Ehre zu, sich der Verbreitung einer Sprache zu widersetzen, die uns die Ausstrahlung eines fremden Willens schien, so wie man heute Englisch können muß, um eine Anstellung zu bekommen. Dieses Sprachproblem hat mir ganz schön Sorgen bereitet und mich in einen unlösbaren Widerspruch gestürzt, seit ich angefangen habe, mit den Kommunisten zusammenzuarbeiten. Wie konnte ich, ein Mann der Linken, meinen Freunden gegenüber nur die Bedeutung eines nationalen Idioms als Instrument des demokratischen Fortschritts und der Kultur in Abrede stellen? Was für eine Idee, sagten sie zu mir, deine philologischen Verbündeten unter den Kuttenträgern zu suchen!

Als junger Mensch habe ich mit ungeteilter Liebe und Begeisterung der Kirche und den Evangelien angehangen; das wäre bestimmt nicht so gewesen, hätte ein bigottes und heuchlerisches Klima unser Haus belastet. Um mich her sah ich nur lebhafte und hübsche Frauen, angefangen bei Mama, deren kritischer Geist das Gegenteil von der weinerlichen Frömmigkeit war, die deine Kindheit im Collegio di San Gregorio bedrückt hat. Mama bewahrte in ihrem Herzen eine naturverbundene Religion: die Seide der Maiskolben, die sie im Schuppen abputzte; das Quietschen der Wasserpumpe, die sie unter dem Küchenfenster betätigte; der schwerfällige Gang der Ochsen auf der Straße; die Sonnenstrahlen auf dem Wachstuch; die Spritzer der Regengüsse an den Scheiben – all das redete in der Sprache des Himmels zu ihr. Sonntags nahm sie uns mit zur Messe, die furlanische Predigt von Don Paolo anzuhören; keiner aus dem Ort hätte bei dieser Zusammenkunft gefehlt, deren politische Bedeutung ebenso zu bewerten war wie das christliche Anliegen. Die Wetterfahne in Form eines aufrecht stehenden Hahns auf der Spitze des Kampanile verkündete die Freiheiten unseres Fleckchens Erde nicht lauter als die in der lokalen Mundart seiner Schäfchen gehaltene Moralpredigt des Pfarrers.

Ein einziger Aspekt des Katholizismus stieß Mama und mich ab: die Gottesverehrung. Wie hätten wir auch einräumen können, daß es im Himmelreich einen Herrn und Meister gab, der nach dem Ebenbild dessen geschaffen war, der als Despot in unserem Haus wütete? Jeder Souverän schien uns ein Tyrann, ähnlich dem Beispiel, das wir täglich vor Augen hatten. Daher bleute mir Mama eine revidierte und korrigierte Religion ein, bei der uns kein Zepter seinen Glanz und kein Vater seine Herrschaft aufzwang.

Als jungverheiratete Frau war sie nach Ravenna gereist. Ihre Schwägerinnen, steif und blaß in ihrer gleichbleibenden Trauerkleidung, nahmen sie mit, die Basiliken und die Gräber der alten Metropole des orientalischen Kaiserreiches zu besichtigen. Sie drang in die geheimnisvollen Kirchenschiffe ein, in denen das von den alabasternen Fensterscheiben gefilterte Tageslicht ein Feuerwerk an Farben auf den kleinen Mosaiksteinen zwischen den Säulen abbrennt. Stumm stand sie vor Theodora, die Pracht ihres Schmucks lähmte sie. Sie kniete am Sarkophag der Galla Placidia in ihrem blauen Mausoleum nieder, sprach ein Dankgebet vor der von Maximinianus hochgehobenen goldenen Patene, trank mit den Tauben aus dem sprudelnden Lebensbronn – aber immer spürte sie aus der Tiefe des Gewölbes, das den Chor überspannte, den weit geöffneten, starren und versteinernden Blick eines Christus Pantocrator, der den Pomp seiner geheiligten Majestät entfaltete, auf sich gerichtet. Von Schaudern gepackt, floh sie und lief hinaus ins Freie. Das *Battistero degli ortodossi* schreckte sie: In einem heftigen Anfall von Husten und Niesen krümmte sie sich zur Verwunderung ihrer Verwandten, die nicht wie sie den auf der Apsiswand erblickten flammenden Gott mit dem Bild eines bereits verabscheuten Gatten zu verbinden vermochten, über eine Bank auf dem Vorplatz.

Der Christus, den sie von ihrer Hochzeitsreise mit heimbrachte, war nicht der inmitten eines Hofs von Pfauenaugen auf einem Thron sitzende unerbittliche Richter, auch nicht der Herr über die mit einer Aureole von Gold und Geschmeide umgebenen Blitze, sondern der Jesus von Nazareth, der am Tage seines Todes ebenso arm und von allen verlassen war, wie seine Geburt im Stroh eines Stalles glanzlos gewesen ist. Ohne zu bedenken, daß ihr die byzantinische Theologie nur deshalb angst gemacht hatte, weil Ravenna die Stadt von Carlo Alberto war, schied sie aus ihrer inneren Religiosität all das aus, was sie an die Rechte gemahnen konnte, die ein Mann auf sie hatte, der sich auf seinen Anspruch als Ehemann, auf seinen Rang als Offizier berief; und von ihrer katholischen Erziehung nur das bewahrend, was ihren Mutterinstinkt nährte, sich über den Jahwe des Moses wie über einen inmitten einer Menschenmenge verlorenen unnützen Gegenstand hinwegsetzend, beschränkte sie ihre Verehrung auf den schutzlosen Neugeborenen von Bethlehem, auf den Flüchtling aus Ägypten, auf den Einsamen in der Wüste, auf den Verlassenen von Gethsemane, auf den Gefangenen der Juden, auf den Gekreuzigten von Golgatha, auf den, der in seinem Todeskampf Angst und Durst ertrug. Bis zu dem Tag, auf den sie nicht lange zu warten brauchte, da sie selbst einen Sohn hatte und das Füllhorn ihrer Fürsorge über ein hilfloses Wesen ausschütten konnte: wie alle italienischen Mütter, gewiß, aber in ihrem Falle mit dem Plus an Inbrunst und Zuneigung, das ihr die Gabe der Prophezeiung verlieh. Ich war der Sohn, den sie im Unterbewußtsein mit Christus identifizierte, während sie sich die Rolle der Jungfrau Maria vorbehielt.

Wie wird sich der Einfluß des biblischen Vorbilds auf meinen weltlichen Lebensweg auswirken? Ich brauchte weder die großen Prozesse von Rom abzuwarten noch die Gemeinheiten, mit denen mich die Pharisäer überschüttet haben, noch meinen nichtswürdigen Tod an einem noch trostloseren Ort als dem Kalvarienberg, um als erster in meinem Jahrhundert diese Rolle des geweihten Opfers zu spielen. Mama hatte sie mir seit meiner zartesten Kindheit zugedacht. Auf ihren seherischen Instinkt vertrauend, trug sie nicht Sorge, sie mir in der glücklichen Jugendzeit zu verwehren. Bis zu den ersten Skandalen, die ihre Befürchtungen bestätigten, gab es zwischen uns nur verschwörerisches Flüstern, unterdrückte Seufzer, schmeichlerische Worte gegenseitigen Zuspruchs, geheime Vorbereitung auf die Prüfung. Nie wurde ein Kind mehr verhätschelt, mehr dafür getröstet, daß es in die Welt gesetzt worden war. Schon als mich noch niemand beschuldigte, wischte sie den unsichtbaren Schweiß kommender Verfolgungen von meinem bartlosen Gesicht.

Wen mein Recht der Erstgeburt am teuersten zu stehen

kam, das müßte man Guido fragen. Der Ärmste spürte sofort, daß er weniger geliebt wurde als ich, Gegenstand geringerer Bemühungen und Aufmerksamkeiten war. »Ein strammer Bursche, mein zweiter Sohn!« Dieser rituell vor den Nachbarinnen wiederholte Ausspruch zwang ihn dazu, sich durch männliche Spiele zu stärken und sich ernsthaft abzuhärten, ihn, der von Natur aus nicht robuster war als ich. Meine Mutter bedachte ihn mit dieser lobenden Beurteilung nur, um meiner ihrer Ansicht nach als schwächlicher eingeschätzten Person die Ausschließlichkeit ihres Mitgefühls zu bewahren.

Mein Bruder versuchte wohl, ein wenig von diesem charismatischen Dunst, den er als Nimbus um meine Stirn sah, auf sich zu lenken. Eines Tages, als ich am ausgetrockneten Flußufer mit den Jungen meines Ortes stritt, setzte er sich mit einem solchen Feuereifer für mich ein, daß sie ihre ganze Angriffslust auf meinen Verteidiger übertrugen. Sie rafften Kiesel auf, um damit nach ihm zu werfen; es fehlte nicht viel, und er wäre gesteinigt worden. Er kam mit einem Nasenbeinbruch, Blutergüssen im Gesicht und zerrissener Kleidung davon. Meine Mutter beeilte sich, ihn zu pflegen, schickte nach dem Arzt, säuberte seine Wunden, flickte seine Sachen. Aber diese Episode umwob sein Haupt keineswegs mit der Aureole eines Märtyrers; das Tabernakel des mütterlichen Herzens öffnete sich ihm nicht. Was wissen wir von den Brüdern Christi? Sie mußten ihrerseits auch leiden, die Agonie kennenlernen, den Tod hinnehmen: die Geschichte hat nicht geruht, ihr Inkognito zu lüften. Mein Bruder, dem beinah das Los des heiligen Stephan zuteil geworden wäre, blieb, wie der ehrenwerte Diakon von Jerusalem, ein Statist in den himmlischen Heerscharen. Er wurde Sportler, Jäger, war stets guter Laune und fröhlich; aus Zartgefühl fügte er sich in die untergeordnete Rolle, in die mein Monopol ihn verwies, und verbarg meiner Mutter seine Sorgen und inneren Nöte, war es doch eines seiner hervorstechenden Merkmale, daß auf seinen Lippen allzeit das starre Lächeln des zur Bedeutungslosigkeit verurteilten »braven Jungen« lag.

Sein kurzes Leben klang mit einer heroischen Tat aus, durch die er mir um dreißig Jahre im Tode voranging. Wie er der Opferung mit der Gewißheit des nahen Endes entgegenlief, vielleicht sogar voll Ungeduld, sich töten zu lassen, das werde ich dir zum gegebenen Zeitpunkt erzählen. Nichts bringt mich von dem Gedanken ab, daß der Wunsch, dem Vaterland zu dienen, nicht das beherrschende Motiv in seinem Innern war; und daß er unterschwellig den Tod ersehnte, um seiner Mutter zu beweisen, welch großes Herz, von niemand vermutet, in seiner Brust schlug. Aber der Platz des Opferlamms war besetzt. Er wurde beweint, gewaschen, in sein Leichentuch genäht und beigesetzt wie ein gewöhnlicher Sterblicher. Seine Manen müssen noch heute unter der Erde umherirren und nach einer Anerkennung suchen, die ihm auf ewig versagt sein wird.

Bei mir dagegen genügte es, daß ich einen einzigen Tropfen meines Blutes vergoß, damit das Hauswesen kopfstand. In welches Jahr muß ich den regnerischen Nachmittag datieren, an dem ich mit einer Armensündermiene heimkehrte, das Fahrrad an der Hand führend nach einem Sturz, bei dem ich mir das Knie aufgeschlagen hatte? Meine Tanten wurden mobilisiert. Die eine hastete zur Apotheke, die andere setzte Wasser aufs Feuer, während die dritte einen sauberen Lappen aus dem Schrank holte, um die Waschschüssel auszutrocknen. Ich lag reglos quer über meinem Bett. Mama saß an meinem Kopfende auf einem Schemel und tupfte meine Stirn mit lauwarmen Kompressen ab. Ich begann einzudösen, weniger vom Schmerz betäubt als vom Rascheln der Kleider und vom Seufzen der Frauen, als eine meiner Tanten, und zwar die aus dem Papierwarengeschäft, die aus Pordenone einen Packen Heiligenbildchen für die Meßbücher mitgebracht hatte, einen Farbdruck der Kreuzigung aus der Schachtel hervorholte und, als sie sah, daß wir einander bei den Händen hielten, ausrief: »Schaut, die Mater dolorosa!« Eine ironische Äußerung, die den Charakter der weiblichen Mitglieder meiner Familie kennzeichnet. Enrichetta, die einzige verheiratete der drei Schwestern meiner Mutter, hatte selbst kleine Kinder, meine Cousins. Mamas Gesicht wurde rot. Sie ließ meine Hand los, stand auf, schickte meine Tanten fort und verband selbst mein Knie mit den knappen und exakten Hantierungen einer Krankenpflegerin.

Die spitze Bemerkung ihrer Schwester hatte sie wieder auf den Boden der Tatsachen zurückgeführt. Der Humor hat uns zum Glück daran gehindert – meine Mutter ein wenig, mich ganz und gar –, uns ernst zu nehmen, selbst dann, wenn uns weit ernstere und tragischere Umstände als ein wundes Knie als Folge eines Sturzes vom Fahrrad in wahrhaftige Figuren der *Pietà* verwandelten. Meine Tanten, die sich, hinter ihren fächerförmig gespreizten Fingern losprustend, aus meinem Zimmer zurückgezogen hatten, zögerten nicht, wieder aufzutauchen, nunmehr als fromme Frauen, getreues Gefolge auf meinem Kreuzweg. Dreiunddreißig Stationen: die Anzahl der Prozesse, die in meiner Zukunft lagen; so viele wie Christi Lebensjahre. Schon in meiner Kindheit, ich war ein wilder Strolch, hatten sich die Personen der Passionsgeschichte um mich gruppiert. Man könnte sagen, mein Leben sei dem von Jesus Christus nachgestellt. Aber der gesunde Menschenverstand meiner bäuerlichen Vorfahren aus dem Friaul wird mich vor mystischer Selbstverherrlichung bewahren. Der Jesuitenpater, der nach meiner Ermordung durch die Straßen Roms lief und die Wände mit der in roten Buchstaben hingekritzelten Schmähung *Pig Pig Pig* beschmierte, würde nur zu gern »Betrüger« oder »Narr« rufen. Und ich selbst würde lachen, wenn ich an den Farbdruck meiner Tante und an ihren liebevollen Spott zurückdächte.

5

Der Fluß, in dessen Nähe mein Bruder eine Tracht Prügel bezog, durchschneidet das Friaul senkrecht: daher vielleicht sein Name Tagliamento. Bonaparte gewann hier am 16. März 1797 eine Schlacht gegen die Österreicher, den Erbfeind von Custoza und Caporetto. Mein Vater verlegte das Datum dieses Sieges auf den 5. März, damit der Tag mit meinem Geburtstag zusammenfiele. Er hielt Napoleon für einen italienischen General, so wie er Nizza, Korsika, einen Teil der Julischen Alpen und einige Gipfel Kärntens für die Krone Viktor Emanuels beanspruchte.

Casarsa liegt auf der Seite von Pordenone, etwa ein bis zwei Kilometer landeinwärts. Die Häuser konnten nicht näher ans Ufer gebaut werden. Stell dir ein Bett unmäßiger Breite vor, angefüllt mit Kieselsteinen und grauem Sand, elf von zwölf Monaten ausgetrocknet; ein schmaler und tiefer Hauptarm, eine Unmenge Nebenarme, durch Kiesbänke, dichtes Gebüsch und grüne Eichenhaine voneinander getrennt. Keine Böschung und kein Damm zeigt die Abgrenzung des Flusses an. Man erreicht ihn auf grundlosen Wegen, die sich mitten im Geröll verlieren. Keine Fahrzeuge, sehr wenige Fußgänger. Durch das Laub gewahrten wir in der Ferne die eisernen Stützpfeiler und den Belag der gewaltigen Straßenbrücke, die beide Ufer verbindet. Zusammen mit meinen Cousins, mit Roberto, mit anderen Jungen aus dem Ort verbrachte ich ganze Nachmittage damit, unser Reich zu erforschen: auf die vom Hochwasser zurückgelassenen Baumstämme zu klettern, in das kalte Wasser zu springen, das wir mit unseren des Schwimmens kaum kundigen Armen kräftig schlagen mußten, uns durch Wälzen im sonnengewärmten Sand zu trocknen, im Schutz der Weiden zu schlafen, von einer unbekannten Insel Besitz zu ergreifen; auch Kämpfe gab es, aber sie verliefen so ungeordnet und stillos, daß sie nicht zu dem geringsten Vergleich mit Napoleons strategischem Genie berechtigten, trotz des väterlichen Nachhilfeunterrichts in Geschichte. Keine dieser Beschäftigungen, selbst die nicht, die ich noch erwähnen muß, wog für mich die Erwartung der ersten Schatten der Nacht auf, wenn die von der Kirchenglocke abgebeteten Töne des Angelus in der dunklen Luft über meinem Haupt erstarben.

Was empfand ich damals? Zwei Religionen teilten sich mein Herz. Die eine hatte ich in Casarsa zurückgelassen; sie brachte sich mir in Erinnerung durch diese von den Wellen der Abendluft getragenen melancholischen Glockentöne; sie redete in der melodischen Sprache der christlichen Tugenden und Pflichten zu mir. (Mögest du mir diese nicht mehr gebräuchlichen Begriffe und Redewendungen verzeihen, die meinen Schulbüchern entstammen, insbesondere den Auszügen aus dem berühmtesten der für den Unterricht geschriebenen Romane, der zu Recht *Cuore* betitelt war, einer Sammlung erbaulicher Verhaltensregeln.)

Religion für Frauen (ich reihte Don Paolo unter die Frauen ein), reserviert für Frauen, lokalisiert auf frauliche

Bereiche: das Haus, die Kirche, den Brunnen. In Gedanken sagte ich »die Traufe« und nie »der Brunnen«, so unvereinbar schien mir die summende Tätigkeit der Wäscherinnen mit einem maskulinen Substantiv. Ein weiterer Mittelpunkt der häuslichen Lebensgewohnheiten war für mich der Stall, in den sich die jungen Mädchen allabendlich zur Melkstunde begaben. Ich verstand mich gut mit Aurelia, deren schwarze, mit einem roten Band zusammengehaltene Zöpfe ihr bei jeder Bewegung zwischen den Schultern tanzten. Sie rief unter meinem Zimmerfenster (das auf die Mais- und Rübenfelder hinausging) nach mir, damit ich sie zum Bauernhof begleitete. Ich nahm einen der leeren Eimer, und wir gingen, einen Stein vor uns her stoßend wie beim Hüpfespiel, die Dorfstraße entlang. Die Hausfrauen auf ihren Türschwellen wischten sich die Hände an der Schürze ab. Die Kaninchenfrikassees, die auf den Herden vor sich hin kochten, die Auberginenbeignets, die in den Pfannen gebacken wurden, und die in den Kesseln dampfenden Heidelbeerkompotte strömten einen Strauß verlockender Düfte in die malvenfarbene Luft aus. Ich sog diesen häuslichen Wohlgeruch mit ebensoviel Demut wie den Weihrauch während der Messe mit geweiteten Nasenflügeln tief ein.

Jeden Sonntag pilgerte eine lange Prozession von Bußfertigen zur Sakristei, wo Don Paolo, im dunklen Beichtstuhl sitzend, der Aufzählung ihrer Sünden sein Ohr lieh. Mama war vor meinen Tanten an der Reihe; deren Tuscheln folgte auf ihr Flüstern. In allen Kirchen der Umgegend summte es zur gleichen Stunde vom gleichen Gemurmel. Von einem Glockenturm zum anderen war Venedig im Glauben verbunden. Das Konzil von Trient hatte seine Tagungen nicht umsonst weniger als hundert Kilometer von Pordenone entfernt abgehalten: der Geist der Gegenreformation wirkte nach wie vor bei uns zulande. Heitere und lächelnde Frömmigkeit meiner Mutter und ihrer Schwestern; aber immerhin Frömmigkeit. Schwarze Kleidung und bedeckte Arme zum Gottesdienst, Beten vor jeder Mahlzeit, Fasten am Freitag. Die Pfarrer bewahrten sich ihren vollen Einfluß in diesen ehemaligen Besitzungen Maria-Theresias; ihre Anordnungen wurden um so mehr respektiert und befolgt, als der Lokalpatriotismus in ihnen seine Verteidiger erkannte. Ein solches Klima hätte mich ersticken müssen. Daraus wurde nichts. Diesem klerikalen und devoten Friaul war es nicht gelungen, ein archaisches Friaul, aus Zeiten, die noch vor den Barbareneinfällen lagen, zu verdrängen, das heidnische, zügellose, einfache, sinnliche Friaul der Veneter, frei von Skrupeln und Scham. Ländliches Paradies vor dem Sündenfall, dessen sonnenklare Unmoral wir, die jungen Burschen des Tagliamento, in unserer Hemmungslosigkeit am Fluß widerspiegelten.

Ich habe eine Fotografie aus jener Zeit aufgehoben: das sind wir, neun oder zehn Schlakse – nur ich klein und gedrungen – in Badehosen (einige auch nur mit einem Lappen zwischen den Beinen), träge am Strand hingefläzt. Ein jeder hütete eifersüchtig das Geheimnis seiner aufkeimenden Männlichkeit, bestand doch die einzige Schande (wohl eher Ungeduld und Ingrimm als Schande) darin, sich den reiferen Kameraden gegenüber noch nicht mannbar zu wissen. In welchem Alter ich zum erstenmal Liebe gemacht habe? Bei welcher Gelegenheit? Mit wem? Übliche Fragen in allen Aufklärungsromanen, die den Verfasser zu Seiten über Seiten inspirieren. Für mich lächerliche Fragen. Wüßte ich etwa die Antwort, wenn man mich nach der Erinnerung an meinen ersten blauen Himmel, meinen ersten Apfelkuchen fragte? Ich machte Liebe, ohne mir bewußt zu sein, daß ich »Liebe machte«; noch weniger, ganz ohne Zweifel, ein Außenseiter der Liebe zu sein, mich in einen finsteren, von Hindernissen und Gefahren strotzenden Wald vorzuwagen. Ich machte Liebe aus Lust, aus Appetit, ebenso natürlich, wie ich mich an den Tisch setzte, wenn ich Hunger hatte. Beim erstenmal gab es für mich weder Angst noch Erstaunen, weder einen Schock noch ein Datum, das am Kopfende meines Betts mit einem Kreuz zu vermerken war. Allein das Schuldgefühl, das die Nachkommen von Moses bedrückt, wandelt die Entdeckung des Vergnügens mit einem Freund in ein denkwürdiges Ereignis um. Ein Schuldgefühl, von dem ich frei war, dank des in Casarsa unter dem Mantel des Katholizismus heil gebliebenen Reservoirs an gesunder und robuster Fröhlichkeit (dem berühmten »indoeuropäischen Substrat«?). Meine Wurzeln stießen in diesen Urboden, in diesen heidnischen Humus vor, aus dem ich kräftig, unschuldig und gerade wie eine Stange emporwuchs.

Erwiderte ein Kamerad mein Lächeln, dann verschwand ich mit ihm hinter einer Baumgruppe oder in das dichte Unterholz: aus Angst, von allzu Uneinsichtigen und Anfängern verurteilt zu werden. Kein Grund in der Tat, uns des unvollkommenen Genusses zu rühmen, auf den uns die provisorische Unzulänglichkeit unserer Möglichkeiten beschränkte. Es war besser für uns, abseits miteinander ins reine zu kommen. Uns jedoch wegen Anstößigkeit unserer Handlungen zu »verstecken«, das stand unter uns niemals zur Debatte. Saß ich abends am Familientisch, dann hatte ich nie das Gefühl zu »lügen«, wenn ich bei den Mahlzeiten bestimmte unserer Spiele am Nachmittag verschwieg; ebensogut konnte ich in meinem Bett den Gutenachtkuß von Mama in völliger Gelassenheit hinnehmen, ohne daß mich das Gefühl einer unter den Weiden des Flusses begangenen »Sünde« zwang, ihrem Blick auszuweichen.

Die schönste Zeit meines Tagesablaufs ging, wie ich dir gesagt habe, der Rückkehr ins Dorf kurz voraus. Ich streckte mich, die Sinne befriedigt, wohlig auf dem lauen Sand aus, bis mir das Angelus das Signal zum Aufbruch gab. Mit welcher Wollust, verstärkt durch die Melancholie des Abends, kostete ich dann diesen harmonischen Einklang meiner beiden Welten aus! Dort die um die Kirche gescharten Heimstätten, der Rauch aus den Schornsteinen, das Gemurmel der betenden Familien (um es wiederum mit Edmondo de Amicis zu sagen); hier die freien Gesten, die nackte Haut, der Duft von Salz und Moschus auf dem Körper, das physische Glücksgefühl. Die vom Kampanile herabgetropften transparenten Töne erteilten unseren im Gebüsch verübten Streichen Casarsas Segen; konnte man noch daran zweifeln, daß im Universum alles schön und gut war, wenn sich mit der Dämmerung die kristallklare Himmelsbotschaft auf meine erschlafften Glieder niedersenkte?

Dieser naive Eklektizismus ist der Luxus meiner Jugendzeit gewesen. Vielleicht erhöhte die Vorahnung, daß ich bald Partei ergreifen müßte, meine Glückseligkeit. Noch ein paar Jahre, und ich würde vor die überaus schwere Entscheidung gestellt werden: entweder der Religion meiner mütterlichen Linie gehorchen, aber gegen meine Natur verstoßen, oder den Mut beweisen, ich selbst zu sein, aber mit dem schlechten Gewissen des Abtrünnigen. Welcher im katholischen Glauben erzogene und seinen jugendlichen Illusionen entwachsene Mensch vermag diesem Dilemma zu entgehen? Der Traum, die Moral der Kirche mit meinen persönlichen Bedürfnissen in Einklang zu bringen, ist mit den anderen Hirngespinsten der Kindheit zerronnen. Ich habe ohne Zögern meinen Weg gewählt, aber der freie Mensch, der ich sein wollte und der gewesen zu sein so viele Dummköpfe mich preisen, hat stets die Fesseln seiner christlichen Erziehung mit sich herumgeschleppt. Unmöglich, mit der leichten Tunika der Griechen bekleidet, durch die Welt zu ziehen, wenn man bis zum Alter von zwanzig Jahren jeden Sonntag pünktlich der Messe beigewohnt hat. Ich habe in meine Gedichte ebenso viele Lobpreisungen für Christus eingewebt wie ein Zeitgenosse von Giotto: Wenn ein Anhänger von Gramsci Christus in solcher Weise verbunden bleibt, wundert es dich dann, daß deine des Lesens und Schreibens fast unkundige Mutter über ihrem Herd ein Porträt von Stalin und das Bild der Madonna nebeneinander aufhängt? Kein Film hat mir mehr am Herzen gelegen als der über das Evangelium. In meinem Privatleben spürte ich – wiewohl ich die Maske fallengelassen und mich furchtlos gegeben habe – das Herz des Judas in meiner Brust schlagen.

Ist während meines rund dreißigjährigen Aufenthalts in Rom ein einziger Tag vergangen, an dem ich mich nicht nach meinem verlorenen Friaul sehnte? Wunderbares Eden, das Virgils Buche in die Paradiesflora mit aufnahm. Ausgestreckt auf dem Kies liegend, war ich Sohn der Erde und doch immer dem Geschlecht Adams zugehörig. Später ist es mir nie vergönnt gewesen, eine Freude frei von Gewissensbissen auszukosten; vergebens habe ich versucht, die Unbefangenheit meiner frühen Gemütsbewegungen wiederzuerlangen; die Musik, die in meine Ohren drang, war nicht mehr die Schalmei des Tityrus noch das Saitenspiel der Engel. Der tiefe Baß von Sankt Peter ist an die Stelle der Glokken meines Heimatdorfes getreten; er hat mich wieder mit dem Bann der Christenheit und der Nation geschlagen; er hat mein gesamtes Verhalten irregeleitet. Ich habe den religiösen Verboten mit der Anmaßung des Verräters trotzen, den Gelüsten meines Fleisches mit der Fieberhaftigkeit des Eidbrüchigen nachgeben, meine Sache mit dem Fanatismus des aktiven Kämpfers verfechten müssen, ich, der ich für die Sanftmut und für die Friedfertigkeit geschaffen bin.

(Schau dir an, was heute los ist. Die christliche Erziehung bedrückt die Jugendlichen nicht mehr. Freud ist an die Stelle von Jesus getreten. »Viktoria!« schreien die Dummköpfe, ohne sich darüber klarzuwerden, daß sich nichts geändert hat. Ein Psychoanalytiker hätte zu mir gesagt: »Vergnüge dich mit deinen Kameraden, das ist in deinem Alter so. Bis sechzehn, siebzehn wird alles, was du tun kannst, kaum Konsequenzen haben. Nütze die Vergünstigung, die dir gegeben ist, bis zur Neige. Denn danach, wohlgemerkt . . .« Danach mußt du *ein Mann* werden. Du mußt dieses kindliche Stadium hinter dich bringen und dich zum Erwachsenen entwickeln und entfalten. Eine Entwicklungsstufe ist eine Entwicklungsstufe! Ein jeder, der länger als die rechtmäßige Zeit in ihr verbleibt, wird der Unreife beschuldigt und dafür von dem Tribunal gerichtet, das die sozialen Aufgaben und Verantwortlichkeiten verteilt. Ich frage mich, Gennariello, was hat deine Generation dadurch gewonnen, daß sie Unterricht in Wien genommen hat, statt sich vor Nazareth niederzuwerfen. Schuldig, allzeit schuldig! Ebenso wie wir vor dreißig Jahren, begeht ihr eurerseits nunmehr einen Fehler, wenngleich dieser Fehler nicht mehr Sünde heißt, sondern Abweichung, Rückschritt, Festlegen auf eine Übergangsphase. Hör also auf, deine scheußlichen Heiratsabsichten dadurch zu rechtfertigen, daß du mir versicherst, du handeltest unabhängig von den Geistlichen. Läßt du dich nicht von Don Michele beeinflussen? Na schön. Du gibst anderen, tausendmal hinterhältigeren und heimtückischeren Pressionen nach, weil die Theorie von den »Phasen« in der Luft liegt, die du absorbierst, wenn du dir ansiehst, wie die Signora Prontosoccorso im Fernsehen ihre Agentur für Eheberatungen anpreist; wenn du bei deinem Frisör die Seiten des medizinischen Ratgebers studierst; wenn du mit einem Blick den Leitartikel des *Mattino* überfliegst, der den »Problemen« der Jugend gewidmet ist, während du am Büfett den letzten Tropfen deines schaumigen *Cappuccino* austrinkst. Ganz zu schweigen von den Reden deines kommunistischen Bruders, der Vorarbeiter bei Alfa Romeo ist.)

Die Mädchen kamen nicht mit uns an den Tagliamento. Stillschweigendes Abkommen, das nach dem Unglück, das beinah geschehen wäre, zur strengen Regel wurde. Die kleine Aurelia wollte uns begleiten. »Kannst du schwimmen?« fragte Roberto. Sie antwortete mit einem Achselzukken; ich ging mit geballten Fäusten auf Roberto los. Er floh aus meiner Reichweite und raffte ein paar Steine auf. Nach dem schnell beendeten Streit erreichten wir das Flußufer ohne weiteren Zwischenfall. Aurelia trug ein geblümtes Baumwollkleid, das sie sorgsam zusammengefaltet auf dem Ufergeröll niederlegte. Ein einteiliger Badeanzug, auf den Schultern von Trägern gehalten, modellierte die eben knospenden jungen Brüste ihres noch knabenhaften ranken Körpers. Sie hob die Arme, um ihren Knoten zu richten. Ich erinnere mich, daß ich angewidert war von dem Wust ihrer pechschwarzen Haare, die, viel dunkler als die auf dem Kopf, als schweißverklebte Büschel ihre Achselhöhlen füllten.

Roberto und die anderen, bis zu den Hüften im Wasser, bedeuteten uns mit Zeichen, zu ihnen zu kommen. Aurelia ließ ihre Beine bräunen und schloß die Augen, während sie ihr Gesicht der Sonne darbot. Vielleicht kann sie tatsächlich nicht schwimmen, sagte ich mir, wütend darüber, daß ich nicht bei meinen Freunden war und die schönste Zeit des Tages versäumte. Stand ich jetzt auf, dann machte ich den Eindruck eines kleinen Jungen, dessen man sich entledigt, indem man ihn spielen schickt. Mein Stolz gebot mir, bei Aurelia sitzen zu bleiben. »Du hast mir nicht gesagt, daß es hier soviel Fliegen gibt«, rief sie, plötzlich aufspringend. Ich nahm sie bei der Hand, wir gingen etwa hundert Schritt flußaufwärts bis zu einer abschüssigeren Stelle. »Wer schneller ist!« sagte ich zu Aurelia. Roberto, der nahe am Ufer umherpatschte, wäre überrascht gewesen, hätte er uns ins tiefe Wasser springen sehen.

Überschätzte sie ihre Fähigkeiten? Wurde sie von Unwohlsein befallen? Auf halber Strecke drehte ich mich um, weil ich sehen wollte, wie weit ich sie hinter mir gelassen hatte. Sie schlug in einer Gegenströmung wild um sich, versank, kam mit Mühe, fast erstickt, wieder an die Oberfläche. Die Strömung riß sie mit sich fort. Als ich das andere Ufer erreicht hatte, war sie in einem Strudel verschwunden. Das rote Band eines ihrer Zöpfe schwamm wie ein Korken, ging dann auch unter. Meine Kameraden rannten schon am Fluß entlang herbei und schrien mir etwas zu. Ich stürzte mich in die Strömung, packte Aurelia bei den Haaren und brachte sie an das Ufer zurück. Gerade noch rechtzeitig: ohnmächtig, die Augen geschlossen, kalt und regungslos in meinen Armen, sah sie aus, als wäre sie mehr tot als lebendig.

Wir legten sie in den Sand. Die einen drückten ihre Kiefer auseinander, die anderen bewegten ihre Arme und Beine. Ich saß kraftlos hinter ihr auf dem Stein, auf den sie ihren Kopf gebettet hatten, und begnügte mich damit, über ihr Haar zu streichen. Wie schön sie mir schien! Warum ließ man sie nicht in Ruhe? Blaß und schemenhaft wie eine Lotosblume, so mochte ich sie am liebsten. Einen Augenblick lang glaubte ich sie tot. Ich begann nervös zu zittern, nicht vor Kummer (obwohl mir Aurelia von all meinen Spielgefährtinnen am besten gefiel), sondern geschüttelt von einer Art Erregung, die, in Worte gekleidet (wenn ich meine Gedanken für mich hätte formulieren können), diese Folge unsinniger Ausrufe ergeben hätte: »Du bist tot, und ich liebe dich! Nie hast du mir so gut gefallen wie jetzt! Bleibe tot, wie du es bist, damit ich dich ewig liebe!«

Sie spuckte viel Wasser, war jedoch mit dem Schrecken davongekommen. Ich aber, ich war nicht mehr derselbe. Mein Geist beschäftigte sich unentwegt mit der im Tagliamento Ertrunkenen. Nachts öffnete ich das Fenster und schrie ihren Namen in die schlafende Landschaft hinaus. Mir antwortete nur die Stille des Mondscheins, der über den Gemüsegärten und Rübenfeldern lag; oder das ferne Bellen eines Hundes war das Echo meiner Seufzer. Ich war verliebt, wahnsinnig verliebt – wie man es mit vierzehn Jahren sein kann – in sie, mit der mich bislang nur gute Kameradschaft verbunden hatte. Aber diese Liebe entsprach keineswegs der, von der ich in Romanen las: Anstatt mich zu Aurelia hinzutreiben, veranlaßte sie mich, ihre Gegenwart zu fliehen. Ich, der ich es früher nicht für unter meiner Würde gehalten hatte, sie zum Bauernhof zu begleiten und mich an ihrer

Seite auf der Straße zu zeigen, und sei es auch nur, um die Kühe zu melken und ihr beim Eimertragen zu helfen, ich unterließ es fortan, auf ihren Ruf zu antworten, wenn sie unter meinem Fenster stehenblieb, um mir das verabredete Zeichen zu geben. Weit davon entfernt, in Ungnade gefallen zu sein, wie sie ohne Zweifel vermutete, war sie in den Himmel gehoben worden. Das aufgeweckte Mädchen mit den ständig wippenden Zöpfen interessierte mich nicht mehr, seit ich ihr unbeseeltes Bild entdeckt hatte. Ich fand sie allzu aktiv, allzu sanguinisch, allzu lebhaft: allzusehr Frau. Die andere Aurelia, die totenblasse Aurelia, ausgestreckt wie eine Königin im Mausoleum, sie allein entflammte meine Phantasie. Als Liegende hatte sie mich erobert, als Liegende wollte ich sie weiterhin in Ehren halten: verklärt, aus einem ganz anderen Stoff gemacht als aus Fleisch.

Wäre sie tatsächlich tot gewesen, der Fingerzeig hätte nicht deutlicher sein können. Was war sie anderes für mich als die Gelegenheit, zum erstenmal meine Bestimmung vorauszusehen? »Verzichte auf die Frauen, Bewunderer weiblicher Statuen!« Dies war das Geheimnis, das auf ihren geschlossenen Lippen lag, während ich ihre triefenden Zöpfe auswrang. Diesen ganzen Sommer lang habe ich abends in meiner Kammer geweint. Warum diese vergossenen Tränen, deren Zeuge der Mond war? Nicht ein einziges Mal ist es mir in den Sinn gekommen, mich aus dem Haus zu stehlen und ins Dorf zu Aurelia zu gehen, statt mich am Fenster meiner Verzückung hinzugeben und meine Klagen mit dem Raunen der Nacht zu vermischen. Unfreiwillig lehrte mich die Ärmste, meine wahren Ziele zu erkennen. Ich habe nur ihr überirdisches Gesicht, ihren marmornen Körper lieben können. Die einzigen Frauen, mit denen ich später in Beziehung treten sollte, waren berühmte Schauspielerinnen, wegen ihres Ruhms für mich unerreichbare Diven. Das Wissen um das Hindernis, das mir verwehrte, mich ihnen zu nähern, wurde meine stärkste Bindung zu ihnen. Aurelias zeitlose Schönheit als Verstorbene hatte mich an sie gefesselt. Ich schloß immerfort die Augen, um das Bild des Ertrinkens, die Szene am Flußufer wieder zu sehen, die sich in meinen Leichenschauhaus-Phantasien in eine Bestattungszeremonie umwandelte. »Adieu!« rief ich ihr zu, so als hielte ich Totenwache bei ihr, die nicht mehr ohnmächtig auf dem Kies lag, sondern in ihren Sarg gebettet. »Adieu für immer!« Ich schluchzte noch stärker, ohne zu ahnen, daß ich anstelle von Aurelia einen Teil meiner selbst zu Grabe trug.

6

1936 Rückkehr nach Bologna, bis 1943. Vom vierzehnten bis zum einundzwanzigsten Lebensjahr: die entscheidende Zeitspanne. Abschluß meines Studiums am Galvani-Gymnasium: nach dem Namen des bekannten Bologneser Mediziners und Physikers, dessen Schirmherrschaft meinen Vater entzückte. Bei seinem Sohn, dessen Hang zum Literaturstudium er nur widerstrebend sah, hätte er gern die Hinneigung zu den mathematischen Fächern entwickelt. Die Bildung mußte für ihn »positiv« sein. Außerdem, eine Anstalt zu besuchen, die über dem Portal in goldenen Lettern die Inschrift »Luigi Galvani« trug, schien dem Berufsoffizier eine ständige »Aufforderung zur Energie« zu sein. Er hatte von den bekannten Versuchen mit Fröschen gehört: Eines Tages, als der Wissenschaftler mit seinem Skalpell die Nerven der Innenschenkel eines frisch getöteten Laubfroschs berührte, durchzuckte das Tier ein heftiger Schlag. »Galvanisiert euch, galvanisiert euch!« sagte der Hauptmann immer wieder zu seinen beiden Söhnen. Ein Wortspiel, das seine politischen Überzeugungen ebenso zusammenfaßte wie seine Maximen in puncto Erziehung. Als guter Faschist trennte er die Geistesarbeit nicht von einer gewissen Muskeltätigkeit. Die Bildung mußte nicht nur »positiv«, sie mußte auch »anregend«, »elastisch«, »tonisch« sein. Das ging so weit – und das war der einzige Beweis von Zuneigung, den er mir jemals gab –, daß er mich, wenn er mich abends über meine Schulbücher gebeugt antraf, »Frosch«, »kleiner Frosch« nannte, ein Spitzname, von dem er eine stimulierende Wirkung erhoffte, so als würde jedesmal, wenn ich eine meiner Lektionen büffelte, der historische Lurch von Bologna meinem geflissentlich den Druckbuchstaben zustrebenden Körper einige heilsame Volt tierischer Elektrizität übermitteln.

Um meinen Hang zur Literatur in die rechte Bahn zu lenken, kam er auf den Gedanken, mich zu einem Wettbewerb zu melden, den ein großer Mailänder Verleger ausgeschrieben hatte. Valentino Bompiani würde in absehbarer Zeit Schriftsteller wie Moravia und Vittorini herausbringen. Im Augenblick – und aus diesem Beispiel wirst du ersehen, bis zu welchem Maße die faschistische Ideologie in den dreißiger Jahren die unbeugsamsten Geister durchsetzt hatte – organisierte er den Wettbewerb der »Stahlbücher« für einen »von einem zehn- bis sechzehnjährigen Jugendlichen geschriebenen und für Jugendliche bestimmten« Roman. »Sie kennen gewiß die großartige Reihe der *Stahlbücher*: moderne, verlockende, *metallische* Bücher für die Jugend.« (Das Wort »metallisch«, vermute ich, im Gedenken, aber unpassend, an den Frosch Galvanis.) Es folgte (ich schreibe dir den Werbetext ab, so wie er in einem der alljährlich von Bompiani herausgegebenen literarischen Almanache abgedruckt war) die Liste der zwölf nicht aus Papier, sondern aus Metall bestehenden Bücher (welche Enttäuschung, feststellen zu müssen, daß dieses für unverwüstlich gehaltene Material keins von ihnen vor der Vergessenheit bewahrt hat). »Wir wollen dieser Reihe ein dreizehntes, von einem Jugendlichen selbst geschriebenes Buch hinzufügen. Überlegt, welche Genugtuung es für Euch sein wird, Euer Werk in allen Schaufenstern zu sehen und in Eurem Alter einen Urheberrechtanteil zu verdienen wie eine große Persönlichkeit!«

Dieser finanzielle Köder dürfte nicht nach dem Geschmack des Hauptmanns gewesen sein, denn er baute auf die pekuniäre Zwangslage seiner Familie, um seine durch die Uniform und den Einfluß des Militärs nur unzureichend gewährleistete Bevormundung zu festigen. Aber was er auf der nächsten Seite las, das begeisterte ihn. Der Verleger richtete einen mitreißenden »Appell an die Eltern«. »Die heutige Jugend, realistisch, lebenstüchtig, unterscheidet sich sehr von der, die vor dreißig Jahren den Abenteuerromanen von weltberühmt gewordenen Schriftstellern zum Erfolg verhalf. Selbst die Bücher, die lange Zeit in ihrem Genre als Meisterwerke phantastischer Erzählkunst und wissenschaftlicher Vorhersage gegolten haben, sind auf die Stufe einfacher historischer Kuriositäten herabgesunken, nun, da Unterseeboote alle Meere durchfurchen und Flugzeuge an allen

Himmeln dröhnen. Leben wir noch in der Zeit, da ein Roman Euren Sohn dazu verlocken muß, von daheim zu fliehen, um die Tochter des Maharadscha von Lahore dem Scheiterhaufen zu entreißen?«

Gewiß, ich löste mich nach und nach von Jules Verne und von Eugenio Salgari (fand es jedoch alles in allem ein wenig stark, daß Lucio d'Ambra, einer der zwölf Autoren der »metallischen« Romane, in seinem überaus modernen und dynamischen Jugendbuch mit dem Titel *Meine drei Musketiere* Athos, Porthos, Aramis und d'Artagnan durch ... vier Hunde ersetzt hat; immerhin zweifellos zu Ehren der »tierischen Elektrizität«); und ich hatte nicht die geringste Lust, nachdem ich in realiter meine kleine Spielgefährtin aus Casarsa vor dem Ertrinken gerettet hatte, imaginär einer indischen Prinzessin zu Hilfe zu eilen. Aber die großartigen Versprechungen des Bompiani-Almanachs vermochten kaum den zu verlocken, der gerade ganz allein beim Durchstöbern der Antiquariate *Macbeth* und Dickens, Gogol und Dostojewski entdeckt hatte; Bücher, die dem unterseeischen und aeronautischen Ideal und dem elementaren Vitalismus, die unseren jugendlichen Ambitionen vorgeschlagen wurden, um so ferner lagen, als ich sie unter der Galerie mit dem magischen Namen gekauft hatte, die die Piazza Maggiore von Bologna säumt und sich dann an der linken Seite der Basilika San Petronio hinzieht.

Man nennt diese Arkaden »Kolonnaden des Todes«, weil das Gebäude, das sie tragen und das heute in ein Museum und in Büroräume umgewandelt ist, früher das Spital beherbergte. Ich kannte diesen Ursprung nicht und nahm daher diese eigenwillige Ortsbezeichnung wörtlich. Die Händler hinter ihren Ständen kamen mir trotz ihrer Korpulenz, die der Bologneser Küche alle Ehre machte, wie gespenstische Boten aus dem Jenseits vor. Ich sagte nicht zu mir: »Gehen wir ein Buch kaufen«, sondern: »Was hat mir Thanatos Neues anzubieten?« Lesen, mich mit den Figuren der Romane und des Theaters identifizieren bedeutete für mich, diesem von den Faschisten lauthals gepriesenen »Leben« den Rücken zu kehren, mich in eine Mythologie der Trauer zu versenken, zu der mich mein fast tägliches Verweilen vor den Auslagen der Todeskolonnaden einlud.

Während General Badoglio die italienische Fahne an den Ufern des Bahr el-Azrah und des Djouba hißte, hießen die Flüsse, die mich in ihre Windungen zogen, Kokytos, Lethe, Phlegeton und Styx. Was ging mich der Jubel über die Siege in Äthiopien an, wenn ich in der Stille meines Zimmers, weit fort von dem Gezeter im Radio, das neue Buch aufschlug, das ich dem geizigen Charon unter den Arkaden gegen einen geringen Obolus entrissen hatte, den ich mit Müh und Not aus meinen umgestülpten Taschen zusammenklaubte. Weder die Redekunst meines Vaters noch die Angebote von Valentino Bompiani konnten mich dazu verleiten, meine Feder in das kräftigende und wahrlich mannhafte rote Blut der Helden zu tunken. Ich fügte dem Stapel der »Stahlromane« kein dreizehntes, nicht oxydierendes Meisterwerk hinzu. Wäre ich versucht gewesen, mich in der Hundeliteratur auszuzeichnen, dann hätte ich das Wort nicht den vier Musketieren von Lucio d'Ambra erteilt, sondern dem dreiköpfigen Zerberus, der die Tore des Tartarus bewacht. Später, als ich selbst schrieb und veröffentlichte, wußte ich, daß ich meinen Abstieg in die finsteren Reiche Plutos in die Wege leitete.

Rätsel, Witze, kleine literarische Spielereien, Scherzfragen über Berühmtheiten ergänzten die dem Bompiani-Almanach beigegebenen Seiten. Ich erinnere mich, daß auf die Frage »Was würdet Ihr tun, wenn Ihr unsichtbar wäret?« ein avantgardistischer Schriftsteller antwortete: »Ich würde mich zu D'Annunzio begeben und ihm ins Ohr flüstern: Bereue!« Feine Ironie und doppelzüngiger Spott, der zugleich, so scheint es, ein Beweis von Mut war; denn alles hing von der Art ab, wie der in der Schwebe gelassene Satz beendet würde. Während die Mehrheit der Leser (vorwiegend der Leserinnen), noch im Banne der Dichtkunst des einäugigen Barden, sagen würde: »zahlreiche Frauen verführt, viele Brandopfer auf dem Altar der Musen dargebracht zu haben« (und die verwunderliche Lobhudelei würde durchsetzt sein von grundsätzlicher Mißbilligung), würde die kleine Schar der wahren Kenner darunter verstehen: »Bereue, solch schlechte Verse zu schreiben«, und die politisch Unerschrockensten: »Mussolinis Freund zu sein.« Dies waren die Ausflüchte, die der Opposition blieben, um einer durch Polizeischikanen unterdrückten Stimme Gehör zu verschaffen.

Bologna war der Schauplatz eines in den Annalen des Faschismus denkwürdigen Ereignisses, in das ich mich durch die zwielichtige Rolle verwickelt fand, die mein Vater dabei spielte. Arturo Toscanini, die bekannteste Persönlichkeit in der italienischen Künstlerwelt, verkörperte in seiner aufbrausenden, jähzornigen, langmähnigen Person den Widerstand gegen den Duce, vor dem das ganze Land, abgesehen von einigen anderen Intellektuellen und einer Handvoll Kommunisten, auf dem Bauch kroch. Institutionen wie Monarchie, Parlament, Senat existierten nur noch zu Dekorationszwecken. Die Partei übte eine strenge Kontrolle über die Banken, die Industrien, die Gewerkschaften aus. Die letzte liberale Festung, der *Corriere della Sera,* hatte nach dem Abgang von Albertini kapituliert. Eines gewissen extraterritorialen Privilegs erfreuten sich lediglich die Räumlichkeiten der Scala. Solange Toscanini ihr Leiter war, ist das Bild des Diktators, das in allen Schulen und allen öffentlichen Gebäuden an der Wand hing, nie ins Innere des großen Mailänder Theaters eingedrungen. Während dieser Zeit schrieb Pietro Mascagni, der offizielle Speichellecker des Regimes, um sich für das Fiasko zu rächen, das alle seine Werke nach *Cavalleria rusticana* erlebt hatten, den *Canto delle corporazioni* und *L'Inno del lavoro.* Ottorino Respighi (eine weitere Zierde Bolognas!), der größte italienische Komponist nach Puccinis Tod, beweihräucherte die Hügel, die Brunnen und die Pinien Roms in sinfonischen Dichtungen, die direkte Huldigungen an den Tyrannen waren.

Toscanini traf an einem Maisonntag in Bologna ein. Er stieg im Hotel Brun ab, einem alten Palast, den Königin Margherita so liebte und das von altehrwürdigen Edelleuten aufgesucht wurde, die dort ständig in ihren eigenen Möbeln wohnten, die sie mitgebracht hatten; später wurde es durch Bombenangriffe zerstört. Der Maestro sollte am selben Abend im Teatro Municipale ein Konzert in memoriam Giuseppe Martucci, des langjährigen Direktors des Konservatoriums, dirigieren. Rein durch Zufall fand an diesem Sonntag auch die Eröffnung der Mai-Messe statt, für unsere Stadt insofern von Bedeutung, als sie den Produkten des

Schweins gewidmet ist (Bologneser Mortadella, farcierter Schweinsfuß Modena, Imolaer Kochwurst). Der *Carlino* kündigte in seiner ersten, von Halbwüchsigen im Schwarzhemd ausgerufenen Ausgabe an, daß der auf halb zehn Uhr abends anberaumten musikalischen Galavorstellung der Mitbürger Leandro Arpinati, Unterstaatssekretär des Innern, und, stolzes Glücksgefühl für die Musiknarren, der Schwiegersohn Mussolinis, Galeazzo Ciano persönlich, beiwohnen würden. Der Verfasser des Artikels hütete sich wohlweislich, zu unterstellen, daß diese allgewaltigen Würdenträger wohl eher wegen der fleischernen Schlemmereien, die auf dem Programm des unter den Messezelten angerichteten Festmahls standen, in die emilianische Hauptstadt kommen würden als angelockt vom Concerto in B für Violine und Orchester des still Verschiedenen. Als vorsichtiger Liebediener richtete der Journalist am Ende einen Appell (einen »galvanisierenden« hätte mein Vater gesagt) an alle örtlichen Faschisten: Der Ihren Exzellenzen vorbehaltene Empfang möge würdig sein der Heimat des Albani und des Algardi, der Bibiena und der Carracci, des Domenichino und des Serlio (er wagte nicht zu sagen: der Mortadella; die alphabetische Reihenfolge beweist, daß er seine Kenntnisse anhand des Personenregisters im Lexikon aufgefrischt hatte). »All unsere Banner werden wehen, kraftvolle Wimpel an den quadratischen Standarten.«

Nun, zum völligen Gelingen dieses fahnengeschmückten Festes hätten sich die Winde herbeilassen müssen, einige Brisen zu schicken; aber weder die vom Apennin herabfallende Tramontana noch der Favonio, der von der Adria her die Poebene hinaufzieht, hielt es für angebracht, sich zu zeigen. Auf der Stadt lastete bereits eine drückende Frühjahrswärme. Kein Lüftchen bewegte die Lilienbanner, die träge an den Masten niederhingen. Den einzigen Wind machte mein Vater, der, als die Mittagsstunde eingeläutet wurde, in einem Zustand heftiger Erregung nach Hause kam. Die Türen klappten, er schloß sich, ohne uns ein Wort zu sagen, in sein Zimmer ein. Wir sahen ihn hochgerötet und außer sich in großer Uniform wieder erscheinen.

»Rache, Rache!« grollte er.

Er trank ein Glas Eierlikör und erklärte uns den Grund

für dieses plötzliche Aufbrausen. Professor Lipparini, ein angesehener Humanist, Verfasser von Schul- und Lehrbüchern und Bürgermeister von Bologna, hatte sich ins Hotel Brun begeben, um den Maestro willkommen zu heißen und ihn zu bitten, in dem Augenblick, da die beiden Würdenträger das Theater betreten würden, die faschistische Hymne *Giovinezza* zu dirigieren. »Sie sind wohl verrückt«, erklärte Toscanini. »Selbst Könige, die oftmals meinen Konzerten beiwohnten, haben nie derartige Ansprüche gestellt. Ich dirigiere nur ernste Musik.« Angesichts eines solch unerhörten Affronts, so berichtete mein Vater weiter, hatte der Präfekt Guadagni alle Chefs von Polizei und Armee zusammengetrommelt. War nicht ein Aufruhr zu befürchten? Wir mußten daher ohne ihn essen, die Pflicht rief ihn zur Präfektur; die öffentliche Ordnung war gestört.

Der Rest des Tages verging mit fieberhaften Verhandlungen. Die beiden Exzellenzen trafen erst um sieben Uhr mit dem Sonderzug aus Rom ein. Sie fuhren sofort zum San-Luca-Hügel, um mit schweinernen Leckerbissen gemästet zu werden, bevor sie ihre Hörmuscheln den konzertanten Festlichkeiten öffneten. Toscanini, gutmütig wie er war, schlug vor, auf die Liedertafel der Gemeinde zurückzugreifen, die könnte doch die faschistische Hymne auf den Stufen des Theaters unter freiem Himmel singen. Diese versöhnliche Anregung wurde für einen zusätzlichen Spott genommen (was sie vielleicht auch war). Der Gauleiter Ghinelli, rasend vor Wut und vor Angst, fragte, worauf man warte, um diesem Schwachsinnigen den Knüppel über den Schädel zu hauen. Schließlich begann das Bankett. Als es neun Uhr schlug und die geladenen Gäste sich nach einem Blick auf ihre Armbanduhren (außer Ciano, der hatte eine Zwiebel) den Mund vollstopften, um sich keine Unze des Preßkopfes à la Jacopo (so genannt nach einem mittelalterlichen Koch der Grafen Pepoli) entgehen zu lassen, mußte man wohl den Unterstaatssekretär des Innern und den Minister für Presse und Propaganda davon unterrichten, daß sie im Theater eine Beleidigung ohnegleichen zu erwarten hätten.

Mussolinis Schwiegersohn lachte laut auf. »Na, wunderbar!« rief er mit vom Übermaß des genossenen funkelnden Lambrusco schwerer Zunge. »Dann sind wir ja einer Fron ledig!« Wen wundert es, daß es den Werken eines so provinziellen Künstlers wie des verstorbenen Martucci nicht gelungen war, die Neugier eines ohnehin schon so wenig musikalischen Ohrs zu wecken? Es muß jedoch daran erinnert werden, daß das Hauptverdienst dieses allzu bescheidenen Komponisten und der eigentliche Grund, weshalb man sich seiner heutzutage noch erinnert, darin bestand, die erste italienische Aufführung des *Tristan* in Bologna dirigiert zu haben. Wiewohl taub für die Verlockungen Euterpes, hätte Seine Exzellenz dennoch wissen müssen, welch ganz besonderen Genuß die Harmonien des Bayreuther Zwergs dem großen Freund und Vorbild seines Schwiegervaters jenseits der Alpen bereiteten. Während Arpinati dem Präfekten ein Zeichen gab, ohne sie in die Stadt hinunterzufahren und sie nicht länger mit den Launen eines alten Querkopfes zu belästigen, erweiterte Ciano, entzückt, einen Vorwand für eine Absage gefunden zu haben, seinen Gürtel um ein Loch und ließ sich noch eine Portion gefülltes Spanferkel servieren. Der zu seiner Rechten sitzende Unterstaatssekretär war so taktvoll und zuvorkommend, eigenhändig die Holzzange zu ergreifen, sie ins Gurkenglas zu tauchen und seinem hehren Nachbarn eine wunderlich gebogene und gleichmäßig dicke Kürbisfrucht auf den Teller zu legen.

Aber unten, in der stickigen Hitze der Stadt, war die gute Laune verflogen. Alle Vorbereitungen, die ganze Aufregung umsonst! Ghinelli, wütend über die Gleichgültigkeit der Minister, suchte ein Ventil für seinen Zorn. Die vom Festmahl ausgeschlossenen jungen Stoßtruppmänner hatten ihre alltäglichen, auf Bologneser Art einfach zubereiteten *cappelletti* im vierten Gang hinuntergewürgt. Vom Gauleiter angespornt, rotteten sie sich vor dem Theatereingang zusammen. Die alte Unerschrockenheit der Stadt, die ihre Ahnen gegen Rom aufgewiegelt hatte, sprach ein letztes Mal aus ihren schäumenden Mündern. Sollten sie sich vielleicht für dumm verkaufen lassen? Mein Vater schloß sich ihnen an. Außer sich über die Antwort Cianos, verzieh er es sich nicht, daß er auf sein Mittagessen verzichtet hatte, um zur Rettung der faschistischen Ehre davonzustürzen, die deren eigentliche Paladine schamlos ihrer Gefräßigkeit preisgaben.

Toscanini traf in seinem Auto ein. Kaum hatte er den Fuß

auf den Boden gesetzt, sah er sich von einer kleinen Menge bedrohlich umringt.

»Seid Ihr bereit, *Giovinezza* zu spielen?«

»Nein«, antwortete der Maestro abermals.

Man begann ihn zu bedrängen, zu stoßen, ein Faustschlag traf ihn am Rücken; sein Filzhut fiel auf das Pflaster, wütende Tritte zertrampelten die Kopfbedeckung. Was in der internationalen Presse einen Skandal auslöste, das war ein Schlag mitten ins Gesicht. Ein Augenzeuge schwor, er habe gesehen, daß Hauptmann P. die Hand gehoben habe. Andere wiederum lobten die anwesenden Militärs dafür, daß sie versucht hatten, die Gemüter zu beruhigen. Ein Offizier mit drei Litzen (die einzige genaue Angabe, die ich ermitteln konnte) verhütete das Schlimmste, indem er Toscanini half, wieder in den Wagen zu steigen. Das Gros der Demonstranten, mit Ghinelli an der Spitze, zog geschlossen zum Hotel. Der Gauleiter riet dem Maestro, Bologna auf der Stelle zu verlassen, da die öffentlichen Ordnungskräfte seine Sicherheit nicht mehr gewährleisten könnten. Toscanini reiste unter dem Schutz von Carabinieri in der Nacht nach Mailand ab. Kurze Zeit danach gab er sein Theater und sein Vaterland auf und emigrierte nach Amerika.

Diese Episode schadete der Messe nicht im geringsten, sie schlug ihre Stände jedes Jahr wieder auf. Toscanini, versteht sich, trug diese Schweineaffäre zusätzlichen Ruhm ein. Ob Ciano und Arpinati ohne Magenverstimmung davongekommen sind, das berichtet die Chronik nicht. Einziges wirkliches Opfer der exzellenten emilianischen Fleischwaren: der arme Martucci, denn er wurde an jenem Abend nicht gespielt; und auch bei anderen, späteren Gelegenheiten gedachte man seiner nicht mehr.

7

Großer Kulturpapst und großer Clown unseres Vorkriegsitaliens: Achille Starace, Sekretär der Nationalfaschistischen Partei. Er schrieb den Männern vor, den Bauch einzuziehen und die Brust herauszustrecken, den Frauen – Gebärmaschinen –, ihre Brüste und Hüften zu vergrößern. Nach der Eroberung Äthiopiens mußten wir schreien: »Es lebe der Duce, der Begründer des Imperiums!« Die Presse erhielt detaillierte Anweisungen. So durfte man nicht mehr schreiben »Sie versöhnten sich mit einem Händedruck«, sondern »mit dem römischen Gruß«. Ebensowenig »Der Bürgermeister hat den Grundstein gelegt«, vielmehr »Er hat den ersten Schlag mit der Spitzhacke getan«, da das Verb »legen« keine hinreichend energische Handlung ausdrückte. Zu vermeiden war die Meldung, daß eine Persönlichkeit von Rang in ein neues Amt »eingesetzt« worden war; es würde nämlich sehr peinlich sein, wenn der Eindruck entstünde, daß sich ein Leiter als erstes hinsetze. Am Tag der großen »liktoralen« Festlichkeiten war es den Fahnenträgern, die aus allen Teilen der Stadt dem Stadion zustrebten, verboten, ihre Flaggen zusammengerollt unter dem Arm oder eingewickelt in Zeitungspapier zu tragen. Befehl an die Würdenträger, im Laufschritt zu defilieren und die Zeremonie mit einigen gymnastischen Übungen zu beginnen, zum Beispiel mit dem Schlußsprung über ein Bajonett oder mit der Hechtrolle durch den Feuerring.

Der Luftmarschall Italo Balbo besaß einen von einem Wassergraben umgebenen Bergfried, den er an die »Atlantikflieger« (die Bezwinger des Ozeans) für vierundzwanzig Stunden auslieh. Jeder dieser Helden hatte das Recht, die Brücke hochzuziehen und einen Tag und eine Nacht in dem mit den notwendigen Lebensmitteln und Küchengeräten ausgestatteten Turm mit der Frau seiner Wahl zu verbringen.

Roberto Longhi, der unvergleichliche Historiker und Kunstkritiker, den als Professor an der Universität zu haben ich das Glück hatte, lehrte uns, den Faschismus nicht nur in seiner Bauernfängerei oder seinen spektakulären Hanswurstiaden zu erkennen, sondern auch dort, wo ihn wahrzunehmen niemand von uns vermutet hätte. Diese Aufklärung war um so wertvoller, als zur gleichen Zeit, elektrisiert von dem Slogan »Gebt euer Gold dem Vaterland«, die Männer ihre Krawattennadeln, die Frauen ihre Ohrgehänge, die Ehepaare ihre Trauringe ablieferten. Selbst Benedetto Croce, der Weise, das Gewissen Italiens, der Fürst der Freiheiten, verließ seinen Palast in Neapel, um seine Senatorenmedaille beizusteuern.

Longhi – Hut bis auf die Augen herabgezogen, Adlernase, Seidenschal, aus dem ein kälteempfindlicher Hals herausschaute, lebhafte und spottlustige Stimme, die mehr als einen erstarren machte – lotste uns, selbst auf die Gefahr hin, gegen den Stundenplan zu verstoßen, aus dem alten Bau in der Via Zamboni. Wir gingen am Fuß der beiden Türme Asinelli und Garisenda vorbei und kamen durch die seit dem Mittelalter unversehrt gebliebene kleine Via Orefici (die den Vorzug vor der Via Rizzoli, auch Corso genannt, der Straße der Banken und der Luxusgeschäfte, erhielt) auf die Piazza Maggiore. Dort, mit dem Rücken zum Rathaus, pädagogischer Halt vor San Petronio, dessen hohe und imposante Fassade sich am anderen Ende des Platzes erhebt. Mein Freund Enrico, der schon einen Schnurrbart hatte, flirtete mit dem Blumenmädchen unter der Loggia. Ich dagegen wollte mir kein einziges Wort des Professors entgehen lassen.

Der Faschismus? Eine feste Größe in der Geschichte Italiens, behauptete er in knappen und schneidenden Sätzen. Man hüte sich, ihn mit dem Regime von Mussolini zu verwechseln. Bologna, antifaschistisch, bevor es diesen Begriff überhaupt gab, jahrhundertelang gegen den römischen Imperialismus ankämpfend. Dem Ehrgeiz der Päpste stellte sich der Widerstand der Stadt entgegen. Gemeinde bedacht auf ihre Autonomie, Kirche versessen auf Expansion. Die Auswirkungen dieses Kampfes hätten wir vor Augen.

»Schon im zwölften Jahrhundert antworteten die Bürger auf das Begehren des Heiligen Stuhls, der den Bau eines dem heiligen Petrus gewidmeten Doms befiehlt, mit dem Projekt dieser Basilika, geweiht dem heiligen Petronius, dem ersten emilianischen Bischof, unserem Schutzpatron. Sie sollte, den Plänen zufolge, eine größere Fläche als Sankt Peter in Rom einnehmen. Kirchenschiff von gigantischen Ausmaßen, das höchste Europas. Aber in seinen anderen Teilen, da hast du recht, Pier Paolo, unvollendetes Bauwerk. Im sechzehnten Jahrhundert, nach zweihundert Jahren städtischer Unabhängigkeit, bringen die Kardinallegaten die Stadt wieder unter die Autorität des Vatikans. Um die Maurer daran zu hindern, die Basilika fertigzustellen, lassen sie dicht an der Baustelle einen einstöckigen, unverhältnismäßig langgezogenen Palast errichten, so daß es unmöglich wird, die Seitenschiffe zu bauen. Schlußfolgern Sie selbst, und sagen Sie mir, ob sich dieses von Dummköpfen hochgelobte Gebäude mit seinem Mittelschiff ohne Querschiffe nicht vielmehr als Zeugnis unserer Niederlage vor ihnen erhebt.«

So sprach unser Mentor; mit Worten, die für mich um so suggestiver waren, als der für diese Schlappe verantwortliche Palast auf den Kolonnaden des Todes ruhte. Enrico, unempfindlich gegen den Aufruhr, den diese unerwartete Assoziation von Buchhandel und päpstlichem Despotismus in meinem Innern hervorrief, zwirbelte mit der einen Hand seinen Schnurrbart, während er mit der anderen in den Primeln herumwühlte und dabei das junge Mädchen überredete, ihren Karren hinter unserer kleinen Gruppe herzuschieben, die längs der Arkaden bis zur Apsis von San Petronio weiterging. Das heißt, bis zu der nicht vorhandenen Apsis, denn Roberto Longhi zeigte uns als letzten Teil seiner Beweisführung, daß auch die Altarnische nur auf dem Plan bestand. Von der Piazza Galvani aus, wo wir unterhalb der Statue des allgegenwärtigen Physikers haltmachten, sah man eine geradlinige Mauer das unfertige Gebäude abrupt abgrenzen. Mathias nutzte diese Pause, um mit wenigen Sätzen die nahe gelegene Buchhandlung Cappelli zu erreichen, deren Regale er gewissenhaft durchstöberte. In der Folgezeit erschlich er sich die Sympathien des ersten Verkäufers, eines gewissen Otello Masetti, in dem Maße, daß dieser sich bei einem alten Buchhändler auf der Piazza San Domenico für uns verwendete und ihn dazu brachte, unsere ersten Verssammlungen zu veröffentlichen.

Wir waren nämlich vier Dichter, die sich täglich trafen und endlos unter den Kolonnaden schlenderten, manchmal bis zum Morgengrauen, wo wir dem Milchjungen über den Weg liefen, der gerade dabei war, seine Flaschen in die Eimer zu stellen, die an einer Schnur aus den Fenstern baumelten: Enrico, den seine Schwärmerei für das kleine Blumenmädchen von der Piazza Maggiore im Augenblick zu botanischen Metaphern anregte, so wie er später, in die

Tochter einer Kurzwarenhändlerin vernarrt, seine Schöpfungen gleichsam mit Stickereien und Spitzen verzierte, bevor er unter dem Einfluß einer reiferen Leidenschaft der würdige Nachfolger von Pascoli wurde; Mathias, den du erlebt hast, wie er sich zwischen die staubigen Regale zwängte und nach seltenen Büchern und geeigneten Schriften suchte, um seine entschieden gelehrte Muse mit deren Carducci-Vorrat zu füttern; schließlich Daniel und ich, die einzigen, die sich den schönen Künsten verschrieben (Daniel versuchte sich sogar in der Malerei) und die Roberto Longhi bereit fand, seinen letzten Stegreifreden zu lauschen, während sich der Rest der Klasse schon zerstreut hatte.

Er wies uns bei unseren Spaziergängen ins Blaue auf das hin, was er mit seinem bissigen Humor die verschiedenen Siege der römischen Adler nannte: die prächtigen Fassaden des Corso zum Beispiel, die gegen Ende des vorigen Jahrhunderts an die Stelle der hölzernen Vordächer und der zerlegbaren Stände der Handwerker getreten waren. Die Bourgeoisie des Risorgimento hatte der Arkadengemeinschaft ein Ende bereitet. Einreißen des mittelalterlichen Stadtkerns, Durchbrechen von geradlinigen Alleen, Mehren der Amtsgebäude, Errichten von Statuen auf den Plätzen, erdrückende Vorderfronten mit bauchigen Balkonen (ein mit der Arkadenkultur unvereinbarer Schmuck, war doch der Balkon nur eine verächtliche Konzession an die Straße von Besitzern, die willens waren, im Schutze ihrer Türschlösser daheim in der Stube zu hocken), Gesimse, Rosetten und verschwenderische Zierleisten von effekthascherischem schlechtem Geschmack – das ist das Vermächtnis der humbertinischen Epoche und die unmittelbare Folge des zentralistischen Regimes lange vor den Stahlbetonbauten, den Triumphbögen, den Stadien, den Sparkassen, den Postämtern und den Landwirtschaftsschulen Mussolinis.

»Hören Sie?« fragte uns Longhi plötzlich, mit dem Zeigefinger auf ein offenes Fenster weisend, aus dem die klare und ruhige Stimme eines Rundfunksprechers zu uns drang. Ich tauschte einen erstaunten Blick mit Daniel. In der nachmittäglichen Frühjahrsstille dröhnte keineswegs die donnergleiche Beredsamkeit von Piazza Venezia auf uns herab, sondern die ernste Würde eines Ansagers von Kulturnachrichten. Dumpf, ohne Emphase, gedachte er feierlich des Jahrestages von Pirandellos Tod. Hatte der Professor nicht allen Grund, zufrieden zu sein? Warum drückte er mit wütender Gebärde seinen Hut tiefer in die Stirn, als wollte er sich die Ohren zustopfen?

»Affentheater! Schwindel!« rief er mehrmals hintereinander aus, ohne auf unsere überraschten Blicke zu reagieren. »Eine wahre Pest!« Stückweise enthüllte er uns seine Gedanken: Wären sich die italienischen Schneider einig, nur noch Schwarzhemden anzufertigen, es würde ihnen dennoch nicht gelingen, Italien mit einem einheitlichen Mantel zu bedecken, so einförmig wie der Redefluß dieser aus den Studios von Monte Mario an den Tiberufern übertragenen Stimme. Wollte der Himmel, daß Bologna niemals Guglielmo Marconi das Leben geschenkt hätte! Er hatte Rom das unwiderstehliche Mittel an die Hand gegeben, uns künstliche Modelle nationaler Einheit aufzuzwingen. Wo achtzig Jahre Schulpflicht, Militärdienst, gesetzgebende Wahlen und Steuergleichheit nichts bewirkt hatten, gelang es durch eine Sendung von wenigen Minuten, einerlei über welches Thema, die Hörer zusammenzuschweißen, ob sie nun oben auf den Steilküsten von Portopalo in Sizilien oder bei einem Krug Bier um den Tisch einer Sennhütte in den Dolomiten geschart zuhörten. Eine Generation oder zwei, und sie würden ihre Sprache, ihre Bräuche, ihren ureigenen Charakter vergessen haben, um dieses bürokratische und verblödende Idiom, diese vorgefertigten Meinungen, diese faden Klischees anzunehmen.

»Gestern haben sie die Fresken des Toskaners Giotto in der Arena von Padua in den Himmel gehoben«, fuhr der Professor fort. Da begriffen wir, warum er soviel Bitterkeit an den Tag legte, er, dessen Sprache bestimmt nicht irgendeine periphere Mundart war, sondern das einwandfreieste und ausgefeilteste Italienisch, das sich summa summarum kaum von dem unterscheidet, dessen sich der unbekannte Lobhudler des Nobelpreisträgers von Agrigento befleißigte. Seit Jahren bemühte sich Longhi, die von der offiziellen Kunstkritik unterschlagene Bologneser Malerei des 14. Jahrhunderts (»brutal, impulsiv, populär«) aufzuwerten. Ihre Aufmerksamkeit nur auf die Toskaner Schulen richtend, beugte sie sich unbewußt der politischen Überlegenheit, die Florenz (das damalige Rom) auf Kosten der emilianischen Städte erlangt hatte.

Allzeit dieser Kampf der zentralen Gewalt gegen die Schwerpunkte lokaler Ausdrucksweise. Zu befürchten, daß die einzigen Maler, die man künftig als Bestandteil der Kultur anerkennen würde, die wenigen im Radio genannten Auserwählten wären – hieß das nicht eine prophetische Gabe beweisen? Ich, der ich persönliche Gründe hatte (erinnere dich, daß ich meine ersten Verse in Dialekt schrieb), mich der sprachlichen Hegemonie der Hauptstadt zu widersetzen, hätte ich später mit der Heftigkeit, die du kennst, auf die zerstörerische Kraft der Medien hingewiesen ohne die weit zurückliegende Absicherung durch meinen alten Professor? »O Wunder!« riefen die Kulturpäpste der italienischen Demokratie aus, als das Fernsehen die moralische und geistige Einheit, die weder das in den Schlachten des Risorgimento vergossene Blut noch der Heroismus der Widerstandskämpfer hatten zusammenkitten können, auf friedliche Weise von einem Ende der Halbinsel bis zum anderen verwirklichte. Niemand anders als ich hat sich damals erhoben, um die Verflachung des Lebens auf dem Lande, die Verrohung der Gefühle, das ewige Hocken der Familie vor ihrem Gerät, das Nachlassen oder schlicht und einfach die Einstellung jeder nächtlichen Tätigkeit in den Kleinstädten und Dörfern, deren Straßen bei Eintritt der Dunkelheit nunmehr wie leergefegt waren, anzuprangern.

Die Kultur weiterte sich aus, erreichte Gesellschaftsschichten, denen bislang alles verschlossen gewesen war, was mit Büchern, Musik oder schönen Künsten zu tun hatte. Jedoch mit den von Longhi vorausgesagten Folgen. Giotto, Cimabue, Duccio (die er im übrigen verehrte und die zu lieben er uns lehrte) haben in den Almanachen die Plätze der Schweizer Wasserfälle und Säugetiere eingenommen. Was Vitale da Bologna, Simone dei Crocefissi, Lippo di Dalmasio betrifft, sie werden ewig im Dunkel bleiben, Opfer der historischen Vergessenheit Bolognas. Umsonst sticht der heilige Georg des Vitale im Städtischen Museum seine feurige Lanze in den Rachen des niedergestreckten Drachens: Die einzige Großtat, die ihn von den Gesimsleisten einer Gemäldegalerie ohne Besucher ablösen könnte, um ihn in den Salons über den Kamin zu hängen, wäre die Viertelstunde Ruhm, zu der ihm der kleine Bildschirm verhelfen würde.

Daniel hatte eine Abhandlung über die in Bolognas großer Zeit verwendeten Baumaterialien zu verfassen. Eine Gelegenheit für uns, anfangs verwirrt über diese Aufgabe, uns mehr mit dem Bauwesen unserer Stadt zu befassen. Ich begleitete meinen Freund bei seinen Nachforschungen; und bei diesen Spaziergängen habe ich meine Überlegungen über die Vorteile der Kolonnaden und der gemeinschaftsfördernden Architektur entwickelt. Ein weiterer Anlaß zur Verwunderung war die Feststellung, daß weder der vornehme Marmor noch der bürgerliche Quaderstein bei uns vorgeherrscht hatten. Vielmehr bescheidenere, einfachere, angemessenere Materialien. Allem voran der allgegenwärtige Ziegelstein, selbst an den Kirchenfassaden. Wohnhäuser, Paläste, Arkaden, Stadtmauern, monumentale Torbögen, weltliche und geistliche Bauten – überall der ärmliche, vertraute, freundliche Ziegelstein. Angefochten nur von befremdlichen Spezialfabrikaten aus dem Renotal. In leichter Kleidung, um der Wärme eines Juninachmittags zu trotzen, gingen wir in den umliegenden Hügeln die berühmten *calanchi* besuchen, eine Art natürlicher Steinbrüche, die steinige Konkretionen geschmeidig wie Ton lieferten. Dazu das rotblonde Selenit, das den Unterbau der Garisenda ziert (des schiefen der beiden Türme) und den porösen Sandstein, weich wie Butter, wenn er aus dem Steinbruch kommt, leicht zu behauen und hellrot wie Lachsfleisch.

Vielleicht speicherte mein Verstand diese genauen geologischen Daten in all ihren Einzelheiten, damit ich nicht bemerken sollte, daß die Sonne auf der Brust Daniels, der sich mit nacktem Oberkörper zwischen die wilden Gräser beugte, um Proben zu entnehmen, einen jugendlichen und honigblonden Flaum vergoldete, was bei seinem schwarzen Haarschopf als Sohn Siziliens nicht vorauszusehen war. Welche Macht zwang mich, den Blick abzuwenden? Wo war die Naivität, die Ursprünglichkeit meiner Furlaner Sommer geblieben? An jenem Tag stellte ich zum erstenmal fest, daß ich mich verändert hatte: ich mich oder die Welt sich. Die Ufer des Tagliamento gehörten einem verschwundenen Universum an. Mechanisch steckte ich mein Polohemd, das ich gerade ausziehen wollte, wieder in den Hosenbund. Aus Angst, mich zu verraten? Angst vor mir selbst? Woher kam diese plötzliche, nie zuvor empfundene Verlegenheit, die in so krassem Widerspruch zu der Art meiner Erfahrungen von Casarsa stand? Überglücklich, meine Verwirrung hinter meinem Eifer für die Mineralogie zu verbergen, machte ich mich noch beflissener daran, an der Seite Daniels, der überhaupt nichts gemerkt hatte, die eigenwilligen Wucherungen der Erdrinde zu inventarisieren. Im übrigen, da er gewohnt war, mich mit meinen Kameraden über die Frauen witzeln zu hören, wie es in diesem Alter Brauch ist, konnte er da den geringsten Verdacht gegen mich hegen?

Unsere nächste Aufgabe war die Bestimmung der Farben. Gebrannter Ton, Steingut, Selenit, Sandstein: Die ganze Stadt verschmolz in den Tönen rosa, rot, ocker, beige, feuerrot. Warme Farben, plebejisch warme, unterschieden Bologna von den weniger ländlichen Städten. Sinnliche Farben und Wonnen, fast mehr mineralisch. Unbekannt oder doch beinahe die aristokratischen Verführungen durch kalt und weiß. Ausgenommen die Kirche nicht weit von meinem Arciginnasio antico, für die man offenbar die übliche unverputzte Fassade, rohes Mauerwerk und sichtbaren Kalk, unzulänglich fand. Vier mächtige marmorne, einen Meter über dem Erdboden abgeschnittene Säulenstümpfe bezeugen den fehlgeschlagenen Versuch, dieses anspruchslose Gebäude mit einem großzügigen Deckmantel zu umhüllen. Was noch schlimmer ist: Selbst an der Fassade von San Petronio ist der Ansatz einer Verkleidung aus weißem und rosa Marmor nicht zu übersehen. Jawohl, auch rosa: ein Kompromiß, dessen man sich nicht rühmen könnte, hätte man diese knechtische Nachäffung Roms zu Ende geführt. Die Arbeit wurde aber sehr bald eingestellt, das letzte Wort dem Ziegelstein, dem schlichten roten Material, der vertrauten Hitze des Brennens überlassen, des Brennens in dem ländlichen Ofen der Töpfer, der Handwerker. Zumindest haben wir, Daniel und ich, den vorzeitigen Abbruch als ein päpstliches Fiasko angesehen und eine Flasche Sangiovese auf den Sieg der Freiheit des Volkes getrunken.

Aber später? wirst du mich fragen. Wie hat sich das auf mein Leben ausgewirkt? An den Anfang meines Berichtes habe ich die nostalgische Lobrede auf Bologna gesetzt und eine Lebensweise gerühmt, die im übrigen Italien von den römischen Modellen verdrängt worden ist. Ist diese Elegie begründet? Anstatt über die zweifache Niederlage der Arkaden und des Ziegelsteins zu lamentieren, müßte ich nicht vielmehr damit beginnen, mich schuldig zu bekennen? Kraft welcher Eigenschaft habe ich das Recht, mich darüber zu beklagen, daß der Quaderstein den Sieg über den Selenit und den Sandstein davongetragen hat, daß der bürgerliche Individualismus die Arkadenkultur unter die historischen Erinnerungen eingeordnet hat? Was bin ich denn selbst geworden, wenn nicht ein Kleinbürger; und gar ein Großbürger durch das Geld? Und habe ich mich schließlich nicht in Rom häuslich niedergelassen?

Mehr noch, in dem hübschen Haus in der Via Eufrate, einer durch ihren Garten wohlbehüteten *palazzina*, die damit den zivilisierten Zustand der nach außen abgeschirmten Villa erreichte. Ein Gedicht, in dem ich gegen Pius XII. gewettert habe, hat mir zur Berühmtheit verholfen und Valentino Bompiani (der ein großer Verleger geworden ist, nachdem er auf seine »metallischen« Romane verzichtet hat) die Einstellung seiner Zeitschrift gekostet; aber ein Gedicht, fast im Schatten von Sankt Peter geschrieben, dessen Kuppel mir die Aussicht versperrte. Du wirst mich gleichfalls fragen, was mich bewogen hat, nicht eine Bannmeile des Elends zu wählen, eine von denen, die ich meinen Romanfiguren zugewiesen habe, sondern das Viertel der E. U. R., einen reichen Wohnvorort. Um es im Stil des Imperiums erbauen zu können, ließ Mussolini neue Steinbrüche in den Bergen um Carrara erschließen.

Lieber Gennariello, die Zeit ist noch nicht gekommen, dir das zu erklären. Zum gegebenen Zeitpunkt wirst du die Gründe für meine Wahl erfahren und wie ich meinen Irrtum entdeckt und bitter bereut habe, daß mich mein Schiff, statt mich in Ostia an Land zu setzen, nicht weiter nach Süden gefahren hat, bis nach Pozzuoli oder bis nach Cuma. Aber du wirst schon erraten haben, warum ich so wenig daheim in meinem Haus in Rom blieb, warum ich so schlecht ertrug, in die vier Wände meiner Wohnung verbannt zu sein. Ich muß einfach jeden Abend ausgehen, in der Menge untertauchen, die zu jeder Stunde den Platz und die Grünanlagen vor der Stazione Termini füllt. Man hat es mir oft genug vorgeworfen! Ohne zu begreifen, daß die Freude an der Jagd nur sekundär für mich war. Erwerbslose, Auswanderer, Soldaten, Prostituierte, Jugendliche ohne Familie und ohne Beschäftigung, soeben auf der Suche nach Arbeit aus dem Zug gestiegen, der sie aus Kalabrien und aus Sizilien in die Hauptstadt gebracht hatte, oder die aus Gier nach Zerstreuung aus den Vororten gekommen waren, warteten dort bis zum Morgengrauen. An die Baumstämme zwischen den Brunnen gelehnt, lösten sie sich aus dem Schatten, um die Passanten um eine Zigarette anzugehen. Gemeinschaft von *ragazzi*, von Brüdern, die mich von dem Verbrechen freisprach, die Stadt und das Ideal meiner Jugend verlassen und verraten zu haben: mich, den arrivierten Schriftsteller, den reich gewordenen Cineasten, dessen Foto die Zeitungen veröffentlichten, das die Gesichtszüge mit der gleichen anklagenden Genauigkeit wiedergab wie in einem Personalausweis. Ich war »wer« geworden, hatte einen Salon, um meine Besucher zu »empfangen«, die sich anmeldeten, indem sie ihren Namen in die Sprechanlage riefen. Der einzige Ausweg, der mir blieb, war der, die Dunkelheit zu nutzen, um zu fliehen, das Hemd des Petrus gegen das T-Shirt von Paulus, die Privatwohnung gegen die öffentlichen Plätze zu vertauschen, mich so weit wie möglich von meinem Haus zu entfernen, die Gegend um den Bahnhof aufzusuchen, umherzulungern, jemanden zu streifen, ihn festzuhalten und die nächtlichen Zufallsfreundschaften zu mehren. Wie gewonnen, so zerronnen. Wieder anonym geworden, ohne als Gesicht noch als Person bekannt zu sein – da erst begann ich wieder zu leben.

8

Amedeo di Savoia, Herzog von Aosta, Vizekönig von Äthiopien, bot der Invasion der Briten die Stirn. Angriff an zwei Fronten, im Norden ausgehend von Eritrea und im Osten von Somalia her. Mein Vater zog mit den zur Verstärkung abkommandierten Truppen ab. Die italienische Armee, von General Cunningham aus Addis-Abeba vertrieben, verschanzte sich auf der Hochebene Amba Alaghi. Am 21. Mai kapitulierte der Herzog, nachdem er dieses Telegramm an Mussolini gesandt hatte: »Der Krieg ist nicht zu Ende; wir werden bald auf diesen von italienischem Blut getränkten Boden zurückkehren.« In Nairobi inhaftiert, starb er einige Monate später. Mein Vater blieb mit den anderen Gefangenen bis zum Ende der Feindseligkeiten in Kenia interniert. Vier Jahre hinter Stacheldraht für den heruntergekommenen Sproß des Patriziers aus Ravenna, der als Sieger aus dem ersten Weltkrieg heimgekehrt war und aus dem zweiten nichts anderes mitbrachte als Amöben, die Malaria und eine unheilbare Aversion gegen das Menschengeschlecht.

Ich war gerade neunzehn Jahre alt geworden, als er sich nach Afrika einschiffte. Zu spät. Zu spät, als daß er ohne mein Wissen nicht schon das Gesetz, das Verbot in mir verankert hatte. Ich blieb auf halbem Wege bislang vertrauter Beschäftigungen stehen, Opfer rätselhafter Hemmungen. So fand ich zum Beispiel, statt mich zu freuen, donnerstags mit meinen Freunden schwimmen zu gehen, Ausflüchte, um abzusagen. Das faschistische Regime hatte Bologna mit einer olympischen Anlage ausgestattet: Freiluftbassin, stufenförmige Zuschauertribüne, auf der wir unsere Handtücher ausbreiteten, um uns zu trocknen. Sonst verfolgte ich von diesem Beobachtungsposten aus die Bewegungen der Springer. Bis vor nicht allzu langer Zeit hätte ich einen ganzen Nachmittag dasitzen und ihrem Herumtollen zusehen können. Mein Blick irrte über die Wasseroberfläche und ergötzte sich damit, von einer nackten Schulter ausgehend den eingetauchten Körper des Schwimmers nachzugestalten. Die Gemeinschaftsduschen boten uns Gelegenheit, uns unter schallendem Gelächter gegenseitig den Rücken abzuseifen. Mein Lieblingsvergnügen bestand darin, mir in dem Waschraum einen Platz neben diesem oder jenem Kameraden zu suchen, der wegen seiner Abenteuer mit dem weiblichen Geschlecht bekannt war (noch besser, wenn er als guter Faschist seine Verachtung über die »Homos« kundgetan hatte), und bei ihm eine unter seiner enganliegenden Badebekleidung deutlich sichtbare Erregung hervorzurufen, die ihm nicht zu mißfallen schien. Jetzt nun scheute ich diese Spielereien, und die Promiskuität der Badenden bereitete mir Unbehagen.

Fußballmatche reizten mich nach wie vor; aber aus einem neuen Grund. Bislang hatte ich von diesen sonntäglichen Treffen nichts anderes erwartet als das Glück, zu rennen, zu schwitzen und mich mit kurzbehosten jungen Burschen auf einem sonnigen Rasenplatz zu messen. Niemand ahnte, mit welchem Ziel ich mich ins Stadion begab, seit diese Veränderung in mir vorgegangen war. Ebenso wie die latente Sinnlichkeit, die die Knaben einer Mannschaft vereint, zog mich das Risiko an, von einem Gegner gefoult zu werden und verletzt heimzukehren. Je stärker mein schlechtes Gewissen wurde, um so rücksichtsloser wurden meine Aktionen auf dem Spielfeld. Nie sah man einen Mittelstürmer furchtloser in die Verteidigung eindringen, nie einen Torwart sich so rasch einem Angreifer vor die Füße werfen. Was suchte ich mit diesen ständigen Herausforderungen anderes als einen schlimmen Tritt, der die Strafe nicht nur für meine übertriebene Waghalsigkeit gewesen wäre, sondern auch für diese finstere Sünde, deren Schatten sich auf mein Leben legte? Diese Wohltat war mir aber nicht vergönnt. Sobald das Spiel zu Ende war, machte ich mich aus dem Staub, mein Kleiderbündel unter dem Arm, ohne unter die Dusche zu gehen noch in den Umkleideraum zurückzukehren.

»Puritanisch und sportlich«, das ist der Ruf, den ich mir zu Recht erwarb. Mein liebster Zeitvertreib fortan: einsame Ausflüge in die Berge. Reiner Zufall? Zehn Tage nach der Kapitulation von Amba Alaghi nahm ich frühmorgens den Zug nach Pieve di Cadore in den Dolomiten. Mutterseelenallein, eingemummt in Wollsachen, den Alpenstock eroberungslustig in der behandschuhten Faust, machte ich mich an die Besteigung der Forcella Grande: dreieinhalb Stunden Marsch, wie man mir gesagt hatte. Ich benötigte nur zwei. Das Geräusch meiner Nagelschuhe auf den Steinen hallte in der Stille des ewigen Schnees in den Schluchten wider. Die reine Luft, das Gefühl, eine Heldentat zu vollbringen, der grandiose Anblick der Geröllhalden und der Moränen neben den Gletschern, so weit das Auge reichte, schwellten meine Lungen mit männlicher und freudiger Zuversicht. Ein Adler schwebte mit ausgebreiteten Schwingen über meinem Haupt. Aber als ich den Gipfel erreicht hatte, entschlossen, meine Leistung mit einer langen Ruhepause zu belohnen, mußte ich aufspringen und im Laufschritt den Abstieg in Angriff nehmen. Die auf meinen Rücken gerichteten drohenden Blicke des Berggeistes befahlen mir, mich zu pakken. »Deine unreine Gegenwart soll diese ungestörte Einsamkeit nicht besudeln!«

Gleicher Schrecken vor langer Zeit, als mein Vater eines Tages nach Casarsa in Urlaub kam. Ich war von daheim fortgegangen, um ohne Zuschauer in den grünen Fluten des Tagliamento zu baden, und schwamm ruhig zwischen den menschenleeren Ufern vor mich hin. Plötzlich war mir, als faßte mich die grausame und stumme Gottheit der Tiefe bei den Füßen, um mich auf den Grund des Flusses zu zerren. Ich war verurteilt und verdammt für ein Verbrechen, dessen Namen ich nicht kannte.

Wem sollte ich von Stund an denn Rechenschaft ablegen, wenn mich selbst die senkrecht über den Bergen stehende Sonne wie ein großes, weitaufgerissenes Auge anstarrte? Es blieb so lange auf meinen Nacken gerichtet, bis ich den Hang hinabgestiegen war. Die funkelnden Gipfel schlossen mich ein. Der Stern, dessen Wärme ich am Morgen so wohltuend gespürt hatte, schoß seine mörderischen Strahlen in das wolkenlose Blau. Kein Baum in der ganzen Eiswüste, mich zu schützen. Der Raubvogel zog unaufhörlich seine Kreise. Im Dorf angekommen, mußte ich auf der Stelle drei Glas Orangenpunsch hinunterstürzen, um meine Ruhe wiederzufinden und über meine Angst zu lachen.

Ich war mit Mädchen befreundet; vielen Mädchen auf einmal. Nerina, eine Stenotypistin, hatte trotz ihres kohlschwarzen Vornamens eine Fülle blonden Haares. Ich nahm sie auf der Stange meines Fahrrades mit, und wir fuhren die Alleen des Margherita-Parks hinunter. Der Krieg hatte den Zoo aller exotischen Tiere beraubt. Nur zwei oder drei Stück Hühnerhofgeflügel waren noch da, kläglich anzuschauen hinter den Gittern des viel zu großen Straußen- und Zebukäfigs. Nerina bat mich, sie nach Hause zu bringen, zum anderen Ende der Stadt. Oft wurde sie von einem Studenten, dessen Prüfungsarbeit sie getippt hatte, erkannt und angerufen. Ich stellte den Fuß auf die Erde, sie sprang ab und ging ein paar Schritte mit dem Fremden, der mir bewundernd zuzwinkerte, bevor er sich verabschiedete. Er wußte nicht, daß ich meine Begleiterin wenig später vor ihrer Tür absetzen würde. Immer drei Stufen auf einmal nehmend, würde sie dann die Treppe hinaufstürmen, um nicht zu spät zum Abendessen mit der Familie zu kommen.

Meine Kommilitoninnen führte ich vorwiegend auf die kleinen Inseln in dem ausgebaggerten künstlichen See am Eingang des Parks. Auf der Terrasse des Schweizerhäuschens, inmitten des Gewimmels von Spaziergängern, tranken wir eine Limonade. Ein ungestörtes Tête-à-tête war nicht möglich bei dem Klirren der Gläser, die fünfzehnjährige *camerieri* mit hastigen Bewegungen auf den Marmor absetzten, ganz zu schweigen von dem Höllenlärm der Kinder, die den Enten Brotkrumen streuten. Meist kam keine der verschiedenen Giulias, Beppinas, Astrids oder Floras, die ich einlud, allein mit. Enrico, Mathias, Daniel mit ihren Freundinnen des Tages schlossen sich uns an.

Ich glaube nicht zu lügen, wenn ich behaupte, daß auch für die anderen Jungen der angenehmste Augenblick dieser Rendezvous am Teich der war, wenn unsere Begleiterinnen uns verlassen hatten, weil ihre häuslichen Pflichten sie heimriefen, und wir unsere Meinungen zu ihren ersichtlichen Vorzügen austauschen und endlos über ihre verborgenen Reize diskutieren konnten. Wie oft habe ich bei jungen Burschen in meinem Alter, selbst bei Enrico, dem unternehmungslustigsten unserer kleinen Runde, feststellen müssen, daß das Vergnügen, über abwesende Frauen zu sprechen, Ersatz für die erforderliche Mühe war, sie zu erobern! Schneidig mit Worten, träge in den Taten. Sie erkannten sich ohne viel Umstände das Zeugnis eines Don Juan zu. Dürfte ich mir etwa erlauben, nur weil ich an einer Diplomarbeit über Caravaggio geschrieben habe (die ich auf halbem Wege abbrach), mich als Maler auszugeben?

Bevor wir heimkehrten, ein jeder für sich, und, trunken von einer ganz und gar auf Worte beschränkten Orgie von Vergleichen über die Zähne, die Augen, die Hüften und die unsichtbaren Wunderdinge unserer Schönen, zu Bett gingen, kam es auch vor, daß wir von dem Projekt einer Zeitschrift träumten, die unsere Gedichte veröffentlichen würde. Ich erinnere mich des Abends, an dem ein Zeitungsjunge keuchend von seinem Fahrrad sprang, um den letzten Passanten die Sonderausgabe des *Carlino* zu verkaufen. Er schrie aus vollem Hals: »Deutsche und finnische Streitkräfte haben bolschewistisches Territorium überfallen!« Eine Meldung, die mich vor allem wegen der Erwähnung der kleinen skandinavischen Republik überraschte. Im Vorjahr hatten die Illustrierten die Meldung vom Widerstand Marschall Mannerheims und vom Heldentum seiner Soldaten verbreitet, die auf ihren Skiern wie Elfen dahinschwebten. Sie griffen die russischen Panzer von hinten an, deren ausgeglühte Wracks rauchend in der Schneewüste liegenblieben.

Von all meinen damaligen Freundinnen habe ich die zärtlichste Erinnerung an Giovanna B. zurückbehalten. Aus einer Familie großer jüdischer Verleger stammend, war sie es, die mich über die Rassengesetze aufgeklärt und mich gelehrt hat, den Antisemitismus zu hassen. Obwohl nicht mit der Verfolgung in Deutschland zu vergleichen (die italienischen Juden wurden nie physisch bedroht noch wurde, glaube ich, je ein Vernichtungslager auf der Halbinsel eingerichtet), lief Mussolinis Politik dennoch auf eine verabscheuungswürdige Reihe von administrativen Schikanen und von legaler Aberkennung der Rechte hinaus.

Ich hielt Giovanna oft die Villa ihrer Eltern und ihre aufwendige Lebensweise vor, und das nicht ohne böse Absicht, denn ihre Zugehörigkeit zu einem Milieu, das so ganz anders war als das meine, war für mich die beste Garantie, daß sich unsere Beziehungen auf eine harmlose Kameradschaft beschränken würden. Eines Tages kam sie wortkarg und verärgert zu mir.

»Maulst du mit mir?«

»Red keinen Unsinn, Pier Paolo! Im meinem Tennisklub hat man mir heute morgen erklärt, es sei kein Platz frei.«

»Ist das alles?«

»Und daß nie wieder ein Platz für mich frei sein würde! Verstehst du: Ich werde nie wieder spielen können. Nie wieder!«

»Ein bourgeoiser Sport, meine Liebe«, erwiderte ich achselzuckend. »Möchtest du dich dein Leben lang nach den gesellschaftlichen Gepflogenheiten deiner Kaste richten?«

Sie ließ mich schwatzen, dann sagte sie ruhig: »Ich habe nicht spielen können, weil man mir meine Mitgliedskarte abgenommen hat, und man hat mir meine Karte abgenommen, weil ich Jüdin bin.«

Anwendung der neuen Gesetze: Stadien, Badeanstalten, Theater und Lichtspielhäuser, Eisenbahnen, Museen, Postämter und sogar Krankenhäuser waren den Nachkommen Abrahams versperrt. Ich errötete bis zu den Ohren, stammelte Entschuldigungen. Sie verübelte mir meine Ungeschicklichkeit nicht, zufrieden, mir eine zweifache Lektion erteilt zu haben. Das Vermögen ihrer Eltern, ein guter Grund, meiner besten Freundin Vorwürfe zu machen!

Wir gingen zu Fuß, bogen in menschenleere Nebenstraßen ein. Das Verbot, öffentliche Einrichtungen aufzusuchen, erstreckte sich auch auf die Straßenbahn. Andererseits behagte es mir nicht, eine Freundin auf der Fahrradstange zu befördern, mit der ich mich wohl gern über Arthur Rimbaud und Umberto Saba unterhielt, die jedoch mit ihren dicken Brillengläsern, dem im Nacken kurzgeschnittenen Haar, der flachen Brust und dem aus Prinzip ungeschminkten Mund keine Reklame für meinen Ruf als Verführer war. Sie fragte mich, ob ich kein Fahrrad besitze, um den langen Weg bis zum Margherita-Park abzukürzen. Ich war so gemein, das zu verneinen, lag mir doch nichts daran, mich dem Gelächter der Kumpel auszusetzen, wenn sie mich mit einer Kurzsichtigen angeben sahen.

»Dann weißt du also nicht, daß ich arm bin?« fragte ich, um sie zu kränken.

Ich tat ihr zweifellos unrecht, wenn ich sie eher häßlich als hübsch nannte. Giovannas überlegene Intelligenz hätte genügt, sie mir hundertmal anziehender zu machen als die langhaarigen Puppen, mit denen ich mich auf die Terrasse am See setzte, wäre es mir wirklich um die Gesellschaft des Mädchens zu tun gewesen, mit dem ich ausging.

Gemeinsam hatten wir Freud und Gide, Schopenhauer und Lautréamont entdeckt, um uns für die langweilige Pflichtaufgabe schadlos zu halten, die italienischen Klassiker zu lesen und zu kommentieren. An der Universität, von der sie ausgeschlossen war, erfaßte mich Widerwillen, so wie sie, vor der offiziellen Bildung, die auf höheren Befehl auf das nationale Erbe beschränkt worden war. Daß unsere Autoren, von Petrarca bis D'Annunzio, meist schwülstig, schulmeisterlich, lebensfremd, Abklatsch der lateinischen Vorbilder sind, das denke ich nach wie vor, obwohl wir uns damals wegen der Notwendigkeit des antifaschistischen Kampfes zu einigen Übertreibungen hatten hinreißen lassen, wie die Verurteilung eines Boccaccio oder die Unterschätzung eines Cellini, eines Michelangelo. Wir legten alle beide eine durch persönliche Gründe um ein vielfaches gesteigerte Verbitterung in unsere literarischen Polemiken. Bei ihr war es das jüdische Blut, dessentwegen sie die Italiener, deren Fehler sie strenger beurteilen konnte, gesellschaftlich ächteten; bei mir das Gefühl, anders zu sein als meine Kameraden. Mein kritischer, gegen jede Institution mißtrauischer Verstand schloß gleichermaßen Staatsmänner und berühmte Schriftsteller in das Mißtrauen mit ein. Diese Solidarität von Außenseitern festigte unser Einvernehmen: allerdings ohne Giovannas Wissen, denn ich habe mich allzeit gehütet, ihr die Wahrheit über ihren Freund zu entdecken.

Wir unterhielten uns im Hinterstübchen einer mit österreichischen Seenlandschaften geschmückten Milchhandlung oder auf der abgewetzten Kunstlederbank eines Cafés. Im Unterschied zu anderen Mädchen trank sie ihre Limonade, ohne rote Spuren am Glas zu hinterlassen. Von Anmut und Einfachheit geprägte Gespräche, alle Voraussetzungen waren erfüllt – sozialer Abstand unserer Familien, fast völlig fehlender Sex-Appeal bei Giovanna –, damit ich mich wohl fühlte. Bar der geringsten Koketterie, dachte sie nicht daran, zu gefallen, und entband mich meinerseits von abgeschmackten Flirtversuchen. Dennoch muß man annehmen, daß selbst eine Studentin, mit der man über die sinnlose Tat von Lafcadio und über den Geier von Leonardo diskutiert, eifersüchtig sein kann auf eine einfache Stenotypistin, die man in den Zoo führt, um ihr die Hühner im leeren Lamakäfig zu zeigen. Unsere Freundschaft, unter die Schirmherrschaft der großen Dichter und der tiefsinnigen Propheten gestellt, neigte sich von jenem Tag an dem Ende zu, an dem sie mich überraschte, als ich mit dem Fahrrad, die blonde Nerina zwischen meinen Knien, auf dem Corso paradierte.

9

Wer den wahren Grund für meinen Drang nach weiblicher Gesellschaft erriet, muß es faustdick hinter den Ohren gehabt haben. Unterschwelliges Verlangen, mich durch den Nachweis meiner männlichen Eigenschaften zu beruhigen? Ein Trick, um den Leuten Sand in die Augen zu streuen? Aufrichtige Hoffnung auf »Normalisierung«? Furcht vor den Folgen, wenn ich mich in meinem wahren Licht zeigte? Wie dem auch sei, man muß sagen, daß die Epoche für meine Belange sehr günstig war. Heutzutage, bei den veränderten Sitten, wäre ich ohne weiteres aufgefordert worden, andere Nachweise zu erbringen, als letzte Liebesverse von Paul Eluard auswendig zu zitieren, die aus Paris herübergeschmuggelt worden waren.

»Die Lippen passiert,
das Wort, es giert
nach Abenteuer«,

raunte ich Giovanna zu, die die ihren um einen Strohhalm rundete, mit dem sie ihr Viertel San Pellegrino trank, um den Genuß zu verlängern.

Für geringe Kosten und ohne das Risiko eines Abenteuers, das mich in Verlegenheit gebracht hätte, wurde mir meine Galanterie bescheinigt. Selten empfing ein Mädchen einen Jungen bei sich zu Haus und niemals außerhalb der Stunden am Tag, an denen die Eltern ihrer Aufsichtspflicht genügen konnten. Eine undurchlässige Schranke trennte die beiden Geschlechter. Es war verboten, andere Zärtlichkeitsbeweise zu tauschen als einen Händedruck, einen Kuß auf die Wange. Giovanna, in einer Familie groß geworden, in der die Zeremonie der Verlobung noch ihre alte Bedeutung hatte, hätte mir nicht erlaubt, sie zu umarmen. Ohne Zweifel hatte sie erraten, daß ich sie kaum bedrängen würde. Die

Frauen, die mich später geliebt haben und die wußten, warum ich ihre Liebe nicht erwidern konnte, waren eben deshalb zärtlich zu mir, weil ich sie nicht belästigte. Schließlich war ich ein Mann, dessen uneigennützige Freundschaft nicht von einer Minute zur anderen in lästiges, begehrliches Werben umschlug, wie es der Ehrenkodex einem jeden Jugendlichen, zumindest aber jedem jungen Italiener vorschrieb!

Bleibt, daß ich im Alter von zwanzig Jahren, allein mit meinem Geheimnis, allezeit Angst hatte, daß eine meiner Freundinnen, unserer Beschäftigung mit der Literatur überdrüssig, anderweitige Huldigungen von mir verlangen könnte. Bei Filmschauspielerinnen war solche Gefahr nicht. Aus dem Fenster unserer Wohnung in der volkstümlichen Via Nosadella Nummer 50 konnte ich, wenn ich mich seitwärts hinauslehnte, fast die Plakate lesen, die an die Wand gegenüber dem Eingang des »Rex« geklebt waren, eines billigen kleinen Kinos, das jeden dritten Tag sein Programm wechselte.

Hinter den drei Buchstaben dieses pompösen Namens erkannte man noch, in den Putz eingeritzt und nicht völlig getilgt, die schrägen großen Lettern der früheren, der Bescheidenheit des Hauses angemesseneren Bezeichnung in französisch: »Moulin Rouge«. Sie war einige Jahre vor dem Krieg aufgrund einer neuen Laune von Achille Starace ausgetauscht worden. Der Sekretär der Partei hatte eigenhändig eine Liste der auszumerzenden ausländischen Namen angelegt. So war es untersagt, in den Zeitungen »Panorama«, »Cachemir«, »Flash«, »Pardon«, »s'il vous plaît« zu schreiben. Die »Standard«-Warenhäuser wurden in »Standa« umgetauft. Die Kampagne dehnte sich auch auf Ortsnamen (Courmayeur wurde zu Cormaiore, Saint-Vincent im Aosta-Tal zu San Vincenzo) und auf Personennamen aus: Die beliebte Schauspielerin Wanda Osiris, die auf ägyptischen Charme gesetzt hatte, um ihren gewagten Attitüden einen exotischen Reiz zu geben, wurde auf das lateinische Vanda Osiride zurückgestuft. Wenn sich meine Freunde Mathias (statt Mattia) und Daniel (statt Daniele) nannten, dann in Kenntnis der Lage: letzte Möglichkeit der Auflehnung, die den jungen Leuten gewährt war, deren

Zigaretten Marke »London« eines Tages unter dem italienischen Namen »Firenze« in den Tabakläden auftauchten.

Bis Ende der dreißiger Jahre dominierten die Hollywoodstars (»Sterne« für die Presse) uneingeschränkt. Nach Lillian Gish, die bei dem Besucher das sadistische Vergnügen weckte, ein sanftes und unschuldiges Opfer verfolgt und furchtbar gequält zu sehen, kam Mary Pickford, Symbolfigur gleichermaßen des modernen Mädchens (nimmt sie doch die Emanzipation der Frau vorweg) und des altmodischen mit dem großen Herzen (man findet in ihr den Mythos vom kleinen Rotkäppchen wieder), das gegen Widrigkeiten ankämpft und mit ihnen fertig wird. Enrico, Daniel, Mathias und ich, wir diskutierten endlos, um zu ergründen, welchem Frauentyp wir den Vorzug geben sollten. Dieses Problem war in unseren Augen weitaus wichtiger (die Klugheit gebot mir, auch meine Meinung zu sagen), als uns, von den pedantischen Schrullen unseres Italienischlehrers am Galvani-Gymnasium zu der schulischen Pflichtübung genötigt, zu fragen, wie viele Jahre genau zwischen den beiden Begegnungen Dantes mit Beatrice gelegen hatten. Und was kümmerte uns später an der Hochschule in der Via Zamboni die Vorlesung von Professor Tirabosco über Petrarca, was interessierten uns die Schönheit, das golden glänzende Haar und das engelhafte Lächeln von Laura, wenn wir mit Ungeduld die Stunde erwarteten, wo wir in der Dunkelheit des »Rex«, in der die Pünktchen von Dutzenden brennender Zigaretten aufglimmten, der einen oder der anderen der beiden neuen Diven begegnen würden, derentwegen Mathias und Enrico beinah handgemein geworden wären: Marlene Dietrich und Greta Garbo?

Sich zu zwei Gruppierungen zu spalten, von denen eine jede die Ansichten des Gegners herunterputzt und verunglimpft, ist schon von jeher Anreiz für das kleinstädtische Leben in Italien gewesen. Im Mittelalter mußte man entweder Guelfe oder Ghibelline sein. In Florenz hattest du die Wahl zwischen den Schwarzen und den Weißen so wie in Verona zwischen den Montaigus und den Capulets. In unseren Tagen lassen sich die Mercutios für den Fußball, das Fahrrad oder die Oper umbringen. Die Rivalität zwischen

Bartali und Coppi säte Zwietracht in den Familien. Callasfans warfen Anhänger der Tebaldi in Venedig in einen Kanal. Das Monopol, das sich die kleinen Fünfhunderter und Sechshunderter im Volk eroberten (eine der zahlreichen Missetaten von Fiat), hat in den Dörfern die belebende Quelle versiegen lassen, die die Straßen erheiterte, wenn der Lambretta-Fahrer die Überlegenheit seiner Maschine gegenüber der wegen ihres seitlich angebrachten Motors gleichgewichtsgestörten – behauptete er – Vespa rühmte, eine Beleidigung, die zurückzunehmen man ihn mit lauten mechanischen Argumenten zwang.

Mathias und Daniel fingen Feuer für die Garbo, Enrico für die Dietrich. Der Streit entbrannte anläßlich des Besuchs der Garbo in Italien im Februar 1938. Sie reiste in Begleitung des Dirigenten Leopold Stokowski. Statt in Neapel Station zu machen (aber welcher Tourist beging damals nicht dieses Verbrechen?), mieteten sie in Ravello die Villa Cimbrone, wenige Schritt von dem Palast entfernt, in dem Wagner sechzig Jahre zuvor gewohnt hatte, um seinen *Parsifal* zu schreiben. »Parsifal, der Hitlers ganze Wonne in Bayreuth ausmachte!« rief Enrico aus. Um mich in sein Lager hinüberzuziehen, nahm er Giovanna zum Zeugen für den schlechten Geschmack der Schwedin. Hatte sie Journalisten gegenüber nicht erklärt, daß der »Park von Klingsor« mit seinem Rosengarten wie Walhalla duftete, selbst wenn die Blumenmädchen nicht dort waren? Denselben Journalisten, gegen deren Zudringlichkeit drei »deutsche« Schäferhunde und zwei Carabinieri Tag und Nacht vor dem Eingang ihres Wohnsitzes wachten.

Mathias hielt dem eine Menge sympathischer Züge entgegen. In erster Linie ihr Gepäck, das aus einem einzigen zerbeulten kleinen Koffer bestand, aus dem nach Aussage des Zimmermädchens alles in allem ein Pyjama, ein Badeanzug, ein Paar blaue Leinenschuhe, mehrere Sonnenbrillen und zwei Dutzend Gläser Konfitüre zum Vorschein gekommen waren. Ein weiteres verwirrendes Detail: Abends, bevor sie in ihr Zimmer hinaufging, nahm sie Salz und Öl aus dem Speisesaal mit. Daniel schnitt ein in der Ebene von Paestum mit dem Teleobjektiv geschossenes Foto aus: Auf einem Stallschemel sitzend, melkt die Diva eine Büffelkuh. Einfachheit und Bescheidenheit der skandinavischen Bauerntochter. Sie sollte ein Vorbild für Leni Riefenstahl sein? Ihr sollte der üble Geruch nazistischer Erotik anhängen? Seht euch dagegen die andere an, sagte er (mit offenkundiger Ungerechtigkeit gegenüber dem aus Berlin ausgewanderten Star der Paramount): schwarze Seidenstrümpfe, Ledermantel und Zigarettenspitze, das komplette Zubehör eines germanischen Vamps.

Strumpfhalter der einen, Musketierhut der anderen: Meine Wahl hing nicht von ihrer Garderobe ab. Ich entschied mich für Marlene, Enricos wegen. Nicht aus Berechnung, sondern aus Instinkt. Ich sagte mir, zweifellos sehr vage und nicht so nüchtern, wie ich es dir hier schreibe: Wenn du den gleichen Geschmack zur Schau trägst wie der, dessen Abenteuer die Studentenchronik mit Stoff versorgen, wird das den Ruf festigen, den zu erwerben du dich bemühst, indem du dich mit Nerina zeigst. Mathias hatte sich für das Metier des Antiquars entschieden, Daniel für die Malerei. Enrico, bürgerlicher, für die Medizin: feine Unterschiede, die ich im Nu erfaßte, quälte mich doch die Furcht, Verdacht zu erregen. Ich sah auch voraus, daß ich mir ein weit beweiskräftigeres Zeugnis meiner Männlichkeit ausstellte, wenn ich vorgab, in die Beine des Blauen Engels vernarrt zu sein, als wenn ich meine Vorliebe für die rauhe Stimme, das Herrscherkinn, die knabenhaften Gebärden der Königin Christine eingestand. Küßte sie nicht ihre junge Gesellschafterin auf den Mund?

Obgleich die Rollen zwischen den beiden Rivalinnen noch nicht eindeutig verteilt waren: Bei der Garbo fand man alle Reize ihres Geschlechts unter der Kapuze der Anna Karenina, der Schute der Maria Waleska, dem Pleureusenhut der Marguerite Gautier wieder. Die Dietrich dagegen trat immer häufiger in Verkleidungen auf: Diese hermaphroditische Venus in Smoking und Zylinder auf Barhockern thronend zu bewundern, wirkte nach und nach kompromittierend. Das Kino duldete Amazonen und Lesbierinnen, seit Louise Brooks in dem Film *Lulu* von Pabst Wange an Wange mit Alice Roberts getanzt hatte. Immerhin Beispiele weiblicher Homosexualität, aber ich mußte befürchten, mich zu verraten, wenn ich mich allzu lebhaft für solche Filme ausspräche. Katharine Hepburn bezauberte mich im ersten Teil von *Sylvia Scarlett.* Mein Lächeln verging, als sie sich die Haare abgeschnitten, einen Männeranzug mit Weste angezogen und zum Oberhemd eine Schleife angelegt hatte.

Unsere Manie, aufs Geratewohl über alles und jedes zu debattieren, hinderte uns nicht daran, die Poesie der Bilder wie eine Verzauberung aufzunehmen. Unsere Diskussionen brachen auf der Schwelle des »Rex« ab und setzten erst auf dem Bürgersteig wieder ein. Drinnen dachte ich an nichts mehr, weder an Politik noch an Deutschland oder daran, mich vorsichtig zu verhalten. Um den Reiz zu erhöhen, vermieden wir, einen Blick auf das am Eingang angeschlagene Plakat zu werfen. Im Dämmer des überhitzten Saals, in dem der Zigarettenqualm wie Weihrauch zur Leinwand aufstieg, lauerten wir bebenden Herzens auf den Beginn der Vorstellung. Wir mußten uns gedulden, bis der Löwe der Metro-Goldwyn-Mayer zu Ende gebrüllt oder der Athlet der Rank seinen letzten Gongschlag mit dem Hammer abgegeben hatte, um den Namen derjenigen zu entdecken, die heute abend unser Idol sein würde: die Garbo oder die Dietrich, die Hepburn oder die Havilland, Myriam Hopkins oder Carole Lombard, Dorothy Lamour oder Bette Davis, Jean Arthur oder Jean Harlow, Norma Shearer oder Joan Crawford, schicksalhafte und unwirkliche Geschöpfe, deren Reize mir keineswegs als das Ergebnis schienen, das im Studio dank der Tricks der Maskenbildner und der Beleuchter erzielt worden war, sondern als die Ausstrahlung des Geheimnisses ihrer Schönheit selbst. Alle Abneigung, die mir die Frauen aus Fleisch und Blut einflößten, schlug in rasende Bewunderung um, sobald sie sich in der Eigenschaft als Schauspielerinnen in einer unwirklichen, glanzvollen Welt bewegten. Ich wäre am liebsten die ganze Nacht in meinem Sessel hokken geblieben, versunken in die Betrachtung dieser lichtumfluteten Gesichter, deren für mich ausschlaggebender Vorzug darin bestand, daß sie einem mythischen, eindeutig außerhalb meiner Reichweite liegenden Planeten angehörten.

Da der Krieg und der feste Wille der Faschisten, auf kulturellem Gebiet autark zu werden, die Verbindung zu Amerika abgeschnitten hatten, mußten wir uns mit italienischen Stars begnügen. Merle Oberon in *Stürmische Höhen* und Joan

Fontaine in *Rebecca* waren die letzten Ausländerinnen, die auf der Leinwand des »Rex« gezeigt wurden. Isa Miranda, Alida Valli, Maria Denis, Vera Carmi nahmen ihren Platz ein und bemühten sich, es ihnen in den Hollywood nachgeahmten Filmen gleichzutun. Wir fanden sie jedoch weniger hübsch! Das war eine Chance für unsere Generation, unseren kritischen Sinn an den interimistischen Diven zu üben. Wenn sie ihre breitrandigen Hüte abnahmen, belustigten wir uns damit, Mutmaßungen über die Marke des Bleichmittels abzugeben, das den Korkenzieherlocken ihrer Dauerwelle einen verdächtigen Glanz verlieh. Eine Chance, aber auch eine Ernüchterung. Was mich betrifft, so sah ich, unabhängig von der ästhetischen Einbuße, diese Filme nicht mehr mit dem vollkommenen Glücksgefühl von früher, nun, da kein Ozean mehr ihre Heldinnen von Bologna trennte und ich ihnen auf der Straße über den Weg laufen konnte, wenn ich aus dem Kino kam.

1942 – Paukenschlag mit *Ossessione – Von Liebe besessen.* Ein Unbekannter namens Luchino Visconti erschütterte unsere Denkgewohnheiten. Es gelang uns, den Film an zwei Tagen hintereinander zu sehen, am dritten wurde er abgesetzt. Ein Priester, gefolgt von den städtischen Obrigkeiten und dem Komitee zum Schutz der Familie, trat in feierlichem Aufzug aus dem Pfarrhaus, um die besudelte Leinwand mit Weihwasser zu besprengen. Denk dir! Diese schmutzige Geschichte zwischen einem Arbeitslosen, einer ehemaligen Prostituierten und einem Kneipenwirt machte dem Vaterland Dantes und Raffaels Schande. Jedes Bild gab Anlaß zu Skandal. Nie mehr verstecktes Elend, nie mehr verschleierte Anständigkeit wie zu der Zeit, da Marlene, um ihrem Legionär in die marokkanische Wüste zu folgen, auf Bleistiftabsätzen einem Rolls entstieg. Hier diente ein von dem ehebrecherischen Liebespaar in den Po gekippter serienmäßig hergestellter Balilla dem im Weg stehenden Ehemann als Sarg. Als Loblied auf das tägliche Einerlei zeigte *Ossessione – Von Liebe besessen* zum erstenmal das schäbige Italien der Garagen, der billigen Hotelzimmer, der Dritter-Klasse-Wagen mit Holzbänken, der Tankstellen, des Wettbewerbs im Belkanto am Samstagabend auf einem provisorischen Podium. Clara Calamai, bislang Star mondäner Filme, in denen sie verliebt an der Strippe des weißen Telefons in ihrem Schlafzimmer hing, zu dem die Villen in Beverly Hills Pate gestanden hatten, spülte jetzt in Kittelschürze die Gläser von Vagabunden und Trunkenbolden, während man durch die schmutzigen Fensterscheiben den Regen auf die schlammigen Ufer des Deltas fallen sah.

Dieser Verspottung des italienischen Imperiums konnten wir nur Beifall spenden. Aber der Preis war schwer zu entrichten. Visconti verlangte von uns eine aktive, polemische Stellungnahme. Schluß mit der Beschwörung der Finsternis und den Wonnen der Betäubung. Keiner von uns wagte den Marmorsäulen, den Pantherfellen und den Hortensienbüschen der offiziellen Filmkunst nachzutrauern. Die Dokumentation der sozialen Verhältnisse statt der Märchenerzählungen, lieber Frostbeulen an den Händen als Ringe von Buccellati, Eau de Javel anstelle der Flakons von Arpège, das war es, was der faschistischen Rhetorik einen schweren Schlag versetzte. Unsere Begeisterung wurde nicht einmal durch bittere Enttäuschung gedämpft: von dem kleinen Saal in der Via Nosadella ging kein Geheimnis mehr aus. Das »Rex«, entheiligter Tempel, glich mehr und mehr der Schuhmacherwerkstatt nebenan, dem Milchladen, wo ich eine Lira auf den Ladentisch legte für ein Stück Gebäck. Ich nehme an, daß die Gläubigen, die als erste die Messen in italienisch in Vatikan II hörten, einen ähnlichen Schock erlitten: Mit dem Latein und mit den rätselhaften, fremden und unverständlichen Worten schwand der Zauber, der sie in die Kirche lockte. Gewinn an Vernunft, Verlust an Magie.

Weniger als zwanzig Jahre später sollte ich meinen ersten Film machen. Wer hat aus Viscontis Lektion mehr gelernt als ich? Habe ich der Welt nicht die Hefe der römischen Stadtrandgebiete vor Augen geführt? Habe ich nicht die erbärmliche Kehrseite des Wirtschaftsbooms im triumphierenden Italien angeprangert? Die Hungrigen, die Ausgebeuteten haben in mir ihren Filmschaffenden gefunden. Kämpferische Filme gegen ablenkende Filme, man weiß, auf welche Seite ich mich geschlagen habe. Ich schäme mich keineswegs, dir meine erste Regung einzugestehen, als ich aus *Ossessione – Von Liebe besessen* kam: ein tief sitzendes Unbehagen, bestehend aus Widerwillen und Unruhe bei dem Gedanken, daß die Frauen, die ich auf der Leinwand wie ferne und unwirkliche Geschöpfe liebte, von ihrem Olymp heruntersteigen (denn ich begriff, daß Visconti den Anstoß zu einer nicht umkehrbaren Bewegung gegeben hatte) und mich auffordern würden, mit ihnen zu trinken wie Clara Calamai mit ihren Gästen. Die fast körperliche Nähe der Schauspielerin – der Staatsstreich des neuen Films nach Ansicht meiner Freunde – schien mir eine gegen mich persönlich gerichtete Aggression. Die Heldin am Abend eines anstrengenden Sonntags vor einem Teller Nudeln einschlafen zu sehen befriedigte vielleicht meinen Bürgersinn. Auf die blöden Benzoedämpfe, die Claudette Colberts feierliches Gesicht in *Cleopatra* von Cecil B. De Mille mit einem Glorienschein umgeben, folgten die bekömmlichen kulinarischen Düfte einer dampfenden Buitoni-Soße. Das änderte jedoch nichts daran, daß mir das Feldgeschrei meiner Kameraden: »Weiber, keine Idole mehr!« in tiefster Seele zuwider war.

10

»Oh! Da gibt's nicht viel zu sagen! Wenn meine Geranien nur ebensogut gediehen!« Mama, die einen Kasten ihrer Lieblingsblumen aus Casarsa mitgebracht, sie aber nicht über den letzten, ungewöhnlich strengen Winter hatte retten können, in dem das Wasser in den Leitungen gefroren war, Mama fand keine Einzelheiten zu berichten, wenn man sie nach ihrem zweiten Sohn fragte. »Guido? Ein Naturbursche!« Sie wiederholte diese stereotype Antwort mit der Blindheit der Mütter, die in ihrem Herzen nur Platz für eins ihrer Kinder haben: in diesem Fall für mich, dem sie das alleinige Recht vorbehielt, Kummer zu haben und nach ihrer Zärtlichkeit zu verlangen.

Ständig zu guter Laune verpflichtet, nahm mein Bruder, ohne zu murren, die untergeordnete Rolle des allzeit frischen und munteren Jüngeren in Kauf. Fehlte eine Scheibe Schinken? Er sprang aus freien Stücken die drei Treppen hinunter und eilte zum Fleischer. Fuhr eine unserer Tanten nach einem Besuch in Bologna nach Casarsa zurück? Er lud sich brav die Koffer auf und brachte sie zu Fuß zum Bahnhof. In der Sekunda las er noch Seeräuberromane, die zweimal im Monat bei Mondadori erschienen; allerdings versuchte er es heimlich auch mit den Gedichten Rimbauds und Lorcas. Ich kam seiner verborgenen Neugier auf die Schliche, als ich unter seinem Kopfkissen die *Erleuchtungen* und mein Exemplar des *Zigeunerromanzero* entdeckte, das er von meinem Schreibtisch stibitzt hatte.

Guido, gut gebaut, kräftig, zu jeder Jahreszeit vom Aufenthalt auf dem Sportplatz gebräunt, überließ mir bereitwillig das Monopol auf die mütterliche Zuwendung. Mehrere Anzeichen genügten nicht, uns zu warnen.

Die Eifersucht, die ihn quälte, offenbarte sich erstmals, als er zwei Nägel in meine Fahrradreifen steckte. Ich hatte bei Tisch angekündigt, daß ich mit Nerina spazierengehen wollte. Ein Kabuff unter der Treppe diente als Abstellraum für die Räder. Während ich meine Handschuhe suchte – ein Paar mit Kaninchenfell gefütterte kunstlederne Fäustlinge –, sah ich, wie Guido ostentativ den Hammer aus dem Werkzeugkasten hervorholte und die Tür zum Treppenhaus öffnete. Er ging hinunter, kam wieder herauf, stumm und unnahbar, und schloß sich in sein Zimmer ein. Als ich fünf Minuten später dort eindrang, erblickte ich als erstes den Hammer, der auf der Kommode lag.

»Warum hast du das getan?« schrie ich ihn an, durch seine trotzige Miene ebenso wie durch den Beweisgegenstand versichert, daß ich den Schuldigen vor mir hatte.

Er begnügte sich damit, sich mitten ins Zimmer zu stellen und auf seine Bestrafung zu warten. Eine Gerade gegen die Schulter, einen Kinnhaken. Gereizt über seine Passivität, nahm ich einen Anlauf und rammte ihm den Kopf in den Magen. Er wankte, tat einen Schritt zurück, ich stürzte mich auf ihn, um ihn zu packen und niederzuwerfen, aber dann entwaffnete mich seine Ergebenheit. Mit einem letzten Stoß beförderte ich ihn rücklings auf sein Bett, dann setzte ich mich neben ihn.

»Idiot! Wenn du auf meinen Drahtesel scharf bist, brauchst du ihn dir doch nur manchmal auszuleihen. Das ist gescheiter, als ihm einen Platten zu machen!«

Er schüttelte den Kopf. Seine Stummheit regte mich auf,

ich wollte gerade wieder wütend werden, als mir eine Vermutung kam.

»Ich Rindvieh!« rief ich aus, beugte mich über ihn und versuchte ihn in die Arme zu nehmen. »Jetzt hab ich kapiert! Es ist . . . wegen Nerina, nicht wahr? Das hätte ich mir denken können!«

Weder meine Versprechungen, ihm meinen Platz bei der Stenotypistin abzutreten, noch das Angebot, ein Wort für ihn einzulegen, falls sie ihn als zu jung verschmähen würde, vermochten ihn umzustimmen. Er wich meinem Blick aus und starrte mit finsterer Miene an die Decke.

»Na schön«, sagte ich, mit meinen Argumenten am Ende, »um dir zu beweisen, daß ich dir nicht böse bin, geh und mach deine Dummheit wieder gut, und ich schwöre dir, daß ich Mama nichts verraten werde.«

»Oh, ist mir doch egal, ob sie es erfährt«, stammelte er, sich auf den Ellenbogen aufrichtend.

»Daß sie was erfährt?« fragte ich verdutzt, ohne auch nur auf den Gedanken zu kommen, daß ich, wenn ich davon absah, ihn bei unserer Mutter anzuschwärzen, seinen Versuch, dem altbewährten Bild des zuvorkommenden, aber farblosen braven Jungen zu entrinnen, vereitelte.

Er schaute mich mit einem scheuen Blick an, dann ließ er sich auf das Kopfkissen zurückfallen, vergrub sein Gesicht darin und brach in Tränen aus.

Ich habe mich immer weiter in ihm geirrt, selbst dann noch, als er uns einige Zeit nach der Sache mit den Nägeln erklärte, daß sein Freund Ermes Parini das große Glück hatte, an die ukrainische Front zu kommen. Wir waren gerade damit fertig, die Gräten eines schlammig schmeckenden Karpfens abzulutschen.

»Schweig, du weißt nicht, wovon du redest!« sagte meine Mutter. »Hast du denn nicht gehört, daß der Winter in Rußland so grausam ist, daß man im Bauch der toten Pferde schlafen muß, um nicht vor Kälte zu sterben?«

»Glaub diese Ammenmärchen nicht, Guiduccio!« (Das waren die üblichen, nicht böse gemeinten Sticheleien um den Familientisch.) »Die Wahrheit ist, daß sich ein Italiener, der sich entschließt, Seite an Seite mit den Deutschen zu kämpfen, als Lakai Mussolinis zu erkennen gibt.«

»Ermes ist mein Freund. Ich erlaube dir nicht . . .«, stammelte er, mehr aus Kameradschaftsgeist, als um meine Meinung anzufechten.

Er schien mit den Nerven am Ende. Um ihn nicht vor den Kopf zu stoßen, begnügte ich mich damit, auf das Wachstuch zu trommeln, begierig zu erfahren, wie ein Bewunderer Lorcas den imperialistischen Krieg der Freunde Francos rechtfertigen würde. Er starrte uns der Reihe nach an, bevor er mir antwortete.

»Du irrst, wenn du glaubst, er habe Schuld auf sich geladen. Ihr kennt den Grund nicht, der ihn veranlaßt zu gehen.«

»Das muß aber eine noble Ergebenheit sein! In einen Waggon voller Verräter und Abtrünniger zu steigen!« schrie ich, empört, meinen Bruder, dem weder ich noch seine Mutter Unterricht in Antifaschismus vorenthalten hatten, lobend über einen engagierten Freiwilligen reden zu hören.

»Er will das Vaterland mit seinem Tod läutern«, murmelte Guido und senkte den Kopf.

Verblüfft wechselte ich einen Blick mit Mama, die mir ein Zeichen machte, mich zu mäßigen. Die Augen fest auf seinen Becher Joghurt gerichtet, fuhr er fort, in einem Ton, in dessen feierlicher Herausforderung kindliche Schüchternheit mitschwang: »Ermes wird nicht wiederkommen. Nie wieder. Er hat sich aus Opfergeist gemeldet. Er wird in Rußland sterben. Er will sterben. Er geht, um zu sterben. Er hat es mir gesagt. Sein Tod wird uns alle retten. So wie Feuerauge, der gegen den Befehl des Generals und ungesehen das Lager verlassen hat, um die Zitadelle in die Luft zu sprengen.«

Dieser Vergleich mit dem Roman von Salgari schien uns so naiv, daß wir beide in Gelächter ausbrachen, vielleicht auch, um uns von einem peinlichen Eindruck zu befreien.

»Beeilt euch, euren Apfel aufzuessen, wir sitzen schon zu lange bei Tisch«, sagte meine Mutter, die ihr Unbehagen, nach den Mahlzeiten vor schmutzigen Tellern zu sitzen, auf mich übertragen hat.

Guido, der kräftig in seine Frucht hineinzubeißen pflegte, begann sie mit pedantischer Genauigkeit zu schälen. Die spiralförmig abgeschnittene Schale fiel in einem Stück vom Messer. Er zwang sich zur Ruhe, aber seine Hände verrieten ihn. Nichts wird mich von den Gewissensbissen befreien, seine zitternd vorgetragene vertrauliche Mitteilung mit dieser dummen Heiterkeit quittiert zu haben. Lohnte es die Mühe, jeden Tag mit Giovanna über die *Psychopathologie des täglichen Lebens* und über *Kindheitserinnerungen Leonardo da Vincis*, die wir unter den Kolonnaden des Todes gekauft hatten, zu diskutieren? Anstatt die politische Treuherzigkeit meines Bruders zu bekritteln, hätte ich besser daran getan, mich zu fragen, welche Absicht (zweifellos ihm selbst nicht bewußt) ein bislang ausgeglichener und umgänglicher sechzehnjähriger Knabe verfolgte, wenn er urplötzlich nicht zu ihm passende Charaktereigenschaften bekundete. Erst ein Akt häuslichen Vandalismus, dann, weit deutlicheres zweites Symptom, diese Träumereien von Sühnemärschen über die Eisflächen um Charkow, diese Phantastereien von Opfertod und Martyrium bei minus vierzig Grad.

Die verschiedenen Schlüssel, die er ausprobierte, um die Türen zu Mutters Herz zu öffnen, zerbrachen in seinen Händen. Keiner seiner Hilferufe wurde gehört. Ob er sich als Strolch versuchte oder als Anwärter auf das Heldentum, er wurde nicht ernst genommen. Er blieb »der nette, liebe Guiduccio«, den Mama zu entschädigen glaubte, wenn sie ihm heimlich ein paar Centesimi in die Tasche steckte, damit er sich Bonbons kaufte. Ein glühendes Verlangen, geliebt und anerkannt zu werden, wie er es verdiente, verzehrte ihn vor unseren Augen; wir aber blieben dabei, aus Bequemlichkeit, ihn mit dem heiteren Gemüt und der robusten Gesundheit des Boyscouts zu sehen.

Aus Sorge, seine überschwenglichen Gefühle im Zusammenhang mit Ermes' Fortgang könnten ihn dem Nazismus direkt in die Arme treiben, und bemüht, ihn den Einflüssen des Gymnasiums zu entziehen, nahm ich meinen Bruder so oft wie möglich mit. Professor Longhi hatte mir die Aufgabe anvertraut, den »Übergang vom Romanischen zum Gotischen« an den Baudenkmälern in Bologna zu untersuchen. Im Innern der Kirchen interessierte sich Guido mehr dafür, die betenden Schülerinnen anzustarren oder den jungen Schwestern unter die Haube zu schielen als mit mir die Augen zum Gewölbe zu erheben. Ich liebte vor allem die vier ineinandergeschachtelten Kirchen, die den Santo-Stefano-Komplex bilden: alle niedrig, rosa, schlicht, weihevoll, um einen Kreuzgang aus Backsteinsäulen gruppiert. Nichts als gekrümmte Linien, bogenförmige Friese, gerundete Wölbungen. Beruhigende Umgebung, die mein Herz mit Frieden füllte.

»Schau mal, Guido. Die kleine Kalvarienkapelle, die ist ebenfalls auf einer runden Fläche erbaut. Du befindest dich im Mittelpunkt eines Kreises, und überall rings um dich herum streben durch Rundbogen miteinander verbundene rosa Säulen nach oben. Das ist das älteste Sanktuarium Bolognas und das Vorbild für spätere sowohl weltliche wie kirchliche Bauwerke. Schlendere durch die Stadt, und du wirst feststellen, mit welcher Sorgfalt die Architekten alles vermieden haben, was das Auge beleidigt: gebrochene Linien, schräge Kanten, Grate, Winkel. Für den halbkreisförmigen Bogengang haben sie schon immer eine Schwäche gehabt. Keinen rechten Winkel, zumindest bis zum Faschismus, der die Säulenumgänge der griechischen Tempel ohne Verstand kopiert hat.«

»Das ist wahr«, sagte er, glücklich, seinen persönlichen Beitrag beizusteuern. »Das Stadion ist auf halbkreisförmigen Bogengängen erbaut. Und die Badeanstalt auch, wenn ich es mir recht überlege!«

Dabei unterdrückte er ein Gähnen, und kaum waren wir wieder draußen an der frischen Luft, reckte er sich kräftig, um sich für die Viertelstunde zu entschädigen, die unser Besuch gedauert hatte. Er behauptete, der Weihrauchduft widere ihn an. Auf dem Heimweg amüsierte er sich damit, leere Büchsen vor sich her zu treten, ungeachtet der Mahnungen Mamas, die ihm ans Herz gelegt hatte, die Schuhe zu schonen. Hätte er eine größere Hinneigung zur Kunstgeschichte gezeigt, ich hätte ihn für längere Zeit zu meinen Ermittlungen heranziehen können; denn die Entdeckungen, die ich machte, führten mich weit über stilistische Voreingenommenheiten hinaus.

In Santo Stefano und in den anderen romanischen Kirchen fühlte ich mich heimisch. Die niedrigen, gerundeten, vertrauten Gewölbe umfangen und beschützen einen wie die tröstenden Arme einer Mutter, die ihr Kind an die Brust preßt. Ein völlig anderes Empfinden als in dem drohenden Halbdunkel der hohen. und strengen gotischen Kirchenschiffe. Ich wollte wissen, warum der dem Menschen und seinem Bedürfnis nach Sicherheit so viel besser angepaßte Rundbogen den neuen Formen seinen Platz abgetreten hatte. Nicht ohne Überraschung erkannte ich die Rolle der sozialen Kämpfe bei dem Übergang von dem einen Stil zu dem anderen. Die Gotik setzte sich im 13. Jahrhundert unter dem Einfluß der gerade erst gegründeten Bettelorden der Dominikaner und der Franziskaner durch: Mönche ohne Geld, ohne Gepäck, in Sandalen und in braunen wollenen Kutten, Söhne von Bauern und Handwerkern. Sie befehdeten den weltlichen Klerus, die Prälaten, die Bischöfe adliger Abstammung. Diese hohen Persönlichkeiten verteidigten zugleich mit ihren Privilegien auch die Traditionen der Architektur, das heißt den romanischen Stil.

Was tun? Wessen Partei ergreifen? Auf wessen Seite hättest du dich gestellt? Du konntest nicht mit der Linken kokettieren, während dein Sinn der Vergangenheit zugewandt war. Du mußtest dich also für die Gotik einsetzen. Wie viele Toren machen auf diese Weise Revolutionen! Man opfert der für den Fortschritt notwendigen Disziplin die heilige Ordnung der Phantasien. Erster Anlaß für mich, lange vor meinen Reibereien mit den Kommunisten, über die Ironie der Geschichte nachzudenken, die mit der einen Hand nimmt, was sie mit der anderen gibt, und die sich nie großzügig genug zeigt, damit du vollkommen glücklich wirst.

Der gotische Stil streckte die Pfeiler der Kirchen, hob das Gebälk in schwindelerregende Höhen, machte das Geheimnisvolle in den Seitenschiffen undurchdringlich, schuf die riesigen Räume, die Angst und Schuldgefühl hervorrufen. Auf den Rundbogen, auf das sogenannte Tonnen- oder Wiegengewölbe, Metapher und Reminiszenz an die Wiege der Kindheit, folgte der Spitzbogen, den man zu Recht auch zerbrochener Bogen nennt. Zerbrochen die innige Vertrautheit mit der Mutter, des Glücks beraubt, zu zweit ein Herz und eine Seele zu sein. Der Sohn, auf brutale Weise aus seinem Traum von der uneingeschränkten Gemeinsamkeit gerissen, aus seinem Nest gedrängt, in die Welt hinausgetrieben, mußte seine Höhle verlassen und sich die Augen reiben. Im majestätischen Halbdunkel der überhöhten Gewölbe erblickte er das unsichtbare und schreckliche Gesicht des Vaters. Was ist der Spitzbogen in der Tat anderes als die hochgezogene Augenbraue des Vaters? In San Petronio zitterst du wider Willen; du wirst nicht empfangen, sondern beurteilt. Das monumentale Kirchenschiff erdrückt dich mit all seinem dämmrigen Glanz. Unter diesem erhabenen Gewölbe bist du nur unendlich klein und wartest auf deine Bestrafung. Das Gesetz, die Bedrohung, die Furcht waren nunmehr in unser Leben getreten. Die zärtlichen Mutterhände traten die katholische Religion an die unbeugsame Macht des Vaters ab.

»Unsere Leben«, habe ich geschrieben. Vielleicht hatte diese Umkehr von Christus zu Jahwe solch dramatische Konsequenzen nur für eine Minderheit zur Folge: für die unsere, Gennariello. Ich meine nicht nur mich und meine Brüder in der Vergangenheit, wenn ich »unsere« sage. Ich meine auch dich, der du in diesem selben Augenblick laut Einspruch erhebst und bereit bist – ich würde meine Hand dafür ins Feuer legen –, deine Lektüre zu unterbrechen und zu Don Michele zu eilen, um den Tag deiner Hochzeit zu bestimmen. Leugne die Evidenz, so heftig du willst, der Stärke meiner Liebe wird es gelingen, die Lüge aus deinem Herzen zu vertreiben. Über kurz oder lang werde ich dich dazu bringen, deine Wahrheit zu erkennen. Es wäre offenbar weit gescheiter, dir die Schrecken der Unterdrückung im Laufe der Jahrhunderte zu verbergen und dir dann die Toleranz, so wie sie heute weltweit geübt wird, vorzustellen. Ich würde mich jedoch nie solcher Niedertracht bedienen, nicht einmal um deinen Widerstand zu brechen, der mich verzweifeln macht. Ich lege Wert darauf, dich zu überzeugen, und nicht, dich zu betören. Möchtest du, daß ich dich für einen allzu großen Hasenfuß halte, der den Anblick der Gefahren, die dich erwarten, nicht erträgt? Bleibe bei Giuseppina, wenn du dich um nichts anderes sorgst als um deine Ruhe! Sosehr mich die Hoffnung beschwingt, daß du mir, am Ende meines Berichtes angelangt, mitteilst, du gibst auf (dann ist es aber zu spät und sinnlos, Gennariello!), so fordere ich auch, daß du dich mit Sachkenntnis für mich entscheidest und keineswegs angezogen von trügerischen Verlockungen.

Erfahre, um damit zu beginnen, den Tribut an Tränen und an Blut, den uns im Mittelalter die Niederschlagung der Aristokratie durch die Kräfte des Volkes gekostet hat. Als ich für meine Abhandlung in den Bibliotheken herumstöberte, habe ich einige Dokumente ausfindig gemacht, die genauere Angaben darüber enthalten, in welcher Zeit und unter welchen Umständen wir unseren Peinigern zuerst begegnet sind. Du wirst mir zugestehen, daß weder Professor Longhi noch mein Bruder Guido mehr ins Vertrauen gezogen werden konnten als irgendeine andere Person aus meinem Bekanntenkreis.

Der Sieg des Spitzbogens und des Schwibbogens, so wie der von Sichel und Hammer sieben Jahrhunderte später, signalisiert ohne Zweifel unsere Verdammnis. Wir hatten für eine Sache Partei ergriffen, deren Sieger uns vor ihr Tribunal zerrten. Vom 10. bis zum 13. Jahrhundert, während der romanischen Epoche, keine Spur von Prozeß gegen uns. Der heilige Paulus hatte den heiligen Johannes noch nicht abgelöst. Veronikas Schleier brachte Mosis Wutanfälle zum Schweigen. Die Strafgesetze? Dereinst von Theodosius, dem ersten christlichen Kaiser, erlassen, wurden sie nirgendwo im Abendland angewendet. Die Hinrichtung durch Feuer, in den Novellen des Justinian und dann in den Kapitularen Karls des Großen erneut verkündet, kostete die Justiz nicht ein einziges Streichholz. Man sagt, daß Hugo Capet, als er bei einem Kirchgang in der Vorhalle zwei Männer gewahrte, die sich mehr ihrer Begierde als Gott hingaben, sie mit seinem königlichen Mantel zudeckte. Vor dem Altar kniend, betete er länger als sonst, vielleicht, um vom Herrn Absolution für sie zu erflehen, gewiß aber, um ihnen Zeit zu lassen, sich vor dem Eintreffen der Häscher aus dem Staube zu machen.

Die Verfolgung begann gegen Ende des 13. Jahrhunderts mit dem Apostolat der Dominikaner und der Einsetzung der Inquisition. Unter welch unheilvollen Auspizien ich doch geboren bin! Denk dir, Bologna war die Lieblingsstadt des Domenico de Guzman. Der fanatische Spanier hielt sich längere Zeit hier auf, fügte San Niccolò della Vigna die ersten beiden Ordenskapitel hinzu und legte den Grundstein zu einem Kloster unweit der Straße, in der ich groß geworden bin. In Bologna zog er sich ein Fieber zu, an dem er starb. Zunächst in San Niccolò selbst unter einer einfachen Steinplatte begraben, so wie er es gewünscht hatte, um von den Sandalen seiner Brüder getreten zu werden, wurde sein Leichnam später in einem Mausoleum ganz aus Marmor feierlich beigesetzt; das geschah, als man auf den Fundamenten der alten, infolge des Zustroms der Pilger zu klein gewordenen Kirche eine neue Basilika errichtete, die diesmal seinem Namen gewidmet und vom Papst persönlich eingeweiht wurde. Der Schädel erhielt einen Platz in einem silbernen Reliquiar mit Ziselierungen, nicht unwürdig des Schreins deines heiligen Gennaro. Aus allen Gegenden der Christenheit eilte man herbei, die Verehrung seines Grabes und seiner Reliquien lockte eine immer größere Menge von Gläubigen an.

Der Mönch hatte die unvergeßliche Erinnerung an seine Nächstenliebe und an seine Armut hinterlassen, aber auch an seine Unversöhnlichkeit. Seine Schüler entsinnen sich, daß in einer Nacht, die er betend im Chor zubrachte, seine Klagelaute und sein Weinen durch die Wände drangen und in ihren Zellen zu hören waren, in denen sie schliefen. Sie setzten sein Werk fort, getreu seinen Anweisungen. Sie verbreiteten in ganz Europa die Intoleranz und die Diktatur. *Domini canes*: Hunde Gottes. Die grausamsten Stockmeister der himmlischen Ordnung. Obwohl von Natur aus sehr gemäßigt, rufe ich dir das ins Gedächtnis. Ihre Väter hämmerten in den Dorfschmieden auf dem Amboß, oder sie führten den Pflug über die Hänge der Hügel. Diese Söhne aus dem Volk, mein lieber Gennariello, waren die ersten, die uns vor Gericht zerrten, die ersten, die uns auf den Scheiterhaufen schickten. Die Anatheme des Pentateuch, die man in den wohlriechenden Essenzen Maria Magdalenas untergegangen geglaubt hatte, trafen uns erneut, als wäre das Evangelium nie gepredigt worden. Unser Anderssein wurde der Ketzerei gleichgestellt, unsere Liebe dem Verbrechen. Der Fenchel, den man auf die Holzscheite warf, um die Marter zu aromatisieren, haftet meiner Person an: *finocchio*. Mit diesem Namen wurde ich viele Male in der Presse oder bei den Premieren meiner Filme beleidigt. *Finocchio*, das klassische

Schimpfwort, um mich in den Schmutz zu ziehen. Wissen die, die es heute benutzen, daß diese Metapher aus dem Gemüsegarten jener Zeit herrührt, in der man das Feuer unter unseren Füßen mit richtigem Gemüse schürte, das nach seinem Verbrennungsduft ausgesucht wurde? Die romanische Mutter lächelte uns unter Rauch und Flammen zu, während der gotische Vater über den Nachschub von Reisigbündeln wachte.

II

Nach diesen Überlegungen, an denen ihn teilhaben zu lassen ich mich wohlweislich hütete, hatte ich das Vergnügen, zu beobachten, daß sich mein Bruder auf der Straße nach allen Mädchen umdrehte, nicht aus reiner südländischer Angeberei, sondern aus bereits klar und deutlich sichtbarer Hinneigung zum anderen Geschlecht. Schon in dieser Zeit sah ich mein Schicksal als eine heimliche Reise mitten durch die von meinen Widersachern aufgestellten Fallen voraus; daneben freute mich (ohne seine Leiden als Sohn und Bruder zu ahnen), daß Guido, im Schutz der über meinem Haupt schwebenden Verdammnis, die Jagd nach dem Glück mit den besten Aussichten auf Erfolg in Angriff nehmen konnte.

Ebenso glücklich war ich für meine Mutter, daß er einen Weg einschlug, der so ganz anders war als der meine. Meine Frauengeschichten blieben zu Hause nicht unbemerkt. Zwei unterschiedliche Phasen kennzeichneten Mamas Reaktionen. Zunächst die Eifersucht. Keine Szenen, keine Tränen, ehrlich. Viel zu fein, um ihre Mißbilligung durchblicken zu lassen, versagte sie sich, mich mit der kleinsten Frage zu belästigen. Begleitete mich aber Nerina zum Beispiel bis vor unsere Haustür, dann brauchte ich nur zum Fenster des dritten Stocks hinaufzuschauen, um durch einen Spalt in der Gardine eine regungslose Gestalt hinter der Scheibe zu bemerken.

Ging ich nach dem Abendessen nochmals fort, dann wartete Mama auf mich, bis ich heimkehrte. Die späte Stunde hielt sie, entgegen ihrer ländlichen Gewohnheit, zu Bett zu gehen, sobald die letzte Gabel abgetrocknet war, nicht davon ab. Ich fand sie kerzengerade und ernst am Küchentisch sitzend vor, damit beschäftigt, meine Wäsche auszubessern. Sie zog mich an sich und küßte mich länger als an den anderen Abenden. Es wäre wohl sehr naiv von mir gewesen, zu glauben, daß sie mir mit diesem Kuß Absolution erteilte. Eine Äußerung, die sie fallenließ, offenbarte mir ihre wahre Absicht. Anhand des Parfüms, mit dem meine Wange noch gesättigt war, versuchte sie herauszufinden, welche Rivalin ihr ihren Sohn in dieser Nacht geraubt hatte. Ohne die Frauen anderweitig zu kennen als durch diese kosmetische Wahrnehmung (und in dem Bemühen, bilde ich mir ein, sich ihre flüchtig durch das Fenster erspähten Gesichter vorzustellen), betrachtete sie alle Frauen, die mir gefielen, als ihre persönlichen Widersacherinnen. Der Margherita-Park flößte ihr einen unüberwindlichen Abscheu ein, weil sie wußte, daß ich dort meine Verabredungen hatte; dort schmiedeten die Weiber ihre Komplotte, die dazu führten, daß sie hintangestellt wurde.

Sehr bald jedoch entdeckte sie aufgrund der Vielfalt der Namen, die sie mich aussprechen hörte, durch die Anzahl der Rätsel, der ihr Geruchssinn unterzogen wurde, durch den Scharfsinn ihres Mutterinstinkts, wie flüchtig all meine Eroberungen waren. Nach Giuliana kam Flora, nach Astrid Silvana: ein sich ständig drehendes Karussell. Sie allein, die mich in die Welt gesetzt, gestillt, gewiegt, während meines Keuchhustens gepflegt, bei meiner Lungenentzündung bewacht hatte, sie allein hatte ihren festen und sakrosankten Platz in meinem Leben, Madonna und Königin auf ihrem lichten Thron, ebenso unentbehrlich für ihren Sohn wie die Handvoll Nudeln, die sie in das kochende Wasser warf, sobald sie seinen Schritt auf der Treppe hörte.

Sie begann daher, all meine Gefährtinnen als ihr zu Ehren dargebrachte Brandopfer zu betrachten; und weit davon entfernt, unzufrieden darüber zu sein, wünschte sie vielmehr, daß kein Mädchen in Bologna von diesem Sakrifizium verschont bliebe. Je mehr ich mir aussuchen und dann verlassen würde, um so augenscheinlicher würde ihre eigene Oberhoheit in den Vordergrund treten. Gab ihr eine meiner Tanten mit ihrem scharfen Furlaner Verstand zu bedenken, daß man mich oft mit dieser Nerina zusammen sähe, dann tat Mama, als runzelte sie die Stirn, und setzte eine besorgte Miene auf; aber hinter der Hand, die einen Moment von ihrer Flickarbeit abließ, verbarg sie ein zufriedenes Lächeln; denn sie war sich sicher (und sie irrte sich nicht), daß ich die Stenotypistin nur als zusätzlichen Zierat für mein Fahrrad benutzte.

Sie wähnte sich endgültig außer Gefahr, als ich aufhörte, mit Giovanna auszugehen. War sie doch eine weit bedrohlichere Rivalin als die anderen! Mama, die Schullehrerin, obwohl sehr gebildet und unersättlich im Romanelesen, fühlte sich nicht stark genug, es mit der Tochter eines Mailänder Großverlegers aufzunehmen. Deren Mißgeschick (meine Mutter schrieb nämlich mir die Initiative zu unserem Bruch zu – in diesem Fall irrte sie sich) wurde mit einem Seufzer der Erleichterung begrüßt. Ganz zu schweigen von dem Stolz, sich sagen zu können, daß die Opferung einer B. auf dem Altar, den ihr Sohn ihr zu Ehren errichtet hatte, ein besonders eindrucksvoller Tribut war.

Nur, ebenso wie sie eine Heirat meinerseits als Heimtücke und als Verrat betrachtet hätte, ebenso hätte sie es schwer ertragen, ohne Nachkommen zu altern. Da sie sich weigerte einzusehen, daß ich erwachsen geworden war, aber natürlich wußte, daß ich letztlich eines Tages fortgehen und sie mich verlieren würde, war ihre einzige Zuflucht die Vorstellung, als Großmutter ein Neugeborenes zu wickeln und zu hätscheln. Mit einem Baby in ihren Armen würde für sie das wunderbare Erleben vergangener Zeiten, als ich noch voll und ganz auf ihre Pflege angewiesen war, von neuem beginnen.

Wie war das eifersüchtige Verlangen, mich von den Frauen fernzuhalten, in Einklang zu bringen mit dem Bedürfnis, ihre Zärtlichkeit einem neuen Nachkommen zuzuwenden? Die Vorsehung hatte diesen Widerspruch gelöst, indem sie ihr zwei Söhne schenkte, deren einer weiblichen Nachstellungen entfliehen und ewig an ihrem Rockzipfel hängen würde, während der andere, als Sohn weniger wertvoll, aber unerläßlich als Erzeuger, für Enkelkinder sorgen würde. Das ist der Grund, warum ich mich hütete, Guido zu meinen Neigungen zu bekehren, im Gegenteil darauf bedacht war, ihm jede Versuchung zu ersparen, die ihn von einer für Mamas Glück so notwendigen künftigen Ehe abhalten könnte.

Nun, von einer kurzen Reise nach Florenz zurückgekehrt, erzählte mir mein Bruder eine recht vielsagende Geschichte, in der er dank seiner Treuherzigkeit nichts Böses gesehen hatte. Auf der Piazza della Signoria an den Sockel des gigantischen *David* gelehnt, aß er ein Sandwich. Ein Mann, seinem noch vollen Haar und seiner kaum fülligen Figur nach so um die Dreißig, untersetzt, muskulös, mit Overall und Rollkragenpullover bekleidet, stieg vom Fahrrad und näherte sich der Statue, um sich dort ebenfalls niederzulassen. »Hast du 'ne Zigarette?« fragte er ohne Umschweife, in einem Ton, den mein Bruder reichlich unhöflich fand. »Ich rauche nicht.« Der aufdringliche Bittsteller warf ihm einen grimmigen Blick zu, bestieg sein Fahrrad und entfernte sich in Richtung Brücke.

Ein wenig später, als sich Guido am Nachmittag auf einer Bank in einer Grünanlage ausruhte, tauchte der Mann abermals auf. Er setzte sich an das andere Ende der Bank, holte eine lange Zigarre aus der Tasche, zündete sie an und stieß mächtige, übelriechende Rauchwolken aus (den vermaledeiten Qualm der *toscani*), ohne sich darum zu kümmern, daß der Wind sie seinem Nachbarn ins Gesicht trieb; der fing an zu husten und hielt sich die Hand vor den Mund. Entrüstet über diese Unverfrorenheit, schickte sich Guido an, obwohl erschöpft vom Umherschlendern seit dem frühen Morgen, aufzustehen und sich ein anderes Plätzchen zu suchen, als er sich rüde angesprochen hörte.

»He, Kleiner! Du bist nicht sehr redselig! Warum rückst du nicht näher, ein bißchen plaudern?«

Eine Pause in seinem Bericht einlegend, vertraute mir Guido an, diese Worte hätten in ihm den Verdacht geweckt, daß ihm eine »Tunte« (wie er sich ausdrückte) Avancen mache. Aber das »männliche« Aussehen seines Gegenübers habe ihn bald eines Beßren belehrt. »Die Homos sind weichlich, elegant, höflich«, erklärte er offenherzig, und der Unbekannte in seinem von Wagenschmiere fleckigen blauen Arbeitsanzug habe zwischen zwei Zügen auf die Erde gespuckt. Ein »Schweinekerl« mit schlechten Absichten aber würde sich anfangs im besten Licht zeigen wollen, sagte er sich.

Diese Überlegung (scharfsinniger als die vorherige, obwohl sie einem weniger naiven Gemüt keine größere Sicherheit bot) beruhigte ihn endgültig. Er rückte auf der Bank einen halben Meter näher. Zwei junge Mädchen gingen in der Grünanlage vorüber. Der Mann blickte ihnen nach, stieß meinen Bruder mit dem Ellenbogen an und sagte, aus seinem Gesicht und aus der Art, wie er das C ausspreche, schließe er, daß er es nicht mit einem »kleinen Jungen aus Florenz« zu tun habe. Und mit dem Kinn auf die beiden Spaziergängerinnen deutend, fügte er hinzu, er hoffe, daß sich dem jungen und sympathischen Besucher schon eine »Gelegenheit« geboten habe.

Guido beschränkte sich in seiner Naivität darauf, den Kopf zu schütteln. Daraufhin behauptete der andere, in seine anfänglichen groben Manieren zurückfallend, daß sich jeder Mann, der nach Florenz komme und dieses Namens würdig sei, noch am Abend seiner Ankunft eine Frau beschaffen müsse.

»Wetten, du hast noch keine umgelegt?«

Er maß seinen Nachbarn mit einem unerklärlich feindseligen Blick.

»Ich bin noch recht jung«, sagte mein Bruder, wütend über sich selbst, weil es den Anschein hatte, als wollte er sich bei diesem Lümmel entschuldigen, der nach wie vor den transparenten Florentiner Himmel mit seiner Zigarre verpestete.

Nach einer passenden Erwiderung suchend, erkühnte er sich, ihn zu frotzeln, in der Gewißheit, ein Geständnis über Mißerfolge zu hören. (Denn nur Blindgänger der Liebe, glaubte er, machten sich an öffentlichen Orten auf diese Weise an den erstbesten heran.)

»Aber auf Sie wartet doch sicherlich eine Schöne zu Hause?«

»Was sagst du?« schrie der *toscani*-Raucher, mit einem Satz aufspringend, als hätte ihn eine Schlange gebissen. »Bildest du dir etwa ein, daß erst eine Rotznase wie du kommen muß, damit ich weiß, wie ich mich zu verhalten habe? Ich heirate in einem Monat, daß du es weißt, bevor du mir mehr so dämliche Fragen stellst. Ich bin ja gerade unterwegs, das Aufgebot zu bestellen.«

Damit entfernte er sich wütenden Schritts. Mein Bruder, die »Rotznase«, blieb wie versteinert von dieser Mischung aus Vertraulichkeit, Grobheit, aggressivem Hochmut und Bewegungsdrang verdutzt auf seinem Platz sitzen und fragte sich, welchen Fehler er wohl begangen habe.

»Ein verrückter Kerl«, sagte ich zu Guido. Um keinen Preis der Welt hätte ich meinem Bruder enthüllt, daß er mit seinen siebzehn Jahren und seiner von der Sonne im Stadion gebräunten hübschen Fratze den Mann verwirrt hatte und daß der in seiner Verwirrung gezwungen gewesen war, durch skurriles Prahlen mit seinen Heiratsabsichten zu reagieren. Skurril, jawohl, so wie alle Episoden dieser Farce. Die ewig gleichbleibende Farce in drei Akten: Du gefällst mir, ich stoße dich zurück, ich hasse dich, weil du mir gefallen hast. Anziehung, Abweisung, Verachtung. Aber eine Farce, die zur Tragödie werden kann, wenn dir derjenige, der aus freien Stücken in deinen Wagen eingestiegen und dir freiwillig zwischen die Baracken des Idroscalo gefolgt ist, die Rippen mit einem aus einem Zaun herausgebrochenen Pfahl einschlägt, um sich für seine »Schwäche« zu bestrafen, um seine »Ehre« zu rächen und um das Image wiederzufinden, das er sich von sich selbst gemacht hat.

Im Namen aller Italiener, deren Männlichkeit ich als eine Maskerade aufgezeigt hatte, mußte zwangsläufig ein aus dem Volk kommender Rächer (Pelosi oder ein anderer, sein Name tut nichts zur Sache), beauftragt mit einer sozusagen rituellen Mission, mit dem Mord an dem Provokateur das Bewußtsein ihrer Identität wiederherstellen. Die Beschwörung der Heirat, die den Schlepper meines Bruders an jenem fernen Nachmittag in Florenz rettete, fehlte meinem Mörder: Aus eben diesem Grunde war er gezwungen zu töten.

Im Jahre 1942 hätte ich nur die Schultern gezuckt, hätte man mir vorausgesagt, daß meine leibliche Sicherheit eines Tages gefährdet sein würde. Um Guido ein anderes Leben zu wünschen als das meine, brauchte ich nur zusammenzuzählen, wie oft ich mich vorsichtig, feige verhalten hatte. Ich habe die Poesie selbst profaniert, als ich in meiner ersten Gedichtsammlung Verse von übertriebener Behutsamkeit veröffentlichte. Am 14. Juli feierten wir – Enrico, Mathias, Daniel und ich – mit Unmengen von Schinken und Lambrusco das gleichzeitige Erscheinen unserer vier Broschüren in der Libreria antica Mario Landi, Piazza San Domenico 5. *Poesie* lautete der Titel meines Bändchens: vierzehn Gedichte, enthalten in einem Büchlein von achtundvierzig Seiten in einer Auflage von dreihundert Exemplaren zuzüglich fünfundsiebzig unverkäuflicher für die Presse. Eins dieser Freiexemplare landete auf dem Schreibtisch von Gianfranco Contini. Der bekannteste Literaturkritiker Italiens hatte die Güte, mir eine Postkarte zu schicken, mit der er mir eine Rezension versprach.

Dieser Erfolg hob mich über meine Kameraden hinaus, ohne das Schamgefühl über meine leichten Frevel in mir zu ersticken. Statt die Schönheit der jungen Burschen offen zu preisen, hatte ich meine Zuflucht zu allen möglichen Umschreibungen genommen: David und Jesus tanzten durch meine Distichen, in denen die Todesahnung als Alibi für die Ohnmachten des Narziß diente. Landeinsamkeit, sittsames Glockengeläut und Klagelieder am Palmsonntag. In furlanisch geschriebene Verse, ein Umstand, der meinem kümmerlichen Dichterkranz ein wenig Glanz hinzufügte, obwohl der Wille, aus politischen Gründen gegen die offizielle Sprache zu opponieren, bei meiner Vorliebe für den Dialekt weit weniger zählte, wie du weißt, als meine Reibereien mit meinem Vater und der Wunsch, mein Künstlerschicksal an das mütterliche Idiom zu binden. Am Fuße einer jeden Seite gab ich in Kursiv die italienische Übersetzung wieder; auf diese Weise verbannte ich das stolze Rom in die Kellerräume der Typographie und der Kultur und warf die Schirmmütze, die Tressen sowie die anderen militärischen Abzeichen des Besiegten von Amba Alaghi dem Thron, auf dem Mama saß, als Trophäen zu Füßen.

Wer von meinen jungen Lesern hätte indes vermutet, welchem Lumpenkerl ihre Bewunderung galt? Woher sollten sie ahnen, daß ich bereits skandalöse Verse schrieb und bemüht war, sie ganz unten in meiner Schublade aufzubewahren, aus der sie erst zwanzig Jahre später hervorgeholt und dem Publikum vorgelegt werden sollten?

Auskosten, wiederholen bis zum bitteren Ende
den süßesten Akt des Lebens.

Ein Artikel über Sandro Penna enthüllte das Ausmaß meiner Feigheit. Sandro Penna, unverbesserlicher Vagabund, verwegener Liebhaber von Lehrlingen im Overall, von Rekruten auf Urlaub, von Hausmeistersöhnen, von herumstreunenden Milchbärten: Er rühmte sich dessen in kurzen Gedichten, aus denen der helle Jubel eines freien Herzens erklingt.

Ich habe ihn gefunden, meinen kleinen Engel
in einem zwielichtigen Souterrain.

Lang ist die Fahrt im Autobus.
Ein ungeschlachter
Bäckerjunge gewährt von Zeit zu Zeit
und verweigert dann ein wenig seiner zärtlichen Gunst.

Von dem heißen Hügel bin ich hinabgestiegen
in das kühle Bahnhofspissoir.

Daß diese Verse den Zensoren zum Trotz veröffentlicht wurden, beweist, daß man sie mit ein wenig Forsche kurzsichtig machte. Weder heimliches Schaudern noch laute Provokation: das reine Glück, im Einvernehmen mit sich selbst zu leben und sich vor niemandem zu verstecken. Franziskanische Unbekümmertheit, Einsicht und Milde. Gelassene Kühnheit des Gerechten. Ich quälte mir einen wehleidigen Kommentar ab. »Unbestreitbare dichterische Feinheit, deren Amoralität nicht gegen sie spricht, wenn eine Bürde verborgener menschlicher Leiden diese ätherischen Verse belastet.« Hatte ich es nötig, durch eine christliche Regung von Gewissensbissen den zu rechtfertigen, der die sonnenklare Unschuld der griechischen Götter wiedererweckt hatte?

Schande über mich, Gennariello, weil ich es gewagt habe, unter den schmerzlichen Zügen eines Schuldigen, den Menschen darzustellen, dem die Religion Mosis und des heiligen Paulus völlig fremd war. Selbst wenn ich, überdrüssig, mit dem Kopf in einem Sack zu leben, einen Tag lang die Fahne des Aufstands geschwenkt habe, darfst du mich deswegen nicht höher einschätzen, als ich es wert bin. Wer lehnt sich auf, wenn nicht der Sklave? Die vornehmen Herren schwenken nie die Fahne, denn sie brauchen ihr Geschlecht nicht nachzuweisen. Als Herr hat nur einer unser Jahrhundert erleuchtet: er, Sandro Penna, der in Perugia inmitten der umbrischen Hügel aufgewachsen war, der sein befestigtes Haus in Rom Katzen und Strolchen öffnete und den der Tod vor kurzem im Schlaf heimgesucht hat. Einundsiebzig Jahre, vierundzwanzig Monate Mietrückstände, drei Kartons unverkaufter Gedichte auf dem Teppich gestapelt, fünfzig leere Milchflaschen im Backtrog in der Küche. Und an der Wand seines Schlafzimmers das Bild der Malibran als Cherub.

Da es uns – Enrico, Mathias, Daniel und mir (warum muß ich Enrico immer als ersten nennen?) – nicht gelungen war, die auf der kleinen Insel im Margherita-Park geplante Zeitschrift zu gründen, erschien mein Artikel in *Das Sieb*, der literarischen Monatszeitschrift der Gioventù Italiana del Littorio. Ein faschistisches Druckerzeugnis, das wir zu unterwandern hofften, indem wir in ihm über Schriftsteller und Maler sprachen, die dem Regime nicht genehm waren: Baudelaire, Giorgio Morandi, dessen Flaschen uns nicht nur deshalb gefielen, weil er sie in Bologna bemalte, sondern auch, weil seine schlichten Stilleben aus Glas die offizielle Kunst ihres Bombastes entleerten. Einige meiner mystisch inspirierten Gedichte fielen durch die Löcher des *Siebes*. Wie die Ermahnung des Erzengels an den Eremiten: »O Heiliger! Wer nicht gesündigt hat, der ist nicht unschuldig. Komm aus deiner Höhle heraus! Durchquere die trostlose Wüste! Ertrage die sanfte Schönheit des Bösen!« Allezeit diese widerwärtige Rede von Schuld und Fehl.

Im November 1942 begleitete mich mein Bruder zum Bahnhof: Ich fuhr als Mitglied der italienischen Delegation zum europäischen Schriftstellerkongreß nach Weimar. Warum folgte ich der Einladung der Nazis? Elio Vittorini, der großartige junge Verfasser von *Gespräch in Sizilien*, Bannerträger des literarischen Antifaschismus, nahm an der Reise teil. Guido wagte nicht, Einwände zu machen. Als er mit der Hand den Wagen nachwinkte, die sich in Bewegung setzten, las ich in seinen Augen den betrübten Ausdruck eines Vorwurfs. Eine Szene, die mich lange Zeit belastet hat und die meinem Bruder bestimmt durch den Sinn gegangen ist, als nicht ganz zwei Jahre später er es war, der in einen Zug stieg: aber nicht um mit den von Goebbels beauftragten Berliner Intellektuellen zu palavern, sondern um sich den Furlaner Patrioten im Untergrund anzuschließen. Er ließ mich auf dem Bahnsteig von Casarsa zurück, wohin wir mit Mama geflüchtet waren.

Aus Deutschland zurückgekehrt, veröffentlichte ich im *Sieb*, das entschieden zu weitmaschig war, als daß es mich daran hätte hindern können, meinem Ruf zu schaden, einen Artikel zum Lobe des Kongresses. Trotz der zugestandenen Absicht politischer Propaganda, schrieb ich, habe die europäische Jugend schöpferische Ansichten über die literarische Zukunft des Abendlandes ausgetauscht, und so weiter. Lügen im schönsten Mussolinischen Stil, aufgetischt mit der nationalistischen Gänsefeder. Diesmal war Guido, den ich im Haß gegen den Faschismus erzogen hatte und dem ich Professor Longhi als ein Musterbeispiel der Unversöhnlichkeit nannte, zu ehrlich, um mir seine Mißbilligung vorzuenthalten. Er legte mir rot unterstrichen, was mich wie einen Schlag mitten auf die Wange traf, die anklagenden Sätze auf mein Bett: »Unterstellt man das derzeitige Schweigen Frankreichs als definitiv, an wen soll dann die kulturelle Hegemonie in Europa anders zurückgehen als an uns? . . . Der Optimismus verleitet uns, zu vermerken, daß die italienische Kultur die anderen übertrifft . . . Wir dürfen hoffen, in naher Zukunft die einzigen zu sein, die die Kultur, das heißt die europäische Geistigkeit in Händen haben; das wäre auch vom politischen Standpunkt aus von großer Bedeutung.«

Anmaßendes Geschwafel, an das ich unmöglich ernsthaft geglaubt haben kann. Die deutsche Armee belagerte Moskau, die Japaner griffen heimtückisch Pearl Harbor an. Unzufrieden mit mir selbst, seit ich es nicht mehr wagte, zur Badeanstalt zu gehen noch Daniel nackt unter der Dusche zu sehen, mußte ich mich bis zum Äußersten in Verruf bringen. Nun, wenn ich mich zu diesen Großsprechereien herabgelassen habe, dann aus dem unklaren Verlangen, in der Achtung meines Bruders, meiner Kameraden, all derer zu sinken, deren Geringschätzung mir weh tun würde. Einen derart schamlosen Akt öffentlicher Unterwürfigkeit konnte nur ein Mensch begehen (aber das ist keine Entschuldigung), der sich dafür zu bestrafen suchte, daß er in seinem Privatleben eine Memme war.

Meine Augenblicke der Entspannung und des Glücksgefühls: wenn ich aus dem Laden meines Buchhändlers und Verlegers Mario Landi auf der anderen Seite der Piazza trat und mich in der Basilika, die dem heiligen Domenico geweiht war, seinem Grab näherte, wo ich rechts und links vom Altar auf den Stufen des Mausoleums zwei marmorne Engel entdeckt hatte. Völlige Symmetrie der Haltung (ein Knie auf der Erde, stützen sie mit dem anderen einen schweren Kandelaber), der Kleidung (weite Faltengewänder fallen bis auf die Füße hinab) und der Flügel. Darin erschöpft sich ihre Ähnlichkeit. Der linke strahlt – schlimm genug für das Klischee – eine »himmlische Sanftmut« aus: langes, seidiges Haar, Harfenistenfinger, halbgeschlossene Lider, frauliche Zartheit, andächtige Pose. Er trägt seinen Kandelaber in Ehrfurcht und von Geheimnis umgeben. Er ist der klassische Engel von idealer Schönheit, der Zwitter, den Visconti, hätte er ihn von seinem Piedestal herabsteigen lassen können, an den Lido von Venedig geschickt hätte, um vor den Gästen des Badehotels den Versucher zu spielen.

Ich verweilte lange Minuten, um ihn mit den Blicken zu verschlingen, zur Erbauung der braven Nonnen des Klosters, die unter dem Vorwand, die Kerzen zu überprüfen, hinter dem Altar hin und her gingen. Hätten sie auf dem Grunde meines Herzens lesen können, sie hätten keine Veranlassung gefunden, sich zu entrüsten. San Domenico persönlich hätte mir Beifall gezollt, mir, der ich vierunddreißig Jahre vor der bekannten Enzyklika Pauls VI. meine nicht ausgelebten Leidenschaften auf ein steinernes Bildwerk übertrug. Wer weiß, ob der erste, der uns verfolgte, diesen Boten nicht absichtlich auf meinen Weg geschickt hatte, um mich zu lehren, meine »Neigungen« vor jeder schuldhaften »Verwirklichung« zu bewahren? Ja zur Veranlagung, nein zur Ausführung, wie Johannes Paul II. vor den amerikanischen Bischöfen erneut bekräftigt hat. Die Keuschheit meiner Winter in Bologna durch die Liebe zu einer Statue zu kompensieren brachte mich nicht in Gewissenskonflikte.

Vor diesem reinen Seraph kniend, gab ich mich den zweifelhaften Wonnen der Läuterung hin, während mich die Nonnen, die gerührt den Kopf schüttelten, mit ihren weißen Gewändern streiften. Zum Glück bot sich meinem Blick, um die himmlische Strategie und die Pläne zur Rettung meiner Seele über den Haufen zu werfen, auf der anderen Seite des Altars der zweite geflügelte Besucher. Anstatt daß mich dieser an die imaginären Paradiese der in ihr Schicksal ergebenen Engelgleichheit mahnte, verabreichte er mir seine kämpferische und begehrliche Vitalität gleichsam als Stimulans.

Ein seltsames Modell, das Michelangelo da gewählt hatte, im Gegensatz zu aller Tradition der Maler und der Bildhauer! Ein Lehrling, den er in einem Armeleuteviertel gesehen hatte beim Pferdbeschlagen, den Huf zwischen die Schenkel geklemmt, oder ein Herbergsknecht, der vor einem Kellerloch Fässer ablud: kurzes Haar, dichte Lokken, stämmiger Rumpf, kräftiger Rücken, athletischer Hals, volle Wangen, starrer, geradeaus gerichteter Blick: eher einem ungebildeten Handwerker ähnlich als einem ätherischen Cherub. Worauf wartet er, um vorzuspringen und seinen Kandelaber, den er nur der Form halber hält, zu Boden zu werfen? Er erinnert mich an dich, jetzt, da ich mir sein Bild ins Gedächtnis rufe. Ja, an dich am Rande des Fußballfeldes, als du den ins Aus getretenen Ball einwarfst und dich anschicktest, dich mit angespannten Schneidermuskeln in das Getümmel zu stürzen. Muskulös und draufgängerisch, ohne das geringste verweichlichte Getue. (Was nicht heißen will, Gennariello, zwangsläufig für die Ehe bestimmt.)

Für mich von diesem Zeitpunkt an mein Typ, eindeutig mein Typ, den ich jedem anderen vorzog. Eine weit stärkere Versuchung als gegenüber jungen Leuten mit zweideutigen Anlagen, die mich auch bald dazu bringen würde, mein Leben zu ändern und mich dem Gerede der Öffentlichkeit auszusetzen, das sagte mir mein Instinkt. Die Vorliebe für einen bestimmten körperlichen Typus hat mich gerettet, nicht mein Mut. Als Liebhaber von Epheben und Jünglingen hätte ich vielleicht mein Leben lang dazu geneigt, zu träumen, ein Schwärmer zu sein, zu schmachten nach irgendeinem zarten Halbwüchsigen so wie Virgils Schäfer nach seinem Alexis.

Im Gegenteil, als ich mir den Engel zur Rechten lange genug angeschaut hatte, verließ ich die Basilika hungriger als ein Wolf. Wie sollte man angesichts eines solch ausgelassenen Burschen nicht spüren, wie lächerlich eine platonische Verehrung ist? Ich rannte zur Piazza Galvani und sprang auf die Elf, die mich zum Bahnhof brachte. In solchen Fällen endete es immer damit, daß ich mich in dem Porzellangebäude wiederfand, dessen vulgäre Bezeichnung, die ihm der Dichter Sandro Penna gegeben hatte, bestimmt besser paßte als der von dem Namen eines römischen Kaisers abgeleitete Euphemismus.

Das war der Ausgangspunkt für meine wenigen seltenen, verstohlenen und flüchtigen Bologneser Abenteuer; sie wurden meinen Kameraden ebenso sorgfältig verheimlicht wie meiner Mutter und meinem Bruder. Ich empfand weder ein richtiges Vergnügen dabei noch übermäßigen Stolz, zumindest aber die beruhigende Überzeugung, kein völliger Feigling zu sein.

12

Nach den Osterfeiertagen kehrten wir nicht mehr nach Bologna zurück. Mama behielt uns bei sich in Casarsa, wo sie uns vor Bombenangriffen sicher glaubte. Lange Ferien, die wir – mein Vetter Rico (der Sohn meiner Tante Enrichetta), Cesare Bortotto, ein aus Bologna umgesiedelter Freund, mein Bruder und ich – nutzten, das Gelände zu erkunden, die Bauern auf ihren Höfen aufzusuchen, in ihren Kaminekken die mündlichen Überlieferungen aus dem Friaul zu sammeln, unser Wissen über ihren Dialekt zu bereichern und die Listen eines Volkes kennenzulernen, dem die Schicksale Roms gleichgültig waren.

Am Abend des 25. Juli ertappte uns der Maresciallo der Carabinieri, als wir gerade dabei waren, EVVIVA LA LIBERTÀ auf die Kirchenmauer zu schreiben. Rico, vierzehn Jahre alt, ließ den Farbtopf fallen und floh auf die Felder. Bortotto, kreideweiß geworden, blieb wie angewurzelt stehen. Ich hielt den Pinsel in der Hand, bereit, mich aus dem

Staube zu machen. Guido ging furchtlos auf den Wachtmeister zu. Dieser hob eine Braue, um seine Überraschung anzudeuten, als er ihn erkannte. Gutmütig begnügte er sich damit, ihn am Ohr zu ziehen. Wir hatten uns nur schwarze Farbe besorgen können, rote hätte den Sturz Mussolinis auffallender gefeiert.

Ein anderes Bild bleibt mir, zusammen mit dem umgekippten Farbtopf, aus dem Sommer 43 in Erinnerung: eine nächtliche Wiese neben einer Eisenbahnstrecke, eine Unmenge leuchtender Glühwürmchen in der Dunkelheit. Seit dem 1. September befand ich mich, zum Militärdienst einberufen, in Pisa. Am Tage nach dem Waffenstillstand drangen die Deutschen in die Kaserne ein und verfrachteten uns in einen Richtung Brenner bestimmten Zug. Es war bereits Nacht, als sich der Transport in Bewegung setzte, lauter alte Dritter-Klasse-Wagen mit Holzbänken, deren Abteile unsere Begleiter abgeschlossen hatten. Ein Posten an jedem Ende des Waggons bewachte die Türen.

Der Zug hielt immer wieder auf freiem Feld. Mein Nachbar, ein Süditaliener, trug ein Medaillon mit dem Bild seiner Mutter um den Hals. Es lag ihm aber auch daran, mir den auf der Kehrseite eingravierten Elefanten von Catania mit einem Obelisken auf dem Rücken zu zeigen. Wie brachte er es nur fertig, das Fenster herunterzuziehen, ohne daß die Posten hellhörig wurden? »Halt dich bereit«, flüsterte er mir plötzlich zu. Der Zug blieb an einer im Hintergrund von Pinien gesäumten Wiese stehen. Unsere Kameraden im Abteil, bläuliche Phantome im Schein der Nachtlampen, mit unbekanntem Ziel in Marsch gesetzt, dösten vor sich hin. Um gegen den Schlaf anzukämpfen, zwang ich mich, die Leuchtkäfer vor mir zu zählen: eine unmögliche Aufgabe, denn sie erloschen und glühten in unregelmäßigen Abständen wieder auf, gleich den Sternen am Himmel. Unter ihnen war einer, der mir größer vorkam als die anderen. Ich strengte meine Augen an, weil ich ihn fixieren wollte.

»Rasch«, raunte mir der Sizilianer zu, den ich keineswegs gebeten hatte, mich bei seiner Flucht mitzunehmen. Ich sah, daß er das Medaillon an die Lippen preßte, einen Kuß auf das Bild der Mutter drückte, ein Kreuzzeichen andeutete, flink durch die Abteiltür schlüpfte und sich in den wassergefüllten Graben fallen ließ, der sich längs der Bahnlinie hinzog. Ich folgte ihm, so rasch ich konnte, und warf mich hinter ihm bäuchlings in den Graben. Schon ruckte der Zug wieder an. Wir mußten den Kopf in das Wasser tauchen, aus Angst, von den Wachtposten, die auf den Trittbrettern standen, bemerkt zu werden.

Als ich den Kopf wieder hob, war mein erstes Gefühl nicht die Kälte in meinen durchnäßten Kleidern und auch nicht das Glück, der Deportation entronnen zu sein, sondern das Staunen über das flimmernde Glühwürmchenballett. In Höhe meiner Nase tauschten sie in der transparenten Nachtluft ihre rätselhaften Signale aus. Die vom Seewind liebkosten Grashalme duckten sich unter dieser Karfunkelpracht und richteten sich dann wieder auf. Mein Kamerad, der Jacke und Hose ausgezogen hatte, um sie auszuwringen, kleidete sich wieder an. Ich war noch verzaubert von diesem Lichtertanz, der die Wiese mit einem blaugrünen Glanz bedeckte.

»Du bist doch nicht verletzt?« fragte er, sich neben mir niederhockend, um die Senkel seiner Halbstiefel zu schnüren. »Verduften wir, denn wenn ein anderer Zug vorbeikommt . . .« Wir rannten bis an den Waldrand. Die hohen Pinien schaukelten über unseren Köpfen die dichten Zweige ihrer Wipfel.

Er sagte, ich würde mir den Tod holen, wenn ich meine Sachen anbehielte. »Zieh dich ganz aus.« Der knappe, nicht sehr freundliche Ton stand in krassem Gegensatz zu seiner Fürsorglichkeit. »Runter auch damit!« Ich wollte ihn schon fragen, warum er es gut mit mir meinte, aber mir entfuhr eine andere, idiotische Frage.

»Sag mal, der Elefant von Catania, wozu hast du den?«

Ich hatte aufgehört, meinen Slip auszudrücken, um mit dem Finger auf sein Medaillon zu zeigen.

»Das ist ein Votivbild«, verkündete er mit abweisender Miene.

Und als kosteten ihn die Worte eine große Anstrengung, fügte er seufzend hinzu: »Ich heiße Taddeo.«

»Hübscher Name«, sagte ich.

Ein flüchtiges Leuchten erhellte sein finsteres Gesicht. Dann trat er so rasch auf mich zu, daß ich mir kaum bewußt wurde, was mir geschah, und küßte mich auf den Mund, bevor er auf dem Absatz kehrtmachte und auf seinen kurzen sizilianischen Beinen in größter Eile tiefer in den Wald eindrang.

Ohne mich wieder anzuziehen, nackt wie ich war, setzte ich mich am Fuße einer Pinie nieder. Ich erinnere mich, daß ich mehrmals mit der Hand über meinen Mund gefahren bin und danach meine Finger angeschaut habe, um auf ihnen den Sinn der Geste abzulesen, die als Kuß zu bezeichnen ich zögerte. »Taddeo«, wiederholte ich halblaut, »Taddeo.« Ich versuchte, mir sein Gesicht vorzustellen: niedrige Stirn, buschige Augenbrauen, spitzes, vorspringendes Kinn. Bah, sagte ich mir, ich bin ja nie weiter südwärts gekommen als bis Florenz, und ich habe keine Ahnung von den Gepflogenheiten in Süditalien. Turiddu beißt seinen *compare* Alfio kräftig ins Ohr, um ihm anzukündigen, daß sie sich bis aufs Messer bekämpfen werden.

Hat der unterschiedliche Breitengrad auch Einfluß auf das Flimmern der Glühwürmchen? Noch nie hatte ich im Friaul so viele und so hell leuchtende gesehen. Ich wäre wohl endlos im Banne dieses Zaubers verblieben, die enteilende Zeit vergessend. Ein Zug, unterwegs nach Norden, fuhr mit kläglichem Pfeifen zweihundert Meter entfernt vorüber, ähnlich dem, aus dem Taddeo mich gerettet hatte, und er rief mir die Gefahr ins Bewußtsein zurück. Kein Licht schien in den Waggons, die die eingeschlafenen Soldaten transportierten. Ohne die Leuchtkäfer, die mich wach gehalten hatten, wäre Taddeo allein geflohen. Das war mein letzter Gedanke an den Sizilianer, den ich nie wiedergesehen habe.

Wenn das, was ich heute aufgrund seiner flüchtigen, angedeuteten Geste vermute, zutrifft, dann hoffe ich, daß er sich, zwischen seiner Ehefrau, die ihm seine Mutter ausgesucht haben wird, und dem Elefanten vor der Kathedrale, der ihn an sein Gelübde erinnert, nicht mit Trauer und Groll sagen muß, er hätte am Abend seiner Flucht mit dem jungen Unbekannten besser daran getan, sich das Medaillon vom Halse zu reißen und ins Gras zu werfen.

Ich legte rund hundert Kilometer zu Fuß zurück, bevor ich es wagte, in Florenz in einen Zug einer anderen Strecke zu steigen. Casarsa empfing mich als Helden. Nur Guido sagte zu mir in einem Ton, der ebenso doppeldeutig war wie seine Worte: »Ich beglückwünsche dich, daß du es geschafft hast zu *entfliehen.*« Ich erfuhr, daß er während meiner Abwesenheit mehrmals sein Leben aufs Spiel gesetzt hatte, um den Deutschen im Armeelager Casarsa Waffen zu stehlen. Renato, einer seiner Freunde, hatte dabei eine Hand und ein Auge verloren.

Der Tod zweier Wachtposten, von den Partisanen umgebracht, löste die erste Razzia aus. Den Männern gelang es, auf die Felder zu flüchten, Rico und mir, in die Spitze des Kirchturms zu klettern. Wir haben zwei Tage und zwei Nächte in unserem Versteck zugebracht, wie die Hühner auf der Stange. Ich hatte eine Ledermappe mit all meinen Manuskripten und den letzten Band einer Literaturgeschichte mitgenommen. Die amerikanischen Flugzeuge stießen auf den Bahnhof herab und belegten die Militärtransporte mit MG-Feuer. Die Brücke über den Tagliamento wurde bombardiert: Der Glockenturm schwankte einige Minuten lang. Rico beobachtete durch die Belüftungsluken das Kommen und Gehen der deutschen Soldaten auf dem Platz. Ich hätte gern den Rausch der Gefahr ausgekostet oder mich von dem Gefühl meiner Einsamkeit inmitten der großen historischen Umwälzungen mitreißen lassen. Meine beiden einzigen Sorgen waren: 1. Hatten wir genug Brot, bis uns der Abzug der Deutschen gestattete, wieder hinunterzusteigen? 2. Pirandello und Svevo, die ich bewundere, haben den Ruhm erst kennengelernt, als sie über fünfzig waren. D'Annunzio, dieser Komödiant, war mit zwanzig Jahren berühmt. Nun, ich liebe den Ruhm, aber werde ich mit fünfzig Jahren noch am Leben sein?

Vielleicht habe ich in diesen achtundvierzig Stunden der Abgeschiedenheit eine günstige Gelegenheit verpaßt. Achtzig Fuß über dem Erdboden, wie Fabrizio im Campanile des Abbé Blanès, habe ich nicht die himmlische Zufriedenheit erfahren, losgelöst von der Welt zu sein.

Guido war mit den Frauen im Haus geblieben. Italiener in schwarzen Uniformen kamen, ihn zu verhaften. Er hatte noch Zeit, Mama ein paar Worte zuzuflüstern. In dem Augenblick, da er in den Lastkraftwagen der Faschisten stieg, kniete unsere Großmutter vor dem Anführer nieder und flehte ihn an, einen achtzehnjährigen Knaben zu verschonen. Einen Revolver in ihrem gekrümmten Rücken, wurde sie gezwungen, ins Haus zurückzukehren. Die Schergen wurden nicht müde, überall herumzuschnüffeln und Mama, die in ihrem Schlafzimmer weinte, Galanterien zu sagen. Sie gingen nicht eher fort, als bis sie aus einem alten Schubkasten eine in Kenia aufgenommene Fotografie des Hauptmanns mit dem Herzog von Aosta hervorgeholt hatte, um sie ihnen zu zeigen. Guido gab, bevor er abgeführt wurde, den Frauen abermals ein Zeichen. Unter dem Fußboden seines Zimmers fanden sie aus dem Arsenal des Lagers gestohlene Handgranaten, Gewehre und Munition. Ich hatte keine Ahnung von diesem Versteck gehabt. Mama und meine Tanten benötigten einen ganzen Tag, die Waffen aus dem Haus zu schaffen und in eine Jauchegrube zu werfen.

Guido kehrte nach drei Tagen zurück. Man hatte ihn verhört und geschlagen. Großmutter stand nicht wieder aus dem Bett auf. Sie brauchte drei Wochen zum Sterben – Giulia Zacco, verwitwete Colussi, in ihrem achtundsiebzigsten Lebensjahr. Ich habe eine Skizze ihrer Totenmaske angefertigt. Damit ihr Unterkiefer nicht herunterklappte, hatte Mama ihr einen Verband angelegt.

Die Amerikaner setzten die Bombardierung der Brücke und des Eisenbahnknotenpunktes Casarsa fort. Mit dem Zug nach Udine zu fahren wurde zu gefährlich: Die Eltern schickten ihre Kinder nicht mehr aufs Gymnasium. Ich begann eine Art Privatstunden für meine Vettern und ihre Freunde zu geben. Giovanna B., Flüchtling in einem Nachbarort, kam Latein und Griechisch unterrichten. Eine junge, ins Friaul vertriebene slowenische Geigerin schloß sich uns an. Unsere Schüler verfaßten selbst Gedichte, die sie in kleinen Gruppen auf dem Lande vortrugen, von Wilma Katz auf der Geige begleitet. Die Zusammenstellung eines Jahrbuchs in furlanisch nahm einen großen Teil der Unterrichtsstunden in Anspruch. Die besten Gedichte wurden gedruckt, ebenso die Chronik der wichtigsten lokalen Ereignisse. Um zu verhindern, daß wir uns in den Ferien zerstreuten, gründete ich die »Academiuta«, die die freundschaftliche Fortsetzung unseres Schulbetriebs war. Jeden Sonntag trafen wir uns entweder bei mir oder auf dem Bauernhof eines meiner

Schüler beziehungsweise ehemaligen Schüler. Ein jeder las seine Arbeiten in Reimen oder in Prosa öffentlich vor; Wilma spielte die Chaconne von Johann Sebastian Bach unter dem erstaunten Schweigen ihrer ländlichen Bewunderer. Dann diskutierten wir über Poesie und Sprache, überzeugt, in unseren Dialektwerken die große Tradition des Volkes wiederzuerwecken. Dieser kleine Kreis von Gleichgesinnten wäre nur dem allzu harmlos überspannt vorgekommen, der sich die Ohren zugestopft hätte, um die Explosionen der Bomben rund um den Bahnhof nicht zu hören.

In unserem Eßzimmer, für den Unterricht in einen Klassenraum umgewandelt, paradierten die schwarzlackierten bauchigen Möbel mit Blumenornamenten, die mein Vater dem Militärtischler seiner letzten Garnison in Auftrag gegeben hatte. Das vollkommene Glück der Schulstunden, die ich erteilte, und der Zusammenkünfte der Academiuta wurde für mich nur durch die allmonatlich aus Nairobi eintreffenden Postkarten gestört.

Der Text von Mal zu Mal dürftiger, die Unterschrift von Mal zu Mal pompöser. Die ersten Karten zeigten Königin Victoria auf ihrem Thron, gemalt am Tage ihrer Krönung. Ihnen folgten König Georg V., Lord Balfour, Kitchener, das Porträt Kiplings von Burne-Jones. Zu guter Letzt, entweder weil der Vorrat an glorreichen Häuptern, die die englische Armee den Gefangenen zur Verfügung stellte, erschöpft war oder weil uns der Internierte mit einer seiner Lage angemessenen symbolischen Sprache beeindrucken wollte, vertraute er sein »Alles in Ordnung« bald einem sich im Schlamm des Rudolfsees sielenden Krokodil an, bald irgendeinem anderen Vertreter der kenianischen Fauna. Wie dem gerupften Geier, einem beredten Sinnbild der verlustig gegangenen väterlichen Herrschaft.

»Das sind die Gefährten meiner Knechtschaft, das ist mein tägliches Los!« schien er uns klarmachen zu wollen. Als wir den grellen Farbdruck eines schwarzen Zauberers erhielten, der sich, seine ebenholzdunklen Lenden mit einem Schurz aus Straußenfedern umgürtet, mit seinem Tamtam beschäftigte, hüteten wir uns, dem Hauptmann eine plötzliche ethnologische Wißbegierde zu unterstellen. Er war bestimmt nicht der Mann, der sich auf die Bücher im violetten

Einband gestürzt hätte, die nach und nach im Verlag Einaudi in Turin unter der Leitung von Pavese erschienen und aus denen ich bald mit Hilfe von Frazer, Malinowski, Frobenius schöpfen würde, um meine große Sehnsucht nach der dritten Welt, wo meine besondere Vorliebe Afrika galt, zu nähren. Mein Vater, um so mehr von der Überlegenheit der weißen Rasse eingenommen, als er auf ein ungewisses Adelsprädikat pochte, hatte uns das Tamtam und die Federn nur aus reinem Hohn geschickt.

Mama schauderte, wenn sie an jedem Monatsanfang die neue Botschaft erhielt. In welchem Zustand würde sie ihren Mann nach Kriegsende wiedersehen? Die Großspurigkeit der Schnörkel an seinem Namenszug bestätigte, daß sein alter Dünkel überdauerte. Doch die Wahl eines Schimpansen als Übermittler veranschaulichte den Grad der Verbitterung und der Selbstverachtung, auf den der betreßte Nachkomme der Dall'Onda gesunken war.

Mehr als alle faszinierte mich die Darstellung eines zwischen den Tatzen eines Tigers auf dem Rücken liegenden Forschers. Von seinem Körper sah man nur den Kopf und die Schultern. Alles andere verschwand unter dem Bauch der Wildkatze, die schon einen vom Rumpf abgerissenen Arm verschlungen hatte und sich anschickte, ihre Fänge in den anderen zu schlagen. Der junge Abenteurer lag, keineswegs ohnmächtig oder erschrocken über das, was mit ihm geschah, obwohl er sich seines Schicksals durchaus bewußt war, nicht in der Haltung eines, der sich gegen einen gräßlichen Tod aufbäumt, sondern in fügsamer Anmut, ein Opfer, das sich seinem Peiniger aus freiem Willen darbietet. Der Tiger hatte das Hemd zerrissen: Was man von der nackten Haut des jungen Mannes sah, war blühendes, sonnengebräuntes Fleisch.

Mama warf die Postkarte nach einem flüchtigen Blick auf die drei gewohnten Worte, die auf die Rückseite gekritzelt waren, wie üblich in den Papierkorb. Getrieben von einem plötzlichen Verlangen, beschloß ich, diese eine aus dem Abfall zu retten. Aber statt Mama einfach zu bitten, sie aufzuheben, wartete ich, bis sie aus dem Zimmer gegangen war, um mich ihrer wie ein Dieb zu bemächtigen und sie ungesehen in meine Kammer zu bringen. Mit einem Reißnagel am

Kopfende meines Bettes befestigt, wurde sie mein Fetisch: Vor dem Einschlafen richtete ich eine Art Gebet an den Tiger, daß er mich mit seinen Tatzen packe und meinen Körper zu seinem Festschmaus mache. In den wirren Bildern, die dem Schlaf vorausgehen, sah ich mich mitten in einem Tropenwald, wo ich vor der Raubkatze davonlief, so schnell mich die Beine trugen; weniger, um ihren Krallen zu entkommen, als vielmehr, um die Wonnen der Ergebung zuzuspitzen, indem ich sie durch diese Flucht hinauszögerte. Wie der Forscher warf ich mich zuletzt zu Boden und gab mich völlig hin. Oh, mich von den Krallen greifen zu lassen, zwischen den Kiefern in Stücke zerrissen zu werden und tief im Rachen des Ungeheurs mit dem schönen gestreiften Fell zu verschwinden!

Ich habe diese Karte bis zu meiner Abreise aus Casarsa in meinem Zimmer gehütet. Zu behaupten, mein Vater, der Absender der Botschaft, habe keine Rolle bei meinen Schwärmereien gespielt, die allabendlich sexuell zu Ende gebracht wurden, wäre ein Zeichen ganz besonderer Unaufrichtigkeit gewesen. War nicht er es, der aus seinem fernen Afrika meine nächtlichen Phantastereien leitete? Er, der diese untrennbare Mischung aus genießerischer Begierde und schuldhafter Unterwürfigkeit in mein Blut goß? Waren mir schließlich nicht unter seinen Auspizien die Wollust und ihre Bestrafung in einem einzigen Bild miteinander verquickter Gewalttätigkeit und Glückseligkeit zuteil geworden?

13

Wilma Katz lehrte mich die Musik zu lieben, und wie sie zu lieben! Sie ließ mich im Radio mehrere Sinfonien von Beethoven anhören. Bislang liebte ich bei Konzerten nur die Wiedergabe menschlicher Gefühle oder die Veranschaulichung von Landschaftsbildern. Nichts schien mir schöner als *Die Jahreszeiten* von Vivaldi: durch die Pizzicati der Violinen einen feinen winterlichen Dauerregen suggerieren zu können! Durch kraftvolle Unisoni die Blitze und den Donner eines Frühjahrsgewitters auszudrücken! Wilma lächelte über meine Schwärmereien, dann führte mir ihre sanfte und runige Stimme mit leicht fremdländischem Akzent *musikalische* Gründe an, um das Genie des Venezianers zu bewundern, indem sie mich zum Beispiel aufforderte, die Wirkungen nachahmender Harmonie als sekundär anzusehen, während ich meine Aufmerksamkeit der Wahl der Tonalitäten zuwenden sollte: E-Dur, voll und strahlend, für den Frühling; g-Moll, unruhig und melancholisch, für den Sommer; F-Dur, im ländlichen Stil den herbstlichen Jagdszenen angepaßt; f-Moll, nach Wunsch desolat, für den Winter. Oder der Art, die Instrumente einzusetzen: Hatte ich bemerkt, daß das Fortlassen der Violoncelli und der Kontrabässe in dem langsamen Tempo des *Frühlings* die Transparenz eines Aprilmorgens wiedergab? Oder mit welcher Raffinesse die Verwendung von Dämpfern im Adagio des *Herbstes* den Schlaf der Winzer nach ihren ausgedehnten Trinkgelagen heraufbeschwor?

Diese Feinheiten waren mir völlig entgangen, versteht sich. Ich gehörte zu denjenigen, die mit Kennermiene den Kopf wiegen, wenn sie in der *Sechsten Sinfonie* von Beethoven bei der Passage bald das Murmeln des Baches, bald den Ruf des Kuckucks und den der Wachtel, bald den Tanz der Bauern, bald das Getöse des Unwetters erkennen. Noten mit Bildern zu unterlegen ist ein weitverbreiteter Fehler unter Novizen der Musikleidenschaft. Ich errötete daher um so mehr über diesen Schnitzer, als uns Roberto Longhi gelehrt hatte, die Malerei genau zu betrachten. Nicht das Sujet macht den Preis eines Gemäldes aus, sondern die Anordnung der Linien und der Farben. Desgleichen, beteuerte meine Freundin, besteht die große Musik nur aus der Vereinigung von Tönen. Warum Gemütszustände in dem suchen, was ausschließlich vom Rhythmus und von der Harmonie abhängig ist? Warum soll das Allegro einer freudigen Erregung entsprechen, das langsame Tempo einem traurigen Nebelflor? Bringt man diese oder jene Farbe automatisch mit diesem oder jenem Gefühl in Verbindung, das Rot mit einem Wutanfall, das Blau mit andächtigem Verlangen, das Grün mit Sehnsucht nach dem Lande?

Wilma führte als Musterbeispiel für ein Tongefüge ohne jeden Sinn die *Siebente Sinfonie* von Beethoven an. Aber als ich sie bat, mir zu sagen, warum sie statt des Klaviers, das sich, so schien mir, besser für abstrakte Untersuchungen eignet, ein Instrument gewählt hatte, das meines Erachtens, ob man wollte oder nicht, die Fasern des Herzens direkt anspricht und zu fiebriger Schwermut neigte, war sie eine Weile fassungslos, dann fuhr sie fort zu erklären: Die Musik, ob sie nun von einem Orchester, auf einem Klavier oder auf einer Geige erzeugt wird, ob man sie Nocturne, Capriccio, Berceuse oder Barkarole nennt, drückt nichts anderes aus als sich selbst, so wiederholte sie mit verbissener Hartnäckigkeit, deren es gegen meine schüchternen Einwände, gefolgt von artigem Kopfschütteln, gewiß nicht bedurft hätte. Sie zog die Brauen hoch und schaute zu Boden, als nehme sie all ihre Kraft zusammen, um ein letztes Argument vorzubringen. Jeder andere an meiner Stelle hätte erkannt, welchen Kampf sie mit sich kämpfte. Ihre Lieblingsstücke straften ihre Worte Lügen. Sie spielte mir den *Liebestraum* in einem Arrangement für Violine vor: eine allzu einschmeichelnd suggestive Romanze »des schlimmen Liszt«, sagte sie mir anschließend; und ich, statt zu begreifen, daß sie diesen Standpunkt nur aus Stolz vertrat und um ihre eigenen Gefühle zu verbergen, ich pflichtete ihr bei.

Merkwürdige Erinnerungen, diese langen sommerlichen Abendstunden. Kaum hatten wir unsere Schüler verabschiedet, führte ich meine Freundin in die Dachkammer, die ich in Versuta, einem Weiler nicht weit von Casarsa, gemietet hatte. Ich stellte zwei strohgeflochtene Stühle auf den Balkon. Vor uns erstreckte sich die dunkle Ebene bis zu dem Buschwerk, dessen schwarze Silhouette sich längs des Tagliamento abzeichnete. Die Maisfelder wogten unter der Brise, und das helle Band eines Kanals, der die letzten Sonnenstrahlen reflektierte, zeichnete sich silbern zwischen einer doppelten Reihe schlanker Pappeln ab. Auf der anderen Seite, gegen Westen, säumte das Licht der Abenddämmerung die vom Meer heraufziehenden Wolken mit einer purpurnen Borte. Die Kinder des benachbarten Bauernhauses kehrten mit dem Fahrrad, eine Milchkanne auf der Lenkstange balancierend, über den grundlosen Weg heim. Wir hörten die Pumpe auf dem Hof quietschen, die Hühner, denen man die Eier wegnahm, schlugen lärmend mit den Flügeln und protestierten gackernd, dann wurde alles wieder still. Wilma holte ihre Geige aus dem Futteral und spielte mir die zärtlichsten und einschmeichelndsten Weisen ihres Repertoires, wobei sie mir zwischen zwei Stücken den Wert der Noten auf den Linien erklärte: halbe, ganze, Achtelnoten, Vierteltöne, zwei Kreuze, Triolen, Arpeggien ... Fiktion, die gutzuheißen ich mich beeilte aus Angst, auf die leidenschaftlichen Blicke antworten zu müssen, die sie mir im Schutze der Dunkelheit zuwarf, während ihr Bogen die Saiten auf und nieder strich.

Um ihr nichts schuldig zu bleiben, versicherte ich Wilma, daß auch die Literatur als Streben nach der reinen Schönheit geschätzt werden muß, unabhängig vom moralischen Inhalt. Mit einer Unaufrichtigkeit (beziehungsweise einer Treuherzigkeit), der ihren nicht unähnlich, sagte ich ihr, daß mir kein Roman besser abgefaßt oder besser geschrieben schien als *Der Immoralist* von Gide. Ich hatte dieses Buch, dessen wirkliches, geschickt getarntes Thema nicht allen Lesern ersichtlich ist, vielleicht sogar mir selber nicht, soeben entdeckt. Michels Geschichte übte eine undefinierbare Anziehungskraft auf mich aus, die ich ausschließlich dem Zauber des Stils zuerkannte, doch der Umstand, daß ich von allen Büchern meiner Bibliothek dieses und kein anderes ausgewählt hatte, um es dem jungen Mädchen zu leihen, könnte als Beweis dienen, daß ich von meiner Geste unterschwellig den Ausweg aus einer Situation erhoffte, die von Tag zu Tag immer schwieriger für uns beide wurde. Auf alle Fälle, ob gewollt oder nicht, die Botschaft erreichte ihren Empfänger. Wilma begriff, daß ich die Abenteuer des jungen Franzosen in Nordafrika zum Vorwand nahm, um ein Geheimnis loszuwerden, das ich ihr unmöglich mündlich anvertrauen konnte.

Sie gab mir das Buch mit einem traurigen Lächeln zurück und versicherte mir, daß sie schon lange vermutet habe, was mit mir los sei. Jetzt, fügte sie hinzu, da ich ihr ihre letzten Illusionen geraubt habe, dürfe ich jedoch nicht glauben, daß ich weniger auf sie rechnen könne. Im Gegenteil, sie danke mir für meine Offenheit, die mich in ihren Augen noch wertvoller mache. Das alles wurde mit leiser Stimme und rasch gesagt, ohne mir Zeit zu lassen, beizupflichten beziehungsweise zu protestieren. Während Wilma sprach, streichelte sie ihre Geige mit mütterlicher Güte. Als sie geendet hatte, umfaßte sie den Hals des Instruments und spielte im Angesicht des Mondes, der über den Feldern aufstieg, den langsamen Satz der Abschiedssonate von Beethoven.

Keine andere Freundin ist so feinfühlend, so großmütig, so schwesterlich gewesen. Mit großer Anstrengung überwand sie sich selbst, die Academiuta nach meinem halben Geständnis weiter zu besuchen, folgte mir und meinen Schülern, wenn ich sie auf ein Gehöft oder auf einen Dorfplatz führte, wo sie vor einem Kreis erstaunter Bauern ihre Gedichte aufsagten. Die aus vier Kurzzeilen bestehende *villotta* wird getanzt, indem man die Fäuste in die Hüften stützt und abwechselnd von einem Bein auf das andere springt. Zumindest hatte ich mir diesen Schritt ausgedacht, um die Gelenkigkeit und die Anmut der Schüler zur Geltung zu bringen. An der Schwelle zur Pubertät zeigten ihre Bewegungen die natürliche Harmonie, die mit dem Jünglingsalter schwindet. In den Taschen trug ich kleine Geschenke mit mir herum, um die besten Tänzer zu belohnen: Süßstoffbonbons, eine Schleuder, verschiedenfarbene Flitzgummis. Solange ihr Kinn noch glatt war, kann ich sagen, waren diese Aufmerksamkeiten völlig uneigennützig. Ich fragte mich höchstens, wenn ich sie auf der Tenne herumhüpfen und -springen sah, was ihnen die Kinder des Bauern zuweilen nachmachten, welcher von ihnen mich eines Tages mit einem Band, das über die pädagogische Wißbegierde hinausgehen würde, an sich zu fesseln vermöchte.

Einer unter ihnen entzückte mich sogleich wegen seines Geschicks, selbst bei den lebhaftesten Sprüngen den Körper gerade und den Kopf ruhig zu halten. Auf seiner schön geschwungenen Oberlippe begann ein blonder Flaum zu sprießen. Er trug einen Namen, den ich in unserer Gegend noch nie gehört hatte und der allein genügt hätte, mich zu betören. Eine einzige Silbe, rank und schlank, deren heller Ton emporschoß wie der Stiel einer jungen Pflanze: Svenn. Da ich mir aber selbst nicht traute und die Folgen einer amourösen Freundschaft mit einem dreizehnjährigen Knaben fürchtete, war ich ihm gegenüber doppelt vorsichtig, und das so sehr, daß ich ihn durch eine ungerechte Behandlung benachteiligte. Stets erhielt einer seiner Kameraden das dem Sieger des Wettbewerbs versprochene Geschenk. Svenn warf mir einen enttäuschten Blick durch seine langen Wimpern zu, dann schüttelte er die goldblonden Locken. Er schulterte seinen Schulranzen und entfernte sich, leise vor sich hin pfeifend, ohne abzuwarten, bis ich das Zeichen zum Aufbruch gab. Dann war es Wilma, die, um unsere kleine Gesellschaft, an der ich mich wider meinen Willen mit geringerem Schwung beteiligte, seit mein bevorzugter Schüler gegangen war, wieder aufzuheitern, zu ihrer Geige griff und uns alle in einem leidenschaftlichen Reigen mit fortriß.

Sie tat, als wäre sie fröhlich an meiner Seite, obgleich es eine Qual für sie war, die fahrige Liebenswürdigkeit, die ich ihr gegenüber befolgte, mit den zahllosen Gunstbezeigungen zu vergleichen, mit denen ich die Kinder bedachte. Aber glaube ja nicht, daß sie so reagierte, weil irgendein vager Wunsch zu leiden (der bekannte weibliche Masochismus, wie der erstbeste Psychiater ohne Zögern diagnostizieren würde) sie dazu trieb. Nach dem Abend der Abschiedssonate von Beethoven kam sie nicht mehr mit in meine Dachkammer in Versuta. Wir verabschiedeten uns mitten auf den Feldern: Sie kehrte in ihren Flecken zurück, ich strebte meinen Büchern zu. Zwecklos, sie noch einmal um den *Liebestraum* zu bitten. Sie war gern bereit, meine Aufgaben in der Schule mit mir zu teilen; aber wie ein Falter um meine Lampe zu flattern und sich zu opfern, nein, zu dieser Rolle würde sie sich nicht erniedrigen.

Obwohl ich bedauerte, daß sie nicht mehr eins ihrer zärtlichen Adagios für mich allein spielte, dessen Schmachten mit der Verwirrung und der Erregung unserer Seelen verschmolz (trotz unserer keinen Widerspruch duldenden Ansichten über die Unpersönlichkeit der Kunst), hieß ich es gut, daß Wilma unseren Zusammenkünften ein Ende gesetzt hatte. Warum verzichtete sie nicht vollends darauf, mich zu sehen? Fühlte sie sich als Marcellina stark genug, mich vor dem Moktir zu retten?

Ich fiel aus allen Wolken, als sie mir ihre Gründe nannte.

»Du bist dreiundzwanzig Jahre alt und hast noch keine Verlobte. Hüte dich vor den Gerüchten, die umzulaufen beginnen. Machen wir den Leuten weis, ich wäre deine Verlobte. Laß mich dein Schutzschild sein.«

Wäre ich fähig gewesen, mich an eine Frau zu binden,

welche, wenn nicht Wilma, hätte wohl meine Liebe verdient? Als sie mir diesen Vorschlag machte, mußte ich das Gesicht abwenden, um ihr meine Tränen zu verbergen. Es war die Stunde der Abendstille, in der die Kirchenglocken in der klaren Luft klingen. Wir gingen durch einen Hohlweg zwischen zwei Reihen Akazien. Nie wurde eine Lüge von herzergreifenderem Opfergeist eingegeben. Ich hätte die Hand des jungen Mädchens ergreifen mögen, um sie mit Küssen zu bedecken. Wilma (sie neckte mich oft wegen meiner sentimentalen Ader) brach unsere beiderseitige Rührung kurzerhand ab: Sie huschte zwischen zwei Bäumen hindurch, lief in das Rübenfeld und rief mir zu, sie nehme eine Abkürzung, wir würden uns morgen wiedersehen.

Ihr Anerbieten hatte mich so heftig verwirrt, daß die Ungeheuerlichkeit der Nachricht, die ich aus ihrem Mund erfahren hatte, Zeit brauchte, bis zu meinem Gehirn vorzudringen: Trotz meiner Vorsichtsmaßregeln machte mich mein Zölibat also verdächtig. Man fragte sich, ob nicht eine andere Bezeichnung angebracht wäre. Friaul, o mein Paradies! Der Wind der üblen Nachrede und der Anpöbelung wehte mir erstmals ins Gesicht.

Einige Monate danach, der Krieg war zu Ende, verließ uns Wilma, um in ihre Heimat zurückzukehren. Auf dem Bahnsteig hielt sie mir und den Dutzenden Kindern, die gekommen waren, sie zu verabschieden, die Wange hin. Ihr Kopf schien jetzt runder, und auf ihrem Gesicht zeichnete sich ein reiferer Wille ab; sie trug ihr Haar nicht mehr offen auf die Schultern fallend, wie während ihrer Zeit in Casarsa, sondern hatte es nach slowenischer Sitte geflochten und zu einem Kranz aufgesteckt. Die Wagentür rahmte ihren schmalen, zierlichen Oberkörper ein. Bis zu diesem Moment hatte ich nicht bemerkt, wie sehr die asymmetrische Haltung bei der Ausübung ihrer Kunst ihre Schultern verformt hatte. Mein Blick überraschte sie, und sie zog sich hastig in ihr Abteil zurück.

Seitdem kann ich keine Geige mehr hören, ohne die Musik dieses Instruments mit unseren Streifzügen durch die Felder und insbesondere mit jenem Frühlingsabend in Verbindung zu bringen, an dem ich erfuhr, daß ich vor Verdächtigungen nicht mehr sicher war.

Man sagt, die Violine sei lange Zeit mißachtet worden. Bis Ende des Mittelalters hielt man sie für lärmend, kreischend und gerade geeignet, in den Tavernen zum Tanz aufzuspielen; Broterwerb der Bänkelsänger und der Gaukler. Ohne die Zigeuner und die Juden wäre sie vielleicht nie zu Ehren gekommen. Da leicht zu stimmen und zu transportieren, benutzten sie die geächteten Völker. Als Instrument der Diaspora und der Fahrensleute schreit sie in ihren langen, elegisch auf und ab schwellenden Phrasen das ewige Klagelied der Flüchtlinge und der Vertriebenen hinaus.

Dank welchem Zufall hat mich dieser treue Begleiter der Juden in die Welt der Töne eingeführt? Dank welchem Instinkt bin ich für die Musik unempfänglich gewesen, bevor ich ihren öfter kläglichen als freudigen Ruf gehört habe? Weder das Klavier, das viel mehr Möglichkeiten hat, aber Wohlstand und Sicherheit voraussetzt, noch die Orgel, deren Donnergrollen vom Himmel zu kommen scheint und die Kirchen beben macht, haben mich anfänglich bezaubert. Mit Wonne hörte ich Mamas Gesangsübungen mit alten Furlaner Weisen, aber ich hätte nie gedacht, daß mich eines Tages eine andere menschliche Stimme als die ihre entzücken könnte. Die Oper schien mir ein grobes und karikaturenhaftes Genre. Die Geige eroberte mich dagegen auf Anhieb, mich, der ich mein Schicksal in vielerlei Hinsicht mit dem der Kinder Israels in Verbindung bringen mußte.

Mich von ihrem Klang betören lassen, hieß das nicht, mein Ohr dem uralten lärmenden Aufruhr der Pogrome leihen, wenn die Überlebenden der verfemten Rasse in die Nacht flohen, auf ihrem Rücken die einzige Habe mit sich schleppend, die sie vor der Plünderung gerettet hatten? Die Geige würde ihre Einnahmequelle und ihr Trost sein, so wie es für mich im Laufe meiner Prüfungen die erquickende Erinnerung an die mit Wilma verbrachten glücklichen Tage war.

14

Guido hatte sich schon lange entschieden, zu den Partisanen in den Bergen zu gehen. An einem Maimorgen des Jahres 1944 brach er auf. Ich wollte ihn überreden, sich bei mir in meiner Dachkammer in Versuta versteckt zu halten. Jeder, der bemerkt hätte, wie er in der Hosentasche den Griff der Pistole rieb, die er vor der Durchsuchung gerettet hatte, und wie er mit der anderen Hand die schwarze Haarsträhne bearbeitete, die ihm gleich der Schmachtlocke eines Erstkommunikanten in die Stirn fiel, hätte sich gesagt, daß der Haß auf die Diktatur, die Vaterlandsliebe und andere hochherzige Gefühle – selbst wenn man von der natürlichen Emphase seiner achtzehn Jahre absieht, die von Schulbuchautoren genährt wurde – als Vorwand für persönlichere Beweggründe dienten. Das ungeduldige Verlangen, sich als Mann zu beweisen und den durch das kindliche Löckchen entstandenen Eindruck zu verwischen, zählte ohne Zweifel viel; aber weit weniger als die Hoffnung, um den Preis seines Blutes eine Gunst zu erringen, nach der er seit seiner Geburt vergeblich strebte: in Mamas Herzen einen Platz zu erobern, der, wenn nicht dem meinen gleich, so doch zumindest bedeutsamer wäre als das winzige Kämmerlein am Rande, in das sie ihn verbannte. Ich schließe sogar den Verdacht nicht aus, daß er seinen Tod bereits als das einzige Mittel ansah, sich seinen legitimen Anteil an Zuwendung zu verschaffen. Oh, natürlich in noch verworrenen und unklaren Begriffen, nicht in der brutalen Form, der ich mich bediene. Guido versuchte nicht ein einziges Mal, mich zu überreden, mit ihm zu gehen: unwahrscheinliche Nachlässigkeit, wenn man bedenkt, daß dem Nacheiferer von Oberdan und von Pisacane kein Rekrut hätte zuviel scheinen dürfen; dagegen ein durchaus natürliches Versäumnis, sobald man dem eifersüchtigen Jüngeren das Bedürfnis zuerkennt, sich ein Feld der Revanche zu sichern, auf dem ihm der diesmal abgeschlagene Ältere weder den Kampfesruhm noch die Aureole des Opfers streitig machen würde.

Ich war als einziger in der Lage, die Wahrheit über das prahlerische Gehabe meines Bruders zu erkennen, aber auch der letzte, der diese Kenntnis dazu hätte nutzen können, ihn von seinem Vorhaben abzubringen. Die Heimlichtuerei, mit der er seinen Aufbruch umgab, beschleunigte unsere Trennung. Er verlangte von dem Schalterbeamten im Bahnhof Casarsa, laut genug, daß sowohl das Personal wie die anwesenden Reisenden es hörten, eine Fahrkarte nach Bologna.

Danach, entschlossen, unbemerkt in den Zug nach Spilimbergo, Richtung Norden, zu steigen, zog er mich hinter das kleine Stationsgebäude. Ein Stück ödes Gelände, mit schmutzigem Papier und Schutt übersät, diente als Rahmen für unseren Abschied. Wäre noch Zeit gewesen, ihn zurückzuhalten? Plötzlich intonierte er mit seiner hellen Tenorstimme das Duett, das Don Carlos und Posa im Kloster San Giusto singen:

Gott, der in aller Menschen Herz
Der Liebe Flamm' entzündet,
Laß leuchten auch in unsrer Brust
Der hehren Freiheit Licht.

Ich zögerte einen Augenblick: Weder Gott noch die Opernmusik noch die Kehrreime des Librettos schienen mir am rechten Platz, wenn man von einem lieben Menschen Abschied nimmt. Aber konnte ich seinen glühenden Appell unbeantwortet lassen? Obendrein entsprach die Partie des Marquis meinem baritonalen Timbre.

Wir bleiben eng für alle Zeit
In Not und Tod verbündet . . .

hörte ich mich zu meiner Überraschung murmeln. Dann unisono, ohne meiner Stimme Zügel anzulegen:

Auf Erden und in Ewigkeit
Verläßt der Herr uns nicht.

Das ganze Duett mußte daran glauben, mit seinen Freiheitsschwüren, der Verpflichtung, den Unterdrücker zu bekämpfen, der Verachtung unseres Erdenschicksals und so weiter: alles Dinge, die wir, ohne zu mogeln, für uns in Anspruch nehmen konnten, hinter denen sich aber noch andere, für die persönliche Zukunft der beiden Stegreifsänger weit wichtigere verbargen.

Unsere musikalische Darbietung wurde abrupt beendet. Der Personenzug nach Spilimbergo, den Guido aus dem Augenwinkel beobachtete, setzte sich rumpelnd auf den Gleisen in Bewegung. Guido rannte zum Bahnhof, bog um das Gebäude, erreichte den Bahnkörper beim Übergang und sprang unbemerkt auf den letzten Wagen. Verdi hatte eine elegante rhetorische Lösung für die heikelste Frage geliefert, die sich zwischen zwei Brüdern erheben kann.

Die Rhetorik verfolgte Guido von seiner Abreise aus Casarsa an. Hat sie nach seinem Tode auch nur einen Augenblick von seinem Schicksal abgelassen? Um so schlimmer, wenn ich mich anschicke, harte Wahrheiten über seine neun Monate als Partisan zu berichten. Er hatte sich der Brigade Osoppo angeschlossen, unter dem Namen Ermes, den sein in den Steppen Rußlands verschollener Freund Parini, du erinnerst dich, getragen hatte. Bolla, ein Monarchist, befehligte die Brigade. Brigade! Eine hochtrabende Bezeichnung für die zwölf oder fünfzehn Mann, die durch ständige Standortwechsel und aufreibende Märsche in den Bergen der Karnia dem Feind vorzutäuschen suchten, sie wären zehnmal zahlreicher.

Mama ging ihn im September besuchen. Moral auf dem Zenit, eiserne Gesundheit. Die gut organisierten Partisanen machten den Deutschen das Leben schwer. Ich habe einen mit »Amalia« unterschriebenen Brief von Oktober aufbewahrt, in dem er, verschlüsselt im Femininum, sein Leben erzählt: Im Hinblick auf den in Kürze zu erwartenden Schnee und damit er beim Wintersport eine gute Figur machen könne, sollten wir ihm schnellstens eine komplette Ausrüstung schicken – Handschuhe, Nagelschuhe, wollene Unterwäsche und natürlich Pudelmütze und Sonnenbrille.

Feldmarschall Kesselring, an der Spitze deutscher Infanterie, faschistischer Miliz und russischer Deserteure, startete im November die Offensive. Mein Bruder und einer seiner Freunde namens Gino leisteten einer Abteilung Kosaken eine ganze Nacht lang Widerstand. Die politisch gemäßigte Brigade Osoppo (die meisten Leute gehörten dem Partito d'Azione an, dem Guido beigetreten war) operierte rund zwanzig Kilometer nördlich von Udine. Die aus Kommunisten bestehende Brigade Garibaldi hielt den Nachbarabschnitt. Die beiden Einheiten, von dem zahlenmäßig weit überlegenen und viel besser bewaffneten Feind ständig gestört, unterzeichneten einen Beistandspakt und schlossen sich dann unter einem gemeinsamen Kommando zur Division Garibaldi-Osoppo zusammen.

Das obere Friaul wurde auch von Banden durchzogen, die

von der anderen Seite der Front kamen und die Tito geschickt hatte, um die Propaganda Belgrads zu verbreiten und territoriale Forderungen an diese Grenzprovinz zu stellen. Der Marschall schlug der Division Garibaldi-Osoppo vor, sich der slowenischen Armee einzugliedern. Der Divisionskommandeur Sasso, ein Kommunist, zögerte. Bolla, der stellvertretende Kommandeur, lehnte das Angebot strikt ab. Als die Deutschen gegen Jahresende abermals angriffen, hüteten sich Titos Soldaten, den italienischen Patrioten zu Hilfe zu kommen, von denen viele getötet oder gefangengenommen wurden. In der Division selbst übten die Kommunisten ständig Druck auf ihre Kameraden aus, sie sollten die dreifarbige Kokarde von ihren Jacken entfernen! Druck – ein diplomatischer Euphemismus, wenn du bedenkst, daß ein Kommissar einmal seine Pistole auf Guidos Stirn richtete. Weder er noch seine Freunde gaben dieser Erpressung nach. Sie versicherten feierlich, daß sie für die italienische Fahne kämpften und nicht für den roten Stern. Die monarchistischen Ansichten Bollas (loyal und mutig, machte er keinen Hehl daraus) waren ein Vorwand, ihn so wie alle, die sich weigerten, unserem Feind Tito ein Stück nationalen Territoriums zu verkaufen, des Verrats zu beschuldigen.

Der Schnee fiel in dichten Flocken auf die Plateaus von Porzus. Bolla hatte sich mit seinem Stab in eine von einem Förster verlassene Blockhütte zurückgezogen. Er war hochgewachsen, hager, trug das graumelierte Haar zur Bürste geschnitten, hatte eine vom Stirnrunzeln tiefeingekerbte senkrechte Falte zwischen den Augen und hielt ständig eine kurze Pfeife mit silbernem Deckel im Mund, eine harmlose Manie, die ihm half, bei all seiner Nervosität ruhig und ausgeglichen seine Befehle zu geben, die Aufgaben zu verteilen, die Berichte zu studieren und Streitereien mit stets gemessener Stimme zu schlichten. Er war wortkarg, sprach nur nach reiflichem Überlegen, war streng gegen sich selbst, bevor er es gegen andere war, und so konnte er auf die völlige Ergebenheit seiner Leute rechnen. Ihn lieben und ihm gehorchen, das war eins. Wollte Gott, er hätte sich bei Ausübung seiner Autorität nicht so liebenswert gezeigt: Vielleicht wäre Guido noch am Leben. Mein Bruder, unterschwellig auf der Suche nach dem »guten« Hauptmann, den er gegen das Bild des Vaters austauschen könnte, hing mit Leib und Seele an seinem Vorgesetzten und stellte, um ihm treu zu sein, den eigenen Selbsterhaltungstrieb hintan.

An jenem Abend fragte Bolla, bevor er seine Pfeife stopfte, ob alle Wachen auf ihrem Posten seien. Ein an ihm ungewohnter Tick zuckte über seine Wange. Als er, hinter einem kleinen, mit Plänen und Karten bedeckten Klapptisch sitzend, zu rauchen angefangen hatte, breitete sich die übliche Ruhe auf seinem Gesicht aus. Keiner von denen, die sich in der Hütte zu schaffen machten, konnte ahnen, daß er eine nahe Gefahr gewittert hatte, anders als die, denen sie sich täglich aussetzten. Ein Dutzend Partisanen war um den Kessel geschart, der in dem Kamin über einem Feuer aus knisternden Tannenzweigen hing. In dieser finsteren Schneenacht bestand kein Risiko, daß der Rauch draußen gesehen werden könnte. Trotzdem hatte mein Bruder die Ansicht geäußert, man müsse vor dem Feueranzünden die Genehmigung des Kommandanten einholen. Seine Kameraden, angelockt von dem Duft der würzigen Brühe für die Forellen, die sie in den Bächen der Schlucht gefangen hatten, begannen ihn wegen seiner Befürchtungen zu frotzeln. Gekränkt ging er beiseite und begann, mit einem Lappen den Lauf seines Gewehrs zu polieren, während sich die anderen daranmachten, die Fische mit den regenbogenfarbenen Schuppen aus dem Eimer zu nehmen, um sie lebend in das kochende Wasser zu werfen. Deshalb war Guido auch der erste, der aufsprang und seine Waffe auf die Tür richtete, als unter den Bäumen der Lärm einer lebhaften Auseinandersetzung zu hören war.

Bolla hob den Kopf von seinen Papieren. Ohne die Pfeife aus dem Mund zu nehmen, gab er meinem Bruder ein Zeichen, er solle nachsehen gehen. Im selben Augenblick flog die Tür krachend auf. Fünf oder sechs Mann, sofort als Freiwillige der Brigade Garibaldi erkennbar, traten ein und protestierten mit dröhnenden Stimmen gegen eine solche Art Empfang für Freunde. Ihr offenbarer Anführer überreichte Bolla einen Brief seines Vorgesetzten, des Kommandeurs Sasso. Die anderen, nicht zufrieden damit, ihre Maschinenpistolen im Anschlag zu halten, durchstöberten die Hütte bis in alle Ecken und Winkel, den Finger am Abzug. Sie hängten die Holzplatten ab, die als Verdunklung für die beiden Fenster des Raumes dienten, stießen die Läden auf, ohne daß man erkennen konnte, ob sie nun versuchten, die Höhe der Hügel hinter dem Haus abzuschätzen oder Kameraden, die unter Umständen draußen im Hochwald zurückgeblieben waren, ein Zeichen zu geben. Bodenlose Unverfrorenheit und sträflicher Leichtsinn: Die Fenster, deren Läden sie nicht wieder schlossen, zeichneten helle Vierecke auf die nächtliche Lichtung, vom Weiß des Schnees noch verstärkt, obgleich die Petroleumlampen und die Talgkerzen keinen so strahlenden Schein hatten wie elektrische Glühbirnen.

Aber außer dem zornesbleichen Guido und dem Kommandeur Bolla, dem sein Phlegma an diesem Tag zum Verhängnis wurde, zeigten die Burschen vor dem Feuer keine anderen Anzeichen von Unruhe als die Besorgnis, ihr Forellengericht mit den Hinzugekommenen teilen zu müssen, deren Arroganz womöglich so weit gehen würde, daß sie ihnen nur die Gräten ließen.

Sobald der Kommandeur den Brief gelesen hatte, schrieb er eine Mitteilung, die er Guido mit einigen leise gesprochenen Ermahnungen anvertraute. Mein Bruder wählte zwei seiner Freunde aus, Gino (den mit den Kosaken) und Cesare (weil er aus Bologna war), und ging mit ihnen in die Nacht hinaus, die zusammengefaltete Mitteilung in seinem Brotbeutel zwischen der Feldflasche voll Grappa und dem feststehenden Messer.

Niemand vermag zu sagen, was sich dann innerhalb der vier Wände der Blockhütte abgespielt hat. Zweifellos war das Wasser im Kessel noch nicht zum Kochen gekommen, und die Forellen hatten ihren Eimer noch nicht verlassen, als die drei Abgesandten, die noch keinen Kilometer in Richtung Kamm zurückgelegt hatten, das Knattern von Feuerwaffen hörten, das aus der Hütte kam, wie auch sofort erstickte Schreie. Guido und Gino wollten auf der Stelle umkehren, Cesare zögerte noch, als sie einen blutüberströmten Verwundeten sich nähern sahen, der ihnen zurief, sie sollten sich schleunigst zurückziehen, alle anderen seien tot, Bolla sei als erster erschossen worden. Guido, gefolgt von Gino, stürmte davon, in der törichten Hoffnung, noch rechtzeitig einzutreffen, um seinem Vorgesetzten Hilfe zu bringen. Cesare verharrte wie angewurzelt auf dem Fleck, jede Sekunde auf das Krachen neuer Schüsse gefaßt. Die Mörder, nunmehr Herren der Lage, begnügten sich damit, die beiden Freunde gefangenzunehmen und ihnen die Hände zu binden. Sie erachteten es nicht für nötig, ihre Opfer zu verscharren, häuften sie in der Hütte auf und steckten diese dann in Brand. Danach entfernte sich das Kommando hastig mit den beiden Gefangenen und wechselte in einen anderen Abschnitt über.

Guido und Gino wären mit dem Leben davongekommen, hätten sie sich bereit erklärt, sich den Titoisten anzuschließen und der Sache abzuschwören, der sie sich verpflichtet hatten. Drei Tage lang hielt man ihnen das Angebot offen: entweder sich den »wahren Patrioten« anzuschließen oder das »Verrätern« vorbehaltene Schicksal zu erleiden. Mein Bruder, an beiden Händen gefesselt, tastete auf der Brust nach der Pfeife seines ehemaligen Kommandeurs, die einer der Gefangenenaufseher, von Mitleid ergriffen, auf seine Bitte hin der Leiche aus dem Mund genommen und heimlich in die Innentasche seiner Feldbluse gesteckt hatte. Geriet seine politische Loyalität ins Wanken, oder drängte ihn der Selbsterhaltungstrieb zum Nachgeben, dann rief ihm die Berührung mit diesem Gegenstand, die dem so sehr bewunderten Vorgesetzten als Fetisch gedient hatte, die glorreichen Thermopylen ins Gedächtnis zurück. Sollte er weniger Mut beweisen als Leonidas?

Sie zogen über die Hochebenen, suchten von Scheune zu Scheune Unterschlupf vor dem Schnee, der Kälte, der Finsternis und der Angst in dieser Bergeinsamkeit, die nur durchdrungen wurde vom Flug der Raben und von fernem Motorengebrumm, wenn eine deutsche Panzerkolonne unten im Tal vorüberfuhr.

Am vierten Tag wurde beschlossen, die beiden Widerspenstigen abzuurteilen. Ein Brett, auf zwei Böcke gelegt, diente als Richtertisch. Man zerrte die beiden gefesselten Freunde vor dieses Schein-Standgericht. Sie mußten ihren Namen und ihren Familienstand angeben, eine Inszenierung, auf die man bei Bolla verzichtet hatte, die jedoch für den Fall weiterer Ermittlungen die Lüge glaubhaft machen sollte, der Prozeß sei in aller Form wegen »Zusammenarbeit mit dem Feind« angestrengt worden. Der Schuldspruch, ebenso haltlos wie die Anklage, wurde binnen fünf Minuten gefällt. Nicht die Spur des leisesten ausländischen Akzents, der Guido über die Farce eines solchen Urteils besänftigt hätte: Es waren samt und sonders Italiener, die den Stab über zwei ihrer Brüder brachen. Der Vorsitzende sprach im Pordenoner Tonfall, einer seiner Beisitzer drückte sich im Dialekt von San Daniele del Friuli aus, der andere trug an seinem Revers das Abzeichen des Fußballklubs von Treviso.

Ein Teil der Männer schwärmte in die benachbarten Bauernhöfe aus, um Spaten und Schaufeln zu beschaffen, die zur Aushebung der Grube erforderlich waren. Guido nutzte das Durcheinander, um seinen Wächtern heimlich zu entwischen. Es gelang ihm, ungesehen die Deckung der Bäume zu erreichen und seine Hände von den Fesseln zu befreien. Wenig später waren sie ihm auf den Fersen, und da sie ihr Ziel in der Dichte des Waldes nicht ausmachen konnten, schossen sie wahllos zwischen die Stämme. Dem Unglücklichen wäre es vielleicht gelungen, sich in Sicherheit zu bringen, hätte ihm nicht eine Kugel das Schulterblatt durchschlagen. Er hatte noch die Kraft, bis zur Schwelle eines Forsthauses zu laufen, wo er zu Füßen einer robusten, im achten Monat schwangeren jungen Bäuerin in Ohnmacht fiel.

Libera Piani – sie ist es, der ich diese letzten Einzelheiten verdanke – hob meinen Bruder auf, trug ihn auf ihren Armen zu ihrem Bett, legte einen warmen, nassen Umschlag auf die Wunde und stärkte ihn mit einer Tasse Kaffee, versetzt mit einem Schuß sechzigprozentigem Grappa, den ihr Mann gebrannt hatte. Dann stellte sie sich vor ihre Tür zwischen die mit Hilfe von grünen Nußschalen gebeizten Pfosten aus Tannenholz und erwartete standhaft die beiden Verfolger, die keuchend aus dem Wald hervorkamen. Die Gestalt der hochschwangeren jungen Frau in diesem ländlichen Rahmen bot ein so majestätisches Bild, daß die zwei die Fassung verloren und ihr stotternd erklärten, sie suchten einen verwundeten Kameraden, um ihn ins Lazarett zu bringen. Sie willigte ein, unter der Bedingung, daß einer der beiden jungen Burschen ihr Fahrrad nähme, mit dem er Guido in die Stadt transportieren sollte, während sie den anderen bis zur Rückkehr seines Kameraden als Geisel dabehalten würde. Das alles wurde mit einer solchen Ruhe und mit einer so natürlichen Autorität vorgetragen, daß die Macht weit eher in den unbewaffneten Händen dieser Frau zu liegen schien als in den streitbaren Fäusten der beiden Partisanen. Sie führten ihre Anweisungen gefügig als Befehle aus. Guido, der wieder zu sich gekommen war und in dem Burschen, der gerade den Fahrradschlauch aufpumpte, denjenigen wiedererkannte, der auf seine Bitte hin dem Kommandeur die Pfeife abgenommen hatte, ließ sich recht und schlecht auf den Rahmen des Vehikels setzen. Die Bäuerin stand auf der Schwelle ihres Hauses und wachte darüber, daß der junge Mann auch die Richtung ins Tal auf dem einzigen Pfad einschlug, der zwischen den Tannen abwärts führte.

Das Verhängnis wollte es, daß die beiden einer anderen auf die Verfolgung des Flüchtigen angesetzten Streife in die Hände fielen. Das fanatische Gefühl des Hasses und der Rache erstickte jede Anwandlung von Mitleid. Guido wurde, wieder auf die Beine gestellt und mit Gewalt zum Laufen gezwungen, fiebernd und verängstigt, auf den Hof des Bauernhauses zurückgebracht, aus dem er geflohen war. Er mußte in die fertig ausgehobene Grube hinabsteigen, neben Ginos Leiche, die bereits mit frischem Schnee bestäubt war. Ich denke mir, er hat, auf dem Rücken liegend, seinen Henkern in die Pupillen geschaut, ohne die Augen zu schließen, auch nicht, als die todbringende Kugel, die ihn in die Stirn treffen würde, rauchend aus der Pistole fuhr.

Da Cesare erst nach mehreren Monaten wieder in Casarsa auftauchte, blieben wir lange Zeit ohne Nachricht von Guido. Weder die Befreiung noch der Waffenstillstand gaben uns meinen Bruder zurück. Mama gewöhnte sich allmählich an den Gedanken, daß sein Platz am Tisch für immer leer bleiben würde und sein Serviettenring unbenutzt. Sie suchte nur noch selten sein Zimmer auf, um sich vor den vergilbten Fotos von Gary Cooper und John Wayne auf das schmale Eisenbett mit der weißen Tagesdecke im Waffelmuster zu setzen. Wenn Guido sterbend damit gerechnet hatte, die Bestürzung über seinen Tod und sein grausames Schicksal würden ihm im Herzen der Mutter den Platz erobern, auf dem allein ich thronte, so wurde seine letzte Hoffnung durch die Unmöglichkeit zunichte gemacht, uns sein Opfer wissen zu lassen, bevor die Zeit und die Gewohnheit den Schock über die Ereignisse abgestumpft hatten.

In die dreifarbige Fahne gehüllt, traf der Tote auf einem Plattenwagen im Bahnhof von Casarsa ein. Die mit Flor verhüllten Trommeln schlugen einen Trauermarsch; Mama stellte sich in die erste Reihe zu den Obrigkeiten. Man trug den Sarg ins Haus, öffnete ihn vor ihr, sie erkannte ihren Sohn und nähte die Leiche nach einem ortsüblichen Brauch in das Laken ein, auf dem sie entbunden hatte. Bei uns pflegt man einen Schlitz in die Matratze von Sterbenden zu machen, damit sich ihre Seele freier zum Himmel emporschwingen kann. Als Entschädigung für Guido, der fern von seinem Bett gestorben war, ließ Mama einen Zipfel des Leichentuches offen. Aber auf dem Friedhof, während sie sich an meine Brust drückte, ich sie fest in meinen Armen hielt und sie vor dem Grab in Tränen zerfloß, in das meine Tanten Blumen warfen, war ich es wieder, an den ihr Schluchzen gerichtet war, ich, mit dem sie, die Gelegenheit nutzend, das liebevolle Bündnis erneut besiegelte, das sich infolge meines einsiedlerischen Lesens und Arbeitens, meiner Spaziergänge mit Wilma, meiner Beschäftigungen außer Haus gelockert hatte. Von Stund an blieben wir, Mutter und Kind, allein, uns zu verstehen, uns zärtlich zu lieben und uns zu helfen, so wie Maria und Jesus, deren unzerstörbare Gemeinschaft und gegenseitige Ergebenheit im Evangelium leuchten. Sie vergaß ihren zweiten Sohn zwar nicht, aber sie verbannte den Toten zu den Toten. Guidos ungetrösteter Schatten irrt noch unter der Erde umher. Er reckt sein blutendes Antlitz voller Staunen, daß sein Heldentum umsonst gewesen ist und daß ich dadurch, daß ich mich in meiner Dachkammer in Versuta verkrochen habe, verstanden habe, das zu bewahren, was er durch seinen spektakulären Opfertod nicht zuwege gebracht hat.

Du möchtest wissen, denke ich mir, wie ich auf den Tod meines Bruders reagiert habe. In meiner Erinnerung unterscheide ich deutlich zwischen dem Schmerz und der Niedergeschlagenheit, hervorgerufen durch das Dahinscheiden meines Jugendgefährten und besten Freundes, und den Gewissensbissen, daß ich ihn habe allein fortfahren lassen. Meine innere Stimme wirft mir meine Feigheit und meinen Egoismus vor. Obwohl niemand daran dachte, mich wegen meines Verhaltens zu tadeln, ist es eine Tatsache, daß die Creme der Furlaner Jugend für die Widerstandsbewegung eingetreten war und in den kältesten und schrecklichsten Wintermonaten große Gefahren auf sich genommen hatte: Gefahren, die für die Besten unter ihnen mit Deportation, Folterung und Tod endeten. Überdies mußte ich mich für Guidos Schicksal unmittelbar verantwortlich fühlen, weil er seine Lektionen in Antifaschismus von niemand anderem gelernt hatte als von mir. Wer hatte ihn gelehrt, für seinen Vater zu erröten, der Hauptmann in Mussolinis Kolonialarmee war? Wer hatte ihm in den Kopf gesetzt, daß kein Preis zu hoch sei, um das Verbrechen an seinem Freund Ermes Parini zu sühnen, der sich freiwillig an die russische Front gemeldet hatte?

Als allzu vertrauensvoller Schüler hatte er nun ein Recht auf Wiedergutmachung. Mama auf Händen tragen, meine Bücher so schreiben, wie er sie geliebt hätte, aktiveren Anteil an der Politik nehmen, mit einem Wort, versuchen, mich in einer seines Gedenkens nicht unwürdigen Art zu beschäftigen, diese notwendigen Äußerungen des Mitgefühls genügten noch nicht. Blieb die Begleichung einer bestimmten, eindeutigeren Schuld, der früher oder später nachzukommen ich seinen Manen gegenüber verpflichtet sein würde.

Das ist meiner Meinung nach der Ausgangspunkt für das, was ich nicht gerade meine Neigung zum Selbstmord nenne (ich liebe das Leben viel zu sehr, um auf diesen Gemeinplatz zu verfallen, der den Gescheiterten als schöngeistiger Flitter dient), sondern meine Widerstandslosigkeit gegen den Tod. Ich schreite, ich komme voran, getrieben von der Begierde, alles auszukosten. Aber hinter mir ist ein vertrautes Phantom, das sich ganz still verhält. Ohne mir signalisieren zu müssen, daß es da ist, läßt mich dieser bleiche Schemen nicht aus den Augen. Ich weiß, wenn ich mich umdrehe, würde ich ihm folgen und mit ihm in das Reich der Toten hinabsteigen, wo er auf mich wartet. Dieses Gefühl hat mich mein Leben lang begleitet. Viele meiner Gesten, die meiner Umwelt unerklärlich schienen, viele der Gewohnheiten und der Neigungen, die meine Freunde als absurd abgetan haben, hätten sie nicht so gesehen, wenn sie darüber nachgedacht hätten, daß schon die Tatsache, auf der Welt zu sein, als eine Sünde von dem empfunden werden kann, dem ein inniggeliebter Bruder ins Grab vorangegangen ist.

Ein weiterer Anlaß, mich zu schämen und mich schuldig zu fühlen: Auf dem Bahnhof und dann später auf dem Friedhof stellten die Redner Guidos Tod als eine Episode des Aufbegehrens der italienischen Patrioten gegen die faschistischen und nazistischen Unterdrücker dar. Sooft in der Folgezeit der Märtyrer von Porzus feierlich gedacht wurde, geschah es, um die Barbarei Hitlers anzuprangern, selbst dann noch, als die von Cesare überbrachten Nachrichten und die Nachprüfungen, die deren Richtigkeit bestätigten, die Lüge der offiziellen Version bewiesen hatten. Aber im Jahre 1945 war es unmöglich, wie ich dir gleich erzählen werde, die Kommunisten öffentlich der Doppelzüngigkeit während der Resistenza zu bezichtigen: denn bei den derzeitigen politischen Kämpfen, die das Friaul erschütterten und bei denen die proletarische Armee der Handlanger und der Tagelöhner den Großgrundbesitzern entgegentrat, trugen die Kommunisten, die an ihrer Spitze standen, die Hoffnungen des Volkes. Ihre Autorität durch die Enthüllungen über die auf Titos Befehl verübten Schandtaten zu untergraben hätte nur dazu beigetragen, der Democrazia Cristiana, die der Partei der Agrarier den Rücken stärkte, zum Siege zu verhelfen. Da ich wußte, was auf dem Spiel stand, bin ich aus dem Partito d'Azione ausgeschieden, dem ich anfangs um Guidos Gedenken beigetreten war, und habe mich der einzigen Kraft angeschlossen, die in der Lage war, die anarchische Erhebung der Landbevölkerung gegen das Monopol der Reichen zum Erfolg zu führen. Wie oft habe ich jedoch meinen Ärger hinuntergeschluckt, wenn ich auf öffentlichen Plätzen oder in Wahlversammlungen diejenigen, die meinen Bruder ermordet haben, seine Verdienste schamlos habe würdigen hören. Sollte ihnen etwa das Verbrechen, mit dem sie sich befleckt haben, öffentlich zur Ehre gereichen? Und sollte ihnen, nachdem er sie als Lebender bekämpft hatte, seine Leiche als Banner dienen?

Am Abend der Beisetzung schickten die Familien aus Casarsa und die Eltern meiner Schüler bis zu zehn Kilometer im Umkreis gemäß unserem Brauch, das Beileid auszusprechen, die jüngsten ihrer Söhne, meiner Mutter einen Korb Eier und einen Sack Mehl zu überbringen. Die Ägypter legten Speise und Trank in die Särge, um ihren Toten die Reise ins Jenseits zu erleichtern. Wahrscheinlich ist dieser Ritus rund um das Mittelmeer gegangen und bis ans Ende der Adria gelangt: schon in alten Zeiten kam er in das Friaul, wo ihn sich der gesunde Menschenverstand und die Knauserigkeit der Maisanbauer, die weniger poetisch waren als die Nilbewohner, zu eigen gemacht und ihn dergestalt verflacht haben, daß die anläßlich eines Sterbefalls überreichten Lebensmittel nicht vergeudet wurden.

Ich erlebte die Überraschung, Svenn erscheinen zu sehen, den Sohn der Kleinbauern, auf den ich bei den Rezitations- und Tanzübungen aufmerksam geworden war. Wie hätte ich ihn auch vergessen können mit seinem bei uns beispiellosen Namen, dessen einzige und lichte Silbe mit einem Schlag dahinschmilzt? Er war schön und keck wie ehedem, trug seinen Lockenkopf eines jungen Hirten mit derselben Anmut und legte Wert darauf, mir das Geschenk seiner Familie eigenhändig zu übergeben, was ihm gestattete, mir fest in die Augen zu sehen. Ein stummer und stolzer Blick, in dem ich Vorwürfe über das Unrecht las, das ihm immer wieder angetan worden war, wenn man ihm den Siegespreis vorenthalten hatte: aber auch eine leidenschaftliche und uneingeschränkte Zuneigung, die zu beweisen er bereit war, sooft es mir gefallen würde. Ich erschauerte und schlug die Lider nieder, wobei ich jeden Zug dieses hellen Antlitzes, auf das die erste Frühjahrsbräune einen goldenen Schimmer legte, in meinem Gedächtnis speicherte.

Gott weiß jedoch, daß mir das Herz schwer war und daß ich jeden unzüchtigen Gedanken entrüstet von mir gewiesen hätte. Als Zeugnis diene der abgrundtiefe, keineswegs vorgetäuschte Abscheu, der mich erfaßte, als ich, Svenns Korb unter dem Arm, die Treppe hinunterstieg und mich Marcel Prousts, eines französischen Romanschriftstellers, erinnerte, den ich schon lange nicht mochte, der eine gotteslästerliche Szene schildert, in der sich ein alter Päderast, der Baron de Charlus, während des Begräbnisses seiner Frau nach dem Namen und der Adresse eines Chorknaben erkundigt.

15

Mein Vater kam im August aus Kenia zurück. Wir erwarteten seine Heimkehr nicht ohne Grausen, waren wir doch überzeugt, daß er, nach vierjähriger Gefangenschaft in unerträglicher Laune, immer wieder über den Zusammenbruch des Faschismus, das schimpfliche Ende Mussolinis, das Scheitern seiner eigenen militärischen Ambitionen und die Vernichtung seiner Zukunft sprechen würde. Aber sei es, daß sein Organismus verbraucht war, sei es das Übermaß an Schicksalsschlägen und an Demütigungen, sei es, daß der letzte Anlaß zu Stolz für den abgetakelten Offizier, nämlich die sportlichen Veranlagungen seines jüngsten Sohnes, auf den er die Vorliebe für Schußwaffen und die Jagd übertragen hatte, nach Guidos Tod begraben werden mußte – fest steht, daß der Hauptmann, weit davon entfernt, in der polternden Art wiederaufzutauchen, vor der wir uns gefürchtet hatten, sich in der Küche bescheiden in einen Winkel setzte und um ein Glas Rotwein bat.

Wir glaubten, daß er, erst wieder zu Kräften gekommen, uns mit seinen Jeremiaden und seinen Beschuldigungen den Nerv töten würde. Das hieß aber, seinen abgrundtiefen Groll und Überdruß nicht mit einzurechnen. Im obersten Stock des Hauses befand sich eine unbewohnte Mansarde, die als Rumpelkammer für ausrangierte Möbel diente. Er beschloß, sich in der Nacht und an den meisten Stunden des Tages in dieses staubige Kabuff zurückzuziehen. Dort warf er sich völlig angekleidet auf ein Bett aus Gurten, das er aus einer ehemaligen Garnison mitgebracht hatte, und kam nur zu den Mahlzeiten herunter. Er sprach nie mehr von seiner fehlenden vierten Litze, dachte nicht ein einziges Mal daran, seine ehelichen Rechte wieder wahrzunehmen, und erhob keinerlei Anspruch, die Zügel des Hauswesens an sich zu reißen. Zum Schatten seiner selbst geworden, hörten wir ihn auf seinen Latschen über den oberen Treppenabsatz schlurren und unentwegt Worte vor sich hin brabbeln. Aus militärischem Instinkt hatte er einen erhöhten Standort gewählt, von dem aus er unser Kommen und Gehen überwachen konnte; aus purem Hohn hatte er sich für diesen Abladeplatz für krummbeinige Stühle und unbrauchbares Gerümpel entschieden. Symbole seiner ruinierten Karriere und seiner zerschlagenen Hoffnungen.

Allabendlich stellte ich ihm eine Flasche Pinot vor die Tür, die er inmitten der an den Balken hängenden Trophäen seiner Feldzüge ganz allein austrank. Täglich zwei Liter vierzehngradigen Rotwein. Bei Tisch kaute er, ohne ein Wort zu sagen, mit den von der Karies verschont gebliebenen Zahnstummeln das gekochte Rindfleisch, von dem sich einige Fasern in seinem Schnurrbart verfingen. Erinnerst du dich der Zeit, da er mich auf den Küchentisch legte, um mir die Tropfen in die Augen zu träufeln? Vor Anstrengung, mich fest zu halten, zog er damals die Unterlippe zwischen die Zähne, so daß die Goldkrone über dem einen vorderen Schneidezahn funkelte. Jetzt konnte er mir nur noch seinen verwüsteten Mund zeigen. Seine blutunterlaufenen Augen tränten unentwegt von der Wirkung des Alkohols, oder weil er immer dieselben fixen Ideen wälzte. Mit der Zeit schien uns diese stumme und weinerliche Tyrannei schlimmer zu ertragen als die frühere Großspurigkeit und Schnauzerei. Aber anfangs nahmen wir die vorzeitige Senilität des Familienoberhauptes, statt der befürchteten Aufschneidereien und Gewalttätigkeiten, als eine wunderbare Gunst. Wir konnten uns unbefangen der Glückseligkeit dieses Furlaner Nachkriegssommers hingeben. Bedenkt man die Plagen und die Trauer zuvor, so war es für alle eine Periode der Entspannung und des Hochgefühls und für mich im besonderen die paradiesische Jahreszeit meines Lebens.

Ich war viele Monate lang keusch geblieben, was dich sicherlich wundern wird, dich, den ich bestürme, mir ein deutlicheres Zeichen deiner Zuneigung zu geben, die du mir, wie du sagst, entgegenbringst. Ich unterrichtete die Kinder in den weltlichen Dorfschulen rund um Casarsa. Samstagsabends kamen mich die Kumpel besuchen: jawohl, die Kumpel, denn ich finde kein besseres Wort, um diejenigen zu bezeichnen, mit denen mich lediglich unbestimmte, sorglose und lustige Radtouren, Volkstänze und nächtliche Saufereien verbanden. Da war Nuto, der draufgängerischste bei den Mädchen, krausköpfig wie ein Afrikaner, von Schweiß und Brillantine glänzend, mit kohlschwarzen Locken. Er steckte sich einen Weißdornzweig an den Lenker, und beim Tanzen behielt er ein Ästchen davon zwischen den Zähnen. Niemand verstand so gut wie er, sich einen Seidenschal um den Hals zu schlingen oder sich auf den Hosenboden seiner Bluejeans einen Sheriffstern aus Papier zu kleben, den er aus irgendeinem amerikanischen Magazin ausgeschnitten hatte. Zu welchem Tanzvergnügen er auch ging, die mit der Bewachung der Fahrräder beauftragten Burschen stürzten sich auf das seine, um es in Empfang zu nehmen und an einem sicheren Ort aufzubewahren, während er sich der Tanzfläche zuwendete und wegen seines auffälligen Auftretens alle Blicke auf sich zog. Ein anderer, Manlio, mit gewelltem kastanienbraunem Haar, ein toller Virtuose und unersetzlicher Stimmungsmacher bei allen Festen in der Provinz, trennte sich nie von seinem Akkordeon. Elmiro, der dritte, lieh sich auf dem Bauernhof seiner Onkel einen mit einem scheckigen Pferd bespannten Wagen aus, auf dem er seine juchzenden und singenden Cousinen herbeikutschierte. Er war von schwacher Gesundheit, hielt immer ein Taschentuch in der Hand, um einen Hustenanfall zu ersticken, und trug sein schönes blondes Haar sorgfältig gescheitelt, eine Strähne davon fiel ihm in die Stirn bis auf die Augen, die blank und blitzend waren wie Stahl.

Die Beziehungen zum anderen Geschlecht beschränkten sich auf harmlose, unbedeutende Flirts, die vor allem darauf abzielten, den Burschen vom linken Tagliamentoufer zu zeigen, daß die aus Pordenone um Eroberungen nicht verlegen waren. Von den rasch beiseite geschobenen Mädchen ging die tausendmal reizvollere Rivalität auf den Wein und auf die Musik über. Die Flaschen häuften sich auf den unter der Pergola aufgestellten Holztischen, während Manlio, schwitzend und erschöpft, seinem Instrument einen letzten feurigen Paso doble entlockte. Sein Konkurrent aus Faedis oder aus Codroipo winselte, am Ende seiner Kräfte, um Gnade und erklärte sich, die Finger verkrampft und steif, für besiegt. Dann verdrückten wir vier uns in die Nacht, um uns gegenseitig nach Hause zu bringen. Ein legeres Winken in Richtung Laubengang war unser ungenierter Abschiedsgruß an die stumm auf einer Bank zurückgebliebenen jungen Damen.

Nun erst begannen die inhaltsreichsten und schönsten Stunden des Festes, obwohl ich heute außerstande bin, dir unser Hochgefühl zu deuten. Schweigend die staubigen Wege entlangzuradeln, das Ohr dem Ruf der Eule zu leihen, die mit Gerüchen aus den Gemüsegärten geschwängerte Luft tief einzuatmen, einen im Strahl unserer Fahrradlampen regungslos in der Wagenspur vor uns sitzenden Igel aufzuheben und in ein Tuch zu wickeln, einen Fuchs aus der Umgebung eines Hühnerstalls zu verscheuchen – für uns gab es ohne Zweifel keine aufregenderen Beschäftigungen, aber sie genügten, unsere Herzen zu weiten und sie mit grenzenlosem Glück zu erfüllen. Elmiro hatte den Wagen zurückgeschickt und die Zügel einem seiner jungen Vettern anvertraut. Einer von uns dreien nahm ihn abwechselnd auf den Rahmen. Nuto nutzte die Gelegenheit, um ihn ostentativ zu liebkosen, ihm leichte Küsse auf den Hals und anschließend einen festen und schallenden auf den Mund zu drücken. Wir lachten alle aus frohem Herzen. Die Geste unseres Kameraden barg keinerlei zweideutigen Hintergedanken, sie bewies lediglich, daß der unternehmungslustige Mohrenkopf zuviel Quecksilber in den Adern hatte, um der Neugierde auf die weiße Haut und die blassen Lippen des Blondschopfes widerstehen zu können. Ebenso hinderte nicht das mindeste Schamgefühl meine Freunde daran, wenn uns in einer hellen Mondnacht die Lust überkam, splitternackt im Tagliamento zu baden, aus dem reinen Vergnügen, uns gegenseitig unsere Körper zu zeigen. Es geschah auch, daß wir, wenn es Mitternacht schlug, mitten auf der Brücke anhielten, um gemeinsam in den Fluß zu pissen und die Länge unserer Geschlechtsteile zu vergleichen. Ich drängte arglistig auf diese Spielerei, bei der ich mich anheischig machte, in welchem Zustand wir uns auch immer zu präsentieren beschlossen, den Sieg zu erringen, zum großen Verdruß des Don Juans unserer Bande, des feurigen Nuto.

Das war Italien bis zum Jahre 1950: Auf den noch schmalen und noch von Platanen gesäumten Straßen begegnete man mehr Fahrrädern als Autos; über den Wiesen belebten die Glühwürmchen, die von den Insektiziden noch nicht ausgerottet worden waren, die Finsternis mit ihrem tanzenden Geflimmer; die Schafskäse reiften in der duftenden Feuchtigkeit der Keller, statt im *Cheese*-Fach der Kühlschränke hart zu werden. Die männlichen Jugendlichen gaben sich einer wechselseitigen Anziehung hin, deren sie sich nicht bewußt waren und die sie nicht aus der Gemeinschaft ausschloß. Ich konnte »ich selbst« sein, ohne »anders« zu sein; ohne das Bedürfnis zu spüren, durch eine Anwandlung von Offenheit die diffuse Sinnlichkeit zu brüskieren, die uns sanfter umfing als Liebkosungen. Ich wußte, daß ich nur die Hand hätte auszustrecken brauchen, um mein Glück vollkommen zu machen: eine sinnlos gewordene Geste, da es keine Tabus unter uns gab. Ohne Furcht vor der Zukunft, stellte ich keine Ansprüche an die Gegenwart. Eine einmalige Zeit in meinem Leben. Wir spazierten umschlungen auf der Straße. Die guten Leute auf ihren Schwellen schüttelten arglos den Kopf, wenn sie zwei Burschen durch ein körperliches Zeichen der Zuneigung verbunden sahen.

Die Tuberkulose gehörte auch zu diesem vergangenen Italien. Elmiro reiste in ein Sanatorium, in dem er, da zu spät eingewiesen, starb, ein Opfer des Vertrauens, das man zur damaligen Zeit in die Naturheilkunde, die frische Landluft, den Robinienabsud und in die Fürsorge der Mütter, Tanten, Schwestern und Cousinen setzte, um alle Krankheiten zu heilen.

Jeder zu Ende gehende Nachmittag zeigte in Casarsa wieder die friedlichen und vertrauten Szenen häuslichen Lebens, das unterteilt war in Feldarbeiten und Küchenarbeiten, je nach Tages- und Jahreszeit. Die Bauern kehrten auf den von einem rotbraunen Ochsengespann gezogenen Leiterwagen ins Dorf zurück. Die Kinder führten die Kühe an einem von einer Pumpe gespeisten Brunnenbecken zur Tränke. Ein Mädchen knotete seine Zopfbänder neu, bevor es die Milch in die Käserei brachte. Es erinnerte mich an die Aurelia meiner Kindheit, die jetzt in Udine verheiratet und eine fett gewordene Spießbürgerin war. Der Kirchplatz belebte sich nach und nach im köstlichen Duft der Polenta, der aus den Türen strömte, während hinter den Fenstern das Licht aufflammte und Don Paolo, seine Soutane über den Holzschuhen aus heller Esche lüpfend, aus dem Pfarrhaus trat, um vor der Abendandacht die Kerzen zu beiden Seiten des Altars anzuzünden.

Wir trafen uns vorwiegend bei Manlios Eltern, auf dem Bauernhof der Campesis, dem größten und reichsten des Bezirks. Nicht anders stelle ich mir die patriarchalische Ordnung der ersten Jahrhunderte vor. Auf dem Hof hielten die Schilfbündel, zum Trocknen gegen die Stützen des Wetterdachs gelehnt, gute Nachbarschaft mit dem Vorrat an Reisig und Scheiten für den Winter. Eine Diele, in der die Frauen ihre Strohhüte an Garderobenständer aus Bambus hängten, öffnete sich auf eine Flucht mit dem Spachtel geweißter Zimmer. Die jüngsten Kinder, die jeweils zu zweit auf den Maisgrannen der rustikalen Matratzen lagen, zählten vor dem Einschlafen die Kalkspritzer an den Deckenbalken. Wäsche weichte in Wannen, die so umfangreich waren wie Fässer. Man gelangte in eine riesige Küche, die als Speiseraum diente. Vom Herd ging ein letztes Glimmen aus, das den bauchigen Wänden der Kasserollen einen fahlroten Widerschein entlockte. Der Großvater, am Kopfende eines langen Tisches sitzend, begann über seiner Pfeife einzudruseln. Die Frauen waren emsig damit beschäftigt, die Reste der Mahlzeit abzuräumen, versäumten indes nicht, die noch eßbaren Happen sowie Obst und eine Flasche Milch in einen Korb beiseite zu legen für die frommen Schwestern des Waisenhauses, dem ein alter Brauch seit Menschengedenken diese tägliche Gabe zusprach.

Der Feierabend setzte sich im Stall fort. Die Frauen brachten ihre Handarbeiten dorthin mit und bildeten einen Kreis unter den von der Glühbirne herabhängenden Fliegenfängern, während die Tiere in ihren Boxen wiederkäuten oder das knisternde Stroh von ihren trächtigen Flanken schüttelten. Anstatt den Männern zuzuhören, die in der Küche geblieben waren und über das Vordringen des Kommunismus und die schlechte Erziehung der Jugend lamentierten, zogen wir es vor, uns den Frauen zuzugesellen und mit ihnen über die Probleme Italiens zu diskutieren. Sie bewiesen einen offenen und wißbegierigen Verstand, obwohl in Gegenwart der Männer und der Brüder kein Wort über ihre Lippen kam, denn das einzige selbständige Handeln, das ihnen zugebilligt wurde, war, zur Versorgung der benachbarten frommen Institution beizutragen.

Im Stall schwatzten sie frei von der Leber weg. Nuto beklagte sich eines Abends heftig über seine Lage als Landarbeiter, daß er dem Despotismus und dem Geiz der Großgrundbesitzer ausgeliefert sei. Die Mütter und Tanten Campesis, weit davon entfernt, diesen Angriff, der unmittelbar auf sie abzielte, übelzunehmen, zeigten sich nachsichtig gegenüber dem Ausfall des jungen Mannes, in dem sie, nicht ohne Grund, eher einen sympathischen Beweis seiner Vitalität erblickten als ein eindeutiges Zeichen der Anklage.

Ein Onkel Manlios, der sich in der Küche langweilte, es aber für unvereinbar mit seiner Würde erachtete, sich auf einen Schemel zu den Gästen im Kuhstall zu hocken, erwartete uns im Hof, um uns hinter dem Rücken der Frauen seine Feldflasche mit Grappa zu reichen.

Daß heißes Blut in unsern Adern kochte und nicht, beeinflußt von unseren Abendunterhaltungen, die Milch friedlicher Säugetiere, das zu beweisen, gaben uns bestimmte Ereignisse Gelegenheit. An einem Oktoberabend herrschte in den Räumen der ENAL in San Giovanni eine ungewöhnliche Betriebsamkeit, obwohl es draußen in Strömen goß. Der Sekretär der Sektion diskutierte mit einem eigens aus Pordenone herübergekommenen Gewerkschaftsführer der Federterra. Elmiro, der mich gebeten hatte, ihm Gesellschaft zu leisten, bereitete auf einer Ecke des Tisches ein Transparent vor, während seine jungen Vettern aus dem krummbeinigen Schrank eine rote Fahne hervorkramten, die sie unter Hochrufen entrollten. Die Bierflaschen gingen von Hand zu Hand. Hin und wieder stimmte der eine oder der andere ehemalige Partisan, erregt von der angeheizten Atmosphäre oder vom Ziel der auf den morgigen Tag festgelegten Demonstration, eins der Lieder der Widerstandsbewegung an. Die Versammlung stimmte im Chor in den Refrain ein. Die gleiche Szene spielte sich zur gleichen Stunde mit Manlio in Rosa, mit Nuto in Ligugnana ab.

Noch um Mitternacht schimmerte das eine oder das andere Licht durch die Fensterläden des Sitzungsraums; zwei oder drei verspätete Besucher versetzten einander auf der Schwelle trunkene Rippenstöße; eine Brise des Schirokko fegte die letzten Regentropfen hinweg und machte die Fahne über der Tür knattern, die Hammer und Sichel, das Emblem der Partei, zeigte.

Am nächsten Tag strebten vom beginnenden Morgen an wie in einem Sternmarsch lange Reihen von Fuhrwerken und Fahrrädern aus allen Dörfern dem Marktflecken Gruaro zu. Auf dem großen Platz vor der Kirche war eine so dichtgedrängte Menschenmenge, daß man hätte meinen können, es wären Pilger vor einem Madonnenbild, jedoch mit dem Unterschied, daß ein rotes Abzeichen die Knopflöcher zierte und daß die Demonstranten statt des Sonntagsanzuges die mannigfaltigsten Kleidungsstücke trugen: Gärtnerkombinationen, rustikale Fuhrmannskittel, Schäferjacken, alte Partisanenuniformen, umfunktionierte Polizeimützen, Käppis der amerikanischen Armee, den Deutschen abgenommene Stiefel. Nuto lenkte mit seinem karminroten, auf Musketierart gebundenen Schal die allgemeine Aufmerksamkeit auf sich. Die Berge der Karnia zeichneten ihre gezackten Umrisse gegen den klaren Himmel ab, den der Regen der vergangenen Nacht reingewaschen hatte. Die Autobusfahrer, die vor der Post die Leute aus Udine, Pordenone oder den weiter entfernten Orten absetzten, fragten einander, während sie unter den Arkaden einen Kaffee schlürften, nach dem Grund für diesen lärmenden Auflauf. Dann, da sich weder die Polizei noch die Carabinieri sehen ließen, zuckten sie die Schultern und stiegen wieder in ihre Fahrzeuge.

Am Ende einer Eibenallee erhob sich die Villa Pignatti, umgeben von einem großen Garten und mit einem kiesbestreuten Vorhof. Dorthin wandte sich ein Teil der Menge, um von dem Besitzer die Befolgung des jüngsten Gesetzes über die Einstellung von Arbeitslosen zu fordern. Pignatti, hinter einem Fensterladen verborgen, erwartete uns mit einem Gewehr. Angesichts der Übermacht erklärte er sich bereit, eine Abordnung zu empfangen. Elmiro ging mit drei Kameraden hinein und wurde in einen dunklen, feuchten und feierlichen Raum geführt, der mit Marmorplatten ausgelegt und bis zur Decke mit schweren Eichenregalen verkleidet war. Die Bücher mit ihren vergoldeten Einbänden standen Posten wie Schildwachen. Hinter einem Cavour-Schreibtisch, der wie frisch poliert glänzte, saß der alte Pignatti, ein starrsinniger und herrischer Greis. In seinem Rükken hatte sich sein Sohn, das Gewehr noch in der Hand, in Sporenstiefeln aufgepflanzt. Elmiro, eingeschüchtert von diesem Aufwand und von diesem Empfang, hielt die Augen gesenkt. Pignatti junior fragte ihn spöttisch, ob er etwas auf dem Fußboden suche oder ob die Rebellen auch Forderungen hinsichtlich seines Fliesenbelags vorzubringen hätten. Unter diesem sarkastischen Peitschenhieb begann Elmiro kurz und bündig eine Diskussion, die vielleicht nicht zu seinen Gunsten ausgegangen wäre, die jedoch lange genug dauerte, um einem leitenden Funktionär der Arbeiterkammer Anlaß zum Eingreifen zu geben: Er machte die Besitzer darauf aufmerksam, daß er nicht länger für die Achtung vor ihrem Haus noch für ihre eigene Sicherheit bürgen könne, wenn sie auf ihrer Weigerung bestünden. Unnachgiebig verließ der alte Pignatti den Raum, aber der Sohn setzte sich an seinen Platz hinter dem Schreibtisch und unterzeichnete einen Einstellungsvertrag für einhundertfünfzig Arbeiter.

In San Giovanni, in Rosa, in Ligugnana, in Casarsa, in allen Ortschaften rund um Gruaro dauerte der Lärm bis tief in die Nacht an. Freigebigere Zechgelage als gewohnt verlängerten den Siegestaumel. Offen gestanden, selbst als die Lage am gespanntesten schien, hatte die gute Laune nicht darunter gelitten. Während Elmiro, von einer Feuerwaffe bedroht, verhandelte, hallten das Gelächter, die Späße, die Lieder auf den Straßen des Marktfleckens wider. Eine Episode des Klassenkampfes oder eine aus dem Rahmen gefallene Landpartie? Man war ausgezogen, um Vater und Sohn Pignatti in ihrer Villa herauszufordern, anstatt sich genügsam bei einem Krug Wein mit den Burschen vom anderen Ufer zu messen; das war jedermanns private Meinung, wobei er bedauerte, daß solche Tage nicht wiederkehren konnten wie die samstäglichen Tanzabende.

Kurze Zeit danach, als sich das Gerücht verbreitete, man

beabsichtige, das Schloß der Grafen Spittalbergo anzugreifen, wollte sich die gesamte Furlaner Jugend dem Überfall anschließen. Die Spittalbergos, österreichischer Abstammung, hatten ihren Namen italienisiert und ihr Schloß im 1930 beliebten gotischen Stil rekonstruiert: ein in der ganzen Region bekanntes Bauwerk am Ausgang von Bagnarola mit winzigen Fenstern in Form von Schießscharten und achteckigen Zinnentürmen. Nach dem Sinne des Grafen sollte es mit seinem stolzen und kriegerischen Aussehen an eine mittelalterliche Festung gemahnen. Mich erinnerte es, so überladen und grotesk, an den Palast aus Papiermaché des Grafen Luna, den ich anläßlich einer Provinzvorstellung des *Troubadour* im kleinen Opernhaus von Udine ausgepfiffen hatte.

Nuto, in der ersten Reihe vor dem Gittertor, begann mit einer Eisenstange auf das Türschloß einzuschlagen, während seine Kameraden das Gebäude mit Steinen bombardierten, die sie über die Umfassungsmauer warfen. Ein Männerkopf erschien an einer Schießscharte. Er brüllte uns an, was wir wollten. Auf unsere Antwort – »reden, verhandeln« – zog er sich wutschnaubend zurück, dann sahen wir ihn die spitzbogige Tür öffnen und sich, eine doppelläufige Flinte in der Hand, oben auf der Freitreppe postieren. »Nun laßt hören, was ihr uns zu sagen habt«, schrie er. »Nur einer soll vortreten, um mit mir zu reden.« Diesmal dachte ich nicht mehr an eine Opernszene, sondern an die Sequenz eines Wildwestfilms, in der der in seiner Ranch eingekreiste Bandit der Meute der Cowboys die Stirn bietet. Der Mann mit dem Gewehr, struppig, ohne Jacke, die Beine in Ledergamaschen, mußte der Verwalter des Schlosses sein, den seine Herren, die sich in den hinteren Räumen verschanzt hatten, bereit, durch den Park zu fliehen, zur Erkundung vorgeschickt hatten.

»Immer nur einer«, rief er nochmals, »oder ich schieße.«

Eine alte Dienerin kam hinter seinem Rücken hervor und hinkte herbei, um das Gittertor zu öffnen. Manlio nutzte die Gelegenheit, daß Nuto versuchte, sich der Eisenstange zu entledigen, um an seinen Platz zu springen und mit dem Mann einzutreten, der die Tür hinter ihnen wieder absperrte.

Nach einer halben Stunde erschien er wieder, zeigte seine leeren Hände und schüttelte mutlos den Kopf. »Nichts zu machen, sie weigern sich.« Man beschloß, die Tür einzuschlagen und das Schloß zu besetzen. Nuto stürmte als erster vor. Kaum hatte er einen Fuß auf das Grün des Rasenplatzes gesetzt, als an drei Fenstern zugleich drei Gewehrläufe auftauchten. Nuto, den seine Kameraden zurückhalten wollten, ging allein weiter; da wurde ein Schuß abgefeuert. Die Kugel pfiff einen Meter über seinen Kopf hinweg. Die Angreifer fluteten in wildem Durcheinander zurück und suchten Deckung hinter der Mauer. Sie hatten gerade begonnen, über die einzuschlagende Taktik zu beraten, als sich ein in der Mitte des Marktfleckens ausgestoßener Schrei wie ein Lauffeuer bis zur Esplanade vor dem Schloß ausbreitete, auf der sich das Gros der Demonstranten zusammendrängte: »Polizei!« Drei oder vier mit Beamten beladene Lastwagen rollten im Schrittempo hinter einem Panzerauto heran. Die Kolonne hielt am Eingang zur Esplanade, die Männer, den Finger am Abzug der Sten, sprangen in einer von ihren Nagelschuhen aufgewirbelten Staubwolke auf den Boden.

Jeder einzelne der Demonstranten ballte die Faust, der eine um den Knüppel, der andere um den Spaten oder die Kreuzhacke, die er mitgebracht hatte. Nuto nahm seinem Nachbarn die Eisenstange wieder ab. Der Hauptmann, auf dem langsam näher kommenden Panzerauto stehend, befahl uns auseinanderzugehen. Das Fahrzeug war nur noch wenige Meter entfernt und rollte unaufhaltsam weiter. Wir wichen nach rechts und nach links aus. Es zerteilte die Menge, die sich, sobald es hindurch war, wieder hinter ihm schloß und den nachfolgenden Beamten den Weg versperrte. Die Polizisten drohten uns mit ihren Schlagstöcken. Wir antworteten damit, daß wir unsere Fäuste, die Mistgabeln und die Hacken hochhielten. Aber nichts von dem – wie soll ich es sagen? –, was man allgemeinhin Antipathie nennt, trieb die einen gegen die anderen. Unter ihren Uniformen erkannten wir ihre bäuerliche Abstammung. Wir konnten diese robusten Burschen mit ihrem vertrauten Akzent nicht hassen, denn sie kamen ebenso wie wir aus armen Familien, waren insofern noch beklagenswerter als wir, da sie sich von unserer allzu undankbaren Erde gelöst hatten, um sich diesem schmutzigen Beruf zuzuwenden.

Das heftige Verlangen, Schläge auszutauschen, mag andere Ursachen haben als den Haß. Einige Sekunden genügten, um die Esplanade in ein Schlachtfeld zu verwandeln. Wir kämpften Mann gegen Mann und wälzten uns an der Erde, einen Gegner umklammernd, der auf nichts anderes bauen konnte als auf seine Muskelkraft. Es ging nicht ohne Schreie noch Beschimpfungen ab. Wir ermunterten uns gegenseitig durch lauthals herausgebrüllte höhnische Worte und spitze Redensarten. Blut floß; frisches Blut und wenig, aus harmlosen Schrammen, das uns anspornte, uns noch heftiger zu prügeln. Die Älteren waren die ersten, die flohen. Von den Beamten verfolgt, die ihre Gummiknüppel hinter ihnen schwangen, gelang es nicht allen, sich zu retten; ein Schwerverwundeter, der einzige dieses Tages, blieb auf der Strecke. Die Jüngeren wollten keinen Zollbreit zurückweichen, bis zu dem Augenblick, da Armeelastwagen zur Verstärkung anrückten. Die Soldaten schnappten sich unsere Kameraden und luden sie auf ihre Fahrzeuge. Allgemeine Auflösung und wilde Flucht. Halbwüchsige Burschen machten sich ebenso leichtfüßig und unbeschwert aus dem Staube, wie wenn sie zwei oder drei Jahre zuvor, noch in kurzen Hosen, von dem Besitzer eines Weinbergs beim Traubenstehlen erwischt wurden.

Die Dämmerung senkte sich auf die leere Esplanade nieder, von wo die Lastwagen etwa zwanzig festgenommene Pechvögel abtransportierten. Im selben Augenblick begannen die Glocken zum Rosenkranz zu läuten, um so klarer und reiner, als im Dorf alles still war und die Bewohner sich in ihren Häusern verbarrikadiert hatten. In der Pause zwischen zwei Schlägen hörte man aus der Ferne die Glocken der Nachbarweiler. In Ligugnana, in San Floreano, in Borgo Braïda, überall in der Ebene hallte von den Kirchtürmen der Aufruf zum Gebet. Noch weiter weg, in Codroipo, in San Vito, läuteten die Glocken ebenfalls, doch trafen ihre Töne schwächer an unsere Ohre, die vermeinten, die aus den tiefsten Tiefen der Zeitalter ausgestoßenen Seufzer der verflossenen Generationen aufzufangen. Das Glockenklingen der Jahrhunderte überflutete die Felder ebenso melancholisch und ungreifbar wie der Abendnebel. Ich war mit Manlio, Elmiro und Nuto in eine Scheune voll Heu geflüchtet. Wir schlichen über die leergefegten und dunklen Straßen heimwärts. Einige Frauen drückten sich an den Wänden entlang und hasteten zur Kirche, wo diejenigen, die ihnen vorausgeeilt waren, schon vor dem Altar knieten und die Vesperdanksagungen beteten.

Die Pflicht, der Propaganda meiner Partei zu genügen, sollte mich zwingen, die Gleichzeitigkeit des Sieges der Polizei und des Gottesdienstes zu unterstreichen: offensichtliches Einvernehmen zwischen der politischen Macht und den Kirchenbehörden. Nur ein in einer unabhängigen Schule erzogener Bürokrat hätte den Mut, eine solche Meinung zu vertreten. Der alten Bauernweisheit ist von jeher bekannt, daß die Jugendlichen auf dem Lande – so friedlich im Aussehen, Menschen mit Gepflogenheiten und Skrupeln, auf die Rhythmen der Jahreszeiten abgestimmt – von Zeit zu Zeit ein Ventil für ihr wildes Blut brauchen: tanzen bis zur Erschöpfung, trinken bis zum Umfallen, eine zünftige Rauferei beim Verlassen des Tanzbodens sowie, sollten diese Exorzismen noch nicht genügen, eine Schlacht schlagen, die als militärisches Scheingefecht eingestuft wird. Die Demonstranten von Bagnarola glaubten vielleicht, wenn sie sich einen roten Stern ins Knopfloch steckten, dann kämpften sie für das Vordringen des internationalen Kommunismus; ebenso wie sich ihre Gegner – Leibeigene auch sie, obwohl eher der Democrazia Cristiana, wenngleich sie jetzt Helm und Drillich statt Joppe und Fuhrmannskittel trugen – einbildeten, die Einrichtungen des Staates zu schützen. In Wirklichkeit lenkten weder Togliatti noch De Gasperi diese Handgemenge. In beiden Lagern gehorchte man, ohne es zu wissen, seit mehr als zwanzig Jahrhunderten existierenden geheimen Gesetzen. Es gehört zu den Absichten der Natur, daß die nach ihrem Alter oder ihrer Konstitution kräftigsten Männer von Zeit zu Zeit handgemein werden und ein wenig von ihrem Blut vergießen, so wie es in ihre Pläne paßt, daß sich die Frauen in die Kirche begeben, die Hände vor der Madonna falten und Hymnen ihr zu Ehren singen. Prügel, Schläge, Fausthiebe und Verletzungen auf der einen Seite, Murmeln von Gebeten und Unisono von Litaneien auf der anderen: alles an diesem historischen Tag des Angriffs gegen die örtliche Lehnsherrschaft erwies sich als konform mit der alten Weisheit der Erde.

Ich wollte schon sagen: »nach der ewigen Ordnung der Dinge«, ohne daß es mir widerstrebt hätte, eine Formulierung zu verwenden, die stets dazu gedient hat, die stoische Gelassenheit der Armen und ihre Beherrschung durch die Reichen zu rechtfertigen. Dennoch hätte ich allen Grund, solche Worte zu gebrauchen: Hatte ich mich nicht bis aufs letzte eingesetzt, und kann man mir vorwerfen, ich hätte mich über den Konflikt gestellt, ich, der ich in Kürze wegen meines Hasses auf den Egoismus und die Hartherzigkeit der Grundbesitzer mein Parteidokument erhalten sollte? Trotz aller Fehler, die unter dem Vorwand, daß die Gestirne ihren festen Platz am Firmament haben und daß das Universum unabänderlichen Gesetzen gehorcht, begangen wurden, bleibe ich unerschütterlich bei meiner Überzeugung, daß man nichts von den großen politischen Demonstrationen der Nachkriegsjahre begreift, wenn man sie nicht mit den Zeremonien der ländlichen Liturgie in Verbindung bringt: mit den Tauf- und Hochzeitsfeierlichkeiten, den Pilgerfahrten zum Heiligtum von San Daniele del Friuli, den Viehmärkten, der Johannisnacht, den Karnevalsumzügen. Stell dir das damalige Italien in der Gestalt der Großen Mutter mit den vielfachen Brüsten der alten östlichen Kulturen vor, der schwarzen Artemis aus Ephesus, die wir im Museum in Neapel gesehen haben. Sie umarmt alle ihre Kinder als eine Gemeinschaft ohne Grenzen und ohne Diskriminierungen; sie schließt ihre Augen vor deren Fehlverhalten; sie ist religiös im etymologischen Sinne des Wortes; zärtlich, warmherzig, rustikal, sinnlich, auch streng, aber nicht mehr, als nötig ist, um die Unbotmäßigkeit der jungen Burschen matt zu setzen, die weder aus Marx noch aus Gramsci die erforderliche Kraft für einen Handstreich gegen die Schlösser zogen.

Im Stall der Campesis wurde die Schlappe von Bagnarola erörtert. Die Frauen lobten die Zurückhaltung der Beamten. Nuto protestierte, führte X ... als Gegenbeispiel an, der mit einem Schädelbruch abtransportiert worden war. »Ein Versehen«, sagte die Älteste der Familie, »nichts als ein Versehen.

Es ist genauso wie damals, als dir dein Vater eine scheuerte, daß dir das Blut aus der Nase floß. Polizeigewalt muß Polizeigewalt bleiben«, schloß sie, ihre Brille zurechtrückend, um die Maschen ihrer Strickarbeit zu zählen. Diese mystische Äußerung schien die allgemeine Zustimmung zusammenzufassen, denn man hörte im Stall nur das dumpfe Mahlen der kauenden Rinder und das Surren der Fliegen über dem Dunghaufen. Manlios Mutter und seine Tanten, die den Kopf gehoben hatten, um die Antwort der Großmama nicht zu verpassen, senkten ihre Nasen wieder auf ihre Näharbeit. Nuto rutschte ein wenig auf seinem Hocker hin und her, dann klemmte er, um seinen guten Willen zu beweisen, ein Knäuel zwischen die Knie und steuerte das Abhaspeln der Wolle, als erkenne er in der Unterwerfung dieser Frauen bar jeder Knechtschaft das notwendige Pendant zu seinem rebellischen Instinkt.

16

Die Kapelle von Versuta, ein römisches Bauwerk aus dem Trecento, erhebt sich inmitten einer Wiese wilder Gräser. Als ich die Innenwand des Querschiffes aufmerksam betrachtete, entdeckte ich Spuren von Fresken. Ein befreundeter Maler lehrte mich, die Putzschicht mit einer Zwiebel so abzureiben, daß die Reste der Figuren zum Vorschein kommen. Nach der Arbeit eines Nachmittags legten wir den Kopf eines Heiligen frei, den wir, dank der benachbarten Abtei von Sesto al Reghena, dem unbekannten Schüler von Giotto zuschreiben konnten, der die Klosterkirche ausgeschmückt hatte.

Zu jener Zeit habe ich sehr viel gezeichnet und sehr viel gemalt: Landschaften, Porträts von Frauen, von Kindern, Selbstbildnisse. Zweimal habe ich mich mit einer Blume im Mund dargestellt. Doch weder die Öl- noch die Temperafarben sagten mir zu. Das einzugestehen ist ein wenig merkwürdig für jemanden, der überhaupt kein Fachmann auf diesem Gebiet war; dennoch schien mir die Malerei von allen Künsten die am engsten mit der Natur verbundene. Deshalb habe ich, da ich die natürlichen Farbstoffe den Erzeugnissen des Handels vorzog, damit begonnen, die Paste aus meinen

Tuben bald mit dem Saft ausgedrückter Erdbeeren zu mischen, um ein kräftigeres Rot zu erhalten, bald mit dem Saft von Fettkräutern, die mir den gewünschten Grünton lieferten. Ich machte mich daran, Pflanzen zu sammeln, zur großen Belustigung von Giuseppe Zigaina, dem befreundeten Maler, den ich in seinem Haus in Cervignano del Friuli aufsuchte. (Zum Gedenken an diese Zeit und an diese Freundschaft habe ich Zigaina später eingeladen, in meinen Filmen mitzuwirken: So ist es seine Hand, die in dem in Mailand gedrehten Streifen das rätselhafte Bild malt.)

Es mochte gegen zwei oder drei Uhr nachmittags sein, als ich an einem heißen Junitag, der die Felder leer gefegt und Menschen wie Tiere in ein schattiges Refugium zur Siesta getrieben hatte, vor einem Bauernhaus abstieg, um ein Glas Wasser zu erbitten. Auf der Suche nach neuen Pflanzenarten für mein Herbarium war ich Kilometer um Kilometer geradelt und völlig ausgelaugt. Bei der Pumpe mitten im Hof saß ein fast nackter junger Bursche auf einem Stein und ließ sich von der Sonne trocknen. Er hielt noch das Ende eines Schlauchs in der Hand, den er mit einem Stück Draht am Wasserhahn befestigt hatte. Ich sah nur seinen braungebrannten und glänzenden Rücken: vom Licht belebtes Fleisch, Spiel von bereits gut modellierten Muskeln unter der bronzefarbenen Haut.

Ein Hut mit sehr breiter Krempe bedeckte seinen Kopf. Er hatte einen Strauß frisch gepflückter Mohnblumen neben sich auf die Erde gelegt. Im Augenblick schien er, gewissermaßen in eine tiefgründige Betrachtung versunken, zwischen seine Beine zu starren. Ich näherte mich geräuschlos. Das Haus döste hinter den verschlossenen Läden. Der Hund in seiner Hütte hob kaum die Schnauze, dann schlief er weiter, um sich die Mühe des Bellens zu ersparen. Kein Lüftchen milderte die brütende Hitze. Die auf Drähten zum Trocknen aufgehängten weißen Laken waren, Kinoleinwänden gleich, quer über den Hof gespannt.

Was ich für einen Hut gehalten hatte, war nur der Rand eines Hutes ohne Stumpen, der eine Fülle strohblonden Haares frei ließ. Der Bursche hörte meine Schritte, richtete sich mit einem Ruck auf und drehte sich um. Wir stießen beide einen Schrei des Staunens und der Freude aus. Ich hatte ihn seit Guidos Beisetzung nicht mehr gesehen, besuchte er doch jetzt das Gymnasium in Udine. Er war kräftiger und schöner geworden, war aber noch immer derselbe Svenn: gut gebaut, gut proportioniert, bartlos, strahlend, Oberkörper und Bauch eines Kindes, unbehaart, aber unter dem winzigen Slip, mit dem er bekleidet war, quoll in der Leistengegend ein schon dichtes Büschel schwarzer Haare hervor. Er fing meinen Blick auf, errötete, schlüpfte in seine Bluejeans, zog den Reißverschluß mit einem Ruck hoch, schloß ebenso energisch den Gürtel und knöpfte schließlich über seiner noch feuchten Brust ein kariertes Hemd zu, das ebenso wie Hose und Gürtel aus amerikanischen Armeebeständen stammte.

Dann bemerkte er, daß er diese seltsame Kopfbedeckung noch aufhatte, und das Blut schoß in seine Wangen. Mir zurufend, sein Vater werde ihn ausschimpfen, wenn »Mama« beim Aufwachen entdecke, daß ihre wertvolle *solane* verschwunden sei, stürzte er auf das Haus zu, ohne sich die Zeit zu nehmen, seine Sandalen anzuziehen.

Auf diese Weise bekam ich eine der überaus seltenen Spezies dieses venezianischen Kopfputzes zu sehen, der einstmals von den Zeitgenossinnen des Veronese und des Tizian benutzt wurde, wenn sie auf ihren Balkonen saßen und – ohne um ihr von der Krempe geschütztes Gesicht zu fürchten – ihr Haar dem Sonnenlicht aussetzten, das es in dem von den Malern verewigten transparenten Blondton vergoldete. Eine ehedem bei der Aristokratie der Hauptstadt weit verbreitete Sitte hielt sich unangefochten im rückschrittlichsten und ländlichsten Teil der Provinz. Wiewohl mich die Feststellung sehr überraschte, daß eine Bäuerin des zwanzigsten Jahrhunderts ihre Zuflucht zu den gleichen Kunstgriffen nahm wie die Ehefrau eines Dogen oder eines Prokurators, machte mich dieser Beweis von Koketterie bei einem sechzehnjährigen Jungen nachdenklich. Trieb Svenn die Nachahmung der Mode von früher so weit, daß er einen Schwamm mit dem Saft von Quitten und Liguster tränkte, um die Haare während der Stunden der Sonnenbestrahlung immer wieder anzufeuchten?

Ich war gerade damit fertig, mich an der Pumpe zu erfrischen, als er, seine hellen Locken aufgelöst um die bronzefarbenen Wangen, wieder auftauchte. Verwirrter, als mir lieb war, hob ich den Strauß Mohnblumen auf, um mir Haltung zu geben. Ein Gedanke, den ich für genial erachtete, schoß mir durch den Kopf. Ich wußte dank meiner pädagogischen Erfahrung, daß ein Kind, das man ablenkt, ein gewonnenes Kind ist.

»Schau, was wir machen werden«, sagte ich zu ihm, indem ich ein Laken von dem Draht abnahm, auf dem es trocknete. »Hab keine Angst wegen deines Vaters und deiner Mutter, wir werden alles wieder an seinen Platz hängen, bevor sie aufwachen. Los, beweg dich ein bißchen.«

Mit fassungslosem Gesichtsausdruck sah er zu, wie ich das frisch gewaschene Laken ganz flach auf den staubigen Erdboden ausbreitete. Es kümmerte mich nicht, daß ich ihn in diesen Verstoß gegen die Hausordnung mit einbezog, der den braven Sohn der Familie, seinen Eltern zum Trotz, zum Komplizen einer geringfügigen Untat machte.

Die Mohnblumen, die ich über dem Laken zwischen meinen Handflächen rieb, träufelten einen Saft aus, der in zehn Sekunden trocknete. Ich sagte zu Svenn, er solle seinen Finger an der Pumpe anfeuchten, dann mit der Kuppe über den Stoff fahren und an der Stelle, wo die Blumen ihn mit ihrem Saft getränkt hatten, irgendeine Figur malen, die ihm gefiele. Er war sofort Feuer und Flamme und malte phantastische Sterne, deren Zacken Fangarmen glichen. Dort, wo sein Finger die Leinwand berührte, färbte sie sich blaßrot, fast rosa, leuchtete aber durch den Glanz, den das Waschmittel verursacht hatte. An den Rändern der Zeichnung hinterließ Svenns Zeigefinger einen Streifen intensiven, prächtigen Rots, das wahre, das einzige Klatschmohnrot. Dieses Ergebnis faszinierte ihn. Er wollte an einer anderen Stelle des Lakens nochmals beginnen, preßte selbst die Blumen aus, machte seinen Finger wieder naß und versuchte ein Kamel zu malen. Sah man von dem Höcker ab, man hätte Mühe gehabt, es von einer Katze oder von einem Schaf zu unterscheiden. Diesmal enttäuscht, bat mich Svenn, es meinerseits zu probieren. Während ich mein Bestes tat, legte er einen Arm um meinen Hals. Als er auf dem Laken das Bild einer Art afrikanischen Lagers mit Zelten und Tieren entstehen sah, packte ihn eine solche Begeisterung, daß er mich plötzlich auf die Wange küßte. Er fügte meinem Werk zwei bis drei Einzelheiten hinzu, und so begannen wir, indem wir abwechselnd unsere Finger näßten, es mit mannigfachen Variationen zu bereichern, stets in den Tönen Rosa und Rot, aber in zahlreichen Schattierungen, je nachdem, ob wir das Mohnpulver verdickten oder es verdünnt auftrugen sowie entsprechend der Stärke des Fingerdrucks auf das Leinen.

Svenn klatschte vor dem fertigen Gemälde in die Hände. Freudestrahlend rief er aus: »Dann sind wir ja Maler!«

Ich glaubte, daß er mich abermals küssen wollte, aber ein Schatten legte sich auf sein Gesicht.

»Das ist ja gar keine Malerei«, sagte er traurig.

»Aber ja, Svenn, das ist Malerei, und du, du bist ein Maler.«

Da ich vermutete, daß dieser Anflug von Mißtrauen in seine Fähigkeiten geradewegs vom Gymnasium herrührte, an dem irgendein Lehrer mit akademischen Vorurteilen seinen Schülern erklärte, die Malerei beginne mit einer Staffelei und mit Pinseln, nannte ich ihm den Fall eines großen Künstlers der Vergangenheit, der seine Farben aus pflanzlichen Stoffen herstellte. (Pontormo, aber ich verschwieg den Namen, da ich davon überzeugt war, daß in keiner Schulklasse der ganzen Welt die kleine Kirche Santa Felicità erwähnt wird: Um *Die Kreuzesabnahme* wiederzusehen, wäre ich sogar bereit, denk dir, den Fuß wieder in die blöde Stadt Florenz zu setzen!) Niemand hatte nach seinem Tode, fuhr ich fort, das Geheimnis seiner Rosas und Grüns herausgefunden.

»Möchtest du mir nicht helfen, dieses Geheimnis zu ergründen? Es würde ausreichen, die größtmögliche Anzahl von Blumen aller Arten zu sammeln und zusammenzutragen.«

»O ja«, rief er aus, »sofort, wenn Sie mich mitnehmen.«

»Du vergißt«, sagte ich, »daß uns noch etwas Wichtiges zu tun bleibt.«

Ich hob das Laken auf, auf dem er, da er den Blick nicht von unserem gemeinsamen Werk abwenden konnte, unentwegt noch eine Einzelheit ändern wollte. Dann ging ich mit der resolutesten und gefühllosesten Miene, die aufzusetzen ich fähig war, obwohl mir das Herz in der Brust hüpfte, seit ich den Kuß von ihm bekommen hatte, zur Pumpe. Ohne auf sein Schreien zu hören, schloß ich den Schlauch, den ich zum Trinken abgenommen hatte, wieder an die Leitung an und richtete den Wasserstrahl auf unsere Zeichnungen, die sehr bald verschwunden waren. Nach wie vor gelassen und äußerlich gleichmütig, hängte ich das Laken, das wieder so weiß geworden war wie zu dem Zeitpunkt, da es aus dem Waschkessel gekommen, mit zwei Klammern auf, beobachtete jedoch aus den Augenwinkeln Svenns Enttäuschung und Kummer. Ich hatte zweierlei abgesteckt: Erstens hatte ich den Jungen durch eine Beschäftigung an mich gezogen, die ihn augenscheinlich begeisterte; zweitens hatte ich ihm zum erstenmal so offenkundig enthüllt, wie nachteilig kindlicher Gehorsam ist. Eine ausgezeichnete Lektion, von der er in einem finsteren Winkel seines Gedächtnisses zurückbehalten würde, daß er ein lebhaftes Vergnügen kennengelernt hatte, nicht nur ohne die Erlaubnis seines Vaters einzuholen, sondern auch, indem er eine Tat gewagt hatte, die dieser getadelt haben würde.

An den folgenden Tagen und für den Rest des Sommers überließen wir uns einer Fülle von neuen Erfahrungen, indem wir die Rückwände allein stehender Scheunen oder die Außenmauern von weit genug vom Dorf entfernten Kirchen für unsere Freskomalerei benutzten. Um die Wette suchten wir beide seltene Pflanzen oder erfanden neue Mischungen. Wir trafen uns täglich bei einem alten Apfelbaum mit knorrigem, löchrigem Stamm, der auf halbem Wege zwischen Casarsa und Svenns Elternhaus stand. Wurde ich irgendwie aufgehalten und kam verspätet, dann ließ er mir eine Nachricht in der Höhlung des Stamms zurück: »Seien Sie morgen da« oder »Warum nicht Löwe und Schaf?«. Unter mehreren in Aussicht genommenen Sagen schlug mir Svenn das mittelalterliche deutsche Märchen vom Rattenfänger von Hameln vor. Der Auszug der Nager, von den melodiösen Tönen der Flöte aus der Stadt gelockt, schien noch im Bereich unserer Möglichkeiten. Aber wie das Gefolge der Kinder wiedergeben, die der Musikant, erbittert über die Undankbarkeit der Bürger, nun ihrerseits hinter sich herzieht und dann in den Tiefen des Waldes ins Verderben führt?

Eines Tages brachte ich eine Schleuder mit, ein Geschenk, um früher zugefügtes Unrecht wiedergutzumachen. Er begriff die Anspielung, denn am darauffolgenden Tag entdeckte ich im Baum einen Zettel mit den Worten »Warum waren Sie damals so böse?«, in Schönschrift auf eine Seite geschrieben, die er aus seinem Schulheft gerissen hatte. Kaum hatte ich, von dieser Vertraulichkeit zu Tränen gerührt, zu Ende gelesen, als er mich von hinten ansprang und mir die Augen mit den Händen zuhielt. Er hatte sich versteckt gehabt, um mir diese Überraschung zu bereiten, und von Stund an verbargen wir uns abwechselnd in der Nähe des Apfelbaums, um die Enttäuschung des zu spät Gekommenen zu belauern und ihm dann um den Hals zu fallen. Svenn fand stets Mittel und Wege, daß wir uns an der Erde wälzten; kurzes Handgemenge im Gras; ein Kuß auf die Wange, rituelles Signal, zeigte mir den Zeitpunkt an aufzustehen.

Unterwegs durch die Felder füllten wir unsere Beutel mit allen Arten von Blättern und Blumen. Getreu meiner Politik der kleinen Übertretungen, ermutigte ich Svenn, über die Zäune von Privatgärten zu klettern und während der Stunde der Mittagsruhe die schönsten Exemplare von Zuchtblumen von den Beeten zu stehlen. Eine Zuwiderhandlung, die den doppelten Vorteil brachte, unseren Vorrat an Pflanzen zu ergänzen und seine Erziehung zur Heimlichtuerei, zum Unerlaubten zu vervollkommnen. Das Weiß der Narzisse, das Violett der Hyazinthe, das Gelb der Anemone, das Orange der Dahlie, das Knallrot der Rose, der Purpur der Nelke berauschten ihn mit ihrer tausendfachen Vielfarbigkeit und versetzten ihn in Ekstase, während ich, weitaus prosaischer, die schwarze Wacholderbeere oder den harzigen Stengel der Pistazie zwischen den Fingern zerdrückte.

Er, der in wenigen Jahren ein guter Maler werden sollte (und dem lediglich seine Bescheidenheit und die Weigerung, nach Rom überzusiedeln, einen internationalen Ruf versagt haben), machte seine Schule nicht in Ateliers mit Farbtöpfen und Pinseln durch und auch nicht, indem er seine Farben beim Händler kaufte, sondern indem er sie selbst aus der riesigen und zauberhaften Palette auswählte, die ihm die Natur bot. Unempfindlich gegen Wohlgerüche, bemerkte er kaum, daß die Rosen dufteten. Die Sträucher des im Frühjahr wohlriechenden Jasmins konnten ihr Aroma zu beiden Seiten des Weges verströmen, er dachte nur daran, sich zu fragen, ob dieses Weiß mit dem Mauve des Stiefmütterchens oder dem Taubenblau des Alpenveilchens harmonieren würde.

Er wurde mein Lehrer. Meinen spitzfindigen Einfällen (zum Beispiel Weinessig mit mehr oder weniger Kalk zu vermischen, um ein Spektrum gleichbleibenden Rots zu erzielen, oder noch warmes Kerzenwachs zu benutzen) zog er die direkt aus seinen Blumen extrahierten Farben vor. Vor der zu bemalenden Wand brauchte er weder Bleistift noch Feder, um die Figuren zu skizzieren. Er drückte ganz einfach den Saft seiner schönsten Exemplare gleich auf die Fläche aus, die er ausschmücken wollte, spazierte behutsam mit dem Finger in dieser schillernden Mischung herum, und der Löwe und das Schaf, die Ratten und die Elefanten des Freskos kamen ohne die Hilfe von Umrissen und Entwürfen gleichsam spontan zum Vorschein.

Ich wunderte mich über die raschen Fortschritte, die Svenn machte, war aber noch beglückter, wenn er, durch ein mißlungenes Profil oder eine fehlerhafte Perspektive plötzlich entmutigt, den Kopf an meine Brust legte und mich um eine Liebkosung bat, die ich aus Vorsicht, aber auch mit Rücksicht auf sein Alter auf ein Streicheln seines Nackens beschränkte. Halb verquere Pädagogik, halb keusche Sinnlichkeit, so erlebte ich die erste Liebe meines Lebens. Ein einziges Mal faßte ich mir ein Herz, nahm Svenn in meine Arme und küßte ihn auf die Wange: und zwar als er mit seinem ebenso einfachen wie bezaubernden Verfahren einen sehr hübschen Engelskopf auf den Pfeiler einer verfallenen Kapelle gemalt hatte.

Schon seit langem wollte ich ihn in meine Dachkammer in Versuta mitnehmen, um ihn enger an meinen literarischen Arbeiten teilhaben zu lassen. Er wunderte sich, daß mein Schreibtisch nicht vor der Dachluke stand, die auf die Felder hinausging, sondern an einer fensterlosen Wand. Der Beruf des Schriftstellers, sagte ich zu ihm, ist höchst unangenehm im Vergleich zu dem des Malers: Man muß sich konzentrieren können, sich von der Welt abkapseln (Fenster und »Panorama« wirken sich tödlich auf das Schreiben aus), sich von seinen Nachbarn isolieren, während die großen Freskomaler der Vergangenheit im Kollektiv arbeiteten, oft vor einer Gruppe von Bewunderern, und sich durch alle nur möglichen lustigen Späße zerstreuten, die von einer Planke des Gerüsts zur anderen ausgetauscht wurden, den Weinkrug, den Brotlaib und den Käse stets in Griffweite.

Statt meinen Klagen sein Ohr zu leihen, amüsierte er sich damit, die auf meinem Schreibtisch herumliegenden Utensilien meines Berufs, von denen er einige nicht kannte, genau zu untersuchen: Federhalter unterschiedlicher Größe, damals neumodische Kugelschreiber, ein zweifarbiger Radiergummi zur beiderseitigen Benutzung, ein Schabmesser für Tippfehler, ein Brieföffner, zwei Rollen Tesafilm, davon einer durchsichtig, eine Heftmaschine. Mir selbst ist ein einziges Stück dieses Zubehörs stets ein wenig ulkig vorgekommen, bis ich es erst viele Jahre später in Rom so richtig zu handhaben gelernt habe: eine auf einen Griff montierte Rasierklinge; sie war von Nutzen, um die Seite mit der Widmung herauszuschneiden, bevor ich die Bücher, die mir meine Kollegen vom literarischen Sektor als Besprechungsexemplare zusenden, für hundert Lire an den Trödler verkaufe.

Die Bewegungen dessen, der sich vor sein Blatt Papier oder vor seine Schreibmaschine setzt, sind mir stets überaus armselig vorgekommen gegenüber dem Zeremoniell, das jede Phase manueller Tätigkeit begleitet. Ich habe diesen Vergleich nicht nur angestellt, um Svenn zu schmeicheln und um ihn in seiner Berufung zu ermutigen. Das lag wohl meinem Gedanken zugrunde. Rohstoffe kunstgerecht zu verarbeiten, sich als Handwerker mit einer zu überwindenden konkreten Schwierigkeit zu messen, das sind Freuden, die den Akkordarbeitern der Literatur versagt sind. Mein junger Besucher vermochte meinen Ausführungen nicht ganz zu folgen. Ich erklärte ihm vergeblich, daß mir das Stillsitzen auf meinem Stuhl, um die Seite mit abstrakten, gleichen, monotonen Zeichen zu füllen, ein inneres Gefühl der Unzufriedenheit und des Verdrusses vermittle; er fand eine geheimnisvolle Schönheit in all diesen auf dem Blatt aneinandergereihten Hieroglyphen und ärgerte sich fast, nachdem ich ihm eins meiner Gedichte vorgelesen hatte, daß es mich nicht mehr befriedigte, mit den Worten zu spielen und zu jonglieren.

»Mein Leib aus Schmutz und Elfenbein«, wiederholte er voller Entzücken. Er rezitierte eine Art Litanei (aber verstand er sie auch?), die ich zum Ruhme kindlicher Lieben verfaßt hatte:

Rasches Aufleuchten
von Haaren . . . Grausame
Nichtachtung von Blicken . . .

»Hören Sie«, sagte er, nahm einen Federhalter von meinem Schreibtisch und drückte ihn mir in die Hand, »ich will, daß Sie mir an einem dieser Tage ein Gedicht für mich schreiben, für mich allein! Auf diese Weise wird es Sie nicht so unglücklich machen, sich auf Ihren Stuhl zu setzen, denn ich werde in Ihren Gedanken sein.«

Meine noch ungewisse »Berufung« zum Dichter geht ohne jeden Zweifel auf diese Stunde zurück. Fast hätte ich wegen dieses so liebevoll ausgefallenen Vorwurfs vor Freude und vor Überraschung geweint. Welches Feingefühl, mir zu entdecken, daß er sich bewußt war, geliebt zu werden! Welch taktvolle Aufforderung, ihn zu hofieren! Dieser Federhalter aus schwarzem Hartgummi mit einem sechszackigen weißen Stern auf der Kappe der in Deutschland hergestellten Marke »Mont-Blanc« ist mein Fetisch geblieben. Ich habe mich nie von ihm getrennt, nicht einmal bei meinen ersten Flugreisen, wenn er meine Tasche mit Tinte besudelte. Daß ich mich endgültig für die Laufbahn des Schriftstellers entschieden habe, daß die Malerbinde nur ein einziges Mal meine Stirn umwunden hat – als ich die Rolle des Giotto in meinem Film über Neapel verkörperte –, das ist alles auf diese Worte Svenns und auf den Mont-Blanc-Füller zurückzuführen. Soll ich bedauern, daß er nicht allen Ernstes meine Haare mit eingeschlossen hat? Als professioneller Kunstmaler würde ich weiterhin Blumen hinter den Böschungen gesucht haben. Meine aus verweslichen Stoffen hergestellten Werke hätten sich nach Ermessen ihres organischen Lebens umgewandelt, wären Opfer unvorhergesehener Korrosionen geworden, die sie zu guter Letzt vielleicht zerstört hätten.

Ein tausendmal beneidenswerteres Los als das meinen Büchern vorbehaltene, deren integrer Inhalt, in den Bibliotheken eingelagert, in fünfzig Jahren nur noch Stoff für das pedantische Wiederkäuen der Akademiker sein wird. Aber ich wäre dem zärtlichsten und rührendsten Gedenken meiner Jugend untreu geworden.

Heute bist du es, Gennariello, der mir die Zuversicht in den Wert meiner Arbeit gibt. Jawohl, wenn ich es satt bin, mir die heuchlerischen Komplimente meiner Berufskollegen anzuhören, wenn ich feststelle, daß meine Erfolge nur dazu gut sind, mir entweder den Neid meiner verärgerten Rivalen zuzuziehen oder die Schmeicheleien der Kandidaten auf einen der Literaturpreise, über deren Vergabe ich ein Wort mitzureden habe, wenn mir kein aufrichtiges Freundeswort ein nuanciertes Urteil zukommen läßt, wenn ich mich frage, ob meine Bücher größeren Anspruch darauf haben, die Aufmerksamkeit auf sich zu lenken als die, deren ich mich allmonatlich auf dem Wagen des Antiquitätenhändlers entledige, dann brauche ich nur an dich auf der Terrasse deiner Eltern zwischen den Basilikatöpfen und den an der Pergola hängenden Knoblauchzehen zu denken. Du würdest mich nicht weiterlesen, wenn meine Worte für dich nicht ebenso lebenswahr wären wie der Sonnenstrahl, der auf den Arm deines eingeschlafenen Vaters fällt, wie die Minzesträucher, die deine Mutter mit der soeben am Ausguß in der Küche gefüllten Korbflasche gießt. Harte und gesunde Konkurrenz, wie gegen das Summen der Fliegen über den Tellern, das Zirpen der unsichtbaren Grille und den Gesang der Vögel am blauen Himmel ankämpfen!

17

Um die Mitte des Monats August, als die Hitze immer drükkender wurde, fragte ich Svenn, ob er mit mir im Fluß baden komme. Warum hatte ich nicht früher daran gedacht? Aber ist es wahr, daß ich nicht früher daran gedacht hatte? Was fürchtete ich denn, wenn ich den, den ich bei mir *amato* nannte, zu den Orten führte, an denen »Liebe« zwischen Knaben zu machen der natürlichste Akt der Welt war? Etwa das Gefühl, das Svenn in mir weckte, durch eine »unreine« Berührung zu »dämpfen«? Oder vielmehr, wenn ich mich darauf beschränkte, mit ihm zu schwimmen und mich mit ihm am Strand zu sonnen, wie ein schüchterner Tölpel dazustehen, ohne mir die Freiheit zu nehmen, die ich mir mit irgendeinem anderen Jugendlichen aus dem Dorf erlaubt hätte? Dreißig Jahre danach bedrängen diese Fragen mein Gemüt und martern es insofern, als mein ganzes Abenteuer mit Svenn vielleicht nicht diese griechische Idylle, dieser harmlose amouröse Zeitvertreib gewesen ist, der er mir auf den ersten Blick schien, sondern eher ein ländliches und provinzielles Scharmützel in dem zweitausendjährigen Krieg, den die Seele gegen den Leib führt, seit die christliche Religion die heidnischen Kulte verdrängt hat. Habe ich nur Sebastian geliebt und geglaubt, zärtlich zu Alexis zu sein?

Svenn wich meinem Vorschlag unter verschiedenen Vorwänden aus. Er wagte nicht, mir den Grund für seine Verlegenheit einzugestehen: das kleine, zu kurze und vor allem altmodische Unterhöschen, in dem ich ihn nach seinem Duschbad unter dem Schlauch überrascht hatte.

Ohne ihm ein Wort zu sagen, fuhr ich in aller Frühe nach Pordenone, um nach einem richtigen »Slip« Ausschau zu halten, wie es nun, da der Faschismus in seinen Sturz auch das Verbot, Fremdwörter einzuführen, mit einbezogen hatte, in den Warenhäusern hieß. Und da sich amerikanisch zu kleiden das Feinste vom Feinen für ihn zu sein schien, begab ich mich schnurstracks zu einem Laden mit Restposten der siegreichen Armee. Der begehrte Gegenstand bot sich bald meinen Augen: weder zu knapp, um seine Scham zu verletzen, noch zu hoch hinauf, um seine Koketterie zu enttäuschen. Knalligrot, aus einem glänzenden Stoff, der bei Licht silbrig schimmerte. Grüne Streifen schmückten ihn an den Hüften. Derart herausgeputzt, für unser armes Friaul ein unbekannter Luxus, konnte sich Svenn vom steinigen Flußufer des Tagliamento an einen schicken Badestrand Kaliforniens versetzt fühlen. Seine erstaunten Kameraden würden vor Neid erblassen. Was mich jedoch endgültig zu dem Kauf bewog, für meinen Geldbeutel als Lehrer zu einem hohen Preis, das war eine gelb-blaue Mickymaus, die gut sichtbar vorn auf die Stelle des Geschlechtsteils aufgedruckt war: unwiderstehliches Ornament, geeignet, um die Metamorphose vom Massenartikel zum Requisit Hollywoods zu vollziehen.

Meilenweit davon entfernt, die Folgen meines Einkaufs vorauszusehen, ließ ich mir die Badehose in geblümtes, mit einem rosa Bändchen verziertes Papier einpacken; dann legte ich das Päckchen klopfenden Herzens in den Stamm des Apfelbaums, zu einer Stunde, da wir uns nicht verabredet hatten.

Svenn flog mir an den Hals. »Was für Pfundsfarben!« Er wollte mit aller Gewalt, daß wir noch am selben Tag baden gingen. Er war es auch, der den Ort auswählte: eine geschützte Biegung des Flusses, weitab von der Stelle, wo sich die Gören von Casarsa einzufinden pflegten. Eine Trauerweide warf mit ihren langen biegsamen Zweigen Schatten auf eine Sandzunge, die eine Art Halbinsel zwischen einem Arm des Tagliamento und dem stehenden Wasser einer von schwimmendem Gras überwucherten kleinen Bucht bildete. Romantische Umgebung und Stille, sah man davon ab, daß einem die Ohren dröhnten von dem Heidenlärm der Preßluftbohrer und der Bulldozer, die auf dem Bauplatz der im Wiederaufbau befindlichen Brücke pausenlos in Betrieb waren. Aber zu meiner Sicherheit konnte man sich kaum einen einsameren Zufluchtsort denken. Niemand konnte uns hier überraschen. Svenn schaute mir in die Augen, um zu sehen, ob ich zufrieden war. Ich antwortete mit einem Lächeln und streckte mich im Sand aus.

Er ließ sich neben mich fallen und blieb auf dem Rücken liegen, Arme und Beine gespreizt. Ich stützte mich auf den Ellenbogen, um ihn in aller Ruhe zu betrachten. Der amerikanische Slip schillerte in dem wechselnden gedämpften Licht unseres Schlupfwinkels. Was Walt Disneys Maus betrifft, so betonte sie launig, was kein Feigenblatt hätte verbergen können, wäre es selbst von einem Mönch von Monte Cassino entworfen worden. Die Mulden bei den Hüftknochen, ein anatomisches Detail, für das ich eine unsagbare Zärtlichkeit empfinde, blieben zu beiden Seiten des flachen Unterleibs deutlich entblößt. Ein gleichmäßiges und friedliches Atmen hob in regelmäßigen Intervallen seine Brust, die ebenso glatt war wie seine Wangen. An diesem Körper, auf dem die Schatten der von der Brise bewegten Blätter spielten, hätte nichts darauf hingedeutet, daß sich mein junger Begleiter in einem Zustand besonderer Erregung befand.

Er hatte die Augen geschlossen, was mich ermutigte, mich dichter über sein Gesicht zu beugen. Träumte ich? Mir war, als öffnete er die Lippen im selben Augenblick, da ein flüchtiger Lichtstrahl durch seine Lider zuckte. Ich näherte meinen Mund noch mehr. Diesmal war ich sicher, zu sehen, daß er mir den seinen hinhielt, wenngleich auf fast unwahrnehmbare Art. Daraufhin drückte ich einen Kuß auf seine Lippen, zunächst zaghaft, dann fester. Wenn es zutrifft, daß sich unsere Zungen begegneten und sich einige Sekunden lang abtasteten, so könnte ich nicht beschwören, daß die Initiative von mir allein ausgegangen sei. Als ich mich wieder auf den Ellenbogen aufrichtete, um Luft zu holen, nutzte er die Gelegenheit, um sich von mir zu lösen und sich im Sand aufzusetzen, aber ohne Hast und ohne den Eindruck zu erwecken, als wollte er sich in Sicherheit bringen. Doch als ich Anstalten machte, die Hand nach ihm auszustrecken, stand er ganz einfach auf, schüttelte den Sand ab, der sich in den Falten seiner Badehose angesammelt hatte, und stieg seelenruhig in den Fluß. Das Ganze mit einer so natürlichen und heiteren Miene, daß ich hätte glauben mögen, er habe geschlafen, als ich mich seinem Mund näherte, obwohl ich fest davon überzeugt war, keine reglosen Lippen berührt zu haben.

Ich will mich nicht beklagen, daß es am Anfang bei einem einzigen Kuß geblieben ist, schien mir ein solches Resultat doch schon unerwartet und wunderbar. Ich rechnete auf die folgenden Tage, um in aller Ruhe zu einem volleren Genuß zu kommen. Ich brauchte nur mit der Zunge über meine Lippen zu fahren, um von neuem die Frische seines ersten Geschenks auszukosten. Doch statt sich am Tag darauf dem schattigen Ort unseres Schlupfwinkels zuzuwenden, schlug er den Weg zur allgemeinen Badestelle ein, dorthin, wo ich Aurelia vor dem Ertrinken gerettet hatte und wo zahlreiche Knaben der Generation, die auf die meine folgte, alle möglichen Spiele im Wasser trieben. Ich kannte sie vom Sehen, die jetzigen Jugendlichen von Casarsa, denn ich war ihnen im Dorf oft über den Weg gelaufen. Meine früheren Kameraden kamen nicht mehr zum Tagliamento. Ich brauchte daher nicht zu befürchten, daß mich eine Anspielung auf unsere Vergangenheit vor Svenn in Verlegenheit bringen könnte. Diese Gewähr tröstete mich jedoch nicht über den Verlust unseres Verstecks unter der Weide. Wider Willen konnte ich mir ein vorwurfsvolles Maulen und eine schmollende Miene nicht versagen, denen er mit seinem strahlendsten Lächeln begegnete.

Wozu hast du mir dieses hübsche Geschenk gemacht, wenn ich es niemandem zeigen kann? schien dieses Lächeln zu sagen, ohne sich der schrecklichen Demütigung bewußt zu sein, die die gelb-blaue Mickymaus ihrem allzu stolzen Besitzer in Kürze bereiten würde.

Die Jungen bemerkten sofort das ihrer Beurteilung vorgeführte neuartige Bekleidungsstück. Die einen schnitten bewundernde Grimassen und Fratzen und zeigten mit dem Finger auf das glänzende Gewebe, die anderen grinsten höhnisch oder drehten ihm den Rücken zu, aber wohl um ihren Ärger zu verbergen, daß sie um ihre Lenden nur einen unförmigen Wollfetzen trugen, von Müttern gestrickt, die mehr Wert auf praktischen Nutzen als auf führende Strandmode legten. Mit mir zufrieden und voller Hoffnung auf die Zukunft sagte ich mir: Wenn mir das Geschenk eines Slips einen Kuß eingebracht hatte, so würde mir das Aufsehen, das er jetzt erregte, in Kürze zu wesentlicheren Gunstbezeigungen verhelfen.

Unter dem Vorwand, das Ornament genauer betrachten zu wollen, trat einer der Bande ganz nah an die Badehose heran, streckte die Hand aus und nahm das Geschlechtsorgan zwischen zwei Finger und kniff es zärtlich, ohne daß Svenn, so zurückhaltend und scheu mir gegenüber, die geringste Geste der Abwehr oder des Zurückweichens andeutete. Es hätte mir schlecht angestanden, Eifersucht zu zeigen, mir, der ich meine Erziehung an denselben Ufern des Tagliamento erhalten hatte und für den die Spontaneität der Jungen den Mythos eines archaischen Friaul rechtfertigte, das auf wunderbare Weise von der Ansteckung durch Sünde und Schande verschont geblieben war. Ich konnte indes nicht verhindern, daß ich einen Stich im Herzen verspürte und dann einen Seufzer der Erleichterung ausstieß, als sich alle, nachdem der Augenblick der Überraschung und der Aufregung vorüber war, wieder mit sich selbst beschäftigten, ohne sich weiter um Svenn zu kümmern.

Es hatte zumindest den Anschein; denn es dauerte nicht lange, bis ich feststellte, daß sie nicht aufhörten, nach ihm zu schielen und miteinander zu flüstern, als schmiedeten sie ein Komplott. Svenn steckte die Schleuder in seinen Slip, schwamm quer über den Flußarm und schickte sich an, auf dem Uferstreifen hin und her zu laufen, um sich zu trocknen. Die Bande gab vor, sich zu zerstreuen, einige sprangen in die Strömung, andere entfernten sich durch die Büsche. Doch bald fanden sich alle, einer nach dem anderen, am anderen Ufer wieder zusammen, als hätte sie der Zufall vereint; der eine beugte sich über den Rand des Wassers und tat, als belauerte er die Fische, ein anderer, als schnitte er sich eine Gerte aus einem Haselnußstrauch, wieder ein anderer, als baute er aus Kieselsteinen und Sand eine Burg. Unterdessen spähte Svenn, einen Fuß auf einem Baumstumpf, die gespannte Schleuder in beiden Händen, nach einer im dichten Immergrün verborgenen gell pfeifenden Amsel. Weniger als zwanzig Meter trennten mich von ihm auf der anderen Flußseite. Ohnmächtig wohnte ich dem Komplott bei, das sich hinter seinem Rücken zusammenbraute. Sollte ich ihn durch einen Zuruf warnen? Verärgert darüber, daß er sich beobachtet fühlte, würde er wohl die Schultern gezuckt und mir ein Zeichen gegeben haben, den Vogel nicht zu verscheuchen. Deshalb verhielt ich mich still, ohne mich zu rühren, beunruhigt über das, was kommen würde, und dieses unüberlegte Geschenk bereuend.

(Aber war die Ursache für das Drama wirklich mein Geschenk, wenn dieses glänzende, piekfeine Bekleidungsstück seinen Kameraden so herausfordernd schien? Wie konnte ich sicher sein, daß sich die Urheber eines solchen Schimpfes nur wegen des amerikanischen Slips rächen wollten? In ihren Augen war ich mit meinen fünfundzwanzig Jahren ein Erwachsener, ein reifer Mann, eine Art »Signore« – und obendrein noch ein Schulmeister. Vielleicht nahmen sie sich vor, auf das, was sie unter Jugendlichen ihres Alters als natürlich empfanden, völlig zu verzichten; wenn sie erst einmal »seriös« und »verantwortungsbewußt« geworden waren, das heißt entschlossen, zu heiraten und alle Spuren ihrer jugendlichen Intimitäten zu löschen, wollten sie mit Fug und Recht als »jugendlich« betrachten: unbedeutende, nichtige Sünden, vorausgesetzt, daß sie an der Schwelle zum reifen Alter eingestellt wurden. Ansonsten war es etwas Schändliches, Tadelns- und Verachtenswertes, wie es ihrer Ansicht nach bei mir der Fall war. Sollte diese Hypothese möglicherweise zutreffen, dann müßte man einräumen, daß sie mich in meinen Beziehungen zu Svenn viel weiter vorangekommen glaubten, als ich es in Wirklichkeit war. Ich müßte vor allem zugeben – ein grausames Zugeständnis an meinen Furlaner Mythos –, daß sie nicht einem archaischen und heidnischen, gegen den jüdisch-christlichen Virus gefeiten Landstrich angehörten, sondern daß in ihren Adern das Blut des kleinbürgerlichen und katholischen Durchschnittsitalieners floß, den die Heirat von seinen Jugendtorheiten »freikauft«. Ich befürchte, daß Svenn statt meiner für eine nicht begangene Sünde büßte. Ihre Ahndung, geradewegs von dem Kodex der Vergehen und Strafen abgeleitet, die Dante in dem *Inferno* festgelegt hatte, war in ihrem Sinne eine Vergeltung.)

Während er weiter das Buschwerk durchforschte und seine Schleuder gegen die unsichtbare Amsel spannte, näherten sie sich in seinem Rücken auf leisen Sohlen. Plötzlich stießen sie einen Kriegsschrei aus (rächender Ausdruck der Empörung des männlichen Lateiners), fielen geschlossen über ihn her, packten ihn an Schultern und Armen, damit er sich nicht bewegen konnte, zogen ihm seinen Slip herunter und entblößten sein Gesäß. Dann begann eine feierliche und komische Zeremonie: der Reihe nach verneigten sie sich vor seinem Hintern, bliesen die Wangen auf und produzierten mit ihren Mündern obszöne Geräusche. Svenn wehrte sich, schreiend und brüllend, vergeblich gegen seine Angreifer, die sich beharrlich hinter seinem Rücken hielten und sich, gleichgültig gegenüber der Vorderseite seiner Anatomie, nur für seinen Arsch interessierten, auf dessen Weiße sie mit dem Finger wiesen, wobei sie ihre faulen Witze und sarkastischen Bemerkungen verdoppelten. Zu guter Letzt warfen sie sich in der Pose von Indianern, wenn sie ihr Totem anbeten, zu Boden; aber statt demütig den Staub zu küssen, spuckten sie zum Zeichen der Verhöhnung aus. Das war der Augenblick, in dem es dem Gefangenen gelang, sich loszureißen; und ich, den die Ohnmacht gleichsam auf der anderen Seite des Flusses auf der Stelle festgenagelt hatte, geriet in noch größere Bestürzung durch das, was sich dann abspielte.

Ich hätte gewettet, daß Svenn, kaum frei, seine Badehose hochziehen und davonlaufen würde. Keineswegs: Er drehte sich, völlig nackt wie er war, zu den Jungen um, bedeckte sein Gesäß mit den Händen (obwohl diese Geste nach seiner Kehrtwendung sinnlos geworden war) und zeigte ihnen gut sichtbar das, was er ihnen – ich hätte darauf geschworen – mehr als alles andere verbergen wollte. Jeder konnte sein Geschlechtsorgan bewundern, bräunlich, kräftig, fleischig, von einer beginnenden Erektion leicht angehoben und gekrönt von einem dichten Büschel schwarzer Haare. Sogleich folgte tiefe Stille auf den Klamauk. Sie wichen einige Schritte zurück, geschlagen, so schien mir, weniger von den für einen Halbwüchsigen bereits beachtlichen Ausmaßen und von der Behaarung als vielmehr von dieser ruhigen und sicheren Art, seine Mannbarkeit zur Schau zu stellen. Ihre Hysterie wich einer respektvollen Schüchternheit, so als hätten sie in der Geste ihres Opfers den Beweis für ihren eigenen Fehler erkannt. Einer von ihnen versuchte zwar, sich erneut lustig zu machen; seine Kameraden geboten ihm barsch zu schweigen, und bald zerstreuten sich alle in die Büsche.

Dreißig Jahre später, am Strand von Ostia, hätte ich mich da doch der symbolischen Ausdrucksweise der Jugendlichen vom Tagliamento erinnert! Mein Mörder hätte es nicht nötig gehabt, mich zu töten, wenn ich mich damit begnügt hätte, ihn als Menschen zu behandeln. Svenn, allein am Uferrand zurückgeblieben, bückte sich und zog seinen Slip hoch; aber ohne Eile, nachdem er sich mit einem kurzen Blick vergewissert hatte, daß mir keine Einzelheit des Vorfalls entgangen war, und ich wußte, wie ich mich fortan ihm gegenüber zu verhalten hatte.

Er hob seine Schleuder auf und stellte sich am Fuß des Baumes wieder auf die Lauer. So daß wir, als er den Vogel endgültig verfehlt hatte, ausreichend Gesprächsstoff über die Gewohnheiten der gefiederten Tiere, die Brutzeit und die Kunst des Nestbaues fanden. Ich hätte jedoch unrecht gehabt mit der Annahme, daß er, nach dem, was vorgefallen war, mir gegenüber auch nur im geringsten gehemmt gewesen wäre; im Gegenteil, er offenbarte in seinem Verhalten eine größere Ungezwungenheit, eine größere Bestimmtheit. Am Abend, als wir uns verabschiedeten, küßte er mich auf beide Wangen und streifte dabei meine Lippen; dann entfernte er sich tanzend und springend. »Ciao!« Ein letztes Mal wirbelte er seine Schleuder herum. Ich hoffte, daß diese Erfahrung ihn bewegen würde, unter die Weide zurückzukehren, wo wir das erstemal gebadet und uns den ersten (und bislang einzigen) Kuß gegeben hatten; aber er erklärte mir tags darauf, daß wir unsere Zeit vergeudeten, wenn wir faul in der Sonne lägen. Er ziehe es vor, zu malen und neue Blumen für seine Palette zu sammeln. Und mußte ich meinerseits, wenn ich mich recht erinnere, nicht auf die Suche nach Wörtern und Bildern für das versprochene Gedicht gehen?

18

Dieses Gedicht schrieb ich in einem Zuge nieder. In einem Anfall von frenetischem *Raptus*, während der durchwachten Stunden einer beflügelnden Nacht. Von all meinen Versdichtungen ist sie eine der besten, das versichere ich dir, obwohl ich sie nie habe veröffentlichen lassen, weil ich nicht wollte, daß sie jemand anderem unter die Augen komme als dem Zugeeigneten.

Die deutsche Sage, die Svenn so gut gefiel, erzählt, wie die Bürger einer Hansestadt einen Flötenspieler in ihren Dienst stellten, damit er sie von den Tausenden von Ratten befreite, die Keller und Straßen unsicher machten, in die Häuser eindrangen und sogar Gottes heilige Kirche besudelten. Der Musikant setzte sein Instrument an die Lippen und entlockte ihm so zwingende Töne, daß die pestbringenden Tiere herbeieilten, um ihm zu folgen. Das größte und gefräßigste, das sich den Tabernakel des Herrn zum Domizil gewählt hatte, vermochte diesem melodischen Ruf nicht zu widerstehen. In aller Eile gesellte es sich der hüpfenden und springenden Gruppe seiner gebändigten Gefährten zu. Gleich Orpheus, dem sich die Bäume des Waldes anschlossen, hätte der Urheber solch zarter Akkorde auch die Steine und die Häuser der Stadt hinter sich herzulocken vermocht. Die Ratten verschwanden für immer in der Tiefe eines Forstes, der noch dichter und noch finsterer war als ein Bergwerksstollen. Als der Gaukler aber zurückkam, um seinen Lohn zu verlangen, machten sich die Bürger über seine Forderungen lustig und erklärten übereinstimmend, ihm nur einen winzig kleinen Teil der vereinbarten Summe auszuhändigen.

»Haha«, sagten sie höhnisch, »seit wann muß man denn für Wind bezahlen, der durch Löcher geblasen wird?«

Er lächelte, verneigte sich, setzte seine Flöte wieder an den Mund und spielte eine Weise, die ganz anders war als die erste. Im selben Augenblick sprangen die Kinder, die hinter ihren Schreibpulten an ihren Federn kauten und bemüht waren, sich den Lehrsatz des Pythagoras zu merken, spornstreichs auf, schoben die Stühle zurück und stürmten aus den Häusern. Die kleinen Mädchen, die bei ihren Müttern in den Küchen das Rezept für Ragout lernten, vergaßen, sich die Hände am Lappen abzuwischen, weil sie rasch auf die Straße wollten. Der Gaukler erwartete sie am Fuße des Bergfrieds. Er wandte sich den Bollwerken zu, schritt durch das Stadttor, dessen Zugbrücke sich vor ihm von selbst herunterließ, und entfernte sich, von allen Kindern des Ortes begleitet, auf das freie Feld. Vergeblich suchten die Eltern gemeinsam und durchkämmten die Schluchten; sie kehrten unverrichteterdinge aus dem Wald zurück, der ihre Sprößlinge geschluckt hatte.

Nun, mir persönlich schien, daß einige Elemente dieser schönen und mysteriösen Legende der Urfassung angehörten, daß aber die Fabel im Laufe der Zeit insoweit verfälscht worden war, als man sie als eine Geschichte der Vergeltung und der Maßregelung darstellte. Ich nahm hinter den Worten – im Widerspruch zur schwerfälligen Moral am Schluß – eine spielerische und leichtfertige Ausstrahlung wahr. Insbesondere brachte ich es einfach nicht über mich, einzuräumen, daß die Zauberflöte nur dazu gedient haben soll, die Erwachsenen zu bestrafen, und daß die einzige Triebfeder des Musikanten, die Kinder zu verführen, die Rache für die Undankbarkeit ihrer Eltern gewesen sein soll. Wie froh sie doch zu den verlockenden Tönen des Instruments hüpften und sprangen! Wie glücklich sie schienen, ihren Eltern entronnen zu sein, um eulenspiegelgleich und übermütig im Schwarm über Land zu ziehen! Und er selbst, welch helles Funkeln in seinen lachenden Augen! Wenn man ihn so an der Spitze der ausgelassenen Schar tanzen sah, mußte man ganz einfach sicher sein, daß ihn kein verachtenswertes Gefühl der Vergeltung zu seinem Handstreich bewogen hatte, sondern einzig und allein das Vergnügen an einem zu erfüllenden Auftrag!

Ich unternahm es daher, die Fabel von Grund auf neu zu schreiben, die unter meiner Feder zu einer Apologie der Enthüllung und der Erlösung wurde, statt sich auf die finanzielle Begleichung einer Rechnung zu beschränken.

Mein Flötenspieler ist anfangs über die ungeheure Vielzahl von Nagern entsetzt: So vielen Tausenden von tätigen Kiefern entsprechen ebenso viele unter den Dachbalken gelagerte Sack Mehl, ebenso viele in den Speisekammern aufbewahrte Käse, ebenso viele Kästen Keks in den doppelt verschlossenen Truhen. Womit könnte man sonst auch die Seele eines Künstlers erschrecken, der ausschließlich darauf bedacht ist, schöne Töne in Harmonie mit der musikalischen Ordnung des Universums zu produzieren, und der, exakter arithmetischer Berechnungen unfähig, anhand der von den Bürgern gehamsterten Riesenvorräte recht gut den Grundzug ihres Charakters erkennt.

Wie könnte er, der arme, nur mit einer Flöte ausgestattete junge Mann, in Hameln die ursprüngliche Schlichtheit, die Genügsamkeit, die Unbekümmertheit um den morgigen Tag wiederherstellen? »Sehet die Vögel unter dem Himmel: sie säen nicht, sie ernten nicht, sie sammeln nicht in die Scheunen ... Schauet die Lilien auf dem Felde, wie sie wachsen: sie arbeiten nicht, auch spinnen sie nicht.« Die Sparsamkeit, die Angst vor dem Mangel, die Genugtuung der Väter, die ihr Leben lang geschwitzt hatten, um sich vor der Not zu schützen, die Umsicht der Mütter, um deren Taille die klimpernden Schlüssel der Schränke und der Vorratskammern baumelten, die Zucht und Ordnung in der Familie, verdoppelt durch die Rute in den Schulen – dieses Bild bot sich dem bekümmerten Gemüt meines Helden. Wo konnte es da noch irgendwelche Unschuld geben, wenn nicht in den Herzen der Kinder? Vorausgesetzt, daß die Jagd nach den Schulzeugnissen, die Anleitung zum Verantwortungsbewußtsein, die Vorbereitung auf die Aufgaben der Erwachsenen und die Unterwerfung unter das, was sich hinter dem Namen väterliche Liebe verbirgt, nicht ihre besten Jahre in Anspruch nimmt.

Wenn er sich entschließt, sie weit fort aus der Stadt zu führen, dann deshalb, um sie unverzüglich mit dem wahren Leben vertraut zu machen.

Erschalle wieder, o Flöte, spiel deine Tanzweise!
Die flinken Sprünge ihrer Melodie
achten nicht der richtungweisenden Notenlinien!

Mein Gedicht erklärte allen Fesseln, die Jugendlichen unter zwanzig Jahren angelegt wurden, den Krieg. Ich pries das körperliche Erlebnis und die Riten der Pubertät. Ich forderte die Jungen und die Mädchen auf, sich ungesäumt ihrer Jugend und ihrer Schönheit zu erfreuen. Sie sollten sich unter freiem Himmel zusammenfinden und sich vereinigen, nie im Bett, dem Symbol ehelicher Routine und der Sinnlichkeit zu festgelegten Stunden. Auf daß sie die Samenergüsse auf dem Lande denen im heimischen Gefängnis des Alkovens vorzögen! Auf daß sie die Mauern des häuslichen Kerkers übersprängen und hinter dem Flötenspieler dem unbegrenzten Horizont der frühlingshaften Freuden und Leidenschaften entgegenliefen!

Süß ist der April eurer Glieder,
zarte, dem Nest entflohene Vögel.
Hört ihr die Tränen eurer Mütter?
Seht, sie weinen über euren leeren Betten!

Vielleicht schadete eine gewisse Demagogie diesem lenzlichen Lyrismus: Ich hatte noch nicht begriffen, daß alle Arbeitsplätze, alle Berufe den Reichen zufallen würden, wenn es keine Wettbewerbe und keine Diplome mehr gäbe. Die Tirade gegen die Zwänge des Lebens in der Stadt schien mir wohl ein wenig rhetorisch, aber sie konnte Svenn nur gefallen, mußte er doch nach Udine gehen, um weiterhin sein Gymnasium zu besuchen, und war folglich geneigt, die Langeweile der schulischen Arbeit und das Grau in Grau der urbanen Landschaft mit der gleichen Elle zu messen. Ebenso würde das Lob der Natur, obwohl nicht frei von Emphase und von Verklausulierung, den Liebhaber von Pflanzen und Blumen ganz bestimmt erfreuen. Und sollte er noch an seinen Eltern hängen, dann würde er keinen Anstoß an dem Seitenhieb auf die Väter und die Mütter nehmen, waren doch die Philister in meinem Gedicht ausdrücklich als Bürger, als Bewohner der *Burg* bezeichnet. Auf einem Gehöft von Kleinbauern großgezogen, deren magere Erträge mit Müh und Not zu ihrem Unterhalt ausreichten, könnte er denken, daß meine Boshaftigkeit gegen die Familien im allgemeinen, nicht gegen die seine gerichtet war; ein Mittel, den kindlichen Respekt mit dem Drang nach Freiheit in Einklang zu bringen. Durch den Diebstahl von Blumen in Privatgärten bereits in unerlaubten Handlungen geübt, würde er weniger zögern, sich dem Zug der Kinder von Hameln anzuschließen und mit mir die Tore des Verbotenen zu sprengen.

Kurz, als ich mein Werk nochmals durchlas, war ich so zufrieden, daß ich unterschwellig so viel Gerissenheit in mein Vorhaben, ihn zu verführen, gelegt hatte, daß ich mir nicht versagen konnte, mit einer gewagteren Bemerkung zu schließen:

Mit dem Klang meiner Flöte werde ich euch erzählen
meiner überschäumenden Nacktheiten magische Gewalt.

Um so schlimmer für mich, sagte ich mir bei dem Gedanken, daß eine allzu dringliche Aufforderung die Gefahr bergen könnte, ihn gegen mich aufzubringen. Ich vermochte jedoch nicht endlos auf eine andere Gelegenheit zu warten, nun, da mir der Köder des gemeinsamen Bades genommen war. Er las meine Verse, las sie abermals, faltete das Blatt zweimal und steckte es mit offenkundig zufriedener Miene in die Tasche. Aber wie mir verschweigen, daß die Freude, mich zu einer literarischen, eigens für ihn geschriebenen Seite angeregt zu haben, in seinen Augen weit mehr zählte als der Inhalt des Gedichts und die Mühe, die Legende zu interpretieren?

Als einzigen Kommentar äußerte er, daß sich die Käse in Kelvinatoren mit luftdicht verschlossenen Türen außerhalb der Reichweite der Ratten befunden haben würden. Die Bürger von Hameln würden folglich dem Flötenspieler den versprochenen Lohn im Verhältnis zu dem geringeren Schaden gekürzt haben, der ihren Vorräten zugefügt wurde.

Diese Bemerkung verblüffte mich wegen ihrer ausgefallenen Verbindung von anachronistischer Absurdität und buchhalterischer Genauigkeit. Allmählich verlor ich den Mut, und ich rief mir das prophetische Wort zu: Verzichte! Doch dann schöpfte ich wieder Hoffnung, als Svenn, auf der Stange meines Fahrrades sitzend, den Lenker losließ, um mich zu umarmen, ein andermal wieder fühlte ich mich als der elendeste Mensch, wenn ich, sobald ich an einer abseits gelegenen einsamen Stelle den Fuß auf die Erde gesetzt hatte, zusehen mußte, wie er sich auf die Suche nach neuen Blumen machte, ohne anscheinend zu bedenken, daß sich die Abgeschiedenheit und die Kühle des Ortes für andere Entspannungen als für das Pflanzensammeln viel besser geeignet hätten.

Er wollte das Fresko des Flötenspielers nach den Hinweisen in meinem Gedicht überarbeiten, aber die einzige Änderung, die er an der Mauer der Kapelle vornahm, auf der sich der Zug der Kinder schlängelte, war, daß er den jungen Musikanten in einen Greis verwandelte, indem er ihm zusätzlich einen grauen Bart malte. Er zerrieb Boviste und erhielt ein Pulver, das er im Regenwasser eines Felsens auflöste. Unschuldige Phantasie oder überlegte Grausamkeit? Auf alle Fälle war mein Versuch, die alte deutsche Sage als persönliche Liebesbotschaft zu nutzen, fehlgeschlagen, wenn Svenn Alter, Erfahrung und Autorität die erforderlichen Eigenschaften schienen, um die Jugend zu lenken und zu führen, statt arglistige Heiterkeit und sinnliche Verlockung.

Das waren so meine Überlegungen, und ich betrachtete sein Werk mit trauriger und niedergeschlagener Miene, als ich spürte, wie sich sein kleiner Körper an mich drückte und er seinen Kopf an meine Brust lehnte.

»Lieben Sie mich noch immer?« murmelte er, ohne aufzublicken.

Am Fuße einer Buche im Gras sitzend, umschlang ich ihn.

»Svenn!« sagte ich im selben Atemzug und streichelte seinen Nacken.

»Dann küssen Sie mich.«

Er legte den Kopf zurück und bot mir seine Lippen. In dem Augenblick, da sich unsere Münder berührten, quollen plötzlich Tränen unter seinen Lidern hervor.

»Svenn«, rief ich zurückweichend, »warum weinst du?«

Er machte sich aus meiner Umarmung frei und kniete mit dem Gesicht zur Erde, den Körper von Schluchzen geschüttelt, im Gras nieder. Ich versuchte, ihn bei den Schultern zu fassen, um ihn aufzurichten; er zitterte an allen Gliedern und bekam den Schluckauf, ohne daß er sein krampfhaftes Zucken zu beherrschen vermochte. Neben ihm kniend, flüsterte ich ihm ins Ohr: »Hab keine Angst, Svenn. Wenn du willst, werden wir uns nur wie Bruder und Schwester lieben. Einverstanden?«

Er trocknete seine Tränen. Ein Lächeln höhlte zwei engelhafte Grübchen in seine Mundwinkel. An den Baumstamm geschmiegt, hielten wir uns lange Zeit umschlungen. Ich wiegte ihn zwischen meinen Beinen wie ein kleines Kind, gab mich damit zufrieden, die Locken auf seinem Kopf zu ordnen und die Spuren der Tränen von seinen sich ein letztes Mal zusammenziehenden Wangen fortzuwischen.

Zu guter Letzt schlief er ein. Wer noch nicht über den Schlummer seines Geliebten gewacht hat, der weiß nicht, welches Glücksgefühl ihm entgeht. Nie hätte ich geglaubt, eine derart friedvolle und auch reine Freude in einem von der Ungeduld nach dem Genuß gequälten Herzen zu spüren. Das Bemühen, den Atem anzuhalten, mein von Ameisen kribbelndes Bein nicht zu bewegen, genügte, mich mit Wonne zu erfüllen. Der über die Landschaft ausgebreitete goldene Lichtschimmer, der elegische Zauber der nicht mehr benutzten Kapelle, das Zwitschern der zwischen den Birken hin und her schwirrenden Schwalben, vielleicht auch der Augenblick der Schwäche und der sentimentalen Nachsicht, der auf eine Krise folgt, entlockten meiner Brust einen Choral von Danksagungen an den in der Natur verborgenen unsichtbaren Gott. Fehlte nur noch das Glockengeläut, um mich in die mystische Umwelt meiner Kindheit zurückzuversetzen, aber die Deutschen hatten die Bronze mitgenommen, um sie einzuschmelzen.

Von diesem Tag an datierte ein neuer Geheimcode zwischen uns. Wischte Svenn den Bart fort und gab damit dem Flötenspieler sein jugendliches Aussehen zurück, dann konnte ich sicher sein, daß er unter der Buche zu mir stoßen werde, um sich liebkosen, hätscheln zu lassen. Ein flüchtiges Berühren unserer Lippen gab mir die Hoffnung, daß die in meinem Gedicht enthaltene Botschaft bald ihre Bestimmung erreichen werde: daß sich Svenn von mir, so wie in der Sage die kleinen Kinder von dem Musikanten, in die Geheimnisse des unbekannten Waldes würde führen lassen. Hin und wieder besiegelte ein weniger unfreiwilliger Kuß einen Nachmittag intensiver und fruchtbarer Arbeit.

Ich mußte mich davor hüten, seine Willigkeit zu brüskieren. Wenn meine Finger versuchten, einen der Knöpfe seines Hemdes zu öffnen, um Zugang zur nackten Haut zu finden, dann stand er auf und kehrte zu seinem Fresko zurück, wobei es seine vordringliche Sorge war, den Bart wieder anzumalen. Er hatte nämlich immer einen Eimer mit Bovisten in Reserve. Für Tristan und Isolde war das in die Mitte ihres Bettes gelegte Schwert kein unüberwindbareres Hindernis als für Svenn und für mich dieser Vorrat an grauem Pulver, der neben der Felshöhlung, in dem das Regenwasser stagnierte, im Gras abgestellt war.

19

Der Sommer neigte sich seinem Ende zu. Sollte die schönste Zeit des Jahres vorübergehen, ohne mir das Wohlgefühl zuteil werden zu lassen, das die herrlichen Farbschattierungen und die wunderbar milde Temperatur des September den Blumen in den Gärten, den Rebstöcken in den Weinbergen, dem Vieh in den Ställen, den Vögeln auf den Zweigen, den Steinen auf den Feldern, der gesamten Natur schenkten?

Im Freilichtkino in Codroïpo stand für Samstagabend *Gilda* auf dem Spielplan, ein Film, dem ein spektakulärer Ruf vorauseilte. Amerika brachte eine neue Königin groß heraus, deren Bild die über den Bikini-Atoll abgeworfene Atombombe geziert hatte. Es wurde behauptet, eine Expedition sei eigens in die Anden gereist, um eine Kopie dieses Meisterwerks in den Kordilleren zu vergraben.

Svenn mußte mich zweimal bitten, bis ich mich dazu durchrang, ihn auf meinem Rad hinzufahren. Gewiß, die Verehrung, die ich den großen Schauspielerinnen Hollywoods entgegenbrachte, seit ich in Bologna zusammen mit meinen Schulkameraden die legendäre Schönheit einer Marlene Dietrich und einer Greta Garbo, einer Norma Shearer und einer Joan Crawford entdeckt hatte, trachtete nach nichts anderem, als sich auf neue Stars zu übertragen. Du erinnerst dich, ihr Haupttrumpf in meinen Augen war, daß sie so wenig wie möglich Frauen aus Fleisch und Blut glichen. Ich verlangte von ihnen, daß sie sich in einer mythischen Sphäre bewegten, ohne Kontakt mit der Welt, in der ich lebte. Das ist der Grund, warum ich keine der Diven des Neorealismus mochte, die zu jener Zeit die Kinoleinwände Italiens bevölkerten. Ihr Fehler war eben, daß sie den grauen Rock der Postangestellten von Casarsa, die Korkenzieherlokken der Käsehändlerin in Pordenone trugen.

Weder Lea Padovani in *Die Sonne scheint wieder* noch Carla del Poggio in *Bandito* vermochten mich mit ihrer plebejischen Üppigkeit und ihrer lauten Vitalität zu betören, ebensowenig wie die nackten Oberschenkel von Silvana Mangano in *Bitterer Reis* oder die schier platzenden Brüste der Silvana Pampanini in *Bellezze in bicicletta.* Ging ich denn ins Kino, um die Attacken des weiblichen Mutwillens, den ich in der Wirklichkeit floh, über mich ergehen zu lassen? *Rom, offene Stadt* hatte mich zutiefst erschüttert; ich erkannte, daß die siebente Kunst in Rossellini ihren Flügelmann gefunden hatte; aber ich fragte mich voller Bangigkeit, ob alle Schauspielerinnen von Stund an die Leinwand mit dem physiologischen Ungestüm der hervorragenden Anna Magnani sprengen würden.

Nur die Filme Vittorio de Sicas, in denen keine Frauen vorkamen, machten mich völlig glücklich: *Schuhputzer* und *Fahrraddiebe*, insbesondere dieser, dessen Held mit den hohlen Wangen und den vorspringenden Backenknochen, schwarzhaarig, mager, eigenwillig, eine gewisse Ähnlichkeit mit mir hatte, wie Nuto meinte. Ich liebte dieses ärmliche Vorstadt-Rom, das er abends durchquert, um in seine noch nicht fertige Mietswohnung aus Beton heimzukehren; die melancholischen Ufer dieses Flusses, die mit schmutzigem Gras bedeckten Böschungen, die zurückgelassenen Schutthaufen, die Baustellen der Proletarierhäuser – diese ganze Umwelt, in der ich, ohne zu ahnen, daß sie in wenigen Jahren zum Rahmen meines Lebens werden würde, mehr echte Poesie entdeckte als auf der Piazza Navona oder im Kolosseum meiner Kunstbücher. Wer weiß im übrigen, ob mich die Erinnerung an diesen Film nicht bei der Wahl der Viertel beeinflußt hat, in denen ich zu Beginn meines Aufenthaltes in Rom gewohnt habe?

Um auf *Gilda* zurückzukommen: Ich hätte Svenn schrecklich gern nach Codroïpo gebracht, und das um so mehr, als ich das Porträt des neuen Stars auf einem Riesenposter bewundert hatte, den der Plakatankleber aus *Fahrraddiebe* an den Wänden der Hauptstadt anschlägt, gerade bevor man ihm den Schlauch seines Rades durchsticht. Sie stellt sich in der ganzen Pracht eines duftigen, unwirklichen und zauberischen Dekolletés zur Schau, ähnlich den größten Vorkriegsdiven. Für mich die ideale Frau. Ideal, weil unerreichbar. Unzugänglich und auf einen Olymp der Schönheit und des Luxus verbannt, wo die Sterblichen sie stumm bewundern können, ohne befürchten zu müssen, sie zu ihnen herabsteigen zu sehen.

Nuto, in seiner gewohnten Grobheit, nannte mich einen Idioten. Begriff ich denn nicht den polemischen Wert eines solchen Aushangs? Warum hatte ihn ein Regisseur der Linken wie de Sica in seinen Film aufgenommen, wenn nicht, um das neue Opium fürs Volk aufzuzeigen? Glaubte ich, daß die in den Proletarierwohnungen eingepferchten unterernährten und schlecht gekleideten Familien das Colgate-Lächeln, die geschminkten Lippen und die schattierten Lider dieser Puppe in Seide und Spitze nicht als eine Verhöhnung ihres Elends empfanden?

»Eine weltliche Version der Madonna«, übertrieb Manlio, seit kurzem ebenfalls Mitglied der KP.

Ich sagte mir zwar, daß meine Freunde vom streng politischen Standpunkt aus richtig urteilten. Die zugleich mit der

Lancierung von *Gilda* zum Verkauf angebotene Schallplatte enthielt die mit Hilfe des Stethoskops aufgezeichneten Herzschläge der Heldin; für den Fetischismus und den Götzenkult wahrlich etwas Ähnliches wie die Tränen, die die über dem Altar stehende Statue der Heiligen Jungfrau vergoß und die gesehen zu haben die Nonnen und die Andächtigen im Kloster der Unbefleckten Empfängnis in Benevento schworen; ein Wunder, das damals viel Aufsehen in Italien erregte.

Doch mein Zaudern, Svenn zufriedenzustellen, hatte eine andere Ursache.

Ich wußte, daß die Zuschauer in meinem Alter, die das Parkett füllen würden, mit unterschiedlichen Neigungen und in einem ganz anderen Gemütszustand als dem meinen kommen würden. Infolge der strengen Trennung der Geschlechter in ihrem erotischen Leben frustriert, verlangten sie von den Schauspielerinnen, daß sie ihnen ihre unberührbaren Bräute ersetzten und ihnen ein Ausgleichsvergnügen für ihre erregten Sinne schafften. Im Gegensatz zu mir glaubten sie an die fleischliche Gegenwart des Stars auf der Leinwand, und sie mußten auch daran glauben, um sich an ihn zu klammern. Je größer die Illusion war, um so rascher wurde er zu ihrem Idol. Der Wortschatz hatte sich im übrigen gewandelt: Man sagte nicht mehr ein Star, sondern ein Pin-up. Etwas, was man an die Wand heftet und auf Reichweite anschaut, war auf den am Firmament erloschenen Stern gefolgt. Ein Kinobesuch glich nicht im geringsten einem Kunstgenuß. Die Stühle bebten bei den gewagtesten Sequenzen, und von Anfang bis Ende herrschte eine derart ordinäre Zügellosigkeit, daß die Mütter und die Schwestern im stillschweigenden Einvernehmen zu Hause blieben und den Saal dem männlichen Publikum überließen.

Neben meiner Abneigung, Svenn dieses triviale Abreagieren vor die schamhaften Augen zu führen, fürchtete ich, Nuto und den anderen Freunden der Bande zu begegnen, die ich vernachlässigt hatte, seit ich verliebt war. Sie hätten mir vorwerfen können, daß ich bei den letzten Dorffesten gefehlt hatte, und mir peinliche Fragen über meinen jungen Begleiter stellen. Das erste Gesicht, das ich an der Kasse inmitten der vor Ungeduld mit den Füßen stampfenden

Menge erblickte, war der hochrote Kopf des Mohren. Weit davon entfernt, vom neuen »Opium für das Volk« eingeschläfert zu wirken, tobte er wie ein wahrer Teufel umher und brachte seine Kameraden mit einem Hagel von Zoten zum Lachen. Ein wenig verlegen, mich zu sehen, weil ihn seine Tiraden gegen die amerikanischen Kapitalisten nicht davon abgehalten hatten, sich einzustellen, lüpfte er die Mütze über seinem von Brillantine glänzenden Haar.

Was Manlio betrifft, so war er gerade dabei, vor dem Plakat mit den verblaßten Farben einen schmachtenden Tango auf seinem Akkordeon zu spielen, eine Huldigung, die keiner Madonna in ihrer Nische auf Furlaner Gebiet noch im übrigen Italien je zuteil geworden war. Selbst der blonde Elmiro schrie sich trotz seines blassen und leidenden Aussehens mit zweideutigen Späßen die Lunge aus dem Leib, was ihn zu heftigen Hustenanfällen reizte. Dank dem Gedränge konnte ich der Bande aus dem Wege gehen und mich mit Svenn in der letzten Reihe an dem Schilfrohrzaun niederlassen, der die Umfassung bildete.

Kaum war der Vorspann zu Ende, da hallten die lauen Wogen der Nacht wider von provozierenden Äußerungen und obszönen Scherzen, die den Schauspielern zugedacht waren, so als wären sie nicht eine mechanische Folge von Filmaufnahmen, die in Hollywood gemacht, in einer Kiste auf diese Seite des Ozeans geschickt und für ewig unveränderlich waren, sondern als pulsierte wirkliches Blut in ihren Adern.

»Paß auf, dir werden gleich die Knöpfe abspringen!« schrie eine kräftige Stimme in der ersten Reihe, die donnerndes Gelächter auslöste, in dem Augenblick, da sich Glenn Ford mit halbgeschlossenen Augen und gespitzten Lippen mit einer derart genießerischen Miene über die Heldin beugte, daß man in der Tat eine katastrophale Folge für den Verschluß der Hose seines gestreiften Anzugs befürchten mußte. George Macready, der Ehemann, regte die Spottlust der Zuschauer an: erstens, weil er ihr Ehemann war und tausendmal unsympathischer als der Liebhaber (eine letzte Freizügigkeit, die sie sich zugestanden, bevor sie selbst ihre Ehelosigkeit aufgaben und im Hinblick auf ihre »Ehre« unversöhnlich wurden), zum anderen wegen seines traurigen und wachsamen Auges, das dauernd damit beschäftigt war, seinen Rivalen zu beobachten.

»Wieviel schaffst du heute abend?«

»Soll ich dir meinen leihen?«

»Jetzt ist nicht der Zeitpunkt, Schiß zu haben.«

Svenn, den ich verstohlen ansah, übte Zurückhaltung, was mich davon entband, mich an dem Lärm zu beteiligen. Nuto heimste einen Triumph ein, als er einen Witz über die feuchten, zu einem Lächeln halbgeöffneten Lippen der Schauspielerin riß.

»Gib acht! Er wird ihn dir gleich in den Mund stecken!« rief er, auf seinem Sitz stehend, um, im Blickpunkt aller, den entfesselten Beifall seiner Kumpane entgegenzunehmen.

Aber als sie, bekleidet mit einem engen Rock mit exotischem Blumenmuster und einem dazu passenden Bolero, der einen Streifen Haut unterhalb des Busens unbedeckt ließ, die Ballade *Amado mio* zu singen begann und mit ausgebreiteten Armen ein paar Tanzschritte dazu machte, hörte der Krakeel wie durch Zauberei auf. Vielleicht würdest du heute die Frau nicht einmal schön finden mit ihrem kurzsichtigen Blick und ihren auseinanderstrebenden Pupillen, mit ihrer kunstvollen, eben aus den Händen des Friseurs hervorgegangenen Dauerwellenfrisur, ihrer zuckersüßen, ausdruckslosen Stimme (wir wußten nicht, daß sie synchronisiert war). Doch gerade dieser Mischung von romantischem Schmelz und billiger Eleganz, von Mysterium und Dummheit bedurfte es, um ein Parkett ordinärer und ungehobelter Männer in den Bann ihres Charmes zu ziehen. In ihren Ohren (ebenso wie in denen der G. I.s, die nach der Rückkehr von der Front für diesen Film votierten) schien dieses Lied, ein merkantiles Arrangement, das ein Profi der Columbia der lateinamerikanischen Folklore entlehnt hatte, der Gipfel der Mode und des Schicks. Füge diesem Bild den Einfluß der lauen Nacht und des Sternenhimmels hinzu, und du wirst die stumme Verwunderung verstehen, die der falschen Stimme der früheren Margherita Cansino, mit Hilfe von Schminke und Puder in Rita Hayworth umgewandelt, entgegenschlug. Svenn ergriff meinen Arm und legte ihn um seinen Hals, als wollte er mich unmittelbarer an dem fassungslosen Staunen teilhaben lassen, das ihn auf seinem Stuhl festnagelte.

Das zweite Lied, das bekanntere – mit einem Flüstern begonnen und in einem Paroxysmus endend –, führte uns ins Innere eines Kabaretts in Santa Monica. Er geriet in Verzükkung angesichts des verlockenden Dekors, das er als »select« bezeichnete, mit diesem gräßlichen, aus den Vereinigten Staaten herübergekommenen Wort, das sich die italienischen Jugendlichen zugleich mit »slip«, »flipper« und »chewing-gum« zu eigen gemacht hatten. Champagner auf den Tischen der Gäste, ein »Swing«-Orchester mit Querbinder, polierte runde Tanzfläche unter einem Lichterbündel. Ein enganliegendes schwarzes Taftkleid umschließt den zarten und biegsamen Körper Gildas bis zum Brustansatz. Handschuhe, ebenfalls schwarz, von einer nie gesehenen Länge, umhüllen ihre Arme bis weit über die Ellenbogen. Der Oberkörper und die Schultern heben sich blendend weiß hervor. Allein mitten auf der Tanzfläche im Lichte des Scheinwerfers, der die Tische im Schatten läßt, beginnt sie zu singen: *Put the Blame on Mame, Boys*, und augenblicklich, mit dem fast unmerklichen Wiegen ihrer Hüften, ergreift das Publikum ein Schauder. Ein jeder ahnt, daß er einem ungewöhnlichen und wunderbaren Schauspiel beiwohnen wird. Aber niemand war, ehrlich gesagt, enttäuscht, statt der banalen Entkleidungsszene in amerikanischen Filmen (des so gefragten *strip-tease*) zu sehen, daß sie sich anschickte, einen ihrer Handschuhe mit grausamer Langsamkeit, mit pedantischer Gelassenheit auszuziehen. Dies war der Zeitpunkt, den Svenn wählte, um seinen Kopf mir zu nähern und in die Höhlung meiner Schulter zu betten. Der Handschuh wurde immer weiter nach unten gestreift, der Arm entfaltete sich einer weißen Liane gleich im Licht. Es schien, als bewegte er sich ganz für sich allein, unabhängig vom stereotypen Lächeln der Sängerin und von ihrer eintönigen Stimme.

»Der Film läuft morgen abend noch einmal in Pordenone, sehen wir ihn uns wieder an, möchten Sie nicht?« fragte mich Svenn, als ich ihn nach einer schweigsamen Fahrt über das schlafende Land auf dem Hof seines Bauernhauses abgesetzt hatte.

»Amado mio«, summte ich vor mich hin, als ich heimwärts radelte. In dem Maße, wie der Zauber des Bildes schwand, unterschied ich deutlicher die großen Umrisse der Geschichte, die uns soeben erzählt worden war. Ein läppisches Drehbuch, nach Meinung der Kritiker. Ein schwerreicher Mann nimmt einen Vagabunden bei sich auf und stellt ihn in seinem Kabarett an; das hübsche Aussehen dieses Vagabunden (Glenn Ford mit dem Gesicht eines nimmersatten Babys) und die explosive Schönheit der Ehefrau; gegenseitige Liebe auf den ersten Blick – was ist in der Tat gekünstelter, spitzfindiger, alberner als dieses Dreiecksverhältnis? Bloß, sagte ich mir, die Lenkstange herumreißend, um einer Kröte auszuweichen, man müßte darauf hinweisen, daß uns der Ehemann zu Beginn des Films so dargestellt wird, als liebte er seine Frau (die er als Hauptattraktion für sein Etablissement geheiratet hat) und vielleicht auch die Frauen im allgemeinen nicht mit der richtigen Liebe; daß die beiden Männer eine komische Art haben, sich in die Augen zu schauen, sooft sie einander eine Zigarette anzünden; daß ihre Rivalität um Gilda sie selbst mehr zu erregen scheint als Gilda; und daß sie schließlich ein tieferes Interesse füreinander zeigen, als man es zwischen Angestelltem und Chef erwarten sollte.

Hätte mich das aus jungen Leuten bestehende Publikum in Codroïpo solcherart theoretisieren hören, es würde gellende Schreie ausgestoßen und bei seinen höchsten Göttern geschworen haben, daß seine Begeisterung für den Film meine Unterstellungen ganz entschieden Lügen strafe. Dabei ahnte es in seiner arglosen Logik nicht, daß die Columbia Pictures nie ein gewagteres Projekt finanziert und daß sie selbst, einer unterschwelligen Zensur unterworfen, sich geweigert haben würden, einem Werk zu applaudieren, das unverhohlen ein Thema behandelte, das tabu war.

Wie zärtlich doch Svenn während der Vorführung gewesen war! Mit welcher Hingabe er seinen Kopf an meine Brust gelehnt hatte! Und morgen abend in Pordenone? Was konnte ich von diesem neuen Kinobesuch erwarten, erhoffen? Später, in Rom, habe ich das Zimmer meines Freundespaares Francesco und Sergio von oben bis unten mit Fotografien amerikanischer Schauspielerinnen tapeziert gesehen; ein Riesenbild von Marilyn Monroe schmückte die Wand über ihrem Bett. In der Pariser Opéra waren ganze Säle, die zu drei Vierteln aus Bewunderern von Proust und Jean Genet bestanden, angesichts der Callas außer sich. Junge Burschen haben ihre Liebe zueinander entdeckt, als sie sich *Casta diva* auf dem Plattenspieler anhörten, und viele Bündnisse, die kein Priester segnen wird, sind während des Abschieds Violettas von Alfredo besiegelt worden. Warum üben der Filmstar und die Diva des *bel canto* eine so mächtige Faszination auf die Männer aus, die Frauen gegenüber gleichgültig bleiben, solange der Zauber der Leinwand oder der Bühne sie nicht mit einem Nimbus umgibt? Während ich mein Fahrrad unter die Treppe schob und geräuschlos die Stufen hinaufstieg, um Mama nicht zu wecken, war ich weit davon entfernt, zu ahnen, daß Rita Hayworth für mich die Mittlerrolle spielen würde, die ich von der Malerei und der Dichtung vergeblich erhofft hatte, und daß Svenn, taub gegen den Appell meines Flötenspielers, dem Gesang der Sirene mit den schwarzen Handschuhen erliegen würde.

In Pordenone wurde der Film in einem geschlossenen Saal gezeigt. Keine Sterne über unseren Köpfen; kein äolisches Raunen durch das Schilfrohrgeflecht. Es roch nach Tabak und nach Schweiß. Das Publikum hatte sich in den vordersten Reihen zusammengedrängt in der Illusion, den schwarzen Taft des Kleides berühren zu können. Svenn wollte im Hintergrund bleiben wie am Abend zuvor in Codroïpo. Schon beim ersten Lied schmiegte er sich an mich. Wie am Vorabend machten die anfänglich obszönen Witze einer verzückten Stille Platz. »*Amado mio*«, plärrte die süßliche Stimme. Svenn zitterte an meiner Schulter wie ein junges Tier. In dem Augenblick, da Gilda den ersten Handschuh fallen ließ, sagte er mir in einem Atemzug: »Jetzt, wenn Sie wollen.«

Dieses »jetzt« klingt noch dreißig Jahre danach in meinen Ohren wie das schönste Liebeslied, das ich je gehört habe. Unsere Gesten waren einfach, ohne Hast, harmonisch. Wir stießen kaum einen Seufzer aus. Der zweite Handschuh trudelte lässig auf den Boden, die weißen Arme wiegten sich wie in leichten Wellenbewegungen schlingernde träge Lianen. Aber als ich dann meinen Anteil an Beglückung haben wollte, richtete er sich schroff auf seinem Stuhl wieder auf und tat, als verfolgte er aufmerksam, was sich auf der Leinwand abspielte.

Geduld, sagte ich mir, respektiere seinen Willen. Dein überstürztes Vorgehen hat ihn geschockt. Du tatest gerade so, als wolltest du deinen Lohn fordern.

Eher unzufrieden mit mir selbst als verärgert über seine Ausflüchte, hoffte ich, daß ich ihm beim Abschiednehmen erneut versprechen müßte, den Film noch einmal anzusehen. Auf dem Bauernhof war man noch wach; Licht schimmerte durch die Fensterläden; der Hund, vor seiner Hütte liegend, nagte an einem Knochen; eine Frauenstimme im ersten Stock sang ein Wiegenlied; ein Mann, der unter dem Vordach Holz hackte, warf seine Axt zwischen die Scheite und überquerte in Holzpantinen schlurfend den Hof. Svenn streckte mir bei der Pumpe, derselben, bei der ich ihn das erstemal überrascht hatte, die Hand entgegen.

»Ich muß Ihnen mitteilen . . .«, begann er stammelnd.

»Was, Svenn?« rief ich, die Kehle vor Angst zugeschnürt.

Er faßte sich wieder, warf seine Locken zurück, starrte mich mit herausfordernder Miene an und erklärte mir kurz und bündig, daß er am nächsten Tag nach Padua abreisen werde, wohin ihn sein Vater als Internatsschüler in ein landwirtschaftliches Institut schickte.

20

Fassungslos, einer Bewegung unfähig, mitten auf dem Hof stehengelassen, starrte ich die Tür an, hinter der Svenn soeben verschwunden war. Die Stimme im ersten Stock war verstummt. Belustigten sich Mutter und Sohn damit, mich durch die Schlitze in den Fensterläden zu beobachten? Ich stieg auf mein Fahrrad und radelte wütend durch die mondlose Nacht. Als ich an dem Apfelbaum angelangt war, zu dessen Füßen wir uns so oft getroffen hatten, mußte ich mit zitternden Knien anhalten und mich unter die krummen Äste setzen.

Der alte Baum würde nun unsere Geheimnisse nicht mehr in seinem knorrigen Stamm aufbewahren. Das Messer mit zwölf Klingen, das ich in Pordenone bestellt hatte, würde auf meinem Schreibtisch zwischen der Heftmaschine, dem Kugelschreiber und dem Briefbeschwerer rosten.

Nachdem ich bitterlich geweint hatte, trocknete ich meine Tränen, biß die Zähne zusammen und faßte zwei Beschlüsse, deren Widersinn dir das Ausmaß meiner Verwirrung zeigen wird.

Zunächst: mich nie wieder mit einem Jungen einzulassen. Den Zauber des Zierlichen, des Hübschen, des Zarten von mir zu weisen. Ist das nicht alles deine eigene Schuld? fragte ich mich. Der engelhafte Typ paßt nicht zu dir. Denk an Bologna: Du wärest eine gräßlich schamhafte Suse geblieben, wenn du die Läuterung vor dem Cherub des Nicolò Dell'Arca fortgesetzt hättest. Michelangelo hat dich damals gerettet. Du tätest besser daran, sonntagnachmittags bei den Fußballplätzen herumzustreifen. Du brauchst einen Sportler, einen Hartgesottenen, einen Schläger, keinen Kunstmaler. Hier nun neue Tränenflut bei dem Gedanken, daß die Herbstregen nicht lange zaudern würden, den Flötenspieler und den Zug der Kinder an der Mauer »unserer« Kapelle abzuwaschen.

Und schließlich – nie wieder Blonde. Dieser Beschluß, noch törichter als der erste, hat mich aus dem Friaul nach Rom geführt, von Rom nach Neapel, von Neapel in die Länder der dritten Welt. Unter diesem Apfelbaum habe ich meine Marschroute festgelegt: von den Blonden im Norden zu den Dunkelhäutigen und den Schwarzen im Süden.

Nicht nur das, was ich (zu Recht oder zu Unrecht) Svenns Verrat nannte, sondern auch das Beispiel, das mir die Freunde der Bande vor Augen hielten, war richtungweisend für meine geographische Bestimmung. Elmiro, der Blonde mit den Pupillen, die blau waren wie zwei stählerne Lamellen, verbrauchte eine Unmenge von Papiertaschentüchern (eine weitere, aus Amerika eingeführte Neuheit), um seine Hustenanfälle zu ersticken. Bald würde er in ein Sanatorium in den Dolomiten abreisen, von wo er nicht wiederkehren sollte. Nuto, dem Dunkelhaarigen mit dem glänzenden Lockenkopf, glückten dagegen alle Unternehmungen, fiel alles in den Schoß: Er legte die Mädchen um, man fand ihn bei den Kämpfen gegen die Grundbesitzer und bei den Aufständen gegen die Arbeitslosigkeit in der vordersten Reihe;

die beiden Enden seines über dem Adamsapfel verknoteten Halstuches flatterten wie die Zipfel einer Fahne. Abends beim Tanz auf dem Lande stürzten die jungen Burschen herbei, um ihm sein Oscar-Egg-Fahrrad mit Viergangschaltung abzunehmen und es an einem sicheren Ort unterzustellen.

Eine seltsame Gleichung formte sich in meinem Kopf: Ich assoziierte Blondheit mit Niederlage, schwarzes Haar mit Gelingen. Wäre er nicht blond gewesen, dann hättest du mehr Energie aufgewandt, um ihn zu erobern, sagte ich mir, überzeugt, daß Svenns helle Haut und goldgelbe Locken eine Erklärung für das abrupte Ende unseres Abenteuers waren. Ich fühlte mich durch meinen Mißerfolg qualvoll gedemütigt, wollte ich doch zur Rasse der Sieger gehören und nicht zu der der Besiegten. Unterschwelliges Erbe von zwanzig Jahren faschistischer Erziehung? Die Schlappe, ein Wort, das die neue Welle von Dichtern – in Italien ebenso wie in Frankreich – magisch anzog, hatte in meinen Augen keinen Reiz. Die untergehende Romantik des Scheiterns und des Zusammenbruchs bedeutete mir sehr wenig. Mir war Nuto, der ein Held der »Stahlbücher« Bompianis aus meiner Kindheit hätte sein können, bei weitem lieber als Elmiro, der blasse Todeskandidat. An diesem Abend war ich mehr denn je entschlossen, mich nicht unterkriegen zu lassen. In meiner absonderlichen Logik schwor ich, mich nur noch an Dunkelhäutige zu halten, um meine Lebensgier zu befriedigen.

Nie wieder Blonde. Aber kaum hatte ich diese frevelhaften Worte ausgesprochen, brach ich erneut in Tränen aus. Was, so stieß ich zwischen zwei Schluchzern hervor, den Stamm des alten Apfelbaums umklammert haltend, du wagst es, den strahlenden Schein, der sein angebetetes Gesicht umschwebt, mit dem von Brillantine starrenden rabenschwarzen Haar Nutos zu vergleichen?

Die politische Tätigkeit befreite mich aus der nervösen Depression. Schamröte stieg mir in die Wangen, als ich begriff, daß Svenns Abreise nach Padua schon an dem Tag festgestanden hatte, an dem er mein Gedicht las.

Was hat er von dir denken müssen? Zumal deine zweifache heftige Kritik an den Familien und an den Lernprozessen zur unrechten Zeit kam. Während du ihm dieses dumme

Zeug zu lesen gabst, tat sein Vater das einzig Richtige, um ihm eine angemessene Zukunft zu sichern. Er meldete ihn als Internatsschüler in einer landwirtschaftlichen Lehranstalt an, damit er sein Diplom als Ingenieur macht. Die einzige Möglichkeit für ihn, ökonomisch weiterzukommen – so ist es doch? Du hast dich wirklich wie eine Tunte benommen, die ihre finanzielle Überlegenheit dazu nutzt, einen Jugendlichen aus armer Familie an sich zu binden. Glaubtest du etwa, daß es als Ausgleich für die Ungerechtigkeit seines Geschicks genügen würde, ihm eine Schleuder und eine Badehose zu schenken? Und daß du dein Gewissen beruhigen könntest, wenn du ihm eine Kinokarte und anschließend an den Film ein Eis kauftest? Natürlich nicht! Svenn ist begeistert – du sollst es ein für allemal wissen –, daß der von dir so heftig geschmähte Staat den Bauernsöhnen bestimmte schulische Einrichtungen – in deinem Gedicht als Kindergefängnisse bezeichnet – zur Verfügung stellt, die ihnen gestatten, auf die eigennützige Mildtätigkeit von Typen deines Schlags zu verzichten. Er hat die beiden Systeme sozialen Aufstiegs miteinander verglichen: das eine, das ihm in demokratischer Weise seine Chancen gibt, die durch die unparteiische Sachlichkeit der Jurys gewährleistet werden, und das andere, das ihn assimiliert – wage, das Gegenteil zu behaupten – an . . . an . . .

Hier nun vermehrte Tränenflut bei dem Gedanken, Svenn könnte meine Liebe mißverstanden haben. Es war das erstemal, daß ich mich Tunte nannte. »Verflucht sei die Homosexualität«, rief ich aus, »wenn es wahr ist, daß wir beim ersten Rückschlag bereit sind, uns herabzuwürdigen, uns zu verunglimpfen. Mangelt es uns in solchem Maße an Überzeugung? Einen Schritt weiter, und du hättest ein heiliges Andenken beschmutzt, indem du dich unter unbegründeten Anschuldigungen ducktest. Dazu hast du kein Recht. Du hast nicht das Recht, in den Schmutz zu ziehen, was du mit Svenn erlebt hast, der, was auch kommen mag, das Beste in deinem Leben bleiben wird.«

Dann leiser, die Wange am Stamm unseres Baumes, als wäre statt der rissigen Rinde er es, den ich in meine Arme preßte: »Svenn! Svenn, du liebst mich doch, nicht wahr?«

Derart von Zweifeln, Gewissensbissen, Vorsätzen, Scham

über mein bisheriges Verhalten, Selbstmitleid über mein gegenwärtiges Elend hin und her gerissen, blieb mir eine Gewißheit: die Pflicht, die soziale Ungerechtigkeit im Friaul zu bekämpfen. Die Armut seiner Eltern, die gezwungen waren, ihn in Padua unterzubringen, hatte mir Svenn genommen. Man brauchte das fruchtbare Schwemmland zwischen den Alpen und dem Meer nur gerechter zu verteilen. In dem Fall dieser Familie sah ich ein gebieterisches Zeichen, über die anarchische Romantik der Bauernaufstände hinauszugehen und durch einen ausgereifteren persönlichen Einsatz zum revolutionären Kampf beizutragen.

Am Montag fuhr Svenn nach Padua ab. Am Donnerstag trat ich der Kommunistischen Partei bei. Wo sollte ich mich anmelden? Bestimmt nicht in Casarsa. Auf dem Friedhof dieses Ortes, am Ausgang nach Valvasone, ruhten seit zwei Jahren die sterblichen Überreste meines von Stalinisten getöteten Bruders Guido. In Casarsa verfügte außerdem die Democrazia Cristiana über die absolute Mehrheit. Entschlossen wie ich war – seit meiner Rast unter dem Apfelbaum –, mein Schicksal nicht an eine im voraus verlorene Sache zu binden, entschied ich mich für die Ortsgruppe San Giovanni, wo die Partei bei den Wahlen von 1946 siebenhundert Stimmen auf sich vereinigt hatte – gegen vierhundertundzwanzig für den Kreuzschild. Ich hütete mich, Mama von meinem Schritt zu unterrichten. Sie durfte lange Zeit nicht wissen, daß ich mich den Mördern ihres Sohnes angeschlossen hatte. Wie du siehst, waren meine Anfänge als Kämpfer von trüben Hintergedanken begleitet. Zwiespältigkeit der politischen Entscheidungen: Man glaubt, sich der Fahne der »Vernunft« und den Grundideen zu verpflichten, während man nichts anderes sucht als einen Ausweg aus privaten Konflikten.

Was den Eifer betrifft, so habe ich mir nichts vorzuwerfen. Zwei Jahre lang hat man mich an der Spitze des Kampfes gesehen. Mitarbeit bei den Provinzzeitungen, bei der täglich erscheinenden *La Libertà* und bei *Lotta e Lavoro,* dem lokalen Wochenblatt der Partei. Organisation von Meetings, Reden bei Wahlversammlungen, Gruppenberatungen, Gedichtlesungen in Fabriken, Eröffnung einer Ausstellung neorealistischer Gemälde meines Freundes Giuseppe Zigaina.

Im Jahre 1948 Mitglied der Delegation der Provinz Udine zum Kongreß der Friedenskämpfer in Paris. (Wie erstaunt war ich, in der französischen Hauptstadt zu sehen, daß das Brot, bei uns vom Bäcker sorgfältig eingewickelt, den Hausfrauen ohne Papier in die Hand gedrückt wird, die es dann während ihrer übrigen Besorgungen irgendwo ablegen, so auf den mehr oder minder sauberen Ladentisch des Fleischers oder mitten zwischen Gemüsekörbe, neben Kassenschubladen voll schmuddeliger Banknoten. Sind die Franzosen also allesamt schmutzig? Und Diebe? Vermutungen, die wir hätten äußern können, nachdem man Manlio in der Metro die Brieftasche gestohlen hatte und Nuto von seinem Quartierwirt übers Ohr gehauen worden war, der auch für die Tage Frühstück berechnet hatte, an denen er es außer Haus eingenommen hatte.) Nach dem Desaster der Wahlen vom 18. April Verdoppelung der Kräfte, um die Moral der Kameraden wiederaufzurichten. Gründung des Bezirksverbandes Pordenone. Pius XII. hatte dem Erfolg, den wir gerade bei der Masse der Bauern einheimsen wollten, durch die Exkommunizierung der Marxisten einen verhängnisvollen Schlag versetzt. Zutiefst in der katholischen Tradition verwurzelt, der Obrigkeit Roms untertan, kehrten sie zu ihren alten Schaufeln zurück und verzichteten auf die Sichel.

Zwei brennende Fragen beschäftigten das Nachkriegs-Friaul: die Autonomie und der Dialekt. Die Democrazia Cristiana unterstützte die Autonomisten, weil sie ihre Macht in den klerikalen Bürgerkreisen zu festigen wünschte. Unsere Partei stand den Autonomisten aus dem einfachen Grund feindselig gegenüber, weil ihre Gegner ihnen den Rücken stärkten. Ich versuchte in meinen öffentlichen Debatten, das Problem korrekt zu definieren, unabhängig vom Standpunkt der Parteien; aufzuzeigen, daß das Eintreten für die Autonomie sowohl die Linke wie auch die Rechte anging; daß man die Annexionsabsichten Jugoslawiens in Betracht ziehen müsse sowie ein Dutzend weitere gute Gründe, die bei den Intellektuellen in der Partei meine Sachkenntnis herausstellten, mich aber bei den leitenden Funktionären des Bezirksverbandes verdächtig machten.

Noch subversiver schienen ihnen meine Thesen über den Dialekt. Die italienische Linke predigte seit den Zeiten der

Aufklärung und des Risorgimento die Notwendigkeit einer einheitlichen Landessprache; ein einziges Verständigungsmittel für alle Bewohner der Halbinsel als Faktor des sozialen und ökonomischen Fortschritts, als Beitrag dazu, den Aberglauben im Volk auszurotten, der in den in Dialekt abgefaßten Publikationen des Klerus Rückhalt und Auftrieb fand. Um gegen diese Meinung anzukämpfen, berief ich mich auf die Arbeiten angesehener Linguisten und Philologen und ging so weit, eine Bürgschaft bei den deutschen Romantikern des späten achtzehnten Jahrhunderts zu suchen. Ich behauptete, ein Volk könne sich seines Wertes und seiner Identität nur durch eine Sprache bewußt werden, die ihm eigen sei; daß vor allem in Italien, einem Land, in dem sich die zentrale Macht stets als raubgierig erwiesen habe (jüngstes Beispiel: der Faschismus), die Interessen der armen Klasse nur durch die Verteidigung ihrer besonderen Mundart geschützt werde.

Aber warum soll ich dich mit Details unserer Polemiken langweilen, wo es doch meine Absicht ist, dir die persönlichen Motivationen aufzuzeigen, die meinen Argumentationen zugrunde liegen.

Hier nun, was man mir hätte sagen müssen, während ich hinter dem mit einem roten Tuch bedeckten Tisch stand und mich abmühte, meine Zuhörer mit Gedankengängen zu überzeugen, die ich durch Überlegung und Urteilskraft angeregt glaubte: »Wo ist dein Vater in diesem Augenblick? Was macht er? Läuft er in seiner Mansarde umher und schaut sich die Sammlung seiner militärischen Auszeichnungen an, die durch die Niederschlagung der italienischen Armee null und nichtig geworden sind? Bei der wievielten Flasche Pinot ist er seit Beginn der Woche angelangt? Zucke doch nicht so die Schultern und bring nicht als Gegenargument vor, daß die Anzahl der von deinem Vater hinuntergegossenen Liter und der geringschätzige Blick, den er über die Andenken seiner Garnisonszeiten gleiten läßt, nichts mit der Autonomie Friauls zu tun habe. Wenn sie nichts damit zu tun hätte, wie du mir hartnäckig von deiner Rednertribüne herab antwortest, dann wärest du gar nicht hier, dann hättest du dich den Reihen der Partei nie angeschlossen. Ist es die Lektüre von Marx gewesen, die dich zu dieser

Entscheidung bewogen hat? Nicht doch! Würdest du die Behauptung wagen, du hättest dich mit einer objektiven Analyse der Lage der Werktätigen im Friaul beschäftigt? Deiner unwürdiges Geschwafel, das weißt du wohl. Du brauchtest ganz einfach einen Vater, und einen Vater, den hast du in der Partei gesucht. Einen Vater, das heißt eine Autorität, eine Disziplin, eine Richtschnur, lauter Dinge, die dir gefehlt haben, zuerst wegen der langen Gefangenschaft des Hauptmanns und dann, nach seiner Rückkehr, weil du seine unheilbare Schwäche bemerkt hast.

Gib zu, du hättest lieber einem starken und herrischen Mann gegenübergestanden, statt allabendlich zu seinem Treppenabsatz hinaufzuschleichen, um deinem heruntergekommenen Erzeuger sein Quantum Wein zu bringen. Unbesonnen bist du zunächst dem Partito d'Azione beigetreten, der Partei deines Bruders, der Partei der liberalen Linken, die die Seele der Widerstandsbewegung gewesen ist und die dir zugesagt hätte, dir, dem liberalen Intellektuellen, wenn du der Linken mit einem vernunftgemäßen Engagement hättest dienen wollen. Aber der von politischen Dilettanten gegründete Partito d'Azione verfügte weder über eine solide Struktur noch Organisation; und da du dumpf danach strebtest, dich in die abhängige und unterwürfige Lage deiner frühen Kindheit zurückzuversetzen und die Frustration deiner Jugendjahre wettzumachen, hast du dich einer stärkeren und gestrengeren Partei zugewendet, in der es eine starre Hierarchie gibt, in der jedes Mitglied unbedingten Gehorsam schuldet. Mit einem Wort, einer Partei, die dir, gleichsam als verspätete Entschädigung, ein Äquivalent bietet, das der Autorität und dem Regiment deines Vaters am nächsten kommt. Du mußt nämlich wissen, daß du dein Leben lang das Bedürfnis haben wirst, das anfängliche Fehlen der Autorität und des Regiments eines Vaters durch das Bedürfnis auszugleichen, dich der Autorität und dem Regiment einer Partei zu unterwerfen (auf die Gefahr hin, dich hin und wieder aufzulehnen, dich als ungeduldiger Sohn von allem frei zu machen); in diesem Falle der Kommunistischen Partei, da sie allein imstande ist, eine Ordnung und eine Disziplin ähnlich der väterlichen Ordnung und Disziplin zu gebieten.«

So hätte die Stimme der Wahrheit gesprochen. Die Analyse meiner politischen Sinnesänderung weiter verfolgend, hätte sie hinzugefügt: »Es ist nicht schwer, vorauszusagen, daß deine Beziehungen zur Partei stets stürmisch sein werden. Die Partei wird dein Vater sein, und du wirst dich deshalb veranlaßt sehen, sie zu bekämpfen, so wie du deinen Vater bekämpft hättest, wenn er, statt sich in seine Bude einzuschließen und nur zweimal am Tage herunterzukommen, um sich stumm an den Familientisch zu setzen, mit der Absicht aus Nairobi zurückgekehrt wäre, das Regiment im Haus zu führen. Sosehr du auch einen Vaterersatz suchst, weil du wie jedermann das Bedürfnis hast, deine Position gegenüber einer Autorität zu beziehen, so sehr haßt du diesen Ersatz, weil du in ihm den Krieg wiedersiehst, der deine Eltern auseinandergebracht hat. Schau dich an in diesem Augenblick, da du dabei bist, die Autonomie für das Friaul und die Notwendigkeit zu predigen, den Dialekt zu fördern. Glaubst du wirklich, daß du es nötig hast, die deutschen Romantiker und die Sprachwissenschaftler von Princeton zu bemühen, um deine Entscheidungen zu rechtfertigen? Sei aufrichtig und gib zu, daß das Friaul die Heimat deiner Mutter, das Furlanische die Sprache der Lieder ist, die dir deine Mutter sang; ist es ein Zufall, daß du dich den Thesen der Kommunistischen Partei ausgerechnet in den Punkten entgegenstellst, in denen sie von dir verlangt, daß du dein mütterliches Erbe ausschlägst? Der Hauptmann trug die Einheitskleidung der italienischen Armee, du bist für die Vielfalt der Dialekte. Er brüllte seine Befehle in der offiziellen Landessprache, du zeigst den Schaden auf, den die Sprache gelitten hat, die du in deiner Wiege gehört hast. Er erhielt seine Direktiven aus Rom, du machst dich stark für eine Provinzialregierung, für eine lokale Gesetzgebung. Muß ich fortfahren in der Beweisführung? Sieh, die Partei ist nichts anderes für dich als der angebetete und verachtete Vaterersatz, und sie wird nichts anderes sein, solange du deine familiären Konflikte nicht bereinigt hast, solange du Marx gibst, was Freud gebührt.«

Die Stimme wäre ebensowenig im Irrtum gewesen, hätte sie mir erklärt, daß meine literarischen »Ideen«, so wie ich sie auf den Kulturseiten der Parteizeitungen darlegte, ebenfalls auf einen archaischen und irrationalen Ursprung zurückzuführen seien. Die kommunistischen Funktionäre der damaligen Zeit verlangten vom Schriftsteller, daß er sich in einen Propagandisten verwandelte und in seinen Büchern solche Arbeiter und Bauern darstellte, wie sie Guttuso auf seinen Bildern sizilianischer Schwefelgrubenarbeiter und Fischer malte. Fluch über die bürgerliche Literatur und Kunst. »Hemingway und Kafka, Joyce und Faulkner, Rimbaud und Lorca« waren nach Ansicht eines sehr renommierten Leitartiklers der *Unità* abzulehnen, weil sie »suspekt und außerstande waren, die Sehnsüchte der werktätigen Massen zu befriedigen«. Ich antwortete, daß jede lebendige Kunst, jede dieses Namens würdige Schöpfung den Massen weit voraus sei; daß es bedeute, dem Volk wenig Achtung entgegenzubringen, wenn man es mit den abgedroschenen Phrasen des sozialistischen Realismus einlulle; und daß der Intellektuelle auf dem Gebiet seines künstlerischen Forschens frei sein müsse, sofern seine politische Loyalität außer Frage stehe.

»Gewiß, wir bedauern«, schrieb ich, »daß sich kein Hemingway, kein Kafka im kommunistischen Lager offenbart hat. Aber solange wir auf die Erfüllung unserer Hoffnungen warten, die wir in Vittorini, in Pratolini, in Pavese, in Calvino, in andere ernsthaft vom Marxismus durchdrungene junge Italiener oder Europäer setzen, ziehen wir einen bürgerlichen Kafka, einen bürgerlichen Hemingway einem marxistischen Fadejew, einem marxistischen Scholochow, einem marxistischen Albert Maltz, einem marxistischen Howard Fast vor. Die absurden, von der wahrhaft schöpferischen Phantasie Carlo Carras in den metaphysischen Himmel Ferraras erhobenen Schlösser sind mehr wert als die wie geleckt aussehenden und naturgetreuen Kreml der offiziellen sowjetischen Maler. Von der Höhe dieser irrealen Zinnen, die das geplagte Genie gezackt hat, wird der Kanonenschuß abgefeuert, der imstande ist, das Gesicht der Welt zu verändern. Er wird nie, seien wir dessen sicher, weder von den liebedienerisch ausgetüftelten Gemälden der Schmeichler ausgehen, die ängstlich darauf bedacht sind, in Idanows Gunst zu bleiben, noch von den veralteten Haubitzen unserer römischen Avantgarde, die in Wirklichkeit noch akademischer ist als das Wörterbuch der Crusca.«

Dieses hitzige Kapitel Beredsamkeit brachte den biederen Bezirkssekretär dermaßen außer Fassung, daß er sich beeilte, es seinem Kollegen in Venedig zu melden. Heute würde ich die allzu hochtrabende Metapher sowie das hohle »geplagte Genie« widerrufen, doch alles andere würde ich unverändert lassen, wobei ich mir jedoch bewußt bin, daß ich mir eine Häresie, die, weit davon entfernt, eine reiflich überlegte Überzeugung auszudrücken, nichts anderes war als ein unterschwelliger Reflex bürgerlicher Solidarität, nicht als Verdienst anrechnen darf. Was kümmerten mich die Polemiken über Picasso, Fougeron und Guttuso? Wäre ich auf die Barrikaden gegangen, um Hemingway und Faulkner, Joyce und Kafka zu verteidigen? Ich hätte sie der prüden Mißbilligung des Redakteurs der *Unità* preisgegeben. Aber daß man Rimbaud und Lorca auf den Schinderkarren warf, das hatte mich zur Auflehnung bewogen. Lorca und Rimbaud – erinnerst du dich? –, die mein Bruder von meinem Schreibtisch entwendet und nachts heimlich unter seiner Bettdecke gelesen hatte. Der *Zigeunerromanzero* und die *Erleuchtungen* gehörten zur Wegzehrung, die er vor seinem Aufbruch in die Berge in seinen Tornister packte.

Sie hatten Guido leiblich getötet, geistig werden sie ihn nicht ein zweites Mal töten.

Die kleine Piazza San Giovanni rühmt sich einer hübschen Loggia im venezianischen Stil: zwei Spitzbogen an der Vorderfront, einen weiteren an der Seite; Karniese mit Blumenmotiven über den gotischen Fenstern; eine Steinbank im inneren Umgang. Unter dieser Loggia schlugen alle politischen Parteien ihre Plakate an. Im Jahre 1949 zum Sekretär der Ortsgruppe San Giovanni gewählt, hatte ich die Idee, die vorgedruckten Aushänge unserer Partei durch Texte zu ersetzen, die ich selbst verfaßt und eigenhändig abgeschrieben hatte. Das war zur Zeit des kalten Krieges und der Unterzeichnung des Atlantikpaktes, des Mindszenty-Prozesses und des antikommunistischen Kreuzzuges. Ich schrieb kurze Gedichte oder eine Art Lehrfabeln im Dialekt, wobei ich den Worthelden des Kreuzschildes einige Wahrheiten aus dem Evangelium ins Gedächtnis zurückrief. »Gott blickt nicht so sehr auf den ungarischen Kardinalprimas hinab als vielmehr auf die Millionen Menschen, die

Hunger leiden und von denen die Zeitungen der Piazza del Gesù nicht sprechen.«

Meine selbst entworfenen Flugblätter verbreiteten auch Nachrichten wirtschaftlicher Natur. So hatte ich auch den vom Abgeordneten La Malfa in Moskau abgeschlossenen Vertrag bekanntgemacht: Import von Eisen, Gußmetall, Stahl, Mangan und Getreide für dreihundertfünfzig Milliarden Lire gegen Export von Maschinen und Webwaren in die UdSSR, was Tausenden von Arbeitern der Textil- und der Maschinenindustrie Beschäftigung sicherte. »Ein für die italienischen Werktätigen unvergleich vorteilhafterer Glücksfall als die Dollars des Marshallplans!« Ich schloß mit dem Hinweis, daß sechshundert Zentner dieses russischen Getreides den Mühlen des Bezirks Pordenone zugeteilt worden waren.

Die Maler des Mittelalters stellten auf ihren Fresken in den Kirchen dar, wie in der Wüste das Manna vom Himmel fiel; deshalb griff ich die alte Tradition der Maueranschläge wieder auf. Die Studenten von 1968, die ihrerseits die Wände ihrer Hörsäle mit Kritzeleien und Inschriften bedeckten, würden instinktiv herausfinden, daß die improvisierte, poetische und wilde Mitteilung der gedruckten Presse, einerlei ob von links oder rechts, überlegen ist; jedoch mit dem Unterschied, daß sie als gute Nachricht die trügerischen Versprechungen einer unmöglichen Revolution hinausposaunten, während ich die genaue und wiederbelebende Rechnung mit den goldblonden Weizenströmen aufmachte, die aus den weiten ukrainischen Ebenen in die Mehlsäcke der Furlaner Müller fließen würden.

Dann packte mich mit einemmal wieder die Verzweiflung. »Svenn! Svenn!« murmelte ich. Die Tätigkeit, die mich bislang aufrechterhalten hatte, schien mir plötzlich lächerlich. Für wen diese Gedichte, wenn *er* sie nicht las? Ich reihte Worte aneinander, um die einzige Silbe zu vergessen, deren Zauber noch nach dreißig Jahren meine Feder zittern macht. Wußte ich, daß ich die einzige Liebe meines Lebens verloren hatte? Wir haben uns nicht wiedergesehen. Als er ein guter Maler geworden war, hat er mich gebeten, ihn in Udine zu besuchen. Ich bin seiner Einladung ausgewichen.

Nein, Svenn, wir werden uns eines Tages in der einzigen Welt wiederbegegnen, die groß genug ist, unsere Liebe zu umfassen, wenn ich es leid sein werde, dich auf dieser Erde vergeblich gesucht zu haben.

21

Valvasone: ein Ort fünf Kilometer nördlich von Casarsa. Zwei Jahre lang bin ich dort Lehrer gewesen; die letzten beiden Jahre meines Lebens im Friaul. Ich erreichte ihn mit dem Fahrrad über eine Landstraße, die sich durch Maisfelder, Morgen von Weinstöcken und Rübenäcker schlängelte. Sowenig Reizvolles Casarsa einem Fremden bietet, soviel Annehmlichkeit würde er in Valvasone finden. Zu Füßen des Schlosses nahm die Schule ein baufälliges Haus im romanischen Stil am Rande einer Esplanade ein, auf der fünf hundertjährige Kastanienbäume als Kreuz gepflanzt waren. Das Schloß ist nichts anderes als ein dickes, auf einem Erdhügel hockendes rustikales Gemäuer. In den alten Park, der in einen öffentlichen Garten umgewandelt wurde, gelangt man durch ein steinernes Portal, überragt von einem im Laufe der Zeit verwitterten Wappen.

Ein Garten bescheidenen Ausmaßes – die Herren des Ortes dürften nie reich gewesen sein –, der aber unsagbar anziehend war wegen einiger melancholisch stimmender Relikte: die Überreste eines Buchsbaumlabyrinthes, zwei im Gras liegende steinerne Löwen, von denen der eine seinen Schwanz verloren hatte und der andere mit dem einen ihm verbliebenen Auge einen erloschenen Blick auf die wie Kandelaber aufragenden Äste der einsamen Araukarie warf. Eine üppige, geile Vegetation buschiger Akazien, wilder Rosenstöcke und der Jahreszeit zugehöriger Blumen. Der Gemeinderat bezahlte mit den Überschüssen des Haushaltplans zeitweilig einen Gärtner, dessen einzige Aufgabe zu der Zeit, da ich die von Brombeersträuchern und Quecken überwucherten Alleen besuchte, darin zu bestehen schien, mit einem Rechen die welken Blätter der Kastanienbäume und der Eichen, die abgefallenen Tannenzapfen zusammenzuharken. Er schob das zu einer Art Kehrichthaufen, den er am äußersten Ende des Parks inmitten dichten Buschwerks angelegt hatte.

Ich unterrichtete Latein, Italienisch, Geschichte und Geographie; Lektüre moderner Autoren in italienisch, Zeitungskommentare in den Fächern Geschichte und Geographie. Das Latein machte mir die meiste Mühe: Meine aus armen Familien stammenden Schüler aßen sich nicht jeden Tag satt. Zusammengekauert in ihren viel zu dünnen Zellwolljacken, drängten sie sich an den Ofen und hauchten auf ihre Finger. Wenn ich sah, wie sie sich mit dem Ablativ und den Deponentia herumplagten, kam ich mir vor wie eine Dame vom Roten Kreuz, die Zylinderhüte an Bedürftige verteilt.

Sooft es das Wetter zuließ, kehrten wir unseren Klassenzimmern in dem baufälligen Haus den Rücken und gingen in den Schloßpark. *Rosa, rosae*, sie sagten mir die Deklination zwischen zwei Rosenbüschen auf. Angesichts ihrer von der Vielzahl der grammatikalischen Suffixe entmutigten rührenden Mienen erfand ich eines Tages das Monstrum *Userum*, damit es ihnen Spaß mache, die Adjektivendungen *us er um* zu behalten. Ich hatte, was man die Berufung zum Pädagogen nennt. Meine Schüler hingen an mir und lernten so rasch, wie es ihnen das Fehlen von Büchern daheim, die Gleichgültigkeit beziehungsweise die Verachtung ihrer Eltern Büchern gegenüber erlaubte. Das Schulwesen, so wie es in Italien organisiert ist, kommt nur den Kindern zugute, die eine zusätzliche Unterrichtung zu Hause, am Familientisch finden, indem sie den Gesprächen ihres Vaters lauschen, der Anwalt, Professor oder Arzt ist. Die großen Ferien, ausgefüllt mit Lektüre und Reisen für die Kinder der Bourgeoisie, wirkten sich verhängnisvoll auf meine Schüler aus, die nach zwei Monaten Müßiggang mit leeren Köpfen wiederkamen.

Hätte ich diesen Beruf aus eigenem Antrieb aufgegeben? Ich versuchte, mich so unparteilich wie möglich zu zeigen, ohne angesichts eines schönen Antlitzes schwach zu werden oder einen Halbwüchsigen zu bevorzugen, dessen erster Flaum die Oberlippe mit einem herausfordernden Schatten zierte. Lediglich die wenigen Blonden hätten sich über eine zuweilen ungerechte Strenge beklagen können. Ich ließ sie ungewollt für den Fehler büßen, daß ich mir das Bild des

Burschen ins Gedächtnis zurückrief, der mir die Erfüllung unserer Liebe versagt hatte.

Von Liebe jedoch keine Spur, wenn es sich ergab, daß ich nach dem Unterricht mit einem Jugendlichen in den dunklen Alleen des alten Parks zurückblieb und es mich zu dem geheimen Ort im hintersten Winkel hinzog, wo uns die welken Blätter des Kehrichthaufens gemäß den Empfehlungen des Flötenspielers ein natürliches Refugium boten. Zwecklos zu ergründen, von wem die Initiative ausging, das Gebüsch aufzusuchen. Ein Austausch von Blicken, Lächeln, eine stumm miteinander gerauchte Zigarette, der Pakt war geschlossen. Es wäre mir nie in den Sinn gekommen, einen meiner Schüler gegen seinen Willen für mich zu gewinnen oder einem zu folgen, dessen schon männliches Aussehen und leichter Bartwuchs am Kinn mir nicht bestätigt hätten, daß er für seine Entscheidung voll verantwortlich war. Niemand konnte sich rühmen, zweimal mit mir in das Gebüsch gegangen zu sein. Aus Treue zu Svenn wollte ich mich an niemanden binden. Ich brachte auch keine Geschenke als Lockmittel mit.

Auf dem Abladeplatz des Gärtners fanden wir welke, verfaulende Blätter vor, modrige Kienäpfel, schmutziges Papier, Bauschutt, von der in Ausbesserung begriffenen Umfassungsmauer hierhergeschafft, Büschel von Quecken, Coca-Cola-Kapseln und leere Flaschen, die nach dem Sonntagsumtrunk dort gelandet waren. Dieses Bett aus Abfällen hätte dich unbequem angemutet; bei mir rief es eine ganz besondere Erregung hervor, so wie es in der Folgezeit weder Matratzen noch weiße Bezüge vermocht haben.

Wie ein Blitz aus heiterem Himmel, so unvorbereitet traf mich die Katastrophe. Giorgio R., siebzehn Jahre, schmächtig, pausbäckig, glaubte, es sei eine Sünde, sich fünf Minuten lang mit seinem Lehrer mitten im Unrat hingelegt zu haben. Er stürzte in die Kirche, kniete im Beichtstuhl nieder und erzählte alles dem Pfarrer von Valvasone. Der Pfaffe witterte die Gelegenheit, einem jungen kommunistischen Funktionär des Bezirks eins auszuwischen, dessen Mauerparolen die Propaganda der Democrazia Cristiana in der Mindszenty-Affäre in Schwierigkeiten brachte. Er zeigte mich bei den Carabinieri an, die mich vor den Amtsrichter von San Vito al Tagliamento zitierten, obwohl die Eltern keine Klage erhoben hatten.

Bericht des Brigadiere der Carabinieri von Cordovado unter dem Datum des 22. Oktober 1949:

> »Als wir am 10. dieses in Casarsa Dienst taten, kam uns durch einen Informanten zur Kenntnis, daß sich in der Gemeinde Valvasone ein Skandal zugetragen hat. (In Wirklichkeit nichts dergleichen, da niemand anders als der Priester der Informant war, der einzige, der wußte, was vorgefallen war, und der es weitergegeben hatte.) Da dem Außenposten keine Klage zugegangen ist (und das aus gutem Grund), haben wir uns am 14. dieses informationshalber in die Gemeinde Valvasone begeben, um von unparteiischen Personen nach bestem Wissen und Gewissen ausführlichere Auskünfte über den Skandal oder über eine Reihe von Skandalen mit Schulkindern zu erfragen. Ungeachtet unserer Aufforderung, den Außenposten aufzusuchen, haben sich die Eltern der in Frage kommenden Minderjährigen nicht gemeldet. Am 21. dieses sind wir in den genannten Ort zurückgekehrt und haben die Eltern der Minderjährigen gefragt, ob sie beabsichtigten, Klage gegen den Lehrer P. P. P. zu erheben. Die Familienoberhäupter haben uns nach Zögern zu verstehen gegeben, daß sie sich das Recht vorbehielten, Klage zu erheben. Eine Mutter hat uns auf Befragen erklärt, sie müsse erst mit ihrem Mann sprechen. Zusammenfassend: Da sich der geschädigte Teil das Recht vorbehalten hat, Klage zu erheben, und in Anbetracht dessen, daß sich der Skandal in aller Öffentlichkeit abgespielt und allgemeine Entrüstung hervorgerufen hat, haben wir vorsorglich vorliegendes Protokoll in drei Exemplaren ausgefertigt.«

Der Amtsrichter von San Vito al Tagliamento beschuldigte mich der Verführung Minderjähriger sowie der Erregung öffentlichen Ärgernisses.

Verachte deinen Freund, Gennariello; denn statt bei dieser Gelegenheit lauthals zu verkünden, daß sein Privatleben niemanden etwas angehe, statt die politische Plumpheit dieses zwischen der Polizei und dem Klerus abgekarteten Manövers gegen die Meinung der Eltern aufzuzeigen, die offensichtlich nicht willens waren, sich vom Lehrer ihrer Kinder zu trennen, hat er sich unterwürfig vor dem Justizbeamten geduckt. Ich erklärte (nach meinen eigenen im Protokoll festgehaltenen Worten), »ein erotisches Experiment literarischer Wesensart und Provenienz durchgeführt zu haben, und zwar angeregt durch die Lektüre eines homosexuellen Romans von André Gide«. Wo ist der Hahn, der gekräht hat, um mich zu zwingen, diese Worte zurückzunehmen? Gleich beim erstenmal, da meine Veranlagung als *diverso* in aller Öffentlichkeit bekannt wurde, war ich bestrebt, sie zu leugnen. Die Ereignisse von Valvasone einem fremden Einfluß, einem episodischen Ausrutscher des Verstandes zuzuschreiben hieße beteuern, daß ich von Natur aus grundanständig sei, und versprechen, nicht mehr abzuirren.

Die rechtsgerichteten Zeitungen hatten nichts Eiligeres zu tun, als die Meldung hinauszuposaunen. »Schwere Anschuldigungen gegen einen Schullehrer«, lautete die Schlagzeile des *Messaggero Veneto* vom 26. Oktober. »Lehrer wegen Unsittlichkeit belangt«, tönte es aus dem *Gazzettino* vom selben Tag. Der Chronist vergaß zum Glück, meinen Ausspruch ganz wiederzugeben. »André Gide, der vor zwei Jahren den Nobelpreis erhalten hat«, hatte ich nämlich zum Amtsrichter gesagt. Die Schamröte darüber, daß ich aus den akademischen Lorbeeren eines meiner Lieblingsschriftsteller einen mildernden Umstand herausgefischt hatte, brennt mir noch auf den Wangen. Die *Unità* wartete drei Tage, bis sie in ihrer Bezirksausgabe einen kurzen Artikel veröffentlichte, in dem man, ohne meinen Namen zu nennen, über den Fall eines Erziehers berichtete, der »bürgerlicher Entartung« beschuldigt wurde. Einfache Warnung, die keine Konsequenzen hatte: Gide, anfangs von der UdSSR begeistert, hatte ihr öffentlich den Rücken gekehrt. Jede Erwähnung des Verräters in der kommunistischen Presse zog einen gewissermaßen rituellen Tadel nach sich.

Am selben Abend klopfte ein Genosse an unsere Haustür: eine Vorladung der Parteigruppe für den Nachmittag des folgenden Tages. Ich hatte ihn unten an der Treppe abgefangen und ihm ein Zeichen gemacht, leise zu sprechen. Meine Mutter, die keine Zeitungen aus Venedig las, wußte noch nichts.

Wie alle die anderen Male, wenn ich mich zur Grundeinheit begab, war ich mit einem Rollkragenpullover und meiner Kunstlederjacke bekleidet. Ich hatte mir in Gedanken eine kurze Rede zurechtgelegt, in der ich meine Zufriedenheit darüber äußerte, daß sich mir die Gelegenheit bot, ein Problem aufs Tapet zu bringen, das bislang in unseren Diskussionen sorgsam ausgespart worden war. Wenn die wirtschaftliche Befreiung des Proletariats unser Hauptziel bleiben sollte, warum dann unser Programm nicht durch die sexuelle Emanzipation des Individuums vervollkommnen? Die Bourgeoisie hatte ihre Macht nicht nur auf die Kontrolle des Privatlebens gegründet, sondern auch auf die kapitalistische Ausbeutung der werktätigen Massen. Polizeimoral in der Familie und Gefängnisstruktur der Fabrik standen einander nicht nach. Dem schloß sich ein Vortrag über den jüdisch-christlichen Ursprung der sexuellen Unterdrückung im Abendland an: Sollten wir, Menschen des Fortschritts und der Zukunft, mitten im zwanzigsten Jahrhundert noch den von Moses erlassenen Geboten gehorchen?

Dieser rhetorische Hinweis schien mir von unwiderstehlicher Wirksamkeit: Ich sah mich schon von meinen Genossen umringt, mit Beifall bedacht, im Triumph in die Mitte des kleinen Lokals getragen, das wegen des sympathischen Durcheinanders seiner Tische und Stühle dem Hinterstübchen der Bar degli Amici im Hause gegenüber glich. Der für Erfrischungen Verantwortliche würde Flaschenbier herumreichen, und die ganze Gruppe würde in ein gewaltiges, brüderliches Gelächter ausbrechen und Carabinieri, Amtsrichter, Beichtstuhltuschler, erzbischöfliche Revolverjournalisten und andere scheinheilige Diener der Kirche zum Teufel wünschen. Voller Optimismus bog ich um die Ecke der hübschen Loggia und strebte dem Eingang zu, so sicher, freundlich empfangen zu werden, daß ich als Ausdruck der Zuversicht das Bedürfnis verspürte, den Reißverschluß meiner Jacke aufzuziehen. Mit freier Brust und freudig schlagendem Herzen trat ich leichten Schritts über die Schwelle.

Was ich erblickte, machte mein Blut erstarren. Keinerlei Unordnung mehr in dem Raum. Man hatte drei Tische an der Rückwand zusammengestellt, um eine Art Tribunal zu schaffen, hinter dem Abgesandte der Bezirksverbände von

Pordenone und von Udine saßen, von denen ich die meisten kaum kannte. Die anderen Tische, gegen die Seitenwände geschoben, dienten als Sitzgelegenheiten für die Mitglieder der Gruppe. Ich merkte sofort, daß viele bei der Versammlung fehlten; unter ihnen einige meiner nächsten Freunde, wie Nuto und Manlio; in dem Zusammenhang fiel mir die ungewöhnliche Zeit der Zusammenkunft auf, denn normalerweise wird sie für den Abend nach dem Essen anberaumt. Ein weiterer Grund zur Verwunderung: die weißen Hemden, die Krawatten und die Sakkos, die die Genossen trugen, ein für den Werktag nicht üblicher Aufzug. Sie zeigten ein ernstes Gesicht und zogen mit stiller Beflissenheit an ihren Zigarettenstummeln. Ich trat bis in die Mitte des Kreises vor, ohne anders begrüßt zu werden als durch ein stummes Kopfnicken der Funktionäre des Bezirks. Meine Gefährten? Manch flüchtiges Lächeln, sofort hinter einer der Situation angemessenen Miene unterdrückt. Lediglich eine Anwältin aus Pordenone, Teresina Degan, die einzige anwesende Frau, schenkte mir einen ermunternden Blick und ein Lächeln. Durch diesen Empfang gewissermaßen versteinert, schloß ich ganz mechanisch meine Jacke und starrte auf einen Fleck auf dem Fußboden; ich stand einsam da wie ein Angeklagter vor seinen Richtern.

Der Genosse, der den Vorsitz zu führen schien, räusperte sich und trommelte nervös auf den Tisch, bevor er das Wort ergriff. Er wiederholte die vom Amtsrichter aufgestellten wesentlichen Anklagepunkte, fragte mich, ob ich die Fakten zugäbe, und erklärte, ohne meine Antwort abzuwarten, daß mein Verhalten die Partei in den Augen der Arbeiter schädige und daß dem Proletariat zu dienen unvereinbar sei mit den Praktiken eines bürgerlichen Lasters. Teresina beugte sich zu ihm hinüber, um ihm etwas ins Ohr zu flüstern. Er schob den Einwand kurz und bündig beiseite und teilte mir mit, daß die Partei entschieden habe, mich auszuschließen. Er forderte mich deshalb auf, meine Mitgliedskarte unverzüglich zurückzugeben und fortan das Lokal nicht mehr aufzusuchen.

Niemand aus der Versammlung äußerte ein Wort zu meiner Rechtfertigung. Sie blickten entweder zu Boden oder folgten den Rauchkringeln ihrer Zigaretten an der Decke.

Die Frau Anwältin biß sich auf die Lippen. Was mich betrifft, so kramte ich, unfähig, mich eines einzigen Wortes meiner vorbereiteten Rede zu erinnern, in meinen Taschen und suchte meine Mitgliedskarte, die ich schließlich dort fand, wo ich zuallererst hätte nachschauen müssen: an dem gewohnten Platz in meiner Brieftasche. Ich trat einen Schritt vor und legte sie vor den Vorsitzenden hin. Er wollte sie gerade zerreißen, als Teresina Degan sie mit einer brüsken Handbewegung an sich nahm und das kleine Paßfoto heraustrennte; dann gab sie ihrem Nachbarn das blaue Papprechteck zurück. Der Bezirkssekretär, gereizt durch das Eingreifen seiner Kollegin, zerfetzte es in tausend Stücke, während sie mir die Fotografie mit einem unendlich gütigen Lächeln über den Tisch reichte und mir mit einem Zeichen bedeutete, sie wieder in meine Brieftasche zu stecken.

Generalprobe zu dem, was sich kurz danach zu Hause abspielte. Ich weiß nicht, wie der Artikel im *Gazzettino* meinem Vater unter die Augen gekommen war. Schreien und Toben auf dem Podest – es war das erstemal, daß man ihn seit seiner Rückkehr aus Afrika wieder hörte: Ich entehre seinen Namen! Wozu gebe es denn überhaupt Gefängnisse? Zu Zeiten Mussolinis hätte so etwas nicht passieren können! Und andere mit seiner wiedergefundenen Hauptmannsstimme herausgebrüllte Liebenswürdigkeiten.

Nachdem er alle nur möglichen Beschimpfungen und Flüche gegen seinen »Scheißbastard« in das Treppenhaus gebrüllt hatte, schloß er sich in seine Mansarde ein und weigerte sich, zum Abendessen herunterzukommen. Mama mußte es ihm auf einem Tablett hinaufbringen und vor der Tür abstellen. Zu mir sagte sie nichts Besonderes, aber um zu vermeiden, daß ihr Schweigen wie ein Vorwurf aussah, verwöhnte sie mich an den Folgetagen doppelt und dreifach, indem sie mir meine Lieblingsgerichte kochte und sich wie in meiner Kinderzeit an mein Bett setzte. Ich las recht wohl in ihren von Liebe und Kummer geweiteten Augen, daß das Bild ihres Sohnes in ihrem Herzen ohne Makel blieb, welche Fehler mir die Welt auch anlasten mochte.

Auf ebendiese Weise haben die Menschen mein ganzes Leben lang versucht, mein Image zu vernichten und meine physische Ausschaltung durch symbolische Tötungen vorzubereiten; und stets hat mir, wie im Evangelium, eine mitfühlende Frau ihren unveränderten Blick und ihr unverändertes Lächeln geschenkt, einem Spiegel gleich, in dem ich meine Züge wiedererkennen, zu meiner Identität zurückfinden und mein Selbstvertrauen wiedergewinnen konnte. Ich bin unter den Autorädern gestorben mit der Gewißheit, daß mein im Kampf mit meinem Mörder verunstaltetes und entstelltes Gesicht im Herzen meiner Mutter und meiner Tanten wie auf einem unvergänglichen Schweißtuch eingeprägt sein würde.

Aus der Partei ausgeschlossen, verunglimpft, öffentlich gebrandmarkt, quälte mich nun eine ganz andere Angst: Würde ich im Schulamt bleiben dürfen? Würde man mich auch aus dem Lehrberuf jagen? Die Ferien zu Allerheiligen gewährten mir drei Tage Aufschub. Am 4. November mußte ich in meiner Eigenschaft als Vizepräses der schulischen Einrichtungen von Valvasone in einer Rede des Waffenstillstandes von 1918 gedenken. Schwere Kämpfe hatten das Friaul in den drei Kriegsjahren ausbluten lassen. Während ich die Tapferkeit und die Ausdauer der italienischen Soldaten würdigte (die Großväter einiger meiner Schüler hatten auf dem Karst den Tod gefunden), warnte ich gleichzeitig meine jungen Zuhörer vor Phrasen wie Vaterlandsliebe und vor übertriebenem Nationalismus. Ein Satz, den ich nicht vorgesehen hatte und den ich beiläufig hinzufügte, zielte auf den Plan der Gemeinde, das von den Deutschen in die Luft gesprengte Kriegerdenkmal auf der Esplanade in größerem Maßstab und mit Hilfe von staatlichen Zuschüssen zu rekonstruieren.

»Gebt acht« (eindeutige Anspielung auf die unlängst hierher abkommandierten Polizeiverstärkungen zur Niederwerfung des Tagelöhneraufstandes), »denn die Regierungen haben um so mehr Interesse, die Toten zu ehren, als sie einen um so ungerechtfertigteren Druck auf die Lebenden ausüben können.«

Diese wenigen Worte wurden vom Präses als »deplaziert«, von meinen kommunistischen Kollegen als »unpassend« und vom restlichen Lehrkörper – Christdemokraten, Republikaner, Liberale – als »beleidigend« bezeichnet. Das Murren schwoll zum Vorwurf an, obwohl die Unruhe auf das Gebiet zwischen Casarsa und Valvasone begrenzt blieb. Diese Angelegenheit hatte keine unmittelbare Auswirkung noch irgendwelchen Einfluß auf den höheren Orts schon seit mehreren Tagen gefaßten und dem Betroffenen am Abend des 6. November durch den Hausmeister der Bezirksinspektion zugestellten Beschluß: Der Lehrer P. P. P. wurde durch ein noch »schwebendes Verfahren« (das ein Jahr später mit einer Niederschlagung endete) von seiner Lehrtätigkeit entbunden und ohne Besoldung entlassen.

Eine in finanzieller Hinsicht katastrophale und moralisch grausame Bestrafung. Mein einziger Trost war der Gedanke, daß meine Familie, meine Freunde, diejenigen meiner Kollegen, an denen mir gelegen war, sowie die Menschen im allgemeinen (Bauern, Geschäftsleute, Handwerker), mit denen ich weiterhin auf gutem Fuß zu stehen wünschte, meine Entlassung eher einem »edlen« Motiv zuschreiben könnten (meiner unerschrockenen Polemik gegen die neofaschistische Betonung der patriotischen Gedenkfeiern) als den im Protokoll der Carabinieri enthaltenen anstößigen Einzelheiten.

Wenn ich erlebte, mit welcher Herzlichkeit zahlreiche meiner ehemaligen Parteigenossen die Straße überquerten, um mir die Hand zu schütteln und mich zu meiner politischen »Courage« zu beglückwünschen, dann begriff ich, daß sie Erleichterung verspürten, sich sagen zu können, daß sie zwei Jahre lang mit einem künftigen »Märtyrer« zusammengearbeitet hatten und nicht mit einem der Verführung Minderjähriger angeklagten Abartigen.

Der politische Skandal deckte den sexuellen Skandal zu und verwischte ihn. Ich habe damals gelernt und seitdem festgestellt: Sosehr dieser, überall und immer, seinem Urheber Verdammnis einträgt und ihn mit Schimpf besudelt, so sehr ist jener gut für einen Glorienschein. Nuto, der mich seit dem Tage meines Parteiausschlusses gemieden hatte, warf sich mir in die Arme, kaum daß die Maßregelung durch den Bezirksinspektor ruchbar geworden war. Er erinnerte mich an unsere Unternehmungen gegen die Villa Pignatti und gegen das Schloß der Spittalbergo. Wie glücklich er doch schien! Und nicht minder begeistert, sich mit dem Kampfgefährten von Gruaro und von Bagnarola wieder solidarisch zu fühlen, denn beim Lesen des Zeitungsartikels aus dem *Gazzettino* hatte er die Fassung verloren.

Ich war es, der als erster reagierte und diese Komödie angewidert ablehnte. Was denn! Nachdem ich die Gelegenheit versäumt hatte, vor dem Amtsrichter das Recht zu fordern, der zu sein, der ich war, verleugnete ich mich ein zweites Mal, kroch in mich zusammen wie ein verschämtes Mädchen, entzog mich feige meiner Pflicht, meinen Standpunkt vor aller Welt zu vertreten! Welch finstere Macht hatte mir, während ich meine Rede hielt, diesen kurzen Satz über das Kriegerdenkmal eingeflüstert, wenn nicht der stille Wunsch, einen »ehrenwerten« Abgang zu haben, »erhobenen Hauptes« abzutreten und den Skandal auf ein Gebiet zu lenken, auf dem ich sicher war, die Achtung meiner Freunde zurückzugewinnen? Sie beglückwünschten mich zu meiner Courage: Verblendung oder Schmeichelei? Ich hätte hundertmal ihre Geringschätzung verdient, ich, der ich mich, nicht eingedenk meiner Vorstellungen von einem »archaischen« und »heidnischen« Friaul und meinem Glauben an die Unschuld der Liebe, »einerlei welcher Liebe«, abschwörend schuldig bekannte und beim ersten schweren Schlag meinen Grundsätzen untreu wurde.

Hätte ich dem Prozeß von Valvasone um jeden Preis einen politischen Charakter geben wollen, hier, was sie aus meinem Munde zu hören bekommen hätten: »Die Partei schließt mich ausgerechnet zu dem Zeitpunkt aus, da sie bei den politischen Wahlen ein Debakel erlebt hat, da die aus der Widerstandsbewegung geborenen Illusionen zusammengebrochen sind, da die Democrazia Cristiana die absolute Mehrheit erreicht, da sich das Dreiparteiensystem von 1945 in Rauch aufgelöst hat, da sich der kalte Krieg zugunsten der Vereinigten Staaten wendet. Ohne die Bedeutung zu überschätzen, die man dieser Gleichzeitigkeit beimessen kann, laßt mich euch fragen, ob sich eine Partei, die sich eine Partei der Linken nennt und von sich behauptet, sie wolle die Menschheit von ihren jahrhundertealten Fesseln befreien, dabei aber noch den in der Bibel hinterlassenen Moralgesetzen gehorcht, nicht in verhängnisvoller Weise auf dem besten Weg ist, neue Rückschläge zu erleiden. Ist das Zusammentreffen eurer gegenwärtigen historischen Niederlage und des eurem Genossen P. P. P. zugestoßenen Mißgeschicks nicht nur ein Zufall?«

Aber viel zu feige, zum Gegenangriff gegen die Kommunisten vorzugehen und sie in Widerspruch zu sich selbst zu bringen, nahm ich, ohne mit der Wimper zu zucken, die Komplimente Manlios und seiner Freunde entgegen, die aus Rosa herbeigeeilt waren, um dem »Opfer neofaschistischer Repression« ihre Unterstützung zu bekunden. Würde ich mich zu meiner Rechtfertigung auf die veränderte Haltung der Bewohner von Casarsa berufen? Meine faule Ausrede von der Ansprache täuschte ihren beschränkten, aber pfiffigen Verstand nicht. So ging *dottor* Moiana, Anwalt in Codroïpo, an mir vorüber, ohne seinen mit einer Hahnenfeder verzierten grünen Tirolerhut zu ziehen. Manlios Onkel, der mir vor dem Stall der Campesis mehrfach seine Grappa-Flasche hinter dem Rücken der Frauen angeboten hatte, vergaß, mir die Hand zu schütteln, wenn wir uns beim Bäcker trafen. In der Hauptstraße paßte man jetzt auf, wann ich auftauchte. Zwischen den Karren hindurch wies man mit dem Finger auf mich. Mein Vater in seinem Taubenschlag tobte nach wie vor. Er weigerte sich, zu den Mahlzeiten zu erscheinen.

An dem Tag, da die Mutter einer Familie, als sie mich vom Land kommen sah, schleunigst ihre beiden Jungen, die vor der Tür spielten, zu sich rief und sie ins Haus sperrte, erkannte ich, daß ich nicht länger hierbleiben konnte. Mittellos, uneingeschränkt meiner Mutter auf der Tasche liegend, von der bürgerlichen Gesellschaft gemieden, einige Freunde der Linken nur noch auf Kosten von Heuchelei bewahrend, dem Mißfallen des Ortes ausgesetzt – wohin sollte ich fliehen? Wo mich verstecken? Meinen Entschluß faßte ich eines Abends, als ich Mama weinend antraf, weil zwei ihrer Kolleginnen den Bürgersteig gewechselt hatten, um sie nicht grüßen zu müssen. »Ziehen wir fort«, sagte ich zu ihr. »Vertrauen wir Vater den Tanten an und gehn wir weg.« Wenn schon aus dem Paradies verjagt, dann es auch wirklich verlassen, ohne unseren Feinden die Genugtuung zu geben, auf dem Gesicht Mamas die Furchen zu zählen, die ihre Tränen einkerbten.

Schnee bedeckte die Felder, es war zum Steinerweichen kalt an dem Morgen, da Mama, bekleidet mit ihrem Kaninchenfellmantel, in dessen nach Kampfer riechende Falten ich als Kind so oft geniest hatte, geschmückt mit ihrem Amethystkollier und ihren Alpakaohrringen, am Arm eine Tasche, die ihre Ersparnisse enthielt, mit mir in den Zug nach Rom stieg. Gino Colussi, mein Onkel, ein Gebrauchtwarenhändler im alten Ghetto der Hauptstadt, würde uns helfen, eine Unterkunft und eine Anstellung zu finden.

Der Bruder als Köder und die Aussicht auf anständige Lebensbedingungen genügten vielleicht, Mama zu locken. Was mich betrifft, so trugen der Mythos der Großstadt, günstig für zahlreiche Begegnungen, der Vorteil, den eine anonyme Masse stets den einsamen Jägern bietet, die feste Hoffnung, mich in der Stadt von Petronius und Julius II., von Michelangelo und Sandro Penna nicht mehr verstecken zu brauchen, das Verlangen, die letzten Jahre meiner Jugend in den Tag hineinzuleben, und der damals einsetzende Zustrom der Einwanderer aus dem Süden Italiens, der kräftige, gutgebaute, amoralische, willfährige Burschen herbeiführte, dazu bei, meine Wahl zu bestimmen. Nicht länger mit ihrer Heimatpfarrei verwurzelt, würden sie nicht mehr wie meine Petze von Valvasone unter dem Einfluß ihres Seelenhirten stehen.

Warum habe ich nicht mehr Wagemut bewiesen und bin auf meiner atemlosen Fahrt nach Süden nicht durch Roma Termini hindurchgebraust! Ich war aufgebrochen, ein neues Paradies zu suchen, das mir das meiner Jugend und die endgültig verlorene Utopie des Tagliamento ersetzen sollte; ich ahnte nicht, daß ich den größten Fehler meines Lebens beging, indem ich zweihundertunddreißig Kilometer zu weit nördlich haltmachte, im Vertrauen darauf, daß der schmutzige Tiber den himmlischen Garten bewässerte.

2

22

Rom 1950. Stadt der Behörden und der Legislative. Allenthalben, Ordnungsrufen gleich, berühmte Denkmäler: das Kolosseum, das Pantheon, der Petersdom, die Engelsburg. In der Nähe des früheren Ghettos, wo ich mein erstes Zimmer nahe der Wohnung hatte, von der mein Onkel meiner Mutter zwei Zimmer abtrat, reckten ringsum das Teatro Marcello, das Kapitol des Michelangelo und das Mausoleum Viktor Emanuels in dreifacher Mahnung ihre erhabenen Mauern auf. Die drei Roms, das der Antike, das des Papsttums und das der Einheit, hatten sich verbündet, mich zu erniedrigen.

Die abgerundete Form herrscht vor: das Oval des Kolosseums, die Ellipse der Piazza Navona, die hemisphärischen Kalotten der Kuppeln, die Zangenarme des Petersplatzes, der Kreis der Piazza del Popolo. Da der Kreis ein Zeichen der Vollkommenheit ist, schließen ein krummer Platz oder ein gebauchtes Dach das menschliche Element aus. Ich, der Irreguläre par excellence, ich fand mich hineingestoßen in ein Universum von Regeln und Vorschriften. Ich hatte das Friaul verlassen, eine Welt der Natur, in der jede Pflanze, jedes Insekt ein Wesen für sich ist, das keinem anderen gleicht; und ich geriet unter die Macht eines Willens, die jeden Unterschied zwischen den Individuen ignoriert.

Titus, Septimius Severus, Konstantin hatten mir Bögen hinterlassen, Trajan eine runde Säule, Maxentius die Tonnengewölbe einer Basilika, Agrippa eine Kassettenrotunde, Augustus und Hadrian Rundgräber, Julius II. die größte Kuppel der Christenheit, Clemens VIII. die Kupferkugel, die sie überragt, Bernini eine kreisförmige Kolonnade, der Sozialist Giolitti die Piazza Esedra, der Faschist Mussolini das

Stadion des Foro Italico. Von Zeitalter zu Zeitalter, von Regierung zu Regierung wiederholten die gleichen Symbole die gleichen Verpflichtungen: Gehorchen! Verboten, einen Zollbreit abzuweichen. Hier hat Ordnung zu herrschen. Das dritte Rom verfügt nicht mehr, um die Welt zu erobern, über behelmte Legionen wie das erste und auch nicht über missionierende Prälaten wie das zweite, aber es erhält sich die Mittel, den auszuschalten, der nicht spurt.

Welche Einfalt, wirst du sagen, die allgemeine Oberaufsicht einer Stadt anzuvertrauen, die man seit dem *Satiricon* als eine Lasterhöhle, als einen Sumpf der Korruption beschreibt! Dante hat nicht erst Fellini abgewartet, um ihre Skandale anzuprangern. Die Amphitheater der Lateiner nahmen schon lange vor ihrem Verfall die Ausschweifungen der Nachtschwärmer unter ihren Bögen in Schutz. Noch unter dem Schock des Prozesses, krank von unserer Flucht, Zeuge des stummen Leids von Mama, vergaß ich, daß ich mich, auf Petronius und auf Aretino vertrauend, entschieden hatte. Anfangs sah ich in Rom nur die Urbs, die Hauptstadt par excellence, die zur Zeit des Imperiums in alle vier Himmelsrichtungen ein Netz von Straßen und Befestigungen über Europa gespannt hatte, so wie sie es anschließend verstanden hat, den größten Teil der westlichen Welt dem Throne des heiligen Petrus zu unterwerfen. Und bis in unsere Tage hat diese Stadt die absolute Kontrolle über das italienische Territorium behalten, ohne irgendwelche Meinungsverschiedenheiten zu dulden, so daß ihr selbst das, was in einem Beichtstuhl in Valvasone am anderen Ende der Halbinsel geflüstert wurde, die Gelegenheit gab, einen Lehrer an einer weltlichen Schule zu entlassen, seine Karriere zu zerstören und ihn ins Exil zu zwingen.

Ich habe Pius XII. nicht ausstehen können. Seine zerbrechliche Gestalt, sein abgezehrtes Gesicht, zur Genüge auf den Medaillen des Heiligen Jahres abgebildet, bewiesen klar und deutlich, daß ein Papst seinen Einflüß und seine Macht nur aus dem Empfinden schöpft, der Erbe sowohl des Moses wie auch des Augustus zu sein und in seiner Person die Autorität des Propheten und das Prestige der Kaiser zu vereinen. Dafür gibt es als Ausgleich einen, der mir sehr gut gefiel: Urban VIII., und zwar, weil er auf allen zu seinem

Ruhm errichteten Denkmälern Bienen anbringen ließ. Plastisch hervortretende Bienen auf den Brunnenbecken, in Stein gehauene Bienen am Giebel von Kirchen, in die Wappen seines Baldachins eingeschnitzte Bienen, an die Decke seiner Zimmer gemalte Bienen. Ätherische Ballette Nektar sammelnder Hautflügler, bezaubernde Erinnerung an die Felder, über die er als Kind gelaufen war, bevor er sich das Gewicht der Tiara auf die Stirn drückte. Selbst sein Grabmal im Petersdom ist mit kleinen Honigfliegen besät, die aussehen, als hätten sie sich rein zufällig dorthin gesetzt, lebhaft summend, unstet, bereit, wieder fortzufliegen. Merkwürdiges Schmuckelement, wenn er damit die Größe seines Pontifikates andeuten wollte. Noch absonderlicher und von einem Humor, der hoffentlich beabsichtigt war, fand ich diesen Einfall, das ewige Schweigen des Todes mit dem Vibrieren der ohne Unterlaß beschäftigten Insekten zu verbinden.

Mir nach und nach ein Herz fassend, versuchte ich im Laufe meiner Streifzüge zwischen dem Tiber und Trinità dei Monti Anhaltspunkte für ein Anti-Rom zusammenzutragen, das der Jagd nach dem Glück holder ist als das offizielle und beherrschende, in seiner Rolle als *Caput Mundi* erstarrte Rom. Die Fassade des Palazzo Farnese zum Beispiel stieß mich ab wegen ihres massiven Aussehens. Ich hatte den Eindruck von einem fertigen, vollendeten, endgültigen Bauwerk, das errichtet worden war, um mir die Idee einzubleuen, daß es von Dauer und unveränderlich sei. Ein Bauwerk für die »Ewigkeit«, vor dem ich mich als stiller Bewunderer nur ruhig, respektvoll und unterwürfig verhalten konnte.

Begab ich mich dagegen auf die Piazza Navona, dann begriff ich, daß die ungeeignetste Art, die wellige Fassade von Sant'Agnese zu würdigen, die wäre, mich vor sie hinzustellen und sie regungslos zu betrachten. Ich mußte vielmehr auf und ab schreiten, um die Details der Türme und der Dachreiter, den Schwung der gebogenen Sparren, die Auskragung der Wandpfeiler, die erhabene Arbeit der Gesimse, die Flucht der Gitterstäbe, die tausend Überraschungen zu entdecken, die durch die veränderten Perspektiven zutage traten. Das Gebäude bewegt sich in dem Maße, in dem ich selbst meinen Standort wechsle, jeder Schritt führt mich zu einem neuen Blickwinkel des Ganzen. Niemals ein globales und einmaliges Bild, sondern verschiedenartige, immer wieder andere Teilansichten. Eine Architektur, die nicht nur verlangt, daß meine Augen schauen, sondern auch, daß sich mein Körper von der Stelle rührt. Ich hätte diese Konstruktion gern mit dem Attribut kinematographisch in Verbindung gebracht, denn die einzige Möglichkeit, ein solches Übermaß an Anblicken zu erfassen, war, die Kirche nicht von vorn oder von einer Seite zu fotografieren, sondern sie in einer Folge von Aufnahmen, von Gegeneinstellungen und lateralen Kamerafahrten zu filmen.

Während ich den Kramladen meines Onkels, vollgestopft mit alten Möbeln und eingestaubten Büchern, durchstöberte, stellte ich fest, daß ich mich unterschwellig (Roberto Longhi hatte es vermieden, mit uns darüber zu sprechen) für die Kunst zu begeistern begann, die Barock genannt wird, abgeleitet von dem Wort »barroco«, das in portugiesisch »unregelmäßige Perle« bedeutet. Worüber könnte ich mich beklagen? Dieser Stil war Anfang des siebzehnten Jahrhunderts in Rom aufgekommen. Wenn er seinen Namen einer fremden Sprache aufdrücken mußte, so deshalb, weil er der imperialen Tradition der Urbs allzu vermessen Trotz bot.

Das gleiche Entzücken vor der Fontana dei Fiumi der Kirche gegenüber. Der kaum behauene Fels wahrt die rauhe Ursprünglichkeit einer Gebirgsgrotte, die dem menschlichen Willen nicht unterworfen worden ist. Allenthalben zahlreiche lebende Pflanzen- und Tierarten, die auf gut Glück zwischen den Travertinblöcken ausgesetzt wurden, ahmen die Launen der Natur nach. Gleichgültig, welche Pflanzen: ob die Palme aus Borneo oder der Kaktus aus Madagaskar. Gleichgültig, welche Tiere: ebenfalls die exotischsten, die am wenigsten empfänglichen, sich dem Gesetz Roms zu beugen. Der Wüstenlöwe, das Seepferdchen, das indische Gürteltier. Seltsame Flora und Fauna aus Afrika und aus Asien, ebenso rebellisch gegen die Autorität der Caesaren wie gegen die christliche Predigt. Und das Wasser, das aus tausend Löchern hervorquillt und über diese Ansammlung von Formen rinnt, von denen die eine eigenwilliger ist als die andere, verstärkte meine Vorstellung von einer zufälligen, unvollendeten, beweglichen, planlosen, unbeständigen, nicht unbedingt notwendigen Anhäufung, der Bernini ganz nach Belieben ebenso viele Einzelheiten hätte hinzufügen wie wegnehmen können.

In dem Maße, wie es mir gelang, mich von der schrecklichen Erinnerung an Valvasone zu befreien, fand ich mehr und mehr Gefallen an einer Menge von exzentrischen Kuriositäten, wobei ich mich wunderte, am Sitz der Weltreligion einen Aspekt anzutreffen, der im Endeffekt weit weniger streng war als in Städten wie Bologna oder Florenz. Allenthalben sah ich das Bemühen um das Schönheitsideal in Schach gehalten; den Traum, die Welt durch ein starres und eisernes Gesetz zu regieren, verneint und verhöhnt. Umkehrungen eines solchen Bestrebens schienen mir die an die Kirchendecken gemalten schwindelerregenden Firmamente; die fischschwänzigen Pferde der Brunnen; die Borrominische Spirale, die sich, von einer stetigen Bewegung beseelt, ohne Ende immer wieder zur Spitze der Kuppel von Sant'Ivo della Sapienza emporwindet, wie eine von einem Luftzug erhaschte Flamme. Und was soll man sagen zu jener Heiligen im Hintergrund einer Nische, die einer Opernloge ähnelt, deren Ekstase nicht die mythische Freude ausdrückt, eins mit Gott zu sein, sondern die vorübergehende Erregung angesichts des schönen Engels, der sich anschickt, sie mit seinem Spieß zu durchbohren? Oder zu der Daphne in Villa Borghese, dem jungen Mädchen, das sich zusehends in einen Lorbeerbaum verwandelt, um den Nachstellungen Apolls zu entfliehen, der ersten Statue der Welt, bei der es gelang, die Fabel Ovids in Marmor umzusetzen? Bis dahin schätzte man nur die Maler, die imstande waren, den Augenblick der Metamorphose, die flüchtige Sekunde darzustellen, in der die Füße der Jungfrau zu Wurzeln wurden, in der sich ihr Körper in die Hülle einer holzigen Rinde verhärtete, ihre Finger sich zu Blättern verlängerten und ihr Haar sich zu Ästen verzweigte.

O Heimweh nach dem Friaul! Dachte ich wirklich an die griechische Nymphe? Mit ihrem lichtumfluteten Antlitz, ihren um Beistand flehenden ausgestreckten Armen und ihren schreckgeweiteten Augen erinnerte sie mich an die kleine Aurelia meiner Kindheit an dem Tag, an dem sie beinah ertrunken wäre. Ebenso wie ich in dem surrealistischen Elefanten, der mit einem Obelisken auf dem Rücken auf der Piazza Minerva stand, das Modell dessen aus Catania wiedererkannte, den jener geheimnisvolle Kamerad als Medaillon um den Hals trug, der mir in der Nacht, in der die Glühwürmchen so hell leuchteten, half, in der Nähe von Pisa aus dem deutschen Zug zu entkommen.

Wallende Faltenwürfe, Bronzewirbel, Stuckverrenkungen, Entfaltung von Voluten, Zurschaustellung von Muscheln, Cherubine mit Trompeten, schwindelerregende Frauen, Rüsseltiere: oje, dieses ganze wollüstige Pathos von Spiralen, von Strahlen, von Wogen, von Vergoldungen, von berauschenden Blütenmeeren war nichts anderes gewesen, ich mußte es bald eingestehen, als ein Propagandainstrument im Dienst der Päpste; ein Mittel, um die Gegenreformation mit plastischen Argumenten, die das Gemüt bewegen, zu unterstützen; ein Trick, der die Prälaten der Treue des Volkes versicherte, indem man es von Wunder zu Wunder führte. Der Mönch aus Wittenberg konnte wohl mit der Doktrin des Heils durch den Glauben winken und die Rückkehr zur biblischen Lauterkeit predigen, der Sieg würde bei den Gipsheilanden, den ohnmächtigen Heiligen, den zwielichtigen Engelchen, den trügerischen Augenwischereien, den Orgien aus Marmor, den Exzessen von Schnörkeln bleiben, bei denen die Seele rettungslos in Verwirrung gerät.

Die Bücher, die ich in der Hinterstube meines Onkels verschlang, ließen mir keinen Zweifel mehr. Bernini – ein Außenseiter, ein Freibeuter? Während seiner legendären Reise nach Frankreich hatte er sich erlaubt, Ludwigs XIV. Mißfallen wegen eines Standbildes zu Pferde zu erregen, das die Reitkünste des Souveräns nicht in ausreichender Majestät zeigte. Sei's drum! Aber als er sich in Rom befand, da gehorchte der Bildhauer und Architekt, ein fügsamer Untertan, seinem Herrn und Gebieter. Er hat für drei Päpste gearbeitet, deren Befehle er ausführte. Die berühmten Bienen am Grabmal Urbans VIII., die ich für die Revanche der Natur über die Macht, des Augenblicks über die Ewigkeit, den dem Gesetz gestohlenen Teil der Phantasie gehalten hatte, waren nichts anderes als ein heraldisches Symbol, das Emblem der Familie Barberini, der dieser Fürst entstammte. Der Baldachin von Sankt Peter, fertiggestellt in demselben

Jahr, in dem das Inquisitionsgericht Galilei verurteilte, diente dazu, trotz der Extravaganz seiner raupenförmigen bronzenen Verzierungen die dogmatische Strenge der Kirche zu stärken.

Alles, was in der barocken Verschnörkelung an Absonderlichem, an Phantastischem, an den Regeln Widersprechendem vorhanden ist, entsprach der politischen Absicht, die Massen durch die Demonstration eines Reichtums und einer Macht zu erstaunen und zu verführen, die unwiderstehliche Waffen gegen die Kasteiung der Lutheraner sein sollten. Dieser Stil, den ich wegen seiner nicht schulgemäßen, aufrührerischen, herausfordernden Seite geliebt habe, entpuppte sich dagegen als der Hüter der Orthodoxie. Diese Überladungen, diese Überraschungen, dieser Luxus an unerwarteten Details, diese unerhörte Ausschweifung an Erfindungen, all das gehörte zum Plan eines überlegenen Willens.

Welche Enttäuschung! Zum Glück blieb mir mein Lieblingsplatz, ein Ort, der sich jeder doktrinalen Lesart mit Haut und Haaren widersetzte. Ich kam auf die Piazza di Spagna, die unsymmetrischste der ganzen Welt, die unvermutetste, die verrückteste, so etagenartig in mehreren Ebenen angelegt, mit der Treppe, die sich zu vertändeln scheint, die sich erweitert, wieder verengt, eine Pause einlegt, wieder zu steigen beginnt, ohne Hast, ohne Ziel, eine Promenadentreppe, die ein Selbstzweck ist im Gegensatz zu allen anderen Treppen der Welt, die die präzise Aufgabe haben, von einem Punkt zum anderen zu führen. Sie ist ständig von einer Menge von Flaneuren und Müßiggängern belagert, ein Freilichttheater, das zu jeder Tages- und Nachtzeit geöffnet ist.

Ich setzte mich auf die Stufen zwischen den Schnürsenkelverkäufer, die Blumenfrau und den Saubohnenröster. Die Vögel piepsten in den Bäumen, die Kinder spielten Morra, der Laufbursche aus der Espressobar sprang, sein Tablett auf einer Hand balancierend, immer drei Stufen auf einmal hinauf, ohne einen Tropfen zu vergießen.

Ein dunkelhaariger junger Mann, das Gesicht von einer tiefen Narbe durchfurcht, versuchte, mir mein Päckchen *Nazionali* zu stibitzen. »Mit mir nicht«, sagte ich und bot ihm eine Zigarette an. Er erzählte mir, daß er in *Schuhputzer* mitgewirkt hatte. Der älteste der beiden Burschen, nach denen der Film benannt war, das war er: Ramon, Sohn spanischer Eltern. Der große Schimmel hatte ihm einen Hufschlag ins Gesicht versetzt. De Sica hatte ihm eine Entschädigung zugesichert, und er wartete seit vier Jahren auf die versprochene Million.

»Glaubst du, daß sie zahlen werden?«

»Aber sie haben es doch geschworen!« schrie er, ein wildes Leuchten in den finsteren Augen, die Faust geballt, als krallte er sie um die Navaja seiner Vorfahren.

Unter dem Gesims des Hauses, in dem der Dichter John Keats gewohnt hatte, rauchten wir die Schachtel leer. Ein Monsignore, die Soutane bis zum Hals zugeknöpft, die Augen starr auf sein Brevier geheftet, stieg die Treppe in schräger Richtung hinunter. Der Gepäckträger des Hotels Hassler, einen roten Pompon auf seiner blauen Mütze, einen Hutkarton unter jedem Arm, trabte hinter einem weiblichen Gast her.

»Rätst du mir zu dem Schwarzkittel oder zu der dummen Gans?«

Bevor ich ihn zurückhalten konnte, hatte er sich unter die Menge gemischt. Ich sah, wie er den Geistlichen anrempelte, der mit Müh und Not seine Brille auffing, ohne zu bemerken, daß die goldene Armbanduhr, die er am Handgelenk trug, ihren Besitzer wechselte.

Am Fuße der Treppe schien der Brunnen, wegen seiner Form eines halb gesunkenen Schiffs *barcaccia* genannt, tatsächlich abzusacken, denn das Wasser flutete über seine flachen Ränder. Offenkundige Herausforderung an den Sinngehalt von Bestand und Beherrschung, das Gegenteil der Pariser Devise *Fluctuat nec mergitur*, Symbol für Ungewißheit und Risiko. Rom hatte ein für allemal seine Absage an *Du bist Petrus, der Fels, und auf diesen Fels werde ich meine Kirche bauen* zum Ausdruck bringen wollen. »An Bord« eines schwankenden Bootes, jeden Augenblick vom Untergang bedroht, das war das Los von uns allen, von uns Bewohnern dieser Stadt, die wir im unverhofften Schiffbruch der Urbs und ihrer Hegemonieansprüche einen Anlaß fanden, unsere Handlungsfreiheit wiederzuerlangen, und an den Zufall zu glauben, an das Unvorhergesehene, an die Chance. Auch alles, was Rom an Filous, an Prostituierten, an Straßenhändlern, an Parasiten aufzuweisen hatte, versammelte sich gern auf den Stufen der Piazza di Spagna; zweifellos der einzige Ort, an dem Ramon, der keine andere Anschrift hatte, den magischen Augenblick abwarten konnte, da die Alfa Cinematografica Manna auf sein Haupt herabregnen lassen würde; das würde ihm dann endlich erlauben, in einem Bett zu schlafen, seine Mutter in Katalonien anzurufen und seinen Hunderten von Freunden mit einer typisch iberischen Geste des Stolzes und des Pomps die Tausende von Zigaretten zurückzugeben, die er von ihnen geliehen hatte. Darauf beschränkte sich sein Traum vom Überfluß, den er dadurch betrog, daß er von kleinen Diebstählen lebte.

Indessen, ich mußte ein weiteres Mal meine Hoffnungen herunterschrauben. Die allgemeine Architektur des Platzes gehorcht einem genauen Gesetz, und dieses Gesetz offenbart eine theozentrische Ansicht des Universums, die Abenteuer und Überraschungen ausschließt.

Die Brunnen Roms, die man für reiner Phantasie entsprungene »Kapricen« halten könnte – Fontana delle Tartarughe, Fontana delle Api, Fontana dei Fiumi, Fontana di Trevi, Fontana del Moro, Fontana del Tritone –, haben an Römischem nur den Namen. Rom ist die Königin der Welt wegen seiner Quellen. Die Stadt liegt in einer feuchten Umgebung. Sie schwimmt gleichsam auf Grundwasser, auf einem immensen Reservoir von Fruchtwasser, aus dem die Menschheit schöpft. Wenn das abgesackte Becken der *barcaccia* an allen Ecken und Enden leckt, so deshalb, weil dieser Brunnen von den zahlreichen Fontänen, die zwischen dem Pincio und dem Palatin sprudeln, am beredtesten die Ursprünge des Lebens aus dem Wasser, die Rolle des Wassers im Geheimnis der Geburt ins Gedächtnis ruft.

Ob die Bitterwässer aus Grottenspalten hervorquellen, ob sie aus dem geriefelten Fächer einer bauchigen Muschel perlen, ob sie aus dem Mundstück einer Trompete fließen oder aus dem hornigen Maul eines Delphins spritzen, sie tränken, säugen, wiegen, wickeln und schläfern die Stadt ein. Wegen des regelmäßig plätschernden Geräuschs, wegen des friedlichen Rhythmus seines Strahls weckt jeder Brunnen eine nostalgische Erinnerung. Der *barcaccia*, dem Nonplusultra aller Brunnen, entströmt ein ewiger Klagelaut. Die Reminiszenz an diese innere Musik ist der kostbarste Schatz für jedes menschliche Wesen.

Aber hat es erst einmal die erforderliche Zeit in der schützenden Hülle verbracht, ist es erst einmal ausgetragen, gehätschelt, bemuttert worden, dann muß es in die harte Lehre des Lebens gehen: dazu lädt die Treppe ein, die beginnt, sobald es den Fuß aufs Trockene gesetzt hat. Diese Treppe überläßt ihm, im Gegensatz zu allen anderen bekannten Treppen, die Wahl zwischen mehreren Möglichkeiten: Es kann sie auf der rechten oder auf der linken Seite benutzen oder schräg von der einen zur anderen und auch im Zickzack hinaufsteigen. Dabei trifft er auf mehrere kleine Zwischenabsätze und auf halber Höhe auf eine große und breite Terrasse mit einer Balustrade, von der aus er den zurückgelegten Weg betrachtet, es sei denn, er schaut lieber nach oben, um die Mühe abzuschätzen, die noch vor ihm liegt. Kurz, diese Treppe, Allegorie des menschlichen Daseins, überläßt es ihm, seine Route festzulegen, indem er sich für den Aufstieg entscheidet, der ihm zusagt, ebenso wie für den Ort und die Dauer seiner Etappen. Aber als Allegorie des christlichen Lebens zwingt sie ihn zu ständiger Anstrengung, zum Streben, und zwar des sündigen Leibes nach Gott, der Seele nach ihrem Erlöser.

Wenn er dann am Ende der Stufen auf der obersten Plattform steht, was sieht er? Einen Obelisken. Keine sinnlose exotische Marotte hat ihn hierhergestellt; die Obelisken sind ebensowenig wie die Brunnen auf gut Glück verteilt worden. So wie die anderen ägyptischen Trophäen, die in den Ruinen des Augustus, des Caligula aufgefunden wurden und von den Päpsten der Gegenreformation mitten auf öffentliche Plätze versetzt worden sind, weist dieser hier himmelwärts. Der Himmel zeigt sich in Gestalt der Kirche Trinità dei Monti, zu der unser Reisender über eine letzte Freitreppe von neun Stufen gelangt. Die beiden Glockentürme, die den Ausblick versperren, ragen, wenn er den Kopf hebt, genau vor ihm auf, massive Steinzwillinge, Endstation seines Anstiegs.

Rom hat ihn seit der Wiege an die Hand genommen und

ihm nur eine scheinbare Freiheit gewährt, um ihn besser ans Ziel zu führen. Die Piazza di Spagna schien mir nach dieser Entdeckung nicht mehr die malerische und angenehme Promenade, die mir anfangs gefallen hatte. Ich lieh mein Ohr allzeit dem Getuschel des Brunnens, aber die Tröpfchen verlangten beim Aufprallen Rechenschaft von mir über die entschwindende Zeit. Topographischer Imperativ! Die Mutter, ich sah sie tief unten, erniedrigt in einer servilen und subalternen Haltung. Zu grüßender Punkt neben dem Vater, der oben auf den Stufen mahnend mit dem Finger droht und mich auffordert, seinen Tempel zu betreten, sobald ich die Treppe erklommen habe.

Man mußte sich entweder der Disziplin beugen und hinaufsteigen oder darauf gefaßt sein, in die irdische Finsternis zurückgestoßen zu werden. Davon gibt es in der Geschichte Roms die unterschiedlichsten Metaphern in Überfülle: das Feuer für Giordano Bruno, verbrannt auf dem Campo dei Fiori; die siebenundzwanzig Jahre Kerker für Tommaso Campanella; der Prozeß vor der Inquisition für Galileo Galilei; die Folter für Mario Cavaradossi, der vom Präfekten Scarpia verfolgt wurde; das Gefängnis mit seinen verhängnisvollen Auswirkungen für Antonio Gramsci; die Damaszenerklinge eines unbekannten Dolches für Michelangelo Merisi, genannt Caravaggio, ermordet zur Zeit seines größten Ruhms an einem Strand von Latium.

23

Von Caravaggios Gemälden sollte ich in den Kirchen und in den Museen nach und nach diejenigen kennenlernen, über die Roberto Longhi in Bologna mit uns gesprochen hatte, der sich für diesen Maler ebenso begeisterte, wie er sich über die barocken ausschwieg, eine Einstellung, die mit seinen Polemiken gegen die offizielle Kunst und vor allem gegen die offizielle Weise, Kunstgeschichte zu schreiben, zusammenhing. Der triumphalen Karriere Berninis, der von Königen und Päpsten hofiert und nie aus einem der Lehrbücher verdrängt wurde, standen die Leiden des verdammten Malers gegenüber, dem die Verfolgungen zu Lebzeiten und der schändliche Tod an einem einsamen Strand eine lange Periode postumer Vergessenheit nicht ersparten, bis er im 20. Jahrhundert wiederentdeckt wurde, noch vor Vermeer beziehungsweise Latour. Anfangs versucht, meine Diplomarbeit für das Hochschulstudium wiederaufzunehmen, die ich – du erinnerst dich – nach einigen Kapiteln abgebrochen hatte, begriff ich rasch, warum ich darauf verzichtet hatte und warum es mir schwerfallen würde, mich wieder damit zu befassen. Wie konnte ich mich hinter der technischen und unpersönlichen Ausdrucksweise einer universitären Abhandlung verschanzen, wo mich jedes Bild, weit mehr wegen seines Sujets als wegen seines Stils, in heftige Erregung versetzte?

Ich lief von dem einen zum anderen, verliebt in das letzte, das ich verließ. Bald in Bacchus mit dem Obstkorb, dessen weißes Hemd auf den Arm hinabgerutscht ist und die Schulter entblößt hat; er neigt den Kopf leicht nach hinten, eine einladende Geste, die unterstützt wird von dem halbgeöffneten Mund, dem sanften Blick, dem Blutandrang, der einen roten, sich stark vom schwarzgelockten Haar abhebenden Flecken auf sein Ohr zeichnet. Bald in Narziß, der am Rande des Weihers hockt und bei der Begegnung mit seinem Spiegelbild die Lippen spitzt; er ist nicht der fade Hirt der Mythologie, sondern ein richtiger Lausebengel, irgendein Page, der aus einem Schloß fortgelaufen ist, wie die allenthalben auf seinem damastenen Wams verstreuten Satinblumen, sein kostbares Batisthemd und die raffiniert gelegten Wellen seiner Frisur verraten. Vorteile, die er heiteren Sinns dem freien und unsteten Leben eines Taugenichts geopfert hat; seine schöne blaue Hose weist schon eine Schmutzstelle am Knie auf. Hier nun in dem Gang mit dem gebohnerten Eichenparkettboden und der mit Fresken geschmückten Decke der Galerie Doria-Pamphili der völlig nackte junge heilige Johannes der Täufer. Halb auf einem Arm ruhend, umschlingt er mit dem anderen einen Widder. Ein Gemälde, das mich beeindruckte wegen des Kontrastes zwischen dem schelmischen Lächeln, das das Antlitz des Knaben erhellt, und der gedrückten Haltung, der tieftraurigen Miene der daneben hängenden Magdalena.

Auf einem niedrigen Stuhl, dem einzigen Möbelstück in

einer kargen Klosterzelle, an eine graue Mauer gelehnt, sitzt sie vornübergebeugt, die Hände vor dem Leib gefaltet, den Blick ins Leere gerichtet. Ein Bild der Einsamkeit und der Hoffnungslosigkeit, das noch pathetischer wirkt wegen der prachtvollen Stickereien auf ihrem Kleid aus opulentem Velour, das ein rotes Band um die Taille zusammenhält. Auf dem Fußboden, direkt auf den Steinplatten, liegen die Kleinodien durcheinander, die sie soeben abgestreift hat. Eine der Halsketten ist heruntergefallen und zerrissen, die Perlen sind über die Fliesen gegen den kristallenen Fuß einer Weißweinflasche gerollt. Nektar, gereift auf den Hängen von Frascati, dessen schöne goldene Farbe sie gleichgültig läßt – was gewiß nicht für ihren übermütigen Nachbarn an der Gesimsleiste zutreffen würde, dachte ich lachend. Er würde sich beeilen, die Karaffe zu leeren, nicht ohne beiläufig das unbeachtete Geschmeide aufzuheben.

Zufälliges Nebeneinander, ohne Zweifel, das mich indes in der Meinung bestärkte, daß ein junger Bursche für das Spielen und für das Amüsement geschaffen ist, ebenso wie es von Natur aus den Frauen bestimmt ist, zu leiden und sich zu grämen. Gekränkt und wehklagend, so hatte ich sie allzeit rings um mich erlebt, angefangen bei denen meiner Familie. Damit mir ein weibliches Antlitz gefällt, muß die Gewohnheit zu weinen ihre Spuren darauf hinterlassen haben. Gern würde ich weiteren Magdalenen helfen, sagte ich mir, ihr Päckchen zu tragen, so wie ich mit Giovanna B. ihre Angst über das Schicksal der Juden geteilt habe, mit Wilma Katz, die aus Slowenien emigriert war, die Kümmernisse und Widrigkeiten des Exils. Wilma Katz, an deren schlanke Taille und graziöse Figur mich ein anderes Werk Caravaggios in Gestalt eines Engels erinnerte, der ebenso blond war wie sie und gleich ihr Geige spielte; mit dem Unterschied, daß dieser Engel, eindeutig maskulin, trotz der Bemühung des Malers, seine androgyne Zwiefältigkeit wiederzugeben, in meinem Adressenbüchlein ordentlich vermerkt, immer dort zu finden bleiben würde, statt in einem Vorort Ljubljanas unterzutauchen, dessen Namen ich auf die Rückseite einer Streichholzschachtel gekritzelt hatte, die schon längst verlorengegangen war.

Was den jungen Burschen im Palazzo Corsini, Via della

Lungara, auf der anderen Tiberseite betrifft, so verdeckte ein dichter Schopf schwarzer Haare seine Stirn und die obere Hälfte seines Gesichts, Mund und Kinn in einem undeutlichen Schatten lassend, nicht aber die von Licht überfluteten Schultern und den Oberkörper. Ich fand es lächerlich, ihn weiterhin unter dem heuchlerischen Namen heiliger Johannes der Täufer zu verstecken, ihn, die offenkundige, kaum idealisierte Umsetzung irgendeines Galgenvogels, der ihm in Trastevere, wo die Unterwelt ihre Schlupfwinkel hat, über den Weg gelaufen war und den er unter dem Vorwand, ihn malen zu wollen, in sein Atelier gelockt hatte; Dieb oder Strichjunge, er zögerte nicht, nackt Modell zu stehen, richtete es jedoch so ein, seine Gesichtszüge zu verbergen für den Fall, daß es von Vorteil für ihn sein würde, zu verschwinden, ohne ein genaues Signalement zu hinterlassen.

Gedanken, die mir ein zusätzlicher Ansporn für meine Diplomarbeit waren, mir jedoch gleichzeitig ein neues Hindernis ins Bewußtsein riefen. Roberto Longhi untersagte uns, die Bilder eines Malers zu lesen, indem er uns auf die Begebenheiten seines Lebens verwies. Vor allem was Caravaggio betraf, hörte er nicht auf zu warnen vor dem »schwarzen Roman« seiner Abenteuer. Schlägereien in Spelunken, blutige Auseinandersetzungen mit Unbekannten, geheimnisvolle Schmarre, die seinem Gesicht auf der Schwelle eines Wirtshauses beigebracht worden war, bis hin zu seinem gewaltsamen und schmählichen Tod am Strand, wo er seine Feluke verankert hatte: Der Historiker mußte bei diesen ungewöhnlichen Schicksalsschlägen ungerührt bleiben. Allein die Analyse der »bildhaften Werte«, das Studium der »Freilichtmalerei«, die Untersuchung des »Hell-Dunkel« waren würdig, seine Aufmerksamkeit zu erregen. Verschrobenheit der modernen Kritik und Ästhetik, bei Longhi entschuldbar wegen seines Taktes als Gentleman, dem es widerstrebte, »in Körben schmutziger Wäsche« zu wühlen, wie er sagte, was seit rund zwanzig Jahren über die Maßen zugenommen hatte, seit seelenlose Ingenieure unter dem Namen Semiotiker und Strukturalisten (pedantische Rivalität mit den mathematischen Wissenschaften) ein Werk ohne jede Berücksichtigung der Biographie wie einen Flugzeugmotor zerlegen wollen.

Im Gegensatz zu dieser Mode, die bei den Universitätsprofessoren grassiert und die mich endgültig von der Hochschullaufbahn abbrachte, hat meine Methode darin bestanden, das von Caravaggio gemalte Gesamtwerk als eine chiffrierte Chronik seines Lebens zu betrachten. So nahm mich zum Beispiel das Paar Junger Peiniger – Bejahrtes Opfer sofort gefangen. Mit anderen Worten, das *Martyrium des heiligen Matthäus*, das ich an der Rückwand von San Luigi dei Francesi zu einer Zeit bewunderte, da man noch keine hundert Lire in einen Kasten steckte, damit ein Projektor aufleuchtete. Weit davon entfernt, mich mit der Technik des Malers aufzuhalten, mit seinem System von Diagonalen und mit seiner Wissenschaft von der Komposition, nicht außer acht zu lassende Kapitel, aber in gewissem Sinne eine Präambel zum tatsächlichen Kommentar, entzifferte ich, soweit es mir das Halbdunkel der Seitenkapelle und die nächtlichen Farben des Gemäldes zu sehen erlaubten, eine merkwürdige Szene der Unterwerfung und des Sichauslieferns. Barbaren aus Äthiopien, dem Land, in dem er gepredigt hat, sind in den Tempel eingedrungen, den Heiligen zu töten; dieser, zu Füßen des Altars niedergeworfen, mit kahlem Schädel, üppigem Vollbart, breitet die Arme aus, um den Gnadenstoß zu empfangen, den ihm ein unbekleideter Jüngling gibt, der wildeste seiner Angreifer, aber zugleich von wunderbarer Schönheit. Die Zeugen dieses Mordes fliehen, die Angst scheucht sie davon, jagt sie in wirrer Unordnung dem Ausgang zu, mit schreckverzerrten Gesichtern. Nur Matthäus bleibt völlig ungerührt von diesem Entsetzen. Er versucht nicht einmal, seinen Leib vor dem Stoß zu schützen, der ihm gleich versetzt werden wird. Mit gekreuzten Armen blickt er dem jungen Mann, der sich halb über ihn beugt und sucht, in welchen Teil des Körpers er seine Waffe, ein langes, funkelndes Schwert, senken soll, ruhig ins Antlitz. »Wo du magst«, scheint das Opfer seinem Mörder zuzuraunen, der ganz nackt wäre, hätte er nicht einen Schurz um die Lenden geschlungen und ein Band um sein Haar geknotet, dessen widerspenstige Locken ihm in die Stirn hängen. Der Rest der Szene ist schlecht beleuchtet und dunkel. Alles Licht fällt und die Farbe konzentriert sich auf den Körper des jungen Burschen, den ich mit den gleichen starren Blikken wie Matthäus anschaute. Dieses versteinerte Staunen des Apostels über die Jugend und die Schönheit seines Peinigers machte mich träumen; und obwohl mir eine so passive Fügsamkeit verdammenswert schien, sagte ich mir, daß es übermenschlicher Kraft bedurfte, nicht zu wünschen, von solch einer Erscheinung wie vom Blitz getroffen den Tod zu empfangen.

Das gleiche Paar und die gleiche starke Erregung bot mir im ersten Stock der Villa Borghese *David und Goliath* auf Sepiagrundierung, das rasch mein Lieblingsbild wurde. Keine Zeugen bei der Tötung hier, keine Statisten: ergreifende Wirkung durch diese beiden mythischen Gegner allein mitten in der undurchdringlichen Macht. Kein lebendes Wesen ist für würdig befunden worden, dem Geheimnis ihres letzten Zusammentreffens beizuwohnen. Jesses Sohn, den Oberkörper zur Hälfte nackt, hat sein härenes Gewand auf die Hüften hinabgleiten lassen. Den Kopf leicht geneigt, hält er das abgeschlagene Haupt des Philisters mit ausgestrecktem Arm hoch und betrachtet es, während seine andere Hand, noch um den Knauf gekrallt, das Schwert zwischen seine Beine senkt. Wunderbare Gestaltung des Rumpfes; gelöste Miene des Siegers, der sich nicht so weit erniedrigt, sich über die haarige Trophäe, die er schwenkt, zu freuen; kleiner Mund, gut umrissen, in Rosa hervorgehoben, das von dem schwachen Blaß der Haut absticht; rosa auch das Ohr wie das des Bacchus; Schamhaftigkeit oder Vorsicht des Malers, der die warme Sinnlichkeit seines Modells in diesen harmlosen Knorpel konzentriert hat.

Weder der unheilvolle dunkle Hintergrund noch das Spielen der Lichter auf der nackten Brust noch das Blinken des todbringenden Schwertes in der dunkelsten Ecke lenkten mich davon ab, ein kurioses Detail festzustellen: nicht nur, daß die Augen des Toten offenstehen, Caravaggio hat sie auch nicht symmetrisch gemalt. Wie im Leben unterscheiden sie sich in der Kontur und im Ausdruck. Links gewahrte ich ein herabhängendes Lid, eine matt schimmernde erloschene Pupille; rechts dagegen, unter dem weit aufgerissenen und erstarrten Lid, einen wild aufblitzenden Reflex in der funkelnden Iris. Der Mund, halb geöffnet über einer Reihe leuchtender Zähne, gleicht ebensowenig dem Mund eines Toten. Welche Worte wird er aussprechen? Einen Fluch? Eine Klage? Nein, irgend etwas, was, so merkwürdig mir das auch vorkam, eine Danksagung, ein Wort der Anerkennung für den Mörder sein könnte. Der Gipfel der Überraschung war für mich aber, in diesem gemeinen und beschmutzten Gesicht gewissermaßen den Schatten eines erfüllten Wunsches zu bemerken. Nichts in ihm verriet die Qual des Todeskampfes; nichts das Aufzucken des letzten Krampfes; kein Zeichen der Auflehnung noch des Entsetzens in dieser so beredten Physiognomie; vielmehr ein Ausdruck der Beruhigung und der Unterwerfung, fast der Erleichterung. Ich glaubte, in einer Verwirrung, gegen die ich mich nicht zu wehren vermochte, eine Wahrheit zu entdekken, die auszusprechen nicht ratsam ist. Mit einem Wort, mir schien, daß sich dieser bärtige und runzlige Riese die Gewalt des Jungen nicht ohne geheime Lust hatte gefallen lassen.

Merkwürdige Verformung eines Themas, abgedroschen in der Kunst jener Epoche, aber hier ohne Rücksicht auf die Heilige Schrift abgehandelt. Merkwürdig und unerklärlich, es sei denn, daß ... Nach Hause zurückgekehrt, werfe ich einen raschen Blick auf meine Notizen, die ich, wie alle Erinnerungen, die mir an Bologna geblieben waren, pietätvoll in einer Schublade aufbewahrte. *David und Goliath*, gemalt im Jahre 1609, am Tage nach dem Überfall vor dem Wirtshaus des Cerriglio in Neapel, dem Schlupfwinkel von Matrosen und Schmugglern. Wen hat der Maler an jenem Tag dort getroffen? Wie kam es zum Streit? Welcher Dolch ritzte ihm die Wange? Er wurde derart zugerichtet, daß man sein Gesicht kaum wiedererkannte. Alles in allem wenig Aufschlußreiches. Aha! Doch, hier steht etwas Entscheidendes: das Gesicht Goliaths ein Selbstbildnis des Künstlers. Alles klärte sich nun auf. Die Arbeitsmethode des Malers: anhand einer Episode aus der Bibel ein Ereignis aus seinem eigenen Leben erzählen. Die Person des Angreifers. Das Motiv der Aggression, von einer prüden Legende einer unbezahlten Spielschuld zugeschrieben; ebenso wie das für die Mordtat sechs Monate später am Rande eines einsamen Strandes nicht weit von Gaëta, auf halbem Wege zwischen Neapel und Rom, auf den der Sturm sein Boot geworfen hatte oder sein Unstern, entschlossen, ihn zu vernichten: eine Mordtat, die für alle ein Rätsel geblieben ist. Mußte man den Schlüssel dazu weiter weg suchen? Caravaggio hat sein Geheimnis in seinen Bildern versteckt. Man brauchte nur die Maske zu lüften, unter der er sich verborgen hatte. Die ikonographischen Auskünfte des Malers weihten mich in die selbstmörderischen Phantasien des Menschen ein. Ich entdeckte den Einfluß, den achtzehnjährige Peiniger auf einen großen Schöpfer ausübten.

Wer Ohren hat, der höre. Was mich betrifft, so sollte ich mich ein Vierteljahrhundert später der Lektion erinnern, selbst auf die Gefahr hin, die Rollen zu vertauschen. Anstatt mich mit dem zurückhaltenden und leicht angewiderten jungen Burschen zu identifizieren, der das abgeschlagene Haupt seines Opfers schwenkte, würde ich den Platz des Besiegten einnehmen. Als blutendes Spielzeug, dargeboten der mörderischen Leidenschaft eines Milchbarts, sollte ich zu seinen Füßen in den Schmutz rollen. Mir sollte weder der verlassene Strand fehlen noch die trostlose Einsamkeit oder das höhnische Rauschen des Meeres. Wann habe ich angefangen, aus diesem Bild mein Schicksal abzulesen? Ich kam oft in die Villa Borghese. Ohne mich in den anderen Räumen auszuhalten, suchte ich unverzüglich den großen Saal in der ersten Etage auf. Dort erwartete mich in der Fensternische der siegreiche Jüngling. Ein Sonnenstrahl, der auf die nackte Hälfte seiner Brust fiel, hob den Goldton der Haut hervor. Nach und nach schlüpfte ich jedoch in Goliaths Hülle. Der Verdacht, daß er zu seinem eigenen Untergang beigetragen hatte, erfüllte mich mit Entsetzen, durchrieselte mich jedoch gleichzeitig mit Wonne. Wie sollte ich der Versuchung widerstehen, den Vorteil des Kampfes demjenigen abzutreten, den Jugend und Schönheit mit einem lichten Nimbus umgaben? Dem Leben entrissen zu werden kam mir fast wie ein beneidenswertes Schicksal vor, wenn der Todesstoß von einer solchen Hand versetzt wurde.

Das war anfangs nur eine flüchtige Idee, gleichsam ein Spaß, vor dem ich mich um so mehr hüten wollte, als der Altersunterschied lange Zeit für meine Sicherheit bürgte. Wenn ich so alt sein werde wie Goliath, dachte ich, wenn auch ich Falten und einen Bart bekomme . . . Eine Zukunft, die sagenhaft weit für den achtundzwanzigjährigen jungen Mann schien, der verzückt vor dem Gemälde stand. Er konnte sich in dem Traum eines grausamen Seraphs wiegen, der mit einem Schwert auf ihn losging. Sterben wie Goliath, wie Caravaggio ... aber erst, wenn mich die Jahre verbraucht, aufgerieben, lebensüberdrüssig gemacht haben.

Um mich vor mir selbst zu beschwichtigen und dieses Hirngespinst zu bannen, habe ich meine Zuflucht zu einer List genommen, die ich magisch glaubte. Beeindruckt von der Asymmetrie der Augen des Toten, entschied ich, daß ich nichts zu befürchten hätte, solang ich beide Augen weit offenhalten würde. Der Zeitpunkt, an dem sich Goliaths linkes Lid senkte, hatte ihn von seinem Ende benachrichtigt. Desgleichen würde das Zufallen eines meiner Lider das schicksalhafte Signal meiner Zustimmung zum Sterben sein. Daher meine Gewohnheit, bei meinen nächtlichen Ausflügen stets einen Taschenspiegel bei mir zu haben; ebenso wie mich im Rückspiegel zu betrachten, bevor ich einem Mitfahrer die Tür öffnete. Ich kontrollierte mit ganz besonderer Sorgfalt den Muskel meines linken Lides. War irgendein neuer David unterwegs, um eine Heldentat zu vollbringen, dann würde er sein Opfer anderswo suchen müssen.

Beide Augen weit aufgerissen, wartete ich standhaft. Meine Stunde war noch nicht gekommen. Diese Vorsichtsmaßnahme machte mich zuweilen verwegen. Ich umklammerte den kleinen beschützenden Spiegel in meiner Tasche wie einen Talisman.

24

Gino Colussi, Trödler und Junggeselle, trug eine Bürstenfrisur, einen vorzeitig ergrauten dichten Schnauzer und einen noch schwarzen Spitzbart. Er lebte allein, ein Misanthrop. Fünfundzwanzig Jahre Aufenthalt in Rom hatten ihn noch nicht akklimatisiert. Er haßte diese Stadt, die ich geliebt haben würde, und sei es auch nur, um mich mit dem altmodischen Patriotismus meines Onkels, der Furlaner Separatist geblieben war, nicht zu solidarisieren. War er nicht mit seinem Karren unterwegs, um nach Büchern und Nippsachen zu fahnden, wälzte er Register in seinem Laden, wo ich in den Regalen herumstöberte. Arbeitslos und untätig, las ich die römischen Dichter, mit besonderem Genuß den mundartlichen und obszönen Gioacchino Belli. Um Mama zu entlasten, die sich als Wirtschafterin bei einem jungen Ehepaar verdingt hatte, dessen Sprößling sie auch ausfahren mußte, nahm ich ihr diese Arbeit zuweilen ab und erbot mich, den Kinderwagen zu schieben. Gino begleitete mich bis zur Isola Tiburtina hinter der Synagoge. Am Ende der Via di Portico, fünfzig Meter von der Piazza Costaguti entfernt, wo er wohnte, seit er Casarsa verlassen hatte, gingen wir an der Gedenktafel für die achttausend Toten des Ghettos vorüber. Datum der Razzia: 16. Oktober 1943.

»Hat der Papst nicht interveniert? Er ist doch Nuntius in Berlin gewesen und kannte die Naziführer persönlich.«

Gino zuckte die Achseln.

»Pius XII., mein Lieber, hat sich nie um die Millionen Juden gekümmert, die während des Krieges deportiert und umgebracht worden sind. Er hat nichts getan, sich dem zu widersetzen.«

Obwohl mir dieser Papst ohnehin schon überaus unsympathisch war, hatte ich keine Lust, meinem Onkel in seinen Phobien zu folgen.

»Zumindest spricht das an der Wand angegebene Datum klar und deutlich«, sagte ich zu ihm. »Im Oktober 43 haben die Deutschen Rom besetzt. Die Verfolgung hat begonnen, als sie eingetroffen sind. Bis dahin waren die Juden in Rom nicht allzu beunruhigt.«

»Wer hat die Juden bei den Deutschen verpfiffen? Wer hat den Deutschen gesagt, in der und der Nummer wohnt ein Levi, ein Lattès? Es waren Italiener, Pier Paolo! Mieter desselben Hauses. Manchmal sogar ihre Flurnachbarn.«

»Italiener? Das kann ich nicht glauben. Der Antisemitismus hat in Italien nie Fuß gefaßt. Wir sind schon gemein genug . . .«

»Woanders als in Rom, da hast du ohne Zweifel recht. Aus meinem Fenster habe ich beobachtet, daß Leute aus unserem Viertel Hausnummern aufgeschrieben haben. Ich bin sicher, daß sie anschließend zur Kommandantur gegangen sind. Eines Tages haben deutsche Lastwagen das Ghetto umstellt. Die Razzia hat nicht länger als vier Stunden gedauert. Jede Wohnung war erfaßt, registriert. Man brauchte nur an der Tür zu läuten und die Mieter abzuführen.«

Ich schüttelte ungläubig den Kopf.

»Traue keinem Römer. Mussolini hat sich ohne einen Schwertstreich in Rom eingenistet. Rom ist die einzige Stadt, die ihn wie ein Muttertier angenommen hat. Er hat niemanden zu töten brauchen, um hier als Herr und Gebieter zu regieren. Zehntausende von Menschen gerieten spontan aus dem Häuschen und jubelten ihm unter dem Balkon auf der Piazza Venezia zu. Sie wähnten sich in die Zeiten Caesars und Augustus' zurückversetzt.«

Rom hat mir an dem Tag angefangen zu gefallen, an dem ich eine Anstellung als Hilfslehrer in einer Vorstadtschule bekam und mit Mama, die nun nicht mehr zu arbeiten brauchte, in eine Wohnung in Ponte Mammolo zog, eine Stunde Autobusfahrt von der nächstgelegenen Endhaltestelle der städtischen Straßenbahnen entfernt. Aus Gründen, die nichts mit denen meines Onkels zu tun hatten und die zurückgingen auf meine Situation als Kind – hin und her gerissen zwischen einem ravennatischen Vater, einem Offizier der italienischen Armee, in zweifacher Hinsicht »Zentralist«, und einer »peripheren« Mutter –, konnte ich mich nur »als Außenseiter« glücklich fühlen. Eine Formulierung, die für mich nicht einfach eine Metapher war, sondern ein konkreter Anspruch, der in seinem wörtlichen, seinem geographischen Sinne zu verstehen war. Mein zentrifugales Schicksal bestimmte mich für das Randgebiet. Unser Fehler (erklärlich durch den Geldmangel und die Notwendigkeit einer provisorischen Unterkunft) war es gewesen, an der Piazza Costaguti einzuziehen. Mitten im Herzen Roms. Ponte Mammolo, letzte Auswucherung im Nordosten der sich gewaltig ausweitenden Vorstädte, hinter Tiburtino, hinter Pietralata, eher ein Beduinenlager als eine zivilisierte Gemeinschaft, schien mir sogleich wie ein wiedergefundener prähistorischer Winkel, das Ziel, dem ich unbewußt zugestrebt war, als ich die Flucht aus Casarsa ergriff.

Tiburtino, Pietralata, Centocelle: hinter diesen wohlklingenden Namen eine elende Wirklichkeit. An das Fenster des Autobusses gelehnt, den wir an der Stazione Termini bestiegen hatten und der die Tiburtina hinauffuhr, betrachtete ich das bunte Gemisch wahllos aufgestellter Bauten: Siedlungen aus den dreißiger Jahren, äußerlich verkommen, trotz des Ehrgeizes der Faschisten, Rom mit einem modernen Randgebiet zu umgeben – ein unsinniges Projekt, weil es zur damaligen Zeit keinerlei Betriebe oder Fabriken noch Lagerhäuser irgendwelcher Art außerhalb der Stadtmauern gab, waren doch die einzigen Bewohner dieser fast wüstenähnlichen Heiden und Hügel vereinzelte Hirten, Vagabunden ohne Arbeit, Vorbestrafte, einige Schrotthändler und Trödler, deren Hütten, kleine Baracken aus Brettern und Wellblech, noch neben den Sozialbau-Betonklötzen stehen; Mietshäuser der jungen Republik, obwohl auch sie schon von schäbigem Aussehen, in kleinen Blocks rund um Esplanaden aus festgestampfter Erde gruppiert, die als Schuttabladeplatz, als Fahrradschuppen, als Spielfläche und zum Wäschetrocknen dienen; hier und dort das Gerippe eines Wolkenkratzers, viel zu ehrgeizig, als daß er je vollendet werden könnte; oder irgendein funkelnagelneues Geschäft von auffälliger Eleganz, wie zum Beispiel das mit dem Firmenzeichen Telefunken, dessen noch mit Bleiweiß beschmierte Auslage darauf vorbereitet wurde, die ersten Modelle von Rundfunkgeräten mit Plattenspielern zu dreiunddreißig Umdrehungen aufzunehmen.

Sobald das Schaufenster wieder eingesetzt sein würde; denn nachdem die Fußballer, deren alteingewurzelte Verwegenheit ich bewunderte, ihr Spiel auf dem Bauplatz vor dem Geschäft beendet hatten, legte der offensichtliche Anführer den Ball auf die Erde, zielte in aller Ruhe und schoß ihn dann mit einem meisterlichen Fußtritt in die Scheibe, die zersplitterte.

Ein Akt der Gewalttätigkeit, der sich vielleicht weniger gegen den Reichtum und das Geld richtete als vielmehr gegen ihr Symbol, diese glatte, glänzende, saubere, kristallklare Fläche, in der sie selbst nur ihre schmutzigen Gesichter spiegeln konnten und die allzu deutlich mit den Elementen ihrer Welt kontrastierte: mit dem Dreck und dem Staub der Wege, die nicht in Ordnung gehalten wurden; dem fahlen Bewurf der Mauern, die nur mit Kritzeleien geschmückt waren; dem abgebröckelten Verputz der Fassaden, auf denen ich mit bloßem Auge dem Zickzack der Eidechsen folgen konnte, die unter der auf den Balkonen hängenden Wäsche von einer Etage zur nächsten huschten. Wann würde dieses endlose Biwak absonderlicher Bauwerke zu Ende sein? Mit unseren vier zwischen die Beine geklemmten Gepäckstükken inmitten der sich drängenden Fahrgäste stehend, wurden wir, Mama und ich, bei jedem Stoß des Autobusses hin und her geworfen. Er schob sich zwischen Böschungen mit schmutzigem Gras hindurch, vorbei an dichtbevölkerten Häusern, Lehmhütten, Büschen mit verschrumpelten Blättern, Unrathaufen, Überresten römischer Aquädukte, dem verrosteten Gasometer, dessen braune Masse den Horizont versperrte, den roten Bulldozern, die zwischen den Aufschüttungen arbeiteten, den riesigen Kränen inmitten von Schutthalden.

»Komm doch nach hinten! Auf dem Perron geht's besser.«

Der junge Bursche, dessen Atem ich in meinem Nacken spürte und dem ich seit einer Weile zulächelte, nutzte den betäubenden Lärm eines Flachbaggers, der gerade einen Haufen Gesteinstrümmer glättete, um mir diese Aufforderung aus voller Lunge zuzuschreien. Obwohl keiner der Umstehenden mitgehört zu haben schien, wurde ich wider Willen rot.

»Hier? Im Autobus?« fragte ich täppisch, wagte aber nicht, ebenfalls zu schreien.

Er brach in Gelächter aus, klopfte mit dem Finger gegen seine Wange, in der beredten Art, die schon in Bellis Sonetten beschrieben wird, und wollte mich nach hinten ziehen. Mama, zwischen ihre Nachbarn eingezwängt, hielt sich recht und schlecht an der Stange fest, den Blick ängstlich auf unser Gepäck gerichtet. Den Jungen weiterhin anlächelnd, dessen geschickte Hand mir schon einen kleinen Vorgeschmack von seinem Talent gab, schüttelte ich den Kopf. Er lächelte auch, zuckte gutgelaunt die Schultern, drehte mir, ohne weiter in mich zu dringen, den Rücken und bahnte sich einen Weg zum Ausgang. Beim ersten Halt sprang er mit einem Satz ab, versagte sich jedoch nicht das Vergnügen, auf einen kleinen Abfallhaufen zu steigen und vor meinen Augen frech seine Silhouette zur Schau zu stellen, deren prächtige Reize mein Bedauern über die verpaßte Gelegenheit steigerten.

Vor uns, auf einem Hügel am Ende der Strecke, hoben sich die Häuser des letzten Blocks ab, der vor den unbewohnten Hochebenen Latiums errichtet worden war. Der Autobus fuhr durch eine kahle Fläche nicht parzellierten Landes und überquerte dann eine schmale Brücke über den Aniene, einen schmutzigbraunen Wasserlauf. Winzigkleine Gemüsegärten, mit Draht eingezäunt, säumten eins der Ufer. Auf der anderen Seite setzte uns das Vehikel oben auf einem Hang auf einem kleinen dreieckigen Platz vor einer Bank ab, die von einem Wetterdach geschützt wurde. Wir waren gerade ausgestiegen, als eine Schar junger Bengel mit dichten schwarzen Locken auf den Bürgersteig stürmte. Von seiner ungeduldigen Kundschaft schroff angeschrien, verzichtete der Fahrer darauf, sich die Beine auf dem niedergetrampelten und vergilbten Rasen der Erdaufschüttung zu vertreten. Er schwang sich wieder auf seinen Sitz, betätigte den Anlasser und rumpelte in Richtung Rom zurück.

Ponte Mammolo – die Landkarten würden es nicht vermerken, wäre der Ort dereinst nicht ausgewählt worden, um in dem damals völlig abgelegenen Brachland das massive Gefängnis Rebibbia zu errichten – bestand aus etwa fünfzig Mietshäusern, von der Spekulation ins Blaue hinein auf einem Terrain hochgezogen, das der Aniene fruchtbar macht und das mit Gestrüpp bedeckt ist. Man hatte sich nicht einmal die Mühe genommen, es zu roden. Ich habe dort vier Jahre lang gewohnt, in drei nach Osten liegenden Zimmern. Die Kirche, der Bevölkerung versprochen, aber in den Plänen der Architekten verblieben, fehlte noch. Ein riesiger Kinosaal, in krassem Mißverhältnis zu den Bedürfnissen, erstes und einziges öffentliches Gebäude, präsentierte den rissig gewordenen Verputz seiner Fassade hinter einer Reihe zementener Säulen.

Die seltenen Vorstellungen fanden samstagabends und sonntagnachmittags vor einem spärlichen Publikum statt. Die aus Racalmuto und aus Pietranera Gebürtigen – aus diesen beiden sizilianischen Orten kam die Mehrzahl der Bewohner – verachteten Cowboyfilme und amerikanische Komödien. Der große Saal war an bestimmten Winterabenden gefüllt, wenn nämlich die Stadtheizung ausgefallen war. Die Familien strömten dann mit den Neugeborenen, den

Kleinkindern, den schwangeren Frauen, den Greisen herbei, die im Pyjama und mit der Nachtmütze auf dem Kopf aus dem Bett geholt worden waren. Sie brachten Omeletts, Pizzas, Auberginenkompott, Apfelstrudel, Wein mit und waren fest entschlossen, den für ihre Ohren abgeschmackten Lärm der Unterhaltung auf der Leinwand und der Ritte über die Prärie durch das Getöse einer ungezwungenen und herzlichen Kneiperei zu übertönen. Sie weigerten sich mit ihrem gesunden Landarbeiterverstand, sich für Blödsinn zu interessieren, der ihrer Welt so fremd war; sie stemmten der ersten Offensive der Medien die Gegenwehr einer soliden bäuerlichen Tradition entgegen; nach zwei Stunden Krakeel und Schlemmerei ließen sie den Fußboden mit fettigem Papier und leeren Bierflaschen übersät zurück, nicht etwa, weil sie unsauber oder gleichgültig waren, sondern um sich ein wenig mehr dieses absonderlichen Gebäudes zu bemächtigen, so wie sie es mit einem Zipfel Land oder Wald taten. Es war kaum weniger fehl am Platz als die ihm gegenüberliegende Filiale des Credito Italiano mit ihren glatten Granitmauern, ihren Marmorkontoren und ihren Aushängen, auf denen blaue Seen den Unterzeichnern eines Sparprogramms das Schweizerhäuschen ihrer Träume versprachen.

Die jungen Ehepaare behielten sich die Plätze ganz hinten vor. Sie machten dort seelenruhig und ungeniert Liebe in einer geringeren Promiskuität als in den übervölkerten Zimmern der elterlichen Wohnung. Eine tausendmal weniger enttäuschende Beschäftigung, als auf den Augenblick zu warten, in dem John Wayne den ersten Kuß auf den geschminkten Mund von Maureen O'Hara in dem Film *Rio Grande* drücken würde oder bis sich Jennifer Jones in *Duell in der Sonne* zwischen Joseph Cotten und Gregory Peck entscheiden würde, zwei Streifen, die überall sehr populär waren, nur nicht hier, im Italien des Marshall-Plans.

Der Ort kampierte nach Art afrikanischer Stämme. Die Männer, abwesend bis zum Abend, arbeiteten in den Garagen und Werkstätten, die entlang der Tiburtina entstanden waren, die Frauen in den vier Wänden ihrer Küche eingesperrt. Sie gingen nur am frühen Morgen eine Stunde aus, um in der Standa einzukaufen, die den Alleinvertrieb von Lebensmitteln und Wirtschaftsartikeln hatte. Wenn es sehr heiß zu werden begann, stellten sie ihren Stuhl auf den Balkon, aber mit der Lehne zur Brüstung. Einem alten Brauch folgend, den sie aus ihren sizilianischen Nestern mitgebracht hatten, setzten sie sich mit dem Gesicht zum Fenster, die Nase über ihre Näharbeit gebeugt, ohne sich zu erlauben, auf die Straße zu schauen.

Die Straße gehörte den *ragazzi* zwischen zwölf und achtzehn Jahren, und sie gehörte ihnen ganz allein. Als Stadion für ihre Spiele, als Austragungsort für ihre Rivalitäten, als Arena für ihre Schlägereien, als Lagerraum für ihr Diebesgut, als Umschlagplatz für ihre Hehlereien: Sie hielten sich ständig dort auf, ihr Hauptquartier war die Steinbank unter dem Vordach aus Beton. Der Mittelpunkt öffentlicher Aktivität, der einzige stets belebte Ort, die eigentliche Piazza des Dorfes war dieses Dreieck heruntergetretenen Grases, auf dem die Unternehmungen, die Handstreiche, die Repressalien entschieden wurden. Für ein paar Lire konnte sie der Autobus, der stündlich vorbeikam, bei Gefahr, bei fehlendem Sitzfleisch, mangelnder Phantasie, bei Gerüchten über neue Jagdreviere in seinem schaukelnden Blechkasten zu neuen lukrativen Gelegenheitsgeschäften oder zu heikler Beute bringen.

Doch die tollsten Streiche, die gewagtesten und die einträglichsten, wurden bei Einbruch der Nacht ausgeheckt, wenn die Väter und die älteren Brüder heimgekehrt waren. Die Jungen, deren Temperament es nicht ertrug, in vier Wänden eingesperrt zu sein, packte ein rasendes Verlangen, zu der Stunde auszubrechen, in der sich der Kreis der Familie eng um den Eßtisch zusammenschloß, wenn die Mütter, um das Grölen ihrer schon angetrunkenen Männer zu übertönen, den Knopf des Radiogeräts (in wenigen Jahren würde es der des Fernsehapparats sein) auf volle Lautstärke drehten. Die Fahrräder, die Motorroller, die Vespas, die Lambrettas, manchmal auch eine Ducati 125 oder sogar eine Mondial mit Teleskopgabel wurden heimlich wieder aus dem Schuppen hervorgeholt, in denen sie ihre Besitzer untergestellt hatten, als sie von der Arbeit gekommen waren. Leise auf die Straße geschoben, die zum Fluß hinunterführte, nahmen sie jenseits der Brücke wild knatternd ihren Nachtdienst auf.

Ich setzte mich auf die Brüstung, um dem Aufbruch der

Meute beizuwohnen. Wie ausgehungerte Wölfe überfielen sie die Stadtviertel Roms, in denen ihnen ihre Informanten eine lockende Beute, eine von einem einzigen Mann bewachte Tankstelle, einen Laden ohne Eisengitter, einen unbeaufsichtigt gelassenen Alteisenhandel signalisiert hatten. Es war ihnen gelungen, ein altes Beiwagen-Motorrad der deutschen Armee aufzustöbern und wieder funktionstüchtig zu machen sowie eine Vorkriegs-*giardinetta*, zwei sperrige Fahrzeuge, die leicht zu reparieren und bei weitem nicht so schnell wie ihre Lieblingsmaschinen waren, aber unentbehrlich zum Transport von Frachten.

In den Nächten, in denen die Beute mager oder ganz ausgefallen war, wenn sie die deutschen »Fräuleins« unter den Pinien von Villa Borghese vergeblich angelockt hatten, dann blieb ihnen, wollten sie nicht mit leeren Händen heimkehren, nichts anderes übrig, als das Benzin aus den Autotanks zu stehlen, die Glühbirnen der Straßenlaternen auszuschrauben oder die gußeisernen Platten der Gullys auszuheben. Auf dem Rückweg nahmen ihnen die Hehler der Tiburtina ihre Ware gegen eine Handvoll Lire ab. Nachdem sie schamlos geraubt und geplündert hatten, kümmerte es sie wenig, selbst übers Ohr gehauen zu werden: Der Hauptgewinn bei diesen Streifzügen nach Rom war das Vergnügen an der nächtlichen Spritztour, an der strafbaren Handlung, am Risiko. Die Polizei behielt sie im Auge. Mehr als einer hatte in Rebibbia oder im Jugendgefängnis San Michele eingesessen.

Sergio, der mich in diese Lebensgewohnheiten einweihte, war ich auf der Brücke begegnet, wo er mich als erster grüßte; vielmehr anquatschte, fast anraunzte in einer mir unbekannten Sprache, einem rauhen und brutalen Dialekt, der mich überraschte. Er lachte laut auf und schlug mir ein Fingerspiel vor. Einer der Partner hält seine Hand vor sich hin, Zeige- und Mittelfinger ausgestreckt. Der andere haut mit den gleichen Fingern so fest zu, wie er kann. Immer abwechselnd. Wir haben uns mit einer solchen Heftigkeit geschlagen, daß unsere Finger nach zehn Minuten bluteten. Der Pakt war geschlossen.

»Warum hast du so wütend dreingeschaut?« fragte ich ihn.

Die Achseln zuckend, brummte er: »Du bist Pauker – oder?«

»Hat dir die Schule keinen Spaß gemacht?«

»Ich bin mit zwölf Jahren abgegangen. Ich hielt's nich mehr aus.«

»Zugegeben«, sagte ich lachend, »aber die Pauker sind nicht alle wie Bullen. Ich zum Beispiel, ich rechne mich nicht dazu.«

Er schaute mich argwöhnisch an.

»Aber du zwingst doch die Gören, sich mit ihrem Arsch auf 'ne Bank zu setzen?«

»Natürlich, Sergio. Wie willst du sonst lernen?«

»Ich hasse es, still zu sitzen. Das kann ich nich ertragen. Das strengt an. He, guck dir mal meine Treter an.«

Er zeigte mir seine Basketballschuhe. Die große Zehe lugte durch den fadenscheinigen Stoff hindurch. Ein Loch, so groß wie ein Fahrradflicken, klaffte mitten in der Sohle.

»Ich muß se tragen. Ich kann mir nich helfen«, erklärte er.

Unschlüssig, ob ich ihn bedauern sollte, weil er zu abgebrannt war, um sich ein Paar neue zu kaufen, folgte ich mit dem Blick einem Stück Holz, das den Fluß in einem Wirbel schmutzigen Schaums hinabschwamm.

Angriffslustig fuhr er fort: »Das sind meine fünften seit Silvester. Ich bin nun mal so. Ich muß mich bewegen. Was anders ist nich drin.«

»Welche Firma?« fragte ich, um mir Zeit zu lassen, zu begreifen, ob er sich eines ungewöhnlichen Geschicks im Verschleiß rühmte oder ob er den Gummifabrikanten grollte, weil sie kein strapazierfähigeres Material herstellten.

»Die Pirellis halten den Stoß am besten aus. Ich brauche mindestens drei Wochen, um se kaputtzukriegen.«

Nicht daß er ein Aufsässiger oder ein Aufrührer gewesen wäre. Von Natur aus sanft und unbekümmert, nahm er selten an den nächtlichen Streifzügen teil, es sei denn, um sich ein Paar neue Baskets zu besorgen, wenn der Einbruch in ein Schuhgeschäft angekündigt wurde. Er lehrte mich die Grundbegriffe des Dialekts der *borgate*: ein Mischmasch aus römischem Jargon und verschiedenen Mundarten des Südens. Bevor er auf den Soziussitz der Ducati seines Onkels stieg, machte er ein Kreuzzeichen. Nicht *das* Kreuzzeichen, sondern *ein* Kreuzzeichen: denn statt zuerst die linke Schulter zu berühren und dann die rechte, ging er in umgekehrter Reihenfolge vor. Ein »Fehler« voller Sinn, der die Natur des Zeichens veränderte. Mit dieser magischen Geste des Schutzes, losgelöst von ihrem katholischen Bezug, hielt er an einer vorchristlichen und vorbürgerlichen Kultur, an alten Riten der heidnischen Hexerei fest.

Als heidnisch erwiesen sich auch seine Scheu vor einer festen Arbeit und seine berufliche Unbeständigkeit. Er verdingte sich als Tagelöhner auf den Baustellen, rührte den Mörtel in den Speiskästen an, packte Steine in die Schubkarre, richtete das Senklot, bediente die Winde; aber ob er nun Maurer oder Erdarbeiter war, das Anerbieten der Firmenchefs, ihn fest anzustellen, lehnte er ebenso hartnäckig ab wie das Schulmeistern durch die Gewerkschaften. Der Fehler der Kommunisten war es, diese Tausende von Sergios ohne Beruf und oft ohne Wohnraum als ungeformtes Lumpenproletariat zu behandeln, das darauf abzielte, die disziplinierten Reihen des Proletariats zu vergrößern. Sie plagte weder Klassenbewußtsein noch der Wunsch, eins zu besitzen, Kapitalismus, Lohnlisten, Arbeitsgesetze, soziale Sicherheit waren böhmische Dörfer für sie. Man brauchte nur zu sehen, wie sie auf der Brücke die Nasenlöcher blähten, bevor sie in die Stadt einfielen, sogleich erinnerte man sich, daß ihre Vorfahren vor gar nicht allzu langer Zeit in Höhlen gehaust und von der Jagd gelebt hatten. Als Kinder der Sonne und des Windes hatten sie trotz Auswanderung, trotz des fließenden Wassers im Ausguß und der elektrischen Glühbirnen an der Decke das stolze Auge und den elastischen Schritt der Nomaden bewahrt. Verschlagen in das Italien von Agnelli und der C. G. I. L., ungeeignet für die Rolle von Lohnempfängern ebenso wie für die von Genossen. Physisch, morphologisch ungeeignet, so wie meine Schüler, die nicht fähig waren, sich länger als zehn Minuten zu konzentrieren, und die die Fensterscheiben ihres Klassenzimmers nacheinander zerbrochen hatten, um nicht zu ersticken.

Mein ganzes Bemühen, sie gemäß dem Erziehungsauftrag zu durchschnittlichen und gehorsamen Bürgern zu formen, würde fehlgeschlagen sein. Die verschiedenen Versuche seitens der KP wie auch der Regierung, diesen großen unsteten

Stamm, jede auf ihre Weise, zu normalisieren, führten zu der Katastrophe, die wir kennen. Zum bedingungslosen Völkermord, zum Menschenmord, zur Vernichtung einer Kultur. Aber ich greife vor und verallgemeinere, statt mit der Geschichte von Santino, Sergios Vetter, und von Glauco zu beginnen, der sich mit seinen fünfzehn Jahren wie ein Teufel gebärdete, um sich gegen seine älteren Kameraden einen Platz auf dem Soziussitz der rotfunkelnden Ducati zu erkämpfen.

25

Glauco, ein untersetzter Schachtarbeiter »mit einer Mähne, daß eine Laus an Altersschwäche gestorben wäre, bevor sie einmal rum war«, wie Sergio sagte; ein kleiner Junge noch in seiner trotzigen Art, die Oberlippe vorzuschieben und sich urplötzlich in Schweigen zu hüllen – Glauco war sehr beliebt bei seinen Kumpeln, weil sein ständig in Bewegung befindlicher gedrungener Körper für sie die Inkarnation sorgloser Fröhlichkeit, ausgelassener Vitalität war. Vielleicht ehrten sie in ihm, dem Jüngsten der Bande, unbewußt ihre eigene Kindheit, die, das spürten sie, im Begriff war zu schwinden; mehr als alle anderen jedoch Santino, der sich, nicht zufrieden damit, in der flußaufwärts von Ponte Mammolo am Ufer des Aniene gelegenen Bleichlaugenfabrik eingestellt worden zu sein, erst kürzlich mit Fausta, der Tochter des Buchhalters, verlobt hatte. Er widmete sich komplizierten Berechnungen, die auf der Monatszahl, dem Datum und der Mondphase beruhten, um den Tag seiner Eheschließung in noch ferner Zukunft festzulegen.

Eheschließung, Papiere, Standesamtsregister, Einrichtung einer Wohnung – lauter Fremdwörter im Munde eines Jugendlichen aus den *borgate*, wo nur wenige Vornamen ausreichten, um die meisten der Stammesmitglieder zu bezeichnen, so wie in den primitiven Sprachgemeinschaften. Keinerlei Ausweise beulten ihre Taschen aus. Die Vorstellung, sich voneinander zu unterscheiden, der Wunsch, jemand zu sein, gehören zu den Nachkommen der Quiriten, nicht zu den Kindern der Wälder.

Santino begleitete seine astrologischen Überlegungen mit

einem leichten Lächeln, das ebensogut für eine Veralberung seiner Heiratspläne angesehen werden konnte wie auch für Angabe mit seiner Mannbarkeit. Als er mit angewiderter Miene seinen durch und durch fettigen Taschenkamm aus dem von Pomade glänzenden Haar zog, wußte man nicht, ob er die Unordentlichkeit seiner struppigen Strähnen bedauerte oder ob er erbost darüber war, daß er trotz seiner langen Sitzungen beim Frisör kein positiveres Resultat erzielte.

Was könnte ich über den Rest der Kumpane sagen? Agnolo, die zwei Alduccios, die vier Amelios, die sieben Francos . . . Bekleidet mit den gleichen Jacken, denselben Spuren nachjagend, gemeinsam vorgehend, so lebten sie das Herdenleben eines Clans. Es war eine große Überraschung für mich, ihre Vorliebe für das Wasser und für nautische Spiele zu entdecken. Sobald es schön wurde, sobald die Sonne die Wolkendecke durchbrach, liefen sie zum Aniene hinunter, zogen ihre Sachen aus und stürzten sich in den brausenden Gischt. Nicht alle konnten schwimmen. Während die Sportlichsten die Mitte des Flusses erreichten und sich im Bruststil oder in einer Art rudimentären Crawls miteinander maßen, fanden die anderen eine stille Bucht zum Baden. Der Aniene, schlammig von seiner Quelle im Apennin an, verunreinigt, seit er die Fabrik passiert hatte, strömte gelblich dahin; dennoch sprangen sie nicht minder genüßlich hinein und plantschten im Wasser, als wäre es ihr natürliches Element. Santino, der beste Schwimmer von Ponte Mammolo, verzichtete auf einen Spaziergang mit seiner Verlobten, um sich im Schilf, wo er seine Kleidung auf einen Haufen warf, uns zuzugesellen. Das Verlangen, mich zum Wettkampf herauszufordern, währte nur einen Augenblick. Als ich ihn so tauchen, wieder hochkommen, eine Kerze machen, sich in tausend Sprüngen fallen und strecken sah, begriff ich, daß er die ganze Welt vergessen würde, vor lauter Glück, sich in den Fluten zu sielen. Im übrigen, als er sich auf den Rücken legte und sich willig treiben ließ, schien die geheimnisvolle Anziehungskraft des feuchten Nasses ihn uneingeschränkt zu besitzen. Er schloß die Augen und war außer sich. Fausta konnte sich von der Brücke herab die Lunge aus dem Hals schreien, er hörte nicht, oder eine Sirene auf dem Grund des schlammigen Wassers zog ihn mit ihrem Gesang stärker an.

An Glückstagen gönnte sich die Horde eine Fahrt hinunter in das Ciriola-Bad. Das Ciriola-Bad, mitten in Rom an einem wackligen Steg verankert, der das schmutzige Wasser des Tiber überspannte, hatte seine schwankenden Fundamente unter der Brücke Sant'Angelo. In einem alten Schleppkahn befanden sich unter Deck die Espressobar, die Umkleidekabinen und die Duschen. Ein Floß aus abgenutzten Planken, mit dem Lastkahn verbunden, diente als Solarium und als Sprungbrett. Da der Eintritt fünfzig Lire kostete und der auf sein Holzbein gestützte unnachgiebige Bademeister in der Nähe der Kasse auf der Lauer lag, konnten wir jeweils immer nur zu dritt oder viert hineingehen. Die anderen begannen ein Fußballspiel am Fuße der mit Gras bewachsenen Ufermauer, lehnten sich mit den Ellenbogen auf das Brückengeländer, um den Ruderern zuzusehen, oder beobachteten, wie die Sonne gleich einem riesengroßen Spiegelei hinter die Kuppel von Sankt Peter sank. Glauco, der nicht schwimmen konnte, plantschte unter dem Steg in dem schmutzig gegen die Böschung schwappenden Wasser. Santino, ein wahrer Meisterschwimmer, ließ sich aus der Bar einen Tisch bringen, von dem aus er mit einem sauberen geschraubten Kopfsprung, der uns den Atem benahm, in die Mitte des Flusses, in die an dieser Stelle bereits reißende Strömung, schnellte.

Unten, in den Laderäumen des Lastkahns, zeigten sie sich ungeniert unter den Duschen, stolz auf ihre junge Männlichkeit und bereit, jedem Vergleich standzuhalten. Der Hintern dagegen war und blieb für sie ein sakrosankter, verbotener Bereich. Sie sprachen nie über ihn und fanden Mittel und Wege, ihn vor Blicken zu schützen. Sie würden jeden Witz über dieses Thema übelgenommen haben. Die Badeanstalt gab ein zerlumptes Handtuch von der Größe eines Taschentuchs aus. Zu klein, einen Lendenschurz daraus zu machen, wurde es benutzt, auf dem Weg von den Duschen in den Umkleideraum die Gesäßbacken zu bedecken.

Ein weiß-roter räudiger Foxbastard mit Schlappohren und schmutzigem Bauch wartete am Zugang zum Steg auf Santino. Er wedelte mit dem Schwanz, als er ihn erblickte, und folgte ihm auf das Floß; aber Santino mußte vorher so tun, als stieße er ihn zurück. »Nicht doch, bring mich nicht in Rage, Mistvieh!« schrie er mit anschwellender Stimme. Der Hund, närrisch vor Freude, strich ihm um die Beine. »Schön! Du willst also mit uns hineinspringen! Paß auf!« Er lief zum Ende des Floßes, der Hund hüpfte hinterdrein; doch am Ende der Planken blieb er plötzlich stehen und reckte seine Schnauze mißtrauisch über das schmutzige Wasser, das gegen die alten Autoschläuche schäumte.

»Willst du die Brühe wirklich saufen?« fragte Santino, während er ihm mit der einen Hand den Rücken kraulte und mit der anderen versuchte, ihn an dem mürben Strick, der ihm als Halsband diente, näher heranzuziehen. Der Hund stemmte sich mit den Vorderpfoten und machte sich steif, seine feuchten und flehenden Augen starr auf die Augen des Jungen gerichtet. »Du hast wohl Schiß, wie? Ich werd dich schon reinschmeißen in die Pisse! Kleiner dreckiger Bastard!« Das Tier wehrte sich, es tat einen Satz zurück, aber statt die gewonnene Freiheit zu nutzen, um fortzulaufen, kam es ganz aufgeregt zurück, um sich dem köstlichen Spiel von Angst und Liebe hinzugeben. »Kleiner dreckiger Bastard, alter Schlappschwanz!« wiederholte Santino mit zärtlicher Stimme und begann den Köter von neuem zu schrekken, indem er ihn an den Rand stieß. Die Nockenwelle, die unter dem Sattel der Ducati 125 brummte, erfüllte ihn nur mit halb soviel Stolz und Genugtuung wie seine Freundschaft mit besagtem Sultan. Schließlich stand er auf, machte einen zusätzlichen Knoten in das ausgeleierte Gummiband seiner Badehose und stürzte sich mit einem tollen Hechtsprung, der uns Augen und Mund aufsperren ließ, kopfüber in den Tiber. Der Hund, vor lauter Freude, am Ruhm seines Herrn teilzuhaben, ohne sich dafür einsetzen zu müssen, führte daraufhin auf dem Floß einen frenetischen Tanz auf, untermalt mit Gebell, das den unwirschen Einbeinigen aus seiner Kabuse lockte.

Sergio, Santino, Glauco und ich schlenderten eines Tages in der Nähe von San Paolo herum. Der Wind hob die an den Mauern flatternden Plakatfetzen mit dem verwaschenen Porträt des Ministers Sforza, das anläßlich seiner Bestattung überall in der Stadt angeklebt worden war. Alte, vergangene

Zeit, die uns durch ein Monokel anschaute, als wäre der elegante Diplomat schon vor einem Jahrhundert gestorben. Unsere Aufmerksamkeit wurde von dem kläglichen Singsang eines Bettlers gefesselt. Altersschwach und blind, saß er am Eingang der Basilika, die Mütze neben sich auf dem Bürgersteig, den weißen Stock quer über die Beine gelegt. Durch ununterbrochenes wehleidiges Brabbeln war es ihm gelungen, den Frommen eine erkleckliche Anzahl von Zehn- und Zwanziglirestücken und sogar einige Scheine aus der Tasche zu locken. Als er uns näher kommen hörte, nahm er sein Jammern verstärkt wieder auf. Santino stieß Glauco mit dem Ellenbogen an. Dieser zuckte mit verwirrter Miene die Schultern. Unter dem Vorwand, etwas aus seinen Schuhen zu entfernen, richtete Santino es so ein, daß wir vorausgingen; dann bemächtigte er sich der Mütze und rannte mit seiner Beute bis zur Straßenecke. Der Alte begann, seinen Stock schwenkend, zu zetern. Da ihm niemand zu Hilfe eilte und auch der Apostel Paulus seinem Rufen gegenüber taub blieb, stieß er einen Fluch gegen »San Lumino« aus, einen jener imaginären Heiligen, die die Bevölkerung Roms erfindet, um sie mit Beleidigungen zu überhäufen, ohne die Sünde der Blasphemie zu begehen.

Die Burschen achteten seiner Schreie nicht einmal. »Fast ein halber Riese!« jubelte Sergio. Er streckte die Hand aus und grapschte, ohne sich zu schämen, seinen Anteil der Beute. Glauco tat es ihm gleich. Mir steckten sie gewaltsam einen Schein in die Tasche. Wir gingen langsam das Tiberufer aufwärts, ich noch völlig geschockt von diesem Vorfall und mich fragend, welcher Abschnitt in ihrem Kodex sie befugte, sich so herzlos einem wehrlosen Bettler gegenüber zu verhalten, einem Opfer des römischen Dschungels wie sie, während doch eine gräßliche Töle mit räudigem Fell auf die Solidarität und auf die besondere Zuneigung Santinos rechnen konnte.

Dieser setzte mich am Nachmittag ein zweites Mal in Erstaunen, als er nämlich mit einem funkelnagelneuen Anzug vor uns hintrat, den er in der Rinascente erstanden hatte, die erste Kluft dieser Art, die man je in Ponte Mammolo zu Gesicht bekommen hatte: auf Taille gearbeitet und die Schultern wattiert, ein Modeartikel, wie ihn eine der Schaufensterpuppen in irgendeinem der Geschäfte in der Via Veneto hätte tragen können. Im Ciriola-Bad begnügte er sich nicht mit dem Gemeinschaftsumkleideraum, sondern verlangte ein verschließbares Spind, um seinen neuen Anzug auf einen Kleiderbügel zu hängen. Er zeigte mir auch – aber nur mir allein, aus Furcht vor faulen Witzen – die Krawatte, die er sich zu dem Anzug gekauft hatte und die er, in Seidenpapier gewickelt, in der Tiefe seiner Tasche aufbewahrte. Eine Krawatte mit phosphoreszierenden Pailletten und in derart schreienden Farben, daß ich mich ihrer selbst ohne den späteren Zwischenfall erinnern würde, der sie mir ins Gedächtnis einprägte.

Mit dem Rest seines Lohns mietete er einen Kahn. Mitten im Fluß riß uns die Strömung, die viel stärker war, als wir angenommen hatten – wir hätten allerdings nur die Abdrift der Butterbrotpapiere und der Plasteflaschen zu beobachten brauchen –, in rasendem Tempo mit sich fort. Er mußte sich gegen die Ruder stemmen, damit wir nicht wie ein Strohhalm herumgewirbelt wurden und Gefahr liefen, am Pfeiler der nächsten Brücke zu zerschellen. »Guck! Guck mal!« schrie Glauco. Über den Bug des Kahns gelehnt, zeigte er uns eine Art schwarzen Ball, der unter dem mittleren Bogen des Ponte Vittorio Emmanuele an der Wasseroberfläche zappelte. »Scheiße! Das ist eine Schwalbe!« rief Sergio aus. Es gab hier Dutzende von Schwalben, die unruhig von einem Ufer zum anderen flatterten, unter den Bögen hin und her flogen und mit ihren grauen Bäuchen den Fluß streiften. Diese hier schien im nächsten Augenblick unterzugehen. Sie schlug die Flügel mit immer größerer Mühe, fiel wieder zurück und bewegte sich in den letzten Zuckungen.

»Was fällt dir ein? Hör auf! Bist du verrückt?« brüllte Glauco Santino an, der, am Heck stehend, die Arme zum Sprung vorstreckte.

Er stürzte sich ins Wasser. Die Strömung trieb ihn weit vom Kahn fort, den wir vorsichtshalber zur Seite gerudert hatten. Das Wasser rauschte mit bedrohlichem Getöse gegen die Eisbrecher. Die Schwalbe, nunmehr in einen Strudel geraten, drehte sich wie leblos im Kreise. Santino näherte sich ihr mit kräftigen Stößen. Obwohl er ein guter Schwimmer war, beobachtete ich ihn nicht ohne Besorgnis. Sein Kopf verschwand unter einer Flut schmutzigen Wassers, aus der er schwer atmend wiederauftauchte. »Sei kein Idiot! Laß se sausen!« Ohne auf unsere Rufe zu achten, gelang es ihm, das Tierchen zu fassen und aus dem Wasser zu heben. Der Vogel erschwerte ihm sein Unterfangen durch sein Flattern. »Sie traktiert mich mit Schnabelhieben!« Mit einem Arm schwamm er, so gut es ging, dem Ufer zu. »Die Schlampe!« erwiderte ihm Glauco lachend. »Hast wohl noch nich genug mit deiner Braut?« Und Sergio energischer: »Leck nicht den heiligen Antonius im Arsch!«

Glauco streckte ihm eine Hand entgegen, um ihm zu helfen, wieder in den Kahn zu klettern; aber Santino zog es vor, das Ufer allein zu erreichen, wo er, in dem schmutzigen Gras sitzend, auf uns wartete und die Schwalbe mit seinen geschlossenen Händen umfing.

»Warum haste se rausgefischt?« fragte ihn Glauco. »Hätt'se doch absaufen lassen können.«

»Sie ist völlig durchnäßt«, begnügte sich Santino zu antworten.

»Muß ich dir vielleicht noch mein Hemd geben, um das Frollein abzutrocknen?« sagte Sergio plötzlich angriffslustig. Er hob eine rostige Schraube auf und preßte sie in seiner Faust.

Santino ließ die Schwalbe frei. »Nicht getroffen!« schrie Glauco schadenfroh Sergio zu, der seine Schraube mit vollem Schwung gegen den Vogel geworfen hatte. Die beiden Burschen fielen übereinander her und wälzten sich am Boden. Ich hatte mich neben Santino gesetzt. Die davongekommene Schwalbe hatte sich ihren Artgenossen zugesellt. Wir verhielten uns eine Weile ruhig, um ihre Kapriolen in der Luft zu verfolgen.

Von Casarsa aus flogen sie im Herbst nach Afrika. Meine Lieblingsjahreszeit, wenn nach dem Keltern der Trauben der Duft des Mostes um die Bauernhöfe waberte und das weniger steil einfallende Licht das Band der Kanäle mit malvenfarbenen Reflexen moirierte ... Diese Erinnerung tauchte nur einen Augenblick lang in mir auf. Ich verdrängte sie sofort, wie alle anderen jenes Lebensabschnitts. Heimweh wäre deiner unwürdig, Pier Paolo! Ich sprang mit einem Satz auf und rannte, mich in die Balgerei zu stürzen, die allgemein geworden war.

Wenn ich mir heute Gewissensbisse mache, dann deshalb, daß ich während der Jahre in Ponte Mammolo Mama vernachlässigt habe. Alles, was mir das Friaul ins Gedächtnis zurückrief, schmerzte mich. Der kleine Bahnhof auf der anderen Seite der Fernverkehrsstraße, das Haus mit den grünen Läden, die Geranien auf dem Balkon, die Straße, die vor der Kirche anstieg, die Maisfelder unter meinem Fenster, der Lärm der Pumpe, die im Hof quietschte – ich wollte nicht mehr daran denken. Ich war aus dem Eden vertrieben worden: Sollte ich mich in sinnlosen Klagen verzehren? Mama dagegen appellierte an meine Gefühle. Sie bemühte sich, die Welt vor dem Exil für mich zu rekonstruieren. Stillschweigend kaufte sie in der Standa Teller, die unseren früheren Tellern ähnelten, Tischtücher der gleichen Farbe, Öl und Teigwaren der gleichen Marke. Welches Wunder bewirkte, daß der gekochte Schinken aus Modena und die Polenta, die südlich des Apennin so schwer zu beschaffen waren, so oft auf unserem Tisch standen?

»Warum trinkst du deine Milch nicht mehr?« fragte sie mich eines Morgens, als sie sah, daß ich die Tasse, die sie gerade gefüllt hatte, von mir schob.

»Sie ist nicht gut hier.«

Sie seufzte.

»Ja, sie schäumt nicht so. Aber vielleicht . . .«

Ohne den Satz zu beenden, stand sie auf, band ein Kopftuch um ihr während des dreimonatigen Aufenthalts in Rom schon ergrautes Haar; dann griff sie statt zum gewöhnlichen Einkaufskorb aus Binsen zu dem aus Weiden vom Tagliamento, den sie nahm, wenn sie in die Stadt ging. Sie kehrte erst sehr spät heim. Sie schloß sich in der Küche ein, wo sie bis zu vorgerückter Stunde geheimnisvoll hantierte. Ich hörte etwas Ähnliches wie leichte Hammerschläge.

»Frühstück ist fertig!« rief sie mich am nächsten Morgen mit verschmitzter Stimme, in der eine ungewohnte Heiterkeit mitschwang.

Auf dem Küchentisch thronte ein großer Steingutnapf, gleich dem, aus dem ich in Casarsa die ersten achtundzwanzig Jahre meines Lebens getrunken hatte: eine der altmodischen Schalen, viel zu weit und viel zu bauchig, mit kleinen roten Blumen auf weißem Grund, die sie nicht ohne Mühe bei dem Trödler aufgetrieben, den Bruder Gino ihr genannt hatte. Das Detail, das mich zu Tränen hätte rühren müssen, ließ mich dagegen in einer unwirschen Gereiztheit erstarren: Mama hatte am Rand der Schüssel eine Reihe kleiner Kerben angebracht, um sie in jeder Hinsicht dem Napf meiner Kindheit ähnlich zu machen, der mehrfach malträtiert worden und daher angeschlagen war.

»Koste doch mal, wie gut sie wieder ist«, sagte sie und goß die sahnige weiße Flüssigkeit aus dem Tiegel.

Beunruhigt über mein Schweigen, drehte sie sich um, den Schwamm aus der Ecke des Waschbeckens zu holen. Einige Tropfen waren auf das Wachstuch gefallen. Ein kleines weißes Rinnsal floß zur Kante hin. Widerwillig trank ich einen Schluck.

»Ach!« sagte ich. »Es wird Zeit für mich.«

Jeden Morgen, bevor ich zur Schule ging, zog ich sie auf meine Knie, um sie auf die Stirn zu küssen. Heute streckte ich die Arme nach ihr aus und deutete die übliche Geste an, doch ich vermochte die Gebärde nicht zu Ende zu bringen. Meine Ellenbogen sanken auf den Tisch zurück. Sie tat, als hätte sie es nicht bemerkt. Der Schwamm wurde unter fließendem Wasser ausgespült, ausgedrückt, ausgeschüttelt und wieder an seinen Platz gehängt. Mit einem besorgten Blick auf meine Uhr sprang ich auf.

»Mama, ich werde zu spät kommen!« rief ich.

»Vergiß deine Brille nicht«, murmelte sie, den Blick auf den kaum angerührten Napf gerichtet.

»Ach ja, meine neue. Ich hoffe, daß dir die Fassung gefällt.«

Ich holte aus meiner Tasche eine Sonnenbrille hervor und setzte sie mir auf die Nase.

»Jesus! Eine dunkle Brille! Seit wann?«

»Der Arzt hat mir dazu geraten. Um meine Augen zu schonen.«

»Um deine Augen zu schonen?«

Erschrocken schüttelte sie den Kopf.

»Nimm sie rasch ab, mein Kleiner. Eine dunkle Brille im Haus ist wie ein aufgespannter Regenschirm.«

Diese dunkle Brille, ohne die sie mich seitdem nicht mehr sah, Emblem und Banner, die meinen Namen propagierten, ist in ganz Italien berühmt geworden. Auf Kosten eines absoluten Mißverständnisses. Niemand begriff, daß ich mich entschieden hatte, die Welt in einem neuen Licht zu betrachten. Für das Friaul war ich tot. Ich mußte unter anderen Himmelsstrichen neu geboren werden. Sie hat das Mißtrauen der Öffentlichkeit erregt, die Vermutungen meiner Gegner bestätigt, in meinen Prozessen als Belastungsmaterial gedient. Effekthascherei, Snobismus, Verschleierung, Feigheit, zweideutige Vorliebe für das Inkognito: welche Gefühle, das eine niedriger als das andere, hat man mir nicht angelastet ... Ein Mensch, dessen Glück man vernichtet hatte und der sich aus Treue zum verlorenen Paradies die Augen hätte verderben sollen, hatte der nicht das Recht, die Farbe seiner Brillengläser zu wechseln?

26

Bei unserem Herumstrolchen am Tiber stießen wir zwischen dem Ponte Sisto und dem Ponte Garibaldi, gegenüber dem viereckigen Kirchturm von Santa Maria in Trastevere, der auf der anderen Flußseite seine gedrungene Silhouette über die roten Häuser erhebt, unweigerlich auf die kleine Schar professioneller Homos. Sie hatten ihr Gewerbe während des Krieges begonnen, um der Nachfrage der amerikanischen Soldaten zu genügen, und seit jener Zeit setzten sie sich weiterhin in einer Reihe nebeneinander auf die Brüstung, ließen die Beine baumeln und taten, als beobachteten sie den Autoverkehr, der an diesem Abschnitt der Uferstraße immer dicht war.

Die Haltestelle der Circolare Rosso an der Ecke von Ponte Sisto diente den Kunden als Vorwand und machte den Schüchternen Mut. Um den Laternenpfahl herum stehend, gaben sie vor, auf die Straßenbahn zu warten, und nahmen sich Zeit für ihre Wahl. Nach längerem Austausch von verstohlenen Blicken und einem leichten zustimmenden Lächeln sprang einer der Burschen von der Brüstung herunter und schlenderte lässig auf die Treppe zu, die zum Fluß hinunterführte, der Kunde folgte ihm in gewissem Abstand. Zehn Minuten unter dem Brückenbogen genügten ihnen. Sollte das Geschäft rascher abgewickelt werden, konnte man unterhalb der Abschirmwand des Pissoirs an der Ecke des Ponte Garibaldi vier Füße sich bewegen sehen.

Mit Leib und Seele gebe ich mich jetzt hin,
mitten im glänzenden weißen Porzellan,

wie der große Sandro Penna schrieb. Er wohnte drei Brücken weiter flußaufwärts, hinter San Giovanni dei Fiorentini, aber eine käufliche Fayence hätte keinerlei Anreiz auf den ausgeübt, der an den Toren der Gymnasien, auf den Plattformen der Autobusse oder im Dunkel der Kinos lauerte. Geht der ganze Kitzel nicht vom Unvorhergesehenen aus? Lieber unverrichteterdinge seine sechs Stockwerke hinaufsteigen als sich auf ein Vergnügen ohne Überraschung beschränken.

»Guck mal den *frocio*!« rief Sergio. An der Bordsteinkante stand ein Typ in gelblichem Regenmantel, hielt seinen Filzhut an der Krempe und schielte nach den die Mauer entlangflanierenden Halbstiefelpaaren.

»Er hat nicht mal seinen Ehering abgenommen!« fügte Glauco hinzu.

Um in ihrem Wortschatz ein *frocio* zu sein, mußte man 1. glauben, daß es eine Sünde sei; 2. sich verstecken; 3. bezahlen. Lauter Dinge, die sie ungeheuer amüsierten, so als hätten sie es mit von einem anderen Planeten gefallenen Lebewesen zu tun. Ich notierte mir diese Nuancen sorgfältig für den Roman, den ich gerade angefangen hatte. Einige in Zeitungen veröffentlichte Artikel hatten mir bereits lobende Worte von Alberto Moravia und von Federico Fellini eingebracht. Es schien, daß niemand in Rom je daran gedacht hatte, über die Stadttore hinauszugehen. Ich würde großen Erfolg haben, wenn ich die Welt der *borgate* enthüllte.

»Aber wie nennst du denn die, die sie auf der Brüstung erwarten?« fragte ich Sergio.

Er hob die Schultern. »Für sie gibt es keinen Namen«, sagte er.

Ich wollte nicht nachgeben.

»Sind das keine Homos, wie?«

»Wanda ein *frocio*?« rief Glauco empört aus.

Er trennte sich von uns, um den Gigolo, der so hieß, zu begrüßen und ihm herzlich die Hand zu schütteln.

»Du bist doch nicht krank, oder?« setzte Sergio noch hinzu.

Dennoch, keinem der *ragazzi* von Ponte Mammolo wäre es in den Sinn gekommen, seinen Lebensunterhalt so zu verdienen wie ihr Freund Wanda, den sie eines Abends vielleicht ausrauben würden, wenn es ihnen gelänge, ihn nach seiner Arbeit in einer der finsteren Straßen von Trastevere zu stellen, wo er, ein Sohn des Volkes, dem dieses Viertel noch gehörte, seiner Behausung unter dem Dach zustrebte: so wie sie dem Bettler seine Mütze geklaut hatten und aus denselben Beweggründen. Um Almosen bitten oder seinen Körper verkaufen: Das Vergehen bestand darin, daß man sich einer einzigen Betätigung verschrieb und eine Einnahme davon erwartete. Mit ihrem noch nicht verstädterten Nomadeninstinkt erfaßten sie, daß man sich, sobald man sich einer sozialen Schicht anschließt, und sei es die schändlichste und die verwerflichste, wie die der Bettler und die der Strichjungen, über gewisse Konsequenzen nicht mehr beklagen darf: Schulpflicht bis zum vierzehnten Lebensjahr, regelmäßige Lungendurchleuchtung, Militärdienst und Steuererklärung. Selbst die Polizeistreifen mußte man dann billigen.

Die Polizei fegte wie ein Wirbelwind um die Ecke von Ponte Garibaldi. Ein halbes Dutzend Beamte sprangen aus dem Mannschaftswagen, schnappten sich Wanda und seine Kollegen, die durch ihre hohen Absätze behindert waren, während die *froci* den Hut ein wenig tiefer in die Stirn drückten und sich enger um den Haltestellenpfahl der Circolare drängten, ihren Fahrschein in der Hand, bereit, ihn als Alibi zu benutzen.

»Und die da?« fragte ich, als wir, vor dem Bahnhof auf den Autobus wartend, der uns nach Ponte Mammolo zurückbringen sollte, das unablässige Kommen und Gehen sowie das geschäftige Treiben unter den immergrünen Eichen der Piazza dei Cinquecento beobachteten. Ein junger Bursche, der unter einem Baum zu rauchen schien, setzte sich in Bewegung, als ein Passant sich näherte, und ging ihm voran zwischen die Büsche, die im Dunkel der hohen Mauern des Archäologischen Museums wachsen. »Anders könnten sie es nicht«, antwortete mir Sergio lakonisch. Er wollte damit sagen, daß die Bahnhofsprostitution auf die Durchreisenden, auf die Handelsvertreter, auf die Soldaten auf Urlaub, auf die Auswanderer unterwegs nach Norden, auf alle diejenigen angewiesen ist, die als Fremde durch die Stadt kommen und ihre Zuflucht zu tariflichen Dienstleistungen nehmen müssen, nicht etwa aus Scham oder aus Angst wie die Kunden am Ponte Garibaldi, sondern weil sie nicht die Muße haben, zwischen zwei Zügen in den Straßen auf Abenteuer auszugehen.

In den *borgate*, wo es nicht an Zeit mangelte und wohin die Predigten des heiligen Paulus nicht vorgedrungen waren, fehlte es mir nie an günstigen Gelegenheiten. Meine Freunde waren gern und gratis bereit, mich glücklich zu machen. Wir kletterten die Ufer des Aniene hinunter zwischen die Sträucher der Gemüsegärten. Die abgewandte Seite einer Böschung an der Straße nach Pietralata, das Teilstück eines Aquäduktes, ein im freien Feld aufragender Felsbrokken, der knorrige Stamm einer Zypresse bargen uns in ihrem Schatten. Wir hätten auch auf jede Deckung verzichtet, ohne befürchten zu müssen, angezeigt zu werden. Sie lebten in einer herrlichen Unbekümmertheit. Die Liebe war für sie nichts anderes als die physische Erweiterung des Vergnügens, beieinander zu sein, als die natürliche Ergänzung zu ihren Streifzügen in Rom, als ein Talisman gegen das Risiko, das sie allnächtlich auf sich nahmen. Die Unbequemlichkeit unserer Zusammenkünfte, die Notwendigkeit, uns zu beeilen, ihre Abneigung, längere Zeit untätig zu bleiben, vielleicht auch mein eigenes Bedürfnis, ihre Freiheit und ihre Naivität zu idealisieren, haben mir nur selten erlaubt, sie über das bestimmte Thema auf die Probe zu stellen, wobei mich eine Weigerung ihrerseits enttäuscht hätte.

»Warum kommst du nicht mit uns?« fragten sie mich manchmal – in dem Augenblick, da sie sich zu einem ihrer nächtlichen Streifzüge rüsteten. Auf der Brücke über den Aniene sitzend, wohnte ich dem Aufbruch der Meute bei. »Wir überfallen die Shell-Tankstelle bei San Giovanni in Laterano!« Ich schüttelte bedächtig den Kopf. Nein, trotz meines Wunsches, mir Unterlagen über ihre Gewohnheiten zu verschaffen, würde ich mich damit begnügen, am nächsten Tag ihren Berichten zu lauschen. Würde Mama nach dem Prozeß von Valvasone eine zweite polizeiliche Ermittlung ertragen? Ich könnte wegen Mittäterschaft verfolgt, vor Gericht gestellt werden. Das Risiko schreckte mich nicht; aber Mama! »Du wirst es mir erzählen«, sagte ich zu Sergio, der in heller Aufregung war über die Lieferung neuer Tennisschuhmodelle im Warenhaus Dunlop in der langen Via Nazionale, die der Obhut eines einzigen Wächters mit Fahrrad anvertraut war. Während die Motorroller mit Vollgas auf der staubigen Straße davonbrausten, ging ich zurück in mein Zimmer, um meinem Buch ein paar Seiten hinzuzufügen.

Es sollte ein schonungsloses, knallhartes Buch von heiterer und rücksichtsloser Offenheit werden, in dem ich ein ungeschminktes Bild meiner jungen Freunde zeichnen, selbst jedoch nicht in Erscheinung treten würde. Unabdingbare Regel, die ich in all meinen späteren Schriften und in all meinen Filmen befolgt habe. Und das immer wegen Mama. Sie nicht zu schockieren, sie nicht zu entrüsten, diese einfache Seele, die allmorgendlich an das Bett ihres Sohnes kam, um seine Wange mit einem leichten Kuß zu berühren, als schliefe er noch in seiner Wiege. Diese Zeilen, die ich jetzt an dich schicke, Gennariello, sind die ersten, in denen ich von mir spreche. Deshalb kann ich auch auf gewisse Aspekte des Lebens in den *borgate*, die ich in meinem Roman stillschweigend übergangen habe, zurückkommen und mich selbst befragen.

Nach der Liebe gingen wir in eine der zwei *trattorie* von Tiburtino eine Pizza essen. Ich bezahlte immer, nicht um mein Gewissen zu beschwichtigen – es war sehr ruhig –, sondern weil ich mit meinen siebenundzwanzigtausend Lire Monatsgehalt und meinen ersten Zeilenhonoraren, die ich mir durch Mitarbeit an Literaturzeitschriften verdient hatte, der einzige war, der über ein Einkommen verfügte. Um ihrem Gedächtnis die kurze Freude eines Augenblicks einzuprägen, steckte ich ihnen etwas zu, damit sie sich ein Eis oder eine halbe Portion Tintenfisch kaufen konnten.

Ehrlich, gab es einen einzigen unter ihnen, der außer der Pizza nicht noch mit einem Trinkgeld belohnt gegangen wäre? Plötzlich befällt mich Zweifel: Hätten sie es von mir verlangt, wenn ich es vergessen hätte oder mein Portemonnaie leer gewesen wäre? Ich möchte nicht denken, daß das, was als ein freundschaftliches Geschenk aus meiner Tasche floß, als ein ihnen zustehender Tribut in der ihren landete.

Einmal hörte ich verwundert, daß einer zu mir sagte: »Ich brauch fünfhundert Lire!«

»Einen halben Riesen, Glauco?«

Er schnallte seinen Gürtel fertig zu.

»Einen halben Riesen, Pier Paolo.«

»Aber . . .«

Ich entlockte ihm sein Geheimnis nicht ohne Mühe. Ein Abstecher, der erste in seinem Leben, zu den Mädchen. Er verzehrte sich vor Verlangen danach. »Ach, weiter ist es nichts . . .« Ein Wunsch, der mir die Leidenschaft, die er mir in dem kleinen Bambushain bewiesen hatte, noch sympathischer machte. Alduccio, Ginas Bruder (um ihn von dem anderen Alduccio zu unterscheiden), nahm ihn mit zu Madama Brenta in der Via dei Cappellari unweit des Palazzo Farnese. Oben auf der schmalen Treppe, die von einer durch Fliegenschiß verdunkelten Glühbirne notdürftig beleuchtet wurde, gelangten sie auf einen Absatz, wo die *padrona* hinter einem Zahltisch vor sich hin döste. Sie glaubten in den Warteraum hineinhuschen zu können, aber die Megäre schreckte mit einem Ruck hoch und verlangte in ihrem rohen Jargon aus San Francesco a Ripa, die Ausweise zu sehen. Glauco holte eine Zeitkarte der Straßenbahn aus seiner Tasche. Sie entriß ihm das Stück Pappe und lief vor Wut rot an.

»Das Geburtsdatum, Herrgott noch mal, das haste wohl gefälscht?«

Glauco begann zu zittern.

»Diese Rotznase!« schrie sie. »Das is noch nich trocken hinter de Ohren, und das will mich in 'n Knast bringen!«

Es folgte ein Schwall von Beschimpfungen und dann eine salbungsvolle Gardinenpredigt, aber hatte sie bisher im Dialekt einer Trasteveraner Schlampe gesprochen, änderte sie nun plötzlich ihr Vokabular und ihre Ausdrucksweise. Um Glauco zurechtzuweisen und ihn an die Einhaltung der Gesetze zu mahnen, bediente sie sich des reinsten Italienisch, damit der Übeltäter die Schande seiner sprachlichen Minderwertigkeit spürte, nachdem sie ihn wegen seines Alters schon gedemütigt hatte. Zweifach erniedrigt, trat der Unglückliche den Rückzug an, ohne zu antworten. Alduccio mußte ihm auf die Treppe nachlaufen, um ihm seine Zeitkarte auszuhändigen, die er auf dem Zahltisch vergessen hatte.

Während mir Glauco den amüsanten Bericht über sein Mißgeschick erzählte und gleichzeitig die fünfhundert Lire minus fünfzig zurückgab, lachte er ein wenig gezwungen. Vergeblich blies er die Wangen auf und rollte die Augen, um die Kuppelmutter nachzuahmen, ich bemerkte recht gut, daß er die Schmach noch nicht verdaut hatte. »Hast du schlechte Laune?« fragte ich ihn, verärgert (sehr zu Unrecht, sehr unbesonnen, wie die nachfolgenden Ereignisse zeigen werden) über seine langen Pausen. Auf meine Bitte hin gab mir Alduccio wohl zum zehnten Mal die Moralpredigt wieder – angereichert mit neuen Einzelheiten –, die die Bordellwirtin seinem Kameraden gehalten hatte. Ich fand es ungewöhnlich, daß ein Frauenzimmer dieses Schlages das in der Schule gelernte Toskanisch gewählt hatte, um ihm die Leviten zu lesen. Akademische Sitten – konventionelle Sprache! Und nicht minder lehrreich – zu deiner Unterrichtung, junger Glauco –, daß der Zugang zu den Frauen auf so peremptorische Art mit der Besorgung eines Personalausweises verknüpft wurde.

In Ponte Mammolo spielte sich die erotische Freiheit nur unter zwei Voraussetzungen ab. Erste Regel: keinen festen »Freund«, kein festes »Verhältnis« haben, wenn möglich nicht zweimal mit ein und demselben Liebe machen. Zweite Regel: sich niemals in ein Zimmer einschließen, draußen bleiben, unter freiem Himmel. Ich muß sagen, daß mir diese beiden Bedingungen wunderbar zusagten. Seit ich Svenn verloren hatte, wollte ich mit niemandem mehr eine Herzensbindung eingehen. Die Notwendigkeit, täglich den Partner zu wechseln, bot mir die beste Gewähr gegen die Verlokkung, mich an jemanden zu hängen. Was die Ablehnung des geschlossenen Raums, des Betts, alles dessen betrifft, was gewöhnlich zur Liebe gehört, so schien sie mir ein wirksamer Schutz gegen das, was an der westlichen und christlichen

Kultur am verachtenswertesten ist: die spießbürgerliche Absonderung, die einen Sperrkreis um zwei Liebende zieht, und die häusliche Ausübung dieser sporadischen und freigebigen Sinnlichkeit, die ja gerade das Schöne an dem Vergnügen ist. Die jungen Burschen der *borgate* mit ihrem griechischen und faunischen Empfinden für die Nacktheit führten den Körper wieder seinem natürlichen Element zu, einem Sonnenuntergang auf dem Lande, dem Säuseln des Windes in den Myrten, einem Haufen vergilbter Blätter zu Füßen eines herbstlichen Baumes. Oder – warum auch nicht? – dem fetten Mutterboden in der Tiefe eines Gartens, den auf einem Bauplatz zurückgebliebenen Abfällen. Sauberen Laken habe ich stets ein Lager aus schmutzigem Papier, der Verschwiegenheit des Alkovens die Aufregung an einem öffentlichen Ort vorgezogen.

Verschwinden, ohne seinen Namen zu nennen, ohne ein Gesicht zu hinterlassen, ja nicht einmal zu wissen, mit wem man zusammengelegen hat: der Gipfel der Freiheit für die Alten. In ihrer Mythologie erschien Eros mit den Attributen eines Knaben, der seine Pfeile aufs Geratewohl abschießt. Die Binde, die seine Augen bedeckt, hindert ihn daran, zu sehen, wohin sie treffen. Ein Bild, das dir helfen wird zu verstehen, wie das Leben im Randgebiet von Rom der fünfziger Jahre war: eine unerschöpfliche Fülle unvorhergesehener Begegnungen, Kontakte ohne Fortsetzung. Wonne und Freude des Beisammenseins, Hast und Glück der Trennung!

Wollte man mich überzeugen, daß ich ungeachtet meiner Allüren eines einem Hirtengedicht entsprungenen Fauns durch meine katholische Erziehung geprägt blieb, so könnte man kein besseres Argument geltend machen als diese Unbeständigkeit, die damals als »unnormal« bezeichnet wurde, diesen steten Wechsel von einem zum anderen, dieses unaufhörliche und endlose Nachstellen. Sich nicht ein einziges Mal sagen zu können, zu wollen: Ich hab's gefunden! Leute, die als Geistesgrößen angesehen werden, beurteilen diese ständige Jagd, auf die unsere Spezies versessen ist, eher als negative Regung von Schuld denn als positive Neigung. Sie meinen, wenn man uns untersagt, in einer dauerhaften Zuwendung zur Ruhe zu kommen, dann bestrafen wir uns dafür, das zu sein, was wir sind. Das ist eine schwerwiegende

Frage, die sich weder so noch so schnell beantworten läßt. Hat mich vielleicht später, als ich älter wurde, die Religion meiner Kindheit ohne mein Wissen wieder für sich gewonnen? Wir werden sehen. Ich bin sicher, in der Zeit von Ponte Mammolo keinerlei Verlangen nach einem anderen Leben unterdrückt zu haben. Frei, bei guter Gesundheit, ungebunden, warum hätte ich versuchen sollen, mich durch die geringste Abhängigkeit einzuschränken?

Was unsere Gewohnheit betrifft, uns unter freiem Himmel zusammenzufinden statt in unseren vier Wänden, wenn ich es unbedingt »erklären« muß (oh, diese Manie, eine ganz spontane Vorliebe mit irgendwelchen »Beweggründen« in Verbindung zu bringen!), so wisse, daß keiner von uns über ein eigenes Zimmer verfügte, nicht einmal ich, seit mein Vater zu uns gezogen war. Um Mama zu ersparen, das Schlafgemach mit ihm zu teilen, hatte ich mein Bett ins Eßzimmer hinübergeschafft.

Seine Ankunft in Rom ähnelte nicht im geringsten seiner Rückkehr aus Afrika vor sieben Jahren. Wir sahen auf dem Bahnsteig den Hauptmann in Uniform aussteigen, gealtert, abgemagert, gebeugt, aber stolz, zum erstenmal eine Wohnung in der Urbs und vor allem eine römische Anschrift zu haben, die er auf seine Visitenkarte drucken lassen konnte. Er gab sich, als hätte ihn der Generalstabschef in die Hauptstadt berufen und nicht die Notwendigkeit, seine Schwägerinnen von einer Last zu befreien, die allzu schwer geworden war. Sich in der Nähe der Schalthebel zu wissen, verlieh diesem Manne, der sein Leben lang der Macht hinterhergelaufen war, ohne es jedoch zur vierten Litze zu bringen, eine gewisse Energie. Aber nachdem er den Foro Italico, die Via dei Fori Imperiali und die anderen Bauten Mussolinis besichtigt hatte, kam er, erschöpft von der Fahrt im rüttelnden Autobus, heim. Er hängte seine Uniform in den Schrank und zog seitdem seinen Schlafrock nicht mehr aus, zum Zeichen des Protestes gegen ein Vaterland, das so undankbar zu einem Soldaten des Imperiums war.

Vierzehn Tage vor dem Datum, für das Santinos Hochzeit angesetzt war, saßen wir, etwa ein halbes Dutzend, eines Nachmittags gegen Ende des Frühjahrs, als der Aniene schmutzige, von der letzten Schneeschmelze in den Apenninen angeschwollene Fluten wälzte, auf dem Brückengeländer, um den Schwimmwettkampf zu schiedsrichtern, den einige der Jüngsten der Bande weiter stromauf austrugen. Sie hatten aus Bohlen und Strauchwerk eine Art Floß zusammengezimmert und Wetten abgeschlossen, wer am schnellsten den Fluß überqueren könne. Eher ein riskantes Unterfangen als nur ein Spiel, denn die Strömung war an dieser Stelle reißend. Man mußte um jeden Preis verhindern, zur Brücke hingetrieben zu werden. Das Wasser brandete gegen die Pfeiler und flutete in gefährlichen Strudeln zurück. Glauco, der sich in einer geschützten Bucht vorsichtig naß gemacht hatte, stieg die Böschung hinauf. Er wollte sich auf einer Ecke des Floßes ausstrecken und legte keinen Wert darauf, bemerkt zu werden.

Der Fünfuhrbus kam, mit seinen alten Blechteilen scheppernd, von Pietralata herauf. Alduccio und seine Schwester grüßten uns, mit den Armen aus dem Fenster winkend. Fünf Minuten später stießen sie in Begleitung von Santino zu uns. Die bevorstehende Heirat mit einer Buchhaltertochter (die sich nie der Bande zugesellte) und die Hoffnung auf eine Aufstiegschance in der Bleichlaugenfabrik hatten seine Metamorphose vervollkommnet. Er trug das modische karierte Jackett aus der Rinascente und eine Krawatte – ein für unsere Gegend fremdes Wunder. Ich erkannte die schreienden Farben und die phosphoreszierenden Pailletten des Binders wieder, den er unlängst, in Seidenpapier eingewickelt, in seiner Tasche verborgen hatte.

Alduccios Schwester, eine magere Brünette mit hohlen Wangen, die einen geschmacklosen mauvefarbenen Rock zu dreitausend Lire aus dem Upim trug, stürmte davon, um von der Brüstung aus die Leistungen der jungen Schwimmer zu beobachten.

»He, du, Wuschelkopp«, schrie sie, an Glauco gewandt, der sich in der Sonne aalte, »bei dir is wohl die Luft raus!«

Bei dieser Beleidigung richtete sich der Bursche auf und warf das Gänseblümchen, an dem er knabberte, in den Fluß. Ohne sich zu beeilen, so wie einer, der von niemandem Befehle entgegennimmt, ging er bis an den Rand der Bohlen und setzte sich, mit den Beinen über dem Wasser baumelnd.

»Hast wohl Schiß«, fuhr das Mädchen fort, »daß dich deine Mähne nach unten zieht!«

Zwei oder drei auf der Brücke begannen zu lachen. Sie erinnerten sich des Witzes von Sergio über die Laus. Agnolo rief uns zu, still zu sein. Er nahm die Zeit des kleinen Mariuccio mit den Fingern, die er einen nach dem andern ausstreckte. Wir gehorchten, außer Gina, die um so aufgebrachter war, als ihr niemand Aufmerksamkeit schenkte, ausgenommen dieser Tölpel von Romolo, den sie ganz offen geringschätzig behandelte. Dem Dummkopf ging allmählich auf, daß er drei Riesen umsonst ausgespuckt hatte. Von der halben Flasche Kölnischwasser, das er über sein fettiges Haar gekippt hatte, ganz zu schweigen.

»Tu es mir zuliebe«, gurrte sie plötzlich.

Sie warf Glauco Kußhände zu und bemühte sich, ihn wie eine Glucke zu locken.

»Kriegst auch 'n Küßchen, mein Süßer. Gina verspricht es dir!«

Glauco ließ sich zum Wasser hinab, stützte sich jedoch mit den Ellenbogen auf das Floß. Er machte sich die Spitzen der großen Zehen naß und fuhr hastig wieder zurück, gleichsam erschrocken über die Kälte.

»Süßer! Mein Süßer!« fuhr das Mädchen affektiert fort. »Mein Süßer! Du Süßer!«

Santino, der bislang geschwiegen hatte, entschloß sich einzugreifen.

»Hör endlich auf! Er kann doch nicht schwimmen, das sieht 'n Schielender ohne Brille!«

Das Mädchen, derart angefahren, wandte sich an ihren Bruder, daß er ihr Genugtuung für eine solche Zurechtweisung verschaffte. Aber Alduccio, statt auf ihr Jammern zu hören, beeilte sich, ein Gespräch mit Agnolo über die genaue Berechnung der Sekunden für den nach Mariuccio angekommenen Wettkämpfer zu beginnen.

»Ihr geht mir alle auf 'n Docht, Bande von Rotzgören, Haufen von Gehirnamputierten!« brüllte sie aus voller Kehle. Entschlossen, uns ihre Verachtung deutlich spüren zu lassen, machte sie auf dem Absatz kehrt und setzte sich mit verschränkten Armen auf die Brüstung, von wo aus sie versuchte, die spärlichen Motorradfahrer, die in einer Staubwolke vorbeikamen, für ihr Mienenspiel zu interessieren. Wir blickten einander erleichtert an, aber für Glauco war es etwas anderes.

Daß sie seine sportlichen Fähigkeiten in Zweifel zog, sie, Alduccios Schwester, die als erste über seine Schlappe in der Via dei Cappellari gelacht hatte, das konnte der arme Junge nicht ertragen. Gina war es in Wirklichkeit völlig einerlei, zu wissen, ob er den Fluß überqueren könnte. Glauco, die Nerven noch gereizt von der Panne, die er bei Madama Brenta erlebt hatte, wurde das Opfer eines lächerlichen Mißverständnisses. Er wählte, um sich in Ginas Augen zu rehabilitieren, den Zeitpunkt, da sie sich entschied, uns durch Geringschätzung zu strafen. Mit einem heiseren Schrei, der den Zankteufel nicht einmal bewog, sich umzudrehen, ließ er sich mit den Füßen voran ins Wasser fallen.

Anfangs gelang es ihm, wie ein Hund zu paddeln. Damit konnte er sich zwar an der Oberfläche halten, jedoch nicht die Flut durchqueren. Er geriet in Schwierigkeiten, sobald ihn die Strömung auf die ersten Strudel zutrieb. Die Lippen über Wasser zusammengepreßt und den Kopf nach hinten geneigt, um es nicht zu schlucken, paddelte er, so gut es ging, bis in die Mitte des Flusses, wo ihn das Gemisch von Schaum, Sägespänen, verbranntem Öl und Abfällen aus den Fabriken stromauf wie einen Strohhalm erfaßte. Er wurde mitgerissen, auf die Brückenpfeiler zugetrieben, gegen die der Strom mit unentwegtem Grollen anbrandete.

Zusammen mit Santino war ich die Böschung hinabgeeilt, um unserem Gefährten zu helfen. Aber Romolo, ein Neuer in der Bande und verrückt nach Gina, bei der er vergeblich Anschluß suchte, tauchte geräuschlos von hinten auf, stürzte sich auf mich, umklammerte mich und warf mich zu Boden. Je mehr ich um mich schlug, um so fester wurde sein Griff. Auf dem Bauche liegend, den Hals ohnmächtig vorgereckt, die Augen voller Entsetzen auf den Kopf dessen gerichtet, der sich nun wie ein Kreisel drehte, konnte ich mich nur mit den anderen heiser brüllen, die auf der Brücke geblieben waren und ihre Arme wild in Santinos Richtung schwenkten.

Wie ein Wirbelwind raste er auf das Floß. Gina, die endlich ihre Dummheit einsah, bemühte sich, Glauco ans Ufer zu dirigieren. Die Tusche war aus ihren Wimpern gelaufen, während sie vor Ärger flennte, aber das kümmerte sie im Augenblick wenig. Ohne im entferntesten daran zu denken, sich die Wangen abzuwischen, beteiligte sich das brave Mädchen, seit sie sich nicht mehr verpflichtet fühlte, die Aufmerksamkeit auf sich zu ziehen, nach besten Kräften an der Rettungsaktion.

Santino hatte im Nu seine Hose ausgezogen und warf sie zu seinem Jackett auf die Planken. Aber die heute eingeweihte Krawatte konnte er nicht so rasch aufbinden. Ungeschicklichkeit und Aufregung bewirkten eine entscheidende Verzögerung. In Unterhosen und noch die Schuhe an den Füßen, die er anbehalten hatte, um Zeit zu gewinnen, verlor er kostbare Minuten, um den Knoten aufzubekommen. Als er endlich sein Hemd heruntergerissen hatte, begriffen alle, daß es zu spät war. Glaucos Leben hing am seidenen Faden. Man sah ihn mit den Armen rudern, er war zu erschöpft, um Hilfe zu rufen. Er ging in Abständen unter, tauchte ein wenig weiter stromabwärts wieder auf, verschwand aufs neue. Er versank ein letztes Mal ohne einen Schrei in dem Trichter, den der Fluß unter der Brücke formte, an einer Stelle, an der ihn selbst ein geübter Taucher nicht wieder hätte an die Oberfläche bringen können. Wie ein Trauerflor schwamm sein Haarschopf noch eine Weile auf der Flut. Dann löschte der Aniene in seinem blinden Lauf jede Spur unseres Gefährten. Das Wasser, das ihre ganze Wonne war, das sie wie eine Wiege liebten, schloß sich über ihm wie ein Grab.

27

Diese Tragödie im Verein mit den Vorwürfen meines Vaters, der uns beschuldigte, wir hätten ihn unter den »Furchenkakkern« angesiedelt, bewog mich, eine Unterkunft weniger weit vom Zentrum Roms entfernt zu suchen. Der Vertrag, den ich mit einem großen Mailänder Verlag nach Erscheinen einer meiner Novellen in der Zeitschrift *Paragone* von Roberto Longhi abgeschlossen hatte, sicherte mir künftig Monatseinnahmen, die einträglicher waren als die einem Schulmeister zugestandene Besoldung. Wir schafften unsere Penaten nach Monteverde Nuovo hinter Trastevere, in der

Nähe der päpstlichen Mauern: ein relativ modernes und luftiges Viertel, in dem Angestellte des Vatikans und Bürokraten aus den Ministerien wohnten, frisch approbierte Zahnärzte, Fachschullehrer und Flüchtlinge, die es zu einem festen Einkommen gebracht hatten.

Da sich die Mode wegen der Knappheit an Textilien in den letzten fünf Jahren kaum geändert hatte, holte Mama aus ihren Koffern die noch eleganten Kleider hervor, die sie aus Casarsa mitgebracht hatte. Sie fand wieder Gefallen daran, sich hübsch anzuziehen und die Via Donna Olimpia hinunterzugehen, eine breite Allee, gesäumt von fast koketten Häusern und mit mehr Läden ausgestattet als die einzige Standa in Ponte Mammolo. Der tägliche Anblick von Elend und Schmutz lag nun hinter uns. Die Geschäftsleute, weit davon entfernt, sich zu wundern, eine Frau auf der Straße zu sehen, machten einen kleinen Plausch mit ihr und halfen, ihren Einkaufskorb zu füllen. Der Fleischer gab ihr gratis fünfzig Gramm Lunge für die Katze, die sie angeschafft hatte, da wir nun einen unnützen Esser ernähren konnten, ohne die Animosität der Nachbarn befürchten zu müssen.

Sie kaufte für ihren Mann die Zeitungen, die sie noch völlig zusammengefaltet unter seiner Zimmertür hindurchschob: letzte eheliche Huldigung, mit der sich der Hauptmann zu begnügen schien. Prinzessin Joséphine Charlotte von Belgien heiratete den Großherzog Jean von Luxembourg bei einem Platzregen, der alles Gute für die Verbindung erwarten ließ. Die Begum hatte in Abwesenheit des Aga Khan den Vorsitz beim traditionellen Orangenfest in Cannes übernommen. Tyrone Power und Linda Christian hatten Rom als Ferienort auserkoren. Gina Lollobrigida feierte Triumphe in *Brot, Liebe und Phantasie*, obwohl nach Meinung der Experten eine gewisse Sofia Scicolone, noch Sternchen unter dem (vorläufigen, wie man bald sehen wird) Pseudonym Sofia Lazzaro, die Diva von morgen sein würde. Italien ging es nicht allzu schlecht, wenn die wichtigsten Nachrichten aus der Welt der Hoheiten oder aus Cinecittà kamen. Mein Vater am Kopfende des Tisches murrte während der Mahlzeiten, und am späten Abend murmelte er unter der Wirkung des Trunkes undeutliche Drohungen, aber alles in allem benahm er sich anständig und machte uns das Leben nicht unerträglich.

Die relative Schlappe der Democrazia Cristiana bei den letzten Wahlen hatte das Ressentiment des Offiziers auf Wartegeld gegen die Partei Nummer eins der jungen Republik beschwichtigt. Mit 48,9 Prozent der Stimmen hatte De Gasperi die Vergünstigung des Mehrheitsgesetzes, das die Linken »das Niederträchtige« getauft hatten und das von den alten Faschisten nicht weniger gehaßt wurde, knapp verfehlt. Maria Pia di Savoia fuhr in Schottenrock und flachen Schuhen nach Oxford, um ihr Studium abzuschließen: die königliche Familie hielt sich an die eine. Von dem Balkon herab, über den er jetzt verfügte, konnte der Überlebende von Amba Alagi beobachten, wie die ersten Fiat 600 an den Bürgersteigen geparkt wurden. Es war ihm eine Genugtuung, den industriellen Fortschritt seines Landes festzustellen, sie war indes weit weniger groß als das Vergnügen, sich in sein Wohnzimmer vor das neue Wunderding zu setzen, das den italienischen Haushalten von Januar 1954 an offeriert wurde und das wir schon im Monat April angeschafft hatten: ein Fernsehgerät aus imitiertem Mahagoni, das ich auf Ratenzahlung angeschafft hatte. Es dauerte nicht lange, bis Mike Bongiorno seine bekannte Sendung »Lascia o raddoppia« startete. Man hätte Prophet (oder ehemaliger Schüler von Roberto Longhi in Bologna) sein müssen, um sich nicht über dieses Unternehmen zu freuen, das Zehntausende von Durchschnittsfamilien für allgemeinbildende Themen interessierte, dank dem Anreiz der versprochenen fünf Millionen Lire.

Die zwei besten Filme des Jahres waren gewiß nicht gerade optimistisch. Aber nicht nur wegen der Tatsache, daß nur wenige Menschen sie wegen ihres geringen Erfolges sahen, sondern auch, weil uns Vittorio de Sica und Federico Fellini (der mir die Ehre erwies, mich zur Premiere einzuladen) in ihnen von einem vergangenen Italien, von einem Italien erzählten, das wir überholt glaubten. Man konnte das Schicksal von Umberto D. mitempfinden, diesen Beamten im Ruhestand bemitleiden, der zu arm ist, um sein möbliertes Zimmer zu bezahlen, und der nur deshalb darauf verzichtet, sich vor einen Zug zu werfen, weil er seinem Hund, seinem einzigen Freund, das Herrchen erhalten will. Wunderschön schien uns die Szene, in der Maria Pia Casilio als traurige kleine Hausgehilfin den Morgenkaffee vor einem vom Zahn der Zeit benagten Spülstein in einer Küche bereitet, deren rissige Wand eine Prozession von Kakerlaken ausscheidet. Aber die Vernachlässigung der Alten seitens der Gesellschaft, an deren Aufbau sie mitgeholfen hatten, die Mißachtung der Schwachen und der Behinderten, die ausschließliche und stupide Vergötterung der Jugend, das waren vom Faschismus überkommene Fehler. Statt *Giovinezza* zu singen, würde das neue Italien die Werktätigen, die die Altersgrenze erreicht hatten, nicht mehr in den Selbstmord treiben. Was die sanitäre Ausstattung betraf, die in dem Film angeprangert wird, so schickten sich die hypermodernen Zanussi-Werke an – die nach dem Krieg in den Vororten von Pordenone in die Höhe geschossen waren (ich hatte sie mit einer meiner Cousinen aus der Verpackungsabteilung besucht) –, die Serienproduktion von Kühlschränken zu niedrigeren Preisen in Angriff zu nehmen. Mochte ich diesen triumphalen Entwicklungsprozeß der Elektrogeräte auch mit einem kritischen Auge beobachten, ich mußte doch zugeben, daß sich Mama nicht mehr die Hacken abzulaufen und am frühen Morgen vier Stockwerke hinaufzusteigen brauchte, um die Milch auf den Frühstückstisch zu stellen, die sie mir beharrlich in dem bekannten Napf mit den sägezahnartigen Scharten vorsetzte.

Diejenigen, die Fellini die »großen Parasiten« getauft hatte, gehörten noch eindeutiger einem provinziellen und archaischen Land an, in dem wir das unsere nicht mehr wiedererkannten: Langeweile der Kleinstädte, versunken in den Nebeln eines endlosen Winters, menschenleere Straßen schon bei Anbruch der Dunkelheit, Sonntage, die das Grölen Betrunkener beherrschte, umherziehende erbärmliche Tingeltangelgruppen, gerade gut genug, die Phantasien von Ledigen zu beschäftigen, die die Enthaltsamkeit plagte. Leopoldo, der Intellektuelle, würde heutzutage, sagte ich mir, das Manuskript seines Stückes nicht mehr einem alten Schauspieler, einem Schmierenkomödianten vorzulesen brauchen, der die Überbleibsel seines welken Ruhms auf Tourneen durch Badeorte umherführte: Er würde es an einen Mailänder Verleger schicken, so wie ich meinen Roman an Garzanti. Die Fiat 600, die in wenigen Jahren die Straßen verstopfen, die Städte verschmutzen und die sozialen Verhältnisse vergiften würden, glichen noch zerbrechlichen und wunderlichen kleinen Spielzeugen. Die handwerklich gefertigten Motore weckten mit ihrem lustigen Geknatter die vor sich hin dösende Atmosphäre der Provinz auf, oder sie gingen kaputt, einen dünnen Dampfstrahl ausstoßend, der einen Schauer des Abenteuerlichen hervorrief. Die *vitelloni* würden sich nicht länger am Strand damit öden, ihre Schritte im Sand zu zählen, sondern nach Bologna, nach Florenz, nach Ancona fahren, sich dort umzusehen. Letzte Huldigung meinerseits auch an das Fernsehen, bevor ich es heftig kritisiere: Es wäre ungerecht von mir, nicht einzugestehen, daß es ihre Neugier kitzelte. Anstatt auf die herbstliche Galavorstellung im Kursaal oder auf den Karneval im Februar, Gelegenheiten für jämmerliche Zechgelage, als die großen Ereignisse des Jahres zu warten, würden sie am Leben auf dem Planeten teilnehmen und entdecken, daß sich die Welt nicht auf die Romagna beschränkt.

Niemand dachte im Traum daran, das versichere ich dir, als der Film auf den Leinwänden erschien, ihm einen prophetischen Wert beizumessen; in dem Geflecht von kleinen Lügen, Gaunereien und heimtückischen Schikanen, die den Inhalt des täglichen Lebens in Rimini ausmachten, die allgemeine Wiederholung der Skandale zu erblicken, zu denen es bald darauf in Rom kommen sollte.

Aber ja, damals begann der wirtschaftliche Aufschwung, Garant für ein gesundes, starkes und aufblühendes Italien. Die Halbinsel einschließlich des ewigen Südens, den die Cassa del Mezzogiorno mühsam aus ihrem altüberlieferten Elend herausholte, schien auf dem Wege der Entwicklung. Selbst wenn der Geist von 1945 gestorben, im Dreiparteiensystem aufgegangen war, selbst wenn die Rechte Posten und Privilegien an sich riß, so setzte man doch voraus, daß die Männer an der Macht von einem gewissen Bürgersinn durchdrungen oder zumindest rechtschaffene Menschen und die Institutionen der Republik über jeden Verdacht erhaben wären. Bis zur unverhofften Wiederaufnahme der Ermittlungen – kurz nach unserem Eintreffen in Donna Olimpia –, wer, zum Teufel, hätte sich noch an Wilma Montesi erinnert, die ein Jahr zuvor am Strand von Tor Vaianica, mehrere Kilometer südlich von Rom, tot aufgefunden worden war? Eine rasch zu den Akten gelegte Affäre, trotz einiger im Laufe der Untersuchung zutage getretener Absonderlichkeiten.

Samstag, den 11. April 1953, Morgengrauen: Ein Arbeiter, der zu seiner Fabrik radelt, gewahrt einen leblosen Körper am Meer. Er versteckt sein Fahrrad in einem Gebüsch am Straßenrand, geht hinunter an den Strand und entdeckt die Leiche eines halbnackten jungen Mädchens, auf dem Rükken liegend, einen Arm angewinkelt vor dem Gesicht. Ohne Strümpfe, ohne Schuhe, ohne Rock. Fortunato Bettini – so heißt der werktätige Frühaufsteher, geradezu einem neorealistischen Film entsprungen wegen der natürlichen Reaktionen eines aus der Widerstandsbewegung hervorgegangenen Bürgers, der seinem Nächsten zu Hilfe eilt, nicht ohne seine Vorsichtsmaßregeln gegen eventuelle Fahrraddiebe ergriffen zu haben –, Fortunato Bettini mit symbolischem Vornamen also, weit davon entfernt, sich morbiden Betrachtungen hinzugeben, steigt in Windeseile auf sein Rad, merkt sich die Stelle anhand eines Reklameschildes für Colgate-Zahnpasta und fährt zum nächsten Polizeirevier.

Ich habe mich auf diese Nebenfigur versteift, die sogleich nach ihrer Aussage wieder in Vergessenheit geraten ist, da als sicher gilt, daß die Spontaneität seines Zeugnisses, die Rechtschaffenheit seiner Reflexe, die Frische seines offenen und aufrichtigen Gesichtsausdrucks den Ausschlag für die ersten Ermittlungen gegeben haben, die einzig und allein die Hypothese eines Unfalls gelten lassen, ohne das Vertrauen zu erschüttern, das die durch den Sieg über den Faschismus erneuerte Gesellschaft den Italienern einflößte.

Alles war dazu angetan, diese Illusion zu bestätigen. So erfuhr man, daß sich Wilma Montesi zwei Tage zuvor aus der bescheidenen Wohnung entfernt hatte, die sie mit ihren Eltern und ihren zwei Brüdern in der Via Garigliano 76 im Salario, einem Viertel an der Peripherie, von braven Handwerkern und Kleinbürgern bewohnt, teilte. Der Vater Möbeltischler. Sie, Wilma, Schneiderlehrling. Wenig mehr als zwanzig Jahre alt. Dunkelhaarig, mit vollen Formen, wohl proportioniert, in strahlender jugendlicher Schönheit, die nicht unbeachtet blieb, wenn sie an den Schaufenstern in der Via Po vorbeiflanierte, wo sie höchstens ein Stückchen Spitze oder ein Band erstand von ihrem bescheidenen Lohn. Am Morgen dieses 9. April war sie mit einem gelben Wollrock mit grünen Punkten, einer weißen Hemdbluse und einem Paar grün-schwarzer Antilopenschuhe bekleidet. Um wohin zu gehen? Ohne Zweifel an den Strand, denn sie hatte ihr goldenes Halskettchen mit dem Madonnenmedaillon ebenso zu Hause gelassen wie das Armband, ein Geschenk ihres Verlobten, des Polizeiunteroffizierschülers Angelo Giuliani, stationiert in Potenza.

Warum ans Meer? Nun, weil die Arme an einem Ekzem an der Ferse litt und weil sie an die heilende Wirkung von Salzwasserbädern glaubte. Sie fuhr oft mit dem Zug nach Ostia. Unsinnig, wer weiß was für ein Geheimnis hinter ihrem Tod zu vermuten. Sie wird sich ein wenig zu weit vom Ufer entfernt, sie wird den Halt verloren haben, wenn sie nicht gar einem plötzlichen Unwohlsein zum Opfer gefallen ist. Die Strömungen haben ihre Leiche dann vom Strand in Ostia zu dem von Tor Vaianica abgetrieben. Nichts daran ist rätselhaft. Und wäre es denn das erstemal, daß das Meer einen Toten teilweise ausgezogen hat?

»Was soll ich Ihnen sonst noch sagen?« äußerte Signora Montesi, von rechtmäßigem Schmerz niedergedrückt, gegenüber den Journalisten, deren indiskrete Fragen ihr hätten erspart bleiben können. »Wilma war ein ruhiges und ausgeglichenes Mädchen. Was die Jungen betrifft, so kannte sie nur ihren Verlobten, den sie an einem Samstagabend beim Tanzen im Picchetti-Saal kennengelernt hatte. Ich hatte sie dorthin begleitet. Sie ist nur bei zwei Gelegenheiten mit Angelo allein ausgewesen: einmal im Kino – sie spielten *Arm, aber glücklich* –, und einmal haben sie Villa Borghese besucht. Im Dezember wollten sie heiraten. Sie legte sogar Wert darauf, denken Sie nur, daß ich ihre Liebesbriefe las und sie billigte.«

Letzter Beweis für ihre Schuldlosigkeit: Sie konnte nicht schwimmen. »Sind wir etwa so reich, daß wir unseren Kindern einen Urlaub an der See bezahlen können?«

Abgesehen von der Tatsache, daß siebzehn Kilometer

Ostia von Tor Vaianica trennen und daß diese Strecke sehr lang schien für ein ruhiges Meer im April (aber wer vermag schon die Unwägbarkeiten der Natur zu ergründen?), blieb ein reichlich dunkler Punkt. Man konnte sich zwar erklären, daß die Fluten Schuhe, Strümpfe und Rock mit sich gerissen hatten, aber nicht den Hüfthalter, der ebenfalls auf der Liste der fehlenden Gegenstände aufgeführt war. Nun, wenn das Tragen solide befestigter Strümpfe zu Wilmas lobenswerten Gewohnheiten gehörte, Gewohnheiten eines jungen Mädchens, das sich, getreu den Traditionen der Sittsamkeit und der Bescheidenheit, niemals erlaubt haben würde, mit nackten Beinen auszugehen, dann unterstellte das Verschwinden eines solch intimen Bekleidungsstücks wie des Hüfthalters einen überaus fatalen Zweifel. Das hygienische Fußbad beziehungsweise das »pediluvio«, wie man es nannte, um seinen medizinischen und nicht hedonistischen Charakter zu unterstreichen, hatte es ausgereicht, den Unfall zu verursachen?

Zu guter Letzt kam das Argument zur Sprache, das bislang ausgespart worden war, um jeden Verdacht auszuschließen. Wilma war am Tage ihres verhängnisvollen Ausflugs ans Meer »unpäßlich« gewesen, enthüllte Signora Montesi. Ein Detail, das die Version vom »Unwohlsein« bestätigte, das die Tochter des Möbeltischlers im Wasser befallen hatte, und das vor allem die verleumderischen Gerüchte ad absurdum führte. Heutzutage, da die Frauen ihre Regel nicht mehr als Behinderung, weder in der Liebe noch bei der Arbeit, ansehen und da das »Unwohlsein« ebenso überholt ist wie die »Vapeurs« der Komtessen im Ancien régime, wird es dir schwerfallen, zu verstehen, daß die Aussage der Mutter einen Schlußstrich unter die Ermittlungen gezogen hatte. In jener Zeit lebte Italien noch nach dem Gesetz einer strengen und unnachgiebigen bäuerlichen Moral, der zufolge die periodische Unpäßlichkeit der Frauen als himmlischer Wille galt. Gott untersagte ihnen in aller Form jegliche sexuelle Beziehung während drei Tagen in jedem Monat. Eine Strafe, die er Evas Geschlecht auferlegt hatte, das als sündig und unrein stigmatisiert war. In Ponte Mammolo habe ich gesehen, daß sich Mädchen aus Racalmuto oder aus Pietranera während dieser drei Tage ein schwarzes Band um die Fessel schlangen: Relikt eines sizilianischen Brauchs, vergleichbar mit der Knarre des Mittelalters, die schon von fern den Leprakranken ankündigte, damit ein jeder der unantastbaren Person aus dem Weg gehe.

Ende 53: Eine Zeitung der Rechten veröffentlicht eine satirische Zeichnung, die zeigt, wie ein Familienvater zärtlich seine Frau und seine Kinder umarmt, die alle in Tränen zerfließen: »Adieu, meine Vielgeliebten, adieu für immer, ich gehe ein Fußbad nehmen.« Noch intriganter wirkt die Vignette, die wenig später in einer ebenfalls rechtsgerichteten Wochenzeitschrift erscheint: Sie stellt einen Vogel im vollen Flug mit einem Hüfthalter im Schnabel dar. Als Unterschrift zu diesem Rätsel, das vollends dazu beiträgt, den Leser irrezuführen: *I piccioni viaggiatori sono ormai volati via* – »Die Brieftauben sind nun fortgeflogen«. Diese Anspielung kann nur verstehen, wer auf den Gedanken kommt, dieses Federvieh mit dem gleichnamigen Senator Attilio Piccioni, dem Außenminister und historischen Kopf der Democrazia Cristiana, einem der geachtetsten und einflußreichsten Politiker, in Verbindung zu bringen. Außerdem müßte man dazu wissen, daß einer seiner Söhne, der Jazzkomponist Piero, das elegante und mondäne Rom frequentiert. Und daß er an den Festen teilnimmt, die der Marchese Ugo Montagna, angesehener Verwalter öffentlicher Güter, auf seinem Landgut Capocotta, nicht weit von Tor Vaianica, veranstaltet: Das posaunt nämlich bald eine junge Magazinschönheit, voller Wut darüber, daß sie kein Engagement in Cinecittà findet, in einer Erklärung hinaus, die eine Wiederaufnahme der Ermittlungen zur Folge hat.

Sehr rasch ergießt sich durch die so geschlagene Bresche ein Strom von Schmutz. So erfährt man, daß Wilma auf einer ausschweifenden Party, bei der der Hüfthalter nicht das einzige überflüssige Wäschestück war, an einer Überdosis Rauschgift gestorben ist; daß große Namen aus der Politik, der Finanzwelt, der Presse an diesen Orgien teilnahmen; und daß der Polizeipräsident Saverio Polito die Schuldigen geschützt und die Niederschlagung der Affäre beschleunigt hat, ohne allerdings einer von denen zu sein, die sich durch ihre Anwesenheit für sie verbürgten.

Die Ungeheuerlichkeit des Skandals kannst du dir heute,

da Schandtaten ganz anderen Kalibers regelmäßig Stoff für die Chronik liefern, unmöglich vorstellen. Die Milliarden von Caltagirone oder die Lockheed-Schmiergelder verbannen den Zufall einer Überdosis, die mehr aus Ungeschicklichkeit als aus Lasterhaftigkeit verabreicht wurde, in die Vorgeschichte der Korruption. Im Jahre 1954 hatte man gerade die schweren Prüfungen des Kampfes gegen Mussolini hinter sich gebracht. Plötzlich zu entdecken, daß die Klasse, die uns regierte, daß Minister und Söhne von Ministern, Bankiers, Zeitungsverleger, hohe Funktionäre, Verantwortliche für die öffentliche Sicherheit, daß diese ganze Welt im Sumpf watete, rief einen gewaltigen Schock im Volk hervor. Der Marchese, der Präsident und der Jazzkomponist wurden ins Gefängnis gesteckt; Dutzende von Verdächtigen angeklagt. Piccioni Vater trat zurück.

(Der Prozeß – falls du begierig bist zu wissen, wie die Sache ausging – wurde im Januar 1957 eröffnet und dauerte drei Monate, nach deren Ablauf die Beschuldigten in den Genuß eines Freispruchs in allen Punkten kamen. Man mußte zahlreiche weitere Jahre warten, um zu erfahren, daß die zur Autopsie vorgelegten inneren Organe nicht die von Wilma gewesen waren, sondern die Eingeweide einer anderen, die gegen die ihren vertauscht worden waren. Und man rätselt noch immer, woher die Anzeige gekommen ist; ohne Zweifel aus den Reihen der Democrazia Cristiana selbst; die durch Attilio Piccioni vertretene Richtung – der linke Flügel – mußte in der Person des Außenministers getroffen werden, gemäß der ein Vierteljahrhundert später perfektionierten und blutig gewordenen Taktik, die Aldo Moro nicht nur die Karriere, sondern auch das Leben gekostet hat: auch er Flügelmann der »fortschrittlichen« Richtung und Verfechter des »historischen Kompromisses«, ein rotes Tuch für die Konservativen seiner Partei.)

Wirkung zeigte auch, ebensosehr und vielleicht sogar noch mehr als der wuchernde Krebsschaden, der sich im Räderwerk des Staates eingenistet hatte, die Zwielichtigkeit der jungen Schneiderin. Wenn es eine soziale Schicht gab, auf die die noch schwache Republik baute, um ihre Grundlagen zu festigen, dann war es wohl die der Handwerker, der Angestellten der kleinen Unternehmer, der Heimarbeiter, der durch die eheliche Treue zusammengeschweißten Haushalte, der verlobten Paare, die sich beim Melodram in den Kinosälen der Pfarreien belustigten, obwohl sie den weltlichen Ideen gegenüber aufgeschlossen waren, die der zahlreichen Bevölkerungsschicht gewissenhafter Kleinbürger, von denen die Familie Montesi ein Musterbeispiel war. Der gelbe Rock mit den grünen Punkten und das Madonnenmedaillon an der Halskette wurden gleichsam als schwerer Schimpf empfunden. Weniger als jede andere hätte sich diese Treuhänderin der durchschnittlichen Tugenden, die für das Wohl des Landes so notwendig sind, erlauben dürfen, mit den Wüstlingen von Capocotta zu verkehren. Wilmas Fehler, der ihren persönlichen Fall bei weitem übertraf, wurde zum Symbol für den nationalen Bankrott. Man beweinte nicht mehr nur eine Tote, man begrub zehn Jahre Hoffnungen und Illusionen. Wie sollte man, nachdem man herausgefunden hatte, wohin die Tochter des Möbeltischlers ging, wenn sie die elterliche Wohnung, die Werkstatt ihres Vaters verließ, die nach Sägemehl und Hobelspänen roch, noch Zutrauen in die Nachfahren Gramscis und Don Sturzos, Matteottis und Amendolas haben? Über Nacht brach der Mythos von einem rechtschaffenen und arbeitsamen, durch die Demokratie regenerierten Italien zusammen.

Wer jubilierte und triumphierte, das war mein Vater. Anfänglich noch unsicher, ob er uns mit seinem Gejammer über den »Verfall« der Sitten und den »Niedergang« des Vaterlandes belästigen sollte, änderte er seine Absicht und verlegte sich auf Sarkasmus. Aha! Italien gedieh, seit es glaubte, ohne einen Führer auskommen zu können! Man sah sie am Werk, die Antifaschisten! Bravo, die Republik! Dann, enttäuscht darüber, daß wir seinen Spott nicht einmal bemerkten, nahm er seine Zuflucht zu einer idealisierten Betrachtung der Vergangenheit. »Zu Mussolinis Zeiten . . .« wurde seine übliche Einleitungsformel, und bald darauf »zu seiner Zeit . . .«. Es gehörte schon Mut dazu, weißt du, den römischen Gruß bei den wenigen Getreuen zu wagen, die er im Viertel aufgestöbert hatte, nachdem fast alle Faschisten am Tage nach der Befreiung nichts Eiligeres zu tun gehabt hatten, als sich entweder der Democrazia Cristiana oder der Kommunistischen Partei anzuschließen.

Der ehemalige Offizier setzte, um seine Würde dem Niveau seiner Überzeugungen anzupassen, seine tägliche Weinration herab und machte es sich wieder zur Gewohnheit, sich anzukleiden, sich jeden Tag zu rasieren. Er ging aus, kaufte den *Borghese*, gesellte sich im Café zu anderen Nostalgischen und malte sich zusammen mit ihnen aus, welch glorreiche Schicksalsfügungen dem Impero widerfahren wären, wenn der Duce, viel zu edelmütig, um seinen Verwandten zu mißtrauen, seinem Schwiegersohn, »gottlob erschossen«, nicht Vorschub geleistet hätte.

Welche Erleichterung für Mama: nicht nur, weil er, statt sie mit seinen Anschuldigungen zu plagen wie in Ponte Mammolo, nunmehr in seinem Wolkenkuckucksheim lebte. Gleichgültig gegenüber dem, was sie uns auf den Teller legte, selbst dann, wenn sie am Monatsende im Fleischerladen für drei Personen ein Eisbein kaufte und dafür um so mehr Linsen in den Topf tat. Er ließ sie in Ruhe; in Erinnerung an den Feldzug in Äthiopien hätte er sich sogar an Konservenbüchsen delektiert. Zu sehen, daß er wieder Freude am Leben fand, befreite Mama von einer schweren Bedrückung. So gleichgültig ihr der Hauptmann auch war, so war sie dennoch froh, daß er wieder eine Leidenschaft, Freunde hatte, etwas, was ihn vor dem völligen Verfall und Stumpfsinn bewahrte.

Völlig überrascht und bewegt wies sie mich eines Tages darauf hin, daß ich soeben denjenigen »Papa« genannt, von dem sie mich vor dreiunddreißig Jahren empfangen hatte. Ich kehrte mit ihr vom Markt heim. Vor einer Parfümerie, deren Auslage in der Sonne funkelte, blieben wir beide plötzlich stehen, ohne daß wir uns abgesprochen hatten. Ebenso stillschweigend fiel unsere Wahl auf einen elektrischen Rasierapparat, dem wir uns in Papier mit Blumenmuster einwickeln ließen. Ich war es dann, der das Päckchen aus den Händen der Verkäuferin entgegennahm und die Frucht unserer gemeinsamen Ersparnisse mit einer Miene, die ungezwungen sein sollte, an der goldenen Kordel schlenkernd nach Hause trug.

28

Mit Sergio traf ich mich nach wie vor. Seine Manie, seine Baskets zu durchlöchern, und sein Geschick im Zerstören überraschten mich immer wieder. Selbst die Pirelli, für die er, als wir uns kennenlernten, drei Wochen benötigte, gingen jetzt doppelt so schnell entzwei. »Guck mal!« sagte er, mir voller Stolz die neuen Schäden zeigend und ohne im geringsten Anstoß daran zu nehmen, daß ich ihn häufig besuchen kam, teils aus Freundschaft, aber ein wenig auch, um meine Sprachstudien zu vervollkommnen. Mein Roman war fast fertig: jeden Morgen drei bis vier Stunden am Schreibtisch, nun, da ich mein eigenes Zimmer hatte. Ich schilderte meine Erlebnisse in Ponte Mammolo; darüber hinaus einige Szenen, denen ich nicht beigewohnt hatte: Autodiebstähle, Einbrüche, bewaffnete Überfälle. Eine große Unvorsichtigkeit von mir, weil diese Berichte, die ich nach dem Hörensagen wiedergab, sehr bald als Beweismaterial gegen den Autor verwendet werden sollten.

Ich schrieb dieses Buch nicht aus Freude an der literarischen Großtat. Es sollte bezeugen, daß ich meinen Freunden aus den *borgate* treu blieb. Sergio, Alduccio, Agnolo, keiner der Bande hätte es gewagt, eins der Geschäfte zu betreten, deren Schaufenster ich bewunderte, wenn ich den Viale hinunterschlenderte. Reinwollene Pullover, zweireihige Anzüge, Grünpflanzen, Goldfische, Küchengeschirr, Büroeinrichtungen, Handtaschen, Transistoren, Plattenspieler waren in den neonbeleuchteten Auslagen von Donna Olimpia ausgestellt. Ich verglich ihr Leben an den Ufern des schmutzigen Flusses mit dem meinen in dem mit Bürgersteigen und Rinnsteinen ausgestatteten Viertel. Ich dachte an Glauco. Seine Leiche trieb unter Wasser dem Meer zu. Und an Santino, dem es nicht gelungen war, seinen Kameraden zu retten. Er hatte geheiratet und wohnte bei seinem Schwiegervater in einem Nebengebäude der Fabrik. Hast du Grund, stolzer zu sein? fragte ich mich, mit Livio Garzanti, meinem künftigen Verleger, bei Buco, einem beliebten Restaurant, vor einem Teller leckerer Artischocken »à la juive« am Tisch sitzend. Weil ich einigen renommierten Schriftstellern und Literaturkritikern vorgestellt werden sollte, hatte ich die Krawatte mit den Querstreifen umgebunden, die Mama in der Via Condotti gekauft hatte. Alberto Moravia und seine Frau Elsa Morante nahmen sich gleich nach dem Essen meiner an.

Mehr als einmal setzte mich der alte Autobus auf dem kleinen dreieckigen Platz mit dem niedergetretenen Rasen ab: Solange es *borgate* gab, bevor das anthropologische Erdbeben sie verschluckt hatte. Die plötzlichen Hochwasser des Aniene bedrohten weniger die *ragazzi* als die kontinuierliche und in rasendem Tempo fortschreitende Auszehrung. Fasziniert von den raschen Veränderungen der Landschaft ringsumher, waren sie mir nicht gram, daß ich fortgezogen war. Auf den von Kränen starrenden und von Bulldozern zerwühlten Hügeln hinter Ponte Mammolo zeigten sie mir voller Stolz die Baustellen der Landesversorgungsanstalt. »Wir werden genau wie du einen Thron zum Scheißen in unseren Wohnungen haben!« Ich fühlte mich schuldig, sie wehrlos dem überlassen zu haben, was sich die Volkswirtschaftler anschickten ein Wunder zu nennen, wobei sie als Maßstab für das Glück die Anzahl der Automobile auf tausend Einwohner nahmen.

Vom Hügel Monteverde, wo wir wohnten, ging ich den Hang zum Tiber hinunter. Der Fluß ist unterhalb von Porta Portese nicht eingedämmt. Er fließt zwischen zwei Böschungen mit schmutzigem Gras dahin, das im Sommer staubig, im Winter glitschig ist. Traurige, in Schuttabladeplätze umgewandelte Ufer, in meiner Erinnerung aufgeheitert durch einen hinter dem Gasometer aufgebockt zurückgelassenen alten Lkw, von dem ich Gebrauch machte – kaum mehr als ein- oder zweimal, denn die Gelegenheiten, in dieser allzu öden Gegend Stromer aufzutreiben, waren rar.

Welcher Instinkt riet mir, mich nicht an einem Ort herumzudrücken, an dem ich viel später unversehens mit Glück überschüttet werden sollte?

Ich überquerte lieber den Fluß und bändelte in der Markthalle an. Das Gewirr von Lkws und Handwagen, das Gakkern von Hühnern, das Brüllen der Handlanger, die dumpfen, vibrierenden Töne der nicht weit entfernten Glocke von San Paolo, das schrille Schmettern der Militärtrompeten aus der Garbatella – das alles trug dazu bei, die Erregung zu steigern. Viele Jugendliche aus Trastevere und von Porta Portese mengten sich in das Gedränge, sei es, um gegen ein Entgelt mit anzufassen, sei es, um in die Kisten zu langen. Und dann, völlig unerwartet, die Gunst der Stunde: ein Angebot, als ich gar nicht mehr damit gerechnet hatte.

»Komm!«

»Dort?«

»Besser hinter dem Blumenkohl!«

Kurze Verfolgung zwischen den Gemüsepyramiden bis zu dem annähernden Versteck, wo trotz der Unbequemlichkeit einer dem anderen half, sein Vergnügen zu finden. Als wir auseinandergehen wollten: »Dreihundert Lire, ist's dir recht?«

Anfangs ein wenig überrascht, richtete ich es künftig so ein, daß ich stets einige Hunderterscheine in der Tasche hatte.

Mit noch größerer Aufregung schlich ich mich in den nahe gelegenen Schlachthof ein. Das riesige Viereck nahm den Platz des altertümlichen Foro Boario ein, des Rindermarktes, wohin sich schon die Römer begeben hatten, um sich mit Fleisch zu versorgen. Ein seit seinen Ursprüngen durch Schlachtungen und Blutopfer gekennzeichneter Ort. Unter den ersten Kaisern scharten sich die jüdischen Auswanderer, die nach und nach zu Hunderten eintrafen, hier bei der Landestelle an den Tiberufern zusammen, wo die auf Lastkähnen von Ostia her beförderten Waren gestapelt wurden. Als verachtete und für feige gehaltene Rasse brachte man sie in diesem Viertel unter, das den widerlichen Verrichtungen überlassen war. Abdeckereien, Lohgerbereien, Darmsaitenfabriken gediehen unter ihren Händen, unter dem Auge der Polizei, die sich nachsichtig zeigte, solange das Christentum in dieser Kolonie keinen Propagandaherd gefunden hatte. So widmete sich die demütige und verkannte Vorhut des heiligen Paulus und der Apostel den schmutzigsten Beschäftigungen, umgeben von Warenballen, Matrosenkneipen und Sänftenträgern, zusammengepfercht in dieser einem Ghetto ähnlichen Bannmeile.

Beeinflußt von dieser fernen Epoche, wurde mir ein Ort teuer, an dem die zu Jesus bekehrten Juden ihre ersten Verfolgungen erlitten hatten. Gehörte ich nicht auch einer heimlichen Minderheit an, auf die eine Macht ein Auge geworfen hatte, die allezeit bereit war, dem Gesetz Daumenschrauben anzulegen? Aber wenn ich heute aufrichtig sein soll, muß ich unter Umständen anerkennen, daß ich einen Weg zu den Höhepunkten der Geschichte und eine Solidarität mit den Opfern Neros suchte, um mich gegen die völlig spontane Faszination abzuschirmen, die mich zu diesen verrufenen Orten hindrängte. Welches ist die Religion, sagte ich mir, die ein nicht ebenso notwendiges wie geheimnisvolles Band zwischen der Ekstase und dem Tod, dem Blut und der Auferstehung knüpft? Dabei hätte ich einräumen müssen, daß es eine innere Unruhe und eine unwiderstehliche Neugier waren, Liebe unter Bedingungen zu machen, die jedem anderen schrecklich vorgekommen wären, mit Ausnahme der städtischen Angestellten, für die das Bild toten Fleisches, ausgebreiteter Innereien, roter Lachen und Rinnsale zur Gewohnheit geworden ist.

Wie für Carlino, meinen Lieblingspartner, dessen strahlendes Lächeln mit der makellosen Unschuld seiner zwanzig Jahre über die Hekatombe erhaben war. Er ging aus dem Gemetzel so ruhig und so gelassen hervor wie der Jüngling in Villa Borghese aus seinem Duell mit Goliath. Meiner Unrast, meiner Nervosität setzte er eine Engelsgeduld entgegen. Während ich, am ganzen Leib zitternd, auf ihn wartete, schlenderte er gemächlich zum Brunnen. Nichts rührte mich mehr, als diesen jungen Riesen ein Glas klares Wasser trinken zu sehen, um den Blutgeruch hinunterzuspülen. Er warf den Kopf mit einer raschen Bewegung des Kinns zurück. Seine Lippen hatten die Frische und seine blauen Augen die Reinheit wie die Flüssigkeit, deren letzte Tropfen er von seinem bartlosen Kinn wischte, bevor er sich die Hände wusch und seine Schürze mit den scharlachroten Spritzern abband. Dann kam er mit seinem gleichmäßigen und bedächtigen Schritt zu mir auf die Plane, die hinter den Pferdeställen ausgebreitet war.

»Gibst du mir dreihundert Lire?« sagte er, die Stimme ein wenig hebend, nicht etwa, weil er in mich dringen mußte, um zu sehen, daß ich, von vornherein durch seine Ruhe besiegt, eine Hand in die Tasche steckte, sondern weil ihn das Schmettern der Trompeten in der benachbarten Kaserne beziehungsweise das Rattern der Züge auf der Brücke zwangen, lauter zu sprechen.

Dreihundert Lire auch er. Die gleiche Summe bei allen. Hatten sie einen Preis verabredet? Ich bemerkte, daß ich mir diese Frage zum erstenmal stellte. Wer hatte diesen Tarif bestimmt? Kam das Angebot von meiner Seite? Mußten sie ihn fordern? Meine Verlegenheit zu antworten bewies recht gut, daß ich versuchte, mich zu belügen. Ich hatte keine allzu große Lust, mir darüber klarzuwerden, daß die schöne Zeit der unentgeltlichen und spontanen Liebe in den *borgate* vorbei war. Ich tat, als machte ich ein Geschenk. Ich weigerte mich zuzugeben, daß es ein fester Preis war. Ich hätte mich fragen müssen, warum sie mir diese pekuniäre Unterwerfung auferlegten und warum ich sie akzeptierte.

Hier nun ein anderer Widerspruch, den ich aufkläre. Ich hatte jetzt mein eigenes Zimmer. Warum mich in der Tibergegend herumtreiben, mich mit zwangsläufig überstürzten und flüchtigen Begegnungen begnügen? Ich hätte einen dieser Jungen, zum Beispiel Carlino, dessen sittsame Zurückhaltung sein grausames Metier Lügen strafte, in der Zeit mit zu mir heraufnehmen können, in der mein Vater im Espresso mit seinen Freunden die Chancen einer Wiederkehr des Faschismus erwog, die ein wenig gestiegen waren – was die Debatten verlängerte – durch die Berufung von Fernando Tambroni ins Innenministerium und von Kardinal Ottaviani an die Spitze des Glaubensgerichts. Mama hätte sich, nachdem sie einem so korrekten Besucher einen Kaffee angeboten, in ihr Zimmer zurückgezogen und uns das Feld geräumt. Kein einziges Mal ist mir der Gedanke gekommen, meinen Wassertrinker mit der Annehmlichkeit und dem Komfort der Wohnung meiner Familie in Verbindung zu bringen. Noch heute, Gennariello, wäre es mir lieber, wenn man mich nicht danach fragte. Laß mich vorläufig in dem Glauben, daß mich einzig und allein der wilde Drang, mich inmitten von Blut zu entladen, zum Foro Boario trieb.

Obwohl ich immer häufiger – vielleicht angewidert von den obligatorischen dreihundert Lire, die meine Sehnsucht nach Ponte Mammolo sowie meinen Willen stärkten, in meinem Buch eine Welt festzuhalten, die im Begriff war zu vergehen – die Halle durchquerte, ohne stehenzubleiben, und durch das hintere Tor wieder hinausschlüpfte, bemüht, so rasch wie möglich den Friedhof der Nichtkatholiken zu erreichen.

Unter diesem Namen breitet sich das mit Zypressen und Buchsbaum bepflanzte eingezäunte Areal aus, auf dem die in Rom gestorbenen Protestanten, vorwiegend Engländer, ruhen, wie zum Beispiel der Dichter von der Piazza di Spagna, der nicht viel länger lebte als die von ihm besungene Nachtigall; oder sein Freund Shelley, der im Tyrrhenischen Meer auf der Höhe von Viareggio ertrunken ist (Byron errichtete auf dem Strand einen Scheiterhaufen für ihn: o ihr Zeiten, da nur diejenigen in den Fluten umkamen, die dieses kosmischen Leichentuchs würdig waren und keine den Sittenlosigkeiten einer Milliardärsclique gefügigen Puppen, sondern die bedeutendsten Dichter, die größten Schriftsteller ihres Jahrhunderts); auch Goethes Sohn; einige in der orthodoxen Kirchengemeinschaft aufgewachsene russische Fürsten sowie manch adliger und reicher Diplomat aus Deutschland oder aus Skandinavien. Das würde in einem unvereinbaren Gegensatz zu einem Stadtviertel stehen, das von dem ärmsten Plebs bewohnt wird, würde man nicht seit Kriegsende in einer Ecke dieses Friedhofes auch die führenden Kommunisten Italiens beisetzen; an erster Stelle Gramsci, dessen Grab eine einsame Myrte Schatten spendet. Ein rotes Tuch gleich dem, das die Partisanen trugen, ist um den Hals der Urne gewunden, die die Asche des Gründers der IKP enthält, der in den Kerkern Mussolinis gestorben ist, nachdem er die letzten elf Jahre seines Lebens im Gefängnis verbracht hat. Diese Urne steht auf einer kahlen Steinplatte.

Ich lenkte meine Schritte zwischen den auf dem Rasen errichteten Kreuzen und Gedenksteinen hindurch. Vor der Steinplatte angekommen, sammelte ich mich einen Augenblick. Durch die Ruhe, die diese Reihen von Grabstätten einhüllte, über die Welt hinausgehoben, aber zugleich durch das Rasseln der Straßenbahnen, die um die Kurve von Porta San Paolo fuhren, daran gehindert, die pausenlose Geschäftigkeit, selbst in dieser violetten Dämmerstunde, die die Geräusche dämpfte, der Proletarierviertel jenseits der Mauer zu vergessen, begann ich dann im feuchten Dunst, der aus der Erde aufstieg, inmitten der Gerüche von Efeu, Minze und vermoderten Blumen den Dialog mit dem Toten.

Welchen Zweck verfolgte ich mit meinem Roman? »Du wirst den Menschen in der radikalsten Form seiner Unterdrückung zeichnen«, schärfte mir mein unsichtbarer Mentor ein, »als Opfer des unbarmherzigen kapitalistischen Systems, das ihn bis vor die Stadttore zurückdrängt, wo es ihn unter unwürdigen Bedingungen kampieren läßt, als eine auf Gnade und Ungnade ausbeutbare und fronbare Arbeitskraft.«

»Aber«, warf ich schüchtern ein, »wo ich doch in diesen *ragazzi* ungeahnte Reichtümer an Frische und menschlicher Lauterkeit entdeckt habe?«

»Larifari! Das, was du Frische und menschliche Lauterkeit nennst, ist nichts anderes als das Hirngespinst deiner ästhetisierenden Phantasterei, von deiner pädophilen Neigung ganz zu schweigen! Isoliere deine Figuren in einem irrealen Licht, entrücke sie der Zeit und der Geschichte, umgib ihr Haupt mit einem mystischen Glorienschein, und du wirst in der Tat vor ihnen niederfallen. Ein goldenes Herz unter Lumpen! Strebst du etwa danach, ein zweiter D'Annunzio zu werden? Schlag dir also diese dekadenten Illusionen aus dem Kopf. Anstatt deine *ragazzi* zu betrachten, laß sie handeln. Stoße sie hinein in die Geschichte und in die Zeit. Statt ihre instinktive Vitalität zu bewundern, rekrutiere sie für die große Armee des Fortschritts und der Vernunft. Zeige sie nicht in ihrer kindlichen Fröhlichkeit ohne Bewußtsein, sondern in ihrem Kampf als Werktätige ohne Arbeit. Nicht als Bacchus und Narziß, die selbstgefällig einem Gemälde von Caravaggio entsprungen sind, sondern als Soldaten der Roten Front.«

»Vater«, sagte ich, besorgt, seine Achtung wiederzugewinnen, »ich habe alle Hefte gelesen, die Ihr im Gefängnis geschrieben habt. Ich will der Schöpfer jener nationalpopulären Literatur werden, an der es in Italien immer gemangelt hat, wie Ihr sagt, im Gegensatz zu dem England Dickens', dem Rußland Turgenjews, dem Frankreich Zolas. In Ponte Mammolo habe ich das Volk in seinem Rohzustand entdeckt, so wie es nirgendwo anders mehr existiert: das Naturvolk, den universalen Menschen, universal, weil original, begriffen in seiner ursprünglichen Unschuld.«

Gramsci unterbrach mich in schroffem Ton: »Und in den folgenden Kapiteln, was wird da aus deinem universalen Menschen?«

»Jawohl«, fuhr er fort, ungeduldig angesichts meines fragenden Blicks, »deine Personen, wie entwickeln sie sich? Du wirst sie doch, denke ich mir, nicht etwa anstarren wie Sioux in einem Reservat in Dakota? Sie müssen doch irgend etwas tun, ihre Nasen aus dem Zelt stecken, sich im Rathaus und bei der Gewerkschaft anmelden. Du antwortest mir nicht? Merk dir«, fügte er lachend hinzu, »ich verlange nicht, daß sie den Parteiausweis beantragen, lediglich, daß sich ein Anflug von politischem Bewußtsein in ihnen rührt. Deine *ragazzi* interessieren mich nur, wenn du mir ihre Zukunft aufzeigst.«

Da ich voraussah, daß ich seinen Zorn heraufbeschwören würde, erklärte ich beschämt: »Der eine kommt in einer Bleichlaugenfabrik unter, kauft in der Rinascente ein schönes kariertes Sakko und heiratet die Tochter des Buchhalters. Sonntags besuchen sie die Pferderennen in Villa Borghese, machen Picknick im Gras, leisten sich eine Eiswaffel im Casino delle Rose, steigen wieder in ihren 600, dessen Raten sich über vierzig Monate erstrecken. Das Paar kehrt gerade rechtzeitig nach Haus zurück, um das Fußballspiel im Fernsehen mitzuerleben. Der andere . . .«, ich ließ den Kopf hängen und wagte kaum weiterzusprechen, »der andere . . . läßt sich zu einem Wettschwimmen mit Jugendlichen verleiten, obwohl er nicht schwimmen kann. Der Fluß führt Hochwasser, dennoch stürzt er sich hinein . . . und . . .«

»Ich habe verstanden. Der eine verbürgerlicht, der andere ertrinkt.«

»Nun ja . . . wenn Ihr die Sache so zusammenfassen wollt, dann trifft die Formulierung wohl den Nagel auf den Kopf!« räumte ich ein und zwang mich, meinen gestrengen Widersacher angesichts des heraufziehenden Gewitters durch ein Kompliment für mich zu gewinnen.

Ich hatte mich nicht geirrt. Plötzlich fuhr mich der Tote mit seiner dröhnenden Grabesstimme barsch an

»Dann hast du also nichts Beßres zu tun, als die Jugend zu idealisieren, sie als ein Paradies darzustellen, aus dem man nur durch Verrat oder durch den Tod hinausgelangt? *Die Reife ist alles*, sagte Shakespeare nachdrücklich, ein anderer Engländer, den ich gern als Nachbarn auf diesem Friedhof gehabt hätte. Ein mannhafter und verantwortungsbewußter Dichter, im Gegensatz zu deinen dekadenten Vorbildern Rimbaud, Ungaretti, Lorca, deren gefährliche Elixiere unmöglicher Nostalgien du getrunken hast ... Die Kindheit! Wir brauchen Männer, Pier Paolo. Das Volk an sich existiert nicht, das Volk existiert nur in seinem jahrtausendealten Kampf für seine ökonomische Befreiung. Ich will dir zwar ersparen, Marx zu lesen, denn du bist ein Schriftsteller, kein Streiter. Aber nur unter der Bedingung, daß du ein für allemal den Mythos der Urgeschichte für die Realität der Geschichte aufgibst, daß du dich für die Vernunft statt für die Natur, für die Reife statt für die Kindheit, für das Bewußtsein statt für den Instinkt, für das Licht statt für die Finsternis entscheidest.«

»Und daß du dich entschließt, zu heiraten und Kinder zu haben«, das war die zu erwartende logische Schlußfolgerung aus einer solchen Philippika. Aber sei es, daß er seine politischen Argumente durch ein meine Person betreffendes Ultimatum nicht abschwächen wollte, weil er wußte, daß dadurch seine Bemühungen, mich zu überzeugen, ohne Erfolg bleiben würden, sei es aus einem anderen Grund, jedenfalls verzichtete er darauf, mich in dieser Beziehung zu provozieren. Wir verharrten einer vor dem anderen in Schweigen. Die Schatten der Nacht glitten näher. Zweifel und Gewissensbisse befielen mich, obwohl ich nicht bereit war, klein beizugeben. Ein Teil meines Ichs nahm die Lehre an. Ich bezichtigte mich eines elementaren Vitalismus, der Mystifikation des Volkes. Wenn ich auf diese Weise weitermachte, würde mein Buch kein geschichtliches Zeugnis werden, sondern ein Klagelied der Mitschuld. Dann tadelte ich mich, allzu rasch die Flinte ins Korn zu werfen. Gramsci hatte gleichermaßen recht und unrecht. Die *ragazzi* aus ihrem Elend herausholen – schön, ich war hundertprozentig seiner Meinung. Aber ohne sie der Massenzivilisation auszuliefern, deren Fortschreiten zu beschleunigen die kommunistische Bürokratie ebenso mithalf wie die christdemokratische Administration.

Es drehte sich nicht nur allein um unsere Lebensgewohnheiten (obgleich vorauszusehen war, daß die zur Zeit führenden Persönlichkeiten der KP nicht die gleiche Diskretion aufbringen würden wie mein unterirdischer Gesprächspartner: Sie würden vielmehr die katholischen Moralisten nachahmen, so wie sich die Sektion von San Giovanni im Friaul dem Pfarrer von Valvasone gefügt hatte). Ich fragte mich – und ich hätte den Manen des Verstorbenen gern eine klare Antwort entlockt –, ob man, um eine italienische Demokratie zu institutionieren, die Kinder zur Schule schicken, die Paare vor den Fernseher setzen, das Land unter dem gleichförmigen Mantel einer bürokratischen Sprache ersticken mußte. Würde die Bleichlauge, die Santino dank der Protektion seines Schwiegervaters, des Buchhalters und Gewerkschaftsfunktionärs des Betriebes, in Flaschen abfüllte, in jedem Heim den verblödenden Geruch des Chlors ausbreiten?

»Du willst also das Volk in Unwissenheit und in Armut belassen?« Wenn man es so ausdrückte, wurde der Dialog sinnlos. Ohne auf diese so ungerechte Anschuldigung auch nur einzugehen, kehrte ich dem Grab den Rücken und entfernte mich über die dunkel gewordenen Wege des Friedhofes. Ich war Kommunist – wie konnte es in einem von Gronchi und von Segni korrumpierten Italien auch anders sein? –, und dennoch stand ich auf seiten von Sergio, von Glauco. Ich fühlte mich dem klapprigen Autobus verbunden, der über die Tiburtina fuhr, selbst wenn ich besser daran getan hätte, ein nicht so archaisches Vehikel zu wählen, um in den Lauf der Geschichte einzusteigen.

Dort zwischen den wilden Gräsern, die am Fuße der Mauer wuchsen, leuchtete ein Glühwürmchen vor meinen Augen auf. Hätte ich es vor zehn Jahren bemerkt, als sie zu Tausenden über den Wiesen flimmerten, überall dort, wo die Natur herrschte? Als man noch keine ekelhaften Insektenpulver auf die Felder streute, um höhere Erträge zu erzielen. Ich blieb verdutzt bei einem weinenden Todesengel stehen, weil ich fürchtete, abermals Gramscis gereizte Stimme zu hören. Er forderte mich auf, ihm zu antworten, ob die Landarbeitermassen, die gestern noch Leibeigene gewesen waren, nicht die ersten sein würden, denen der Fortschritt der chemischen Industrie zugute käme.

Die Stelen reckten sich ungeordnet an dem abschüssigen Park entlang in die Höhe. Wer hatte all diese Ausländer nach Rom geschickt, um hier zu sterben? Welche Träume? Welche Ambitionen? Ich nutzte das letzte Tageslicht, zwischen den Gräbern umherzuschlendern. Die Lebensschicksale wurden in russischen, griechischen, bulgarischen Lettern, in türkischen, schwedischen, deutschen Worten erzählt. Ich sah, daß hier zahlreiche Maler, Architekten, Komponisten und Schriftsteller beigesetzt waren; die meisten vorzeitig hinweggerafft: John Keats mit sechsundzwanzig Jahren. Sein Andenken war dem ältesten Teil des Friedhofs anvertraut, mitten auf dem Rasen, im Schatten der Pyramide, die auch nur das Grabmal eines Bürgers des alten Rom ist. Die Stele des englischen Dichters trägt eine Leier und ein Epitaph, das er selbst diktierte: »Hier ruht ein Mensch, dessen Name auf Wasser geschrieben war.« Hatte er die Zeit gehabt, reifer zu werden als der Romeo seines Landsmannes, den Gramsci so lobend erwähnt hatte? Romeo! Der Sohn der Montaigu, wäre er ebenfalls als zu jung abgelehnt worden? Ich dachte an die Asche all dieser Jahrhunderte, auf der die Ewige Stadt erbaut ist. Die Vorstellung dessen, was nach dem Tode geschieht, würde in der marxistischen Doktrin immer fehlen. Aber gerade über ein solches Thema und über kein anderes hätte man denjenigen herausfordern müssen, der sein Opfer ohne eine Hoffnung auf ein Leben nach dem Tode gebracht hat.

Dann ging ich auf die Straße hinaus, wo die zu dieser Stunde fast leeren Straßenbahnen ihren Endstationen zustrebten. Ein lauer Wind wehte ein paar ziehende Wolken vom Meer herüber. Hinter den Schlachthäusern, in den Boxen, die für die Nacht mit schweren Ketten verschlossen waren, stampften die Tiere, denen man bei Tagesanbruch die Kehle durchschneiden würde, nervös das Stroh ihrer Streu. Ich überquerte die Brücke, wälzte in meinem Kopf die Verse, die meinen Ruf als Dichter begründen sollten:

Eine Schande, mir selbst zu widersprechen,
mit dir zu sein und gegen dich; mit dir

in meinem Herzen und am hellen Tag, gegen dich in der Dunkelheit meines Innersten.

Dabei überlegte ich, welch neue Kapitel ich meinem Roman hinzufügen könnte, um es zu wagen, wieder vor die Urne hinzutreten. Ob lebend oder tot, Gramsci blieb unser Lehrer, unser Führer, unser Richter. Kein Schriftsteller, der dieses Namens würdig, dürfte es versäumen, unter diese Myrte zu kommen und seine Asche zu befragen.

29

Wollte ich, wenn ich aus den Schlachthöfen kam, zum Cimitero degli Inglesi gelangen, dann mußte ich um einen Hügel herumgehen: oder wie sollte ich diese Höhe anders nennen, die senkrecht vor mir aufragte und mir den Weg versperrte? Unbebaut, unbewohnt, unfruchtbar, ohne Bäume und Häuser, von ungewöhnlichem Profil und von seltsamer Kahlheit, sieht sie aus, als gehörte sie weder zur Natur noch zu den Menschen. Ihre mit kriechenden Quecken bedeckten Hänge beginnen mit einer jäh abfallenden Böschung, runden sich dann in der Nähe des Gipfels, der die Form eines Plateaus hat. Dieser kleine Berg, auf dem es kein Leben zu geben scheint, faszinierte mich wegen des Geheimnisvollen des ganzen verlorenen Ortes. Ich sah keinen Pfad, keine Aufstiegsmöglichkeit. Nur einige in das Erdreich getriebene Höhlen am Fuße erweckten den Anschein von Betätigung. Sie dienen als Pferdeställe, als Werkstätten oder als Keller für Hufschmiede, Weinhändler, Böttcher, deren sporadische Beschäftigung den ländlichen Frieden dieses inmitten der großen Stadt vergessenen grünen Winkels kaum stört.

Den Monte Testaccio, wer kennt ihn? Niemand würde ihn als den achten Hügel Roms bezeichnen, obgleich er den sieben anderen an Alter und Zauber nicht nachsteht. Die Bewohner der Urbs hatten die Gewohnheit, hierherzukommen, um ihr ausrangiertes Geschirr in die morgengroßen Sümpfe zwischen Tiber und Aventin zu werfen. Bruchstücke von Amphoren, Teile von Urnen, Scherben von Krügen und Tellern häuften sich im Laufe der Jahre. Der Haufen wurde immer größer, aus einem Hügel wurde eine Anhöhe, aus der Anhöhe ein kleiner Berg. Denn deckten ihn die Jahrhunderte mit einem Mantel aus Gras und Disteln zu, die Menschen verloren das Interesse an ihm, er lag kahl und verlassen unter dem Himmel, ein antikes Sanktuarium, das niemand zu profanieren wagte.

Ich ging auf der Ringstraße, einem Weg aus magerem Boden voller Wagenspuren und Löcher, um die Höhlen herum. Der Testaccio fiel lotrecht nach allen Seiten ab: unmöglich, einen Aufstiegsversuch zu machen. Welches Geheimnis barg er auf seinem Gipfel? Warum gaben mir die Handwerker am Eingang ihrer Höhlen immer nur ausweichende Antworten? Ein Hundetrimmer hatte seinen Klapptisch vor der Werkstatt des Sattlers aufgebaut. Mit seinen in einem Schuhkarton zurechtgelegten Instrumenten würde er nicht lange zu träumen brauchen. Wegen seines verbeulten Filzhutes, seiner grauen Strähne, seines zahnlosen Mundes und seines Richard-Basehart-Lächelns (des Schauspielers, den Fellini ausgesucht hatte, um in seinem neuen Film den Narren zu spielen) hielt ich ihn für einen Einfaltspinsel. Er versah sein Amt nach allen Regeln der Kunst, obgleich er nicht hoffen durfte, jemals eine einzige Lira von seiner streunenden Kundschaft zu bekommen. Als hätten sie sich verabredet, trotteten die unterschiedlichsten Exemplare der Gattung Hund eiligst herbei, nachdem sie die Schlachthäuser untersucht und im Unrat herumgeschnüffelt hatten. Köter und Promenadenmischungen aller Haarfarben: Affenpinscher mit Dackelohren, Spaniels mit spitzen Schwänzen, Foxterrier mit Bulldoggenschnauze. Sie setzten sich artig vor den Trimmer hin, der seine Instrumente aus dem Karton holte und den Kunden einer sorgfältigen Toilette unterzog. Der vorschriftsmäßig gestriegelte Hund erhob sich ohne Hast und entfernte sich schwanzwedelnd. An der Wegbiegung drehte er sich um und dankte mit einem letzten Kläffen. Der alte Mann lüftete seinen Hut. Schere, Bürste und Kamm wurden wieder ordentlich in den Karton gepackt. Er nahm seine reglose Haltung wieder ein, bis ein anderes Tier, die Nase über die Wärter des Tierheims rümpfend, deren Lastwagen auf der anderen Seite der Schlachthöfe stand, herankam, um seinen struppigen Rücken der wohltuenden Hand darzubieten. Der legendäre Charon der Griechen dürfte diejenigen, die sich am Ufer des schwarzen Acheron drängten, um auf das jenseitige Ufer übergesetzt zu werden, nicht seltsamer angemutet haben: Wenn der Testaccio nicht völlig der Welt der Sterblichen zugehörte, so würde mir dieser Fährmann vielleicht den Weg weisen können.

»Entschuldigen Sie, gibt es denn keine Möglichkeit, dort hinaufzugelangen?« fragte ich ihn.

Den Kopf schüttelnd, antwortete er mir mit dem lakonischen Satz, der meine Neugier und meine Furcht steigerte: »Hinter der Hütte des Blumenhändlers. Aber gehen Sie nicht hinauf. Das ist nichts für Sie.«

»Nichts für mich?«

»Das ist nichts für niemanden«, schloß er, die Knie spreizend, um einen neuen Kunden zwischen ihnen aufzunehmen.

Hinter der Hütte des Blumenhändlers entdeckte ich einen im Zickzack verlaufenden Trampelpfad, auf dem Pferde den Abdruck ihrer Hufe im Ziegelstaub hinterlassen hatten. Der Steig führte mich in wenigen Augenblicken bis zum Gipfel. Ich glaubte die Kuppe flach, sie war zu einer leichten Mulde ausgekehlt, an deren Ende eine kleine, von unten unsichtbare runde Hütte vor mir auftauchte. Ich ging bis an den Rand der Böschung vor. Die Geräusche Roms erstarben zu meinen Füßen. Die Sicht erstreckte sich über den Foro Boario und den Tiber hinweg bis zu den Hängen von Monteverde, des Janiculus und der fernen Albanerberge. Allein und durch diesen Scherbenhaufen von Töpferwaren von Rom isoliert, überbrückte ich mit einem Flügelschlag die Jahrhunderte und die Imperien. Das gewaltige Panorama der römischen Campagna, der Himmel, noch weiter, da ihn nichts begrenzte, und der Wind, der mir so frei ins Gesicht wehte wie bei der Erschaffung der Welt, entrissen mich der Zeit. Es machte mir Spaß, mir die Hügel, die in der Ferne den Horizont markierten, so vorzustellen, wie sie sich bei der Gründung Roms darboten: bedeckt mit Buchenwäldern und Eichenhölzern, mit Laubbäumen, den einzigen in Latium bekannten, bevor aus Griechenland und von Sizilien die exotische Gattung der immergrünen Pflanzen eingeführt wurde. So wie diejenigen, die auf dem Cimitero degli Inglesi wachsen, deren dunkles Grün ich sah, wenn ich mich zur anderen Seite drehte. Die Myrte, die, bevor sie das Grab Gramscis schmückte, mit ihrem immerwährenden Glanz der Göttin Aphrodite huldigte; die Zypresse, der Mehlbeerbaum und der Oleander, überragt von dem geschmeidigen Federbusch einer ständig bewegten Palme. Man hatte sie in Afrika entdeckt, in einer späteren Epoche, zugleich mit dem Orangen- und dem Zitronenbaum – italienischen Bäumen, wie man glaubt, dabei liegen mehr als zwei Millennien zwischen dem Jahr der Wölfin und ihrem Auftauchen auf unserem Territorium.

Ich weiß nicht, was mich in die mythischen Ursprünge Roms zurückversetzte: vielleicht die Eigentümlichkeit dieses verlassenen und ruhigen Ortes, an dem eine anachronistische Stille herrschte. Nichts hatte sich hier verändert, seit Hirten und Jäger ihre ländlichen Lagerplätze errichteten. Während ich mich zum Tiber hinneigte, malte ich mir mühelos die Feste aus, die jeder Frühling brachte. Auf dem Fluß tummelten sich narzissengeschmückte Barken. Liebespaare machten es sich auf dem Boden der Kähne bequem und berauschten sich an dem hellen Getränk, das aus den Weinreben von Frascati gewonnen wird. Und die späte Nacht, eingetaucht in die rote Glut der Freudenfeuer, hallte wider von den bäuerlichen Saturnalien. Der den Jahreszeiten ergebene Stamm bereitete die Rückkehr der schönen Tage durch Tänze und durch Lieder vor, die den Göttern geweiht waren. Sie würden den Hängen reiche Erträge und dem Vieh Fruchtbarkeit bescheren.

Gerade als ich die Mulde verlassen wollte, die einzige Anhöhe in Rom, wo sich die Kuppel des Petersdoms dem Blick entzieht, wie ich amüsiert über dieses Zusammentreffen feststellte, hörte ich das Murmeln jugendlicher Stimmen, das von der Rückseite der Hütte kam. Sekundenlang tauchte ein zerzauster Haarschopf auf, zwei dunkle Augen starrten mich an, bevor sie wieder verschwanden, ein Lachen, hell wie ein Glöckchen, erscholl.

Ich mußte des öfteren herkommen, um mit der kleinen Bande von Kindern vertraut zu werden, die auf diesem Plateau lebten. Kräftig gebaut, trotz ihrer schmächtigen Gliedmaßen, hüteten sie ein halbes Dutzend Ponys, die sie am Tage weiden ließen, in einer Bodensenke versteckten, sobald sich ein ungebetener Gast näherte, während der Nacht in den Höhlen einsperrten und sonntags zum Vergnügungspark nach Villa Borghese führten.

»Wie heißt du?«

Keine Antwort.

»Und du?«

Die gleiche Ablehnung.

Keiner wollte mir seinen Namen nennen. Ohnehin schon wenig gesprächig, setzten sie meinen Fragen ein hartnäckiges Schweigen entgegen. Untereinander verständigten sie sich einsilbig. Wer die Aufmerksamkeit eines Kameraden auf sich lenken wollte, der rief ihn bei seinem Spitznamen: Schwarze Katz, Adlerkopf, Grünauge, Antilope. Sie verbargen mir ihre Identität mit einer derart eifersüchtigen Sorgfalt, daß ich das nicht nur der Lust, Indianer zu spielen, zuschreiben konnte. Vielleicht fürchteten sie – wie der sizilianische Greis aus Pietranera, der sich nicht fotografieren lassen wollte aus Angst, der Apparat könnte ihm sein Gesicht stehlen –, einen Teil ihrer selbst zu verlieren, wenn sie ihren Namen preisgäben.

Sie erlaubten mir, mich zu ihnen auf den Boden zu hokken, aber nicht, die Hütte zu besichtigen. Diese glich mit ihrem spitzen Strohdach und ihren Wänden aus Weidengeflecht dem aus Schilfrohr und aus Stroh gefertigten runden Vestatempel, in dem seit der Gründung der Urbs ein Kollegium jungfräulicher Mädchen zur Unterhaltung des Feuers bestellt war. Im Gedenken an ihre ländliche Herkunft hatten die Römer niemals, selbst nicht in den Zeiten des glanzvollen Imperiums, dieses primitive Sanktuarium gegen ein massives Gebäude austauschen wollen.

Um die Aprilmitte begannen geheimnisvolle Vorbereitungen. Ein oben auf dem Pfad postierter Späher pfiff bei meiner Ankunft auf den Fingern. Von allen Ecken und Enden des Hügels eilten sie in die Mitte der Mulde, um mich daran zu hindern, etwas zu sehen, was sie vor der Hütte ins Gras gelegt hatten. Der Gegenstand, der unter tausend Vorsichtsmaßnahmen hineingetragen wurde, schien schwer und zerbrechlich. Zwei eiserne Ösen hingen zu beiden Seiten der

Tür außen an der Hütte. Sie steckten einen langen Stab in diese Ringe, um den Eingang zu versperren.

Ein nächtliches Unwetter bot mir erstmals Gelegenheit einzugreifen. Der Wind hatte einen Teil des Weidengeflechts fortgerissen.

»Warum packt ihr keine Steine hin, um die Mauern zu festigen?«

Sie warfen mir zornige Blicke zu. Ohne Zweifel glauben sie, sagte ich mir, ich mache mich über ihre primitive Bauweise lustig. Wo sollten sie auf diesem Plateau Steine finden? Deshalb beeilte ich mich hinzuzufügen: »Ich könnte euch helfen, welche heraufzuschaffen. Es gibt eine Menge davon am Tiberufer.«

Diesmal würdigten sie mich nicht einmal einer Antwort. Ich sah, daß sie aus Stroh und aus Schlamm eine Art Pflanzenkitt kneteten, der ihnen dazu diente, die vom Sturm verursachten Löcher zuzustopfen.

Mein zweiter Versuch gelang mir auch nicht besser.

Nach und nach ein wenig zugänglicher geworden, zeigten sie mir eines Tages den Schatz, den sie so eifersüchtig hüteten. Ich mußte ein Lächeln unterdrücken. Selbst wenn dem alten, rundum schartigen Dreifuß aus Terrakotta nicht ein Bein gefehlt hätte, wäre dieses Utensil – ein Krug, um Öl zum Braten und Backen hineinzufüllen, oder ein aus einer bescheidenen Küche übriggebliebener Suppentopf – völlig wertlos gewesen. Sie hatten ihn ausgegraben, sagten sie mir, als sie in der Scherbenschicht herumgestochert hatten. Stolzer noch, als handelte es sich um eins der mit purpurnen und weißen Adern durchzogenen murrhinischen Gefäße, die unter der Asche von Pompeji gefunden worden waren, streichelten und bewachten sie dieses Haushaltsrelikt besorgt wie Verliebte.

Damit es aufrecht stehenblieb, schoben sie ein Stück Ziegelstein unter die grob bearbeiteten Seiten, auf denen noch die Fingerabdrücke des Töpfers zu sehen waren. Die Schale datierte aus dem frühesten Altertum: Sie war mit der Hand gefertigt, noch vor Erfindung der Drehscheibe.

Nunmehr an meine stumme Gegenwart gewöhnt, vertrauten sie mir an, daß sie in diesem Topf ein Glühfeuer anzünden müßten, wie jedes Jahr zur gleichen Zeit. Sie hatten in der Hütte, in der es sich bis zum Sommer ganz sacht aufzehren würde, einen Vorrat an trockenen Gräsern, Kiefernrinde, zerbrochenen Brettchen, Kistenleisten und Holzkohle gestapelt. Beim Anblick ihres wackligen Behälters rief ich sofort aus, daß ich zu Hause ein weitaus besser geeignetes Becken hätte. Sie hörten mir kaum zu, als ich ihnen Mamas Kupferkessel aus Casarsa beschrieb. Sie drehten mir mit beleidigter Miene den Rücken zu. Ich begriff zu spät, daß sie ein Feuer anzünden und es so lange wie möglich am Brennen halten wollten nicht aus kindlicher Laune, Scheite erglühen zu sehen, sondern um als Erben von Riten, deren mythische Bedeutung sie nicht kannten, wieder an den ältesten, den heiligsten Kult Roms anzuknüpfen. Auch im Tempel der Vesta waren die Opfergaben auf großen Tontellern dargebracht worden, selbst dann noch, als in der kaiserlichen Urbs Luxus und Protzentum an die Stelle der strengen Einfachheit der ersten Zeiten getreten waren. Die Schutzgöttin von Latium mußte sich bei ihren Mahlzeiten mit grobem Geschirr begnügen, als die Untertanen von Augustus und Tiberius schon lange ihren Wein aus Kristallpokalen tranken und bei ihren Gelagen von goldenen Tellern speisten.

Es kam der Tag des Feueranzündens. Der Älteste der Bande verließ die Hütte mit zwei Stück Holz, einem zugespitzten Stock und einem Brett, durch das ein Loch gebohrt war. »Antilope!« hörte ich ihn rufen. Zwei lange Beine, dünn und glatt ... Eine Strähne quer in die Stirn ... Sommersprossen rund um die Nase ... Nein, ich schaffe es nicht, ihn zu beschreiben, weder ihn noch eins der Kinder. So merkwürdig das auch scheinen mag, ich wagte es nicht, ihnen ins Antlitz zu schauen noch meine Augen längere Zeit auf irgendeinem Teil ihres Körpers verweilen zu lassen. Mir war, als würde ein Zauber gebrochen, wenn ich sie als Knaben angeblickt hätte. Sie waren überhaupt nicht von dieser Welt, und ich erhob mich dank ihnen weit über meine Gewohnheiten, meine Leidenschaften hinaus. Ich wurde ein anderer. Ihre harten und verschlossenen kleinen Gesichter untersagten mir, sie anzulächeln, mich zu bemühen, ihnen zu gefallen. Vor allem ihrer Stimmen erinnere ich mich: klare, silberne, engelhafte, zarte und herzergreifende Stimmen, die in kristallenen Echos die Mulde durchmaßen. Und wenn einer von ihnen zu singen begann – ein archaisches Hirtenlied, das von Jahrhundert zu Jahrhundert unversehrt überliefert worden war, wie dieses herbe Wiegenlied, das die Vorbereitungen für das Feueranzünden begleitete –, transparente, glockenhelle Töne, dann tanzte immer eine höhere und hellere Note aus der Reihe, dann noch eine, die sich himmelwärts schwang, so als wollte sie sich auflösen und nur mehr eine einzige Musik mit dem transzendenten Blau des Firmaments machen.

Ich ließ mich von diesen Koloraturen reiner Stimmen verzaubern, die in blanken Harmonien auf und nieder stiegen und sich schließlich in einem Augenblick von Anmut und verwehender Schönheit auf der obersten Stufe der Tonleiter ausruhten. Die letzte Note erstarb in dem Moment, da Antilope seine Holzstücke angeordnet hatte, in einem luftigen Triller. Jede Einzelheit dieser rudimentären, aber durch ihr Alter veredelten Feuerwerkerei ist mir im Gedächtnis geblieben. Beide Füße auf das Brett gestemmt, führte er die Spitze in das Loch und drehte den Stock, so schnell er konnte. Rundum auf ihren Fersen hockend, schwenkten seine Kameraden Grasbüschel und Rindenstückchen. Sie lauerten, voller Ungeduld zu pusten, sobald das Licht aufschimmern würde, begierig auf den Funken. Aber ihre Bemühungen führten an diesem Tage zu nichts. Ein jeder löste Antilope ab, ein jeder probierte es seinerseits. Der feuchte Boden vereitelte all ihre Anstrengungen.

Ich tat gut daran, meine Schachtel Streichhölzer nicht hervorzuholen. Meine beiden ersten Versuche waren fehlgeschlagen, aber wie in den Märchen, in denen das dritte Mal dem Helden das Gelingen bringt, erwarb ich mir ihre Achtung, indem ich mich enthielt, ihnen das triviale Hilfsmittel des industriellen Phosphors anzubieten.

Sie ermächtigten mich, die beiden Holzstücke unter die Lupe zu nehmen. Auf meine gemeinsam mit Svenn erworbenen Forstkenntnisse bauend, stellte ich fest, daß das mit einem Loch durchbohrte aus einer Pappelwurzel stammte, während das Material des anderen vom härteren Vogelbeerbaum kam. Sie hätten zwar richtig gehandelt, die beiden Stücke nicht von demselben Baum zu wählen, sagte ich ihnen, aber das eine müsse sehr widerstandsfähig sein und das andere etwas weicher, was dem Stock ermögliche, leichter einzudringen, und dem anderen, seiner geringen Festigkeit wegen rascher zu entflammen.

Erstmalig würdigten sie mich eines Lächelns. Durch ihre Zustimmung ermutigt, fuhr ich fort: »Dennoch habt ihr einen sehr einfachen kleinen Trick vergessen, der euch helfen würde, eine Flamme zu bekommen. Schaut her: Zu Beginn dreht ihr den Stock langsam in dem Loch, wobei ihr ihn aus Leibeskräften andrückt. Um die sich drehende Spitze sammelt sich ein kleines Häufchen Sägemehl. Nun erst dreht ihr schneller. Der Holzstaub entzündet sich ganz von selbst und leitet das Feuer an das trockene Gras weiter.«

Antilope sprang auf seine mageren Beine, um mich daran zu hindern, meine Vorführung zu beenden. Er riß mir die beiden Holzstücke aus den Händen, gerade so, als wollte ich ihn seines Vorrechtes berauben. Aber auch diesmal wieder erloschen die Funken einer nach dem anderen, sobald sie mit dem Sägemehl in Berührung kamen, das von dem bis Tagesanbruch gefallenen Regen feucht war.

»Ach, da kommt mir ein Gedanke«, sagte ich daraufhin mit scheuer Miene, damit sie meine Anregung leichter aufgreifen könnten. »Soll ich euch ein Stück Zunder mitbringen? Eine kleine Lunte wird genügen.«

Ich sprach nicht ohne Furcht, so grob und ordinär schien mir meine Stimme im Konzert ihres silberhellen Geplappers. Sie antworteten weder mit Ja noch mit Nein. Als ich am nächsten Tag mit dem Zunder eintraf, umringten sie mich schweigend, bereit, mit ihren strahlenden Augen jeder meiner Gesten zu folgen.

»Während du immer schneller drehst«, sagte ich zu dem Ältesten, der schon an Ort und Stelle war, bereit, den Bohrvorgang zu vollziehen, »muß ein anderer niederknien, um auf den Funken zu pusten, sobald er den Zunder berührt.«

Niemand bat mich, diese Rolle zu übernehmen, wie ich gehofft hatte. Sie stießen mich schroff beiseite, so als würde die Einmischung eines Erwachsenen im entscheidenden Augenblick ihren ungeschriebenen Gesetzen zuwiderlaufen. Ein anderer der Bande, meines Erachtens der stellvertretende Anführer, dessen stämmiger Körper mit den kräftigen Fleischpartien vielleicht eher in die Pubertät kommen würde, trat trotz eines Protestmurmelns in den Kreis. »Du nicht ... Nein ... Bulle, du wirst es nicht können ...« Ungeachtet einer nicht zu leugnenden Lungenstärke und einer Entschlossenheit, die die fast männlichen Muskeln seines Gesichtes zusammenzog – Tatsache ist, daß »Bulle« zu keinem Ergebnis gelangte. Ein bläulicher Schimmer säumte sekundenlang das Ende der Lunte, dann erlosch er in beißendem Rauch. Daraufhin forderten ihn seine Kameraden mit ihren hellen Stimmen einhellig auf abzulassen und schickten an seiner Stelle den Jüngsten von allen vor, einen schmächtigen Straßenjungen, aber mit solch klarem Blick, daß man ihm den Beinamen »Grünauge« gegeben hatte, obwohl die Farbe seiner Iris unbestreitbar braun war. Er blähte seine runden Wangen auf und stieß die Luft durch die Lippen, wodurch eine Garbe allerfeinster Funken entstand – und schließlich, Viktoria!, eine Flamme, die lebhaft genug war, um auf die trockenen Gräser und von dort auf den Inhalt des Dreifußes überzuspringen. Sie trugen das Gefäß unverzüglich in die Hütte, deren Tür sie mit dem durch die beiden Ringe geschobenen Querbalken verschlossen.

Ich erinnere mich jener Furlaner Überlieferung, die besagt, daß ein Mädchen noch Jungfrau ist, solange sie eine Kerze, deren Docht nur noch glimmt, durch Pusten wieder entflammen kann. Andernfalls hat ihr der Verlust ihrer Keuschheit den Vorrat an schöpferischer Energie, vor allem aber die Kraft genommen, das Feuer zu entfachen.

Eines Morgens, als ich eintraf, merkte ich, daß dieser Tag nicht so sein würde wie die anderen. Die Kinder hatten die Mulde gesäubert, die kleinen Häufchen Pferdeäpfel fortgeräumt, die Hütte mit Girlanden geschmückt und die Ponys gestriegelt, deren graues Fell mit dem Saum langen lohfarbenen Haars wie ein silberner Harnisch glänzte. Mit durchgedrückten Knien, die Nüstern im Wind, tänzelten die Tiere auf der Stelle und stampften vor Ungeduld. Die letzten Schäfchenwolken der Dämmerung verflüchtigten sich zu den Albanerbergen hin. Der Himmel war klar, von jener blauen und kalten Trockenheit, die in der Luft zu knistern scheint. Der Dreifuß wurde mit großem Pomp herausgeholt, in feierlicher Prozession bis zur Mitte der Mulde getragen und der Ziegelstein daruntergeklemmt. Grünauge marschierte an der Spitze, einen Armvoll wohlriechender Zweige an die Brust gedrückt. Aus seinem Mund ertönte eine Kantilene, in zwei Noten modulierend und dann vom Chor aufgenommen, bevor sie, eine Oktave überspringend, in den diaphanen Höhen der oberen Regionen erstarb. Die Holzkohle entwickelte einen dichten schwarzen Rauch. Sie warfen trockene Pinien- und Lorbeerzweige in die Glut. Dem dicken Qualm folgte eine helle Flamme. Der Augenblick war gekommen, die Herde durch das Feuer zu treiben. Die Ponys, am Zügel gezogen, sprangen nacheinander über den Dreifuß. Es war Stille, nur unterbrochen vom Trab der Tiere, die ihren Anlauf nahmen, und vom ängstlichen Wiehern, wenn sie den Flammenvorhang durchbrachen.

Dann saßen sie alle mit einem Satz auf, sich in der Mähne festkrallend. Ohne Sattel und Steigbügel, dennoch schien mir ihre Haltung großartig; Ergebnis einer intensiven Seelengemeinschaft mit dem Tier und eines langen leidenschaftlichen Trainings, wenn sie in den Stunden der Morgen- und der Abenddämmerung auf dem bloßen Pferderükken über das menschenleere Plateau galoppierten. Nie hatte ich einen meiner Freunde aus Ponte Mammolo in so zärtlichem Einverständnis mit seinem Motorrad gesehen. Sie schmeichelten ihrem Tier mit leiser Stimme und küßten es auf den Hals. Die ins Ohr geflüsterten schönen Worte, das Streicheln der Mähne, die liebevollen Klapse auf die Kruppe beantwortete das Pony mit einer Bewegung seines buschigen Schweifs. Nicht übermäßig brüsk, aus Angst, seinen Reiter abzuwerfen, aber mit einem Ungestüm, das genügte, ihn stolz auf seine Geschicklichkeit zu machen, stellte es sich auf die Hinterhufe und tänzelte, der Sonne zugewandt, bevor es sich im Galopp über die knisternde Glut schwang.

An welchem Ort, in welchem Jahrhundert befand ich mich? Dank welchen Wunders pflegten diese Kinder, deren Erfahrungen sich auf die Sonntagsspazierritte im Park von Villa Borghese beschränkten und die in den am Fuße des Testaccio gegrabenen Höhlen schliefen, die seit zweitausend Jahren außer Brauch gekommenen Riten? In welchem Italien lebten sie? War dies ein von Menschen bewohnter Planet? Wenn ich den Fuß in dieses Gras setzte, auf dem kein Schritt eines Erwachsenen seine Spur hinterlassen hatte, berührte ich dann noch den Erdboden? War ich nicht weit fort aus dieser Welt getragen worden im Gefolge der silberhellen Lieder, deren letzte Klänge sich in einem einzigen raschen Lauf dehnten, so wie das allzu tiefe Himmelsblau, von dem nichts bleibt als ein Flimmern vor den Augen?

Anderntags mußte ich Rom verlassen. Anschließend hinderten mich die unterschiedlichsten Verpflichtungen daran, dort hinaufzusteigen. Sooft ich in der Folgezeit wieder auf den Hügel wollte, verwehrte es mir der eine oder der andere Grund: Bald war es ein heftiger Wolkenbruch, der mitten an einem heiteren Tag unversehens niederprasselte, bald der unerwartete Besuch eines Freundes, dem ich das Geheimnis um keinen Preis der Welt enthüllt hätte. Als ich Filme zu machen begann und über eine Kamera verfügte, habe ich mir geschworen, eine Szene auf dem Testaccio zu drehen. An dem Tag, an dem ich frei gewesen wäre, platzte ein Reifen meines Wagens. Zunächst habe ich dieses andauernde Pech verflucht und verdammt, doch dann verstand ich den Wink. Gehorsam senkte ich den Kopf. Kehr nicht mehr dorthin zurück, sagte ich mir, du bist gewarnt. – »Gehen Sie nicht hin, das ist nichts für niemanden«, hatte mir der Hundetrimmer geraten. Schon gut, ich würde nicht mehr auf das Plateau gehen. Dieser zwischen Himmel und Erde schwebende unbeachtete Ort, den Wolken näher als dem Erdboden, würde außer Reichweite bleiben. Sphäre der ohne Töpferscheibe hergestellten Gefäße, der ohne Steine hochgezogenen Wände, der durch Selbstentzündung angefachten Feuer. Paradies der Kinder, die noch nicht im Stimmbruch sind. Sie würden nach wie vor in jedem Frühling die Rückkehr der schönen Jahreszeit zelebrieren und mit ihren naiven Zeremonien den guten Verlauf des Jahres begünstigen; unsichtbare Wächter, Schutzengel der großen Stadt, die sich zu ihren Füßen einer fieberhaften Korruption befleißigen würde, ohne ihre Gegenwart überhaupt zu ahnen. Und mir, den kein Läuterungsritus vor seinem Schicksal bewahrte, würde es genügen, mir ihr stolzes und wildes Leben in der Mulde ins Gedächtnis zurückzurufen, um mich inmitten der Prüfungen sicherer zu fühlen.

Wie oft habe ich, mich aus dem Fenster meines Autos lehnend, das am Tiber entlang in Richtung San Paolo und

Meer fuhr, zu dem Hügel hinaufgeschaut, der in Stille und Verlassenheit zurückgesunken schien. Rom sank von Tag zu Tag tiefer in den Pfuhl: das Geld, der Erfolg, der Wohlstand, der Hedonismus wurden seine alleinigen Götter. Fellini brauchte diesen Sumpf, der sich in den anklagenden Szenen von *Das süße Leben* von selbst verdichten würde, nur aufzugreifen. Bald bedurften die Römer eines Sündenbocks, den sie zum Opfer bringen würden. Das Haupt schon auf den Altar gelegt und die Kehle in Reichweite des Messers, würde ich die Kraft bewahren, die Augen zu dem nicht geschändeten Berg zu erheben. Als Nekropole alter Relikte würde man ihn unbeachtet lassen. Die gemeine Quecke auf seinem Gipfel würde niemand als sakrosankten Überzug anerkennen. Wer sonst konnte wissen, daß aus diesem Scherbenhaufen die letzte Quelle klaren Wassers entsprang?

30

Juli 1955: Die Kritiken der Partei ziehen mein Buch in den Schmutz. »Die Sprache, die Situationen, die Personen, das Milieu, alles atmet Verachtung und Gleichgültigkeit gegenüber den Menschen, eine oberflächliche und deformierte Kenntnis der Realität, ein krankhaftes Wohlgefallen an den trübsten Aspekten einer komplexen und mannigfachen Wahrheit« *(L'Unità).* »Wie die Partei und die kommunistische Jugendorganisation den Geist und die Psyche von Tausenden junger Menschen in den letzten zehn Jahren verändert haben; wie diejenigen, die am Rande des gesellschaftlichen Lebens mit dem Hunger aufgewachsen sind, dennoch verstanden haben, sich durchzusetzen, gesund, stolz, beseelt von dem Willen nach Erlösung, als alles sie drängte, im Laster den leichtesten Ausweg zu suchen, um ihrer unmenschlichen Lage zu entrinnen – darüber hätte man berichten müssen« *(Rinascita).* »Wir sprechen dem Dialekt jede Gültigkeit ab, heute, da die Erfahrung mit der Mundart zum erstenmal in unserer Geschichte der Entwicklung eines echten Nationalbewußtseins den Vortritt läßt« *(Il Contemporaneo).* »P. wählte offensichtlich das Thema des römischen Lumpenproletariates, aber dieses sein Interesse hat eine morbide

Vorliebe für die Schlüpfrigkeit, für die Verworfenheit, für die Verderbtheit und für die Zweideutigkeit zum wahren Inhalt« *(Vie Nuove).*

21. Juli: Das Präsidium des Ministerrats ruft die Staatsanwaltschaft in Mailand an. »Verstoß gegen die guten Sitten.« Von links und von rechts, alle gegen mich. Kommunisten und Christdemokraten vereint, um Jagd auf mich zu machen. Wie fünf Jahre zuvor in Casarsa. Ein anderer wäre vielleicht stolz gewesen, den Gerichten die Stirn zu bieten. Ich war niedergeschmettert. Ich fühlte mich keineswegs für die Rolle des »ausgestoßenen« Schriftstellers geschaffen. Die »Ausstoßung« frischte in mir die schreckliche Erinnerung an Valvasone auf: all das konkrete Grauen dessen, auf den man mit dem Finger zeigt, der Gefahr läuft, wiederum seinen Broterwerb zu verlieren, den seine Nachbarn vielleicht zwingen werden, ein zweites Mal in die Verbannung zu gehen, und der auf alle Fälle seiner Mutter das Herz bricht. Ein Sohn vor Gericht gezerrt, nachdem der andere ermordet wurde! Mehr schlecht als recht drängte sie in meiner Gegenwart die Tränen in ihren geröteten Augen zurück. Und meine Freunde auf literarischem Gebiet, glaubst du, sie hätten meine Ängste begriffen? Mit Freude nahmen sie die Gelegenheit wahr, gegen die Idiotie der Zensur zu wettern.

Als ich am 4. Juli 1956 den Sitzungssaal betrat, hatte ich den Eindruck, auf die Schandbank gestoßen zu werden. Eine plattere Apologie hätten sich die Richter nicht wünschen können. »Wenn ich eine Hündin vermenschliche, dann will ich damit sagen, daß die Jugendlichen in den *borgate* leider oft wie die Tiere leben. Wenn ich beschrieben habe, wie die drei Burschen ihre Notdurft verrichten, dann, um an die Ausrede zu erinnern, die alle Straßenjungen gebrauchen, wenn sie beim Stehlen in den Gemüsegärten überrascht werden.« Die Obszönitäten, die Flüche, die Blasphemien? Aus Sorge um die dokumentarische Echtheit, erklärte ich; dabei hätte ich die lebendige Sprache, die man in Ponte Mammolo spricht, dadurch verteidigen müssen, daß ich den dummen bürokratischen Jargon anprangerte, mit dem wir in ganz Italien, von den Alpen bis nach Sizilien, durch das Kino, das Radio und das Fernsehen überschwemmt werden: Schule der geistigen Trägheit und des Konformismus, das Hauptübel der Konsumgesellschaft.

Der Dichter Ungaretti, zu krank, um persönlich zu erscheinen, übermittelte seine Aussage: »Die diesen jungen Menschen in den Mund gelegten Worte sind die Worte, deren sie sich gewohnheitsgemäß bedienen, und meines Erachtens wäre es einer Verfälschung der Wahrheit gleichgekommen, sie wie Cicisbei Süßholz raspeln zu lassen.« Zu meinem Leidwesen konnte ich dem Sprecher des abwesenden großen Mannes nur mit einer Kopfbewegung danken und mußte mich beeilen, freudig aufzuspringen, als ich Carlo Bo, einen einflußreichen katholischen Schriftsteller, vor den Schranken bestätigen hörte: »Dieser Roman ist von großem religiösem Wert, regt er doch zum Mitleid mit den Analphabeten und den Bedürftigen an.« Wir, Livio Garzanti und ich, verließen den Gerichtssaal als Freigesprochene. Das Buch, länger als ein Jahr beschlagnahmt, gelangte wieder zum Verkauf. Die Zeitungen? Damals waren sie noch anständig. Meine von den Richtern anerkannte Schuldlosigkeit wurde in der Presse verkündet; ohne bösartige Unterstellungen oder indirekte Attacken, wie das fortan zur Regel wurde. Dem Schein nach war ich also rehabilitiert. Nur Mama merkte, daß meine Wangen ein wenig hohler geworden waren, denn meine Backenknochen traten stärker hervor. Je zärtlicher das Herz gewesen ist, um so mehr verhärtet es sich.

Federico Fellini traf eine Verabredung mit mir an der Porta Latina. In seinem langen, schweren, weich gefederten weißen Auto, das er auf der Straße der Katakomben, der Aquädukte und der Ruinen sofort auf höchste Touren brachte. Er lenkte mit einer Hand und starrte alle mit reichlicher Körperfülle ausgestatteten Passanten an, selbst auf die wie durch ein Wunder zehnmal vermiedene Gefahr hin, die Straßenjungen auf ihren Rädern zu überfahren oder mit dem Wagen samt Insassen gegen einen Säulenstumpf zu prallen. Mit der anderen Hand durchwühlte er sein Haar und zwirbelte eine Strähne unter seinem zerbeulten Panamahut. Wir jagten über die holprigen Chausseen auf der Suche nach einem passenden Rahmen. Er grunzte und prustete wie ein Seehund und sprach davon, daß er in Cinecittà eine

Landschaft aufbauen werde, echter als alle diese billigen Relikte. Viel zu viele Gräber und nicht genug Nutten entlang der Appia Antica. Lediglich die Archäologische Promenade fand Gnade in seinen spürenden, mißtrauischen Augen. Er bereitete einen neuen Film vor, den er in den Slums von Rom drehen wollte. Das Aufsehen des Prozesses, eine gewisse finstere Aureole, die um meinen Namen zu glühen begann, hatten ihm eingegeben, sich meiner Sachkenntnis zu bedienen. So schrieb ich den Dialog zu der nächtlichen Schlägerei, bei der Cabiria ihren Konkurrentinnen unerschrocken entgegentritt. Die Episode der Pilgerfahrt zum Divino Amore ist zum Teil meine Erfindung. Ich hatte in Tiburtino einen Krüppel kennengelernt, dem man Hoffnung auf eine wundersame Heilung machte. Als die Madonna erschien, von kräftigen Männerarmen in die von Kerzen erhellte Kirche getragen, warf er seine Krücken von sich. Statt daß ein Wunder geschah, stürzte er schwer zu Boden und blieb tot liegen.

Ich steuerte eine weitere Szene bei: die Irrfahrt von zwei Autodieben in die Umgebung der Stadt. Beim Schneiden warf Fellini sie hinaus. Ohne mir auch nur die Ehre einer Diskussion zu gewähren. Ich protestierte. Er zwinkerte mir zu und klopfte mir auf die Schulter, nachsichtiger als ein orientalischer Potentat, der eine Fliege von seiner Nase verscheucht. Er verstand die »Kollaboration« mit seinen Mitarbeitern so: ihm gehorsam dienen, sich keine persönliche Anregung erlauben, ihn in seiner weißen Limousine unter Lebensgefahr begleiten, sich vor den Ausgang der Standa postieren, um Statisten ausfindig zu machen, die mindestens hundert Kilo wogen.

Aber sollte ich mich mit dem Erfinder von Gelsomina und von Zampano verfeinden? Zwei Jahre später bat er mich um einige Stichpunkte für *Das süße Leben.* Erinnerst du dich der Orgienszene gegen Ende? Der Dialog der beiden Homos ist von mir.

Dann, als er erfuhr, daß ich meinerseits einen Film ins Auge gefaßt hatte, bot er sich an, ihn zu finanzieren. Er hatte gerade mit dem Geld des Verlegers Rizzoli eine Produktionsgesellschaft gegründet: die Federiz. Damit begann für mich und für meine Freunde das große Abenteuer Film.

Drei Tage und drei Nächte lang, fast ohne Pause, fast ohne zu essen, habe ich zusammen mit dem jungen Bertolucci, der seine ersten Schritte als Fotograf machte so wie ich meine ersten Schritte als Regisseur, in Trastevere gedreht: Probestreifen, die vor dem endgültigen Vertragsabschluß Fellini vorgelegt werden sollten. Ich werde dir ein andermal erzählen, mit welcher Begeisterung ich mich mit der Kameraführung vertraut gemacht habe, obwohl unser Aufnahmegerät äußerst primitiv war, die Mitwirkenden nicht ausgesucht, das Filmmaterial unzulänglich und der Krach der Motorräder in den engen Straßen infernalisch, denn die Polizisten hatten wegen einer simplen Amateurtruppe nicht die Zufahrt gesperrt.

Auf den Kirchenstufen wirkte der verschrumpelte Bettler, in Großaufnahme durch das Objektiv gesehen, ebenso majestätisch wie ein indianischer Peon aus *Que Viva Mexico.* Durch die Zauberkraft des Zooms verwandelt, würden die Beschäftigten der Tabakmanufaktur, die vor dem Eingang regungslos auf das Signal zum Drehbeginn warteten, die mystische Atmosphäre von *Dies Irae* nicht verunziert haben. Anschließend begaben wir uns in die Gegend von Porta Portese, um das verlauste Milieu einzufangen, das zu meinem Helden paßte. Gelegenheit für mich, einem dritten großen Cineasten zu huldigen, ohne mich zu fragen, ob der Film, der so verschiedenartigen Einflüssen ausgesetzt war, seine persönliche Note finden würde. Die Ausrufer auf dem Flohmarkt, an sich schon Virtuosen im emphatischen Anpreisen, brauchte ich kaum die Stimme erheben und die Gebärden verlangsamen zu lassen, um ihnen die hochtrabende Würde und die rituelle Arroganz der japanischen Samurai zu verleihen, um glauben zu machen, daß das feudale Mittelalter aus *Sansho Dayn – Ein Leben ohne Freiheit* am Ufer des Tiber wieder zum Leben erweckt würde. Ich spreche natürlich von dem idealen Ziel, das wir anstrebten; nicht vom Resultat, das sich am Schneidetisch als Versuch eines Anfängers und als Stückwerk erwies.

Bernardo – zu jener Zeit zwanzig Jahre alt, mit großem rundem Schädel und von kindlicher Unschuld, die bis zum Erfolg von *Der letzte Tango von Paris* andauern sollte – reichte mir in argloser Ergebenheit die Schere. Es steht geschrieben, daß sich die Schüler von ihren Lehrern lossagen müssen. Dieser Gemeinplatz der Weisheit sollte mich fünfzehn Jahre später nicht daran hindern, die Trennung von dem Menschen, den ich wie einen Sohn liebgewonnen hatte, als Verrat zu empfinden.

An dem Tag, an dem uns Fellini sein Placet geben sollte, fuhr ich allein und klopfenden Herzens am Steuer meines Wagens (der berüchtigten Giulietta, über die wir noch reden werden!) zu ihm. Die Federiz hatte ihren Sitz in der Via della Croce. Ich erinnere mich, daß ich in dem Gewirr der kleinen Straßen zwischen Piazza di Spagna und dem Corso vergeblich nach einer Parkmöglichkeit gesucht habe. Ich mußte bis zur Piazza del Popolo fahren. Endlich entdeckte ich einen freien Platz in der Via dell'Oca. Ich war so aufgeregt, daß ich mehrmals meine Lücke verfehlte. Alberto Moravia, der gerade in diesem Augenblick in sein Haus Nummer siebenundzwanzig zurückkehrte, näherte sich leicht hinkend der Wagentür, elegant wie immer, sein schönes Haar, in dem kaum ein Silberfaden schimmerte, glatt nach hinten gekämmt, die Krawattennadel passend zur Weste, obwohl er nur hinuntergegangen war, um in der Canova-Bar auf die Schnelle einen Kaffee zu schlürfen.

»Pier Paolo, was ist los? Warum so nervös?«

»Setz dich ans Lenkrad und rangier du ihn ein!«

»Wie bitte? Was sagst du?«

Er legte die Hand ans Ohr. Es ist wahr, er begann schon taub zu werden. Aber aus Gewohnheit verstand er jede Andeutung. Seine Güte und seine Intelligenz unterstützten sein Trommelfell.

»Setz dich ans Lenkrad und . . .« Ich hielt plötzlich inne, denn ich erinnerte mich, daß er mit seinem kürzeren Bein nur einen Wagen mit Spezialanfertigung fahren konnte.

»Was ist? Stell den Motor ab. Sprich lauter!«

»Federico erwartet mich! Entweder er rückt mit dem Zaster rüber, oder ich kann mich nur noch in den Tiber stürzen.«

»Nanu, nanu«, sagte er, sich die Ausbuchtung seines länglichen Schädels kratzend. »Komm übermorgen mit uns zum Essen. Elsa möchte dich wiedersehen. Sie mag dich sehr,

sehr, weißt du . . . fast ebensosehr wie ihre Katzen! In der Capannina, Via della Scrofa. Abgemacht?«

»Übermorgen?«

»Weil ich Donnerstag in die Türkei fliege. Stell dir vor, die Türken wollen mich haben!« fügte er lachend hinzu. »Sie wollen meine Meinung über die Harems wissen. Bis dahin muß ich den Artikel über *L'Avventura* schreiben . . . Hm! . . . Antonioni, magst du ihn? . . . An Bompiani die Liste meines Pressedienstes für *Die Langeweile* schicken, die in einem Monat erscheint, zu . . .« (er flüsterte mir einen weiblichen Vornamen ins Ohr) »eilen, ohne daß Elsa davon erfährt, *per carità*!, mir die Haare schneiden lassen zum Empfang in der Botschaft der Vereinigten Staaten. Bis Mittwoch also!«

Ich schaute ihn verblüfft an, ohne ein Wort zu sagen.

»Die Capannina, das ist Elsas neueste Entdeckung. Rechne nicht mit der Pute, die sie dir für Weihnachten versprochen hat! Frau, die schreibt, Herd kalt bleibt . . . Um so besser«, beeilte er sich fortzufahren, damit es nicht aussehen sollte, als wäge er das Für und das Wider einer talentierten Köchin gegen zwei geniale Romane ab. »So dampft sie durch die Lokale und gerät immer an die letzte Neuheit. Du wirst sehen . . . Und gäbe es nur Trüffelsalat . . . Weit besser als der von Buco!«

»Trüffeln?« sagte ich mit tonloser Stimme wie jemand, dem es beim ersten Bissen den Magen umdreht.

»Weiße Trüffeln, wie man sie nur in Piemont findet!«

Überrascht, mich bei dieser verlockenden Ankündigung wie einen Klotz dastehen zu sehen, glaubte er vielleicht, ich verübelte es ihm, daß er meine Nöte als Schaffender und seine Freuden als Feinschmecker auf ein und dieselbe Stufe stellte.

»Du tust unrecht, die Trüffeln zu verachten, Pier Paolo. Weißt du, was Proust und Joyce miteinander geredet, die einzigen Worte, die sie während des Essens gewechselt haben, das ihnen zu Ehren arrangiert worden war? – ›Mögen Sie Trüffeln?‹ – ›Trüffeln? Und Sie?‹ – Hätten sie die weißen Trüffeln gekannt, dann wäre es nicht bei dieser Konversation geblieben, und die Weltliteratur wäre um einen gehaltvolleren Dialog reicher geworden.«

Da es die Literatur ebensowenig schaffte, mich aufzuheitern, wie die Küche, richtete er sich auf, hob eine Braue, ein an ihm vertrauter Tick, um besorgte Mißbilligung auszudrücken. Seit vierunddreißig Jahren, seit er aus dem Sanatorium gekommen war, zog er sein krankes Bein nach, ohne den Schmerzen, wie heftig sie auch waren, nur einen einzigen Tag zu erlauben, ihm den Appetit zu verderben. Ein großartiges Beispiel der Selbstüberwindung und der Höflichkeit anderen gegenüber. »Wie du willst«, sagte er, sich von mir verabschiedend.

Einen Mann, auf den eine für *L'Espresso* abzufassende Filmkritik, eine aufzustellende Namensliste für die Herausgabe seines nächsten Buches, ein heimliches Rendezvous mit einem hübschen Mädchen, eine Einladung in die meistgefragte Botschaft in Rom, ein Flugticket für eine Konferenz in Istanbul warten und der noch die Zeit findet, sich zu fragen, ob es einem Teller schwammiger Knollen, die ein Schwein unter den Eichen von Alba ausgegraben hat, gelingen wird, die Sorgenfalten auf der Stirn eines geplagten jungen Kollegen zu glätten – diesen Mann, einsam und einmalig unter den Literaten, den schätze und bewundere ich, wenngleich ich seine Romane nicht allzusehr mag.

Er entfernte sich hinkend, gelangte vor das Portal der Nummer siebenundzwanzig, steckte den Schlüssel ins Schloß und betrat das Vestibül, ohne sich umzusehen.

Mit wenigen Schritten erreichte ich die Piazza del Popolo. Zunächst ging ich an der Terrasse von Rosati vorüber, dem Hauptquartier der rechtsgerichteten Intellektuellen. Sie fläzten sich in den goldenen Strahlen der lauen Herbstsonne. Als sie mich aus der Via dell'Oca einbiegen sahen, begriffen sie, woher ich kam, und stießen einander grinsend mit den Ellenbogen an. Für diese Schriftsteller ohne Leser hätte Moravia kein anderer Grund veranlassen können, sich seit dem Mailänder Prozeß für mich einzusetzen, als die Hoffnung, im Gespräch zu bleiben, dank der Freundschaft mit einem skandalumwitterten Autor. Auf der anderen Seite des Platzes, an der Einmündung der Via del Babuino, die mich zur Federiz in der Via della Croce führen sollte, gewahrte ich auf der Terrasse des Canova, Hauptquartier der linken Intellektuellen, die übliche Gruppe von Klatschmäulern. Auch sie nutzten, einen karamelfarbenen Negroni vor sich, den hinreißenden Zauber der römischen Nachsaison. Sie glaubten, ich hätte mich im Rosati aufgehalten, blickten einander an, als wollten sie Rechenschaft von mir verlangen, waren verblüfft, als sie sahen, daß ich sie lediglich mit einem Kopfnicken grüßte, ohne den Schritt zu verlangsamen, und schlossen aus meiner für sie verdächtigen Eile und aus meiner für sie burschikosen Gebärde, daß ich soeben mit unseren Gegnern Umgang gepflogen hätte.

Auf der Piazza di Spagna, überflutet von luftig gekleideten Touristen und eifrigen Trauben von Fotografen und Postkartenverkäufern, die es nicht gewagt hätten, sich vor zehn Jahren zu zeigen, als die Treppe dem vagabundierenden Pöbel der aus dem Süden eingewanderten Jugendlichen als Lagerplatz diente, überflog ich mit den Augen die Doppelreihe von Stufen. Zur Beruhigung des Gewissens, denn Ramon, seine Schmarre, seine versponnenen Träume vom Millionär und seine vornehme Unverfrorenheit als Hidalgo-Taschendieb waren seit langem verschwunden. O Heimweh nach jener Zeit, da wir die Zigarette, die wir einzeln im benachbarten Tabakladen erstanden hatten, in der Mitte durchbrachen, um jeder eine Hälfte zu rauchen, nach jener Zeit, da die Händler bereit waren, nicht nur ganze Päckchen zu verkaufen.

31

Fellini, an der Piano-Bar stehend, empfing mich mit offenen Armen. »Sake aus Japan? Aquavit aus Dänemark? Wodka aus Moskau?« Keine Kritik hätte subtiler sein können, um meine Arbeit zu vernichten, als dieser indirekte Spott über das Sammelsurium von Schulen, aus denen ich entlehnt hatte, und der Stile, deren Stempel sie trug. Unfähig, zwischen Dreyser, Eisenstein und Mizoguchi zu wählen, würde er als Trinker mehr Entschlossenheit zeigen? Die mit einer Pagode beziehungsweise einer Isba oder einem Bückling verzierten Etiketten entsprachen jeweils dem Vaterland eines meiner Lehrer. »Danke, ich trinke nicht«, sagte ich, was ein ironisches Lächeln seinerseits und eine zusätzliche Verlegenheit meinerseits zur Folge hatte. Meine Probestreifen wurden weiter nicht erwähnt als durch diese heitere Anspielung auf die Einflüsse, denen ich erlegen war, sowie die Bemerkung, daß ein solcher *melting-pot* unangebracht sei. Die drei Flaschen wurden wieder an ihren Platz im Piano gestellt. Der trockene Knall des zufallenden Deckels war das Totengeläut meiner Hoffnungen. Fellini, keineswegs befangen, einen Schlußpunkt hinter diese Angelegenheit gesetzt zu haben, ohne eine Lira Entschädigung noch ein Wort der Rechtfertigung zu verschwenden, wühlte in einer riesigen Schachtel Schweizer Pralinen. Kaum daß er sich die Zeit nahm, sie aus dem Papier zu wickeln, streckte er seine lange und gierige Zunge heraus und legte immer gleich zwei Stück darauf.

Er führte mich von Zimmer zu Zimmer durch alle Räume der Federiz, um mir die funkelnagelneuen Einrichtungen, die Velourstoffe, mit denen die Wände bespannt waren, die Möbeldesigns, die Lampen von Pontecorvo zu zeigen. »Bewunderst du unseren Parvenü-Luxus?« Wir begannen beide zu lachen. »Halt!« rief er dann. »Erlaube dir ja nicht, dich lustig zu machen! Wenn dir daran gelegen ist, einen Film zu drehen« (bei diesen Worten klopfte mein Herz), »paß dich dem Geschmack des Tages an. Ich habe gerade Anouk Aimée und Claudia Cardinale engagiert. Glaubst du, die wären bereit, auf Zampanos klappriges Dreirad zu steigen? Apropos, was für einen fahrbaren Untersatz hast du?« Meine Antwort schien ihn zufriedenzustellen. Er sprach mir von der »neuen Sensibilität« der Italiener. Das Publikum verlange nach teureren und prunkvolleren Filmen, der Neorealismus sei passé, ob ich wisse, daß Rom jetzt mehr Telefonanschlüsse habe als Paris?

»Wirf einen Blick auf diese Graphik«, sagte er, nahm von dem niedrigen Plexiglastisch eine Zeitschrift und hielt sie mir unter die Nase. »Als ich vor sechs Jahren *La Strada* drehte, wurden in Italien zweihundertundsiebzigtausend Tonnen Flüssiggas verbraucht. In diesem Jahr wird der Verbrauch auf siebenhunderttausend Tonnen ansteigen! Diese Millionen zusätzlicher Flaschen ersparen den italienischen Frauen Milliarden Stunden, die sie damit vergeuden würden, ihren Herd anzuzünden!«

Ergriffen von der grandiosen Vorstellung dieser riesigen Menge funkelnder Ballons, holte er einen Bleistift aus der

Tasche und zeichnete auf die Rückseite der Zeitschrift dichte Reihen von Agip-Gasbehältern.

»Und was werden die Millionen italienischer Frauen mit den Milliarden Stunden, die sie weniger in ihren Küchen verbringen, anfangen? Mailand hat bereits an sie gedacht. Drei Monate im voraus hat die Stadtverwaltung zwei Millionen sechshunderttausend Glühbirnen für die Weihnachtsbeleuchtung geordert! Und weißt du, was noch? Man wird Finnland und Norwegen kahlschlagen, um allen Familien einen Tannenbaum zu liefern! Die Krippe ist außer Mode, mein Lieber. Es kommt jetzt nicht mehr darauf an, sich um den häuslichen Herd zu versammeln. Man muß auf die Straße gehen und ausgeben und nochmals ausgeben, immer wieder ausgeben! Einen Paktolus voll Geschenke an den Baum hängen! Sich durch den Kauf von Pelzen und Schmuck zugrunde richten! Den Whisky in Jerobeams, die Gänseleber kiloweise! Den Kaviar mit Suppenlöffeln! Damit die skandinavische Konifere umfällt, entsetzt, daß sie die Schneewüste im polaren Schweigen für dieses Silvester mit Champagner, Getute und Knallfröschen verlassen hat!«

Bestürzt stand ich vor diesem Wortschwall.

»Ha! Ha! Die Piano-Bar würde meinem Großvater nicht gefallen; der stellte seine Flasche Bier zum Kühlen aufs Fensterbrett. Sonntags spannte er den Wagen an und kutschierte uns die Hohlwege zwischen den Weißdornhecken entlang ... Mein Gott«, rief er aus und klopfte sich auf den Schenkel, »ich bin drauf und dran, gerührt zu werden! Schluß mit den Kindheitserinnerungen, Pier Paolo! Du willst doch nicht, daß ich ein Klagelied auf die guten alten Zeiten anstimme! Einzig und allein die Zukunft interessiert uns!«

»Natürlich«, stotterte ich, bemüht, ein Wort anzubringen. »Ich leugne nicht, daß ... Aber für solche Abgebrannten, solche Aufgeschmissenen wie den Helden meines Films gibt es noch keine Gänseleber und keinen Kaviar!«

»Ich erinnere mich des Bettlers in Rimini, es war kein eigentlicher Bettler, eher eine Art Vagabund, ein Taugenichts, kurzum, irgendein Kerl von deiner Sorte. Die faschistischen Behörden machten sich Gedanken seinetwegen. ›Hier in unserer Stadt kein menschliches Wrack!‹ Man schickte einen Wohlfahrtspfleger zu ihm, steckte ihn in ein heißes Bad, man kleidete ihn ein, er wurde beauftragt, die Lampions für den Karneval anzuzünden ... Wie? Was ist?«

Eine Sekretärin am Ende des Korridors gab ihm ein Zeichen.

»Nein, ich habe es hundertmal wiederholt: Keine Interviews jetzt. Mit niemandem. Nie-man-dem, verstehen Sie? Sie lassen nicht locker? Sie sollen mit dem zurechtkommen, was ich ihnen in Cannes gesagt habe! Wo waren wir stehengeblieben?« fuhr er fort, mich in sein Büro schiebend. »Ach ja! ›Kein menschliches Wrack!‹ Er war überaus sympathisch, der bewußte komische Kauz. Jedes Frühjahr sah man ihn mit seinem Schmetterlingsnetz hinter den ›Pusteblumen‹ herrennen, jenen vegetativen Flöckchen, so weiß und so leicht wie Watte, die im März zu uns herübergeweht werden, durch die Lüfte fliegen, umherwirbeln, ohne jemals den Boden zu berühren, hochsteigen, herunterfallen und, von einer rätselhaften Anziehung angesaugt, wieder verschwinden. Was für Idioten, die Faschisten, findest du nicht auch?«

»Genau«, sagte ich, die Gelegenheit erfassend.

»Sie brauchten ihn nur in Ruhe zu lassen, statt ihn als städtischen Angestellten herauszustaffieren.«

»Federico ...«

»Setz dich! Ich würde ganz gern eine Partagas rauchen. Möchtest du mir bei meinem nächsten Film nicht wieder zur Hand gehen? Die Szene mit den Homos wurde als sehr gelungen bewertet, weißt du. Sehr guter Dialog. Da, schau dir mal diese Entwürfe an, wenn dich das reizt.«

Er breitete auf meinen Knien eine Reihe von Skizzen für *Achteinhalb* aus, von frecher Hand gezeichnet und durch zartpastellene Schattierungen in den irrealen Farben der Träume pointiert. Sie versetzten uns – weit weg von dem ländlichen und volkstümlichen Rahmen seiner adriatischen Erinnerungen und noch weiter weg von den Elendsquartieren und den Habenichtsen meines Films – in eine üppige und verweichlichte Welt reiner Phantasie, in der Rodolfo Valentino nicht fehl am Platze gewesen wäre. Kurgäste promenierten in weißen Anzügen in einer unwirklichen Bäderstadt; Odalisken schwenkten ihre Schleier unter den Arkaden eines Serails.

»Ich werde dir ein Geheimnis anvertrauen«, sagte er, klappte das Album zu und zog mich zum Ausgang. »Du wirst es doch aber nicht weitersagen?«

Feierlich wie ein Prälat glitt er über den Marmorfußboden, tauchte seinen braunen orientalischen Blick in den Ausschnitt der Sekretärinnen und unterbrach mich mit einem neuen Hagel von Statistiken, sobald ich Anstalten machte, mein Notizbuch zu öffnen, in dem sich die, wenngleich bescheidenen, Zahlen meines Kostenvoranschlags reihten. Ich sah aus wie ein Landpfarrer, der zu seinem Bischof gekommen ist, um ihm den mitleiderregenden Fall einer ledigen Mutter vorzutragen, und der höflich verabschiedet wird, nicht ohne einen knappen Kurientratsch als Entschädigung für die Reise mitzunehmen.

»Rate mal, wer mir in Cannes zur Goldenen Palme für *Das süße Leben* verholfen hat? Du kommst nicht drauf! Simenon, der den Juryvorsitz führte. Ein Belgier! Er war es, der die Entscheidung durchgedrückt hat. Einer, der Miesmuscheln mit Pommes frites ißt!«

Dann schob er mich auf das Podest hinaus und gab mir einen Klaps auf den Rücken. Auf das Geländer gestützt, begleitete er mich mit einem sonoren, munteren, kindlichen Lachen, das mir die Peperinstufen hinunterfolgte bis an den Fuß der Treppe. »Ha! Ha! Miesmuscheln mit Pommes frites! Miesmuscheln mit Pommes frites!« Italien hatte Belgien vielleicht insofern einen harmlosen Streich gespielt, als es ihm ein für allemal einen Vorteil entzog, der für den Nationalstolz angenehmer war als die üblichen Einstellungen von Grubenarbeitern unter seinen Auswanderern, aber ich war, als ich an diesem 4. Oktober 1960 wieder auf den Bürgersteig der Via della Croce trat, ohne einen Soldo, ohne einen Meter Filmmaterial. Ich konnte nicht einmal, um mir die Gnade eines Produzenten zu erschwindeln, Telefon bei meinen Darstellern legen lassen, denen es noch immer an fließendem Wasser, an Aborten und an Waschbecken mangelte.

Ich besaß genug gesunden Menschenverstand, um Fellinis Sinnesänderung nicht dem Bündel von Ärger (um nicht mehr zu sagen) hinzuzufügen, den ich nach dem Mailänder Freispruch wiederum hatte. Drei weitere Prozesse erwarteten mich an der Schwelle dieses Winters: wegen meines zweiten Romans, wegen des Zwischenfalls in der Via di Panico und wegen der Anzio-Affäre. Außerdem war ich mit knapper Not einer Verleumdungsanklage entgangen, die der Bürgermeister von Cutro in Kalabrien gegen mich vorgebracht hatte.

Im Sommer 1959 hatte mich die Mailänder Wochenzeitschrift *Successo* auf eine Reportage entlang den Küsten Italiens geschickt. Meine Landsleute begannen den Massenurlaub zu entdecken. Ich beschrieb, was ich gesehen hatte: verdreckte Strände, lärmende Musikautomaten, zerbröckelnde Familienmoral unter dem gemeinsamen Einfluß von Sonne und Bademoden, Banden von Teddyboys, die zwar stolz auf diesen amerikanischen Namen waren, aber unter ihren Blousons in Schockfarben eine kleinbürgerliche und faschistische Gesinnung bewahrt hatten. In Kalabrien bestürzten mich das Elend der Dörfer, der verwahrloste Küstenstreifen, die Trübsinnigkeit der Jugendlichen, die Last der Verbote. Das trug mir eine Menge Rüffel von seiten der gesamten meridionalen Presse ein (»aufdringlicher Journalist«, »degenerierter Italiener«, »aufgeblasener Schaumschläger«) sowie einen Verweis durch den Unterstaatssekretär für Tourismus (»irregeleitete Mentalität«, der es gefällt, »die einheitliche und unteilbare Gemeinschaft des Vaterlandes verächtlich zu machen«). Er ließ jedoch keinen Zweifel, daß mir eine starke Sympathie diese Zeilen über die Preisgabe und das Elend einer im fünften Jahrhundert vor Christus blühenden Provinz diktiert hatte, die aber nie wieder, wie Sizilien unter den Arabern oder Apulien unter den Normannen, von einem kräftigenden Atem der Geschichte angeweht worden war.

Am 12. November prämierte die von gewählten Kommunisten verwaltete kalabrische Stadt Crotone meinen zweiten Roman. Allgemeines Gezeter von Taranto bis Cosenza. Der Bürgermeister von Cutro, einem kleinen Nachbarort von Crotone, aber mit einer christdemokratischen Junta, wählte diesen Zeitpunkt, um die Sache vor Gericht zu bringen. Es lohnt die Mühe, seine Beweggründe Revue passieren zu lassen. Reggio war mir von schrecklicher Armut erschienen. »Man könnte es für die Beschreibung eines Zigeunerlagers halten, dabei handelt es sich um eine der entzückendsten

Städte Italiens. Wie alle anderen möchte sie noch schöner sein und blühender werden, aber verrät sie mit dem Zauber ihres Strandes, der sich zu den Fluten des Meeres neigt, und im Licht ihrer hellen Straßen die bedrückende Misere, über die P. untröstlich ist?« – »Weiber eines afrikanischen Stammes, das sind für P. die distinguierten Bürgerinnen des fleißigen Taranto, eines Hafens unserer Kriegsmarine und Stätte berühmter Schiffswerften.« – »Der Ruf, die Ehre, die Würde, die Noblesse der tüchtigen Bevölkerung von Cutro sind eindeutig und ernstlich mit Füßen getreten worden. Auf den fahlgelben Dünen – ein weiterer afrikanischer Vergleich, den der Journalist verwendet – schießen die sauberen, bunten, heiteren Häuschen des Amtes für die Neugestaltung zu Hunderten aus der Erde. Die arbeitsamen Menschen des Südens, Kalabriens, Cutros verdienen dort, getreu dem biblischen Gebot, ihr Brot im Schweiße ihres Angesichts und nicht damit, daß sie verleumderische Artikel über ihre Mitbürger schreiben.«

Die Kirche (»getreu dem biblischen Gebot«) und die Armee (»Hafen unserer Kriegsmarine«) zeigten mir die Zähne; aber auch der Tourismus (»der Zauber ihres Strandes«), eine neue Macht, die mehr zu fürchten war als die beiden anderen in dem Augenblick, da sich »Carosello«, eine Werbesendung im Fernsehen, anschickte, täglich von dem einen Ende der Halbinsel bis zu dem anderen fünfzehn Minuten pädagogische Ratschläge auszustrahlen: wie man sich am besten die Zähne putzt, den Tisch für die Freunde deckt, sich für seine Staubsauger- und Geschirrspülermarke entscheidet, einer Frau ein Kompliment macht; dieser letzte Hinweis war insbesondere für die Männer im Süden bestimmt, die noch im Banne einer stummen und tierischen Lüsternheit waren, und zwar solcherart, daß sie die Ausländerinnen in die Flucht jagten. Man vergaß aber ebensowenig ihre fetten und unförmigen Ehegesponse: an wen sonst waren denn in erster Linie die Küchenrezepte und die Garderobefragen gerichtet, wenn nicht an diejenigen, die der übermäßige Genuß von Teigwaren und die Starrköpfigkeit, sich schwarz zu kleiden, in Schreckgespenste der Strände verwandelten, wo Venus geboren war?

Kurz, die neuen Auguren der Nation wiesen einen jeden

darauf hin, wie er sich mittels Bemühung in der Hygiene, der Koketterie, der Höflichkeit und der Galanterie auf eine Zukunft vorbereiten sollte, die ebenso »licht« war wie die Straßen von Reggio. Ganz davon zu schweigen, versteht sich, daß diese verschiedenen Metamorphosen nicht darauf abzielten, sich um das Glück der Eingesessenen zu sorgen, sondern ganz einfach, um auf ihrem Gebiet den Umsatz an Sonnencremes, Sonnenbrillen und Sprudeln zu steigern. Im Norden fabrizierte Produkte, wo man hoffte, daß, würden die Hunderte von Kilometern südlicher Küstenstriche erst einmal »zivilisiert« und auf europäische Sitten ausgerichtet sein, die aus Mailand und aus Paris, aus Zürich und aus Frankfurt abreisenden Touristen zu Tausenden dorthin strömen und eine großartige Kundschaft für die Badeindustrien abgeben würden.

Der Bürgermeister von Cutro zögerte nicht, den Sinn einiger meiner Sätze zu entstellen, indem er sie aus dem Zusammenhang riß. Typisches Vorgehen derjenigen, die zensieren, statt zu diskutieren. Du weißt recht gut, daß ich niemals das Adjektiv »afrikanisch« benutzen würde, es sei denn in lobender Absicht, war ich doch im Begriff, in der dritten Welt ein Ersatzland für meine verlorenen *borgate* zu suchen. »Das Ionische Meer ist kein heimisches Meer«, hatte ich geschrieben, »seine Wellen, zwischen Griechenland und Ägypten hin- und hergeworfen, lassen bei der Berührung mit unseren Stränden das melodiöse dumpfe Geräusch des Orients vernehmen.« Eine vielleicht an den Haaren herbeigezogene und gezierte Eloge, aber das Lob würde wohl ein jeder verstanden haben. In der Darstellung des Bürgermeisters war nur der erste Teil meines Satzes zu lesen: »Das Ionische Meer ist kein heimisches Meer«, ihm folgte dieser spöttische Kommentar: »Treten wir es an Rußland ab, das dem Verfasser der Reportage so teuer ist!« Hätte ich als Folge dieser Niederträchtigkeit nur die Achtung einiger Fischer verloren, die sich in ihrer Treuherzigkeit mit ihren Küsten, mit ihren Barken und mit der Erinnerung an Garibaldi in Aspromonte verbunden fühlen; so aber läßt sich nicht leugnen, daß die Schraube an der Fessel, die sich im geheimen um mich legte, noch fester angezogen wurde.

Was die Wortführer der Partei betraf, so war es zwecklos,

zu hoffen, daß sie der Literaturpreis, den ich in Crotone erhalten hatte, besänftigen würde. Mein zweites Buch, die Geschichte eines Verbrechers aus Pietralata und seiner vergeblichen Bemühungen, durch die Politik wieder auf die rechte Bahn zu kommen, wurde ebenso heftig angegriffen wie mein erstes. In der *Rinascita* beschuldigte man mich, meinen Helden, einen Ausbund an Lastern und Obszönitäten, zu mißachten. »Da ist ein junger Krimineller, der Mitglied der Kommunistischen Partei geworden ist. Knapp bei Kasse, besucht er ein übel beleumundetes Kino, nähert sich einem Typ, den er als Päderast erkennt, und läßt sich von ihm masturbieren. Er fordert fünfhundert Lire als Bezahlung, nicht ohne Gewalt anzuwenden, um die Person zu zwingen, das Geld auszuspucken. Genügt das nicht, Sie zu entrüsten?«

Beachte, daß die gute Erziehung und die Hochschuldiplome von Mario Montagnana, Verfasser dieses Artikels und Senator der Republik, durch sein hohes Monatseinkommen gegen die »schäbige« Notwendigkeit gefeit, einen »armen Schlucker« zu erpressen, um am Abend etwas zu beißen zu haben, ihn nicht daran gehindert haben, den schweren Fehler hinsichtlich der Bedeutung von »Päderast« zu begehen.

Wer »sich entrüstete«, das war nach Ansicht des offiziellen Parteiorgans die Azione cattolica. Sie klagte gegen meinen Roman. Der Untersuchungsrichter verzichtete auf Strafverfolgung nur auf das minutiöse Gutachten von *dottor* Cuttolo hin, Katholik und Geschichtsdozent an der Universität Rom. Einen Monat Arbeit, dreißig Tage der Begutachtung des Buches geopfert, eine Gewissenhaftigkeit, die ihm mit sechsundsiebenzigtausend Lire honoriert wurde – einhundertzweiundfünfzigmal der Preis eines Billetts in den Kinos um den Bahnhof –, um zu dem Schluß zu gelangen, daß die hier beschriebenen Sitten zwar den guten Geschmack des Lesers beleidigen, ihn jedoch nicht verleiten, sie nachzuahmen. »Wir sind derzeit durch die neorealistischen Filme und Romane an harte und heikle Tatsachen gewöhnt, die unsere Vorfahren mit Bestürzung von sich gewiesen hätten.«

Niederschlagung für dieses Mal, aber ich stellte fest, wenn ich die Presse aufmerksam studierte (»Warum Zeit mit Zeitungen vertrödeln?« wirst du mich fragen), daß mein Image in der Öffentlichkeit eine leichte, wenngleich bedeutungsvolle Veränderung erfahren hatte. Ich bin nicht mehr nur der Autor von skandalösen Büchern, sondern ein Mensch, der vielleicht selbst skandalös ist. »P. kennt diese Welt von innen her«, versichert der Literaturkritiker von *L'Espresso*, einer unabhängigen Zeitschrift. Allenthalben unterschiebt man den verleumderischen Zweifel: Kann man das Leben in den Slums mit solchen Details erzählen, ohne selbst an den kriminellen Aktivitäten der Unterwelt teilzuhaben? Und wenn man unter dem Vorwand, den Schriftsteller mit Blumen zu bestreuen, seine exakte Schilderung eines nächtlichen Raubüberfalls auf den Tankwart der Shell in der Via Cristoforo Colombo bewundert, dann bereitet man den Leser behutsam darauf vor, sich zu fragen, ob eine solche Genauigkeit allein auf seiner Vorstellungskraft beruht.

32

Die Nacht vom 29. zum 30. Juni 1960. Zwischen den Festen Peter und Paul. Corso Vittorio Emanuele. Die schöne Kirche Sant'Andrea della Valle, in der Tosca ihren Geliebten vor dem Bild, an dem er malte, aufsuchte. »Mario! Mario!« Ich singe diese beiden Noten vor mich hin, aber siehe da, in meinem von dem langen Abend umnebelten Gehirn treten die Silben meines eigenen Namens an die des Malers. »Paolo! Paolo!« Ruft man mich? »He, Paolo!« Ich wende den Kopf; es ist »Il Tedesco«, ein Freund aus Trastevere. Er hat einen Kumpel bei sich. Alle beide stoßen Rufe der Bewunderung über meine neue Giulietta aus und fragen, ob sie einsteigen dürfen. »Aber nur fünf Minuten, ich bin müde.« – »Ja, fünf Minuten, nur fünf Minuten.« Wir drehen eine Runde um die Piazza Navona und biegen in die Via dei Coronari ein. Am Ende dieser Straße, an der Ecke Via di Panico, ist eine Schlägerei im Gange. Jungen und Mädchen teilen im Licht meiner Scheinwerfer wütende Hiebe gegeneinander aus. »Der da, das ist der Baron, ich kenne ihn!« ruft der Tedesco. »Dann steig aus und lade ihn zu uns ein«, sage ich. »Beeil dich!« Wir müssen sie um jeden Preis trennen, bevor sie ihre Messer ziehen. Ich lasse den Motor wieder an und brause davon. Um sieben Uhr morgens, als ich noch fest in meinem Bett schlafe, eine Taschenlampe vor meinen Augen. »Steh auf und komm mit – keine Fisimatenten!« Traum oder Wirklichkeit? Bin ich noch immer in der Oper? Läßt mich Baron Scarpia tatsächlich vorladen? Zwei Beamte führen mich zum Kommissariat. Schade, daß es nicht der Palazzo Farnese ist, sondern ein schmutziger Raum beim alten San-Camillo-Krankenhaus.

Ich werde beschuldigt, einen Dieb vor dem Zugriff der Polizei geschützt zu haben, ». . . vorsätzlich und in Kenntnis der Sachlage«. Anklage. Pressekampagne. Man veröffentlicht eine Menge Einzelheiten über mein Privatleben, die auf tendenziöse Weise kolportiert werden. So habe ich eine »weiße«, vielmehr »butterfarbene« Giulietta, in der ich »mich exhibiere«. In Gesellschaft von »außerordentlich anrüchigen jungen Freunden« gebe ich mich »lärmenden nächtlichen Vergnügungen« in den »verrufenen« Straßen hin. Die Via di Panico befindet sich mitten »im Viertel des Diebsgesindels« (Sandro Penna, der größte Dichter Italiens, wohnt zweihundert Meter von hier; ich hatte den Abend mit ihm verbracht). Man bemerkt, daß mein Leben dem meiner Romane zu ähneln beginnt. »Der *ragazzo* hat es zu arg getrieben«, lautet die Schlagzeile einer Zeitung. Warum habe ich mich in den Streit eingemischt? Ich sollte mich doch um meine eigenen Angelegenheiten kümmern! Und überhaupt: Was hat ein anständiger Bürger zwischen Mitternacht und ein Uhr morgens im Labyrinth der Altstadt von Rom zu suchen?

Und weiter in dieser Art, mehrere Tage lang; dann – der Prozeß wird dreimal verschoben, immer wenn ein neuer Termin anberaumt worden ist – Tratsch, Unterstellungen, Verleumdungen. So daß man sich weder über die Frage, die der Gerichtsvorsitzende an mich richtet: »Warum waren Sie in jener Nacht zu so später Stunde noch nicht in Ihre Wohnung zurückgekehrt?«, noch über meine verlogene, feige Antwort »Ich ging spazieren, um Eindrücke über das Milieu zu sammeln, das als Hintergrund für ein in Arbeit befindliches literarisches Werk dienen sollte« zu wundern braucht. Freispruch mangels Beweisen: den Dieb, den ich versteckt haben sollte, hatten zwei Beamte zu demselben Zeitpunkt, da mich ihre Kollegen verhafteten, seelenruhig bei sich daheim schlafend angetroffen. Aber die Presse, die der Affäre endlose Spalten gewidmet hatte, berichtete über das Urteil in wenigen Zeilen. Oft zweideutig, wie dieser Artikel in der für seriös geltenden *La Stampa*: »Die Richter haben sich nicht davon überzeugt, daß der Schriftsteller schuldig sein könnte.«

10. Juli 1960. Anzio, ein Fischerhafen südlich von Rom. Auf der Mole hockende Kinder werfen ihre Angelschnüre zwischen die Klippen. Ich trete näher, scherze mit ihnen. Wir beobachten eine Barke, die in den Hafen zurückkehrt. Dann verlasse ich sie, um ins Restaurant zu gehen. Tags darauf ist Anklage gegen mich erhoben worden. Ich erfahre, daß sich nach meinem Weggang zwei Journalisten an die Kinder auf dem Deich herangemacht haben; der eine vom (faschistischen) *Tempo*, der andere vom *Messaggero* (der größten Tageszeitung Roms, Mitte rechts). »Was hat der Signore, der bei euch war, mit euch gesprochen?« – »Er hat auf die Jungs in der Barke gezeigt. Wie alt mögen sie wohl sein? hat er uns gefragt.« – »Und dann?« – »Wir haben gesagt: zwölf Jahre.« – »Ist das alles?« – »Dann hat er gesagt: Wie dem auch sei, sie müssen schöne große Schwänze haben.« Die beiden Journalisten haben es für ihre Pflicht gehalten, unverzüglich die Polizei zu unterrichten. Untersuchung, Verhör der Kinder, Anklage wegen versuchter Verführung Minderjähriger. Der Richter seinerseits befragt die Kinder. Sie gestehen, daß die Journalisten sie angesprochen und zu ihnen gesagt haben: »Wir schenken euch hundert Lire, aber ihr müßt uns alles erzählen.«

Der Justizbeamte lacht schallend auf, verpaßt den Polizisten, die Meldung erstattet haben, eine Zigarre und legt die Sache zu den Akten. Aber die Presse hat wieder einmal Gelegenheit gehabt, zu tuscheln, zu unterstellen, mit Dreck zu werfen. Meine Sonnenbrille? Daß ich meine anfälligen Augen schützen muß, das kümmert sie keineswegs: Der »einsame Spaziergänger« trägt Sorge, seinen Blick hinter »Rauchglaslinsen zu verbergen«. Das Restaurant? Ich bin nicht hineingegangen, weil ich, wie alle anderen, hungrig war, sondern weil ich eingesehen hatte, daß ich von der Mole »verschwinden« mußte, daß es Zeit war »abzuhauen«.

Man versteift sich auf diese neue »Peripetie«, zehn Tage nach dem Skandal von der Via di Panico. Man erklärt sich »perplex«, »beunruhigt«, »erschüttert«. Man rät mir zur Vorsicht, nicht ohne mich wie einen Kriminellen, der kein Recht auf Respekt mehr hat, zu duzen: »Mißbrauche den Realismus nicht!« Es schleicht sich der Verdacht ein, daß ich, ohnehin schon »sprachlicher Verführer« der Kinder, andere, nicht so rein literarische Ziele anvisiere.

Im Herbst bringt ein Journalist des (faschistischen) *Borghese* den Neologismus »Pierpaoliden« auf. Geprägt nach dem Vorbild der »Atriden«, jener langen Reihe von Schurken, Mördern und Wahnsinnigen, die von Ägist bis Agamemnon, von Klytämnestra bis Orest die würdigen Nachfolger des finsteren und grausamen Atreus waren. Mein Film ist nach Fellinis Rückzieher auf Reede geblieben; ich werde ein ganzes Jahr benötigen, um die Dreharbeiten zu beenden; aber die Berichterstatter haben Wind von der Sache bekommen, und es scheint, daß sie alle *rushes* gesehen haben. »Pierpaolide« soll zunächst dazu dienen, einen jeden zu bezeichnen, der einen Apfel von einem Obststand stiehlt, eine Einbahnstraße in der falschen Richtung befährt, das Rot der Ampel nicht beachtet, sich nach Mitternacht am Bahnhof herumtreibt; leichtere Vergehen als die der legendären Sippe aus Mykene, in denen die auf der Lauer liegenden Schakale aber schon Blutgeruch wittern.

Darüber kann man die Schultern zucken, gewiß. Nur, weißt du, was ich eines Tages gehört habe, als ich durch die Markthalle ging? Ein kleiner Junge half seinem Vater, Kisten mit Fenchel abzuladen. Ich würde mich nicht damit aufgehalten haben, den üblichen Witzen zu lauschen, die dieses Gemüse bei dem niederen Volk Roms auslöst, wäre nicht plötzlich ein befremdliches, entsetzliches Wort an mein Ohr gedrungen. Der junge Bursche, dem eine Kiste auf den Fuß gefallen war, wetterte gegen die *Pierpaoli.* Wörtlich! Eine neue Etappe in dem sich steigernden Pogrom. Mein Vorname auf das Niveau einer Beschimpfung herabgewürdigt, als Ersatz für *finocchio*, eine Eingebung, du erinnerst dich, die zugleich mit den ersten Scheiterhaufen des heiligen Dominikus aufkam. Als man, um uns über den Flammentod zu trösten, mitten unter die Reisigbündel ein duftendes Brennmaterial warf, dessen Name an uns klebenbleiben sollte.

So harmlos ich diese Gemüsemetapher auch fand, so infam schien mir der neue Spott. Von der Halle griff er auf die öffentlichen Märkte über. Drei Tage nachdem er erstmals am Ufer des Tiber aufgetaucht war, sprudelte er aus der rauhen Kehle einer Gevatterin, die sich hinter ihrem Ladentisch an der Ecke des Campo de Fiori zu schaffen machte. »Kauft meine schönen *Pierpaoli*!« schmetterte sie in die Gegend; ohne böse Absicht, das will ich gern glauben; sogar ohne von meiner Existenz zu wissen. Sie hatte das Wort aus dem Mund ihres Sohnes oder ihres Mannes aufgeschnappt und gab es nun wie einen Hupenton wieder von sich, aus Freude an seiner volleren und weicheren Klangfülle, und weil sie meinte, die *Pierpaoli* genannte Ware ließe sich mit vier Silben besser verkaufen als mit drei. Zunächst wollte ich lachen, aber das Lachen erstarb mir im Hals, und ich spürte, daß ich an allen Fasern meines Leibes zitterte, so wie die auf dem Schießplatz freigelassene Taube, die die Jäger am anderen Ende des Geländes gewahrt.

Im Herbst kam Carlo Lizzanis Film *Der Bucklige von Rom* heraus, die Geschichte eines jungen Banditen während der deutschen Besetzung. Lizzani hatte mir eine Nebenrolle anvertraut. Der Film wurde wegen »Apologie des Verbrechens« beschlagnahmt. Als Beweis zu dieser Beschuldigung: ein Szenenfoto, das mich zeigt, wie ich eine Maschinenpistole schwenke. Einstellung des Verfahrens. Der Film erschien wieder auf der Leinwand, aber das Foto, in den Archiven der Zeitungen aufbewahrt, lag bereit, von neuem zu dienen – als Corpus delicti zu meiner Belastung, sooft mein Name wiederauftauchen würde. Fünfzehn Jahre lang schob man den Lesern das Bild eines mit Feuerwaffen hantierenden Gesetzlosen unter anstelle dessen eines Mannes, der Bücher schreibt.

Was ich von Stund an auch tue, was ich auch sage, mein Tun und meine Äußerungen kennzeichnen den Ruchlosen.

5. November 1960. In meiner ständigen Rubrik in der kommunistischen Wochenzeitschrift *Vie Nuove* fechte ich die gesetzliche Verordnung an, die dem Familienvater die

alleinige Ausübung der »patria potestas« zuerkennt. Warum, wenn er ein Säufer, ein Idiot, ein Schläger ist, seine Gewalt nicht der oder dem übertragen, die oder den die Familie als für den Vorstand am geeignetsten bestimmen würde? Die Mutter oder einen älteren Sohn? Bravo! regte sich der Leitartikler des katholischen *Gazzettino* von Venedig auf. Es lebe die häusliche Demokratie! Man kann sicher sein, daß der jenige, der am kräftigsten auf den Tisch haut, versteht, sich wählen zu lassen! Welch ein Glück, wenn es im Hause einen »Rocker« oder noch besser einen jener *ragazzi di vita* gibt, die unserem Schreiber so teuer sind! Vertrauen wir ihnen unverzüglich das Regiment über unsere Haushalte an!

30. Oktober 1961. Der *Tempo* von Rom bringt als Überschrift über die ganze Breite der ersten Seite: »Pier Paolo P. des versuchten bewaffneten Raubüberfalls auf einen Tankwart beschuldigt.« Das Foto des *Buckligen* mit der Maschinenpistole illustriert den Artikel. Ich hatte gerade eine Woche bei Freunden in San Felice Circeo, etwa hundert Kilometer südlich von Rom, verbracht, um mit Sergio zusammen am Drehbuch meines zweiten Films zu arbeiten. Eines Nachmittags hatte ich tatsächlich die Straße befahren, die zwischen dem Meer und dem Lago di Sabaudia längs der Dünen verläuft. Stopp an der AGIP. »Wieviel verdienst du?« hatte ich den jungen Mann gefragt. Und noch ein paar Sachen, wie es meine Gewohnheit ist. »Das Motorrad da draußen, gehört das dir? Bist du verlobt?« Lakonische Antworten. Der Bursche hatte es eilig, den Schlauch wieder an die Zapfsäule zu hängen und sich in seinen Fünfzig-Lire-Kinoroman zu vertiefen. Ungnädig servierte er mir eine Coca-Cola; die Ellenbogen auf die Theke gestützt, trank ich sie aus und erkundigte mich nach dem Preis der Schlüsselanhänger und der Kugelschreiber.

Einige Tage danach dringt die Polizei ein, durchwühlt das ganze Haus, wirft die Möbel durcheinander, Mama ist fassungslos. Was suchen sie? Einen Revolver! Bernardino De Santis, neunzehn Jahre alt, ist bei den Carabinieri gewesen, um diese zum Umfallen müde Geschichte zu erzählen. Dank der Giulietta hat er seinen »Angreifer« erkannt. Dieser ist, nachdem er ein gutes Trinkgeld gegeben hat, mit normalem Schritt zur Tür gegangen, wo er stehenblieb, um langsam ein Paar schwarze Handschuhe anzuziehen; dann wandte er sich plötzlich zurück, eine Pistole in der Hand, die er vor seinen, Bernardinos, Augen mit einer goldenen Kugel lud. »Wenn du dich bewegst, schieße ich«, soll ich gesagt haben, während ich den Schlüssel in der Tür drehte und mich der Theke näherte; dann hätte ich versucht, die Schublade zu öffnen, um die zweitausend Lire herauszunehmen, die darin waren. Woraufhin Bernardino zu einem Messer gegriffen habe und ich retiriert sei, wie eine Memme getürmt, eilig in meinen Wagen gestiegen, nicht ohne bis zum letzten Augenblick auf ihn zu zielen.

Dann der Artikel im *Tempo*, das Breitwalzen durch die Presse, der Skandal. Der *Borghese* beschreibt mich als einen leichenfahlen Hampelmann »mit weit vorspringenden Stirnhöckern«, »lächerlichen Hosen«, »kleinem hagerem Körper«. »Barde des Schmutzes und des Gestanks« – darf man mich frei herumlaufen lassen? Ich protestiere vergeblich, daß ich noch nie einen schwarzen Hut getragen und auch keine Handschuhe, gleich welcher Farbe, übergestreift habe und daß diese Requisiten ebenso wie die imaginäre Pistole und die goldene Kugel geradewegs den gängigen amerikanischen Fortsetzungsromanen entstammen; ich werde vor den Kadi zitiert. Der Prozeß wird im Juli des darauffolgenden Jahres in Latina eröffnet. Habe ich nicht die Gewalt in meinen Büchern beschrieben? Ergo bin ich ein Gewaltsamer. Haben meine Personen nicht die Shell-Tankstellen überfallen? Ergo habe ich diese AGIP-Station überfallen, das steht außer Frage. Soll ich ihnen ins Gesicht schreien, daß ich sanftmütig, lammfromm bin? Daß ich als Kind Fliegen gefangen habe, um sie unversehrt freizulassen? Daß ich in Forcella Karten gespielt und mich in der Cala von Palermo herumgetrieben habe, ohne ein Messer in der Tasche zu haben?

Zwecklos, denn der Prozeß hat bereits eine andere Wendung genommen. Der von den Hallen ausgegangene Ruf der Gemüsehändler ist auf die Märkte Roms und von dort auf die römische Campagna übergesprungen und schwebt jetzt wie ein Schrei der Entrüstung über ganz Italien. Niemand wagt auszusprechen, was im übrigen laut Gesetz kein Vergehen ist, aber alle denken daran, alle möchten mich für dieses

Verbrechen bestrafen. Die Anwälte des Tankstellenwartes deuten an, daß sie die Akten über den Prozeß von Casarsa »wegen Verführung Minderjähriger« und über den Prozeß von Anzio »wegen versuchter Verführung Minderjähriger« beifügen wollen (Anträge, die nicht angenommen werden können, da die beiden Rechtsstreite ohne weitere Verfolgung beigelegt worden sind). Der Gerichtspräsident fragt den (schon lange volljährigen) Bernardino: »Hat dir P. vielleicht Angebote gemacht, deren du dich geschämt hast?« Und wer würde, angesichts der prompten Antwort des Burschen: »Nein, er hat mir kein sexuelles Angebot gemacht, in keiner Weise«, nicht begreifen, daß ihn die Richter vorher bearbeitet hatten, um die Verhandlung auf das Gebiet zu lenken, auf dem sie mich zu erledigen hofften. Wie hätte der Dummkopf die euphemistische Anspielung des Vorsitzenden sonst auf Anhieb erfaßt? Immerhin war er nicht blöde genug zu übersehen, daß eine bejahende Antwort einen Verdacht auf seine eigene Männlichkeit geworfen hätte. Woran du den Einfluß der Comic strips und der Fotoroman-Bildung erkennen kannst. Mandrake und Superman flüsterten Bernardino dieses energische Nein zu, das seine Ehre unangetastet ließ.

»Es muß sich etwas zwischen *den beiden* abgespielt haben«, meint dessenungeachtet der Reporter des *Giorno*, der Zeitung des ehemaligen Widerstandskämpfers Enrico Mattei. Flößt die Stadt Latina (der *Secolo d'Italia* zitiert sie nach wie vor bei ihrem faschistischen Namen: Littoria), von Mussolini als Verwaltungszentrum der Pontinischen Sümpfe – nach ihrer Trockenlegung – geschaffen, den Richtern eine ungewollte Härte ein? Obwohl sie mein Verbrechen bezweifeln, fühlen sie sich verpflichtet, mich zu verurteilen. Vierzehn Tage Gefängnis mit Bewährung wegen »Bedrohung mit Waffengewalt«. Sie sind nicht Bernardinos Anschuldigung gefolgt, der mich des »versuchten Diebstahls mit Waffengewalt« bezichtigte. Ich bekomme fünf zusätzliche Tage Gefängnis, wegen unerlaubten Besitzes einer Pistole, sowie zehntausend Lire Geldstrafe, wegen unterlassener Anmeldung der Pistole; dieser mythischen Pistole, auf die man durch Deduktion von der MPi des *Buckligen* gelangt ist. Sechseinhalb Jahre Prozessieren sind vonnöten, bis ein anderes Gericht die Niederschlagung des Verfahrens mangels Beweisen verkündet. Sechseinhalb Jahre, während denen die Presse die Mär von der goldenen Kugel kolportiert. Und der Wölfin der AGIP empfiehlt, über die Tankstellenwarte der Firma, die Stützpfeiler des neuen motorisierten Italiens der Autobahnen, mit ebensolcher Sorge zu wachen (die Rechte ist gebildet und hat Sinn für Metapher) wie die Amme von Romulus und Remus über die Gründer Roms.

15. November 1961. Ein Lehrer aus Avellino wird bei der Kriminalpolizei in Rom vorstellig. Er erzählt, ich hätte ihn eines Nachts angesprochen, in meine Giulietta geladen, aufs Land hinausgefahren und mit einer Pistole bedroht, dann hätte ich ihn halbtot liegenlassen und das Manuskript seines Romans *Kinder der Sünde* mitgenommen. Zwei Tage später widerruft Antonio Vece, gesteht, daß er alles erfunden hat, damit die Zeitungen über ihn berichten und ein wenig Reklame für seine literarischen Ambitionen machen. In Wirklichkeit haben sie über mich berichtet. Antonio ist dreiundzwanzig, »das ideale Alter« für eine »neue Beute« des »Dichter-Banditen«, nicht wahr? Zwei Tage lang Schlagzeilen, Artikel, Fotos, Sarkasmen und Beschimpfungen.

23. November 1961. Premiere meines ersten Films im Barberini. Krawalle, Tintenflaschen werden auf die Leinwand, Stinkbomben in den Saal geworfen. Die im Rang sitzenden Demonstranten schütten mehrere Stiegen *Fenchel* über die geladenen Gäste im Parkett aus. Sergio und sein Bruder Franco, mit Beifall bedachter Hauptdarsteller, führen mich, um mich zu trösten, ins *California*, dem Kino gegenüber. Das ist die beste Eiskonditorei Roms. Eine *marronita* aus öligen kandierten Kastanien vor Aufregung im Stehen hinuntergeschlungen. Diese Dreckskerle, sie haben mir auch diese Freude verdorben.

24. Februar 1962. Der Anwalt Salvatore Pagliuca, ehemaliger christdemokratischer Abgeordneter aus Lucania, zitiert mich in Rom vor Gericht. Er hat in meinem Film die Person eines Diebs und Zuhälters entdeckt, die seinen Namen trägt.

Ich habe nicht nur seine Ehre angetastet, sondern auch seine politische Karriere kompromittiert. Warum habe ich versucht, ihm zu schaden? Weil er all das vertritt, was ein perverser und aufrührerischer Geist verachtet. Die Herren dieses Gerichtes mögen selber urteilen: Er ist persönlicher Freund von Segni, Leone, Tambroni, Scelba, von dem er herzliche Briefe dem Dossier beifügt; Gegenstand schmeichelhafter Artikel in *La famiglia lucanese*, *Lucania operaia*, *Il Progresso di Lucania*; alter Frontkämpfer im Krieg 1915-1918; Witwer, Vater von elf Kindern; Abonnent des *Osservatore Romano*. Was den betrifft, der ihn diffamiert, gedemütigt, niedergedrückt, zum Neurastheniker krank gemacht und verhindert hat, daß er in den Senat gewählt wurde, weil er einem gemeinen Kuppler einen seit siebenundsechzig Jahren ehrbaren Namen und Vornamen gegeben hat, »so werden wir nicht«, erklärt er (beachte den plötzlichen Übergang zum Pluralis majestatis), »sein *Intim*leben ans Licht zerren, und zwar aus christlicher Nächstenliebe« (christlich genug, um den Begriff »intim« zu unterstreichen).

Die Richter schlugen in den Fernsprechverzeichnissen nach und fanden Hunderte von Pagliuca in den südlichen Provinzen. Und sogar Salvatore Pagliuca gab es eine ganze Menge: fünfundzwanzig Teilnehmer in Rom, einundzwanzig in Neapel, zehn in Potenza, vier in Matera. Da das Gericht jegliche Verwechslung eines zwanzigjährigen Zuhälters mit einem alten friedliebenden Signore, Mitglied des Jagdklubs und des Adelsklubs, ausschloß, verurteilte es mich, den Namen in dem Film zu ändern und die Prozeßkosten zu zahlen.

31. August 1962. Oberstleutnant Fabi, Abteilungskommandeur der Carabinieri von Venedig, ruft den Staatsanwalt wegen meines zweiten Films an, den er während des Festivals im Palazzo del Cinema gesehen hatte. »Ich war sogleich der Ansicht, daß es sich hierbei um etwas handelt, was gegen das Strafgesetz ist, und nicht um eine künstlerische Darbietung.« Argumente des Obersten? Anna Magnani sagt »pissen« statt »urinieren« und »Scheiße« statt »Exkremente«. Das Gericht weist die Klage zurück: Die Leute gemäß ihrem Milieu sprechen zu lassen ist kein Verstoß gegen die guten

Sitten. Kommentar des *Gazzettino*: »Es lebe die lebendige Sprache! Wir brauchen uns nicht zu wundern, wenn der Lehrer zu dem Schüler, der im Unterricht schüchtern den Finger hebt, unverblümt sagt: Geh nur p . . ., mein Lieber, und achte nicht auf meine vulgäre Sprache. Ich habe die Unterstützung des Staatsanwaltes von Venedig.«

Premiere des Films am 22. September im Cinema Quattro Fontane. Ein Kommando faschistischer Studenten. Kaum war die Vorführung zu Ende, da erhebt sich ein junger Bursche und brüllt mit Stentorstimme: »Pier Paolo, im Namen der Jugend unseres Landes erkläre ich dir, daß du uns ankotzt.« Diesmal habe ich die Geduld verloren und dem Kerl ein paar Ohrfeigen gegeben, daß er umgefallen ist. Aber hier, Gennariello, muß ich mich eines anderen Tons befleißigen und von der polemischen Warte heruntersteigen, von der aus ich dir über die Reihe meiner Prozesse berichtet habe. Denn am Tag nach der Auseinandersetzung im Quattro Fontane ist etwas sehr Merkwürdiges passiert, das mich nötigt, mich von dem Image frei zu machen, in das mich meine Kampfgefährten zu meinen Lebzeiten gepreßt haben und in das mich diejenigen, die mein Andenken bewahren, nach meinem Tod weiterhin drängen werden.

Die Zeitungen meldeten das Ereignis so, als wäre ich es gewesen, den man ins Gesicht geschlagen habe. »Backpfeigen für P.; man hat dem Film Beifall ins Antlitz seines Regisseurs geklatscht.« Als ich dir etwas »Merkwürdiges« ankündigte, dachte ich nicht an diese soundsovielte Fälschung seitens der Presse; Nun, was ist natürlicher, als daß es einem *finocchio* meines Kalibers an Muskelkraft fehlt, daß er angesichts von Prügeln schlappmacht? Lauter Waschlappen! Wenn selbst Laura B . . ., die im Kino neben mir gesessen hatte, Laura B . . ., Augenzeugin der Szene und fanatisch ergebene Freundin, einige Tage später, um mich vor den Gewalttätigkeiten meiner Gegner zu warnen, als Beispiel vorbrachte: ». . . dieser Faschist, der dich geschlagen hat.«

Warum habe ich Laura nicht widersprochen? Und kein Dementi an die Zeitungen geschickt? Welch finstere Macht hat mich genötigt, den Kopf zu senken und stillschweigend eine fiktive Demütigung hinzunehmen?

Die Antwort muß man vielleicht in meinem Film suchen.

In den letzten Szenen im Gefängnis, in der Agonie, dort, wo der junge Held, auf ein Zementlager geschnallt, inmitten von vier nackten Wänden liegt. Kleinere Diebstähle haben ihn in die Besserungsanstalt gebracht, dann eine Auflehnung gegen seine Aufseher in diesen Knast. Er ist mit Riemen gefesselt, an Hand- und Fußgelenken. Ein weiterer Gurt schnürt seine Brust ein. Vergeblich windet er sich. Er wird sterben, die Arme ausgebreitet, wie gekreuzigt. Seine Mutter kehrt nach Hause zurück, öffnet das Fenster auf Rom und beginnt zu weinen.

Sie sind zweitausend Jahre alt, diese Tränen: Ich weiß jetzt, daß sie für mich fließen. Mensch, nimm dein Schicksal hin! Das meine ist, diffamiert, verachtet, gekreuzigt zu werden. Ich habe unrecht getan, den Faschisten zu verprügeln. Hat sich Christus gegen seine Peiniger gewehrt? Er hat zu Petrus gesagt: Stecke dein Schwert in die Scheide! Ich kenne die Malchusse, die um mich herum sind und nur auf eine neue Gelegenheit warten, mir ins Gesicht zu spucken. In Kürze werden sie sich physisch an mir vergreifen. Aber ebenso wie vor meinen Feinden muß ich mich auch vor meinen Freunden hüten. Vor allen Petrussen, die mir ihre Dienste anbieten möchten. Vor all meinen Genossen der KP, die mir gratulieren, daß ich die in den italienischen Gefängnissen herrschende Ordnung angeprangert habe (Marcello Elisei, das Vorbild für die Schlußszene, ist in Regina Coeli tatsächlich mißhandelt worden und auf derselben Folterbank gestorben wie mein Held). Vor Alberto Moravia, der in mir die absolute Neuheit eines bürgerlichen Poeten der Linken in einem Land begrüßt, in dem die nationale Literatur stets hurrapatriotisch und deklamatorisch gewesen ist. Vor Bernardo Bertolucci, der sich anschickt, meinem Beispiel als »engagierter« Cineast zu folgen, nachdem sich Visconti und Fellini vom Neorealismus abgewendet haben. Vor meinen unzähligen Lesern, die mir schreiben, um mich in meinem »Kampf« für eine moralische und politische Erneuerung Italiens zu ermutigen.

Nein, nein! Schaut euch lieber diesen Jungen an, der allein gelassen stirbt; diese Mutter, die still vor sich hin weint. Ich kann euch nicht mehr darüber sagen. Ich schlage auf den Faschisten ein, um meine Nächsten, meine Getreuen, um die nicht zu enttäuschen, die auf mich »setzen«; aber wisset, daß ich mich nicht wohl fühle in dieser Rolle und daß ich mit Freude die falsche Version des Zwischenfalls akzeptiere, diese Lüge, die wahrer ist als die Wahrheit.

7. März 1963. Das Gericht in Rom (sei unbesorgt, ich werde diese Liste vorläufig abschließen, obwohl sie bis zu meinem Tod und auch noch nach meinem Tod fortgesetzt wurde: dreiunddreißig Prozesse insgesamt, darunter die gegen meine postumen Werke), das Gericht in Rom prüft meinen dritten Film, einen humoristischen Sketch von vierzig Minuten Dauer. Eine Schauspielertruppe – vulgär, von niederer Herkunft – probt unter Gelächter die Schlußszene der Passionsgeschichte. »Verunglimpfung der Staatsreligion«; vier Monate Gefängnis mit Bewährung. Mama, der ich diese Neuigkeit verkünde, wird in meinen Armen ohnmächtig. Im ersten Moment überkommt mich das Verlangen, zum Staatsanwalt, zu Giuseppe Di Gennaro, dem Vertreter der Anklage, zu eilen und ihm an die Gurgel zu fahren. Da öffnet sie die Augen wieder, lächelt mich an; sofort ist jeder Rachegedanke verflogen.

Mutter, wie könnte sich das Geheimnis unserer Liebe erfüllen, ohne den Ring von Feinden, der sich um mich zusammenzieht? Wir brauchen Kaiphasse und Pilatusse, damit aus der vertrauten und häuslichen Idylle, die vor vierzig Jahren auf den grünen Wiesen des Friaul begonnen hat, das feierliche Drama hervorgehe. Du weißt es wohl, du hast es gewußt, bevor du mir deine Vision mitgeteilt hast: seit der Zeit, da du an mein Kinderbett kamst, mich zum Schlaf zu legen. Mit deiner weltlichen Hand zogst du die Bettdecke um mich und strichst die Laken glatt; aber deine andere Hand, die von Gott gelenkte, liebkoste sanft meine Stirn, meine Wangen, als wolltest du von meinem bartlosen Gesicht im voraus das abwischen, was bislang nur du allein darauf erblickt hast: den Schmutz der Verleumdung und den Schweiß der Agonie.

Wir setzen nicht mehr den Fuß auf die strahlenden Hochebenen von Nazareth. Die frischen Quellen Galiläas sind für uns versiegt, nachdem wir, aus dem Friaul verjagt, in die palästinensische Wüste hinabgestiegen sind. Schau, die Personen für die Pietà beginnen ihre Plätze einzunehmen. Nach den Richtern wirst du die Henker akzeptieren müssen. Würde der, dem die Dornenkrone bestimmt ist, ein unbilliges Urteil für falsch erklären?

33

Bleibt die Frage, warum sich die Verfolgung mit solcher Heftigkeit gerade in diesem Augenblick der italienischen Geschichte entfesselt hat und nicht in einem anderen; warum sie in wenigen Jahren diesen Höhepunkt an Grausamkeit und Gemeinheit erreicht hat; in dem Maße, daß meine späteren Prozesse nur Abklatsche der ersten gewesen sind und sich die Beschimpfungen, die nicht mehr aufgehört haben, mich zu verfolgen, an dem während dieses Zeitraums empfundenen Haß labten. Diese Periode erstreckt sich, um genau zu sein, von 1956 bis 1963: ein Abschnitt grundlegender Umwälzungen in unserem Land, ein Abschnitt, in dem, ohne je formuliert zu werden, eine neue Ideologie geboren wurde, deren Aufgabe es war, zu sagen, wer schuldig ist, und für seine Ausschaltung zu sorgen.

Zieht man die wichtigen Daten in Betracht, die kennzeichnend sind für die politische Geschichte jener acht Jahre, dann wäre die Versuchung groß, alles mit dem Zusammenbruch des sowjetischen Mythos und der aggressiven Rückkehr der reaktionären Gruppierungen nach der Parenthese der Widerstandsbewegung zu erklären. Frühjahr 1956: Bericht Chrustschows über die Verbrechen Stalins. Oktober 1956: Aufstand in Ungarn und Niederschlagung durch die russischen Panzer. Frühjahr 1958: Die algerischen Militärs verhelfen de Gaulle zur Macht. Sommer 1960: Die äußerste Rechte Italiens, deren Unterstützung Tambroni für seine Regierung braucht, schürt den Staatsstreich. Am 30. Juni – beachte, daß dieser Tag zwischen dem Vorfall von Via di Panico (29. Juni) und dem von Anzio (10. Juli) liegt –, am 30. Juni eröffnet der M. S. I. seinen Kongreß in Genua, der Stadt, die die Partisanen nach schweren Kämpfen befreit hatten. Sofort kommt es zum Volksaufstand, den die Polizei niederschlägt. Etwa zwanzig Tote in Genua und in Reggio

Emilia. Tambroni muß zurücktreten, bald wird die »linke Mitte« von Aldo Moro ans Ruder gelangen, aber die Demokratie ist ohne Zweifel gedemütigt worden, sie geht geschwächt aus dieser Krise hervor. Die Hydra, die man erledigt glaubte, hat ihr Haupt wieder erhoben. Von den Fehlern profitierend, die hinter den Kremlmauern gemacht werden, die Verwirrung nutzend, die sich der Kommunisten bemächtigt hat, salbadern und drohen die Faschisten erneut. Daß ich ein rotes Tuch für sie bin und daß sie versuchen, mich zu vernichten, ist nicht verwunderlich. Ich diene ihnen als Lieblingszielscheibe, bevor sie mich als abschreckendes Opfer fertigmachen. Am Tage nach meinem Tod werden die frommen Vestalinnen ausrufen, daß sie mein Fell bekommen haben.

Aber man muß, ich habe es dir gesagt, diese Version der Fakten zurückweisen, die darin besteht, zwei Italien einander gegenüberzustellen: auf der einen Seite das eindeutig faschistische, tollwütige, revanchistische Italien, das durch das schimpfliche Ende seines Führers nicht entmutigt worden ist; auf der anderen das besonnene, vernünftige, lieberale, gemäßigte Italien. Und daran zu glauben, daß man nach Tambronis Sturz und nach der Niederschlagung von Almirantes Partei das alte Monster nicht mehr zu fürchten brauche. Das heißt, der auf der Piazza Loreto wie ein Schwein an den Füßen aufgehängte Leichnam hat sich nicht mehr aufgerichtet, er wird nie wieder zum Leben erwachen. Nur den Dummen könnte das indessen zur Freude genügen. Dem historischen Faschismus ist es nicht gelungen, bei uns Wurzeln zu schlagen, denn Wurzeln hat das italienische Volk ganz andere gehabt, die sich tief in sein Temperament und in seine Tradition eingegraben haben, eine schändliche und unwiderstehliche Veranlagung zum Konformismus, eine angeborene Neigung, die bis weit vor 1922 zurückreicht und die 1945 nicht erloschen ist. Beim ersten Signal hat man sie wieder aufblitzen sehen.

Ein Anlaß, der keineswegs die Tragödie von Budapest noch der Gewaltakt von Genua war, sondern ein Phänomen unabhängig von diesen Ereignissen, obwohl es sich zur gleichen Zeit zugetragen und die meisten Geister verwirrt hat. Das italienische Wirtschaftswunder, der noch nie dagewesene industrielle und kommerzielle Boom von 1956 bis 1963, ist die einzige und wahre Ursache für die gegen mich entfesselte Verfolgung. Ich würde die Schuld für diese Hysterie, diese Besessenheit, diesen Aufruf zum Mord, die in meiner Person auf alle Minderheiten, alle Außenseiter abzielen, gern auf die Besessenen des M. S. I., auf die mit Knütteln Bewaffneten, auf die Bombenleger, die aufgeputschten Meuchelmörder abwälzen: welche Erleichterung, sich zu sagen, daß das Übel einzig und allein durch eine Handvoll Krimineller zu erklären ist, die man nur aus dem Land zu jagen brauchte, um es von Grund auf zu sanieren. Aber der friedliche Bürger, der bei rotem Ampellicht aussteigt und um seinen Wagen herumgeht, um sich zu vergewissern, daß die Karosserie bei dem Verkehrsstau nicht zerkratzt worden ist; der fleißige Arbeiter, der seinen Sonntag opfert, um sein Auto zu waschen; das junge Paar, das Wechsel über fünfundzwanzig Jahre Laufdauer unterschreibt, um in den Genuß einer Dreizimmerwohnung in einem Neubau zu gelangen; der Familienvater, der große Einschränkungen auf sich nimmt, um seine Kinder auf die Universität schikken zu können; der Gewerkschafter, der einen Streik gegen seine die Gesetze mißachtenden Unternehmer organisiert – das sind Männer und Frauen, so anständig man sie sich nur wünschen kann, fachkundig in ihrem Beruf, ohne eine Spur Grausamkeit im Blut, von denen die meisten links wählen, außerstande sind, sich eines Knüppels zu bedienen, und die dennoch, sich auf ihr reines Gewissen berufend sowie auf die Gewißheit, »in ihrem Recht« zu sein, von Beginn der sechziger Jahre an meinen Lynchtod vorbereiten.

Ihre Rechte: die von Bürgern eines Landes, die binnen fünf Jahren, von 1958 bis 1963, ihre Einkünfte verdoppelt haben; wo die Investitionen alljährlich um fünfzehn Prozent steigen; wo der Index der industriellen Produktion auf der Basis 1958 = 100 auf 170 im Jahre 1963 anzieht – eine Ziffer, die noch phantastischer scheint, wenn du sie mit denen der anderen Länder des Gemeinsamen Marktes vergleichst: 139 für Holland, das an zweiter Stelle kommt; 136 für Deutschland; 129 für Frankreich –; wo die Anzahl der Führerscheine von 350000 auf 1250000 gestiegen ist, der Prokopfverbrauch an Fleisch von 15 auf 31 Kilo, die Anzahl der

Fernsehabonnenten von 360000 auf 4000000, die der Vergnügungsdampfer von 200 auf 60000; wo die großen Städte im Norden, Mailand und Turin, jede um fast eine Million Einwohner gewachsen sind; wo überall Wolkenkratzer, Fabriken und Raffinerien in die Höhe schießen; wo in den ländlichen Gebieten überall Tankstellen entstehen und im gleichen Maße die Eselkarren von früher verschwinden; wo mehr als eine Million Werktätige den Ackerbau aufgegeben haben; wo die Arbeitslosigkeit und die Emigration die niedrigste Quote in der ganzen Geschichte Italiens erreicht haben; wo die exportierten Spitzenprodukte nicht mehr Zitrusfrüchte aus Sizilien sind, von Frauen verpackt, oder handgenähte Seidenkrawatten, sondern seriengefertigte Kühlschränke und synthetische Derivate des Erdöls.

Unerhörte Wunder, phantastische Erfolge, die ich dir mit Fellinis Lyrismus ausmalen möchte, aber der Kahlschlag Norwegens und der gewaltige Import von Tannen eignen sich besser zu schwülstigem Herzenserguß als die statistische Berechnung der Tonnen Stahl, Zement und Methan.

Es ist ein alle erfassendes Fieber, eine kollektive Euphorie, ein Jubel, von dem ein jeder ergriffen wird. Man läßt sich nicht abschrecken von der immer brutaleren und nicht wiedergutzumachenden Verunstaltung der Städte, die der wüstesten Grundstücksspekulation preisgegeben werden; von der plötzlichen und überstürzten Umsiedlung von Hunderttausenden Menschen aus dem Süden in die Metropolen im Norden; von der abrupten und katastrophalen Urbanisierung Hunderttausender von Bauern; von der jähen Entvölkerung ländlicher Gebiete; von dem Bruch mit jahrhundertealten Traditionen; von dem himmelschreienden Rückstand der sozialen Einrichtungen angesichts der demographischen Veränderung; von den baufälligen Krankenhäusern, den fehlenden Schulen, dem Mangel an Lehrkräften; von der anachronistischen Arbeitsweise bei Post und Eisenbahn, beim Fährverkehr zu den Inseln. Begeisterung ist Pflicht, wehe den Skeptikern; Befehl, sich Hals über Kopf in einen Taumel der Arbeit, der Produktion und der Ausgaben zu stürzen; man muß das Wunder eines Italien feiern, das sich rascher entwickelt als Amerika in seinen goldenen Jahren.

Das Symbol dieses ungeheuren Erfolges war Ende Frühjahr 1960 (kurz vor Beginn der Olympischen Spiele, aber achte auch auf das Zusammentreffen mit den beiden Affären von Via di Panico und von Anzio) die Einweihung und Eröffnung mit Autogehupe der Autostrada del Sole. Ein Meisterwerk, das in einer greifbaren Metapher die Träume der Vergangenheit mit den Ambitionen der Gegenwart verschmilzt. Es beweist die Fähigkeit der modernen Ingenieure, die ebenso geschickt sind, sich durch Berge zu bohren und Schluchten zu überbrücken, wie ihre illustren Vorfahren im Altertum, eine für das Glück der Nation unerläßliche kleine rhetorische Genugtuung; es wird Mailand, die Hauptstadt der Geschäftswelt, mit Rom, dem Sitz der Regierung, verbinden, der Fiat, der Spitzenindustrie, gestatten, die im Laufe des Jahres hergestellten 350000 neuen Automobile abzusetzen; es kündigt sich als ein gewaltiges Hilfsmittel bei der Treibjagd auf den Provinzialismus und die Kleinstädterei an; als Vorspiel, im Verein mit dem Fernsehen, für die große und völlige Zusammenschweißung des Landes in geographischer, aber auch in sprachlicher, sozialer und menschlicher Hinsicht. Kurz, die seit hundert Jahren unerfüllten Träume und die fehlgeschlagenen Hoffnungen werden durch diese fünfhundertdreiundsiebzig Kilometer Beton auf magische Weise verwirklicht.

Wehe dem, der in diesem Chor von Hosiannas falsch singt! Vor den Toren von Tarent, Apulien, zieht die Italsider einen riesigen siderurgischen Komplex hoch: vierzig Kilometer Straße, fünfunddreißig Kilometer Eisenbahn. Dreizehnhundert Lkw sind täglich in Bewegung, man wird jährlich drei Millionen Tonnen Blech und Rohre produzieren. Ein Arbeiter, der diese Zahlen mit den zwanzigtausend Olivenbäumen vergleicht, die in der schönsten Landschaft der Erde gefällt wurden, um Platz für die Fabrik zu schaffen, unterbricht die Eröffnungsrede durch Schreie und Schmährufe. Man will ihn zum Schweigen bringen, er schlägt um sich. Zwei Angehörige des Ordnungsdienstes packen ihn, laden ihn in einen Jeep und liefern ihn im Krankenhaus ab. Bericht der ärztlichen Fachkräfte: Anfall von Wahnsinn, Schizophrenie. Entscheidung: zwei Jahre Unterbringung in der Irrenanstalt.

Obwohl frei von spektakulären Gesten, scheint mein Verhalten nichtsdestoweniger aufrührerisch. Mit allem, was ich schreibe, mit allem, was ich tue, mit allem, was ich bin, verletze ich das neue, ungeschriebene Gesetz, Folge der fortschrittlichen Religion. Mißliebig meine Mahnungen, daß Weihnachten das Fest Christi, der Armen und der Gedemütigten sei, in einem Jahr, da allein in Mailand vierzig Milliarden Lire für Geschenke, öffentliche Beleuchtung, Blumenschmuck ausgegeben werden. Unangemessen meine Unterstellungen, daß die »National«sprache, die über die Wellen der Studios auf dem Monte Mario ausgestrahlt wird, nichts anderes sei als ein aus lauter Einzelteilen zusammengestoppelter Jargon, außerstande, die lebendige Wirklichkeit der italienischen Männer und Frauen auszudrücken. Reaktionär meine Hartnäckigkeit, meine Personen in der Sprache der Region reden zu lassen, in der sie geboren sind. Suspekt meine nächtlichen Gepflogenheiten, zu Stunden umherzustreifen, in denen andere ihre Kräfte im Schlaf auffrischen, um am nächsten Tag im Büro in Form zu sein. Tadelnswert meine so lange Ehelosigkeit, die mich daran hindert, meiner Bürgerpflicht zu genügen. Abscheulich das Verbrechen, das man mir noch nicht anzulasten wagt, das aber hinter allen anderen Anschuldigungen geistert: der unverzeihliche Kardinalfehler, mir das Vergnügen um des Vergnügens willen zu verschaffen, ohne jegliche gesellschaftliche Zweckbestimmung, ohne sinnvolles Ziel; die Kraft einfach zu verschwenden, die mir Gott mitgegeben hat; das in Spiel zu verkehren, was mir zur Nutzung anvertraut worden ist, und die Jugendlichen, die sich von meinem Beispiel beeinflussen lassen, zu einer ähnlichen Vergeudung ihrer Energie anzustiften. Allein schon überaus verdammenswert meine Wahl einer weißen Giulietta, um damit durch Rom zu fahren, eine unerfreuliche Erinnerung an die Zeiten, da ein Auto ein Luxus und Alfa Romeo in der Welt bekannter war als Fiat, eine Herausforderung der jungen Paare und der vortrefflichen Familien, die sich aufopfern, um das billigste Modell auf Raten zu kaufen, ein Hindernis für die psychologische Entfaltung all derer, die einen Anflug von Groll verspüren, wenn sie ihre sechshundert Kubikzentimeter mit meinen zweieinhalb Litern vergleichen.

Nur, um mich formal zu verurteilen, bedarf es eines den

neuen Zeiten angepaßten Moralkodexes von Pflichten und Verboten. Die Religion der Muskelkraft und der männlichen Prognathie ist seit fünfzehn Jahren nicht mehr aktuell. Aber ebensowenig sind es die alten Wertmaßstäbe, die in der Stadt, die sich der Fürst der Apostel ausgesucht hat, um hier seinen Thron zu errichten, unerschütterlich schienen. Man beginnt über die bei der RAI in Kraft getretenen Anweisungen zu lachen: Niemals die Worte »Ehebett«, »Büstenhalter«, »Pubertät« aussprechen, was bedeutet, die sexuellen Tabus einer Agrargesellschaft in dem Augenblick beizubehalten, in dem sich das Land in das industrielle Zeitalter stürzt; verhindern, daß die Zuschauer die nackten Beine einer Tänzerin zu sehen bekommen, was bedeutet, demjenigen, der das nötige Einkommen hat, sich ein Fernsehgerät zu kaufen, zu den Vorurteilen seines bäuerlichen Großvaters zu verhelfen.

Die Unzulänglichkeit und der unvermeidliche Niedergang des Katholizismus treten offen bei dem Skandal zutage, der in Prato Aufsehen erregte. Prato ist ein Textilzentrum unweit von Florenz. Der Bischof besteigt die Kanzel, um zwei junge Menschen seiner Diözese anzuprangern, die er beschuldigt, nur standesamtlich getraut zu sein, sich nicht der religiösen Zeremonie unterzogen zu haben. Er wiederholt seine Anathemen schriftlich und stempelt die beiden Eheleute als »Sünder« und als »schamlose Beischläfer« ab. Das Paar zitiert den Bischof wegen Verleumdung und übler Nachrede vor die Schranken des Gerichts. Die Spruchkammer von Florenz, die sich für zuständig hält, erlegt dem Prälaten eine geringe Ordnungsstrafe auf. Gezeter im Vatikan; zum erstenmal seit den Lateranverträgen wurde ein Diener der Kirche von einem italienischen Tribunal verurteilt. Zum Zeichen der Trauer sagt Pius XII. die für den neunzehnten Jahrestag seiner Inthronisation vorgesehenen Feierlichkeiten ab. Aber ein großer Teil der Volksmeinung erkennt nicht, daß die Tragik auf seiten dieses alten Fanatikers liegen muß, denn die beiden jungen Schlächtersleute aus Prato, deren Kundschaft auf Weisung des Bischofs den Laden boykottiert, sind gezwungen, ihr Geschäft zu einem Schleuderpreis zu verkaufen und dann, verängstigt und ruiniert, zu fliehen.

Kurz danach, im Herbst, stirbt Pius XII. Ich veröffentliche mein Epigramm »auf einen Papst«, in dem ich ihn beschuldige, fünfundzwanzig Jahre lang einen Palast bewohnt zu haben, ohne zu wissen, daß fünfhundert Meter von seinem Schlafgemach entfernt Familien in Elendslöchern zusammengepfercht hausen:

Sündigen heißt nicht, Böses zu tun,
das Gute nicht tun, ist Sünde.

Grund genug, mich in einer Zeit strengen Glaubens zum Feuertod zu verdammen. Doch im Jahre 1958, dem Beginn des wirtschaftlichen »Booms«, kümmert sich niemand mehr darum, den Heiligen Vater in Schutz zu nehmen. Außer den Edlen des römischen Jagdzirkels, die den Verleger Valentino Bompiani, den Herausgeber der Zeitschrift, in dem mein Gedicht erschienen ist, aus ihrer senilen Bruderschaft ausschließen.

Jämmerliches Ende eines ausgedienten Mythos. Der Todesstreich wurde ihm unfreiwillig von Johannes XXIII. versetzt, als dieser aus dem Kirchenkalender eine gewisse Anzahl von Heiligen strich, die für zweifelhaft galten: Gennaro (verzeih ihm!), Filomena, Giorgio, Caterina. Glaubst du, die Geistlichen in den Pfarreien und die Menge der Gläubigen hätten sich empört? Ich sah an den Ständen von Porta Portese eine noch nie dagewesene und seltsame Ware auftauchen: Knochensplitter, Stoffetzen, Haarsträhnen, ausgestellt unter Glas in Kästchen aus Tannenholz, Eiche oder Mahagoni, je nach Preislage. Die Pfarrer hatten nichts Eiligeres zu tun gehabt, als die Reliquien der ausrangierten Heiligen auf den Flohmarkt zu bringen und für einige tausend Lire zu veräußern.

Ich habe einen Fingernagel der Filomena gekauft, zur Erinnerung an die glücklichen Zeiten, da der Katholizismus die dominierende Ideologie war; und ich betrachte ihn voller Zärtlichkeit in dem Medaillon, in das ich ihn habe fassen lassen, sooft mir die, die nach ihr gekommen ist, ihre Bullen auf den Hals hetzt.

Über welches Hindernis ist die Religion des heiligen Petrus gestolpert? Ob man das Vorgehen des Bischofs von Prato, mehr noch die gekränkte Besorgnis des Papstes als lächerlich oder als verabscheuungswürdig beurteilt, sie haben die Kirche in Mißkredit gebracht. Man duldet nicht, daß sie sich in das Privatleben junger Menschen einmischt, in dem Winter, da jeden Freitagabend vierzehn Sonderzüge von Rom in die Skigebiete fahren. Ist unter den Gesetzen, die erst unlängst stillschweigend in die Verfassung der Überflußgesellschaft aufgenommen wurden, das sakrosankteste, das einleuchtendste, das erstrebenswerteste, das unveräußerlichste nicht das Recht auf Liebe? Die neue Ideologie wird die sein, die, statt das Vergnügen mittelalterlichen Konventionen zu unterwerfen, als lebte man noch in der Zeit von Spinnrad und Pflug, die Sexualität mit einbezieht und ihr huldigt.

Natürlich keine x-beliebige. Sondern nur die Sexualität, die Handel und Wandel fördert, die »einträglich«, die »rentabel« ist. Die zum Kauf eines Wagens und einer Wohnung, eines Kühlschranks und eines Fernsehers, zu einer Skiausrüstung für den Winter und zu Badesachen für den Sommerurlaub anregt. Die Sexualität, die über ein Eigenheim verfügt, die offizielle, die anerkannte, der die Grundstücksmakler Vertrauen entgegenbringen und die Bankiers Kredit gewähren: die eheliche, versteht sich, aber nicht unbedingt. Die neue Verbindung ähnelt auf keinen Fall dem alten Ehestand, denn ein Kind oder zwei erhöhen die Haushaltskosten, zu viele Kinder hemmen den Konsum. Der Mann (ob nun Gatte oder Geliebter) soll nicht mehr der einzige sein, der Geld für seine Garderobe und für seinen Tabak ausgibt. Die Frau wirft ihre Küchenkittel und ihre Arbeit an den Kochtöpfen hin, verläßt das Haus, kleidet sich, staffiert sich aus, raucht. Das ideale junge Paar verreist, geht ins Kino, besucht Restaurants, legt einen Teil seines Einkommens für das Perlenkollier zurück, schmiedet Pläne für den Pelzmantel. Das Bild eines zweifachen lächelnden Glücks, popularisiert von Tausenden von Reklameschildern, die an den Rändern der Bürgersteige und an den Böschungen der Landstraßen wuchern. Während die Milchpulverdosen, die Suppenwürfel, die Waschmittelpakete, die Nudelkartons das strahlende Bild des Glücks zu zweit zur Schau stellen, präsentiert sich der unerläßliche intellektuelle Dritte im Bunde unter den unerwarteten Zügen einer Wissenschaft, die bislang im Lande der Sonne, des heiteren Lachens und des blauen Himmels geringgeschätzt worden ist.

Psychoanalytiker, Psychiater und Sexuologen lösen praktisch die Priester ab. Mit Leichtigkeit, bringen sie doch die Ideologie mit, deren man bedurfte: diejenige, die die »gute« Sexualität dem Dogma zuordnet und die »schlechten« davon ausschließt. Schlecht nicht vom moralischen Gesichtspunkt aus (der ist seit dem »Wunder« längst vergessen), sondern vom wirtschaftlichen. Die Formen der Sexualität, die sich durch lang gewohntes Verborgenhalten dem Geheimnis verschrieben haben, zögern, aus ihrem Schatten hervorzutreten. Die Arten der Liebe, die zu einem Außenseiter- und Abenteuerdasein verdammt, zwei Menschen nicht dazu bewegen können, sich gemeinsam zu zeigen. Und sie folglich auch nicht zu einer jener Aktivitäten zu verleiten, die die Dinge in Gang bringen. Sie können keine Wohnung finden, keinen Haushalt einrichten, weder in Familie essen noch zusammen in Urlaub fahren. Die für die Fortpflanzung der Spezies unwirksamen Leidenschaften, nutzlos für das Gedeihen des Geschäftes, beleidigend für die bedürftige Mehrheit der Werktätigen, die bis ans Ende ihrer Tage durch die Tyrannei des Wohlstandes auf Kredit verschuldet sind.

Beachte die Daten und bestaune wieder einmal das Zusammentreffen: Johannes XXIII. verjagt die Squatters der Heiligkeit aus dem christlichen Pantheon, in der eitlen Hoffnung, ein religiöses Erwachen herbeizuführen; in dieser Zeit offenbart die Psychiatrie die schreckliche Macht, die sie errungen hat. Meine Richter in Latina erhalten unter den Beweisstücken ein von Professor Semerari auf Ersuchen des Nebenklägers verfaßtes Gutachten. Der Kriminologe (der mich nie gesehen hat) erachtet es für durchaus natürlich, daß ich versucht habe, wegen zweitausend Lire einen bewaffneten Raubüberfall zu begehen. Symptom eines »sich entwickelnden krankhaften Prozesses«, denn diese anscheinend wahnsinnige Tat deckt sich genau mit der Denkweise meiner Person. »P. ist durch seine literarischen Werke und seine filmischen Arbeiten bekannt; die psychopathologische Analyse seiner Produktivität könnte uns zu der Bestätigung einer koprolalischen Neigung führen.« Eine einfache Sache für den vortrefflichen Experten: die »Koprolalie« (in weniger gepflegtem Italienisch eine Sprache, in der man Scheiße Scheiße nennt) deutet auf ein »neurotisches Verhalten« hin, das von einem »Gebrechen« herrührt. Die Diagnose lautet kurz und bündig: »P. ist sexuell anomal, ein Invertierter im wahrsten Sinne des Wortes. Er ist so abgrundtief anomal, daß er seine Anomalität in vollem Bewußtsein akzeptiert, und zwar in dem Maße, daß er sich außerstande sieht, sie als solche zu beurteilen.« – »Ein perverser Exhibitionist und Skeptophile«, »ein Subjekt mit total verdorbenen Instinkten, mit schwerwiegenden Unsicherheitsfaktoren«. Auf alle Fälle ein »Unglücklicher«, zur Ruhelosigkeit und zur Aussichtslosigkeit verdammt wie alle seinesgleichen. Glaubst du, er würde ihr unumgängliches »Leiden«, ihre »Qual« der historischen Situation beimessen, die ihnen vorexerziert wird, der legitimen Furcht vor den Schikanen der Polizei, der nicht minder begründeten Angst vor Erpressung, der Gefahr der Begegnungen auf den Bahnhöfen und unter den Brücken, der erforderlichen Geheimnistuerei, wollen sie ihren Arbeitsplatz, ihren Mietvertrag oder die Zuneigung ihrer Verwandten nicht verlieren? Keineswegs: Er wird ein für die »Gesellschaft gefährliches« Individuum bleiben, einerlei, was geschehen mag, und das wegen seiner »chronischen« Angst vor Frauen, die jegliche »Heilung« ausschließt.

Beschränkt sich die Psychoanalyse auf solche Zerrbilder, wird sie auf diese Infamien herabgewürdigt. Ich bin bis zu ihren Quellen zurückgegangen, um ein reines Gewissen zu haben. Ach, welch Befremden, Gennariello, welch Abscheu, das zu lesen, was ich bei Freud gelesen habe! Die Abhandlung über Leonardo, über die ich in Bologna mit Giovanna diskutierte, hat mir nicht diesen Eindruck hinterlassen. Damals schien mir ein wohlwollendes Verhalten an sich als ein Zeichen der Freundschaft. Nichts Strafwürdiges zu begehen genügte als Anspruch auf Anerkennung. Ich faßte seine Werke jetzt mit anderen Augen auf. Gewiß, weder das Wort »Sünde« noch das Wort »Laster« kann seinen Schriften etwas anhaben. Im nachdrücklichen Pragmatismus der Bourgeoisie der Donaustadt groß geworden, ist er zu gewitzt, um sich nicht darüber klar zu sein, daß seine solche Sprache seine Mitbürger (die Österreicher der Jahre um neunzehnhundert) nur zum Achselzucken und seine über die ganze Welt verstreuten Leser – in Deutschland, in England und bis nach Amerika, alles Länder, in denen der Kult der exakten Wissenschaften an die Stelle des religiösen Glaubens getreten ist – zum Lachen bewegen würde. Er weiß auch, daß ein strenges Urteil und eine rücksichtslos ausgeübte Autorität den aufrührerischen Geist schüren, während eine maßvolle Meinung und nachsichtige Worte ihren Nutznießer demoralisieren, der den Kopf williger vor dem Verdikt beugen wird.

Nehmen wir also unsere Zuflucht zu einem neutralen Begriff, sagt Freud. Sprechen wir von »Etappe« oder von »Phase«: allumfassend, räumt er großzügig ein; bei allen von der Wiege an erkennbar. Der kleine Junge, das kleine Mädchen machen diese Übergangsperiode durch; eine Komponente des anderen Geschlechts, niemand kann sich ihr entziehen; legitim, solange sie sich auf die Kindheit und auf die frühe Jugend beschränkt; gefährlich, wenn sie bis zum Alter von achtzehn Jahren andauert; dramatisch, wenn sie darüber hinaus fortbesteht und sich noch beim Erwachsenen einnistet. Anders ausgedrückt: Sie stellt bei einem reifen Menschen eine Fixierung auf ein Zwischenstadium, eine Verankerung in einer vergangenen Zeit, einen Stillstand in der Entwicklung seiner Persönlichkeit dar; und eben aufgrund dieser Diagnostik vom *Stillstand in der Entwicklung* glaubt sich der Psychoanalytiker berechtigt einzugreifen.

Du wirst sogleich den unverkennbar, augenfällig, schamlos *ökonomischen* Charakter dieser Metapher bemerken: der Mensch verglichen mit einer Fabrik, deren Rendite nicht zur Zufriedenheit ausfallen würde. Anfangs mag es noch vertretbar sein, daß sie wenig produziert; das ist die Übergangsphase der Halbwüchsigkeit, die Vorbereitung auf die Zukunft; aber dann muß sie regelmäßig die Produktionsmenge steigern, denn eine Fabrik, die es von einem Jahr zum anderen bei den gleichen Zahlen bewenden läßt, ist eine rückläufige, eine verlustbringende Fabrik. Wende nun diesen Begriff vom *Stillstand in der Entwicklung*, einem in der Wirtschaft fatalen Stillstand, auf das Gebiet an, das uns beschäftigt, und du wirst, nicht ohne Verblüffung, entdecken, woher Freud, Sohn eines Wollhändlers, seine Ideen geholt hat. Sind sie doch geeignet, seit Beginn des 20. Jahrhunderts den Aufschwung von Handel und Wandel in den großen Staaten des Westens zu unterstützen, die sie mit Dankbarkeit aufnehmen (Deutschland und England schneller und bereitwilliger als die romanischen Länder, die zurückhaltender, weil unterentwickelter sind), und noch gut genug für das Italien der sechziger Jahre. Mit dem Unterschied, daß man, um dem explosionsartigen Ausbruch des »Wunders« ins Auge zu sehen, bei uns, die wir in der Wirtschaft ebensosehr hinterherhinken wie in der Ideologie, über die Doktrin hinausgehen muß. Daher die grotesken Übertreibungen von Professor Semerari, der nicht wie Freud die Zeit hat, zu nuancieren, zu feilen mit der altmodischen Höflichkeit eines Untertans von Franz Joseph, der die Stunde von seiner Zwiebel ablas und seine Besuche im Fiaker machte.

Ein neues Vokabular setzt sich bei der Presse durch: fremdartig im Klang, aber hinreichend präzise, um gelehrt zu scheinen, hinreichend verschwommen, um vom großen Publikum verstanden zu werden. Angefangen bei »homosexuell«, diesem barbarischen Wort, gebildet aus einem griechischen Präfix und einem lateinischen Stamm, das an die Stelle des gewohnten und allzu literarischen »invertiert« tritt und dem sogleich sensationelles Glück beschieden ist. »Skeptophil«, entschieden zu spezialisiert, findet keinen Anklang; aber man hält sich an andere Begriffe, um Retuschen und Ergänzungen an meiner Personenstandsakte vorzunehmen. »Paranoisch« mein Bedürfnis zu provozieren; »sekurierend« meine Wahl eines teuren Wagens; »exhibitionistisch« die Sonnenbrille auf meiner Nase; »koprolalisch« meine Untersuchungen über den Dialekt; »Fixierung« meine Liebe zu meiner Mutter; »Phobie« meine Abneigung gegen Frauen; »vikariierend, nicht privilegiert« die Anhänglichkeit an meinen Hund; »Regression« meine Sexualität; »anal« mein Stadium; »Narzißmus« mein Interesse an den Jugendlichen; »Blockierung« meine Vorliebe für die Vorstädte. Ich gehe in Jeans aus: »Aggressivität«. Ich ziehe Turnschuhe an: »Fetischismus«. Ich spiele Fußball: »Hypersthenie«. Ich esse lieber in Wasser gekochtes Gemüse: »Selbstkasteiung«. Alle Übertretungen des wirtschaftlichen Gesetzes, die ich dir weiter oben aufgezählt habe, werden mir jetzt angehängt unter dem wissenschaftlichen Schutzmantel dieser Sprache, die mich zeit meines Lebens unter ärztliche Kontrolle stellt wie einen von einer ansteckenden Krankheit Befallenen.

Die Medien befehlen: »Zeuge!«, und ich verharre in unfruchtbarer Ehelosigkeit. Sie ordnen an: »Gib Geld aus!«, und meine nächtliche und geheime Lebensweise zwingt mich zu ärmlichen, verstohlenen, flüchtigen Liebeleien. Sie schreiben vor: »Reise!«, und ich begnüge mich, zu Fuß zum Tiber hinunterzugehen, sofern ich meine Autorenrechte nicht in Afrika vergeude. Reiner Verlust für die Hotelbranche. Verdienstausfall für die Geschäftsleute aller Art. Ich schädige die Interessen des Landes. Ich zögere seine spektakuläre Expansion hinaus. Ein unwiderruflicher einfacher klarer Fall. Die Psychologen glauben angesichts eines so eindeutigen Musterbeispiels zu träumen. Unreife! Infantilismus! Perversion! Soziale Gefahr! Die Sache ist entschieden: Ich bin als öffentlicher Feind abgestempelt. Auf zur Pirsch und zur Treibjagd, jetzt braucht man nur noch darauf zu warten, daß das Horn zur Hatz bläst.

34

Ich näherte mich in langsamem Tempo Porta Pinciana, unschlüssig, ob ich durch die Via Veneto fahren sollte, um ein Geschenk für Mama auszusuchen, die in wenigen Tagen Geburtstag hatte, oder aussteigen, um durch die Alleen von Villa Borghese zu schlendern – als ein unvorhergesehenes Ereignis statt meiner entschied. Ein junger Mann, mit der einen Hand die Mütze tief in die Stirn, bis auf die Augen ziehend und mit der anderen sein Blouson vor der Brust zusammenhaltend, kam um die Ecke von Harry's Bar gestürzt. Er bemerkte mich und rannte schnurgerade auf mein Auto zu.

»Rasch, Pier Paolo. Hilf mir! Diese Scheißbullen haben mich abhauen sehn.«

Ich war ganz sicher, ihn nicht zu kennen. Jedenfalls gehörte er keineswegs zu meiner Gruppe. In dem Bruchteil einer Sekunde, die ich brauchte, um mich zu fragen, ob ich ihm öffnen sollte, flößte mir sein Gesicht keinerlei Sympathie ein. Seine tiefliegenden Augen wichen mir aus, als ich mich bemühte, ihren Blick einzufangen; seine Hände umklammerten zitternd den Gegenstand, den er unter seinem Blouson verborgen hielt; kurz und gut, mir wäre lieber gewesen, wenn der, der mich so vertraulich angesprochen hatte, in seinen Gebärden und in seiner Mimik ein wenig mehr Mut zu seinen Taten bewiesen hätte. Im übrigen habe ich weder feingestriegelte Schnurrbärte noch spitze Nasen, die aussehen, als schnüffelten sie auf eigene Faust herum, je gemocht. Sein Schweiß rann in dicken Tropfen, und er fuhr fort, mich mit jammernder Stimme anzuflehen.

»Rasch, Pier Paolo, rasch . . .«

Ihm auf den Fersen lief ein weit jüngerer Bursche herbei, ein Halbwüchsiger noch, mit zerzaustem Haar und schreckgeweiteten Augen. Aber statt mir unangenehm zu sein wie der erste, gefiel er mir auf Anhieb. Jede seiner Grimassen ließ eine natürliche Unbeschwertheit durchblicken, die stärker war als alle Angst und bereit, sich in welcher Situation auch immer zu amüsieren. Er legte die Hände ineinander, bekreuzigte sich, rief den Himmel zum Zeugen an, streckte seine Gelenke Handschellen entgegen, bedeckte seine Brust erneut mit Kreuzeszeichen, und das alles mit solch komischem Mienenspiel, einer solchen Freude am Spaßmachen, trotz der Gefahr, daß ich anfing zu lachen. Ich öffnete den Wagenschlag und beeilte mich, den Sitz zurückzukippen, aber der kleine Clown war flinker. Akrobatisch schwang er sich über die Lehne und kauerte sich in den Fond.

Der andere ließ sich neben mich fallen, ohne auch nur danke zu sagen.

»Nach links, rasch, durch den Muro Torto.«

Er nahm die Mütze ab, um sich mit dem Handrücken die schweißige Stirn zu trocknen. Ich konnte mein Mißtrauen, das durch bestimmte Einzelheiten noch gesteigert wurde, nicht überwinden: seine langen Haare zum Beispiel, eine damals noch fremde neue Mode – ein unvorstellbarer Entschluß für einen Jungen aus den *borgate*; oder seine Hände, deren saubere Finger und gepflegte Nägel niemals in der städtischen Mülldeponie auf der Suche nach Klamotten herumgewühlt hatten.

Nachdem er sich vergewissert hatte, daß uns niemand folgte, öffnete er sein Blouson, legte eine Handtasche, allzu glänzend, als daß sie aus echtem Krokodilleder gewesen wäre, auf seine Knie und begann ihren Inhalt zu prüfen.

»Und du heißt ...?« fragte ich trotz meiner Voreingenommenheit. Eine Art Ehrenkodex bewog mich, mich freundschaftlich zu zeigen. Es sollte keiner sagen, P. P. P., eingeschüchtert durch die Pressekampagne, sei unfair zu einem Dieb gewesen. Da der Unbekannte in meinem Auto Schutz gesucht hatte, hatte er mir ein Vertrauen bezeugt, das für einen Schriftsteller, der populärer war wegen seiner Neigungen als durch seine Auflagen, ebenso schmeichelhaft wie unerwartet war.

»Peppino«, grunzte er, mit beiden Händen fieberhaft bemüht, die Tasche umzustülpen.

»Und dein Kumpel?«

Der Bursche hinten war eingenickt; ohne Zweifel eine Reaktion auf die Angst. Im Halbschlaf noch zuckten im Schreck seine Brauen. Sein Kopf, gegen die Rücklehne gelegt, pendelte bei den Stößen des Wagens hin und her. Ein Junge, dessen Mund mit den vollen Lippen die weiche Form der Kindheit bewahrte.

Statt mir zu antworten, richtete Peppino den Rückspiegel wieder aus, den ich verdreht hatte, um seinen Kameraden zu mustern.

»Paß lieber auf die Autos auf«, sagte er kurz angebunden. »Wir werden noch in den Scheißstau auf der Piazza del Popolo geraten.«

»Hast du das Ding in der Via Veneto gedreht?«

»Vor Doney. Verdammter Scheißdreck!« schrie er plötzlich, den Rest aus der Tasche zwischen seine Füße kippend. »Ich habe wirklich kein Schwein, nie! Es ist nichts drin in diesem Portemonnaie. Hatte sie nicht mehr Zaster als das, die Mieze?«

»Wohnst du weit?« fragte ich, um ihn zu beruhigen. »Soll ich dich nach Haus fahren?«

Er nahm die Mütze ab und knetete sie zwischen den Händen, dann begann er, sich mit der geballten Faust an die Stirn zu schlagen.

»Was mach ich jetzt nur, was mach ich jetzt nur, mein Gott!«

»Hast du keine Eltern, die für dich sorgen?« erkundigte ich mich, wobei ich mir jedoch vorwarf, nicht mehr Mitleid mit ihm zu haben.

Er fing sich wieder, schaute mich verächtlich an.

»Wer spricht von meinen Alten? Ich pfeif auf meine Alten! Ich bin nicht nach Rom gekommen, um mich um meine Alten zu kümmern! Sie schicken mir jeden Monat Zaster, das ist alles, was ich von ihnen verlange.«

»Und wo wohnen sie?«

»In einem Kaff bei Perugia. Merk dir«, fuhr er besänftigt fort, »ich liebe sie sehr. Sie haben ein Sägewerk, das nicht schlecht geht. Drei Angestellte, ein zweistöckiges Haus am Ufer des Flusses . . .«

»Dann geht es dir also noch nicht so dreckig!« rief ich aus.

»Dreckig? Für wen hältst du mich? Ich habe ein Studio in der Via Tor Millina hinter Piazza Navona. Prima eingerichtet, auch wenn meine Alten in puncto Stereoanlage verdammt doof sind.«

Meine Abneigung überwindend, zwang ich mich zu einer letzten Anstrengung guten Willens.

»Aber diese Tasche, warum hast du sie geklaut?«

»Und meine Fete, verdammte Scheiße?«

Samstag um acht, in seinem Studio in der Via Tor Millina, mit den Kommilitonen seiner Fakultät, Studenten der Agrarwissenschaften. Er schämte sich seines alten Plattenspielers. »Ein Mono aus den Anfängen der Langspielplatte!« Er wollte seine Leute und ihre Süßen mit einer »echten Hi-Fi-Kette« überraschen: zwei Lautsprecher an beiden Enden des Zimmers, eine Anlage großen Stils.

»Sieh mal«, fuhr er fort, als wir beim Einbiegen in den Corso nicht weiterkamen. »Guck dir bloß diese Platin-Panasonic XZ 3000 an! Wirklich super! Das neueste Modell aus Deutschland.«

Er zeigte mir zu unserer Rechten das Schaufenster von Ricordi, in dem komplizierte Geräte mit Metallknöpfen und aufleuchtenden Kontrollampen die wenigen in einer finsteren Ecke der Auslage noch ausgestellten seltenen Partituren und Notenhefte verdrängt hatten; Überbleibsel aus der Zeit, in der die Firma stolz darauf war, Verdi und Puccini zu verlegen.

Die Galle kam mir hoch. Mein Dieb hatte nichts mit meinen Freunden aus den *borgate* gemein. Er war nichts anderes als ein elender Spießbürger, der schlecht über seine Mutter sprach und einer »Mieze« Geld geklaut hatte – vielleicht einer Verkäuferin, wegen der Tasche aus Kunstleder, oder einem Lehrmädchen, einer Stenotypistin, die in diesem Augenblick in heller Aufregung war, weil sie ihre Papiere verloren hatte. Und warum dieser *scippo* vor Doney? Nicht aus Protest wie die *ragazzi* aus Ponte Mammolo und aus Tiburtino, sondern aus Konformismus. Um das zu tun, was alle seine Kameraden taten, um das zu kaufen, was modisch ist, um das von den Geschäften angepriesene »neueste Modell« zu besitzen, die Fete, die kleinen Mädchen, die »echte Hi-Fi-Kette«, die auf dem Teppichboden verstreuten Rockplatten; der Schaumwein, der in den Pappbechern moussiert – ich sah jede Einzelheit mit immer größerem Abscheu.

»Die neue Welle tanzt mit Telefunken!« begann ich wieder, nicht ohne den deutschen Akzent schwerfällig nachzuahmen.

Empfindungslos gegen den Sarkasmus, rieb sich Peppino die Hände, heilfroh, mich ebenfalls in guter Verfassung zu sehen.

»Bist du verlobt?« fragte ich.

Er rutschte fluchend wieder auf seinem Sitz hin und her, redete in einem allzu betonten Jargon, als daß er in mir nicht den Verdacht geweckt hätte, daß er versuchte, mich auch mit diesem Mittel zu umgarnen, nach dem, was er über meine Romane, die er bestimmt nicht gelesen, gehört hatte.

»Himmel, Arsch und Zwirn! Ich hatte mit Arturo gewettet, daß ich bis Samstag einen Kaschmirpullover auftreiben würde. Kaschmir ist das, was man dieses Jahr trägt. Und stell dir mein Gesicht vor, wenn mich Marisa beim Eintreten etwa fragt: ›Und der Kaschmir, Peppino, was ist damit, nachdem wir so viel davon geredet haben?!‹ Verdammte Scheiße! Ich habe es satt, blank zu sein! Satt! Satt!«

Selbstverständlich verfaßt er seine agrarwissenschaftlichen Arbeiten nicht in diesem Rotwelsch, sagte ich mir.

Aber er irrte sich gehörig, wenn er damit rechnete, mich auf diese Art einzuwickeln; denn sosehr mir Grobheiten und Blasphemien im Munde derer gefielen, die über keine anderen Worte verfügen, so sehr hasse ich die künstliche Vernachlässigung bei einem Studenten. Nicht ahnend, welche Gedanken mich bewegten, verschlimmerte Peppino seine Lage durch eine ärgerliche Geste. Mit einer angewiderten Grimasse strich er über das Gewebe seines Pullovers, eines sehr hübschen weißen Mohairs, für den Glauco auf Gedeih und Verderb eine Schaufensterscheibe zertrümmert hätte, statt sich feige an Passanten heranzumachen.

Wutentbrannt sagte ich zu ihm, ohne recht zu wissen, was ich eigentlich wollte: »Jetzt bückst du dich und packst alles, was du ausgekippt hast, wieder in die Tasche. Vorwärts! Dalli! Ein bißchen fixer!«

Fassungslos beugte sich Peppino hinunter, um die zu Boden gefallenen Gegenstände aufzuheben: einen Lippenstift, eine Haarspange, ein Päckchen Kleenex, Einkaufsgutscheine für die Standa, ein vergilbtes Foto von Eltern, eine Ansichtskarte der Dolomiten im Schnee. Dann ein Schlüsselbund und diverse Ausweispapiere in einer durchsichtigen Plasthülle. Wir waren auf der Piazza Colonna angelangt. Ich warf das Steuer kurz nach links herum und fuhr dann mit höchster Geschwindigkeit weiter. Er stieß mit dem Kopf gegen die Mahagonieinfassung.

»Sind die Bullen hinter uns her?« fragte er erschrocken, sich die Schläfe reibend. »Uff! Wo fährst du denn hin? He! Du bist wohl blöd, hierher zurückzukommen! Wir werden wieder auf der Piazza Barberini landen!«

»Und zwar mit Absicht«, sagte ich kalt.

»Was ist denn los, Pier Paolo? Bist du übergeschnappt?«

»Was los ist? Du wirst dem Mädchen die Tasche zurückgeben!«

»Das geht nicht, nein! Halt an! So halt doch an!«

Er versuchte, auf dem Largo Tritone bei Rot die Wagentür zu öffnen. Ich packte ihn am Handgelenk.

»Rühr dich nicht, oder ich brech dir die Knochen. Du weißt, ich kann Karate.«

Mochte er sich nur winden, ich hielt ihn fester als in einem Schraubstock.

»Bieg dort ein«, flehte er, »nimm diese Straße da. Verduften wir in Richtung Quirinal. Auf der Piazza Barberini könnten wir der Polizei in die Arme fahren.«

»Danke, du bringst mich auf eine ausgezeichnete Idee. Die Polizei, du verdienst es nicht besser. Ich werde dich auf dem Revier der Stazione Termini abliefern.«

Er zwang sich zu lachen, um das Ganze als einen Scherz hinzustellen.

»Es macht dir Freude, mir Angst einzujagen, Pier Paolo!«

Aber er erblaßte, als er merkte, daß mir nicht zum Spaßen zumute war. Die Taktik ändernd, ging er dazu über, mir zu schmeicheln.

»Ich glaubte, du stündest auf seiten der Delinquenten, der Diebe, all derer, die die Gesellschaft ausstößt. Ich hab in den Zeitungen gelesen, daß . . .«

»Nun was?«

»Daß du uns liebst, uns eben in Schutz nimmst. Du sagst, es sei nicht unsere Schuld, wenn uns die Gesellschaft dazu treibt, uns mit den Mitteln weiterzuhelfen, die wir haben. Im übrigen, der Papst, hast du nicht gesagt, daß er uns ein Beispiel gibt? Stiehlt er nicht im großen, der Papst?«

Diesmal hätte ich am liebsten gelacht, als ich begriff, daß mir diese Wanze meine Interviews in der Presse als Rechtfertigung für einen *scippo* an einer Kundin der Standa heimzahlte. Aber die Wut überwog, und je weiter Peppino sprach, um so fester preßte ich die Kiefer zusammen.

»In der Fak, da hab ich Kumpel, die lesen deine Bücher heimlich, weißt du, denn sie müßten es teuer bezahlen, wenn ein Prof sie dabei erwischte. Es gibt einige, die vergleichen dich mit . . . wie sagen sie nur? Mit Nitche, ja? Eine Art Prophet, wie sie sagen, der der Gesellschaft Zunder geben wollte. Du bist mächtig ins Gerede gekommen, Pier Paolo. Die Partei der Pfaffen« (er dämpfte die Stimme bei diesen Worten, als müßten wir uns beide gegen die Gefahr rund um uns verborgener unsichtbarer Mikrofone solidarisieren) »nennt dich ein Monster, einen Kerl ohne Moral. Einen zweiten Nero, wie sie sagen.«

»Weißt du, wer Nero war?«

Er riß die Augen weit auf, kratzte sich mit der freien Hand den Nacken und kramte verzweifelt in seinen Gymnasialerinnerungen nach einer reichlich verschwommenen Antwort, um mir nicht zu mißfallen.

»Ein schrecklicher Typ, ist anzunehmen . . .«

Dann fing er wieder an zu jammern.

»Das kannst du mir nicht antun, Pier Paolo . . . Du, der Mann mit dem Colt« (er blinzelte mir zu, um sich zu vergewissern, ob ich bei dieser feinen Anspielung lächelte) »und den goldenen Kugeln! Kannst du dir die Gesichter vorstellen, all derer, die du ermutigt hast, sich gegen eine ungerechte Gesellschaft aufzulehnen? Wenn sie erfahren, daß sich dir ein Dieb anvertraut hat und daß du ihn den Bullen ausgeliefert hast?«

»Diebe . . . Diebe . . . Ich hasse sie, die Diebe, wenn sie jetzt so sind wie du!« rief ich aus, ihm das Handgelenk quetschend. »Du wirst der erste sein, den ich den Bullen ausliefere; Pech für dich.«

In Wahrheit fühlte ich mich von kaltem Schweiß überströmt, der mein Hemd näßte. Wäre Peppino weniger dumm gewesen, dann hätte er erraten, daß mich seine Worte in heftige Verwirrung versetzt hatten. Er stieß einen Grunzlaut aus, versuchte abermals, sich loszureißen, und kauerte dann stumm in seiner Ecke. Am Largo Santa Susanna bog ich nach rechts in die Via Vittorio Emanuele Orlando ein. Der Brunnen der Piazza Esedra vor uns sprühte seine Palme.

»Fahren wir also zur Polizei!« sagte er auf einmal in einem großsprecherischen Ton, der mich überraschte.

Ich wandte den Kopf.

»Aber man wird auch dich einbuchten.«

»Das wär was Rechtes!« rief ich aus, entschlossen, ihm klarzumachen, daß er mit einer Erpressung nicht zum Ziele kommen würde, obgleich ich im Innern nicht ohne Bangigkeit darauf wartete, seinen neuen Trick zu erkennen.

»Du hast die Rechnung ohne meinen Bruder gemacht.«

»Deinen Bruder?«

Den Daumen zum Rücksitz ausstreckend, zeigte er auf den anderen Mitfahrer, den jungen Burschen, den ich während des Disputs vergessen hatte.

»Ich werde sagen, du habest ihn mitgenommen, um ihm Gewalt anzutun.«

»Deinen Bruder?« wiederholte ich ungläubig.

»Noch minderjährig, wenn du es wissen willst. Schlägt man sich auf die Seite der Bullen«, fügte er verächtlich hinzu, »dann vermeide man, sich in gewisse Situationen zu bringen.«

»Dreckskerl!« schrie ich. »Du lügst!«

»Es wird an dir liegen, es dem Kommissar zu beweisen.«

Er zwinkerte mit dem Auge diesmal in Richtung seines »Bruders«, der sich, wieder völlig munter, wie eine Katze streckte und dann zum erstenmal seine Stimme vernehmen ließ: »Sei unbesorgt, Peppino. Wir werden hier aussteigen« (er wies auf die Bäume der Piazza dei Cinquecento vor dem Bahnhof) »und still die Kurve kratzen. Er sieht böse aus, aber seine Stimme ist sanft, sanft! Ich hörte sie im Traum, ich glaubte, sie käme aus dem Himmel.«

Bei dieser unerwarteten Bemerkung brachen wir, Peppino und ich, in schallendes Gelächter aus. Ich fuhr einmal um den Platz herum und parkte den Wagen an der Mauer der Thermen des Diokletian, heilfroh, einen neuen Skandal zu vermeiden, der Mama umgebracht hätte.

»Schert euch zum Teufel, dalli!« sagte ich, das Handgelenk meines Nachbarn loslassend.

Er riß die Tür auf und machte sich aus dem Staube. Während sein Begleiter den Sitz zurückklappte, flüsterte er mir ins Ohr: »Stimmt gar nicht, ich bin nich sein Bruder!«

Ich spürte seine Lippen – nein, ich träumte wirklich nicht –, seine Lippen, die er sanft auf meinen Hals drückte.

»Wie heißt du?« fragte ich, mit plötzlich zugeschnürter Kehle, unfähig, so zu reagieren, wie ich es auf diese Eröffnung hin hätte tun müssen. Obwohl flüchtig und rasch, es war ohne Zweifel ein Kuß gewesen.

Aber er war schon aus dem Auto gesprungen, flink wie Quecksilber. Auf seinen an den großen Zehen durchlöcherten Tennisschuhen lief er Peppino hinterdrein, blieb nach einigen Metern abrupt stehen, drehte sich um, schenkte mir ein breites Lächeln, das zwei Reihen strahlend weißer Zähne entblößte, schüttelte seinen wuscheligen Lockenkopf, bewegte den Arm in einer resignierenden Geste, die ebenso gut ausdrücken konnte »Schade um dieses Mal!« wie auch »Schlagen wir uns diese Idee aus dem Kopf!«; dann setzte er seinen Lauf zwischen den grünen Eichen fort, ohne sich zu beeilen, hopste bei jedem Schritt wie ein Kind und klatschte in der Luft die Hände gegeneinander.

Der geborene Schauspieler, dachte ich, sobald ich imstande war, mich wieder zu fassen. Für ihn die Rolle des himmlischen Boten in meinem nächsten Film, an dessen Drehbuch ich gerade schrieb. Ich brauchte einen jungen Burschen voller Vitalität und Arglist. »Wie«, wirst du mir sagen, »eine Minute nachdem du mich hast glauben lassen, daß du im Innersten ergriffen warst, dachtest du daran, deinen Wunderknaben für einen praktischen Zweck zu benutzen?« Je nun, Gennariello, das ist so, wenn du schreibst oder einen Film machst, dann richtest du es unbewußt so ein, daß jede Gemütsbewegung deinem Werke zugute kommt und es mit ihrer mitreißenden Kraft durchdringt. Warum sollte die Gemütsbewegung dabei verlieren? Warum sollten die Urheber zu bedauern sein?

Mein Verhalten war weit weniger überlegt, als ich es offenbar darstelle. Ich stürzte aus dem Auto. Er war um die Ecke der Thermen verschwunden. Ich lief ihm nach, überzeugt, ihn in der Menge an seinem elastischen Schritt zu erkennen. Klatschte er noch die Handflächen über dem Kopf zusammen? Wie sollte ich ihn in meinem Film nennen! Aber natürlich: »Angelo!« Gemäß der Etymologie »derjenige, der verkündet, der die Nachricht überbringt, die gute Nachricht«. Und gemäß seinem Gang, seiner Art, den Boden nicht zu berühren. Eine Anmut, eine Eleganz, eine Unbeschwertheit, wie ich sie noch bei niemand anderem gesehen hatte, außer bei den auf die Kirchenwände gemalten »Engeln«, die in der Luft die Zimbeln schlagen. Sie haben es nicht nötig, die Zither auf ihre Knie zu legen oder zum Elfenbeinplättchen zu greifen; sie reißen die Saiten mit ihren Nägeln an und spielen und tanzen dabei.

35

Ich hätte ihn rufen, ihm zuschreien mögen, er solle zurückkommen. Aber wie? Er war fortgelaufen, ohne mir seinen Namen zu sagen. Ich irrte rechts und links auf dem Platz umher, drehte mich in alle Richtungen, stürzte jedem Lokkenkopf entgegen. »Angelo, Angelo«, murmelte ich, als könnte ihn ein Name, der schon an sich einen so verlockenden Zauber hatte, zurückholen und mir zuführen.

Die Filmkritiken warfen mir vor, meine Werke seien hieratisch. Was würden sie über mein nächstes sagen, das im alten Griechenland angesiedelt war, wenn sie darin, als Garantie für etwas Neues, eine Figur vorfanden, die anders war als meine üblichen Helden? Die um so notwendiger war, weil sie als Gegengewicht zu dem barbarischen Pomp dienen sollte, der den Hof des mythologischen Königs lähmt, dessen vor dem Palast Wache stehenden Krieger sich in ihren Harnischen kaum rühren können.

»Angelo«, wiederholte ich, mit den Gedanken jetzt meilenweit von meinem Film entfernt. Meine Lippen bildeten ganz automatisch diese drei so zärtlichen Silben und blieben in schmerzlichem Erstaunen auf dem Schluß-o ohne Antwort offen. Ich machte kehrt in der vagen Hoffnung, daß er hinter einem Baum hervorspringen und mich bei den Schultern packen würde.

Törichte Illusion. Wozu sollte es im übrigen gut sein, seine Spur wiederzufinden? Hatte er sich nicht in bitterer Verachtung von mir abgewendet, er, dessen Freund ich hatte anzeigen wollen?

Ich mußte mich damit begnügen, wieder in meinen Wagen zu steigen, gedemütigt und den Tränen nahe. Zu viele Empfindungen stürmten auf mein Herz ein. Ich fühlte mich zerschlagen. Wie denn, war ich tatsächlich im Begriff gewesen, einen Jugendlichen der Polizei auszuliefern? Sowohl *L'Unità* wie auch *Il Tempo* hätten in Riesenlettern diese Schlagzeile gebracht: »P. P. P. kündigt der römischen Unterwelt die Solidarität auf.« Wieso war es dahin mit mir gekommen? Ich, eine solche Gemeinheit begehen? Ihn zu sechs Monaten Knast verurteilen lassen, womöglich wegen eines gestohlenen Gegenstandes, der keine zehntausend Lire wert war? Mich selbst verleugnen, mich für immer entehren? Was hätte Sergio dazu gesagt? Was hätte Elsa dazu gesagt? Wo mich verstecken? Wohin fliehen?

Wenn ich daran gedacht hatte, einen Dieb zum Revier zu bringen, mußte eine Feder in mir zerbrochen sein. Rasch versuchen klarzusehen. Mich fragen, woher diese plötzliche blinde Animosität gegen Peppino. Einen Jugendlichen wie die anderen, alles in allem. Der sich die Vorlieben und die Neigungen der Jugendlichen seines Alters zu eigen machte, so wie die von Ponte Mammolo den Vorlieben und den Neigungen gefolgt waren, die ihrer Zeit entsprachen. Fünfzehn Jahre waren seit Ponte Mammolo vergangen. Wer versicherte mir, daß Glauco, wäre er noch am Leben, nicht auch einen Kaschmirpullover begehrt hätte? Die Kriminalität hatte sich in den fünfzehn Jahren verändert; verändert in puncto Objekt, denn das Ziel aller Ziele war heutzutage nicht mehr eine Ducati 250 mit Nockenwelle und Teleskopgabel, sondern die Hi-Fi-Kette. Und verändert in der Methode; zu Ende die Überfälle in Wildwestmanier, das nächtliche Ausräumen von Geschäften, die Romantik des Straßenraubs. Eine Reihe von verstohlenen *scippi*, als Abhebungen von einem Sparbuch gerechnet.

Eine völlig natürliche Entwicklung. Über die sich zu wundern oder zu entrüsten kein Grund gegeben war. Sonst hätte ich angefangen, mein Land zu hassen. Ob ich es wollte oder nicht, Italien hatte das europäische Lebensniveau erreicht; und damit als erste Konsequenz die Verlagerung der Wünsche, der Wahnvorstellungen und der Ambitionen. Die letzten Armen waren verschwunden oder waren im Begriff zu verschwinden; und mit den letzten Armen die Gilde der Wagehälse, die sich, ihre Motorräder reitend, in der Nacht auf Rom stürzten. Sollte ich nicht daran denken, abzureisen, nach Süden zu ziehen, auszuwandern, weit weg von einer Stadt, in der der allgemeine Fortschritt unglücklicherweise bei den Jugendlichen einen stärkeren Hang zum Konservativismus geweckt hatte, da er ihre Einkünfte verbesserte?

Es war nicht das erstemal, daß ich den Ruf des Orients, Afrikas vernahm. Aber warum lockte mich die Fata Morgana der kahlen und wilden Gegenden von neuem?

Alsdann, Pier Paolo, du sagst, du willst mit dir selber ins reine kommen. Was dich aufgebracht hat, das ist der Gedanke an die Hopserei im Studio der Via Tor Millina, an die Mädchen, hingefläzt an die Schultern der Burschen. An ihre Schallplatten, an ihr Lachen, ihre Späße, ihre gute Laune, ihr harmloses Zurschaustellen von Fröhlichkeit, das du jedoch verachtest, weil du bei diesem Fest überflüssig wärest.

Du denkst an dein Friaul von ehedem, an die Tanzabende, wenn Manlio sein Akkordeon malträtierte. Einige wenige Paare, stets verlobte oder verheiratete, bemühten sich, inmitten des Ringes festgestampfter Erde, der vor der Pergola angelegt worden war, maßvoll zu walzen. Dann rafftest du dich auch auf, faßtest Elmiro um die Taille, und ihr tanztet atemlos bis zu dem Hustenanfall, an dem dein Freund, dessen Schicksal bereits bestimmt war, fast erstickt wäre. Er ging zurück an seinen Platz und ließ sich auf die Bank fallen, wo ihn seine Cousinen trösteten, die er auf dem Leiterwagen, vor den das zahme Pferd gespannt war, aus Faedis mitgebracht hatte. Ohne aus ihrem Eckchen aufzustehen, saßen sie, die Augen vor Schüchternheit und vor Bewunderung weit aufgerissen, den ganzen Abend da und sahen zu, wie sich die Jungen auf der Fläche drehten.

Bei Einbruch der Nacht belegtet ihr sie mit Beschlag. Selbst Nuto, der erfahrenste in galanten Dingen, begnügte sich, wenn er mit seinem roten Halstuch und dem auf den Hosenboden seiner Bluejeans geklebten Sheriffstern vorüberging, das schmeichelhafte Raunen der im Schatten aufgereihten Mädchen aufzufangen. Virtuos im Paso doble und im Tango, vorausgesetzt, einer von uns gab ihm das Stichwort, machte es ihm nicht das mindeste aus, das Gewicht einer Tänzerin auf die Arme zu nehmen, der die Sitten unseres Landes ein steifes und starres Gebaren auferlegten. Bis zur Heirat mußten die Frauen eine züchtige Reserviertheit beachten. Diejenige, die davon abwich, hatte den Tadel ihrer Mutter, die Zurechtweisung durch ihren Pfarrer und sogar die Verachtung ihres Geliebten zu gewärtigen. Wenn Nuto von Zeit zu Zeit eine von ihnen aufforderte, um seinen Ruf als Verführer aufzupolieren, dann behielt er während des ganzen Tanzes den Weißdornzweig zwischen den Zähnen. Du verstehst heute, warum er ihn ständig im Mund hatte: nicht als Zeichen offenkundiger Wichtigtuerei, wie du treuherzig glaubtest, sondern als ein für die Dauer des Abends auf die Lippen gedrücktes Siegel. Diese Zeit der strengen Bräuche und der unerbittlichen Schranken, in der selbst ein Kuß unter das Verbot fiel, war so recht nach deinem Geschmack, gib es zu! Und du kommst nicht darüber hinweg, daß es für immer abgeschafft ist. Erinnerst du dich eines größeren Glücks als dessen, welches euch alle vier miteinander verband, wenn ihr euch, sobald das Vergnügen beendet und das Licht gelöscht war, endlich allein unter euch im Schweigen der Nacht gegenseitig auf den Fahrrädern nach Hause brachtet, bis in die frühen Morgenstunden, wenn der Mond seine magische Helle, die sich in unzähligen silbernen Runzeln auf der Oberfläche des Tagliamento fältelte, über die Felder goß?

An Stelle des alten Italien, das eifersüchtig über die Jungfräulichkeit seiner Töchter wachte und die zwischengeschlechtlichen Beziehungen untersagte, erblickte ich ein neues Italien, modern und tolerant, auf amerikanische Art, in dem sich jeden Samstagabend die einen mit einem Stoß Mambos und Madisons unter dem Arm zu den anderen begaben. Verbürgerlichung, Konformismus und Phantasielosigkeit. Aber um ehrlich zu sein, dieser Aspekt der Veränderung kümmerte mich wenig. Ich sah mit Schrecken eine weit schlimmere Konsequenz voraus, die in Kürze die Folge sein würde. Es war etwas, was mein Leben radikal verändern und es am Ende unmöglich machen würde. Ich zögerte, diese Bedrohung mit brutalen Worten auszudrükken, denn mich hielt die abergläubische Furcht zurück, ihre Verwirklichung zu beschleunigen. Aber im Ernst, wie ihre Augenscheinlichkeit leugnen? Die jungen Burschen in diesem emanzipierten Italien würden nicht mehr so leicht anzusprechen sein. Sie würden mir ausweichen. Es würde mir immer schwerer fallen, Bereitwillige zu finden. Auf der Mehrzahl der Jugendlichen, die in der Überflußgesellschaft groß geworden waren, lasteten nicht mehr die Zwänge und die Frustrationen, die mir bislang ihre Willfährigkeit zugesichert hatten. Wenn die Mädchen anfingen, ungehindert auszugehen; wenn die nicht verheirateten Paare die öffentliche Meinung nicht mehr zu scheuen brauchten, wie ich tagtäglich feststellte; wenn mit dem Abbau der familiären und religiösen Konventionen das andere Geschlecht nicht mehr hinter unüberwindlichen Mauern unerreichbar war, dann konnte ich sicher sein, daß die Normen der Gleichberechtigung immer seltener zu meinen Gunsten entscheiden und daß mein bislang unbegrenztes Jagdrevier in dramatischem Ausmaße eingeengt werden würde. Selbst das Lokken mit Lebensmitteln, sonst mein bester Verbündeter, würde hinfällig werden. Die Zeiten, da es ihnen so dreckig ging, daß sie, wenn man ihnen eine Pizza bezahlte, nicht allzusehr auf die Dienste achteten, um die man sie bat, diese Zeiten waren ohne Zweifel vorbei. Eine Katastrophe für mich. Als Opfer der Familienbeihilfen würde ich mich, wie unsinnig, nur noch darüber freuen können, mit anzusehen, daß sich alle Welt satt aß.

Ach, wirklich aufbrechen, reisen, weit fort aus diesem durch Vaticano II, die linke Mitte, den Feminismus und die anderen Errungenschaften der Demokratie zerstörten Land fliehen; und, ohne behaupten zu wollen, daß die gesamte dritte Welt Ghardaia, der weißen Abgeschiedenheit in den Dünen der Sahara, ähnelt, wo die Sekte der Mozabiten den von Kopf bis Fuß vermummten Muselmaninnen nur eine schmale dreieckige Öffnung über nur einem Auge gestattet, durch die ausschließlich von Männern geführten Souks laufen; schmachtende und feurige männliche Blicke auf mir spüren; in die Dörfer eindringen, in denen die Frauen, wenn sie die Erlaubnis haben, sich vor ihre Türschwellen zu setzen, den Rücken der Straße zukehren müssen, die Nase dem Haus zugewandt, wie die samt ihren heimischen Traditionen von Pietranera nach Ponte Mammolo verpflanzten Sizilianerinnen.

Ein weiterer Grund zur Beunruhigung: Ich werde alt. Dreiundvierzig Jahre. Vier mehr als Oscar Wilde zur Zeit seines Prozesses. Sechs mehr als Federico Garcia Lorca im Jahre seiner Ermordung. Meine großen Gewährsmänner. Ich klappte den Rückspiegel herunter, um mich in dem Glas zu mustern. Was für Runzeln in den Mundwinkeln! Die Wangen hohl wie ein Toter. Und die Lippen: schmal, zusammengepreßt, zu einer verbitterten Falte erstarrt. Der Blick schien mir ebenfalls hart. Ich wollte lächeln. Das Ergebnis war eine Grimasse, die unter meinem Jochbein ein S-förmiges Loch auskehlte, so groß wie das Schalloch einer Geige. Ich bekam Angst. Wenigstens mit meinem Haar konnte ich zufrieden sein: guter Ansatz an der Stirn, dicht, schwarz, ohne Geheimratsecken noch silberne Fäden. Doch als ich die Stelle am Ohr näher betrachtete, entdeckte ich in der buschigen Kotelette zwei oder drei graue Haare. Unverzüglich versuchte ich, sie mit manischer Genauigkeit eins nach dem anderen auszureißen.

»He, kommste mit?«

Der mich so ansprach, einer dieser Strichjungen, die unter den immergrünen Stecheichen der Piazza dei Cinquecento unentwegt auf der Lauer liegen, steckte seinen Lockenkopf durch das Fenster der Wagentür. Nonchalant auf eine Hüfte gestützt, hatte er darauf gewartet, bis ich mit meinen Betrachtungen zu Ende war, um sich zu nähern und mir seine Dienste anzubieten. Ich errötete und hielt ihm mein Päckchen Zigaretten hin, nur so lange, bis ich mich gefaßt hatte.

»Dann kann ich also einsteigen?«

Bevor ich ihm antwortete, warf ich einen letzten Blick in den Spiegel, um mich zu vergewissern, daß meine Lider, vor allem das linke, nicht herabhingen; eine Vorsichtsmaßnahme gegen unliebsame Begegnungen, ein Talisman, den mich Caravaggio mit seinem Gemälde in der Villa Borghese gelehrt hatte. Die Prüfung beruhigte mich; meine beiden Augen schauten mir direkt ins Gesicht, und obgleich ich das Alter erreicht hatte, in dem Goliath den Schlägen seines jungen Gegners erlegen war, würde der Bursche, der sich anschickte, den Wagenschlag zu öffnen, nicht der David sein, den mir das Schicksal sandte.

36

Ohne daß ich ja oder nein gesagt hatte, ließ er sich neben mir nieder und wies mir mit dem Zeigefinger stumm die Richtung. Wir brauchten nicht weit zu fahren. In einer Seitenstraße der Via Cavour, vor dem Eingang einer baufälligen Mietskaserne, bedeutete er mir zu halten. Automatisch folgte ich ihm durch das Treppenhaus ohne Aufzug bis zur letzten Etage. In seiner Wohnung unterwarf ich mich seinem Willen. Wie kommt es, daß ich mich hier befinde? fragte ich mich unentwegt. Er half mir aus meinem Jackett und zog die Brieftasche daraus hervor, die er mir hinhielt, damit ich meine Schuld begliche. Seine Hände schienen mir von bemerkenswerter Feinheit. Doch um sich von den jungen Proletariern zu unterscheiden, hätte er es nicht nötig gehabt, sich den Nagel des kleinen Fingers so maßlos lang wachsen zu lassen wie alle Burschen aus dem Volk, die ungeduldig zu verstehen geben wollen, daß sie sich nicht mehr mit schweren Arbeiten befassen.

Sein Zimmer – eine Dienstbotenkammer, der Name des Mieters »Protti Aldo« stand in großen Buchstaben über dem Klingelknopf geschrieben – mutete mich an wie eine Mischung aus Eitelkeit und Schlamperei. In einer Ecke, neben einem Frisiertisch, vollgestellt mit Fläschchen, Zerstäubern und Röhrchen aus der Apotheke, fing eine Schüssel auf dem Linoleumfußboden die Tropfen auf, die in regelmäßigen Abständen aus dem winzigen, von einer nackten Glühbirne beschienen Waschbecken fielen. Über dem Bett, auf das ich mich völlig angezogen warf, bedeckten mit Reißnägeln befestigte Fotos von Filmstars die Wand. Die Münder waren mit der Hand zu plumper Form rot ausgemalt. Marylin Monroe, Jane Mansfield, Sofia Scicolone, die spätere Sofia Loren ... Ein gefältelter Blendschirm aus rosa Seide schützte die Lampe, deren birnenförmiger Schalter aus einmal weiß gewesenem Porzellan einen schmierigen Belag aufwies, ein Zeichen, daß unzählige Finger ihn berührt hatten. Das übrige Mobiliar ist meinem Gedächtnis entfallen, denn die Verwunderung, mich in dieses Abenteuer eingelassen zu haben, wo ich doch nur die Liebe im Freien und gleichsam als das Aufeinandertreffen zweier Begierden liebte, hinderte mich daran, mich in Ruhe umzuschauen.

Zum erstenmal in meinem Leben hatte ich Umgang mit einem Prostituierten: will sagen mit einem Burschen, dessen Beruf es war, der es für Geld machte. Wir hatten während der Fahrt den Preis vereinbart. Die Fiktion des »Geschenks« war bei ihm fehl am Platz. Etwas völlig Neues in meinem Leben, das ebenso ungeheuerlich war, meiner bisherigen Verhaltensweise so zuwiderlief wie meine abwehrende Reaktion gegen Peppino.

Er prüfte die Scheine, die ich ihm reichte, dann machte er sich an die Arbeit. Ich habe nur eine verschwommene Erinnerung – abgesehen von dem schmerzlichen Ende – an diese erste Erfahrung bewahrt, die ich mehr ertrug, als daß ich sie wollte. Ihm oblag die Initiative, sowohl der Art wie der Stellung. Außerstande, mich zu entspannen, konnte ich es nicht verhindern, meine Gedanken auf die Reihe von Gründen zu konzentrieren – einer deprimierender als der andere –, die mich bewogen hatten, das Angebot des Strichjungen von der Piazza dei Cinquecento anzunehmen, nicht anders als ein Reisender zwischen zwei Zügen, der keine Wahl hat.

Ich brauchte mich nur zu fragen: »Wem würde dieser Abstecher von P. P. P. in diese Absteige nicht mißfallen?«, um die Tiefe meines Sturzes zu ermessen. Oder aber: »Wer würden die ersten sein, die es richtig fänden, daß sich solche Typen Tag und Nacht an den Mauern des archäologischen Museums zu seiner Verfügung hielten?« Die Antwort ließ keinen Zweifel zu: alle die, die mich seit rund einem Dutzend Jahren in der Öffentlichkeit als eine Keimzelle von Korruption und Skandal bezeichneten. Journalisten, Polizisten, Richter, Bischöfe, Ärzte, Psychiater, Mitglieder der politischen Parteien, bemüht, der eine in dieser, der andere in jener Funktion, die »Gesellschaft«, die moralische Ordnung zu schützen, auf die sich das Italien von Saragat, von Aldo Moro und von Luigi Longo stützte. Ihre »Werte« wurden jedesmal dann herausgefordert, wenn ein Jugendlicher aus den *borgate* oder aus der Markthalle ein bißchen Liebe mit mir tauschte. In dieser Kammer fanden sie dagegen eine offenkundige Bestätigung.

Indem ich die Dienste eines Profis bezahlte, verzichtete ich auf die ständige Provokation, bislang meine einzige Lebensregel. Nicht ein Mal seit meiner Ankunft in Rom hatte ich meine Wohnung verlassen, ohne auf Jagd zu gehen. Jeder Bursche zwischen fünfzehn und fünfundzwanzig, der keine gar zu üble Figur hatte, mußte mein Lächeln erwidern, wenn er meinen Weg kreuzte. Entweder im positiven oder im negativen Sinne, das war einerlei. Selbst wenn er meine Einladung ausschlug, was neun- von zehnmal der Fall war, entfernte er sich nicht ohne heimliche Verwirrung. Und gerade das war es, was man mir nicht verzieh: diese Art Unruhe hervorzurufen und das Verlangen dort zu wecken, wo es noch schlummerte. Aber jetzt? Dieser Typ, mit dem ich mich abgegeben hatte, war ganz bestimmt bei der allgemeinen Erfassungsstelle registriert. Das Kommissariat, die Poliklinik hatten ein Auge auf ihn. Ich zog mich mit ihm in die vom Polizeipräsidium selbst abgesteckten Grenzen der Toleranz zurück. Eine vollkommenere Unterwerfung hätte die Meute meiner Feinde nicht erhoffen können.

Ich war in das Ghetto, in die Welt der tariflich genormten, anerkannten, geographisch lokalisierten (rund um die Stazione Termini) Freuden eingedrungen; eine vom Polizeipräsidenten persönlich genehmigte Ausnahme; eine vorsätzlich eingedämmte Pest, gewissermaßen ein unter Kontrolle stehendes Geschwür, das den Rest der Stadt bei guter Gesundheit erhalten würde. Auf diese Weise spielte ich, während sich mein Gastgeber abplagte, um sich seinen Lohn zu verdienen, den Behörden in die Hände. Nicht ohne Gewissensbisse und Beklemmungen, wie der Mißerfolg seiner Bemühungen bezeugte.

»Warte ein Weilchen«, sagte ich, »es wird nur ein Augenblick der Schwäche sein.«

Schwäche? Keineswegs! Wohl eher das Bewußtsein, vor dem Gesetz, dem Gesetz Mosis, dem Gesetz des heiligen Paulus, dem Gesetz der Kommunistischen Partei, nach zehn Jahren der Verfolgung durch die Justiz und die Presse kapituliert zu haben.

Und auch eine bittere Hellsichtigkeit über die anderen Gründe meiner Niederlage: die Veränderung Roms, die mich, indem es die *borgate* absorbierte und die bislang unbeschäftigte Masse der Einwanderer und der Arbeitslosen in die Fabriken, in die Büros oder auf die Baustellen schickte, meiner Reserve an *ragazzi* beraubte; die Emanzipation der Frauen, die meinen Status als »Andersartiger« aufdeckte und alle die in die Gegend um den Bahnhof konzentrierte, die sich gleich mir, da sie ihnen nicht zu diesem Sieg verhelfen konnte, ein zweites Mal ausgestoßen fühlten; die Euphorie der Toleranz, die im Gegenzug den »Anomalen« schuf, eine bislang unbekannte, dem Schattendasein, der Geheimniskrämerei, den Ausflüchten, den Strichjungen preisgegebene Variante, während die »Feten«, die Lichter, der Lärm und die Erregung bis zum Morgengrauen das Hohelied des Rechtes auf Liebe sangen, vorausgesetzt, daß es die gute, die richtige war; die rasche Verbreitung der Humanwissenschaften, insbesondere der rasante Erfolg der Psychoanalyse, die dem, was ich war, einen Namen gegeben, mein Verhalten mit einem Etikett versehen, meinen Fall registriert hatte; schließlich meine Angst vor dem Altwerden, das bange Erschrecken angesichts des ersten grauen Haares, das mich bewogen hatte, meine Zuflucht zu einem bezahlten Liebesabenteuer zu nehmen, das man mir nicht verweigern konnte, zu einem durch mein Geld garantierten Vergnügen.

Doch leider war es gar nicht so garantiert, nach dem unerbittlichen Ticktack des großen Weckers zu urteilen, der neben der Lampe stand und dessen Zeiger schon eine halbe Umdrehung auf dem runden Zifferblatt zurückgelegt hatte, über dem ein Läutewerk von einer Sekunde zur anderen gleichermaßen das Ende meines Besuchs und des ersten Fiaskos meines Lebens anzeigen würde. Obwohl sich der Experte mit allen Hilfsmitteln seines Gewerbes abmühte, kam er zu keinem nennenswerten Resultat. Er hob den Kopf, wischte sich den Mund und ging ins Waschbecken spucken.

»Bist du krank?« fragte er mich ungnädig. In seiner Eitelkeit getroffen, aber vor allem beunruhigt, sofern ich das Abenteuer erzählen würde, seinen Kurs auf dem Markt der Piazza dei Cinquecento sinken zu sehen.

Wie sollte ich ihm erklären, daß diese kleine Panne nur eine belanglose Folgeerscheinung der anthropologischen Umwälzung war, die Italien soeben heimsuchte? Lebe wohl, Unschuld, die meine Jugendjahre im Friaul verzaubert und deren Äquivalent ich im Lumpenproletariat von Rom wiederzufinden geglaubt hatte. Lebe wohl, Mythos von der Natur und von der Liebe in der Natur. Jede Geste, die der Bursche jetzt machte – sich im Spiegel betrachten, als hätte ich ihn womöglich angesteckt, ein Glas einer rosa Flüssigkeit hinunterkippen, ohne Zweifel irgendein Vorbeugungsmittel gegen eine Schleimhautentzündung, um das Handgelenk wieder ein Kettchen legen, an dem in einem goldgefaßten Medaillon gut sichtbar der *David* von Michelangelo baumelte –, sowie jede auf meiner Seite, um mich wieder in Ordnung zu bringen – die Krawatte binden, mich kämmen, kurz, wieder das manierliche Aussehen eines Bürgers annehmen, der sein Haus verläßt – sodann unsere Art, uns mit einem Händedruck zu verabschieden wie nach einem abgeschlossenen Geschäft, kennzeichneten unsere Beziehung von Zahlendem zu Bezahltem, von Kunden zu Lieferanten.

Reine Routine für ihn, erleichtert heute durch mein Versagen, für mich aber die schreckliche Bestätigung dessen, wie mein Leben verlaufen würde, wenn diese erste Begegnung der Anfang einer Gewohnheit sein sollte. Die Veränderung Roms hatte uns in zwei ebenso unterschiedliche wie abscheuliche Rollen gezwängt: ihn in die der wirtschaftlichen Kategorie des Prostituierten, mich in die der psychologischen Kategorie des Homosexuellen – jawohl, des Homosexuellen, denn dieses Wort muß endlich fallen; diese Erfindung der Ärzte und der Bullen, das sprachliche Symbol meiner Kapitulation vor der Macht, die Domestikenlivree, die ich soeben angelegt hatte, als ich in dieses Zimmer hinaufstieg; dieser Neologismus, der ebenso gräßlich ist wie die Art Individuum, die er bezeichnet.

Meine erste Regung, als ich mich auf der Straße wiederfand, war, zu Fuß zur Piazza dei Cinquecento und an die Mauer der Thermen des Diokletian zu laufen, wo mich, um Peppino einzuholen, sein junger Begleiter verlassen hatte. Da ich ihn nicht entdecken konnte, wollte ich mich wieder an den Platz stellen, wo er meinen Blicken entschwunden war. Ich kletterte auf eine Bank, schloß die Augen und zählte bis hundert. Ein fetischistischer Ritus, eine magische Beschwörung, um den an mich zu fesseln, dessen Züge bereits verschwammen. Wie ist sein Mund? fragte ich mich. Wölben sich die Bogen seiner Brauen nicht in leichter Neigung zur Nasenwurzel hin? Bald hatte ich die eine Einzelheit seines Gesichts, bald eine andere vor Augen, aber es gelang mir nicht, es in seiner Gesamtheit zu projizieren. Sobald ich in einem Punkt Zweifel bekam, fühlte ich mich auch in allen anderen verunsichert. Zu guter Letzt wußte ich nicht einmal mehr die Farbe seiner Augen und auch nicht, ob seine Wangen, deren Bartlosigkeit ich vor wenigen Sekunden noch beschworen hätte, nicht doch schon Bekanntschaft mit dem Rasierapparat gemacht hatten.

Das beste wäre gewesen, mich an einem Ende der Via Tor Millina zu postieren und zu warten. Was zu tun ich auch am nächsten Tag beschloß, trotz meiner Besorgnis, Peppino wiederzubegegnen. Obwohl das Viertel um die Piazza Navona noch nicht aufgekauft und rekonstruiert worden war, um an reiche Ausländer oder an Leute vom Film verpachtet zu werden, hatte es einen Teil seines volkstümlichen Gepräges verloren. In der ganzen genannten Straße kein einziger Laden, nicht der kleinste Handwerker mehr, bei dem ich mich hätte erkundigen können, ob er in der Nachbarschaft einen Mieter mit langem Haar und schmalem Schnurrbart kenne, der eine Schirmmütze trug. In der Espressobar konnte man mir keine Auskunft geben. Daß mich mein Dieb belogen hatte, davon war ich nach mehreren Tagen vergeblichen Beobachtens überzeugt. Im übrigen hätte ich seine Vermittlung auch nicht gewünscht, um mein Ziel zu erreichen. »Stimmt gar nich, ich bin nich sein Bruder.« Ich erinnerte mich noch ganz genau dieser Worte, aus denen ich nach langem Überlegen eine Art Pakt zwischen dem jungen Burschen und mir herauslas. Er hatte sich von seinem Freund losgesagt, der vielleicht gar nicht sein Freund war. Vielleicht hatte ihn Peppino unter irgendeiner Drohung gezwungen, sein Komplize zu werden.

Wochenlang fuhr ich fort, ihn hier und da zu suchen. Jeden Abend, wenn ich unverrichteterdinge heimkehrte, brachte ich Mama wegen meiner niedergeschlagenen Miene zur Verzweiflung. Zu dieser Zeit ging mir alles schief. Ich kam nicht mehr zum Schreiben; vorsichtshalber behandelte ich mein Haar mit einer Tinktur, die bei einigen Strähnen wirkte, bei anderen nicht; beim Fußballspielen schlug ich mir einen Vorderzahn aus. Belanglose Zwischenfälle, über die ich unter anderen Umständen gelacht hätte; die mich aber vollends demoralisierten und mir den unseligen Gedanken eingaben, wieder zum Bahnhofsvorplatz zu gehen, so daß ich in kurzer Zeit mit dieser Gegend und ihren nächtlichen Stammkunden vertraut wurde. Ohne jegliche Freude, im Gegenteil mit dem Gefühl, mich aus Kummer in eine ausweglose Sache einzulassen.

Derjenige, der allein mich aus diesem Schlamassel hätte herausziehen können, kümmerte sich überhaupt nicht um mein Schicksal. Warum war er in mein Leben getreten, wenn er so bald wieder daraus verschwinden sollte? Mit seiner hüpfenden Anmut, die mich auf Anhieb bezaubert hatte, mir jetzt aber reichlich grausam schien. Diesen Kuß, den hatte ich doch nicht geträumt, nein? Immer wieder fuhr ich mit dem Finger über die Stelle meines Nackens, die er mit seinen Lippen berührt hatte. »Angelo, Angelo!« Vergeblich versuchte ich, ihn zurückzurufen. Bald mit einem Schrei, wenn ich allein war, bald mit einem Flüstern, um mich mit diesen drei angebeteten, aber fiktiven Silben mitten in der Menge zu isolieren. Er war fort, er hatte sich weit fort von mir in Sicherheit gebracht. Hüpfend und springend hatte er sich auf seinen Gummisohlen davongemacht; die Handflächen über dem Kopf zusammenschlagend, wie die musizierenden Engel des Fra Angelico, hatte er mit seinen Kapriolen nicht nur seine winzige und flüchtige Silhouette, der ich nicht einmal einen Namen geben konnte, davongetragen, sondern auch meine letzte Hoffnung, meine letzte Chance.

3

37

Hast du bemerkt, wann die Namenstage der ältesten Kalenderheiligen wiederkehren? Nikolaus am 6. Dezember, Silvester am 31. Dezember, Antonius der Große am 17. Januar, Catello am 19. Januar, Felix am 25. Januar, Cyrus am 31. Januar, Blasius am 3. Februar. Alle mit den Attributen des Greises: langes weißes Haar, buschiger Bart, bis auf die Füße fallender weiter Umhang, Kapuze auf dem Kopf. Figuren des Sonnenzyklus, der sich vollendet, des Jahres, das zu Ende geht. Silvester mußte, um den Drachen zu besiegen, der in den Tiefen des Kapitolberges hauste, dreihundertfünfundsechzig Stufen hinabsteigen, bevor er dem Tier entgegentreten konnte, eine Zahl, die die Legende nicht zufällig gewählt hat.

Ende Dezember und Ende Januar erwachen, zugleich mit den ersten Bemühungen des astronomischen Neubeginns, die jüngsten Heiligen wieder: Jesus am 25. Dezember, die Unschuldigen Kinder am 28. Dezember, Sebastian am 20. Januar, Johannes, Soldat, am 31. Januar. Ablösung des abgelaufenen Jahres durch das neue Jahr, Abschiebung der Väter durch die Söhne: das christliche Ritual reproduziert lediglich das Geheimnis des Sonnenzyklus und der Natur, die sich erschöpft, um sich neu zu befruchten. Die germanischen und die angelsächsischen Länder, obwohl weniger heidnisch als Italien, assoziieren die Krippe Christi ganz eng mit dem Bart des Weihnachtsmannes.

Ihr in Kampanien seid besonders empfänglich für die symbolische Verbindung mit euren Heiligen. In Gragnano feiert ihr den Jüngling Sebastian einen Tag, nachdem ihr den auf seinen Stock gestützten Catello in einer Prozession umhergetragen habt. Zur gleichen Zeit treten die Matrosen von Vico Equense aus der Kirche, um das verhüllte Bildnis des Cyrus und die halbnackte Statue des halbwüchsigen Johannes, Soldat, vor dem Meer auszustellen, dessen Gunst zu gewinnen sie trachten.

In Neapel werft ihr in der Nacht des 31. Dezember ausgedienten Hausrat aus den Fenstern. Auch im häuslichen Leben muß das Alte dem Jungen Platz machen. Gesprungene Teller, durchgesessene Stühle, wacklige Schränke, alles wird von oben hinabgestürzt. Fußgänger müssen Obacht geben, daß sie nicht von den Hunderten Truhen und Sesseln, die man ohne Vorsichtsmaßnahme aus den obersten Stockwerken kippt, erschlagen werden. Ein Brauch, der oft beschrieben worden ist; aber hat man seinen Sinn überhaupt verstanden? Das Holz, das zur Herstellung der Möbel gedient hat, kehrt auf den Boden zurück, in den es zuvor seine Wurzeln gesteckt hatte. Das Steingut der zerbrochenen Schüsseln kehrt zu der Erde zurück, aus der der Töpfer das Material zum Formen herausgeholt hat.

Zur selben Stunde, auf den Glockenschlag um Mitternacht, prasseln die Tausenden Raketen los, die ihr im Monat Dezember vorbereitet habt und die ihr nun himmelwärts schießt. Vor jeder Türschwelle, auf jedem Balkon werden die bunten Feuerwerkskörper und -räder abgebrannt, die sich in sprühenden Funkengarben entfalten. Ein dem vorigen entgegengesetzter, ergänzender Vorgang, dessen Ursprung nicht in einer kindlichen Lust an der Pyrotechnik zu suchen ist, wie die allzu voreiligen Beobachter glauben, sondern in der Natur des Untergrundes selbst. Denk an die glühende Materie, an die Glut der nur schlummernden Vulkane, deren Erwachen in Neapel jederzeit zu befürchten ist. Es ist noch gar nicht lange her, daß eine in die Hobelspäne gefallene Spirituslampe die Höhle in Brand setzte, die einem Tischler als Lagerraum diente. Die Flammen griffen in wenigen Augenblicken auf die gesamten natürlichen Läden über, die in die Flanke von Pizzofalcone eingekehlt waren. Die Feuerwehrleute konnten des Brandes nicht Herr werden. Durch Tausende sich unter dem Hügel hinziehende Kanäle breitet er sich weiter aus, und es ist vielleicht seine Bestimmung, wenn er nicht vorher erstickt, sich mit dem zu vereinen, der auf ewig lodert, ohne Anfang und ohne Ende, von der unfruchtbaren Einöde der Phlegräischen Felder bis zu den ausgedörrten Heiden von Pompeji. Ihr alle in Neapel, ihr lebt in enger Vertrautheit mit dem unsichtbaren Feuer, das ständig in dem porösen Tuffstein eurer Stadt schwelt. Was macht ihr mit der Silvesterknallerei anderes, als es für eine Nacht freizulassen? Jedes Fenster wird zu einem dem Vesuv ähnlichen Krater. Sprühende Phantasmagorie, die nichts gemein hat mit dem pittoresken Wahn, den der Fremde euch andichtet.

Das Untere mit dem Oberen, das Obere mit dem Unteren vertauschen, das ist das überall anderswo unbekannte Bedürfnis, das sich deines Volkes mit einer periodischen Leidenschaftlichkeit bemächtigt. Das, was oben ist, muß hinunter, und das, was unter der Oberfläche verborgen ist, muß aus dem Untergrund herauskommen, so wie der ins Erdinnere eindringende Silvester den aufsteigenden Stern Jesu kreuzt.

Du verkündest mir voller Stolz, daß du heiraten wirst. Du wirst heiraten, sobald du den Mietvertrag für die Wohnung auf dem Vomero, Calata San Francesco, auf dem Gipfel des Hügels in Händen hast. Deine Eltern sind aus einem *basso* von San Gregorio Armeno geflüchtet, um die vier Zimmer an der Porta Capuana zu beziehen, die du mir gezeigt hast. Glaubst du, ich erinnerte mich nicht mehr jeder Einzelheit dieses Besuchs? Der geschlossenen Vorhänge im Salon, dessen mit Schondecken verhüllte Möbel nur zwei- bis dreimal im Jahr benutzt wurden; des Zimmers, in dem du mit deinen drei Brüdern schliefest; des Eßzimmers, das ebensowenig in Anspruch genommen wurde wie der Salon; des Balkongartens, auf dem dein Vater in einem Liegestuhl döste, während deine Mutter die Runde um ihre Basilika- und Minzetöpfe unter der Pergola machte, und wo du im Augenblick meinen Bericht liest. Ihr Sohn, der diesen Drang nach oben fortsetzt, wird auf dem höchsten Punkt der Stadt wohnen, der Traum eines jeden Neapolitaners. Meine erste Reaktion ist natürlich, dir beizupflichten. Für dich das Licht und die gute Luft, die deinen Großeltern gefehlt haben. Deine Giuseppina wird eure Kinder in anständigen Verhältnissen großziehen. Die Feuchtigkeit, das Dämmerlicht, die mangelnde Hygiene verdammen die ungesunden Löcher von Spaccanapoli. Ein für allemal sei klargestellt: Ich bemängele am Fortschritt nicht die materielle Verbesserung, solange sie den Familien den unerläßlichen Komfort verschafft: ein Badezimmer, eine Abflußvorrichtung, ein Fenster, das den Blick zum Himmel freigibt ... Würde *ich* jemals predigen, daß Brot auf dem Tisch und die Bibel am Bett genügen? Die Romantik des Elends ist nicht meine Stärke. Jeder *basso* schien mir zugleich gesegnet und infam: gesegnet, weil Verbindungsgang mit den unterirdischen Stollen; infam, weil den Armen durch den Egoismus der Reichen zugewiesener Ort. Steig du nur immer auf den Vomero, aber vergiß nicht die finsteren Höhlen, aus denen die Deinen stammen. Ich meine damit nicht eine verschwommene, sentimentale Treue, die du auf deinen Hügel mitnehmen sollst. Ich meine damit diese mysteriöse Wechselbeziehung, die in Neapel das Oben mit dem Unten vereint.

Gennariello, mein Liebster, werde ich dich noch lieben, wenn du mit deiner Terrasse den Golf überragen wirst? Du träumst von einem kontinuierlichen Aufstieg: von einem geographischen, der dich aus der Hölle von Spaccanapoli auf die Aussichtsplattform der Wohnviertel erheben würde; von einem beruflichen, der deine vorübergehende Beschäftigung als Lampionaufsteller in einen bezahlten Posten im öffentlichen Dienst umwandeln würde; und schließlich einem sozialen, der dich aus dem suspekten Junggesellenstand in den respektierten des Ehemannes versetzen würde.

Ich werde dir niemals zum Vorwurf machen, daß dein Nach-oben-Streben dein bürgerlicher Ehrgeiz ist. Versuche lediglich, ich flehe dich an, mit dem unteren Teil deiner Stadt, mit der unterirdischen Welt, auf der Neapel gebaut ist, in Kontakt zu bleiben. Als alle anderen Metropolen der Erde, sich ihres Untergrundes schämend, ihn den Abwässern und den Ratten preisgaben, wandelte Neapel das Labyrinth seiner Stollen zu Stätten des Mythos und der Andacht um: Krypta von San Pietro ad Aram, Krypta der Seelen im Fegefeuer, Katakomben von San Gennaro. Mische dich unter die schweigende Menge, die unter den in Friedhöfe umgestalteten Gewölben Kerzen verbrennt. Auch du wirst dich, den Atem anhaltend, auf Zehenspitzen nähern; im Angesicht eines Kultes, der sich nicht nur an die Seelen einiger Toten richtet, der vielmehr an die Wurzeln der Welt rührt.

Hat die Geschichte Neapels und Italiens nicht in Cumä begonnen? Kein anderer Ort vermittelt mir mehr den Sinn für das Sakrosankte als dieser in den Hügel getriebene lange Gang, an dessen Ende die Sibylle dem Äneas die Geschicke Roms prophezeit haben soll. Die Flanke des euböischen Felsens birgt eine in ihre Tiefen gegrabene Höhle, in der die Pythia wahrsagte. Glaubst du dich entbunden, das Wort, das über deine Zukunft entscheiden würde, bei dem rauchenden, von schwefeligen Dämpfen umwaberten Dreifuß aus ihrem Munde zu erflehen?

Auf alle Fälle: überlege! Laß dir Zeit! Wäge das Für und das Wider ab, bevor du umziehst. Dein erster Fehler ist gewesen, auf dem Bürgermeisteramt um eine Beschäftigung nachzusuchen. »Verheiratet oder ledig?« hat dich der Beamte gefragt. Die Antwort glaubte er zu wissen. Du hattest auf dem Fragebogen dein Alter angegeben: fünfundzwanzig Jahre. Die kräftige Gestalt, die er auf der anderen Seite seines Schalters sah, hätte ihm seinen letzten Zweifel genommen. Überrascht von deinem Eingeständnis, hat er dich an die letzte Stelle der Warteliste gesetzt. Hast du darüber nachgedacht, wem du mit deiner Heirat den größten Gefallen tun würdest? Don Michele, den du, wie du sagst, verachtest. Den Nonnen von San Gregorio Armeno, die sich freuen würden, einen guten Christen herangezogen zu haben. Deinem Bruder Vorarbeiter bei Alfa Romeo, der nicht mehr zu erröten brauchte, wenn ihn die Kameraden seiner Kolonne mit verdächtiger Hartnäckigkeit nach dir fragen. »Noch nicht verheiratet, dein Bruder?« Nein, noch nicht verheiratet! Noch nicht auf dem Gipfel eingerichtet! Habe den Mut, dem Drängen zu widerstehen! Befrage die Sibylle in ihrer Höhle! Steige unter die Erdoberfläche, um dich mit der zu treffen, die die letzten Geheimnisse kennt.

Aber du, ich weiß recht gut, was dir durch den Kopf geht, während du dies liest: Was redet er mir von Cumä und von Virgil und von Pythia? Warum diese poetische Emphase? Dieses ängstliche Heraufbeschwören einer mehr als toten Antike? Während ich mir Sorgen mache und auf seine Antwort auf den einzigen Punkt warte, der von Belang für mich ist: Wird er mir die Bankgarantie geben oder nicht, die der Notar von mir verlangt und ohne die mir der Mietvertrag für die Calata San Francesco durch die Lappen gehen wird?

Mißtrauen? Geiz? Soll ich dir die volle Wahrheit sagen, selbst wenn sie mich beschämt? Ich schließe im übrigen aus, daß du sie nicht erraten hast. Ich werde die Wechselbürgschaft für dich nicht leisten, um die du mich bittest, weil ... Nein! Ich bringe es nicht übers Herz, diese Worte aufs Papier zu schreiben, die, schwarz auf weiß, eine Gemeinheit wären.

Ich müßte dir ein vollständiges Bild von dem Glück malen, von dem ich überquelle, seit ich mich, nachdem ich Latium durch das Tor von Terracina verlassen habe, dessen monumentaler Bogen die Grenze des alten Königreiches der Bourbonen anzeigt, in das Land der Büffel, des Oleanders und der Zitrusfrüchte vorwage. Alles trägt zu meinem Wohlbefinden bei: der liebkosende Hauch der Brisen, die vom Meer herüberwehen; die zweirädrigen Karren, die, von trottenden Eseln gezogen, vorüberruckeln; die Matronen, die am Straßenrand neben den reifen Wassermelonen sitzen, von denen sie dem durstigen Reisenden eine scharlachrote Scheibe anbieten; der rauhe Gesang des Schäfers, der hinter einer Schilfrohrhecke unter einer Buche liegt; ein Segel an der Flußmündung; die über goldhellen Fluten ausgespannten Netze ... Und dann, wenn der Abstieg in die Stadt beginnt und ich unter den mit Wäsche behängten Drähten in die Straßen eindringe ... Aber deine Mundwinkel verziehen sich zu einer skeptischen Grimasse, so daß ich mich darauf beschränke, die Paläste, die Kirchen, die barocken Pyramiden, die bemalten Kreuzgänge, den unvergleichlichen neapolitanischen Aufwand zu loben ... Wirklich? Richten sich seine Blicke ausschließlich auf diese Schönheiten und diese Überraschungen? Wann wird er sich dazu durchringen, aufrichtig zu sein?

Meinetwegen, seien wir offen. Ich will dich nicht verlieren, Gennariello. Bleib erreichbar für mich ... Verzichte auf die Heirat ... Laß mich hoffen ... Wohnst du erst einmal hoch oben auf dem Vomero, dann wird deiner Heirat nichts mehr im Wege sein. Bis dahin kann ich mit gleichen Waffen gegen deine Erziehung bei den Ordensschwestern, gegen die

Erpressung von seiten der Kommunisten ankämpfen. Hättest du dich aus eigenem Antrieb verlobt? Was hat sie so Unwiderstehliches, deine Giuseppina? Bist du einer spontanen Neigung gefolgt? Ich an deiner Stelle wäre nicht so sicher, mich nicht zu irren. Don Michele, dein Bruder, die Sprüche im Fernsehen, die ständigen Floskeln der Medien – gib jedem seinen Anteil. Ach, Gennariello, ich verlange keine endgültige Antwort von dir. Überleg's dir ... Binde dich nicht leichtsinnig ... Du fürchtest, daß ich dich beeinflusse? Nein. Ich sage dir nur noch einmal: Laß mich hoffen ... Nur einen Lichtblick ... Selbst wenn es entsetzlich für mich ist, daß du mich verdächtigst, dich durch Geld halten zu wollen! Glaubst du, deine Erwägungen entgingen mir?

... P. P. P., woher kommt er letztlich? Aus dem Friaul! Ein halber Österreicher! Einer aus dem Norden! Der letzte dieser langen Reihe von Raubvögeln, die, dank ihres Vorrates an Devisen, selbstsicher auf das Mittelmeer herabstoßen, um ihre Lüste zu befriedigen, indem sie unsere Armut ausnutzen. Vor ihm hatte sich Krupp für Capri entschieden, Gloeden für Taormina; Lawrence hielt sich in Syrien auf, Gide in Biskra. Und er? Weil ihm Indien und Kenia zu weit sind, wird er sein Hauptquartier in Neapel aufschlagen? Was meinte er damit, als er mich bat, »mit dem unteren Teil der Stadt in Kontakt« zu bleiben? In Reichweite seines Verlangens, jawohl! Darf ich all diesem ungereimten Zeug über das unterirdische Feuer, das Geheimnis der Katakomben und wer weiß was sonst noch Glauben schenken? Ah! Ich fürchte, nur allzugut zu erraten, was das alles im Klartext heißt. Aber wenn er auf unsere Armut setzt, um uns unbegrenzt zu seiner Verfügung zu halten ...

Hör auf, Gennariello! Geh nicht weiter! Schau, ich schicke dir unverzüglich die Wechselbürgschaft für den Notar, wenn du nur die Hälfte von dem denkst, was du soeben vorgebracht hast. Du wirst sehen, daß ich nicht mit deiner finanziellen Abhängigkeit rechne, um mich deiner Unterwerfung zu versichern. Heirate getrost! Wenn du mich nicht liebst, die Notwendigkeit einer materiellen Hilfe soll dich nicht zu einer Niederträchtigkeit verleiten. Du bist frei. Neapel ist nicht nur mein »Gehege«, wie ich glaube dich habe sagen zu hören. Solltest du dieses Wort ausgesprochen haben, nimm es zurück, ich beschwöre dich. Ein gräßliches Wort! Ich habe tausend andere Gründe, deine Stadt zu vergöttern.

Leider wirst du, wenn die Gelegenheit kommen wird, daß ich für einen meiner letzten Filme dorthin zurückkehre, nichts anderes sein als ein von den Sorgen um seine kleine Familie abgelenkter Freund. Du wirst dich ebenso liebenswürdig, ebenso gütig zeigen, aber unter der Bedingung, daß ich mich mit dem zweiten Platz in deinem Herzen begnüge. Sei's drum! Es ist vielleicht an der Zeit, daß du dich zurückziehst, Gennariello. Nehmen wir Abschied voneinander. Adieu. Sollte ich mich jemals wieder an dich wenden, dann wird es sein, damit du mir als Führer durch die Gäßchen der alten Hauptstadt dienst. Fürchte nicht, daß ich dich durch meine Bitten in Schwierigkeiten bringen, daß ich versuchen werde, deine Bindung zu zerstören. Ich habe meine Wette mit dir verloren. Giuseppina hat gewonnen. Ich erkläre mich für besiegt. Meine zweite Niederlage nach dem niemals akzeptierten, niemals vergessenen Verschwinden von Svenn. Du findest mich recht friedlich, nicht wahr? Gebe ich mich allzurasch geschlagen? Du denkst, daß der junge Bursche mit den Gummisohlen und mit dem Wuschelkopf bereits deinen Platz eingenommen hat? Daß ich auf ihn warte? Daß ich mit ihm rechne? Daß er auf die eine oder die andere Art wieder auf mich zukommen wird? Vielleicht.

Werde ich eine dritte Schlappe überleben, wenn mich die Liebe eines Tages bei der Hand nehmen und dann im Stich lassen wird, ohne ihr Versprechen zu halten?

38

Was Indien und Kenia betrifft, so kann es sein, daß ich diese Reisen unternommen habe, weil mich die Berechnungen, die du mir zuschreibst, dazu trieben. Wenn du wüßtest, mit welchen Namen ich mich an den Tagen, an denen ich dem Verlangen nachgebe, mich zu erniedrigen, selbst in den Schmutz trete! Je reicher Italien geworden ist, um so tiefer bin ich nach Süden vorgedrungen. Dann sah ich auch, älter werdend, die Chancen schwinden, durch mich selbst zu gefallen. So habe ich mein Jagdrevier von den fruchtbaren Hängen des Vesuvs auf die öden Flanken des Kilimandscharo verlegt. Die dritte Welt wird allezeit der Zufluchtsort für die sein, die einige Geldstücke in ihren Taschen zu Nabobs macht. Der Duft des Jasmins, von dem sich die Menschen auf der anderen Seite des Mittelmeeres einen Zweig hinter das Ohr stecken, vermengt sich gegen unseren Willen, um die Poesie dieses Brauchs zu beschmutzen, mit dem Geruch des Geldes. Ewige Zweideutigkeit der Verlockung Afrikas, Asiens für uns; ewige Lüge, die der bewegte Wipfel der Palmen in alle vier Winde der Wüste säuselt ... Bevor du mich verdammst, hör dir jedoch an, was mir dort unten widerfahren ist und ob ich nicht als erster habe büßen müssen. Die Länder jenseits der Meere haben mir ohne Zweifel ebenso viele Gelegenheiten geboten wie dem gemeinsten der Touristen; aber unter der scheinbaren Leichtigkeit wirst du meine wahren, mir selbst bis dahin unbekannten Ziele entdecken.

In Indien war ich begierig zu erfahren, welches Bild sich die Menschen eines Landes, in dem es weder Standesämter noch Personalausweise gibt, von sich selbst zu machen vermögen. Ein überaus ungenaues und eindeutig unzureichendes, was mir einzugestehen ich nicht lange brauchte, obwohl sich ein Bürger, der voller Nostalgie an Bologna dachte, wo die Anlage von Arkaden die Bewohner so lange Zeit zu einer Gemeinschaft ohne Grenzen zusammengeschweißt hat, das Gegenteil gewünscht hätte.

Im *Tadsch Mahal* in Bombay, einem der größten Hotels der Welt, hatte ich meinen Koffer in einer Ecke der Halle abgestellt, um die Hände frei zu haben und um die zu drükken, die mir ein brahmanischer Freund entgegenstreckte, der zu meiner Begrüßung gekommen war, ein gutaussehender Mann von außerordentlicher Intelligenz. Doch auch von tiefer Traurigkeit, weil ihm die Kaste, der er angehört, der höchsten im Hinduismus, verwehrt, ohne sich herabzusetzen, einen anderen Beruf auszuüben als den des Lehrers im öffentlichen Schuldienst, eine Laufbahn, die er verabscheut.

An eine der Säulen in der Halle gelehnt, plauderten wir miteinander, als ich ein verdächtiges Individuum um meinen Koffer herumschleichen und Blicke, die mir nichts Gutes verrieten, nach allen Seiten werfen sah. Außer meinen Hemden und einer Hose befand sich in meinem Gepäck das Manuskript meines letzten größeren Gedichts. Es wäre sehr ärgerlich für mich gewesen, diese paar Blätter zu verlieren. Unschlüssig, wie ich mich verhalten sollte, versuchte ich diskret, die Aufmerksamkeit meines Gesprächspartners auf dieses wunderliche Gebaren zu lenken. Er folgte meinem Blick, erklärte von oben herab: »Oh, das ist nur ein Schudra!« und wandte sein edles gebräuntes Gesicht in eine andere Richtung.

Was zu befürchten war, trat ein. Der Schudra, Hindu einer niedrigeren Kaste, aber deswegen nicht minder flink in seinen Bewegungen, hob meinen Koffer auf und entfernte sich in aller Seelenruhe, dem zum Trotz, den sein höherer Rang zu einer gleichmütigen Passivität verurteilte. Auf meinen Brahmanen und seine Würde pfeifend, lief ich zu einem Pförtner, der die Halle durchquerte. Er deutete auf den Empfangsschalter, hinter dem mich ein Portier an einen Boy verwies, der die einzige Person im Hotel suchen ging, die befugt war, mit Dieben zu verhandeln, weil er der christlichen Religion angehörte.

Unnütz hinzuzufügen, daß mein Koffer verschwunden war, bevor ich mein Anliegen ganz vorgebracht hatte. Eine Vorschrift von unbedingter Strenge teilte die Zuständigkeiten und die Vorrechte unter dem Personal des *Tadsch Mahal* gemäß der Kaste und der Religion jedes einzelnen auf. Die Pförtner haben, da sie Sikhs sind, weder das Verlangen noch die Möglichkeit, an Stelle des Portiers einzugreifen, die alle Parsis sind, während sich die Boys wiederum, die aus den Dschainas rekrutiert werden, nicht in Dinge einmischen dürfen, die den Buddhisten oder den Muselmanen obliegen.

Zumindest glaubte ich, diese Belehrung einigen lakonischen Erläuterungen entnehmen zu können, die ich meinem Gastgeber entlockte. Er lud mich ein, eine Tasse Tee mit ihm zu trinken. »Klären Sie mich ein wenig über Ihre Götter auf«, bat ich ihn, während ein Kellner zwei Tassen aus feinstem Porzellan und eine mit einem Elefanten verzierte Teekanne auf einen Kampeschetisch zwischen uns stellte. »Wer ist Wischnu? Wer ist Schiwa?« Als einzige Antwort hob er die Teekanne auf, füllte meine Tasse und goß auch dann noch weiter, als sie schon voll war. Die Flüssigkeit lief in die Untertasse. »Ich verstehe Sie«, sagte ich. »Sie bedeuten mir mit diesem Wink, daß mein Kopf bis obenhin voll mit westlichen Gedanken nach Indien gekommen ist. Ich muß ihn leeren, bevor ich ihm die Anfangsgründe einer neuen Philosophie zuführe.« Er verzog die Lippen zu einer zustimmenden Miene, verstieg sich aber nicht dazu, einzuräumen, daß ich hinsichtlich des Verzichts auf meine Habe und meines Willens zur Erneuerung meinen Nachweis erbracht hatte. War es etwa nichts, daß sich ein Reisender, der gekommen war, sich mit der Hinduweisheit und mit der Gleichgültigkeit gegenüber den Dingen dieser Welt vertraut zu machen, seines Gepäcks berauben ließ?

Das *Tadsch Mahal* ist nur ein Mikrokosmos von Indien. Man stößt überall in diesem Land auf magische Spezialisierungen, die die Menschen hermetisch abgrenzen. Mangels Registern, in denen ihre Namen und ihr Familienstand vermerkt sind, fragen sie sich, welchen Platz sie in der Gesellschaft einnehmen. Ein jeder verspürt das Bedürfnis, sich irgendwelche äußerst beschränkte Aufgaben aufzuerlegen und eine kleine Anzahl von Verrichtungen, die ihm das unerläßliche Minimum an eigener Sicherheit verschaffen, bis zum Überdruß zu wiederholen.

Die stolzen Brahmanen sind nicht die einzigen, die Verbote streng einhalten. Der elendeste Pöbel lebt eingebunden in die minutiöse Beachtung widersprüchlicher Riten und absurder Vorschriften. So habe ich in einem billigen Restaurant, das von einer Sekte niedrigster Rangordnung besucht wird, festgestellt, daß sich beim Essen alle nur der linken Hand bedienen. Das war eine Prozedur, die alles andere als angenehm war, kam es doch darauf an, einzig und allein mit Hilfe der Finger dieser Hand (Gabel und Stäbchen waren laut ihren Regeln ebenfalls untersagt) eine kleine Menge Reis zu fassen, sie zu einer Kugel zu formen, die Kugel in eine fette Currysauce zu tunken und dann zum Munde zu führen, ohne daß sie auf dem Weg auseinanderfällt. Ich glaubte zunächst, daß diese über ihren Schalen beschäftigte Menge von Linkshändern wegen einer merkwürdigen Wette in stummer Konkurrenz miteinander handelten, aber ich wußte jetzt genug über Indien, um die Wahrheit zu begreifen. Automatisch eine anscheinend sinnlose Handlung zu wiederholen bewahrt die Menschen vor dem Taumel des Nicht-Seins, und sie haben nur dieses lächerliche Mittel zur Verfügung, um der Dezentralisierung und der Spaltung zu entrinnen.

Damit entfiel ein Teil meiner Kritik an dem, was ich vor meiner Reise den in Europa üblichen kleinbürgerlichen Individualismus genannt habe. Letztlich bleibt, sind erst einmal der Name, die Identität, der feste Wohnsitz (statt des hier hochgeschätzten Wanderquartiers) sowie all das gesichert, was ich verächtlich mit dem Begriff »häusliche Klausur« bezeichnete, um so mehr Platz für die innere Freiheit, die man jeden Tag, jede Stunde braucht, um seine Existenz durch stereotype und unveränderliche Verrichtungen zu beweisen, wie jene unglücklichen Waischjas, die verpflichtet sind, ihre rechte Hand auf den Knien zu lassen, während ihnen die Currysauce vom Kinn tropft.

Das ist einer der Gründe, die mich bewogen haben, Monteverde gegen die komfortablere und geräumigere Wohnung in der Via Eufrate einzutauschen, wo ich endlich die für die Tausende von Büchern meiner Bibliothek erforderlichen Wandflächen gefunden habe. Weitere Ursachen, die du noch erfahren wirst, haben mich zu dieser Entscheidung gedrängt. Nicht ganz unbeteiligt daran war aber nach meiner Rückkehr aus Bombay auch die Überzeugung, daß man eine unglaubliche Menge an geistiger Energie spart, wenn man sich einen privaten Bereich einrichtet, der alles bietet, was den Kopf frei hält für Dinge, die es wert sind. Materialismus des Weisen. Zu den anstrengendsten Riten in Indien zählen alle, die mit der Ernährung und der Küche zusammenhängen. Wieviel Zeit wird mit der mühsamen Arbeit vergeudet, die Speisen auszusuchen und zuzubereiten! Ich brauche nur meinen Miele-Kühlschrank von fatal kapitalistischem Renommee zu öffnen, um mir aufs Geratewohl eine Scheibe Schinken oder ein hartgekochtes Ei herauszunehmen, ich muß dabei nicht aufhören, mir die Verse herzusagen, die ich soeben geschrieben habe, und kann sie in Gedanken vervollkommnen.

Doch als ich dir sagte, daß ich meine »Bestrafung« jenseits der Meere gefunden habe, bezog ich mich auf andere

Aufenthalte, nicht mehr in Asien, sondern in Afrika. Laß mich aber zunächst den Bericht über meine erste Reise beenden, bei der Ereignisse, die meinem Bewußtsein unklar waren, als sie sich zutrugen, auf ihre Art die Zukunft vorbereiteten.

Als ich aufbrach, um einen Dokumentarfilm über Indien, das heißt über den Hunger in Indien, zu drehen, fragte ich mich: Wie die abstoßenden Klischees vermeiden? Doch mein Freund, der Brahmane, unnachsichtig und streng, ein solcher Prinzipienreiter, daß er nichts Unwürdiges getan hätte, um der italienischen Literatur ein Gedicht zu bewahren, brachte mich auf den erforderlichen Dreh. Eines Tages, erzählte er mir, zu Zeiten der Engländer, verließ der Maharadscha von Dschaipur seinen Palast, um seine Besitzungen zu inspizieren. Schnee bedeckte das Land mit einem weißen Mantel. Tigerjunge hatten sich mitten in der wüstenartigen Weite einen provisorischen Unterschlupf gesucht. Unter kümmerlichem Buschwerk kauernd, waren sie dem Hungertod nahe und stießen schwache Klagelaute aus. Der große Herr empfand tiefes Mitleid mit den Kreaturen. Er begann zu beten. Am Ende seiner langen Anrufung entließ er seine Begleitung, entledigte sich seiner Kleider und gab sich den Tieren zum Fraß hin, die ihn mit ihren jungen Zähnen zerrissen, während er fortfuhr zu beten.

Der Opfertod des Prinzen beeindruckte mich so außerordentlich, daß ich mich, ohne mich damit aufzuhalten, die Gründe für meine innere Unruhe zu erforschen, auf der Stelle entschloß, diese Legende, trotz des Anachronismus eines solchen Szenariums, für meinen Film zu verwenden. Mit meiner Truppe und dem Material reiste ich in die heilige Stadt Benares, wo man die Leichen auf den zum Ganges hinunterführenden Stufen verbrennt. Diese Zeremonie spielt sich in einer friedlichen Atmosphäre ab: einer Mischung von fatalistischer Feinheit und gelassenem Formalismus, die diesen Bestattungen die Angst vor dem Tode nimmt. Ein jeder denkt im Grunde seines Herzens an die Glückseligkeit des Verstorbenen, dessen Seele nicht zögern wird, sich in einem anderen Körper für ein glücklicheres Leben zu reinkarnieren. Deshalb schien mir kein Ort geeigneter für die Hoffnung, die ich nährte.

Ich baute meine Kamera auf den Stufen eines Tempels auf und wandte mich an einen Straßenjungen, der mit großen schwarzen Augen vor dem Apparat stand. Ich hatte meine Frage vorbereitet und stellte sie ihm, nachdem ich seine Kameraden, die sich in Trauben um uns drängten, zum Schweigen gebracht hatte. »Wenn ein Tiger hier, vor dir, vor Hunger im Sterben läge, würdest du ihm deinen Körper zu fressen geben?« Sein Gesicht leuchtete auf, eine Doppelreihe spitzer Zähne erschien zwischen seinen zu einem breiten Lächeln geöffneten Lippen. Ohne zu zaudern, antwortete er: »Ja, ich würde es tun.«

Ich hätte mich mit dieser Offenheit begnügen können, sie vereinbarte sich mit meinem innersten Gelöbnis. Doch mir schien, daß bei diesem so klaren, so strahlenden Ja der Wunsch, dem Fremdling gefällig zu sein, weitaus mehr ins Gewicht fiel als die Sorge, den Sinn der Frage richtig zu erfassen. Der kleine Junge würde auf jede meiner Fragen, welche auch immer, zustimmend antworten; nicht wegen eines Trinkgeldes – er hielt in keinem Augenblick die Hand hin –, sondern um mir einen Beweis für seinen umgänglichen und dienstbeflissenen Charakter zu geben. Nun, ich für meine Person – nach wie vor von dieser Tigerphantasie ergriffen –, ich legte unbedingten Wert darauf, einen Gesprächspartner zu finden, der in voller Kenntnis der Sachlage und aus innerster Überzeugung bereit wäre, das Opfer zu bringen.

Vor der Tür eines Klosters fragte ich einen Ordensbruder: »Wenn ein Tiger hier, vor Ihnen, vor Hunger im Sterben läge, würden Sie ihm Ihren Körper zu fressen geben?« Der Asket, der nur noch einen einzigen Zahnstummel in seinem schwarzen Mund hatte, schüttelte den Kopf und sagte zu mir: »Der Maharadscha von Dschaipur hegte eine grenzenlose Zuneigung zu den Lebewesen. Er hat sich geopfert, um andere Leben zu retten.« – »Aber«, begann ich wieder, ohne Rücksicht darauf, daß meine Hartnäckigkeit ungebührlich war, »wenn vor Ihrer Pforte wieder Tiger lägen, die vor Hunger stürben, würde sich einer unter Ihnen befinden, der bereit wäre, sie mit seinem Fleisch zu sättigen?« – »Sie dürfen die Legenden aus der Zeit vor der Unabhängigkeit nicht wörtlich nehmen«, erwiderte der Mönch. »Die Geschichte des Maharadscha von Dschaipur lehrt uns die Kunst der Barmherzigkeit.«

Ich steckte einen großen Betrag in Rupien in den Opferstock. Der heilige Mann, dessen zerlumpter Burnus den skelettartigen Körper kaum bedeckte, glaubte ohne Zweifel, seine Ratschläge hätten mich erbaut und ich bewiese ihm meine Dankbarkeit mit diesem Geschenk. Er hätte wohl nie und nimmer erraten, daß ich, im Gegenteil zutiefst enttäuscht und mir zugleich bewußt, eine absurde Antwort zu verlangen, mit dieser Gabe die Gnade erflehte, einem minder Verstockten zu begegnen.

Könnte es sein, daß bei einem lebenden Maharadscha der Opfermut noch vorhanden wäre? fragte ich mich. Ich erwirkte eine Verabredung mit dem Prinzen von Mirzapur. Er hatte eine Leinentunika angelegt und einen Nandu-Federbusch an seinen Turban gesteckt. »Aller Wahrscheinlichkeit nach würde ein Maharadscha die Tiger in seinen Palast bringen lassen und ihnen zu fressen geben«, sagte er zu mir. – »Aber wenn er zutiefst religiös wäre und sie mit seinem eigenen Fleisch nähren wollte . . .« – »Ja, aus religiösen Gründen könnte der Fall eintreten.« – »Aber heutzutage«, beharrte ich, ohne zu berücksichtigen, daß lediglich die größte Höflichkeit meinen Gastgeber daran hinderte, den Quälgeist vor die Tür zu setzen, »wäre heutzutage eine solche Geste möglich?« – »Heutzutage? Nein, das glaube ich nicht«, antwortete er mit einer gewissen Schroffheit, er, der im Gegensatz zu dem zuvor befragten kleinen Jungen keinen Grund hatte, sein Mäntelchen nach dem Wind zu hängen.

Damit war unsere Unterhaltung beendet. Aber nicht die Traurigkeit, die mich angesichts der Gewißheit befiel, daß niemand in diesem riesigen Land die mystische Freude, von einer Raubkatze verschlungen zu werden, über den Selbsterhaltungstrieb stellen würde.

Am Abend, nachdem ich der Truppe freigegeben hatte, zog ich auf Abenteuer fern vom Herzen der Stadt aus, angelockt wie immer von den abgelegensten und einsamsten Vororten. Was suchte ich, wenn ich in diesen unsicheren Gegenden umherstreifte, in denen das Wasser zu undurchsichtig ist, als daß sich die kümmerlichen Zweige der Sträucher in ihnen spiegelten? Wovon träumte ich? Du wirst es mir nicht glauben, wenn ich dir gestehe, daß mein nächtlicher Abstecher auf die andere Seite der Brücken von Benares kein bestimmtes Ziel hatte, zumindest nicht das Ziel, das man auf meinem Gesicht geschrieben sieht, wenn ich unter den Pinien von Villa Borghese oder an den buschigen Hängen des Kapitols auf Jagd gehe. Muß ich es bekennen? Ich hätte die Vorsicht der modernen Inder wiedergutmachen, den Tigern Genugtuung geben, mich zwischen ihre Pranken werfen, mich ihren Fängen zum Fraß anbieten mögen ... Verrückte Hirngespinste ... Das Seltsamste dabei ist, daß sich in meinen Gedanken weder Gewalttätigkeit noch Schmerz mit diesem Opfer verbanden, sondern eine unsagbare Wollust. Gleichzeitig versuchte ich mich zu erinnern, wo mich dieses Bild von dem Tiger und der Menschenmahlzeit schon derart beeindruckt hatte.

Ich war noch dabei, in weit zurückliegenden schwachen Erinnerungen zu stochern, als ein klappriger alter Millecento mit einem Trupp verwegener Kerle aus dem Schatten auftauchte. Das Gefährt hielt mit herausforderndem lautem Gehupe direkt auf mich zu. Diese Drohung, die ich bei jungen Faschisten, die mir auf der Piazza San Babila in Mailand aufgelauert hätten, als lächerlich und trivial empfunden hätte, schien mir hier hingegen eine vom Himmel gesandte Gnade. Augenblicklich verstand ich, warum ich den Ausflug in diesen alten Park mit den verdächtigen Schlupfwinkeln, einem Zufluchtsort von Vagabunden und Diebsgesindel, gewagt hatte. Aus meiner gefügigen Haltung konnten sie ersehen, daß ich nicht daran dachte, zu fliehen noch mich zu wehren. Aufrecht und unbewegt vor den Scheinwerfern, die Arme in dem Drang nach Unterwerfung ausgebreitet, so gab ich mich in ihre Hände.

Sie setzten sich im Kreis um mich, ohne ein Wort zu sagen. Als letzter gesellte sich der Fahrer zu ihnen, nachdem er aus dem Kofferraum einen in einen Lappen eingewickelten länglichen Gegenstand herausgeholt hatte, den er neben sich ins Gras legte. Ich zählte sie: Sie waren sieben, alle mit glattrasierten Köpfen und hageren, finsteren Gesichtern, in denen weitaufgerissene Augenpaare, die starr auf die meinen gerichtet waren, wie Karfunkel leuchteten. Sie deuteten ein zunächst schüchternes Lächeln an, dann öffneten sie freimütig die Lippen. Ihre nervösen Hände mit den spitzen Nägeln zupften die Falten ihrer Tuniken auf ihren Knien zurecht. Zwei von ihnen trugen rote Blumenketten um den Hals. Ich erwiderte ihr Lächeln und neigte den Kopf zum Zeichen des Einverständnisses. Bis zu welcher Finesse würden sie die Geheimnisse orientalischer Höflichkeit treiben, ehe sie über ihr Opfer herfielen, um es zu verprügeln und auszurauben?

So vergingen mindestens zehn Minuten, in denen wir stumm einander anschauten und die gegenseitige Neugier anwachsen ließen. Nachtvögel schwebten mit ihren hellen Schwingen über den Büschen, und vom Fluß her hörte man in Intervallen das rauhe Brüllen von Wildkatzen. Den Burschen in dieser Einsamkeit und ohne Zeugen ausgeliefert, fragte ich mich, welche Geste das Signal zum Angriff geben würde. Vielleicht ein einfaches Augenzwinkern? Eine Bewegung des großen Zehs in der Riemchensandale? Schließlich packte der zuletzt Gekommene das Instrument aus, das er mitgebracht hatte: eine Flöte, soviel ich zu erkennen glaubte, eine gerade Flöte, aus einem Elfenbeinrohr geschnitten und mit erhabenen Querverzierungen. Sie ließen sie von Hand zu Hand gehen, als zauderten sie, bevor sie sich entschieden. Einer von den beiden, dessen Brust Blumen bedeckten, behielt sie längere Zeit und drehte sie zwischen den Fingern. Seine Kameraden sprachen ihm Mut zu. Er setzte das Mundstück an die Lippen und begann zu spielen; eine alte, volkstümliche Weise, abgehackt, holprig, kläglich, die in einem flehentlichen Triller versiegte. Man hätte meinen können, die ganze Geschichte Indiens, die Jahrhunderte seiner historischen Schicksalsschläge und seiner Naturkatastrophen entfalteten ihre Klagen in dieser Melodie. Und doch brach in einer schier endlos hingezogenen röchelnden Tonfolge, von flink sich bewegenden Fingern und anhaltendem Blasen des Instrumentalisten erzeugt, der alte Stolz eines Volkes durch, dem die ständige Tragödie des Elends, der Hungersnöte, der Epidemien, der Überschwemmungen weder seine Anmut noch seine Würde nimmt.

Der junge Mann hatte sich erhoben, um seinem Lied mehr Klangfülle zu geben. Seine Kameraden, die nach wie vor um mich herum saßen, folgten jeder Modulation der Melodie mit zustimmendem Nicken ihrer geschorenen Köpfe. Einer oder zwei schlossen die Augen, aber die anderen suchten meine Blicke, um sich zu vergewissern, ob ich die Botschaft auch richtig erfaßte – die ich, mich von meinem Irrtum und von meiner Scham über ein solches Mißverständnis erholend, ungefähr wie folgt übersetzte: O Fremdling, wir sind dir unhöflich entgegengetreten, weil wir nicht wußten, ob die Töne einer armseligen Flöte, das einzige Geschenk, das wir dir machen können, ausreichen würden, deine Aufmerksamkeit zu erregen. Du wirst bald in dein Heimatland zurückkehren, in dem die Ortschaften aus Steinen erbaut sind und nicht aus Kuhfladen, in dem die Anzahl der Kinder nicht zehnmal größer ist als die Handvoll Reis, in dem nicht Pest und Cholera vor den Türschwellen lauern. Beurteile uns nicht allzustreng, uns, die wir nur Flöte spielen, unsere einfache Zärtlichkeit, unsere Liebe zur Welt nur durch die Musik auszudrücken vermögen ...

Lange breitete sich der Singsang in der lauen Nacht aus. Er streichelte die schmutzigen Grasbüschel, stieg empor zum Sternenhimmel, senkte sich in Spiralen wieder herab, fing sich in den Zweigen, wogte vor den weitaufgerissenen Augen der jungen Inder, die jeder Note nachhingen. Zu guter Letzt standen sie auf, neigten schüchtern das Haupt und fuhren in ihrem Auto wieder davon, auf der Spur, die Karrenräder in den ausgetrockneten Schlamm gezogen hatten. Eine Begegnung, an die ich eine unvergessene Erinnerung bewahrt habe, wobei ich jedoch bedaure, daß ein so wertvolles Geschenk einem Mann zuteil geworden ist, der von allzu vielen Leidenschaften gebeutelt wird, um seine Seelenruhe bei einem Konzert zu finden.

39

Habe ich dir erzählt, wann mein Vater gestorben ist? Am 19. Dezember 1958, zweieinhalb Monate nach Pius XII. Ein Ereignis, das ich weit früher hätte erwähnen müssen. Wo hatte ich bloß meinen Kopf? Er ächzte, brüllte, das Delirium seiner Agonie glich einem seiner üblichen Tage. Er krümmte sich, die Augen weit aufgerissen, in einem schrecklichen Krampf, hob mit einer letzten Anstrengung seinen kahlen Kopf, als wollte er uns verfluchen, und fiel dann tot zurück. Mama, eingedenk des uralten Brauchs in Casarsa, machte sich Vorwürfe, nicht einige Stellen der Matratze mit der Schere aufgeschnitten zu haben. Die Seele schwingt sich mühsamer zum Himmel empor, wenn man ihr nicht einen Durchlaß schafft.

Ich hatte nie wieder an meinen Vater gedacht, bis zu dem Tag, an dem ich, vier Jahre nach meinem Indientrip – inzwischen war ich im Sudan, in Ghana, Nigeria, Guinea, Israel, Jordanien gewesen, dann abermals im Sudan und in Zaïre – eine lange Rundreise, diktiert, das war zumindest meine Ansicht, von anfallenden Besprechungen und Motivsuchen für meine Filme –, bis zu dem Tag also, da ich in Nairobi, der Hauptstadt Kenias, landete.

Ich hatte ein ausgewählteres Sortiment von Sakkos und Hosen als gewöhnlich mitgenommen. Ich begab mich nämlich zu einem offiziellen Besuch nach Nairobi, auf Einladung des Staatschefs. Man wollte im Laufe des ersten panafrikanischen Filmfestivals meinen soeben in Venedig preisgekrönten Streifen über das Evangelium vorführen; nach der üblichen Kampagne von Verleumdungen und Beleidigungen, zu denen ein jedes meiner Werke Anlaß gegeben hat. Faule Eier, Fenchel, Schmähungen vor dem Festspielhaus; Schreie, Pfiffe, gemeine Drohungen im Saal; Tomaten, und immer wieder Fenchel, Faustschläge am Ausgang. Unter einem Foto mit dem Judaskuß veröffentlichte *Il Secolo d'Italia* folgendes: »Beobachten wir den sinnlichen Ausdruck des Lastwagenfahrers aus Trastevere, der den Verräter personifiziert. Wir glauben, daß Maß ist voll und die Justiz muß eingreifen. P. P. P. und seine Anhänger mögen sich untereinander küssen, soviel sie wollen, aber sie sollen ihre Sitten nicht auf die Protagonisten der Weltgeschichte übertragen.« Als parteilicher denn je entpuppte sich in diesem Fall die Presse, denn wenn man einen Fehler in meinem Film finden konnte, dann wäre es im Gegenteil die außergewöhnliche Zurückhaltung gewesen. Ich habe einen asexuellen und weltfernen Christus gefilmt, gemäß der Tradition der Maler des Mittelalters und der Renaissance. Zudem sublimiert durch die Musik von Bach und von Mozart, deren himmlische Harmonien hundert Fuß über der Erde schweben. Johannes nimmt keinen Vorzugsplatz unter den Aposteln ein. Man sieht ihn nicht ein einziges Mal sein Haupt an Jesu Brust lehnen! Ich habe die Gelegenheit versäumt, das Evangelium über einen Punkt zu befragen, der sehr unklar und beunruhigend bleibt.

Ein kleinmütiges Werk, jawohl, dessen mich zu rühmen ich keine Veranlassung habe. Klassische, von seiten eines Cineasten schwer zu rechtfertigende Bildersammlung, die Zeffirellis süßliche Darstellung in ihrem Grabe umdrehen würde. Ich wage indes einen mildernden Umstand ins Feld zu führen; die auf einen Skandal lauernden Journalisten haben ihn nicht einmal vermutet. Wer hat die Maria im letzten Teil des Film verkörpert? Ich hatte keine Schauspielerin verpflichtet, sondern ... Mama persönlich ausgewählt. Sie ist es, die der in Tränen aufgelösten Madonna ihr schönes und sanftmütiges Antlitz mit den tausend von einem schon langen Leidensweg eingekerbten Falten lieh. Ich habe den Film für sie gedreht, und ihr habe ich ihn gewidmet. Wo anders als im Evangelium findet man den Vorwurf, die Geschichte einer Liebe zwischen Mutter und Sohn zu beschreiben? Die Zukunft würde lehren, daß es kein Mißbrauch der Heiligen Schrift war, die Passion selbst in unser privates Drama einzubeziehen.

Ich konnte nicht das Risiko eingehen, Mama dadurch zu schockieren, daß ich Christus oder einige seiner Jünger in zweideutigen Stellungen zeigte, auf die sie weder ihr kindlicher Glaube der Furlaner Bäuerin noch die vorzeitige Opferung jeder physischen Erregung in ihrem Leben noch das vorbereitet hatten, was sie von den Gewohnheiten ihres Sohnes sah. So spät er auch heimkommen mochte, er war immer allein und schlief in einem Einzelbett, dessen Laken, kaum zerwühlt vom Schlummer einer keuschen Nacht, sie allmorgendlich glattstrich. Sittsam mußte mein Film sein, sittsam war er vom ersten bis zum letzten Bild. Um so schlimmer, wenn dieses Werk alle die enttäuschte, die von dem »verdammten« Autor eine mutigere Auslegung des Evangeliums erwartet hatten. Das Internationale Katholische Filmbüro erkannte mir seinen Großen Preis zu. Eine Auszeichnung, die mich kaum berührte, Mama aber so stolz machte, daß ich liebend gern weitere kleine Schandtaten begangen haben würde, um sie so glücklich zu sehen.

Sie half mir meinen Koffer für Kenia packen. Nicht verwunderlich, daß ich angesichts der laut Programm eingeplanten Empfänge reichlich Garderobe mitnahm. Mama, so schien mir, wählte mit ungewohnter Sorgfalt auch die Hemden und die Krawatten aus, die ihrem Sohn bei den jeweiligen Gelegenheiten am besten stehen würden. Koketterie war indes nicht mein Gebiet, und was die Geselligkeit betrifft, so legte ich überhaupt keinen Wert darauf; Mama wußte das ebensogut wie ich. Ich hatte schon an manch anderen offiziellen Veranstaltungen und an mehr als einer Galafilmvorführung teilgenommen, ohne mich in Unkosten für Kleidung zu stürzen. Warum freuten wir uns dann so kindlich: sie bei der Vorstellung meiner baldigen Erfolge in der seit zwei Jahren unabhängigen ehemaligen englischen Kolonie, ich beim Zusammenlegen der eigens bei Valentino, unten an der Piazza di Spagna, gekauften Jacke aus elfenbeinfarbenem Alpaka in ihre Schutzhülle?

Die Antwort wurde mir am Abend meiner Ankunft auf den Rasenflächen des italienischen Konsulats gegeben. Für den Eröffnungscocktail hatte ich meinen weißen Smoking angezogen. Die Menge der Gäste drängte sich im Garten hinter dem außerordentlich zauberhaften Haus im viktorianischen Stil. Eingeschüchtert und mich unbehaglich fühlend, stand ich auf der Freitreppe, mein Glas in der Hand, ohne die mindeste Absicht, meine Lippen mit dem anspruchsvollen und stark alkoholhaltigen tropischen Mixgetränk anzufeuchten. An eine der weißen Säulen gelehnt, die den eleganten Giebel trugen, betrachtete ich die Pracht der feuchtwarmen afrikanischen Nacht. Der Konsul löste sich aus einer Gruppe junger Damen mit Spitzenhüten und lud mich ein, zu ihm herunterzukommen. Er war ein ehemaliger Offizier der königlich-italienischen Armee, der seine ganze Laufbahn in Ostafrika erlebt und es nach dem Krieg verstanden hatte, in die Diplomatie einzusteigen. Ein leutseliger und redegewandter Mann, der sich in Allgemeinplätzen und lateinischen Zitaten ausdrückte, wobei die eine Hand über sein nach Art von De Bono gestutztes graugesprenkeltes Kinnbärtchen strich, während die andere mit seiner goldenen Uhr spielte, die in einer Westentasche über seinem wohlgerundeten Bauch stak.

»Pier Paolo«, sagte er zu mir, seinen Arm unter den meinen schiebend, »gestatten Sie, daß ich Sie so anrede, mein Alter berechtigt mich, mir diese Freiheit zu nehmen ... und außerdem die Tatsache, daß ... Apropos, lebt Ihr Papa noch?«

»Er ist tot, Herr Konsul.«

»*Sic transeuntur anni*! Wir sind zusammen in Gefangenschaft gewesen, genau hier in Nairobi. Ich kann sagen, daß ich mich revanchiert habe!« erklärte er, sich mit seinen beiden kurzen Beinen mitten auf dem Rasen aufpflanzend. »Aber Sie selbst, he? Sie müssen nicht böse gewesen sein, als Sie vom Abzug der Briten gehört haben?«

Er zwinkerte mir über sein Glas zu, aus dem er kleine befriedigte Schlucke nahm.

»So trinken Sie doch! Stoßen wir an auf das Andenken Ihres armen Papas!«

»Verzeihen Sie«, sagte ich, »Alkohol ...«

»Gut! Sehr gut, mein junger Freund! *De gustibus et coloribus* ... Erzählen Sie mir ein wenig über Ihr Leben ... Ich folge Ihnen aus der Ferne, müssen Sie wissen ... Oh, ich behaupte nicht, alle Ihre Bücher gelesen zu haben ... Ich werde wieder mit dem Lesen anfangen, sobald ich meinen Abschied genommen habe ... Mit ausgeruhtem Kopf ... Was mich indes nicht daran hindert, völlig auf dem laufenden zu sein. Ich weiß, daß Sie großartigen Erfolg gehabt haben.«

Bei diesen letzten Worten fühlte ich, daß ich wider Willen errötete. Die rosa Flüssigkeit zitterte in meiner Hand, und um meine Verwirrung zu verbergen, mußte ich tun, als tränke ich einen Schluck.

»Großartigen Erfolg!« wiederholte er. »Man braucht Sie nur anzuschauen, so wie Sie gekleidet sind ... Der teuerste Schneider von Rom, wie? Erlauben Sie mir, Ihnen zu gratulieren ... Sie sind der beste Botschafter der italienischen Kultur, den ich je in Nairobi empfangen habe. Unter uns, Ihre intellektuellen Berufskollegen ... Meisterschlamper!«

Ich hätte gern die Gewißheit gehabt, daß meine Geniertheit nur von der geschwätzigen Vertraulichkeit und vom abgeschmackten Redefluß meines Gesprächspartners herrührte. Zwei oder drei seiner Gäste heranwinkend, die an uns vorbeispazierten, rief er sie zu Zeugen meines »glänzenden Erfolges« an, wie zu wiederholen er nicht aufhörte. Ich stand wie auf glühenden Kohlen und antwortete mit einem gezwungenen Lächeln auf die Komplimente einer Dame, die in ihrer Handtasche wühlte, auf der Suche nach einem Stück Papier, um mir ein Autogramm abzunötigen.

»Sein armer Papa wäre stolz gewesen!« fuhr der Gastgeber unbeirrt fort, ohne zu ahnen, daß mich eine so harmlose Bemerkung bis in die verborgenste Tiefe meiner Seele erschütterte. Denn mit seinem gesunden Menschenverstand hatte er soeben eine Wahrheit ausgesprochen, die zu verschweigen ich mich bis dahin bemüht hatte, obwohl ich mir einbildete, mich zu kennen.

»Carlo Alberto hat kein Glück gehabt, ja, das kann man wohl sagen. Vier Jahre hinter Stacheldraht, dann die Rückkehr in sein Vaterland, in dem für Menschen mit seiner Vergangenheit kein Platz mehr war. Ich wette, daß sich der Sohn heute berufen fühlt, die seinem Vater zugefügte Ungerechtigkeit wiedergutzumachen. Wer ist damals kein Faschist gewesen, können Sie mir das verraten?«

Die Dame und der beleibte Herr in ihrer Begleitung schüttelten den Kopf und hatten keinerlei Bedenken, ihm zuzustimmen. Ich war erleichtert, als die Diskussion auf die Politik überschwenkte und eine allgemeine Wendung nahm. Ich hatte das Bedürfnis, mich zu beruhigen und kalten Blutes über die kurze Rede des Konsuls nachzudenken. Warum fühlte ich mich, statt die Achseln über seinen Wortschwall zu zucken, in der schimpflichen Lage eines Menschen, dem man soeben bewiesen hat, daß er stets nur gelogen hat?

Während der beleibte Herr von seinen Feldzügen unter General Badoglio erzählte und die Dame, nachdem sie ein Stück Papier gefunden hatte, weiter in ihrer Handtasche herumkramte und einen Füllhalter suchte, war ich bemüht, mich wieder zu fassen . . . Schau mal, du hast mit Indien angefangen und Kenia als letztes Land gewählt, nachdem du vorher in den anderen Staaten Afrikas gewesen bist . . . Kaum hatte ich diesen Satz in Gedanken ausgesprochen, da begriff ich, daß ich abermals log ... Dergleichen Ausflüchte beweisen im Gegenteil die fixe Idee deiner Zielsetzung. Zweimal, aus dem benachbarten Sudan, wärest du fast eingereist. Aber um nach Nairobi zu kommen, mußtest du dich bereit fühlen. Bereit, als Sieger dort aufzutreten, wo dein Vater vier Jahre lang den Strafvollzug erduldete ... Neuer Einwand: Es ist aber nicht der weiße Smoking ... Blitzschnelle Antwort: Auch nicht dein Preis des Internationalen Katholischen Filmbüros? ... Ich biß mir die Lippen. Die Dame hielt mir einen kleinen guillochierten Goldfüller hin. Ich mußte ihn in alle Richtungen schütteln, ehe die Tinte floß. Eine willkommene Ablenkung, denn sie rechtfertigte mein Schwitzen inmitten dieser unter ihren transparenten Hüten so frischen eleganten Schönen. »Nicht einfach eine künstlerische Belohnung, immer verdächtig in den Augen von Militärs, sondern ein katholischer Preis, was einen Hauptmann rückhaltlos erfreuen kann.«

»Fühlen Sie sich nicht wohl?« fragte mich der Konsul.

Er sah, daß ich mit dem Batisttaschentuch über mein Gesicht wischte, das ich, ohne Rücksicht auf das von mütterlichen Händen zusammengefaltete hauchdünne Linon, aus der Brusttasche meines Jacketts hervorgezerrt hatte und krampfhaft in meiner Hand zerknüllte.

»Sie sind noch nicht an unser Klima gewöhnt ... Vorsicht! Niemals Leitungswasser ...«

Er begleitete mich bis zur Freitreppe, wo er einen Butler bat, mich in die Bibliothek zu bringen und mich dort in einen bequemen Sessel vor eine Tasse Kaffee zu setzen. Mich empfing ein komfortables und ruhiges Zimmer, beleuchtet von einer einzigen Lampe, die die hohen Ebenholzregale im Dunkel ließ. Statuetten von Negern und Stoßzähne von Elefanten schimmerten matt auf den Einlegebrettern. Ich nahm den Kopf zwischen beide Hände. Zu einer bittereren Bestätigung der Abhängigkeit hätte meine Überlegung nicht führen können.

... Dein Vater – wagst du noch, seine Bedeutung in deinem Leben zu leugnen? Du wünschst dir, daß er keinerlei Einfluß auf dein Verhalten gehabt habe, daß er verschwunden sei, ohne eine Spur an dir hinterlassen zu haben. Du liebst nur deine Mutter, und du erträgst den Gedanken nicht, daß ein anderer dazu beigetragen hat, dich so zu formen, wie du bist. Wohl oder übel mußt du es hinnehmen. Der, an den du nie denkst und den du ohne Gefühlsregung hast sterben sehen, er geht keinen Fußbreit von dir, er folgt dir wie ein Schatten. Insgeheim lenkt er mehr als eine deiner Handlungen. Woher hast du zum Beispiel diese ausschließliche Neugier für Schwarzafrika, ungeachtet der so vielgepriesenen Annehmlichkeiten des Maghreb? Welche Geringschätzung beziehungsweise welche Nichtachtung hat dich den Palmenhainen von Marrakech, den Oasen von Tunis ferngehalten? Warum wagtest du dich, einmal im Sudan und in Zaïre, nicht nach Kenia? Wie ist es zu erklären, daß du eine offizielle Anerkennung, eine Krone von deinen Landsleuten abgewartet hast, bevor du dich in dem Land zeigtest, in dem der Besiegte von Amba Alaghi den Schimpf und die Schande des Lagers ertrug? Wer zwang dich, deinen Sieg in Venedig im fernsten Winkel eines Kontinents zu feiern, der noch nicht in der Lage ist, einen einzigen Film zu produzieren? Öffne die Augen! Du, der behauptet, als freier Mensch zu handeln, losgelöst von deiner familiären Vergangenheit, du hast Nairobi nicht rein zufällig gewählt. Hat dich nicht vielmehr der ehemalige Gefangene von Admiral Cunningham an die Orte seiner Demütigung geschickt, um sich diese postume Rache zu verschaffen? . . .

Niedergeschlagen hob ich den Kopf. Was erblickte ich nach wenigen Sekunden, die ich brauchte, um meine Augen an das Halbdunkel zu gewöhnen, zwei Schritt von meinem Sessel entfernt auf einem kleinen runden Tisch, an die Bronzestatuette eines Pheul-Kriegers gelehnt? Eine Postkarte, die ich sofort erkannte: die genaue Kopie von der, ich hätte meine Hand dafür ins Feuer gelegt, die uns mein Vater nach Casarsa geschickt und die ich heimlich aus dem Papierkorb gefischt hatte, in den Mama sie mit der Gleichgültigkeit geworfen hatte, die sie allmonatlich der Post ihres Ehemannes entgegenbrachte. Das in all seinen Einzelheiten identische Bild des Abenteurers und des Tigers. Die Bestie hat bereits einen Teil ihrer Beute verschlungen, aber der unvorsichtige Jäger, von dem nur der Kopf und der Oberkörper aus der klaffenden Tiefe des Rachens herausragen, scheint, weit davon entfernt, über seinen Tod erschrocken zu sein, außerordentlichen Gefallen an seinem Martyrium zu finden.

Mit zitternder Hand ergriff ich die Karte, um sie aus der Nähe zu betrachten. Ich erkannte, makellos in meiner Erinnerung, jedes Merkmal der Szene wieder: das gefügige Lächeln des jungen Mannes, der aussieht, als böte er sich aus freien Stücken der Raubgier des Tigers an; das feste, gebräunte Fleisch des in dem zerrissenen Hemd aufleuchtenden Rumpfes; das gestreifte Fell des auf seine mächtigen Tatzen gestützten Tieres; die Palmen, die im Hintergrund der Wüste ihre biegsamen Wipfel zum gelben Himmel rekken; ein exotischer Vogel, auf einem Bambusstengel sitzend, der aus seiner zweifarbenen Kehle lauthals ein Lied aus zwei Tönen (angegeben in einer Sprechblase) zum Ruhme dieses festlichen Menschenfressers schmettert. Alle Empfindungen, die ich damals verspürt hatte, befielen mich aufs neue. Ich sah mich wieder, wie ich das Bild unter meinem Hemd forttrug und es ans Kopfende meines Bettes nagelte. Es war zu meinem Fetisch geworden. Jeden Abend vor dem Einschlafen richtete ich mein Gebet an das Raubtier. Es sprang auf, es rannte auf sein mehr als willfähriges Opfer zu. Wonnen der Angst und der Flucht ... Noch größere Wollust der Hingabe ... Hatte ich, ehrlich gesagt, seit jener fernen Zeit einen einzigen Tag aufgehört, unterschwellig das schöne Ungeheuer zu suchen, das mich zwischen seinen Fängen zerreißen würde?

Es lohnte sich nicht, im Laufe von mehr als zwanzig Jahren ein ausgefülltes und reiches Dasein gelebt zu haben; zweimal in die Kommunistische Partei eingetreten zu sein, siebzehn Bücher geschrieben und sechs Filme gedreht zu haben; ein Spezialist in der Dialektdichtung geworden zu sein; mir einen Namen, anständig oder verrucht, als engagierter Autor und Regisseur gemacht und die halbe Welt bereist zu haben; nach Indien gefahren zu sein und mit der Neugier eines Ethnologen die Legende vom Maharadscha von Dschaipur zusammengetragen zu haben; nein, es lohnte sich nicht, daß ich mir diese intellektuelle und politische Bildung angeeignet hatte – die aus einem anderen vielleicht einen von seiner Kindheit losgelösten Erwachsenen gemacht hätte –, um mit dreiundvierzig Jahren zu entdecken, daß die Geste meines Vaters an dem Tag, an dem er, im übrigen ohne jede Absicht, diese Botschaft in den Lagerbriefkasten einwarf, im Herzen seines Sohnes auf ewig Vergnügen und Kasteiung, genießerische Begierde und schuldhafte Unterwerfung vereint hatte.

Mein weiterer Aufenthalt in Nairobi? . . . Nun gut, es wird dich nicht wundern, daß er in keiner Hinsicht den ersten Schritten ähnelte. Sollte sich der Gehorsam gegenüber dem unklaren väterlichen Gesetz in Grausamkeit und in Blut erfüllen, dann war ich nicht nach Afrika gekommen, um mich mit harmlosen Abenteuern zu begnügen. Deshalb schlug ich die mehr oder minder eindeutigen Angebote verschiedener Boys des *Hilton* aus. Sie klopften an meine Zimmertür, steckten ihre schwarzen Fratzen durch den Spalt und traten, ohne meine Antwort abzuwarten, unter dem Vorwand ein, die Undurchlässigkeit des Moskitonetzes zu prüfen oder auf einem Tablett aus Palisanderholz geeiste Ananasscheiben zu bringen.

Der Konsul hatte geglaubt, gut daran zu tun, mich in diesem Palast einzuquartieren. Größere Genugtuung hätte demjenigen nicht widerfahren können, in dem er nicht nur »einen Fürsten der siebenten Kunst« ehren, sondern auch das Andenken an einen Freund hochhalten wollte. Dort, wo sich der Vater, von Fieberanfällen geschüttelt, mit einem Strohsack in der Ecke einer Baracke hatte bescheiden müssen, brauchte der Sohn nur den Schalter der Klimaanlage zu betätigen, um die Temperatur nach seinem Belieben zu regeln. Ein Sortiment von berauschenden Getränken, in der eingebauten Bar auf fünf Grad gehalten, würde auf angenehme Weise den Durst löschen.

»Luxus, Ruhe und Wollust, wie D'Annunzio gesagt haben würde. Obgleich es nicht das *Excelsior* am Lido ist, so glaube ich dennoch, daß Sie keinen Grund zur Klage haben.«

Lobenswerte Zuvorkommenheit, die bei meinem Gastgeber ein großzügiges Naturell anstelle literarischer Bildung bewies, aber auf mich nicht die erwartete Wirkung ausübte. Dieses Zimmer bedrückte mich. In der Tat, auch in Venedig floh ich das *Excelsior*, sobald ich konnte. Mein Geschmack hat mich stets zu den einfacheren Hotels hingezogen. In Nairobi fühlte ich mich besonders unbehaglich in dieser üppigen Umrahmung. Vielleicht wegen der Beharrlichkeit des Konsuls, den Vater mit dem Sohn zu vergleichen und überall von der ungewöhnlichen Schicksalswende bei den P... Dall'Onda zu erzählen. Wenn mir etwas fehlte, dann war es wohl die innere Freiheit, die notwendig war, um Nutzen von den Vorteilen zu haben, die mir der Erfolg bot. Gehörte ich zu jener Sorte Söhne, die das Bewußtsein, ihren Vater übertroffen zu haben, wie eine Gotteslästerung erschreckt?

Es ist immer so, daß ich meine Festkleidung nur so lange anbehalte, wie es die gesellschaftlichen Pflichten unbedingt erfordern. Wieder in Trikot und Jeans, die alten Baskets an den Füßen, schlüpfte ich bei Einbruch der Nacht durch den Küchenausgang hinaus. Armselige Schuppen, recht und schlecht mit Holz und Blech abgedeckt, erweiterten die Stadt bis zum Rand der Steppe. Die meisten waren mit Eisendraht und Pappstücken zusammengeflickt, aber mit einem Gitterzaun davor, als handelte es sich um Privatvillen. Ein Loch als Fenster, ein zweites als Tür. Das hatte ihre Besitzer jedoch nicht davon abgehalten, vor dem Eingang rote Stoffe mit schreienden Mustern auf Pfählen wie einen Baldachin aufzuspannen. Wo war das hübsche heimische Modell der Strohhütte geblieben? Als deprimierender Beweis für den Verfall der lokalen Bräuche durch den europäischen Einfluß, als eine Mischung entarteten Geschmacks und mittelloser Eitelkeit verschandelte diese Ansammlung von Baracken die grandiose afrikanische Abenddämmerung. Ich weiß indes nicht, welchen Reiz ich ihr abgewann, während ich meinem Ziel entgegenhastete; denselben ohne Zweifel, der mich zehn Jahre später dazu bewegen würde, den Idroscalo für meine nächtlichen Ausflüge zu wählen, ohne daß ich es nötig hatte, ein so schäbiges Milieu mehr als zehn Kilometer von meiner römischen Wohnung entfernt zu suchen.

Hinter den letzten Parzellen, am Rand der Savanne, brauchte ich nicht lange, um auf einer von Büschen eingerahmten Lichtung den Fußballplatz zu entdecken. Ebenholzfarbene barfüßige Riesen rannten hinter einem Ball her, dessen Umfang kleiner als üblich war. Schweiß glänzte auf ihren Oberkörpern und längs ihrer muskelbepackten Oberschenkel. Sie empfingen mich mit kurzem Gejohle. Ich entkleidete mich hastig und rollte meine Sachen zu einem kleinen Bündel zusammen, um die mit dem großen Zeh in den Sand gezogene Seitenlinie besser zu markieren.

Wir spielten – wenn man den anarchischen Tumult, der die beiden entfesselten Mannschaften zu einem einzigen Knäuel zusammenballte, so nennen darf –, solange uns ein Lichtstrahl schemenhaft die beiden Avodire-Stengel erkennen ließ, die am Ende des Feldes statt Torpfosten aufgestellt worden waren. Und danach ... Man müßte den Nachtportier des *Hilton* fragen, um welche Zeit ich an der Tür läutete; und wie viele Male er, erschrocken, mich mit blauen Flekken im Gesicht heimkehren zu sehen, mich ins Büro führte, um mir lauwarme Kompressen aufzulegen. Es gelang mir, die Blutflecke auf meiner Hose vor ihm zu verbergen. Zeigten sie sich auch auf dem weißen Baumwolltrikot, holte er aus seiner Tasche ein Schlüsselbund hervor, das er wie einen Palmwedel an seinem Ohr schwenkte, dann hüpfte er auf einem Bein dreimal im Zimmer rundherum.

Am ersten Abend, nach Spielende, als ich mich verabschiedet und den Heimweg zum Hotel angetreten hatte, waren sie hinter mir hergelaufen, hatten mich hinterrücks gepackt, zu Boden geworfen und mir ihren Willen aufgezwungen. Aber später diente sowohl mir wie auch ihnen der Fußball nur als Präludium und als Aufputschmittel. In dem Beutel, in den Mama meine Lackschuhe gesteckt hatte, transportierte ich alle Whisky-, Kognak- und Wodkaflaschen, die ich aus der eingebauten Bar meines Zimmers mitgehen ließ. Unter der Wirkung des Alkohols steigerte sich die Gewalttätigkeit meiner jungen Bantus bis zur Raserei. Ungeachtet des staubigen Untergrundes ging ein jeder brutal mit seinem ganzen Gewicht und mit all seiner Kraft vor. Um nicht zu schreien, mußte ich in das Erdreich beißen. Dann hörte ich, wund und keuchend, wie sie sich lärmend im Gebüsch aus dem Staub machten.

Jeden Morgen trat hinter der Putzfrau der Zimmerkellner ein, während ich noch im Bett lag, das Laken wegen des blauen Auges bis über den Kopf gezogen. Die Frau murmelte, daß sie wiederkommen werde, aber der Zimmerkellner ging, einen Teewagen vor sich her schiebend, zur Bar, um das Getränkesortiment aufzufüllen. Rätselhaft sind mir die Gedanken geblieben, die er angesichts der im Laufe einer einzigen Nacht erfolgten Plünderung in seinem Schädel wälzte. Angeborene Gleichgültigkeit oder angeeignete Trägheit – man wunderte sich wenig in dieser Stadt. Niemand dachte daran, mich zu fragen, warum ich bei den anschließenden Empfängen und selbst im Vorführraum meine dunkle Brille auf der Nase behielt.

40

An seinem Gang erkannte ich ihn sofort wieder. Tänzelnd, als hätte er Sprungfedern unter den Sohlen, die Hände in der Luft gegeneinanderschlagend, näherte er sich. Ich saß auf dem Rand einer Mauer in der Via Giulia. Die letzten Schüler des Liceo Virgilio machten sich auf den Heimweg, wie aus dem Ei gepellt, nach der letzten Mode frisiert, die Bücher von einem Riemen zusammengehalten. Ihr langes Haar fiel in seidigen Wellen bis auf die Schultern. Ich hörte sie kühn über Vietnam diskutieren, und der Name Marcuse flog hin und her zwischen den schmucklosen Palästen dieser Straße, in der einstmals Fürsten und Kardinäle wohnten. Er zockelte in seinem durch mehrfaches Waschen ausgeblichenen Nicki zu fünfhundert Lire an mir vorüber; das Haar kurzgeschnitten, den Nacken frei, eine Kiepe voll großer Brote auf dem Rücken. Ich sprang von der Mauer hinab, blieb dann aber wie angewurzelt auf der Stelle stehen, unfähig, mich zu rühren, eine Hand auf dem Herzen, um sein Klopfen zu unterdrücken. Hatte er mich erkannt? Hatte er mich bemerkt? Automatisch schickte ich mich an, ihm zu folgen.

»Laß dich leiten! Wirst schon sehen, wohin er dich führt.« Er führte mich in der Tat. Er lotste mich, wohin er wollte. Machte er halt in der Menge der Hausfrauen, die, mit Obst und Gemüse beladen, vom Campo de' Fiori heimkehrten, blieb ich zurück. Setzte er sich wieder in Bewegung, war ich sogleich hinter ihm, so dicht, daß ich auf der gebräunten Haut seines Nackens einen ganz kleinen dunklen Grützbeutel entdeckte. Unmöglich, an ein zufälliges Zusammentreffen zu glauben, obgleich er nicht ein einziges Mal den Kopf gewendet noch zu mir hingeschaut hatte. Er entfernte sich mit hüpfenden Schritten in seinen früher einmal blauen, von den tosenden Regengüssen Roms ausgeblichenen Baskets, blieb abermals stehen, um auf mich zu warten, und ging dann wieder weiter, dabei unaufhörlich in die Hände klatschend, als schlüge er ein Paar Becken zusammen.

Sonderbarer schien mir dagegen mein Benehmen. Ich, der als Meister in der Kunst, Knaben anzusprechen, galt, ich ließ mich schleppen. Träge, gehorsam, passiv. In einer meiner Hosentaschen hatte ich stets den kleinen Spiegel bei mir, Vorsichtsmaßregel gegen unliebsame Begegnungen. Hätte eines meiner Lider (insbesondere das linke) ausgesehen, als wollte es herunterfallen, dann würde ich auf das Abenteuer verzichtet haben. Er bog an der Ecke von Palazzo Farnese in Richtung Campo de' Fiori ein. Ich nutzte diesen Augenblick, um den Spiegel hervorzuholen und mich zu betrachten. O. K., Überprüfung positiv. Ich bog nun auch um die Ecke. Er hatte auf mich gewartet, das ganze Körpergewicht auf eine Gesäßhälfte verlegt, das andere Bein hochgehoben und den Boden nur mit der Spitze seines ausgestreckten Fußes berührend, wie ein Tänzer zwischen zwei Figuren.

In meiner zweiten Hosentasche befanden sich ein Päckchen Zigaretten und ein Feuerzeug. Gewöhnlich, wenn mir ein Junge gefiel, zündete ich eine Zigarette an und hielt ihm mit einem Lächeln das Päckchen hin. Sollte ich diesem Trick vertrauen? Den Schritt beschleunigen, ihn überholen, in meiner Tasche nach den *nazionali* suchen und die üblichen Worte sprechen: »Rauchst du eine?« Ich weiß nicht, warum, aber diese Masche schien mir unwürdig. Die Frage, die ich Hunderte von Malen gestellt hatte, würde mir wohl im Halse steckenbleiben. Ihm die Unbefangenheit, ihm die Initiative. Eine für mich völlig neue Situation. Bestürzt, verstört, fühlte ich mich willenlos, voll ungewisser Furcht, die meine Erregung noch steigerte, statt mich zum Umkehren zu bewegen.

Auf dem Platz, dem Treffpunkt der Gemüsehändler aus Latium, setzte er seine Kiepe vor der Tür eines Restaurants ab, gab dem Burschen, der Sägemehl unter die Tische streute, mit einem Pfiff Bescheid und stürzte sich dann in das Gewoge des Marktes, drängte sich zu dem Karren einer Obstverkäuferin. Die im sechsten Monat schwangere kräftige Frau mit üppigen Brüsten füllte ihm eine Tüte mit Mirabellen. Er bezahlte, nahm die Tüte, schlängelte sich zwischen den Gemüseständen durch bis zu der Statue, die den Campo beherrscht. Auf den Stufen des Sockels hockend, vergewisserte er sich mit einem Blick, daß ich ihm gefolgt war, und begann, eine Pflaume nach der anderen aus der Tüte zu fischen. Überaus merkwürdig schien mir die Art, wie er die Früchte verzehrte. Kaum hatte er die Mirabelle in den Mund gesteckt, spuckte er den Stein zwischen seine Füße, dagegen ließ er sich viel Zeit beim Genuß des Fruchtfleisches, das er, ohne zu kauen, so lange auf der Zunge behielt, bis es völlig zergangen war. Er schaute mir jetzt, ein schelmisches Lächeln in den Augen, direkt ins Gesicht. Noch eine Pflaume, und – pft! – der Stein, sofort ausgestoßen, hüpfte auf den Pflasterplatten, während der gelbe und aromatische Teil der Frucht in seinem Munde, hinter den vollen Lippen, die er mit schlemmerischer Hingabe bewegte, langsam schmolz.

Ich hoffte, daß er mir eine Pflaume anbieten und daß mir diese Geste die Gelegenheit geben würde, zur Sache zu kommen. Er aß sie alle auf. Erst jetzt fiel mir ein Sonett eines der Mundartdichter ein, die ich im Hinterstübchen meines Onkels gelesen hatte. Die Tüte Pflaumen ist bei dem niederen Volk Roms ein klassisches Verständigungsmittel. Die jungen Leute erklären ihre Liebe in dieser einfachen und naiven Ausdrucksweise. Die Steine vor der Person, der man in die Augen schaut, auf den Boden spucken heißt ihr bedeuten, daß man alles Harte und Bittere von sich abstößt. Sie soll nur das Süße, das Zarte bekommen, entsprechend dem köstlichen reifen Fruchtfleisch der Mirabelle. Dennoch blieb ich stumm, da ich wegen seines bislang so wenig einladenden Gebarens und da wir nichts voneinander wußten, nicht einmal unsere Namen, nicht an einen plötzlichen und unverhofften Vorschlag zu glauben wagte, und rührte mich nicht von der Stelle.

»Hey!« sagte er mit auffordernder Geste. »Hast du nicht gesehen, daß ich die Steine ausgespuckt habe?«

»Doch . . . aber du hast auch . . .«

»Komm her! Wenn du glaubst, ich hätte nicht bemerkt, wie du mich anstarrst . . .!«

»Zugegeben«, sagte ich lachend. »Aber du kennst den Grund nicht.«

Ich setzte mich neben ihn.

»Den Grund? Weil du mit mir anbändeln willst, jawohl. Du mußt mich nicht für blöd halten, Pier Paolo.«

Ich zuckte zusammen. Mein Name war in aller Munde, ich konnte nicht mehr inkognito bleiben.

»Zum Glück gefällst du mir«, fuhr er fort.

»Warum hast du das neulich nicht gesagt? Ich habe dich überall gesucht.«

»Die Pflaumen waren noch nicht reif.«

»Ich wußte nicht einmal deinen Namen. Ich hatte keine Möglichkeit, dich wiederzufinden. Das Atelier von Peppino, das war doch Schwindel, wie?«

Er antwortete einfach: »Danilo.«

»Danilo«, sagte ich, verwirrter, als mir lieb war. Ich hatte Lust, ihn anzufassen, ihn »Nilo, Niletto« zu rufen, meinen Finger auf den kleinen dunklen Grützbeutel in seinem Nakken zu legen. Er trug einen weitausgeschnittenen Nicki, der den oberen Teil seiner Brust und die braunen Ansätze seiner Schlüsselbeine frei ließ. Er schien in überaus zärtlicher und gefühlvoller Stimmung. Sein Bein ruhte auf dem meinen. Mochte der Platz auch widerhallen von den heiseren Schreien der Händler, wir waren auf unserem dreistufigen Sockel abgeschirmt gegen den Lärm, fern der Welt, allein mit unserem Geheimnis. Zwei Verliebte. Ein Gedanke, gegen den ich mich sofort sträubte. Du und verliebt? Unter dem Apfelbaum, wo ich mich mit Svenn zu treffen pflegte, hatte ich mir hoch und heilig geschworen, daß mir das nie wieder passieren würde. Ich und verliebt, wo ich doch für meinen kleinen Nachbarn mit dem lockigen Haar nichts anderes empfand als mein tägliches bohrendes Verlangen nach allem festen jungen Fleisch? Nichts anderes? . . . Was sollte es denn sonst sein? Dennoch, in dem Augenblick, da ich mich wieder diesem Glücksgefühl hingab, veranlaßte mich ich weiß nicht welches Bedürfnis nach Rechtfertigung, mit lauter Stimme einen Satz auszusprechen, der gut auf eine spätere Gelegenheit hätte warten können; gleichzeitig zog ich mein Bein fort. »Der Grund, Danilo, ist der, daß ich dir eine Rolle in meinem nächsten Film vorzuschlagen habe.«

»Mir, eine Rolle? Eine Rolle für mich?«

»Ganz recht.«

Er stammelte, er brachte kein Wort heraus. Fassungslos sprang er auf die Füße und begann, sich wie ein Kreisel um sich selbst zu drehen.

»Eine Rolle für mich? Ich soll 'n Schauspieler werden? In 'nem richtigen Film? Man wird wahrhaftig meine Visage sehn?«

Außer Atem ließ er sich zurückfallen. Aber seine Überraschung, seine Aufregung war zu groß. Er mußte von neuem aufstehen und wie ein Irrer um die Statue rennen, bevor er sich wieder an mich schmiegte.

Er legte die Arme um meinen Hals und flüsterte mir ins Ohr: »Ich werde Sie immer lieben ... mein Leben lang.«

»Warum sagst du plötzlich ›Sie‹ zu mir?«

»Sie sind eben ein Signore.«

»Danilo, wenn du willst, daß wir Freunde bleiben, darfst du nicht so zu mir sprechen.«

Aus Furcht, mich verärgert zu haben, wandte er den Kopf und lenkte meine Aufmerksamkeit auf die Statue.

»Oh«, rief er, »guck mal den Mönch, wie er uns unter seiner Kapuze anschaut! Wer ist das, he?«

»Ein Philosoph, der von der Inquisition verhaftet, zum Tode verurteilt und hier lebendig verbrannt wurde.«

»Öffentlich?«

»Öffentlich, vor aller Augen.«

»Lebendig verbrannt! Aber warum denn?«

»Ein Ketzer, der anders dachte als die anderen.«

»Und in Rom hat man einen Menschen verbrannt, weil er anders dachte als die anderen?«

»Sich von den anderen zu unterscheiden erfordert stets Mut«, sagte ich ohne besonderen Nachdruck, unschlüssig, ob ich die Anspielung nutzen sollte, um Danilo mit dem Vergnügen zu locken, der allgemeinen Meinung zu trotzen.

Allzu erregt, als daß er meine Antwort beachtet hätte, wiederholte er verblüfft: »Ich werde Schauspieler! Die Leute werden mich im Kino sehn!« Er war völlig außerstande stillzusitzen, sprang wieder auf und kickte vor Freude in den

Abfallhaufen. Im Korb einer Matrone, die ihr Gör im Sportwagen vor sich her schob, erblickte er eine jener prächtigen Auberginen aus Sizilien, die die Form und die Größe eines Rugbyballes haben, hob sie mit beiden Händen auf und schickte sie mit einem herrlichen Schuß mit dem rechten Fuß in den Zuber mit den *calamari.* »Lümmel!« schrie der Fischhändler, bespritzt und schreckerstarrt. Die Gevatterinnen pflichteten ihm im Chor bei. Danilo kam zurückgerannt, eine Wassermelone unter dem Arm, die er an einem Stand gestohlen hatte. Ich hatte mich schon erhoben, und wir hielten es für angebracht, zu verschwinden. Ans andere Ende des Campo de' Fiori und von dort in das Gewirr der kühlen kurzen Straßen rund um den Palazzo Farnese.

Sein schweißnasser, am Körper klebender Nicki modellierte die vollen Formen seiner Brust. Unter einem Portalvorbau reckte er sich wie in junges Tier, das froh seine Glieder streckt, Gelegenheit für mich, zu entdecken, was sich zuvor meinen Augen nicht dargeboten hatte. Ein schmeichelhafteres Versprechen hätte meinen Blick nicht beeindrucken können. Ein Knabe, der alles hatte, was mir gefiel. Welch Elan, welche Lebensfreude, selbst noch, nachdem sich die Erregung des Stehlens und des Spaßes gelegt hatte. Grund genug, daß ich Lust verspürte, das Abenteuer fortzusetzen, ohne das Wort »Liebe« als spöttisches Fragezeichen vor Augen zu haben. Verglichen mit den anderen Jugendlichen, denen ich seit Jahren begegnete, so trübsinnig, so abgestumpft durch die Überflußgesellschaft, bewahrte dieser hier die Freiheit, die Lustigkeit der *ragazzi* der Vergangenheit.

»Ein Spielchen?« schlug er vor, die glänzende blaugrüne Melone mitten auf der Straße zu Boden werfend.

Wir wechselten einige Vorlagen. Meine Schuhe mit Ledersohlen waren härter als seine Gummibaskets. Zu hart für die große Melone, die beim ersten Schuß platzte und ihren Inhalt an Saft und Kernen über einen Autoreifen ergoß.

»Und nun«, sagte Danilo, keineswegs enttäuscht, im Gegenteil voller Ungeduld, Neuem entgegenzuhüpfen, »sollten wir zu dir gehn.«

»Zu mir?« stotterte ich, nur zögernd begreifend.

»Bei mir zu Haus, weißt du, ist es unmöglich. Ich teile

eine Bude mit meinen beiden Brüdern. Wir wären nicht eine Minute allein.«

Ich wandte das Gesicht ab, damit er mich nicht erröten sah.

»Bei mir auch nicht. Meine Mutter läuft ständig in der Wohnung rum.«

Mama hätte uns unbeschränkte Freiheit gelassen. Ich bin es, der um alles in der Welt nicht Liebe in den vier Wänden machen wollte, in denen sie lebte. War ich jedoch nicht gerade geneigt, mir dieses Widerstreben selber einzugestehen – mich vor Danilo darüber zu äußern, hätte ich schon gar nicht fertiggebracht.

»Hast du keine Bude für dich allein?« rief er aus.

»Hör mal, Danilo, ich kenne einen ganz prima Platz am Tiber.«

»Ach! Und ich habe mich schon so sehr gefreut zu sehn, wo einer vom Film wohnt.«

»Ich nehme dich bestimmt mal mit. Aber später, Danilo. Gehen wir zuerst dorthin, wo ich dir gesagt habe, hinter den Gasometer. Du wirst sehen, daß es besser ist, hundertmal besser als in einem Zimmer.«

Er blieb mitten auf der Straße stehen, stellte sich breitbeinig hin und stützte eine Faust in die Hüfte.

»Am Tiber? Wie die kleinen Jungs in meinem Alter? Na so was! Wenn ich mal alt bin, zieh ich ganz bestimmt ein Bett und weiße Laken dem schmutzigen Gras an den Böschungen vor.«

Er war mir nicht böse. Weder Vorwurf noch Enttäuschung in seinen Augen, die vor Schalkhaftigkeit und guter Laune funkelten. »Am Tiber! Am Tiber!« Er wiederholte diese Worte mit unbändiger Heiterkeit. Ich aber, pikiert über seine Bemerkung und im Vertrauen darauf, daß ihn mein schlanker und nerviger Körper, mein flacher Bauch, meine durch Karate entwickelten Ringerschultern täuschen würden, fragte: »Wie alt schätzt du mich?«

»Nun, mehr als vierzig Jährchen wirst du bestimmt auf 'm Buckel haben.«

Ich biß mir auf die Lippen. Er ertappte mich bei dieser Geste. Und sogleich beteuerte er, daß ihm die Jungen keinen Spaß machten, denn man konnte nichts von ihnen lernen, und daß er sich freuen würde, durch mich ein wenig gebildeter zu werden. Sein Vater, Arbeiter in einem Nebenwerk von Marelli in der Via Lingotto, Abteilung Rundfunkgeräte, kam abends zu abgespannt nach Hause, um sich mit seinen Söhnen zu beschäftigen.

»Ich kann kaum lesen«, gestand er mir errötend.

Im Einführungsjahr der allgemeinen Schulpflicht war er gerade vierzehn geworden. Seine nach ihm geborenen Brüder besuchten das technische Gymnasium. »Um so besser für sie!« Das wurde mit Wärme gesagt und ohne eine Spur von Bitterkeit. Wir gingen am Fluß entlang – ein gutes Stück Weg bis zum Gasometer, dessen runde graue Silhouette sich in der Ferne hinter den Schlachthäusern abzeichnete. Bei der Bushaltestelle wollte er langsamer werden. Mit unbekümmerter Miene beschleunigte ich den Schritt, bis uns das schwerfällige Fahrzeug überholt hatte. Man würde schon sehen, wer von uns beiden am frischesten ankäme, der bartlose Grünschnabel oder der »Alte« mit seinen fünfundvierzig Jahren.

»Und deine Brüder, sind sie zufrieden auf dem Gymnasium?« fragte ich, entschlossen, ihm zu zeigen, daß ich genügend Luft hatte, ein Gespräch anzuknüpfen.

»Na ja, es geht. Die ersten Plätze werden sie nie schaffen.«

»Ich wette, wenn Söhne von Angestellten da sind, die schnappen sie ihnen weg.«

»Woher weißt du das?«

Er hatte ein Taschentuch hervorgeholt, um sich den Hals abzutrocknen.

»Ugo ist in der dritten Klasse klebengeblieben. Er muß ein Jahr nachmachen. Marcello ist immerhin versetzt worden. Mit Ach und Krach, aber er ist versetzt worden. Wir können uns nicht beklagen. Die Söhne von Einwanderern, die bleiben jedesmal kleben. Selbst bei der Wiederholungsprüfung. Der neapolitanische Kumpel von Marcello, der kommt einfach nicht mit.«

»Auch das war vorauszusehen«, sagte ich. »Ich war früher mal Lehrer. Allein aus der Reinschrift konnte ich erraten, ob meine Schüler zu zweit, zu dritt oder zu viert in einem Zimmer lebten, ich konnte den Beruf des Vaters erraten, die Anzahl der Bücher auf dem Regal im Speisezimmer sowie die Provinz, aus der die Familie stammte. Ich wußte alles über ihre häuslichen Verhältnisse, jedoch fast nichts über ihre tatsächlichen geistigen Fähigkeiten.«

»Glaubst du, daß ich mein Abschlußzeugnis bekommen hätte?« fragte er mich mit einem Anflug von Bedauern.

»Wenn zwei Brüder in derselben Bude ihre Aufgaben machen wie du? Deine Chancen waren ohnehin durch drei geteilt. Gab es jemanden im Haus, der dir die schwierigen Stellen bei Dante erklärt, dir die Schlachten des Risorgimento abgefragt hätte? Die Marelli ist eine Spitzenfabrik: du hättest ohne Mühe über den Sohn des Hilfsarbeiters oder des Feuerwehrmannes gesiegt. Aber in den lebenden Sprachen wären dir diejenigen weit voraus gewesen, die von ihren Eltern während der Ferien ins Ausland geschickt werden. Du verdientest vielleicht, wegen deiner Fähigkeiten Erfolg zu haben. Das Schulsystem hat dich zum Scheitern verurteilt.«

»Dann ist mein Bruder Marcello demnach ein Genie!« rief er naiv aus, ohne dem Schicksal zu grollen, das ihn zwei Jahre zu früh hatte geboren werden lassen und ihn zwang, Brot an Restaurants auszutragen, um mit seinen paar tausend Lire das Haushaltsgeld aufzubessern.

Während er sich meine heftigen Kritiken am Schulwesen anhörte, bemerkte ich mit Genugtuung, daß er anfing schlappzumachen. Von einem Fuß auf den anderen hüpfen und in die Hände klatschen wie die Engel von Fra Angelico, das stand nicht mehr in Frage. Die Arme hingen ihm am Körper herab.

Als wir an der Ecke der Schlachthäuser ankamen, deutete er auf den Gipfel des Monte Testaccio.

»Der Gasometer ist noch weit, Pier Paolo. Steigen wir dort hinauf, wenn du nichts dagegen hast. Der Hügel ist unbewohnt, abgesehen von einigen Bengels, die einen Mordsbammel vor Besuchern haben und mit ihren Ponys verduften.«

Heftige Wut packte mich.

»Niemals! Niemals! Hörst du? Zu diesem Zweck darf man niemals dort hinaufgehen.«

Er blickte mich verdutzt an und zuckte die Schultern. Ich

begriff selbst nicht, was in mich gefahren war. Die Mulde des Monte Testaccio wäre der ideale Ort gewesen, es sei denn, daß ... nein, unmöglich zu sagen, warum ich Danilo nicht dorthin führen konnte. Seit mehr als zehn Jahren, in denen ich in dieser Gegend wohnte und die Ufer des Tiber auf der Suche nach stillen Ecken auf und ab gelaufen war, war ich nie auf den Gedanken gekommen, diese grüne Insel der Ruhe zu nutzen. Wie! Das Konzert der silbernen Stimmen mit unserem menschlichen Atem profanieren? Das einzige noch heil gebliebene Fleckchen Paradies mitten in Rom schänden? »Niemals!« wiederholte ich, die Fäuste ballend. »Zu diesem Zweck darf man niemals dort hinaufgehen.« Der Testaccio gehörte den Kindern und ihren Reittieren, dem Wind vom Meer und den Sternen der Nacht: Es war verboten, das für mich so sakrosankte Gras des Hügels mit einem Liebhaber zu zerdrücken.

»Wie schauerlich«, sagte er, während wir bei schrecklichem Gebrüll am Viehhof entlangschlichen. »Ich habe ihn eines Tages mit meiner Klasse besichtigt. Man hat uns alles gezeigt. Seitdem kann ich kein Fleisch mehr essen. Ich kann nicht mehr, verstehst du. Und du?«

Ich mußte das Gesicht abermals abwenden bei dem Gedanken an Carlino, den Riesen mit den hellen Augen, der sich nach der Metzelei mit klarem Wasser säuberte, und an die anderen Schlächterlehrlinge, die ich bis zu den Blutlachen ihrer Opfer verfolgt hatte.

»Dann bist du also Vegetarier?«

»Fisch, den esse ich. Das ist nicht das gleiche. Aber Fleisch, niemals.«

Nichts hätte mir Danilo näherbringen können als diese Offenheit, das abzuweisen, was ihm nicht behagte. Ich war auch gerührt, einen Knaben von solch plebejischer Statur und Robustheit so lauter, so sensibel zu finden.

»Aber bei euch zu Haus, da eßt ihr doch nicht jeden Tag Fisch?«

»Ich begnüge mich mit Gemüse. Mama kocht Soja für mich.«

»Soja? Sie wollen den Viehhof anderwärts verlegen«, sagte ich. »Das ist ein altes Projekt, das kurz vor der Verwirklichung steht.«

»Und was soll an seine Stelle kommen?«

»Ein Volkspark. Ein Fußballplatz.«

»Ein Fußballplatz? Schick!«

Er erblickte eine Konservendose in der Gosse und schoß. Ich fing die Büchse auf, beförderte sie mit der Fußspitze in die Luft und traf den Stamm eines Kastanienbaums. Jetzt stürmte er los, ich folgte ihm, seine ganze Energie war zurückgekehrt; ich versuchte ihn zu umdribbeln, er rempelte mich vergnügt. Wir erreichten den Gasometer, glücklich, außer Atem, schweißgebadet. Er hatte seinen Nicki schon ausgezogen und warf ihn ins Gras, bevor er sich mit den Schnürsenkeln seiner Baskets beschäftigte. Während dieser Zeit ebnete ich den Boden unter einem mickrigen Haselnußstrauch, der einen poetischeren Schatten über uns ausbreiten würde als das Lastwagenwrack mit der so oft benutzten Polsterbank.

Wunderbar, dieser Bursche! Sanft, stark, verständig. Und von ungewöhnlicher Ausdauer. Die jedoch geringer war als die meine. Er gab als erster auf.

»Oh!« rief er aus, als er sah – aufgesteiltes Indiz als Beweis –, daß ich bereit war weiterzumachen. »Dreimal hintereinander! Na so was!«

41

Das Haus, in dem ich wohnte, verblüffte ihn weit weniger. Im Laufe der Jahre hatte es ein baufälliges Aussehen bekommen, darüber war ich mir nach seiner abschätzigen Miene im klaren. Der Putz war von der Fassade abgebrökkelt, der Rost hatte das Geländer der Balkone angefressen, die Fensterläden hatten einen Anstrich bitter nötig. Für »einen vom Film« hätte ich besser untergebracht sein können. Danilo war ehrlich genug, mir seine Enttäuschung zu gestehen. »Das sieht aus wie bei uns!« Mein Auto, einen Maserati 3500 GT, hatte ich am Bürgersteig gegenüber geparkt. »Das da ist meine Karre«, sagte ich in einem bemüht burschikosen Ton. Während er den Wagen genießerisch umkreiste, frappierte mich eine weitere Veränderung an dem Gebäude. In allen Fenstern und auf allen Terrassen hing Wäsche, wie in den Arbeitervierteln. Nicht nur physische, sondern auch soziale Erniedrigung. Zur Zeit unseres Einzugs hätten sich unsere Nachbarn, Angestellte des Vatikans, junge Ärzte oder Anwälte, lauter Zugewanderte, die die Würde von Gehaltsempfängern erlangt hatten, nicht erlaubt, Leinen zu spannen und durch diese Zurschaustellung ihre meridionale Herkunft zu verraten. Diese ersten Mieter waren schon lange fort. Durch den *boom* reich geworden, waren sie ins Zentrum verzogen, und statt ihrer war eine zweite Welle bescheidenerer Bewohner gekommen. So daß in Monteverde nur Familien mit unsicherem Verdienst lebten, gleichgültig gegenüber der öffentlichen Meinung, zufrieden, sich in einem dichtbesiedelten Vorstadtmilieu zu befinden.

»Schau an! Scheibenwischer auf den Scheinwerfern! Das habe ich noch nie gesehen. Funktionieren die tatsächlich?« fragte mich Danilo, voll kindlicher Begeisterung über diese Entdeckung.

Als ich abermals an unserer Fassade hochblickte, bemerkte ich, daß unsere Wohnung die einzige war, an deren Fenster man weder Wäsche zum Trocknen noch einen Draht sah. Stummer Protest, an dem ich deutlich Mamas Art erkannte. Wie sehr hatte sie leiden müssen, mitten unter Armen und Stiefkindern der Gesellschaft zu leben, sie, die einer wohlhabenden Familie entstammte, deren Vater eine Brennerei besessen und deren Mann drei Litzen auf dem linken Ärmel gehabt hatte, wenn sie sich auch nicht verstanden hatten! Seit eh und je gewöhnt, stillschweigend zu gehorchen, und mir ebenso ergeben wie dem Hauptmann, in Rom wie im Friaul, hier wie in Ponte Mammolo, hatte sie sich wohl gehütet, sich zu beklagen, hatte sich vielmehr damit begnügt – um sich nicht mit ihren Nachbarn zu solidarisieren –, Geranientöpfe auf ihren Balkon zu stellen, dort, wo jene die Windeln ihres Nachwuchses und die Hosen ihrer Ehemänner flattern ließen. Ich nahm mir vor, meinen Fehler so bald wie möglich wiedergutzumachen. Überglücklich, Danilo mit einem so bedeutsamen Ereignis in meinem Leben in Verbindung zu bringen, legte ich meine Hand auf seinen Nacken und schob ihn ins Treppenhaus.

Die Zärtlichkeit, die ich vom ersten Tag an für diesen Knaben empfand, hing zum großen Teil – ich wäre nicht scheinheilig genug, noch könnte ich den Gasometer vergessen, um zu sagen: völlig –, hing also zum großen Teil mit den fünf Minuten der Verblüffung zusammen, die er wie angewurzelt vor den raffinierten Scheinwerfern meines neuen Dreieinhalbliter gestanden hatte. Ohne diese fünf Minuten, hätte ich da den Unterschied zwischen unseren Fenstern und denen der anderen bemerkt? Die schüchterne Bitte Mamas hätte ihren Empfänger vielleicht nie erreicht.

Seine Sportschuhe glitten mit gedämpftem Geräusch über den Flur. Sie öffnete die Tür. Ich weiß nicht, warum, aber ich hatte den Klingelknopf gedrückt, statt mich meines Schlüssels zu bedienen. Sie hatte einen Flederwisch in der Hand und trug ein Tuch um die Haare, um sich gegen den Staub zu schützen. Wie alt war sie eigentlich? Bald fünfundsiebzig Jahre! Ich erschrak. In unserem neuen Heim würden wir uns eine Aufwartung leisten. Ihr zerfurchtes, altes Gesicht war von einer Vielzahl kleiner Fältchen überzogen. Ich entriß ihr den Flederwisch, das Kopftuch flog ebenfalls beiseite, ich preßte sie in meine Arme und sagte zu ihr: »Mama, wir werden in eine neue Wohnung ziehen, und du wirst eine Haushaltshilfe bekommen.«

Sie hob die Hände an ihr Haar, errötete, war verlegen.

»Pier Paolo, du hast mich völlig zerzaust.«

Allein die Scham für ihre Gemütsbewegungen, die Gewohnheit, sie zu unterdrücken, hinderten sie daran, ihre Freude zu zeigen. Danilo betrachtete mit gerundetem Mund und weitaufgerissenen Augen die große Reproduktion von »Adam und Eva« von Masaccio, die im Flur angeheftet war. Sein Alter, sein Verhalten und sein treuherziges Staunen vor meinen vollen Bücherregalen machten ihr rasch klar, daß dieser Gast zu keiner der Kategorien meiner üblichen Besucher zählte; weder zu den Studenten, die um eine Unterredung für ihren Aufsatz zur Zulassungsprüfung nachsuchten, noch zu den Boten von Cinecittà, noch zu den angehenden Romanciers, die eine Empfehlung für einen Verleger wünschten, noch zu den hungrigen Dichtern, die versessen darauf waren, ihren Namen im Inhaltsverzeichnis einer Zeitschrift zu sehen.

»Ich werde euch einen Kaffee machen«, sagte sie, schon auf dem Weg zur Küche.

Ich ließ ihn ins Wohnzimmer eintreten. Er setzte sich verschüchtert auf die Kante eines Sessels gegenüber der kompletten Sammlung der Klassiker Mondadori, in Leder gebunden und mit Goldrand. Mama kam zurück. Sie trug nicht nur zwei Tassen Kaffee auf dem Tablett, sondern auch noch zwei Stück Torte, eine ganz besondere Gunst, die ich vor Danilo noch keinem meiner vertrauten oder unbekannten Gäste habe zuteil werden sehen.

»Eßt, meine Kinder«, sagte sie, den kleinsten der ineinandergeschobenen Tische vor den Sessel rückend, in dem es sich bequem zu machen er nicht wagte.

Einen bewundernswerteren Ausweg hätte ihr eifersüchtiges Mutterherz nicht finden können. Von seiten der Mädchen war nichts zu befürchten. Gelegentlich Stenotypistinnen, Pressefotografinnen, Anwärterinnen auf eine Rolle in meinen Filmen, Kandidatinnen auf einen Literaturpreis – sie alle überschritten unsere Schwelle, um höflich wieder hinausbegleitet zu werden. Die Nebenbuhlerin, die mich aus dem Heim der Familie reißen würde, befand sich nicht unter all ihnen. Mit fünfundvierzig Jahren schien ich für mein Leben an den Hausstand der Mutter gebunden. Die jungen Leute, die bei uns vorsprachen, kamen aus dienstlichen Gründen: Schauspieler, Assistenten, Parteigenossen, Journalisten. Sergio und Franco läuteten auch an der Tür, aber nur als gute Kameraden. Wir redeten nur über Politik und Film. Aber Danilo? Mamas scharfes Auge hatte die Gefahr gewittert. Ein so ungebildeter, so naiver Knabe, der vor der Reproduktion der banalsten aller italienischen Fresken wie vor einer noch nie gesehenen Neuheit in Ekstase geriet! Wo doch selbst ihre Schüler in der Grundschule, damals, als sie noch unterrichtete, auf der Seite »Renaissance in Italien« ihres rudimentären Lehrbuchs die Vignette der Erbsünde des Malers von Santa Maria del Carmine fanden.

Begriff sie wegen meines ungestümen Wesens, meiner Ungeduld noch vor mir, daß ich verliebt war? Der – von ihr oder von mir? – im Flur angeheftete Druck führte uns jeden Tag die Schlinge vor Augen, in der sich der Mann fing, als er sein Schicksal mit dem einer Frau verband: eine so unheilvolle und so teuer bezahlte Vereinigung, daß Masaccios Pinsel, trotz seiner Virtuosität außerstande, eine solche Katastrophe wiederzugeben, Adams Gesicht nur verborgen hinter seinen krampfhaft zusammengepreßten Händen gezeigt hat. Ach, in stillschweigendem Einverständnis wußten wir, daß keine Eva jemals das irdische Paradies unserer engen Beziehung bedrohen würde. Nachdem diese größte Gefahr ausgeschaltet war, würden die anderen sie nicht weiter überraschen. Sie würde, aus ihrem Arsenal an Schlichen schöpfend, jeden Hinterhalt abzuwehren wissen. Liebte ich Danilo? Nun gut, sie würde ihn ebenfalls lieben und noch mehr als ich. Sie würde seinen kleinen Wünschen zuvorkommen, sie würde ihn verwöhnen, sie würde ihm das Haus unentbehrlich machen. Vom potentiellen Dieb würde er auf die Stufe des jüngeren Bruders, des zusätzlichen Sohnes erniedrigt werden. Eine Annexion durch Kuchen. Eine Beschneidung durch Güte. Sie stellte die beiden Teller auf den Tisch und zog sich in einen Winkel zurück. Voller Stolz sah sie die Aprikosen im gierigen und flinken Mund unseres Gastes verschwinden, so als prüfte sie bei jedem Biß die Stabilität ihrer Falle, in der sie ihn gefangen hatte. Konnte ein Kind, dessen Wangen mit Konfitüre beschmiert waren, ein Rivale für sie sein? Der, dem es gelingen würde, sich zwischen sie und mich zu schieben, der war noch nicht geboren und würde so bald auch nicht geboren werden. Wir würden für immer einander gehören, in den ungetrübten Wonnen des ursprünglichen Eden.

Danilo zeigte sich als vollkommen. Sobald er sein Stück Torte verschlungen hatte, nahm er das meine in Angriff, das ich nicht angerührt hatte. »Wie viele Bücher!« rief er zwischen zwei Happen aus. »Hast du sie alle gelesen?« – »Der Kleine hat Hunger«, stellte Mama mit Genugtuung fest. Sie war stehengeblieben, die Arme vor dem Leib verschränkt. Kaum daß er den letzten Krümel verputzt hatte, setzte Danilo den Kaffee an die Lippen. Er hatte vergessen, Zucker hineinzutun, und schnitt eine Grimasse. Mama, auf dem Gipfel des Glücks, trat heran, um ihm die Zuckerdose zu reichen. Wie du siehst, schien sie triumphierend zu sagen, braucht er eine Amme, dein Freund.

»Was sind das da für Flecken?« fragte sie, mit dem Finger auf seinen Nicki zeigend. »Ich würde sagen: Pflaumensaft. Pier Paolo, hast du nicht ein Hemd, das du ihm für die Zeit leihen könntest, bis ich das da gewaschen habe?«

Ich packte die Gelegenheit beim Schopf. Für den nächsten Tag wurde eine Verabredung getroffen. Er sollte mir mein Hemd zurückbringen und seinen sauberen Nicki abholen.

»Sobald ich meine Tour hinter mir habe«, präzisierte er, bevor er mit einer Pirouette die Treppe hinuntersprang.

Von Stund an läutete er jeden Tag um die Mittagszeit. Mama bürstete ihn im Flur ab, um ihn von dem Mehl und von den Krümeln zu befreien, die an seinem Blouson hafteten, und führte ihn dann in mein Zimmer. Er traf mich vor meinem Schreibtisch sitzend – nie auf der Liege, die mir als Bett diente –, am letzten Teil des Drehbuchs zu meinem mythologischen Film schreibend. Danilo sollte darin die Rolle des Boten bekommen. Die Kritiken haben mir den Prolog und den Schluß dieses Werkes, die ich damals für Danilo hinzufügte und schrieb, zum Vorwurf gemacht. Ich habe den Prolog in das Jahr 1925 verlegt: Ein dreijähriges Kind spielt zwischen seiner mit einem langen weißen Kleid angetanen Mutter und seinem Vater, einem Offizier der italienischen Armee. Ort: Sacile, eine der Garnisonsstädte meines Vaters und meine früheste Erinnerung. Warum dieser autobiographische Bezug? riefen die neunmalklugen Journalisten. (Die anderen, ständig auf der Lauer nach der niedrigsten Auslegung: Warum dieser Hinweis auf die zeitgenössische Epoche?) Der Schluß irritierte sie noch mehr: Der alte König, mit ausgestochenen Augen, aus Theben verbannt, aus Griechenland verjagt, findet sich 1967 (im Drehjahr) in den Straßen von Bologna und abermals auf der Piazza von Sacile wieder, an Danilos Schulter gelehnt, dem einzigen Trost des Geächteten.

»Na so was! Was soll ich denn im Kaff deiner Kindheit tun?« fragte er mich, verstört über dieses befremdliche Ende. (Es hatte nichts mehr gemein mit Sophokles' Drama, das ich ihm gerade geduldig erzählt hatte.)

»Nichts Besonderes. Langsam gehen – kein Gehopse hier, Danilo! – und einen Verzweifelten stützen, der nur noch dich als Rückhalt hat.«

Offen gestanden, diese letzte Sequenz wunderte mich selbst. Als ich sie schrieb, befand ich mich in einer glücklichen Phase meines Lebens. Keine Prozesse mehr gegen mich. Die Justiz kümmerte sich nicht um mich. Die Presse hackte nicht mehr auf mir herum. Die Verfolgung hatte nachgelassen. Giordano Bruno, der uns auf dem Campo de' Fiori als Vermittler gedient hatte, beschützte mich von seinem Sockel herab. Der kopernikanische Mönch hatte für mich, für alle Häretiker gebüßt. Ich las mein Drehbuch dem Knaben vor, den ich liebte und dessen Bein ich an dem meinen fühlte, während er mir mit offenem Mund lauschte. Welch unberechtigte Furcht, welches Verlangen, das Schicksal zu beschwören, verleitete mich, mich in der Gestalt eines Paria mit blutigen Augenhöhlen zu verkörpern, den die Gesellschaft in Acht und Bann getan und der, zu Tode getroffen, an dem Tag zusammenbricht, an dem ihn sein junger Gefährte verläßt? Sandte ich schon, ohne es zu wissen, den Hilferuf an Danilo aus, den er nicht hören würde?

Gegen ein Uhr klopfte Mama, vorangekündigt vom Schlurren ihrer Hausschuhe auf den Fußbodenplatten, dreimal leise an die Tür.

»Kann ich das Wasser aufsetzen, Kinder?«

Das war das Signal. Wir stürmten die Treppe hinab, Danilo rutschte die letzte Etage rittlings auf dem Geländer hinunter. Es dauerte eine Viertelstunde, bis das Wasser kochte, plus zehn Minuten, bis die Nudeln gar waren; Mama brauchte noch fünf Minuten, um sie abtropfen zu lassen, die Soße darüberzugießen, sie umzurühren, in die Teller zu füllen. Diese halbe Stunde reichte uns knapp, aber ich hätte es nicht minder rasch erledigen wollen. In den Maserati springen, bis zur Brücke rasen, ein Fleckchen hinter einem Gebüsch suchen, uns hastig wieder zurechtmachen, auf der Heimfahrt die Kurven auf den Radkappen nehmen: Diese Zeitmessung verdoppelte unsere Erregung. Wir kamen ausgehungert und lachend gerade zu den dampfenden Portionen Spaghetti zurecht.

Am Nachmittag, bevor Danilo aufbrach, um seine zweite Ofenfüllung im San-Silvestro-Sistina-Viertel auszuliefern, nahm ich ihn mit, Wohnungen zu besichtigen. Er lebte mit seinen Eltern im Norden der Stadt, an der Nomentana. Ich entschied mich für die südlichen Viertel. Auf diese Weise gelangten wir eines Tages in die EUR, in die für die Weltausstellung von Mussolini erbaute Vorstadt. Breite, von Eichen gesäumte Alleen mündeten als Sackgassen in weiße Paläste, deren von theatralischen Inschriften gekrönte Portale stets verschlossen waren. Palazzo dei Congressi, feierliche Stufen überragend; Museo della Civiltà Romana, dessen aus Säulen bestehende Propyläen einen Kreisbogen bildeten; Palazzo della Civiltà del Lavoro, sechs Stockwerke Arkaden in der Mitte des Quadrato della Concordia. Und die Straßennamen selbst – Viale degli Eroi, Viale dell'Arte, Viale della Previdenza Sociale – wurden gewählt, um die Ambitionen des Duce zu erläutern. Gezückte Schwerter, so hoch wie Masten, in den Fäusten riesiger Statuen und an den Straßenkreuzungen errichtete Obelisken priesen das den Italienern während zwanzig Jahren eingeredete männliche Ideal. Kahle und leere Plätze, Marmorfassaden, verlassene Terrassen, Treppen unter freiem Himmel. Ein sinnloser und lächerlicher Pomp; Danilo, den die leuchtenden Esplanaden und die Fluchtlinien der Arkaden entzückten, gefiel er. Ich hütete mich wohlweislich, ihm zu sagen, ich, der die »Faschisierung« Italiens unter dem Präsidenten Saragat und der Regierung Moro ihm gegenüber heftig tadelte, daß die EUR, kostspieliger Triumph der faschistischen Architektur, Milliarden verschlungen hatte, die den Arbeitersiedlungen entzogen worden waren.

Die Wohnung in der ersten Etage eines schmucken Hauses in der Via Eufrate reizte mich wegen des Gartens. Ein blühender Granatapfelbaum wiegte die Zierde seiner scharlachroten Blätter in der Brise. Diese Straße ist nur auf der einen Seite bebaut. Die andere zieht sich an einem Abhang entlang, zu dessen Füßen ich Sportgelände, Schuppen und Abstellgleise für die rot-blauen U-Bahn-Wagen erblickte. Jenseits der Flußmulde errichtete man auf den noch ländlichen Hügeln zehnstöckige Mietshäuser, neuer Vortrieb der Hauptstadt. Linker Hand, am kahlen Horizont, schnupperte ich den Duft des Meeres.

Während ich mit dem Portier die Vertragsklauseln überprüfte, kam Danilo angerannt, um mir zu sagen, daß diesmal mühelos ein großes Bett in meinem Zimmer Platz haben würde. Ob ich es ihm eines Tages genau würde erklären müssen? Ich war entschlossen, solange Mama lebte, auf meiner unbequemen Liege zu schlafen, die nicht breiter war als die eines Kindes. Daß ich mich für die einhundertundfünfzig Quadratmeter, die elektrisch betriebenen Rolläden, die automatisierte Küche, den Travertin in allen Zimmern, die Vergoldungen im Treppenhaus, die Sprechanlage zur Portierloge entschieden habe, war um Mamas wegen: Sie sollte endlich das Recht auf Luxus haben, das ihr Ehemann ihr bei der Heirat versprochen hatte. Um meine Skrupel, mich in so ostentativ bürgerlichen Wänden einzunisten, zu beschwichtigen, sagte ich mir, daß die EUR nie mehr als eine weitere Bannmeile in meiner Sammlung sein würde. Eine halbe Autostunde vom Kolosseum entfernt, würde ich da nicht ein Randbewohner, ein Außenseiter bleiben?

Die Aussicht in das Flußtal, wo Mechaniker in Overalls an den Wagen hantierten, minderte den Grundstückswert ein wenig. Der Pförtner zögerte, mir zu sagen, daß ich insofern ein gutes Geschäft machte, als ich nicht den hohen Preis für eine *palazzina* ganz aus Marmor zahlte.

»Ist es nicht trotzdem schade, daß es auf die Eisenbahnschienen hinausgeht? Nun, es liegt an Ihnen, das zu beurteilen.«

Meine letzten Einwände waren damit beiseite geschoben. Er hatte ein Recht auf diese Bemerkung, bei zehntausend Lire Trinkgeld. Ich zückte meinen Füller, um zu unterschreiben.

»Läuten wenigstens die Glocken mit einem angenehmen Klang?« fragte ich, bevor ich meinen Namenszug daruntersetzte.

Mich nach rechts beugend, gewahrte ich hinter dem Gartenzaun über den Eichen eine spiegelglatte und schneeweiße Kuppel.

»Sie läuten nie, Signore. Man könnte meinen, es wären gar keine da.«

»Es sind keine Glocken da?« sagte ich enttäuscht.

Fragte ich Mama, was sie seit ihrer Abreise aus Casarsa am meisten vermisse, dann antwortete sie mir stets: »Das Glockengeläut.«

»Mehr als den Gesang der Vögel?«

»Mehr als den Gesang der Vögel.«

»Und wie heißt diese Kirche ohne Glocken?« fuhr ich fort.

»Das ist die Peter-und-Paul-Kirche, Signore.«

»Peter und Paul!« rief ich aus, ohne einen Schauder unterdrücken zu können.

»Na so was!« ereiferte sich Danilo. »Manche haben wirklich Dusel. Sie ziehen in eine Wohnung ein und finden eine Kirche mit ihrem Namen vor der Haustür.«

Die Kirche der EUR, ein würfelförmiger Klotz, der aus einem einzigen Marmorblock gehauen scheint, mit einer Zuckerhutkuppel, hielt noch eine weit größere Überraschung für mich bereit. Oberhalb der Bronzeportale, dem schulmäßig ausgeführten Werk irgendeines päpstlichen Bildhauers, las ich wie vom Blitz getroffen: O FELIX ROMA QUAE TANTORUM PRINCIPUM ES PURPURATA PRETIOSO SANGUINE!

»Was heißt das? Du bist leichenblaß geworden, Pier Paolo!«

»O FELIX ROMA, o glückliches Rom, QUAE ES PURPURATA, das du dich ganz rot, ganz purpurrot gefunden hast, PRETIOSO SANGUINE, vom kostbaren Blut, TANTORUM PRINCIPUM, so großer Häupter – damit sind Petrus und Paulus gemeint, verstehst du, die unter Neros Herrschaft gemartert worden sind.«

»PURPURATA PRETIOSO SANGUINE, eine hübsche Sprache, dieses Latein, kann man nicht anders sagen«, erklärte Danilo, während ich, plötzlich in kalten Schweiß gebadet, mein Schlüsselbund auf dem Grunde meiner Tasche betastete, die vertraute Geste der Sizilianer in Ponte Mammolo, wenn ihnen eine schwarze Katze über den Weg läuft.

Durch welchen Zufall hatte ich die Gemeinde gewählt, die den Opfertod meiner beiden Schutzheiligen lobt? Erwartete Rom, daß auch ich ihm mein Blut als Huldigung darbrachte? Sollte ich meinerseits die weißen Stufen, die die Peter-und-Paul-Kirche gleich einem Sockel stützen, purpurrot färben? Peter und Paul, meine Vornamen erneut vereint ... Als Kind hatte ich mir bei der Erzählung von den Abenteuern des Paulus vorgenommen, seine unvollendete Geschichte zu Ende zu führen. Denn Gott hatte ein großes Unrecht begangen, als er seinem eifrigsten Apostel ein Martyrium verweigerte, das dem Sterben Petri am Kreuz an Berühmtheit und Schmach gleichgekommen wäre. Es lag bei mir, das wiedergutzumachen, wie mir eine Stimme beim Einschlafen zuflüsterte; dieselbe Stimme, die ich jetzt, dreißig Jahre später, sofort wiedererkannte. »Vergiß nicht, dein Versprechen zu halten«, sagte sie zu mir, »wer weiß, ob die Zeit nicht gekommen ist.« Mit zitternden Knien mußte ich mich auf eine Stufe setzen. Danilo schmiegte sich stumm an meine Schulter. Ich glaubte an Zeichen und an ihre magische Sprache. Vergeblich rekapitulierte ich meine Gründe, glücklich zu sein: Dämpfer auf den Pressekampagnen gegen mich; Euphorie Mamas über die komfortable Umquartierung; liebevolle Gegenwart Danilos – diese Inschrift in Riesenlettern, hundert Meter von der Wohnung entfernt, in die ich einziehen würde, genügte, meine Zuversicht zu erschüttern. Zu diesem Zeitpunkt, da sich das Leben gnädiger zeigte, wenn nicht schön und glatt wie der Marmor meiner weißen *palazzina*, riefen mich die finsteren Kräfte des Blutes wieder in ihre Gewalt.

Marmor und Blut. Danilo behielt in der Via Eufrate die Gewohnheiten bei, die in Monteverde selbstverständlich geworden waren. Anstatt zum Tiber hinunterzugehen, suchten wir uns, fünf Minuten von der EUR entfernt, auf dem freien Land Büsche und Dickichte. Mama deckte, wenn es nicht gar zu heiß war, den Tisch im Garten. Wie deine Mutter, begann sie Basilika- und Minzestauden in Töpfen zu züchten. Ich fuhr mit Danilo nach Marokko, um dort unseren Film zu drehen; dann nach Bologna und nach Sacile. Mäßige Aufnahme durch das Publikum. Wenigstens wurden die Staatsanwälte nicht mit irgendeiner Klage behelligt. Danilo hatte seine Rolle recht gut durchgestanden. Als richtiger Schauspieler, dessen Talent die Zeitungen erwähnten. Freude und Stolz für ihn, aber auch Erleichterung für mich. Ich konnte meine Freunde des literarischen Kreises oder gewisse, für meine Arbeit nützliche Persönlichkeiten – Kritiker, Zeitungsdirektoren, Fachleute vom Film – zum Essen einladen, ohne ihre ironischen Blicke, ihr schiefes Lächeln befürchten zu müssen, wenn sich der junge Bursche, der es vorgezogen hatte, Mama in der Küche zu helfen, während wir über Geschäftliches redeten, bei Tisch zu uns gesellte, die Augen von den Zwiebeln gerötet. Sie hatte ihn ein ganzes Bund für die Spaghetti *alla furlana* schälen lassen, ein

Rezept aus Casarsa, das sie seit ihrer Verbannung nach Monteverde verschmäht, zu Ehren der Gäste in Via Eufrate aber ebenso wieder zutage gefördert hatte wie den Schalottenkuchen, eine andere Lauchspezialität der an Österreich grenzenden Gebiete.

Sie gratulierten mir zu meinem neuen Domizil. Unter meiner, des arrivierten Schriftstellers und anerkannten Regisseurs Leitung hatten Silvana Mangano, Alida Valli, Julian Beck, Totò, Orson Welles gespielt. Verleger, Produzenten schlugen mir Verträge vor. Wann ich mich wieder daranmachen würde, einen Roman zu schreiben? fragte mich Garzanti, enttäuscht, daß er nur Sammlungen von Gedichten und Essays in den Handel bringen konnte, die sich, ein beispielloser Fall in unserem Land von Analphabeten, schon recht gut verkauften für das Genre.

Mit einem Wort, nichts hätte mich gehindert, mich im harmonischen Vollbesitz einer Reife zu fühlen, die ich nach so vielen Prüfungen erlangt hatte, wäre da nicht gerade der fehlende Anlaß zur Beunruhigung, die Furcht, von der Furcht befreit zu sein, die Angst, ohne Angst leben zu müssen. Marmor und Blut. Den Marmor, den hatte ich an meinen Wänden, unter meinen Füßen, in meinem Treppenhaus; er verblüffte Danilo; er brachte mir (gemäß der Redensart: Man borgt nur den Reichen) beträchtlichere Anzahlungen für meine Bücher, größere Voranschläge für meine Filme ein; er entlastete Mamas Füße, wenn sie, am Fenster sitzend, den Granatapfelbaum betrachtete und sie aus ihren alten Pantoffeln zog und ihre blauangelaufenen Rheumatismusknoten auf seine kühlen Platten legte.

Aber das Blut? An wen sollte ich den Preis entrichten, der am Giebel der Kirche angeschrieben stand, in die sich Mama jeden Sonntag zur Messe begab? In welcher Form würde mir der purpurrote Tribut abverlangt werden? Danilo stellte nur einen Fehler dar. Zu gut, zu freundlich, zu zuvorkommend, konnte er mir nicht auf die nächtliche Seite meines Schicksals folgen.

Eines Nachts, nach drei Monaten absoluter Treue, war ich ausgegangen, um in der Umgebung des Bahnhofs herumzustreifen. Danilo schlief, ohne das geringste zu ahnen, wie ein Murmeltier mit seinen zwei Brüdern in seinem Zimmer.

Man sah mich unter den Stecheichen auf dem Erdwall am Archäologischen Museum umherlungern. Nicht lange. Allzu fades Programm für mich, Jagd ohne Überraschung. Ein einfacher Austausch mit einem des Wegs kommenden Spaziergänger am Fuße der hohen Mauer in der relativen Sicherheit der Büsche hätte mir nicht genügt. Nachdem ich eine Weile das schweigende Hin und Her der Uniformen und der Regenmäntel beobachtet hatte, begriff ich, daß ich anderwärts suchen mußte. Auf der anderen Seite des Platzes zogen mich die Arkaden der Bar *Italia*, Treffpunkt der männlichen Prostituierten, wegen ihres geheimnisvollen Reizes an. Dort, so raunte man, wage sich nur der Kunde hin, der bereit sei, sich ausplündern zu lassen, von den Risiken einer Gewalttat ganz zu schweigen. Ich schlug den Kragen meines Blousons hoch, überquerte die fast leere Esplanade, lehnte mich wie ein Stammgast an die Theke und bestellte mutig ein helles Bier, Stichwort, auf das sich eine in den Schatten gedrückte Silhouette von der Wand löste.

42

Donnerstag, der 4. Ein Tag wie jeder andere, nur daß meine übliche Kollektion von Bewerbern, Bettlern und Fürbittern – Los des »hervorragenden« Schriftstellers – üppiger ausfiel als an den anderen. Via Eufrate zieht sie an wie die Fliegen. Ich bin jetzt wohlhabend, habe eine akzeptable, schmeichelhafte Adresse, so als hätte ich mich entschlossen, mich in eine Vitrine zu setzen, um leichter für sie erreichbar zu sein. Sie scheinen sich verabredet zu haben und eilen herbei, ohne sich zu genieren, ein jeder nach seiner Art und mit seinen besonderen Wünschen und Klagen. Am Vorabend, gegen zwei Uhr morgens, habe ich, als ich meinen Wagen in die Garage fuhr, einen gewissen Enzo davor angetroffen, einen meiner ehemaligen Kameraden aus der Fußballmannschaft von Donna Olimpia. Er war gekommen, die paar tausend Lire einzufordern, die ich ihm versprochen hatte, wie er mir schwor, um seinen Schneider zu bezahlen. Er bestand hartnäckig darauf, ohne zu bemerken beziehungsweise ohne bemerken zu wollen, daß ich ein blaugeschlagenes Auge hatte, das mir hundsgemein weh tat. Aber wie konnte ich einem Burschen, der seit fünf Stunden vor meiner eleganten *palazzina* auf der Lauer lag, die Freude verderben, seinen neuen Anzug abzuholen?

Mama weckte mich um zehn Uhr. »Mama, es ist nichts, ich habe mich im Dunkeln an der Garagentür gestoßen.« Ohne ein Wort zu sagen, kam sie mit einer Kompresse wieder, die sie auf mein Auge legte. Dann zählte sie mir die Verpflichtungen des Tages auf. Anrufe sind auch schon gewesen: ein junger Mann aus Centocelle, der auf die Straße gesetzt werden soll, wenn er nicht noch heute seinem Hausbesitzer die rückständigen fünftausend Lire Miete bringt; ein Journalist von *Panorama* wegen eines Interviews; der Sekretär des Automobilklubs von Genua wegen einer Lesung; Maria Bellonci wegen eines Cocktails. Und was die Postsachen betrifft: die Bewerbung eines angehenden Schauspielers, mit Foto als Nachweis; das Manuskript einer sardischen Dichterin; die Empfehlung eines kommunistischen Senators für einen Romancier, Kandidat für einen Preis, den die Jury mir im vergangenen Monat zuerkannt hat; ein Brief in schöner kindlicher Rundschrift von einem unserer ehemaligen Nachbarn aus Casarsa, der mir seinen Weinberg zum Kauf anbietet; drei Seiten Schmähungen von einem Leser, der mit meinen Romanen unzufrieden ist; der Scheck eines Blaustrumpfes, dessen literarischen Salon ich vor vierzehn Tagen bei einer Soiree beehrt hatte. Römische Bräuche! Moravia hat mir den Trick verraten, sich die Diners außer Haus und andere unangenehme Geselligkeiten honorieren zu lassen. Mein Tarif ist bereits halb so hoch wie der seine.

»Um elf Uhr, vergiß nicht, bekommst du Besuch von Giorgio Bassani.«

Giorgio Bassani? Ich fahre hoch. Einer »unserer« bekanntesten, meistgeschätzten Romanciers, wie die Sprecher der Kulturprogramme im Rundfunk unentwegt wiederholen. Sein Scheck mußte sich auf das Anderthalbfache des meinen belaufen. Er hat ein sehr schönes Buch geschrieben, aber Giovanna B., meine frühere Freundin, wird es mehr geschätzt haben als ich. Was kümmern mich die rührenden Erinnerungen der jüdischen Großbourgeoisie, die elegischen

Reminiszenzen eines jungen Mädchens, das leidenschaftlich, jedoch unerreichbar geliebt wird?

»Und gegen Mittag«, fährt Mama fort, »die beiden, die seit einer Woche keine Ruhe geben; einer namens Walter Tucci und sein Freund Armando.«

»Du weißt nicht, was sie von mir wollen?«

»Wichtige Mitteilung, haben sie zu mir gesagt. Wichtig und dringend, das sind ihre Worte. Soll ich dir den Kaffee in dein Zimmer bringen?«

Um Zeit zu gewinnen, wenn ich verspätet aufstehe, überspringe ich das Frühstück und mache mich sofort an die Arbeit. Doch wo beginnen bei diesem Wust von Briefen und Papieren? Mama kommt mit der Tasse herein. In der anderen Hand hält sie den Staublappen. (Trotz meiner Vorwürfe hat sie auf die Aufwartung verzichtet.)

»Mama, ich bitte dich, nicht jetzt . . .«

Sie rückt eine Bücherreihe zurecht, pustet über die Zeitungsausschnitte, kippt die kalten Zigarettenstummel in den Papierkorb. Ich merke wohl, daß sie mir ein Geheimnis anzuvertrauen hat, daß sie einen Anknüpfungspunkt sucht. Sie tritt näher, bewegt die Lippen. Gereizt beiße ich die Kiefer aufeinander. Sie zieht sich zurück, sagt auf der Schwelle mit leiser Stimme: »Pier Paolo . . . heute hätte Guido Geburtstag. Er wäre dreiundvierzig Jahre alt geworden, bist du dir dessen bewußt?«

Sie ist wieder näher getreten. Ich spüre sie hinter mir. Ohne mich umzudrehen, greife ich nach ihrer Hand und küsse ihre Finger. O Mutter, würde ich ihr gern zuflüstern, danke ihm, daß er sich geopfert hat, um deiner einzigen Liebe das Feld zu räumen. Aber mit dem gleichen Recht hätte sie mir entgegnen können: O mein Sohn, du, der du nur glücklich sein kannst, wenn du leidest, danke ihm, daß er dich mit dem Selbstvorwurf leben läßt, ihn überlebt zu haben. Und worauf warteten wir beide, um einstimmig auszurufen: Schau, dieses Jahr fällt der 5. März in den Ostermonat! Hinweis auf den Tag meiner Geburt, der fast mit dem Passionstag zusammenfallen wird. Guido wäre bei dem sich anbahnenden Mysterienspiel zuviel gewesen. Wir müssen allein bleiben, von Angesicht zu Angesicht, für den letzten Akt der Pietà.

Aber diese Dinge werden nie zwischen uns ausgesprochen werden. Ich begnüge mich damit, ihre Hand zu tätscheln und die Altersflecken mit leichten Küssen zu bedecken. Sie geht, sobald sie kann, verwirrt, eilig, hinaus, den Papierkorb in die Küche zu bringen und die Hausarbeit in der Wohnung zu beenden.

Es klingelt, diskret, kurz, wohlerzogen. Das ganze Gegenteil von dem stürmischen Geläut Danilos. Giorgio Bassani tritt lächelnd ein und wendet sich sofort dem Garderobenständer zu, um seinen Filzhut und seinen dreiviertellangen Kamelhaarmantel aufzuhängen. Zeit, um seine Überraschung zu verbergen, als er mein blaues Auge gesehen hat. Nichts zu befürchten von ihm: Ich werde keine peinliche Frage von ihm zu ertragen haben. Er ist ein Gentleman bis zur Spitze seiner sorgfältig gefeilten Fingernägel. In der Nacht hat es geregnet. Seine frisch geputzten Schuhe haben ein paar Schmutzflecke abbekommen. Einer macht sich ganz besonders breit, mitten auf dem Oberleder. Er fasziniert ihn, alle Augenblicke beugt er sich vor, um ihn zu betrachten. »Ein schönes Zimmer«, sagt er, tief im Sessel versunken, dessen Velourslehne er zufrieden streichelt. Meine traditionell gefertigten Möbel ohne Konzession an das Design gefallen ihm. Mit der Handfläche glättet er sein tadellos geschnittenes Haar, das zwischen den auf vornehme Weise unbedeckten Schläfen spitz zuläuft, räuspert sich und beginnt.

»Pier Paolo, ich suche Sie in meiner Eigenschaft als Präsident von ›Italia Nostra‹ auf. Denn sonst hätte ich mir nicht erlaubt, Sie zu stören. Sparen wir unsere Divergenzen aus, und prüfen wir gemeinsam, ob der Schutz des künstlerischen Erbes und der nationalen Umwelt Ihres Interesses nicht würdig ist. Pardon!« beeilt er sich hinzuzufügen, wobei er eine mit einem Siegelring geschmückte rundliche Hand vorstreckt, »ich bin Ihren Einwänden zuvorgekommen. Wir gelten in Ihren Augen als alte Krauter, und die Cherubine, die vom Karnies von Santa Maria della Salute herunterkippen, wiederaufzurichten ist eine Sorge, die Sie gern den Stuhlvermietern überlassen. Doch hier einer Ihrer Artikel, den ich ausgeschnitten habe. Sie gestatten? ›Obwohl antiklerikal, weiß ich, daß ich zweitausend Jahre Christentum in mir trage; ich habe mit meinen Vorfahren die romanischen Kirchen, dann die gotischen Kirchen, dann die barocken Kirchen erbaut; sie sind mein Werk, sie werden weiter in mir leben. Ich wäre närrisch, wollte ich diese starke Kraft, die in mir ist, leugnen, wollte ich den Priestern das Monopol über diese Gebäude einräumen.‹«

»Sie sind Jude«, sagte ich, »ich bin Atheist. Und dennoch sind die fünf Schiffe der Kathedrale in Ferrara unser gemeinsames Werk, ebenso wie die rosa und ockerfarbene Fassade von San Petronio in Bologna unser gemeinsames Werk ist. Ich erkenne mich in den eierköpfigen Madonnen des Cosmè Tura ebenso wieder wie Sie sich in den manieristischen heiligen Sebastianen des Guido Reni.«

Voller Staunen hörte ich mich diese anzügliche und gezierte Rede halten. Mein Besucher wähnt sich im siebenten Himmel, nicht nur, weil die Erwähnung seiner Geburtsstadt und des Malers aus Ferrara, Heimat seiner Kindheit und Rahmen all seiner Bücher, an sein für Nostalgie empfängliches Herz rührt. Weit davon entfernt, eine Bestätigung meines Artikels zu erhoffen, den ich in einem Anfall von Verdruß über die Skandale der Grundstücksspekulation geschrieben hatte, war er auf Sarkasmen über den frommen Kreuzzug von »Italia Nostra« gefaßt gewesen. Wir beginnen ganz friedlich über die vergleichbaren Schönheiten von Bologna und von Ferrara zu plaudern, Städte, die siebenundvierzig Kilometer voneinander trennen, die aber Wiegen von zwei so unterschiedlichen Kulturen sind, nicht wahr? Hauptstädte von zwei so verschiedenen Welten. Hätten De Chirico und Carrà in Bologna das metaphysische Milieu für ihre Träume finden können? Und Giorgio Morandi das allzu grelle Licht von Ferrara auf die samtartigen Bäuche seiner Flaschen übertragen? Im übrigen, wie großartig – nicht wahr? –, daß sich in Italien, wo um jeden Kirchturm ein lokaler Baustil aufgeblüht ist (der Ausdruck ist von ihm), eine Malschule entfaltet hat (der von mir), in historischer Übereinstimmung (ich), in köstlichem Einklang (er) mit den örtlichen Sitten und Gebräuchen. Betrachtet man zum Beispiel die Fresken im Palazzo Comunale in Siena, auf denen Lorenzetti Szenen aus dem Landleben dargestellt hat, bewundert man da mehr das Talent des Malers oder die Arbeitsweise, die im Renaissance-Italien nirgendwo anders als auf den sandigen Hängen der Toskana befolgt wird? Lassen wir nicht zu, daß diese unersetzlichen Zeugnisse einer Zivilisation, die von dem amerikanischen *way of life* bereits bedroht wird, verschwinden! (Diese drei Worte, die falsch auszusprechen ich mich nicht getraut haben würde, sind natürlich von ihm.) Und Marinetti? Ein Irrer (er), ein Schwachsinniger (ich) mit seiner Idee, den Canale Grande zuzuschütten und eine Autobahn darauf zu bauen!

So hart ging es zwischen uns zu bei diesem liebenswürdigen und gelehrten Geschwätz, gegen alle meine Gepflogenheiten und alle meine Überzeugungen. So dumm mir der ikonoklastische Klamauk der Futurturisten auch schien, so sehr habe ich stets diesen guten Willensäußerungen mißtraut, die über die baufälligen Villen von Palladio jammern und Kollekten für Venedig veranstalten, dabei jedoch die zeitgenössischen Künstler Hungers sterben lassen. Dennoch stehe ich dem Autor der *Finzi-Contini*, dessen Halbschuh trotz des Schmutzflecks anmutig hin und her wippt, gern Rede und Antwort. Bis zu dem Augenblick, da mich mein zehntes »Nicht wahr?«, geraunt mit einer sanften Stimme, die mir keineswegs mehr wie die meine vorkommt, plötzlich in meinem Loblied auf die dreipässigen Fenster der Benediktinerabtei von Pomposa, »deren Restaurierung sich aufdrängt«, unterbricht. Ich weigere mich, weiterhin eine Rolle in dieser Komödie zu spielen, weil ich soeben den Grund begriffen habe, der mich dabei hatte mitmachen lassen: Danilo. Jawohl, es war Danilo, das Leben, das mit ihm zu leben ich beschlossen hatte, seit wir uns liebten. Danilo, der wenngleich unfreiwillige Verantwortliche für den Eifer, mit dem ich mich in dieses Gespräch gestürzt hatte. Wäre er minder ungebildet, beschränkte sich seine Lektüre nicht auf Milton Caniff, Chester Gould, Alcapp oder Crepax, dann könnte ich mit ihm über andere Themen diskutieren als Fußball, Filmschauspieler und Varietésänger, dann würde ich meinen Besucher schon längst verabschiedet haben. Ich, der es haßt, Banalitäten über die schönen Künste auszutauschen, ich muß mir jede geistige Nahrung verkneifen, um über den erstbesten Knochen herzufallen, den man mir hinwirft. Bittere Feststellung: Ich entdecke, daß die Überfülle meiner Liebe einen

Teil von mir unbefriedigt läßt und daß der Altersunterschied zwischen uns nicht das einzige Hindernis ist, das es uns verwehrt, auf gleicher Ebene durchs Leben zu gehen.

Erfaßt von einer plötzlichen Antipathie gegen diesen Mann, der bei mir eingedrungen ist, um mein Glück zu unterminieren, frage ich ihn in einer abweisenden Art, die stark von unseren voraufgegangenen Höflichkeiten absticht: »Sie verlangen meinen Beitritt zu ›Italia Nostra‹?«

Der Schuh und der Schmutzfleck halten abrupt inne. Er schüttelt konsterniert den Kopf, weiß nicht, welch jähem Stimmungswechsel er diesen Umschwung zuschreiben soll.

»Ich bedaure«, sage ich, »aber Ihre Aktion ist zum Scheitern verurteilt. Sie wollen das Problem der Rettung der künstlerischen Vergangenheit Italiens populär machen? Diejenigen, die nie an der Geschichte beteiligt gewesen sind, es sei denn als Untertanen, als beherrschte Klasse, können sich nicht für Baudenkmäler begeistern, die den Geschmack der Klasse zum Ausdruck bringen, die sie beherrscht hat.«

Vermeinte ich, ihn dadurch zu entmutigen, daß ich ihm eine der abgedroschensten Parolen der marxistischen Lehre zitierte, so hatte ich sowohl das Ausmaß seiner Toleranz wie auch die Ressourcen seiner Diplomatie unterschätzt. Er veränderte seine Lage im Sessel, hüstelte hinter der Hand und erwiderte seelenruhig, als hätte er gerade eine Fliege von seiner Nase verscheucht: »Pardon, pardon. Mit der Zeit verwischt sich der Übelstand, den Sie aufzeigen. Waren wir uns soeben nicht einig über die universelle Tragweite gewisser . . .«

»Nehmen Sie einmal an«, sage ich unvermittelt, »ein Wohltäter wollte die Aussicht auf den Corso Ercole Primo mit einem Häuserblock von Sozialwohnungen zubauen, was würden Sie tun, um das Schloß der Este zu retten, um den Palazzo de' Diamanti zu retten?«

Unfähig, dem Vergnügen zu widerstehen, die erhabenen Orte Ferraras mit ihrem für mich magischen Klang aufzuzählen, promeniere ich also in den von der Mythologie und von der Geschichte verzauberten Alleen, ein Ausflug, der mit Danilo unmöglich wäre, ohne ihm zuvor zu erklären, wer Herkules war und warum ein Renaissance-Herzog diesen olympischen Namen trug. Ärgerlich über mich selbst, schloß ich in peremptorischem Ton: »Es würde nur einen einzigen Weg geben, gegen dieses Projekt anzugehen: Ihren humanistischen Protest in politischen Kampf umwandeln. Sie sagen in Ihrem Prospekt, das Italien ›unserer Väter‹ sei in Gefahr. Sind Sie sicher, daß diese ›Väter‹, deren ›Erbe‹ Sie verteidigen, eine solche Hingabe verdienen? Nach Freud argwöhnen wir in allen väterlichen Vermächtnissen irgend etwas, was nicht unbedingt positiv ist. Durch die marxistische Analyse der Gesellschaft hat der Begriff ›Vater‹ eine noch radikalere Verschlechterung erfahren. Die bürgerliche Kategorie der ›Väter‹, auf die Sie sich als auf eine weltweite Kategorie von ›Vätern‹ berufen, hat in meinen Augen den Nachteil, daß sie keinen von denen einschließt, für die ich mich interessiere: die Väter Straßenfeger oder Köche, Straßenhändler oder Busfahrer, Metallarbeiter oder Fräser, und selbst die Väter Vagabunden und die Väter Mörder. Denn mit ihnen verbrüdere ich mich, es ist ihr Italien, das mir am Herzen liegt.«

Geschmeichelt, daß ich abermals die Stadt seiner Romane erwähnt habe, verneigt er sich kopfnickend und murmelt, allzu höflich, als daß er seinen Gesprächspartner brüskiert hätte: »Pier Paolo, ich kenne Ihre Ansichten, und ich respektiere sie. Gestatten Sie mir jedoch, mich nicht für geschlagen zu bekennen. Könnten Sie uns nicht, als persönlichen Beitrag, einen öffentlichen Beweis Ihrer Wertschätzung geben? Was weiß ich . . . ein Artikel würde genügen . . . Sie könnten über ein Baudenkmal schreiben, das verschwinden zu sehen Sie bedauern würden . . .«

Ich bekomme plötzlich Lust, ihn zu provozieren. Er macht mich wahnsinnig mit seinem Flanellanzug und seinem Schuhtick. Ist es nicht seine Schuld, seine, seiner »Väter«, seiner Klasse, daß ein Arbeiter der Marelli weder die Zeit noch die Mittel hat, den Horizont seiner Söhne über die vorgezeichneten Grenzen hinaus zu erweitern? Weiß er, wenn er ein Bankett für »Italia Nostra« im Hotel Hassler veranstaltet, daß Danilo dann dreimal soviel Ware anzuliefern hat? Daß er die zweihundert Stufen der Piazza di Spagna mit einer fünfzehn Kilo schweren Kiepe auf dem Rücken hinaufstapfen muß, ohne das Anrecht auf eine zusätzliche Lira zu haben? Und diese ganze Mühe nur, damit die Damen, die ängstlich darauf bedacht sind, den Markusplatz trockenzulegen und einige vom Hochwasser des Arno beschmutzte alte Florentiner Manuskripte zu säubern, ihr Brötchen auf dem Tischtuch zerkrümeln, weil sie Angst haben, dicker zu werden, und daß sie rassistische Bemerkungen über Neapel und über Sizilien von sich geben, denn ihre Sorge um das kulturelle Erbe geht nie über den Süden Roms hinaus.

»Einverstanden, es handelt sich um eine schmierige, vom Bagger des Unternehmens Pompilio bedrohte alte Wand. Zweifellos der Rest einer Scheune. Vermodert, scheußlich, die mich aber an die Zeit erinnert, da die Schafe das Gras zwischen den Pflastersteinen abweideten. Eine Ruine ohne jedes Interesse. Und deren Foto sich mit dem Glanzpapier Ihrer Zeitschrift beißen würde.«

»Pardon! Pardon!« ruft er und zieht aus seinem Ärmel einen Faden, den er zwischen den Fingern zu einer Kugel zusammenrollt und in die Tasche steckt. »Aber das ist ja ausgezeichnet, was Sie mir da sagen! Leonardo da Vinci hatte die Angewohnheit, an alten Mauern die feuchten Flekken, die Spuren von Speichel, zu studieren. Ausgezeichnet! Unsere Leser werden empfänglich sein für diese Huldigung, die einem alten toskanischen Meister zuteil wird, dessen *Abendmahl* zu retten eins unserer vordringlichsten Ziele ist. Tadellos! Ausgezeichnet!«

Überaus zufrieden mit seinem Besuch, geht er wieder, in seinem Kamelhaarmantel mit den Hirschhornknöpfen. Willfähriges Lächeln vor der Reproduktion des Masaccio; er hat echte Gemälde zu Hause, Geschenke von seinen Malerfreunden, denen er Geleitworte für ihre Ausstellungen schreibt. Als die Tür hinter ihm zufällt, kommt mich die Lust an, laut aufzulachen. Welch gefundenes Fressen für uns, wenn Danilo da wäre! »Pardon! Pardon!« und »Gestatten Sie mir«, »Leonardo da Vinci . . .«. Ha! Ha! Ich springe mit geschlossenen Füßen in den Flur, ich boxe meinen am Garderobenständer hängenden Regenmantel. Bassani ist nur sechs Jahre älter als ich; ich spüre die Kluft einer ganzen Generation zwischen uns. Eine Anthologie »Junger europäischer Autoren« hat mich übrigens mehreren Unter-dreißig-Jährigen zugeordnet. Pure Gerechtigkeit. Danilo war ganz stolz auf mich. Er würde mich heute nicht mehr als »Alten«

bezeichnen. Jammerschade, daß er der Szene nicht beigewohnt hat. Er hätte miterlebt, wie ich dem Lieblingsdichter der italienischen Bourgeoisie eine Abfuhr erteilte, dem, der für jedes seiner Bücher einen Literaturpreis einheimst statt eines Prozesses.

Umweg durch das Badezimmer: Befremdet betrachte ich mich im Spiegel. Bleifarben und leichenblaß, das Veilchen um mein Auge ist größer geworden. Rückschauend schätze ich den Takt meines Besuchers und revidiere mein allzu voreiliges Urteil. Wenn er den Schmutzfleck auf seinem Schuh anstarrte, dann, weil er seine Aufmerksamkeit fixieren wollte. Weil er unbedingt verhindern wollte, daß sein Blick eine indiskrete Neugier verriete. Bei Danilo würde ich nicht so leicht davonkommen. Danilo, ja, was werde ich ihm sagen? Was wird er denken? Das Märchen von der Garagentür wird bei ihm nicht ziehen. Ich muß irgend etwas erfinden. Aber was? »Möchtest du eine neue Kompresse?« fragt Mama, im Türrahmen auftauchend. Ich möchte vor allem, daß sie mir sagt, wie ich der großen Liebe meines Lebens beibringe, daß ich mich zu der Stunde, da sich die nächtlichen Straßen von den letzten Fußgängern leerten, bei einem ruhmlosen Abenteuer habe verprügeln lassen.

Da ist er. Sein freudiges und unregelmäßiges Drücken auf den Klingelknopf.

»Pier Paolo! Was ist passiert?«

Er blieb vor mir stehen, die Augen weit aufgerissen.

»Du wirst mir doch nicht sagen wollen, daß sie dich geschlagen haben? Antworte!«

Dieses »sie« lieferte mir plötzlich ein Alibi.

»Doch«, sagte ich, den Kopf senkend, damit er mich nicht erröten sah.

»Wer? Die Faschisten?«

Und ich im selben Atemzug: »Die Faschisten.«

»Die Schweine! Die Schweine!«

Er schrie, raufte sich die Haare, rannte bis ans Ende des Flurs, reckte die Faust gegen den Treppenabsatz, kam zurück, näherte seinen Finger meinem Auge, zog die Hand zurück, begann wieder zu schreien: »Die Schweine!«

Dann: »Erzähle! Sag mir, wie es passiert ist.«

»Sie warteten bei meinem Wagen auf mich. ›Bist du es,

der unsere Kinder verführt? Bist du der Mistkerl? Bist du es, der sich von Moskau bezahlen läßt?‹ Und peng! – bei jeder Frage eins drauf.«

»Wie viele waren es, Pier Paolo?«

»Nun ... ich weiß nicht mehr ... Drei oder vier vielleicht ... In der Dunkelheit, da habe ich sie nicht besonders gut gesehen.«

»Würdest du sie wiedererkennen?«

»Sie hatten Kapuzen über das Gesicht gezogen.«

»Die Schweine! Und feige obendrein.«

Ich versuchte ihn zu beruhigen. Er wunderte sich.

»Wieso? Man muß hinausposaunen, was geschehen ist. Die ganze Welt muß erfahren, daß das Italien von Moro ein Sumpf ist.«

»Ich bitte dich, Danilo. Das war ein Zufall, ein Mißgeschick.«

Ich schob ihn hinaus in den Garten, wo die kümmerlichen Zweige des Granatapfelbaums in der blassen Wintersonne dampften.

»Ein Mißgeschick? Ich hoffe doch, daß du einen Artikel schreiben wirst. Es ist viel schlimmer, sich auf offener Straße wehrlos verdreschen zu lassen, als in Venedig, wo drei Viertel des Publikums für dich sind, mit Eiern beworfen zu werden.«

»Ein unwesentliches Ereignis, das nur mein Privatleben betrifft.«

»Dein Privatleben, Pier Paolo? Das wagst du mir zu sagen? Hast du mir nicht eingebleut, daß alles, was uns geschieht, eine politische Bedeutung hat? Die Polizei schießt auf die Bauern von Avola, weil die sich weigern, die Mandeln für zehntausend Lire Wochenlohn zu ernten, aber sie überläßt die Straßen Roms den Dreckskerlen vom M. S. I. Ist das Privatleben?«

Ich wußte nicht mehr, wie ihn zurückhalten. Er wollte meine Freunde benachrichtigen, das ganze Viertel zusammentrommeln. In diesem Augenblick wurde wieder an der Tür geläutet. Weder das kurze und höfliche Klingeln von Bassani noch das liebevolle, stürmische von Danilo, sondern dreimal hintereinander, gleichmäßig lang, gebieterisch, feierlich, was uns erschauern machte.

43

»Walter Tucci«, sagt ein langaufgeschossener junger Mann, mir eine knochige Hand entgegenstreckend. Er deutet mit dem Zeigefinger auf mein Auge und ruft aus: »Die Faschisten, wie? Bravo, Pier Paolo. Auf somatischem Gebiet reagieren Sie korrekt. Ich sagte ihnen mit Fug und Recht, daß Sie noch keineswegs verloren seien, daß man etwas für Sie versuchen könnte. Nicht wahr, Armando?«

Stutzig geworden, antworte ich nichts. Seine tiefe Stimme, seine bis zum Hals zugeknöpfte Joppe, sein bis auf die Schultern fallendes Haar, seine Sicherheit, sein Jargon, alles an ihm stößt mich ab. Hinter ihm tritt ein sehr hübscher kleiner Blonder mit kurzen Locken ein, die Arme bepackt mit einem Stoß Broschüren, den er mit dem Kinn festhält. Ich hätte ihm gern die Hand gedrückt, ihm ja; er gefällt mir, er hat mir, den Kopf mehr schlecht als recht neigend, zugelächelt, nicht so wie der andere, der mich mit seiner dumpfen Stimme anspricht, sein vorspringendes Kinn auf meine Reproduktion *Adam und Eva* gerichtet.

»Masaccio! Das war nicht anders zu erwarten. Wissen Sie nicht, daß es Maler gibt, die Burri, Matta, Fontana, Tapiès heißen? Sie sind unglaublich rückständig. Dem blauen Auge nach unterstreiche ich die Diagnostik eines anarcho-revolutionären Verhaltens. Dringend in eine echt operative Praxis zu integrieren. Ein Glück, daß wir gekommen sind, nicht wahr, Armando?«

Armando, den mir vorzustellen sein Begleiter für überflüssig erachtet, hat den Packen Broschüren auf die Truhe abgeladen, von der mehrere auf den Boden gefallen sind. Ich lese aufs Geratewohl einige Titel. *Gruppe 63: Kritik und Theorie. Der Kongreß von Palermo. Experimentelle Poesie. Laborintus/Labyrinthus.* Ich hab's: die Gruppe 63, zwei Dutzend Fanatiker, die sich als Avantgarde proklamieren und reinen Tisch mit der Sprache machen wollen. Sie entsenden Trupps zu den Schriftstellern, die als zu eindeutig, zu leicht zu lesen eingestuft werden. Auf ihrem Kongreß in Palermo im vergangenen Jahr haben sie mir eine Mahnung übermittelt: »P. P. P., es ist schön, sich für die Dialekte zu interessieren, für den neosyngmatischen Aspekt des Lautes, aber deine

Bücher sind dokumentarisch, sie reflektieren die Realität, sie bringen einen völlig überholten Gesichtspunkt in den Gebärdenspiegel.« Ich hatte die Achseln über dieses Kauderwelsch gezuckt, aber heute habe ich den Eindruck, daß die Sache nicht so einfach sein wird. Vielleicht, weil mich die Botschaft nicht durch einen fernen, unpersönlichen Orakelspruch erreicht, sondern aus dem Mund der beiden fünfundzwanzigjährigen jungen Römer, von denen der eine, was die Dinge komplizieren wird – ich kenne meine Schwächen –, von einer bezaubernden Schönheit ist, die mich schon entwaffnet. Zudem wittere ich die Gefahr, daß Danilo, verwirrt von den dunklen Worten, überrascht sein wird, mich nicht auf der Höhe zu finden.

»Sie können Ihre Broschüren wieder mitnehmen«, sagte ich in sicherem Ton. »Ich habe sie gelesen. Wem sind Ihre Positionen heutzutage nicht vertraut?«

»Ach!« bemerkte Walter sarkastisch. »Und Sie haben an Ihrer Wand noch einen echt überholten Maler?«

»Ich hatte diese Reproduktion in meiner früheren Wohnung. Es ist ein Andenken, so ist es . . . Eine Zigarette?« sagte ich, um den Torquemada zu besänftigen.

»Er hängt an Souvenirs, verstehst du«, meinte Walter, sich zu Armando umdrehend, dem er im Flur voranging, ohne abzuwarten, daß ich ihn aufforderte einzutreten. »Danke, niemals Tabak oder Alkohol. Aber Sie weichen der Frage aus. In Ihrem Film über das Evangelium sind die römischen Soldaten gekleidet wie auf den Fresken des Piero Della Francesca. Die Farben in dem Sketch mit Orson Welles, die haben Sie Pontormo entlehnt. Das letzte Bild des Films mit der Magnani, das haben Sie dem Toten Christus von Mantegna nachgeahmt. Ja oder nein?«

»Aber das ist ja ein Verhör!« sagte ich lachend, gekränkt, daß weder Walter noch Armando Notiz vom Eintreten Danilos nahmen, der im Salon zu uns stieß. Sie grüßten ihn nicht einmal, sie kümmerten sich einen Dreck um seine Gegenwart. Danilo sperrte Mund und Nase auf, als er das mit einem Rankenmuster bedruckte Hemd erblickte, das lose über Armandos weiße Jeans fiel.

»Was das Phonische anbelangt«, fuhr Walter fort, dem das Wort »Musik« lächerlich einfach vorgekommen wäre, »so haben Sie für Ihren ersten Film Bach gewählt, Bach und Mozart für die Geschichte Christi, Vivaldi für die Abenteuer der Hure. Wissen Sie nicht, daß Varèse, John Cage, Stockhausen, Nono und Boulez die neuen Gesetze für das Instrumentalverhalten fixiert haben?«

Er blickte sich mißtrauisch im Zimmer um und befahl seinem Begleiter, meine Bücher in dem großen Regal zwischen den beiden Fenstern zu prüfen. Ich versuchte ungeschickt, mich zu rechtfertigen.

»Wenn ich für den Streit zwischen den Jungen im Bauschutt der Sozialwohnungen den Chor aus der *Matthäus-Passion* verwendet habe, dann deshalb, weil ich den Zuschauer darauf hinweisen wollte, daß er nicht einer neorealistischen Schlägerei beiwohnt, sondern einem Kampf, der etwas Episches, Mythisches hat ... Ich bin kein neorealistischer Autor«, sagte ich mit stärkerem Nachdruck, denn ich erinnerte mich der in Palermo gegen meine Romane benutzten Argumente.

Währenddessen hatte Danilo dem kleinen Blonden einen Stuhl zugeschoben; der stellte sich auf die Zehenspitzen, um an die linke obere Ecke meiner Bibliothek heranzureichen.

»Da haben wir's!« rief er mit unangenehmer Fistelstimme und zog *Über die Metakritik der Gnoseologie* von Theodor Adorno aus dem Fach.

»Schau auch unter B und unter H nach«, schärfte ihm Walter ein. Armando sprang mit einem behenden Satz zu Boden, sein Baumwollhemd flatterte anmutig um seine Hüften, er rückte den Stuhl beiseite und nahm aus dem Nachbarregal *Am Nullpunkt der Literatur* von Roland Barthes, kniete dann nieder und fischte *Ideologie und Sprache* von Max Horkheimer heraus. Wäre die Prüfung negativ ausgefallen, dann wären sie vielleicht wieder abgezogen und hätten mich dem bedauernswerten Schicksal eines Autors lesbarer Romane überlassen. Da ich mich aber auch mit guten Büchern befasse, stuften sie mich in ihrem sektiererischen Dünkel in die Kategorie der »wiederzugewinnenden Rückständigen« ein. So blieben sie, und es wurmte mich, mit ansehen zu müssen, daß Danilo den Stuhl wieder an seinen Platz stellte, ohne daß ihn der andere eines Dankes gewürdigt hätte.

»Los, bitte Mama, daß sie uns Kaffee kocht«, sagte ich in trockenem Ton. »Dalli! Was stehst du da und wartest?«

Er geht hinaus mit rundem Rücken, begreift nicht, warum ich ihn so schlecht behandle. Walter setzt sich auf die Couch, den Hals in den Kragen seiner Joppe eingezogen, gerade und aufrecht wie die Justiz. Armando wählt den Lehnstuhl. Er lümmelt sich in die Kissen, den Bauch vorgewölbt, die Arme an beiden Seiten herunterhängend.

»Ich möchte jedoch gern wissen, warum Sie sich die Mühe gemacht haben, herzukommen«, sage ich mit gleichgültiger Stimme.

»Wir wollen Sie retten, Pier Paolo. In Anbetracht einiger interessanter Produktionen, die die Gruppe von Ihnen kennt, hat sie beschlossen einzugreifen.«

»Und ... welchem meiner Werke verdanke ich diese Ehre?«

»Er sagte ›Werke‹, hörst du? Pier Paolo, was sind Sie für einer? Werke, das ist was für Schriftsteller, für solche, die sich noch auf die Intuition verlassen und an das eigene Schaffen glauben, eine überholte Produktionsweise. Ich hoffe, daß Sie sich nicht für einen Schriftsteller halten, sondern für einen Produzenten von Texten. Wir sind gekommen, Ihnen anzubieten, bei unserer Teamarbeit mitzuwirken, um auf linguistischem Gebiet die radikale Anfechtung des Systems dank einer interdisziplinaren Strategie zu theoretisieren.«

Hätte ich nur Walter vor mir gehabt, ich glaube, ich würde ihn beim Kragen seiner Mao-Joppe packen und vor die Tür setzen, mit seinem blöden Gesicht und den langen Haaren eines Herrensöhnchens, die ihn mindestens tausend Lire täglich für *brushing* kosten müssen. Aber Armando, mit gespreizten Beinen tief im Lehnstuhl hockend, schüchtert mich ein. Wie alle hübschen Knaben, denen ich bei öffentlichen Debatten begegne, wo mich die Umstände daran hindern, sie anzusprechen, rührt er mich, macht er mich schwach. Einmal, in Bologna, habe ich mich nach einem Vortrag über Visconti beinahe selbst widerrufen, weil mich ein junger Mann, der aussah wie ein Page von Carpaccio, angegriffen hatte. Sich hinten im Saal erhebend, beschuldigte er mich, »einen Krösus, einen Aristokraten« zu verteidigen.

Warum mich diese Eselei in Verlegenheit gebracht hat, das frage seine Mandelaugen, das Lächeln, das seine Lippen kräuselte. Stumm und unterwürfig habe ich ihn reden lassen, überglücklich, daß er stehenblieb und mir die Gnade erwies, seine Figur von oben bis unten betrachten zu dürfen. Um Armando zu gefallen, um ihn aus seiner Apathie zu reißen, würde ich bereit sein, ihnen alles zu gewähren, was sie wollten.

»Mir scheint«, sagte ich, ohne verhindern zu können, daß ich errötete, »daß ich mit meiner Person recht teuer bezahlt habe. Wenn jemand seinen Platz in den Reihen der Avantgarde verdient hat . . .«

Walter zuckte die Achseln. Was den Blonden betrifft, so belohnte er mich mit einem Grinsen statt des erhofften Lächelns.

»Avantgarde!« sagte Walter. »Er beruft sich auf die Avantgarde! Nun ja«, fügte er nach einer Pause hinzu, um seinen Überraschungseffekt vorzubereiten, »Sie gehören zur Avantgarde, Pier Paolo. Sie haben sich tapfer geschlagen. Ihre Polemiken haben ihre Meriten gehabt. Aber Ihre Auflehnung geht, wie die aller Vertreter der historischen Avantgarden, von Dada bis zu den amerikanischen *beatnicks*, von einem überholten materisch-emotionellen Standpunkt aus. Sie, die Vertreter, bleiben der Rhetorik der Inhalte verhaftet. Neue Inhalte, aber alte Rhetorik. Ihre linguistischen Experimente sind geräuschvoll und oberflächlich.« (Bei diesen letzten Worten befürchtete ich nur eins: daß Danilo jetzt in den Salon kommen und meine Verurteilung in Begriffen vernehmen könnte, die für ihn ebenso sonnenklar sein würden wie für die ganze Welt. Gib, o Gott, daß Walter wieder kauderwelscht!) »Sie wirken auf den äußeren Aufbau des traditionellen linguistischen Imperiums hin.« (Uff!) »Die Gruppe bestreitet der Sprache das Recht, ein frontales repräsentatives Verhältnis mit der Realität herzustellen.« (Ich atmete auf.) »Die Gruppe prangert die historischen Avantgarden an, die sich der totalen Verdinglichung des Systems nicht bewußt geworden sind.« (Uff! Uff! Uff!)

Walter hieb sich kräftig auf den Oberschenkel. Und ich, statt ihn zu fragen, welche Beweise die Gruppe von ihrer Kampfeslust gegen das »System« gegeben habe, die vergleichbar wären mit meinen einundzwanzig Prozessen, der dreimaligen Einziehung meiner Bücher, den vier Konfiszierungen meiner Filme, meinen vier Monaten Gefängnis mit Bewährung – ich wandte mich unterwürfig an Armando: »Armando, Sie haben völlig recht, das allzu bequeme Etikett der Avantgarde abzulehnen. Das ist mutig von Ihnen. Die zweifelhaftesten Handelsgeschäfte ...«

In die Betrachtung seines Hemdes versunken, hörte er sich meine Schmeicheleien an, ohne mich mit einem Blick zu belohnen. Schon fuhr Walter fort: »Deshalb bekennt sich die Gruppe auch lediglich als Neoavantgarde. Die Avantgarde war die Opposition zur Gesellschaft, die Negation der Gesellschaft. Die Neoavantgarde ist die Negation der Negation. Es interessiert uns nicht mehr, die Gesellschaft zu kritisieren und die linguistischen Beziehungen der Kommunikation zu respektieren. Unser Programm der Negation der Negation erklärt sich in der Aufdeckung der verdinglichten Natur der Kommunikation. Nicht wahr, Armando?«

Wohl flößt mir ihr sinnloses Geschwätz Abscheu ein, wohl weiß ich, daß sie sich mit ihren revolutionären Ansprüchen heimlich, still und leise der Kommandohebel bemächtigen in den Verlagshäusern, beim Rundfunk, beim Fernsehen, bei den Zeitschriften mit großen Auflagen, beim literarischen Almanach Bompiani, wo die Gruppe im Jahre 1967 ihren Durchbruch erziehlt hat, so wie ihn die Faschisten im Jahre 1932 mit Beschlag belegt hatten, zur Zeit der »Stahlbücher«, die mein Vater so sehr schätzte, sowie in der Universität, wo ihr autoritärer Ton die Professoren terrorisiert, die zu lasch sind, ihren Betrug aufzuzeigen – doch der Schlachtruf Rimbauds »Man muß modern sein« schreckt auch mich. Es ist für einen Schriftsteller niemals zum Lachen, von der Generation, die ihm folgt, abgelehnt zu werden. Es würde dramatisch für mich sein, den Kontakt zu den Jugendlichen zu verlieren. Und da die Jugendlichen heutzutage keine ernsthafte Bildung mehr haben, die ihnen ermöglicht, der Faszination der vernebelnden großen Sprüche zu widerstehen, sehe ich mich bereits mit meinen Forderungen nach intellektueller Klarheit, mit meinem Sinn für die Verantwortung des Bürgers von Isolierung und von Vergessen bedroht.

»Wir sind gekommen, Ihnen eine letzte Chance zu geben«, fährt Walter fort. »Edoardo Sanguineti schlägt Ihnen vor, in *Il Verri*, dem Organ der Gruppe, zu schreiben. Zwei Themen zur Wahl. Erstes Thema: ›Die Bedeutung von Alain Robbe-Grillet bei der Säuberungsaktion des Romantextes von allen ideologischen Verfälschungen.‹ Zweites Thema: ›Wieso reagieren Moravia und Antonioni bei dem gleichen Sujet der Entfremdung in der neokapitalistischen Gesellschaft auf zwei radikal verschiedenen Ebenen?‹«

»Gern«, sage ich, glücklich, mich auf einem vertrauteren Gebiet zu befinden, auf dem sie mir gestatten werden, einige Sätze aneinanderzureihen. »Die Vereinsamung des modernen Menschen ist in der Tat das gemeinsame Thema in Antonionis *Die Nacht* und Moravias *Die Langeweile*. Aber in dem Film handelt es sich um ein vages, irrationales, fast unbeschreibbares Unbehagen. Giovanni und Lidia bewegen sich wie in einem Traum. Sie wissen nicht, wer sie sind, warum sie sich so benehmen, woher sie kommen, wohin sie gehen. Beide verzehren sich in einem in vollem Ausmaß ertragenen Leid. Sie lassen sich zugrunde richten, ohne die Möglichkeit der Erlösung. Lidia irrt aufs Geratewohl umher und kratzt mit neurotischem Nagel den Putz von den Wänden. Giovanni trägt ziellos seine Leichenbittermiene mit sich durch die Straßen und die Salons. Sie treiben außerhalb der Geschichte, in einer in sich abgekapselten, erstarrten, unveränderlichen Welt. Antonioni beschränkt sich darauf, die Beklemmung als einen Naturzustand ohne Ursache noch Ausweg zu beschreiben. Moravia dagegen führt die Dimension Bewußtsein ein. Dino leidet an der deprimierenden Unmöglichkeit, sich anderen mitzuteilen; aber die Mittlerrolle des Autors gestattet uns, zu begreifen, warum er in sein Gefängnis eingemauert bleibt. Der Held von *Die Langeweile* ist eine historische Persönlichkeit, Dinos Beklemmung eine durch die Geschichte erklärbare Beklemmung. Als Sohn reicher Bürger, an Komplexen leidend, wegen seiner Klassenzugehörigkeit und wegen seiner Kindheit, verkörpert er die Kreuzung einer zweifachen Krise, einer soziologischen und einer psychologischen. Marx und Freud . . .«

»Und was schließen Sie daraus?« unterbricht mich Walter, der bis dahin mit keiner Wimper gezuckt hat, in trockenem Ton.

»Ich schließe daraus, daß es jammerschade ist, daß sich das Publikum in Antonionis Film weit eher erkannt hat als in Moravias Roman. *Die Nacht* spiegelt leider die geistige Trägheit der Zuschauer wider, ihre Ablehnung jeder vernunftgemäßen Bemühung zu begreifen, ihre innere Befriedigung, sich zu sagen: ›Wir sind Gefangene unseres Unglücks zu leben, unseres herrlichen Unglücks zu leben.‹«

Walter strich über den Stoff seiner Joppe, bevor er sein Urteil äußerte.

»Moravia operiert auf der Ebene der Realität, Antonioni auf der Ebene des Ausdrucks. Wieso wagen Sie es, einen überholten realen Monosemantismus mit einer neoavantgardistischen Mehrdeutigkeit zu vergleichen? Wir lehnen ganz entschieden ab, Ihnen in Ihrer Analyse zu folgen, wenn Sie sagen, daß Giovanni in den Salons umherirrt, daß Lidia an den Wänden kratzt. Nicht wahr, Armando? Wir können eine derart skandalöse Verschleierung des Antonionischen Textes nicht zulassen.«

Aber bevor Armando ausgegähnt hat, wird die Tür geräuschvoll geöffnet. Danilo hat sie mit dem Fuß aufgestoßen. Er tritt ein, das Tablett mit dem Kaffee in seinen tollpatschigen Händen balancierend. Hinter ihm nähert sich Mama, sie hat sich das Privileg vorbehalten, die Zuckerdose zu bringen, die silberne, die für Gäste; sie trägt sie an den sirenenförmigen Henkeln. Weder Walter noch Armando erheben sich, um sie zu begrüßen; kaum daß Walter mit einer mechanischen Bewegung die Spitze seines vorspringenden Kinns senkt. Armando erachtet es für unnütz, sich in seinem Lehnstuhl aufzurichten und eine korrektere Positur einzunehmen. Meine Verärgerung steigert sich, als ich sehe, daß Danilo Walter das Tablett reicht und Mama, den Löffel in der Hand, den jungen Mann bescheiden fragt, wieviel Stück Zucker sie ihm geben darf. Armando seinerseits läßt sich bedienen, ohne sich zu bedanken. Ich glaube, einen leicht höhnischen Zug auf seinen Lippen zu bemerken, so als dächte er: Aha, die alte Mutter, die mit dem Kaffee kommt, die hat uns gerade noch gefehlt! Wütend greife ich nach meiner Tasse, trinke einen einzigen Schluck und erkläre in einer plötzlichen Regung: »Soll ich Ihnen mal was sagen: Der Neokapitalismus, den zu bekämpfen Sie behaupten, hat keinen wertvolleren Bundesgenossen als Ihren Antonioni. Ein Kunstschaffender, der sich weigert, die Welt rational auszulegen, um sich in einem hohlen Formalismus zu gefallen, der betreibt das Spiel der Machthaber. Nichts freut die Herrschenden mehr als diese Art blutleerer und überkandidelter Werke, die ihnen freie Hand lassen, an der Börse zu spekulieren, die Arbeiter auszubeuten, die Betriebsräte auszuschalten, sich auf Kosten der Armen zu bereichern.«

Erbost über ihre Stummheit, füge ich hinzu, selbst auf die Gefahr hin, mich ins Unrecht zu setzen, wenn ich dieses ein wenig seichte Argument benutze: »Und der Maler, der seine Leinwand mit Strichen oder Klecksen ohne Sinn bedeckt, glauben Sie, daß der irgend jemanden aus der Fassung bringt? Finden Sie mir einen Direktor der Fiat, der nicht seinen Abstrakten an der Wand seines Speisezimmers hängen hat!«

»Wir leben nicht mehr in der Zeit von Courbet und Zola«, schleudert mir Walter verächtlich entgegen.

Aha, wir leben nicht mehr in der Zeit von Courbet und Zola! Ich habe Lust, ihm an die Gurgel zu springen, als ich Mama in ihrer vertrauten Haltung, die Hände vor dem Bauch verschränkt, an der Tür stehen sehe. Dermaßen devot, dermaßen selbstvergessen, als wollte sie diese Flegel fragen, ob ihnen der Kaffee geschmeckt habe. Um den Kummer und die Nöte zu erzählen, um den Prüfungen Gerechtigkeit widerfahren zu lassen, die diese Frau stillschweigend erduldet hat, die zwei grausame Kriege hinter sich und einen Sohn durch Mord verloren hat, die ihren Ehemann an Verfall hat sterben sehen, die bei anderen saubergemacht und Geschirr gespült, die mit ihrem überlebenden Sohn ein zuweilen erbärmliches, allezeit mißliches Leben geteilt hat, die in seinen Armen ohnmächtig geworden ist an dem Tag, an dem ein Gericht ihn verurteilt hat, bedürfte es eines Talents, einer Kraftanstrengung, einer Willensstärke, die mit dem Dogmatismus dieser Scharlatane nicht zu messen sind.

Ihnen den letzten Hieb verpassend, sage ich: »Der beste Beweis dafür, daß eure Bücher, weit davon entfernt, die geringste revolutionäre Funktion zu haben, mithelfen, die Macht zu festigen, ist der, daß sie in Franco-Spanien übersetzt worden und frei verkäuflich sind. Meine dagegen sind von der Zensur verboten.«

Walter schnellte hoch wie ein Automat, marschierte zur Tür, drehte sich auf der Schwelle um und sagte mit zischender Stimme: »Die gemeine Injurie ist ein unerträgliches Hindernis bei der Abwicklung des dialektischen Prozesses. Komm, Armando. Es ist klar, daß wir auf der Ebene der Entfaltung des negativen Widerspiels alles versucht haben.«

Kaum waren sie im Treppenhaus verschwunden, zupfte mich Danilo am Ärmel, brach in schallendes Gelächter aus und flog mir an den Hals.

»Es war nicht der Mühe wert, daß er mit seinem Hemd so dicketat. Weißt du, woher es kommt?«

»Aus Katmandu, wie all ihre Klamotten!«

»Idiot! Ich sagte mir mit Recht, daß da was nicht stimmt. Ich habe den Augenblick genutzt, als er auf den Stuhl gestiegen ist. Unten, am Saum des Stoffes, war noch das Etikett der Rinascente dran. Ich hab gleich geahnt, daß da 'n Schwindel hintersteckte.«

»Aber nicht bei den Mokassins für zwanzigtausend Lire!«

»Ach, du hast sie auch bemerkt?«

Er ist überglücklich, umarmt mich ein zweites Mal. Warum bin ich nicht auch glücklich? Warum quält mich die Erinnerung an diesen Besuch, an das, was ich gesagt habe, an das, was ich nicht gesagt habe? Eigentlich brauchte ich mir gar keine Gedanken zu machen; denn wenn sich die Neoavantgarde auf dieses irreführende Kauderwelsch beschränkt, dann ist es besser, tausendmal besser, als »klassisch«, das heißt »traditionell«, zu gelten und das zu bleiben, was ich bin, weiterhin meine Bücher nach meiner Fasson zu schreiben und in ihnen über Dinge zu sprechen, die Danilo interessieren und die ihm zusagen. Dennoch geht mir der Satz Rimbauds »Man muß modern sein« nicht aus dem Sinn und verfolgt mich heimtückisch. Besteht das Moderne heutzutage darin, Jugendliche ohne Ausbildung oder Reifeprüfung zu verachten? Sich zu mokieren, wenn man weiß, wie das Brot in Rom ausgetragen wird, was der Sohn eines Arbeiters bei Marelli denkt, wenn er seine Kiepe in dem Restaurant leert, in dem einige Mitglieder der

Gruppe 63 vielleicht gerade bei einer puritanischen Flasche Mineralwasser ihre Sprüche klopfen?

Es ist zum Rasendwerden, sich sagen zu müssen, daß ein Roman ohne Interpunktion, geschrieben unter dem Vorwand, daß die Punkte und die Kommas eine repressive Funktion ausüben, von denselben Kritikern als »modern« begrüßt wird, die mit Abscheu von »Neoverismus« sprechen, wenn ich die Erlebnisse eines Laufburschen erzähle.

Ich schaue Danilo an, der Mama hilft, die Tassen in die Küche zu tragen. Eine schreckliche Überlegung geht mir durch den Kopf: Ist es Danilos Schuld, die Schuld dessen, was er ist, seiner Einfachheit, seines Mangels an Bildung, daß ich lesbare Gedichte schreiben, leicht verständliche Filme drehen, kurz, jede Hoffnung begraben muß, bei den federführenden Rezensenten wieder Gnade zu finden? Walter hat Burri erwähnt: eine schmerzliche Erinnerung für mich. Dieser Künstler hatte in der vornehmsten Galerie Roms ausgestellt. Danilo lachte schallend. »Säcke! Mehlsäcke wie die aus der Bäckerei!« Er tippte mit einem Finger an die Schläfe, und seine Miene schien auszudrücken: Ist der nicht plemplem, der da! Und ich, der ich weder den in Schutz nehmen, den ich als einen wahren und großen Kunstschaffenden ansehe, noch mich in den Augen von ganz Rom in Mißkredit bringen wollte, wenn ich mich mit dem gesunden Menschenverstand solidarisierte ... Ergebnis: Binnen fünf Minuten, bevor das Gros der Eingeladenen herbeiströmte, haben wir uns auf französisch verabschiedet.

Je enger sich Danilo meinem Leben anpassen wird, um so seltener werde ich solchen Fußangeln entkommen. Rasch über die heikle Situation nachdenken, in die ich mich durch meine Liaison mit einem Brotauslieferer gebracht habe, in dessen Nähe es mir Mühe bereitet, nicht zu lachen in einer Ausstellung sehr teuer verkaufter Säcke, obwohl sie denen aus grober Jute gleichen, die er in dem Verschlag seines Meisters aufgestapelt sieht.

Aber ist meine Meinung nicht bereits unerschütterlich? Habe ich es nötig, noch länger zu überlegen? Wie! – Würde ich die Anerkennung von seiten einiger Snobs, unfähig echter Empfindungen, gegen die Aufrichtigkeit, die Lauterkeit Danilos abwägen? Daß er mir gefällt, daß ich ihn liebe, ist das nicht in erster Linie wegen seiner Frische? Ach, lieber die Kraft finden, meine Isolierung in der literarischen Gesellschaft Roms zu ertragen, als auch nur für die Dauer einer Sekunde dem böse sein, der mir seine Jugend, seine Wärme und seine Zuneigung mit so spontaner Begeisterung schenkt. Ich verjage diesen schändlichen Gedanken. Aber er ist mir gekommen, er wird seine Spuren bei mir hinterlassen, er wird mir diese intellektuelle Vereinsamung, die sich um mich verdichtet, noch bitterer machen.

»Hör mal«, sagte ich, mein Scheckheft zückend, »bist du es wirklich noch nicht leid, auf deinem alten Drahtesel zu fahren?«

»Aber, Pier Paolo . . .«

Ohne zu ahnen, was mich veranlaßte, ihm gerade heute die Vespa zu schenken, mit der er seit geraumer Zeit in der Garage für Gelegenheitskäufe im Viale Europa liebäugelt, zählt er mir zum zehntenmal die Gefahren des Fahrradverkehrs auf, seit man Spuren für Autobusse angelegt hat.

»Nicht doch!« ruft er, unfähig zu heucheln. »Was mir gefällt, ist, daß sie eine verchromte Stoßstange hat.«

Eine Offenheit, die ihm ein Auto einbringen würde, wenn er mich darum bäte! Ich werde ihm den Scheck ausstellen, er wird wie ein Irrer losrennen, und ich werde mit gespitzten Ohren, um dem letzten Echo seiner Hopser auf dem Marmor in der Halle zu lauschen, über das Treppengeländer gebeugt dastehen, ohne den Mut zu haben, sofort in mein Arbeitszimmer zurückzukehren, wo mich Korrekturbogen erwarten. Quelle neuer Ängste, wenn die Gedichtsammlung erscheinen und das Urteil der Kritiker verkündet wird, die bereit sind, wer weiß welch unlesbares Zeug zu beweihräuchern.

»P. P. P., mit jedem deiner Werke entfernst du dich ein wenig mehr von der jungen Generation.«

44

Am 7. Januar wurde mir mein Auto gestohlen. Zwei Tage später las ich im *Paese Sera* den Bericht über das von den ersten Agitationskomitees der Universitäten organisierte Treffen in Turin. Die Mailänder Catho war seit dem 18. November besetzt. Die Bewegung hatte Genua, Pavia, Cagliari, Salerno, Florenz erfaßt. In Rom noch nichts. (Nicht verwunderlich, würde mein Onkel Colussi gesagt haben.) Krawall in Mailand, der Polizeibeamte Sostegno schwer verletzt. Telegramm des Präsidenten der Republik, mit dem er dieses »barbarische Attentat« brandmarkte. Einwand eines Richters der »Demokratischen Justiz«: Die Polizei hatte als erste angegriffen und ohne Grund. Diesen Satz rot unterstreichen, um mich sogleich mit Danilo darüber zu entrüsten. Bevor ich meinen Farbstift finden konnte, klingelte es. Mama eilte herbei, erschrocken.

»Ein Polizist!«

Ich stürzte hinaus. Ein Brigadiere, nicht mehr jung, von kleiner, gedrungener Figur, schlug die Hacken vor mir zusammen.

»Signore, man hat Ihren Wagen wiedergefunden. Ich überbringe Ihnen die Schlüssel.«

»Aha«, sagte ich besänftigt, »so kommen Sie doch herein.«

Er bat mich um die Erlaubnis, seine Mütze abnehmen zu dürfen, die er an den Garderobenständer hängte. Von seinem welligen schwarzen, im Nacken kurzgeschnittenen Haar strömte ein starker Brillantineduft. Verlegen, weil die Schritte seiner klobigen Nagelschuhe auf dem Plattenbelag so laut waren, betrat er den Flur auf Zehenspitzen.

»Soll ich Kaffee bringen?« flüsterte mir Mama hinter seinem Rücken zu.

»Keinesfalls«, erwiderte ich in gleicher Lautstärke.

Der Brigadiere, mitten im Salon stehend, erwartete mich in strammer Haltung. Ich konnte nicht umhin, ihn zum Sitzen aufzufordern.

»Man hat auch den Dieb gefunden«, sagte er. »Zumindest ist eins sicher: Schwerwiegende Indizien belasten den Betreffenden.«

Welche Ausdrucksweise! dachte ich, auf seiner gebräunten Wange die von einem allzu scharfen Rasiermesser verursachten kleinen Schnittwunden betrachtend. Doch statt die Geduld zu verlieren, wegen der bürokratischen Einzelheiten seines Berichtes, empfand ich eine gewisse Nachsicht mit meinem Gast. Seine ganze Person offenbarte den augenscheinlich aussichtslosen Ehrgeiz, durch eine übertriebene Gefallsucht seine meridionale Herkunft zu verleugnen. Er glaubte, wenn er sich einen Topf parfümierter Pomade über den Kopf goß, dann würde er damit den Nachteil seiner kleinen Figur wettmachen, die er von seinen Vorfahren ererbt, denen eine chronische Unterernährung nie gestattet hatte, über einen Meter sechzig hinauszuwachsen.

»Und nun bitte ich Sie, mir zu sagen«, schloß er, »ob es Ihre Absicht ist, Klage einzureichen.«

»Wer ist dieser Verdächtige?« fragte ich. »Wie alt ist er?«

»Achtzehn Jahre.«

»Woher kommt er? Hat man das festgestellt?«

»Er ist der Sohn eines Arbeiters.«

»Er ist achtzehn Jahre alt und der Sohn eines Arbeiters?«

»Ja«, sagte er, die Hand automatisch an die Stirn legend, als meldete er sich zum Rapport.

»Sie wären wohl froh, wenn ich Klage erhöbe und den Jungen ins Gefängnis werfen ließe, nicht wahr?« sagte ich, ohne ihm meine Feindseligkeit zu verbergen.

Ich war böse auf mich selbst, einen Mann empfangen zu haben, der zwangsläufig, obwohl persönlich schuldlos, durch die zahlreichen Verbrechen kompromittiert war, bei denen seine Kollegen die Hand im Spiel gehabt hatten: Unterdrükkung der landwirtschaftlichen Auseinandersetzungen im Friaul unter der Regierung De Gasperi; Niederknüppelung der Arbeiter unter der Regierung Tambroni; zwanzig Tote in Genua und in Reggio im Jahre 1960; unlängst die beiden Toten von Avola auf Sizilien; Jagd auf die sardischen Hirten; Kampf gegen die Autonomisten in Südtirol; heute der Angriff, mit dem Schlagstock in der Faust, auf die Studenten in Mailand. Auf dem niedrigen Tisch zwischen unseren zwei Sesseln konnte der Brigadiere die Schlagzeile des *Paese Sera* mit der aufsehenerregenden Erklärung des Richters der »Demokratischen Justiz« sehen.

Er warf einen flüchtigen Blick auf die Überschrift, murmelte dann aber, nicht ohne bis zu den Ohren zu erröten, zu meinem Erstaunen: »Ich bin ja auch ein Arbeitersohn.«

Als ich ihn ungläubig anstarrte, fuhr er fort: »Das überrascht Sie, wie, daß ein Arbeitersohn diesen Beruf ausübt?

Ich habe Ihre Artikel gelesen, Signore; Sie müssen denken, daß das nicht nett von mir ist.«

Plötzlich war ich gerührt, wußte nicht, was ich antworten sollte, und rief mit lauter Stimme: »Mama, würdest du uns Kaffee machen? . . . Sie nehmen doch einen Kaffee, Brigadiere?«

Er lächelte mir traurig zu, zündete die *Nazionale* an, die ich ihm hinreichte, und begann schweigend zu rauchen. Ich hätte gern mehr gewußt. Um ihm Zutrauen einzuflößen, sagte ich: »Ihrem Akzent nach sind Sie Neapolitaner. Oh«, fügte ich hastig hinzu, aus Angst, er könnte sich durch meine Bemerkung gedemütigt fühlen, »wenn es einen Akzent gibt, den ich liebe, dann den von Santa Lucia und von Porta Alba. Das habe ich auch in meinen Artikeln geschrieben. Nicht wahr, Sie sind aus Neapel?«

»Mein Vater arbeitete in den Stahlwerken von Bagnoli. Als Lorenschieber. Wir wohnten in Fuorigrotta. Zu acht in zwei Zimmern.«

»Darf ich eintreten?« fragte Mama, die auf einem Tablett zwei Tassen und die Zuckerdose brachte.

Der Brigadiere erhob sich, blieb in strammer Haltung stehen, während sie den Satz ineinandergeschobener Tische heranrückte, und er nahm erst wieder Platz, nachdem sie den Salon verlassen hatte. Er begann zu trinken, den kleinen Finger abgespreizt. Diese Geste rührte mich, fünf Minuten zuvor hätte ich in ihr nur die servile Bemühung gesehen, die Manieren jener Bourgeoisie nachzuahmen, die ihm befahl, die Streikenden auf der Piazza Sant'Ambrogio niederzuknüppeln.

»Zu acht in zwei Zimmern?« wiederholte ich, als ich bemerkte, daß er nur auf eine Aufmunterung zum Sprechen wartete.

»Wir starben fast vor Hunger. Meine Mutter verdingte mich an den Hausmeister des Palazzo San Felice. Jeden Morgen mußte ich die vier Treppenaufgänge und die beiden Höfe des Palazzo säubern. Nachts hatte ich Weisung, das Portal den Mietern zu öffnen, die nach zehn Uhr heimkehrten. Ich schlief völlig angezogen auf einer Truhe, genau unter der Klingel. Wenn sie schrillte, fuhr ich hoch. Klein wie ich war, ich war knapp acht Jahre alt, mußte ich auf einen

Hocker klettern, um an den Querriegel zu gelangen. Damen in langen Kleidern und mit Hüten, Herren, die mir einen leichten Rippenstoß mit ihrem Spazierstock gaben, rauschten in einer Wolke von Parfüm vorbei und machten sich über mein struppiges Haar lustig. ›Der kleine Staubwedel! Der kleine Makak!‹ Der Hausmeister gab mir zur gleichen Zeit zu essen wie seinem Hund. Meine Mutter kam mich samstags besuchen, um die hundert Lire Lohn zu kassieren. Sie sind aber sehr geduldig, mir zuzuhören, Signore. Es ist das erstemal, daß ich das jemandem erzähle. Ich sollte es nicht.«

Er schwieg verlegen, strich instinktiv mit dem Finger über die Hosennaht, dann, beim Anblick der schwarzen Biese zusammenfahrend, verspürte er erneut das Bedürfnis, seine Uniform zu rechtfertigen.

»Nach einigen Wochen stellte man fest, daß ich Läuse hatte. Einer meiner Brüder nahm meinen Platz ein, mich schickte man zu einem Friseur, der mich völlig kahl schor und mich dann in seinem Dienst behielt. Mit einer großen Bürste, die ich kaum mit der Hand umfassen konnte, befreite ich die Kunden von den Haaren, die auf ihren Anzug gefallen waren. Sie belohnten mich mit einem Trinkgeld, das der Meister, sobald sie draußen waren, eiligst in seine Tasche steckte. Was für Wuschelköpfe habe ich ihn durch seine Kunst in gewellte Frisuren umwandeln sehen! Wie viele struppige Schnurrbärte, denen er eine schöne Fasson zu geben verstand! ›Alla Umberto!‹ forderte der Royalist. ›Alla Toscanini!‹ der Musikliebhaber. Einige verlangten eine Wäsche. Der feuchte und kühle Salon füllte sich dann mit exotischen Düften. Aber der Clou war die Brillantine. Ein Luxusartikel für unser Vorstadtgeschäft. Gallertig und fettig, unter Verschluß in einem Spiegelschrank, aus dem ich den Topf nur bei besonderen Anlässen hervorholte. Der Meister fand es praktisch, nachdem er eine haselnußgroße Menge auf dem Schädel irgendeines *avvocato*, der seinen Ärmel hochstreifte, um ostentativ die Zeit auf seiner goldenen Uhr abzulesen, verrieben hatte, seine Hände an meinen Haaren abzuwischen. Von Brillantine glänzend, kam ich dann wieder aus dem Laden. Der starke Duft, den ich verbreitete, erregte die Bewunderung meiner Kameraden. Eine Krone auf dem Kopf hätte mir nicht mehr Prestige bei den Straßenjungen des Viertels verschafft.«

Er führte seine Hand mit einer naiven Geste, die mich rührte, an sein Haar. Dreißig Jahre nach seinem Gastspiel bei dem taperigen Barbier in Fuorigrotta zählte er auf die gleichen Beweise, sich Mut zu machen. Meinen Blick auffangend, warf er sich in die Brust, rückte den Knoten seiner Krawatte zurecht und lächelte.

»Ich glaube zu verstehen, Signore, daß Sie mir nur deshalb mit solcher Langmut zuhören, weil ich Ihnen Ihre Autoschlüssel zurückbringe. Sie sind nicht wie die anderen Menschen, die uns verachten und uns nicht riechen können. Glauben Sie etwa, daß man sich aus freien Stücken zur Polizei meldet? Ich war dazu gezwungen, Signore. Es war die einzige Möglichkeit, aus der Misere herauszukommen. Erst gestern habe ich meine Frau in Tränen vorgefunden. ›Anna, warum weinst du?‹ Man hatte sich geweigert, sie in einer Drogerie zu bedienen, in der sie Waschpulver verlangt hatte. ›Das hier ist ein Geschäft für Proletarier.‹ Finstere und harte Gesichter in der Runde. ›Mein Gott, Anna‹, habe ich zu ihr gesagt, ›du hättest ihnen antworten sollen, daß wir auch Proletarier sind, und vielleicht mehr als sie!‹ Sie brach wieder in Schluchzen aus, ich konnte sie gar nicht beruhigen. ›Aber Pasquale, du bist blind!‹ sagte sie schließlich. ›Du weißt nicht, daß mich unsere Nachbarn schneiden und nicht grüßen, daß ich keine Freundinnen mehr habe, daß man mich anschaut, als hätte ich die Pest, daß unsere Kinder in der Schule isoliert sind. Ihre Kameraden schließen sie aus der Gemeinschaft aus und wollen nicht mehr mit ihnen spielen!‹ Während sie ihr Herz ausschüttete, dachte ich an all die kleinen Demütigungen, die man auch mir zufügt, sowohl in meinem Mietshaus wie draußen in der Stadt, überall dort, wo ich in meiner Uniform auftauche: Türen werden zugeknallt, wenn ich die Treppe hinuntergehe, Nachbarn richten das Wort nicht mehr an mich, Autobusse fahren mir vor der Nase weg. Auch ich habe keine Freunde, Signore. Ich habe einen ebenso ehrenwerten Namen wie andere: Esposito, Pasquale, das ist mein Name, Signore; ich bin ein Familienvater wie andere, ich habe die gleichen Probleme wie andere, die Preise steigen für mich ebenso wie für andere, und dennoch weisen sie mich ab, schließen sie mich aus. Für sie bin ich ein Bulle, ein Fremder. Ein Bulle, ein Bulle, nichts als ein Bulle. Ich hatte keine andere Wahl, Signore.«

Er ging dermaßen erregt davon, daß er seine Mütze am Garderobenständer vergaß. Ich mußte ihm ins Treppenhaus nachlaufen. Als ich, erschüttert über seine Beichte, wieder hinaufstieg, hörte ich eine Uhr schlagen. Wo blieb der sonst so pünktliche Danilo? Schon eine halbe Stunde Verspätung! Ich öffnete die Glastür und durchquerte den Garten bis zu der Magnolie in der Ecke, wo ich nach ihm Ausschau hielt. Die überaus strenge Kälte hob jeden Laut auf der Straße und auf dem Hügel gegenüber mit kristallener Klarheit hervor.

Wo ihn treffen, wenn er nicht kam? Wie ihn wiederfinden? Ich hatte nicht einmal seine Adresse. Was wußte ich über sein Leben außer dem, was er mir davon erzählte? Ach, dachte ich lachend, ich werde mich doch nicht daranmachen, ihn zu überwachen! Sagt er mir nicht alles, wirklich alles, was er tut? Warum ihn verdächtigen? Hat er mir je verheimlicht, daß er samstagsabends mit der Nichte seines Meisters ausgeht und sie zum Tanz im Gemeindesaal von San Lorenzo führt? Er hat sich zwar gestern tausend Lire von mir geliehen, um Blumen für diese Luisa zu kaufen, die heute Geburtstag hat. Tausend Lire, an denen ich mein Glück ermessen und das unerhörte Glück genießen konnte, mit sechsundvierzig Jahren von einem keinesfalls frauenfeindlichen Knaben geliebt zu werden, der imstande war, mit einem Mädchen seines Alters zu flirten. Aber wenn nun eines Tages ...? Nein, nein! Ich mußte diesen unbegründeten, wenig edelmütigen Gedanken verjagen, für den es keine Anhaltspunkte gab. Hätte ich es etwa vorgezogen, daß er schlecht über die Mädchen spräche und nur gegen mich liebevoll wäre? Wieviel unvollkommener, um wieviel weniger menschlich wäre er da in meinen Augen gewesen! Wie ungleich kostbarer erweist sich seine Zärtlichkeit für mich durch diese kleine Schwäche, die er für Luisa empfindet. Luisa, die Nichte seines Meisters! Fast jemand aus seiner Familie ... Er lief ihr wohl in der Bäckerei oft über den Weg ... Wozu mich also beunruhigen? Ich würde ärgerlich sein, wenn ich wüßte, daß er ihr nicht ein wenig den Hof machte ... Fühlte er nichts für diese Kleine, wie könnte ich mir dann sagen, daß er sich für mich entschieden hätte? Köstliches Wort, das ich mir gern wiederholte . . .

Halb zwei Uhr. Kein Motorengeräusch weit und breit. Er tanzte eben gern . . . Ja, ja, ich mußte mich nur damit abfinden, ihn so voll vitaler Impulse, so integer in seinem Charakter und in seinen Neigungen zu wissen. Weder schüchtern noch voreingenommen, für weibliche Schönheit empfänglich, wirklich frei. Während uns viele von denen, die uns ihre Gunst schenken, nur das bewilligen – geben wir es zu –, was sonst unverwertbar wäre. Ich bin meiner Art begegnet. Dem Gegenteil von dem Knaben voller Komplexe und Hemmungen. Dank Gott mehr Mann als Frau. Aber er läßt mich im Stich, weil es der Tag ist, sechzehn Kerzen auf dem Kuchen seines Mädchens auszupusten . . . Als ich zum zehntenmal in den Garten hinausgehe, spiegelt mir die Scheibe ein verzerrtes Gesicht wider.

Er kam gegen zwei Uhr, völlig außer sich. Eine gewaltige Studentendemo hatte Piazza Venezia blockiert.

»Sie waren zu Tausenden, Pier Paolo! Es hätte dir gefallen, sie ›Nein zur Klassenschule! Nein zur Universität der Privilegierten!‹ skandieren zu hören. Ihnen gegenüber eine Reihe von Jeeps und von Lastwagen, vollgepfropft mit *celerini* mit Helmen, Schilden und Schlagstöcken. Ich bin stehengeblieben, ich habe mir gesagt: ›Pier Paolo wird zufrieden sein, daß ich ein wenig mit den Studenten brülle. Er wird sehen, daß ich gelernt habe, *Paese Sera* richtig zu lesen, und daß seine Lektionen in meinen Dez hineingehen.‹ Stimmt's, Pier Paolo?«

Innerlich schimpfte ich mich einen armen Irren und Idioten wegen des Anflugs von Eifersucht unter der Magnolie. Das Bild des Brigadiere, der Bericht über seine Kindheit, das Geständnis seiner Isolierung und seiner Verwirrung verschwanden augenblicklich aus meinem Kopf. Ich schwamm voll und ganz in dem Glücksgefühl, eins mit Danilo zu sein.

»Hatten sie auch Gasgranaten an ihren Koppeln?« fragte ich, den anklagenden Artikel vom Tisch aufnehmend.

»Und ob sie welche hatten! Sie haben angefangen, uns damit zu bepflastern. Peng! Peng! Jesus, was für ein Lärm. Ich wußte nicht mehr, woran ich war. Die Augen brannten mir schrecklich. Ich hatte Schwein, ein Mädchen kam heran.

›Nimm das!‹ sagte sie zu mir und gab mir eine halbe Zitrone und eine Aspirintablette. Als Dank habe ich ihr angeboten, sich mit mir zu verdrücken. Wir sind gerannt wie die Irren, schließlich haben wir die Vespa erreicht und haben uns verdünnisiert. ›Nanu‹, sagte sie zu mir, ›dich hab ich doch im Kino spielen sehen.‹«

»Ein Mädchen!« rief ich scherzend aus. ›Du bändelst jetzt mit Mädchen an!«

»Schau mal, ist sie nicht Klasse, die Annamaria?« fuhr er fort, ein kleines Paßfoto aus seiner Blousontasche hervorholend. »Sie kennt deine Filme sehr gut, das hat mich gefreut.«

»Sie hat dir ihr Foto gegeben?«

Ich hatte nicht verhindern können, daß ich blaß wurde. Beim Ton meiner Stimme änderte er sein Verhalten, was meinen Argwohn noch steigerte.

»Ich wollte es nicht, das Foto, was glaubst du denn? ›Nimm schon‹, hat sie gesagt, ›wenn Papa aus dem Fenster schaut und dich sieht, dann ist dicke Luft zu Hause.‹«

»Wenn Papa aus dem Fenster schaut, was soll das heißen, Danilo? Du hast sie auch noch heimgebracht?«

Er duckte sich und machte eine wegwerfende Handbewegung, als wollte er die Bedeutung dessen, was ich soeben erfahren hatte, bagatellisieren.

»Im übrigen«, sagte ich mit Verachtung, »ist mir die ganze Geschichte Wurst. Jedem seine Dulzinea.«

Ich gab ihm das Foto zurück, in der Hoffnung, daß er es vor meinen Augen zerreißen würde. Aber ohne den Sarkasmus zu bemerken, dessen Pfeil an der Unbedarftheit eines Lieferjungen abprallte, der mit zwölf Jahren aus der Schule gekommen war, bevor er von Cervantes gehört hatte, steckte er es wieder in die Innentasche seines Blousons.

»Und darf man wissen, wo sie wohnt, die Schöne?« fuhr ich fort.

Unbefangen tappte er in die Falle.

»Viale Regina Margherita Nummer 121.«

»Ach, du hast die Adresse behalten. Ihr habt euch ohne Zweifel versprochen, euch wiederzusehen? Eine Unbekannte wie sie . . . Du wirfst dich einer Unbekannten an den Hals! . . .«

Verwirrt schwieg er. In dem Bemühen, mich zu beherrschen, ging ich hinaus in den Garten, wo mir die eisige Luft ins Gesicht peitschte. Du, eifersüchtig? Du, dem der verweichlichte Typ zuwider ist und der sein Augenmerk auf das Gesicht richtet? Du, dem die *ragazzi* von Ponte Mammolo so sehr gefielen, weil sie sich nicht genierten, mit den paar Lire, um die sie dich anpumpten, zu Madama Brenta zu gehen? Die meisten von ihnen haben am Ende geheiratet, wie Santino. Sie verkehrten mit dir aus Zärtlichkeit, nicht aus Abneigung gegen das andere Geschlecht. Ist es nicht diese Seite an ihm, die dir nicht im voraus sicher ist, die du an Danilo liebst? Weit mehr Mann als Frau . . .

Von einem plötzlichen Gedanken überfallen, alles vergessend, was ich mir soeben gesagt hatte, stellte ich mich unter den Granatapfelbaum, mit dem Blick zur Straße. Danilo hatte beim Eintreten sein Blouson nicht ausgezogen. Gewöhnlich legte er es sofort ab und hängte es in den Flur. Mehr denn je hätte er sich heute, bei dieser schneidenden Kälte, seiner gefütterten Motorradkluft entledigen müssen, als er den Fuß in die Wohnung gesetzt hatte. Nein! Nein! rief ich, ich will nicht wieder anfangen, mir die Krätze zu ärgern, zum Beispiel bei der Vermutung, daß er Wert darauf legt, diese Fotografie bei sich zu tragen. Auf dem Herzen. Im übrigen werde ich einen Test machen. Ich zähle bis fünfzig, so langsam wie möglich. Dann drehe ich mich mit einem Ruck um und schaue durch die Glastür. Sehe ich ihn im Nicki, dann laufe ich zu ihm, umarme ihn und gebe ihm die zehntausend Lire, damit er sich den Cowboysattel kauft, auf den er schon lange scharf ist. Ist er noch immer im Blouson, dann . . .

Ich wußte nicht, was nach diesem »dann« kommen würde, das ich mit halb erstickter Stimme murmelte, während ich in meiner Hand ein vertrocknetes Blatt des Granatapfelbaums rieb. Ich begann zu zählen. Bei fünfzig angelangt, sagte ich mir: »Noch zehn.« Bei sechzig warf ich das Blatt fort und drehte mich um. Danilo hatte sein Blouson nicht mehr an. Auf dem Rücken seines blauen Nickis rundete sich in roten Buchstaben die Aufschrift »Viva la Lazio«. Er zeigte Mama irgend etwas und redete leidenschaftlich auf sie ein. Ich schloß die Augen, holte ganz tief Luft, schlug das Kreuzzeichen wie auf dem Gymnasium, wenn ich der Matheprüfung entgangen war. Ich stieß ganz sacht die Glastür auf und lächelte über meine Dummheit, als ich seine kräftigen Schultern sah, die sich im Rhythmus sportlicher Tüchtigkeit hoben und senkten.

45

Beim Geräusch meiner Absätze auf dem Plattenbelag drehte sich Danilo um. Was er Mama zeigte, war das Foto von Annamaria. Er erschrak, als er mich erblickte, klappte seine Brieftasche zu und steckte sie in die Gesäßtasche seiner Levis. Mama zog sich in die Küche zurück. Ich packte Danilo am Arm und zwickte ihn bis aufs Blut.

»Bist du jetzt Anhänger von Lazio? Seit wann? Idiot! Roma ist unsere Mannschaft. Ich habe es dir hundertmal gesagt.«

»Das ist nicht wahr, Pier Paolo!« protestierte Danilo ehrlich. »Ich habe nie erlebt, daß du dich für eine andere Mannschaft interessiert hast als für Bologna.«

»Ach, dann weißt du vielleicht, wer mich interessiert? Du weißt, was mir am Herzen liegt? In diesem Falle hättest du mich fragen können, ob es mir paßt, mich um zwei Uhr zu Tisch zu setzen, und ob Mama erfreut sein wird, sich den halben Nachmittag um die Ohren zu schlagen, bevor sie mit dem Abwasch fertig wird.«

»Aber . . .«

»Du kutschierst im Viale Regina Margherita am anderen Ende der Stadt herum, und es stört dich nicht, wirklich nicht, daß wir auf dich warten müssen und uns um dich sorgen.«

»Aber, Pier Paolo, ich war sicher, daß du mir beipflichten würdest. Annamaria hätte eine eklige Viertelstunde durchgemacht, wenn sie zu spät nach Hause gekommen wäre. Ihr Vater ist sehr streng zu ihr. Er glaubte sie in der Uni, er ist ein alter Mann, der von Demos nichts versteht.«

Er wiederholte, um mich zu besänftigen: »Sie kennt alle deine Filme wirklich gut.«

Außer mir, gab ich ihm einen Fausthieb in den Magen, den er mit einer Grimasse einsteckte.

»Wie ist es möglich, daß ihr Vater tagsüber zu Hause ist?

Väter, die arbeiten, kehren vor abends nicht heim«, erklärte ich, keinen Widerspruch duldend.

»Signor De Lollis ist Konditor, weißt du. Er hat ein Spezialrezept aus Mandelteig für Petits fours erfunden. Heute ist Ruhetag in seinem Geschäft. Er hält seine Kinder an der Kandare. Kommt Annamaria zu spät von ihren Vorlesungen heim, dann sieht er dauernd aus dem Fenster, um sie abzupassen. Er hat ihren Stundenplan abgeschrieben und sich an die Wand geheftet. Ein großer Anschlag mit genauer Zeiteinteilung für jeden Tag. Sie studiert Graphik an der Fak für Architektur«, schloß er stolz.

»Ein Konditor, auch das noch!« rief ich aus. »Ein gräßlicher Kleinbürger, der sich bereichert hat, indem er den Ehefrauen von Notaren und von Unternehmern Zucker zu fressen gibt. Hast du die beiden Toten aus Avola auf Sizilien vergessen? Sie haben sich töten lassen, weil sie es leid waren, Mandeln zu ernten, damit Signor und Signorina De Lollis reich werden.«

»Aber er ist gar nicht reich«, wandte Danilo mit letzter Kraft ein. »Er ist nicht der Inhaber des Geschäftes. Er arbeitet an den Öfen im Backraum . . .«

Die dampfend auf den Tisch gebrachten Bandnudeln verwehrten mir, ihn noch länger zu quälen. Vom nächsten Tag an war Danilo wieder pünktlich wie gewohnt. Ich hatte mir geschworen, ihm nicht mehr mit Annamaria zuzusetzen, obwohl er sich sehr um sie bemühte, wie ich einem leichten Anflug glücklicher Eitelkeit entnahm, die er sich unfreiwillig anmerken ließ. Plötzlich leidenschaftlich an Politik interessiert, vertiefte er sich in die Lektüre meiner Zeitungen, was einen Sieg für mich bedeutet hätte, wenn ich sicher gewesen wäre, der einzige zu sein, der ihn beeinflußte. Im übrigen war er es, der, stets gleich liebevoll, trotz der anhaltenden Kälte darauf bestand, vor dem Mittagessen einen Abstecher in das unbebaute Gelände hinter der EUR zu machen. Wir lieferten uns einen Boxkampf, bevor wir uns hinter ein Gebüsch rollten. An Demo-Tagen bat er mich, während der Mahlzeiten das Radio anstellen zu dürfen. Unwillig schaltete ich mein kleines Transistorgerät ein, aber unter welchem Vorwand hätte ich ihm verbieten können, sich eingehend mit den Belangen der Studenten zu befassen?

Sie äußerten sich gegen all das, was mich Danilo am italienischen Schulwesen hatte kritisieren hören: gegen die überalterten Programme, die überholten Methoden, die elitäre Pädagogik, die Ungereimtheit, den Sohn eines Klempners nach einem Passus von Dante zu beurteilen, die Ungerechtigkeit, seinen Aufsatz nach denselben Kriterien zu benoten wie den eines Professoren- oder Anwaltssohnes, den Betrug mit der intellektuellen Auslese, die nichts anderes war als eine soziale Diskriminierung. Ich hatte ihm von meinen Erfahrungen im Friaul erzählt, von meinen Schülern mit den Haaren voller Stroh. Sie rochen noch nach Misthaufen und nach Stall, hatten sie doch ihren Vätern geholfen, die Kühe hinauszutreiben, bevor sie zur Schule kamen, wo sie mir die sechs Fälle der lateinischen Deklination aufsagen und das Plusquamperfekt der Deponentien konjugieren mußten. Und er, dem sein Bruder Ugo Sorgen machte, weil er in der Klasse immer weit zurückblieb, ließ sich, an meinen Lippen hängend, nicht anmerken, daß der Mißerfolg in der Schule viel häufiger die Familienverhältnisse widerspiegelt als die persönlichen Unzulänglichkeiten des Kindes.

Zur Zeit, das heißt seit dem Beginn der Unruhen und der Zusammenstöße mit der Polizei, erläuterte er mir fröhlich die Fortschritte des Aufstandes.

»Du wirst sehen«, sagte er, treuherzig meine Worte parodierend, »daß der Tag der Vergeltung nicht mehr fern ist. Diejenigen, die ihre Lektionen zu dritt in einem Zimmer büffeln, werden gleiche Chancen haben wie die Herrensöhnchen, die über eine Bude für sich allein verfügen.«

Aber die Argumente, deren ich mich bedient hatte, um Danilo mitzureißen, schienen mir insofern weniger verlokkend, als sie ihn dazu aufmuntern konnten, hinter den Spruchbändern herzumarschieren. Ich wollte mich zwar mit ihm über die Verbrechen der Amerikaner in Vietnam entrüsten, aber ihm keine Slogans liefern, die er während der Umzüge Seite an Seite mit Annamaria herausbrüllen würde. Seit einigen Tagen hatte sich die Hochschule für Architektur an die Spitze der Bewegung gestellt. Ich sah, nicht ohne daß es mir einen Stich ins Herz gab, das ernste Gesicht Danilos, der gespannt am Radio saß und auf den dumpfen Lärm der Granaten lauschte.

»Dabei brauchten sie sich den Kopf gar nicht heiß zu machen«, sagte ich zu ihm. »Sie fordern nämlich die Abschaffung der Examen, ohne an die Folgen zu denken.«

»Aber, die Folgen können doch nur gut und wünschenswert sein, Pier Paolo, denn die Examen sind doch nur da – wie du mir aufgezeigt hast –, um die sozialen Ungleichheiten zu sanktionieren ... das ist wohl das Wort, oder ...?«

»Papperlapapp! Die Abschaffung der Examen wird denen zum Vorteil gereichen, die persönliche Beziehungen haben und die eine Anstellung finden werden, ohne daß man sie nach ihren Zeugnissen fragt.«

Er schaute mich an, verdutzt, mich meine Meinung ausgerechnet in dem Augenblick ändern zu hören, in dem ich mit Fug und Recht Anerkennung als Prophet des Aufstandes hätte ernten können.

»Anstatt dir wie ein Gimpel den Kopf verdrehen zu lassen«, fuhr ich fort, »solltest du überlegen, daß die Bullen, die ihr angreift, aus derselben Gesellschaftsklasse kommen wie dein Vater, während es unter den Studenten nicht mehr als zwei Prozent Arbeitersöhne gibt.«

Danilo kratzte sich den Nacken, durch diesen Einwand aus dem Konzept gebracht, aber dann sprang er auf, denn er hatte entdeckt, wo meine Beweisführung hinkte.

»Wir greifen die Bullen ja gar nicht an!« rief er. »Sie sind es, die uns angreifen.«

Ich suchte rasch ein anderes Gebiet, um wieder Oberwasser zu gewinnen.

»Die Gymnasien besetzen, wozu führt das? Daß sich die Reicheren Sonderkurse leisten oder sich in Privatschulen anmelden werden. Wer wird wieder einmal bestraft? Die Armen, dein Bruder Marcello, der nie und nimmer Ingenieur werden kann, dein Bruder Ugo, der den Gedanken an seine Reifeprüfung endgültig wird aufgeben müssen.«

Danilo antwortete nichts. Aber als ich ihn dann auf seine Vespa zueilen und sie im Lauf anschieben sah, mußte ich befürchten, daß er sich mitten in den Tumult stürzen würde, voller Ungeduld, die Zweifel, die nach zwei Stunden demoralisierender Polemik an ihm nagten, durch die Tat zu zerstreuen.

Alberto Moravia, dessen Wohnung sie beschmutzt und

verwüstet hatten, rief mich an, um mich vor den »Vögeln« zu warnen, einer nicht identifizierten Gruppe von Fanatikern, die bei den Schriftstellern läuteten und sich im guten oder im bösen Zutritt verschafften. Ohne einen Ton zu sagen, da sie sich aus Prinzip weigerten, ein Wort zu sprechen, sich vielmehr damit begnügten, wie die Spatzen zu piepsen, drangen sie in die Küchen ein, nahmen die Eier aus dem Kühlschrank und verteilten sich mit diesen Wurfgeschossen in die Zimmer. Hatten sie die Wände bekleckert, die Tische umgekippt, die Manuskripte verstreut, die Vorhänge zerrissen, dann flogen sie auf und davon und wiederholten anderswo ihre zwitschernden Verwüstungen.

Nachdem ich Mama gebührend instruiert hatte – »Schau durch den Spion und öffne keinem unbekannten Gesicht!« –, fuhr ich im Wagen zum Pincio. Mehr als zehntausend Demonstranten, laut Radio, besetzten die Piazza del Popolo. Ein damals neues und ungewöhnliches Spektakel – über den Kopf gereckte Hände, Gitarren, lautes Schreien, revolutionäre Lieder, Freudenfeuer, in denen die Plaststühle aus dem Café Rosati, dem Treffpunkt der Rechten, verglühten, ohne zu brennen, riesige Porträts von Che Guevara im Guerillero-Drillich, finstere und verzerrte Gesichter der Polizisten hinter den vergitterten Scheiben ihrer Mannschaftswagen –, aber sei unbesorgt, ich werde keine Phrasen dreschen über das, was schon viele Male beschrieben worden ist und was dir ebenso neu vorkommen würde wie eine Druckseite über die Schützengräben im ersten Weltkrieg. Obwohl das Bild pittoresk und absonderlich war, ich war nicht hier, um mein Notizbuch zu füllen. Was suchte ich – wer könnte mir das sagen? Die Furcht, aber auch der Wunsch, Danilo Arm in Arm mit einer Dunkelhaarigen zu überraschen, deren Foto, entgegen dem, was mir im Ärger herausgerutscht war, ein hübsches Gesicht verriet, trieb mich in der Menge, die mich wie einen Korken umherwirbelte, bald hierhin, bald dorthin. Zerzaust, mit starrem Blick, das Ohr gespitzt, den Kopf nach rechts und nach links drehend, mußte ich ausgesehen haben wie ein Irrer; und für einen Irren gehalten zu werden verdient in der Tat, wer auf seinen eigenen Untergang hinarbeitet. Sein krauses Haar, seine im Nacken wellige Mähne, hundertmal glaubte ich ihn zu erkennen, hundertmal mußte ich mich entschuldigen. Ich fuhr erst wieder zurück, vorläufig erleichtert, als die Stunde, in der er seine Arbeit aufnehmen mußte, schon längst vom Kirchturm von Santa Maria geschlagen hatte.

Zu Haus fand ich Mama in Tränen vor, die Flurwände mit Scheiße beschmiert, mein Arbeitszimmer in Unordnung, meine Bücher am Boden, den Masaccio zerfetzt. Die »Vögel« hatten einen ihrer Anschläge verübt.

»Mama, ich hatte dir doch ans Herz gelegt, nicht zu öffnen.«

»Aber ich kannte ihn doch, den Kerl. Ein Freund von dir. Einer von den beiden jungen Leuten, die dich an Guidos Geburtstag besucht haben, erinnerst du dich?«

»Aha, der große Dunkle mit den langen Haaren?«

»Nein, der andere, ein Blonder mit einem bunten Hemd.«

»Armando!«

»Kann sein, er hat seinen Namen nicht genannt. Er ist mit einem anderen hereingekommen, und binnen zehn Minuten haben sie alles auf den Kopf gestellt, alles beschmutzt. Jesus, vergib ihnen!«

Während ich die Bücher wieder ins Regal einordnete und die Seiten meines Manuskriptes überprüfte, hörte ich Mama in der Küche lamentieren. Sie hatte am frühen Morgen ein halbes Dutzend Eier für den russischen Salat zum Abendessen gekocht. Die Wandalen hatten damit begonnen, den restlichen Vorrat aus dem Kühlschrank zu holen, um damit die Wände zu bombardieren, als Armando (»Bist du sicher, daß er es war, Mama?« – »Ja, der Blonde mit dem bunten Hemd.« – »Der Blonde? Der kleine Blonde? Bist du ganz sicher?« – »Na, sag mal! Ich seh ihn noch vor mir, wie er sich krümmt vor Bauchschmerzen und wie eine Ratte aus der Küche flitzt!«), als Armando sich plötzlich mit beiden Händen den Bauch hielt und zur Toilette stürzte. Daher die Programmänderung und der improvisierte Einfall, seine Scheiße im Flur zu verteilen. Was aber Mama vor allem in ihrem Hausfrauenstolz erzürnte, war, daß sie auf dem Teller die rohen Eier nicht mehr von den gekochten unterscheiden konnte.

»Geh und kauf andere«, sagte ich zu ihr. »Was kostet das schon . . .«

Aber sie nahm sie der Reihe nach auf, wog sie in der Hand, schüttelte sie an ihrem Ohr, als gälte es, einen Schatz zu retten. Die Bäuerin aus dem Friaul, mit jedem Bissen knausernd, fand sich nicht damit ab, zwölf Eier zu vergeuden. Was mich betraf, so entdeckte ich mit Staunen, daß die literarische Debatte nur eine Absprungbasis für Terroristen mit mysteriösen Absichten gewesen war.

Unverhofft tauchte Danilo auf. Nachmittags erwartete ich ihn nie.

»Was denn! Wieder die Faschisten?«

Er hatte die Scheiße am Geruch ausgemacht, noch bevor er die Fingerspuren an den Wänden erblickte.

Diesmal mußte ich ihn enttäuschen.

»Nein, Danilo. Die Herrensöhnchen, denen ihre Kindermädchen beigebracht haben, daß man sich den Hintern abwischen und sich danach die Hände waschen muß. Sie toben sich heute aus, ebenso wie sie die daheim gelernte Disziplin über Bord werfen und die Vorlesungen schwänzen, um Demos zu veranstalten.«

Durch Mamas Hantierungen neugierig gemacht, unterbrach er mich, ohne die Anspielung auf Annamaria mitzubekommen.

»Aber, Signora«, rief er lachend aus, »das ist doch ganz einfach. Sie nehmen es zwischen Daumen und Zeigefinger und geben ihm einen Schubs, daß es sich um sich selbst dreht. Wenn es richtig kreiselt, dann ist es gekocht. Wenn es sich kaum bewegt, dann ist es innen noch ganz flüssig. Hier, schauen Sie ... Na so was!« fügte er an mich gerichtet hinzu, er wagte es nicht, sich unmittelbar an Mama zu wenden, »du behauptest, vom Lande zu sein, und kennst einen so einfachen Trick nicht!«

Er stellte sich breitbeinig hin.

»Ehrlich, der Bourgeois bist du.«

»Wie hast du es geschafft, dich frei zu machen?« fragte ich ihn in trockenem Ton, verärgert, ein Körnchen Wahrheit in diesem Scherz zu erkennen.

»Die meisten Restaurants haben ihre Eisengitter heruntergelassen. Heute nacht scheint es Klamauk zu geben.«

Zärtlicher und schmeichlerischer als während dieses sich bis zum Abend hinziehenden Zwischenspiels hätte ich ihn mir nicht wünschen können. Erst nachdem er fort war, begann der schreckliche Verdacht an mir zu nagen: Wenn er mir zwei Stunden extra geschenkt hat, dann nur deshalb, weil er versucht, für irgend etwas Vergebung zu erlangen.

Die Nacht war ruhig, aber anderntags bestanden die Studenten der Hochschule für Architektur in Valle Giulia eine regelrechte Schlacht. Ich hörte das Krachen der Granaten und das Geschrei der Sprechchöre in meinem Transistorgerät, das ich unter die Magnolie mitgenommen hatte, wo ich nach Danilo ausschaute, der nicht erschien und auch den ganzen Tag über nicht auftauchte. Ich hatte also recht gestern abend, sagte ich mir. Sein Geschenk von zwei Stunden war alles andere als uneigennützig. Weil er wußte, was sich heute abspielen würde, war ihm daran gelegen, mir eine Anzahlung zu leisten ... Auf den Gedanken, daß er verwundet war, wie ich später erfuhr, kam ich gar nicht: ein unbedeutender Schlag mit dem Gummiknüppel, obwohl man ihn mit anderen zusammen ins Krankenhaus geschafft hatte. Die vom Nachrichtensprecher in allen Tonarten wiederholten Worte »Hochschule für Architektur« trommelten in meinem Schädel. Danilo – nichts sicherer als das – spielte den Tupamaro, um der Konditorentochter zu imponieren, die seit geraumer Zeit – auch daran konnte es keinen Zweifel geben – ihren in Vaters Zimmer angehefteten Stundenplan abgerissen hatte. Sie erinnerte sich seiner Rolle in dem Film, sie hielt ihn für einen Schauspieler, er mußte sich hüten, ihr einzugestehen, daß er Brot an die Restaurants auslieferte, in die ihr Vater, kein unwahrscheinliches Zusammentreffen, ein Sortiment von Petits fours aus Mandelteig schickte, um die römische Dessertkarte mit einer sizilianischen Spezialität anzureichern.

Um drei Uhr morgens, lange nach Beendigung der Auseinandersetzungen, saß ich noch wach. In der Dunkelheit und in der Stille, die die schlummernde Stadt vom Kolosseum bis zu den Parioli und von Sankt Peter bis zum Bahnhof einhüllten. Nur die Straßenfeger machten sich auf dem Schlachtfeld zu schaffen, um die Zentner Zeitungspapier aufzulesen, die die Demonstranten als Polster benutzt hatten. Ermüdet von der schlaflosen Nacht, deprimiert vom Warten, geplagt von Eifersucht, schrieb ich das Gedicht, das eine Wende in meinem Schicksal einleiten würde. Es würde meine Freunde als ein Symptom der Selbstzerstörung bestürzen, das ungläubige Staunen Danilos auslösen, höhnisches Grinsen in der Rechtspresse hervorrufen, die arge Verlegenheit von *Paese Sera* und *L'Unità* bewirken, die Entrüstung der extremen Linken heraufbeschwören, mir die Sympathie der Jugendlichen verscherzen, ohne mein Publikum auf andere Leser zu erweitern, und auf alle Fälle dazu beitragen, meine Isolierung zu verstärken.

Schon mit den ersten Versen unterzeichnete ich, die oratorischen Vorsichtsmaßnahmen außer acht lassend und auf unklare Periphrasen verzichtend, die mir fünfundzwanzig Jahre Berufserfahrung hätten eingeben müssen, mein eigenes Urteil.

Als ihr euch gestern in Valle Giulia
mit den Polizisten geschlagen habt,
da gehörte meine Sympathie den Polizisten!

Zwecklos, das, was ich zu sagen hatte, in den anspruchsvollen Retorten einer »experimentellen« Poesie, die zweihundert Leser verstanden hätten, zusammenzubrauen. Lieber die brutale Sprache der Fakten selbst.

Weil die Polizisten armer Leute Kinder sind.

Ich vergaß alle die Male, da sie gekommen waren, mir eine Vorladung des Richters auszuhändigen, alle die Male, da sie gekommen waren, mich im Morgengrauen zu verhaften, alle die Male, da sie mich auf der Anklagebank flankiert haben.

Sie sind in den Peripherien geboren, dort,
wo der Autobus anhält, um umzukehren.

Magische Worte, die sie in meinen Augen freisprachen.

Arbeitend seit dem achten Lebensjahr, betrogen
um ihre Kindheit . . .

Diese Zeilen, um Esposito, Pasquale – so wie er sich selbst mit der Bescheidenheit derer vorgestellt hatte, die sich zu gering schätzen, um die persönliche Note des Vornamens vor den allgemeinen der Familie zu setzen – zu rächen. Der

Zuname des Brigadiere (Esposito: Synonym, das einem Findelkind, einem auf der Drehscheibe eines Klosters »exponierten« Knaben beigelegt worden war) verband seine Sippe mit einer schändlichen Herkunft und mußte für ihn eine zusätzliche Quelle von Demütigungen gewesen sein.

Ohne diesen mildernden Umstand hätte ich mit der gleichen Ungerechtigkeit Partei für ihn ergriffen. Zugewanderte, zur Stunde des Milchmanns aus ihren Betten geholt und in ihre Heimatorte zurückgeschickt; Schwule vom Ponte Garibaldi in die Grüne Minna verladen; die Ermordung Paolo Rossis durch Faschisten, zwei Jahre lang schon ungestraft geblieben; Wasserwerfer vor den Fabriktoren in Aktion gegen die Streikposten – ich hätte den Bullen all ihre vergangenen und gegenwärtigen Amtsmißbräuche, all ihre Selbstgefälligkeiten in bezug auf die Macht vergeben, nur um meinen Zorn an Signor De Lollis und seiner Tochter auszulassen.

Und dann, schaut, wie man sie kleidet: wie Hampelmänner
mit diesem groben Barchent, der nach Kantine stinkt.

Sollte ich auf ihre Löhnung anspielen? Ja, denn Armandos handgenähte Mokassins aus Pekaileder, deren Eleganz mir aufgefallen war, kosteten den halben Sold eines Freiwilligen im zweiten Dienstjahr.

Für rund vierzigtausend Lire im Monat.

Ich zuckte zusammen: Kam das nicht aus der Innenstadt, dieser sich nähernde Lärm auf der Straße? Ich hatte gelernt, jeden Motortyp an seinem Geräusch zu erkennen: die Vespa an ihrem dumpfen Brummen, die Lambretta an ihrem helleren Summen, die Gilera an ihrem Geknatter, die Guzzi an ihren Explosionen. Ach, das Rumpeln, das die Flußmulde unter meinen Fenstern erschütterte, konnte nur von einem der ersten Lastwagen der Seefischerei stammen, der die Via del Mare entlangfuhr, um beim Einlaufen der Fangschiffe im Hafen von Ostia zu sein. Unter dem Eindruck der Enttäuschung tobte ich mich in Beleidigungen aus.

Ich lese in euren Bärten ohnmächtige Ambitionen,
in eurer Blässe verzweifelte Snobismen,

in euren verstohlenen Blicken sexuelle Gemeinheiten,
in eurer gezwungenen Heiterkeit die Schande eines
Konditorenvaters.

Aber ich strich die letzte Zeile, weil sie mich Danilo gegenüber in eine Situation zu großer Unterlegenheit gebracht hätte. »Auf dem Gebiet der Ästhetik«, wie die Emissäre der Gruppe 63 gesagt hätten, waren die voraufgegangenen Verse kaum besser. Meine Schmähschrift klang falsch, ich wollte mir das nicht eingestehen. Wenn mein Gedicht verdient zu überleben, dann wegen der einfühlsameren Passagen, in denen ich die Beichte des Brigadiere mit meinen Erfahrungen als Paria verschmolzen habe.

Ohne das Recht auf ein Lächeln zu haben,
an den Rand der Welt verbannt,
isoliert,
ausgeschlossen (ein Ausschuß, der nicht
seinesgleichen hat),
gedemütigt, weil sie ihre Eigenschaft als Mensch
für die des Polizisten eingebüßt haben (gehaßt werden
erzeugt Haß).

Ich hörte ein Scharren auf dem blanken Fußboden und hob den Kopf. Ein großer Käfer mit schwarzem Rückenpanzer war durch die Glastür hereingekrochen. Am Rande des Kreises verharrend, den mein Lampenschirm auf den Plattenbelag zeichnete, rieb er, noch im Dunkel kauernd, seine beiden gegen meinen Schreibtisch gerichteten Fühler aneinander. Obwohl ich mich dagegen wehre, den nichtigen Zufällen des Lebens eine symbolhafte Bedeutung beizumessen, insbesondere wenn es sich um Insekten handelt, deren sich die Romanciers so oft bedienen, lief mir dennoch ein Schauder über den Rücken, als ich diesen nächtlichen Besucher seine Zangen in meine Richtung bewegen und seine hornigen Flügeldecken heben sah, als wollte er davonfliegen. In dem Augenblick, da ich zurückwich und ihm das Feld überließ, besann er sich eines Beßren, vielleicht abgestoßen durch meine allzu rasche Kapitulation. Nach einem letzten verächtlichen Zirpen machte er kehrt und nahm Kurs auf den Hintergrund des Zimmers. Seine schmalen Füße rutschten auf dem Marmor weg, was ihn nicht daran hinderte, schnurstracks auf ein Loch in der Wand zuzusteuern, in dem er verschwand, ohne sich noch einmal umzudrehen.

Als ich mein Gedicht durchlas, befiel mich Entsetzen. Der in vier Teile zerrissene Bogen flog in den Papierkorb. Ich beeilte mich aber, sie wieder herauszuangeln, und schickte mich dann an, sie mit Tesafilm, aufgerollt auf demselben kleinen Gerät, das Svenn in meiner Dachkammer in Versuta so sehr belustigt hatte, zusammenzukleben. Kamen mir jetzt etwa die Tränen? Ich biß die Zähne zusammen und steckte das Gedicht in einen Umschlag mit der Adresse der Zeitschrift, die meine Texte veröffentlichte. Schlimm genug, daß ich keine Zeit hatte, irgendeinen meiner Freunde um seine Meinung zu fragen. Welche Freunde übrigens? Hatte ich überhaupt Freunde? In der Aussicht auf einen neuen Skandal hätten sie dieses für eine Zeitung bestimmte schändliche Machwerk ausgezeichnet gefunden. Ich war allein, allein, allein. Allein mit der schmutzigen Helligkeit der Morgendämmerung und mit meinem verwüsteten Gesicht, das mir die Scheibe des Fensters spiegelte, hinter dem der erste frühe Vogel auf den Zweigen des Granatapfelbaums seine Federn putzte. Ich hatte mich eigenhändig an den Pranger gestellt. Die Zehntausende von Lesern, die mir bisher ihr Vertrauen geschenkt hatten, würden mich verächtlich fallenlassen.

46

Ein Aufschub: Dreharbeiten an einem neuen Streifen in Mailand. Ich nahm Danilo mit. Der schlechteste meiner Langspielfilme, trotz seines Erfolges in Italien und außerhalb Italiens. Schematisch, abstrakt, gekünstelt, verkrampft. Eine Abrechnung mit den Spießbürgern. Eine Anklage gegen spießbürgerliche Eltern und ihre spießbürgerlichen Kinder sowie gegen die spießbürgerlichen Ansichten über die Liebe, die Danilo irregeleitet hatten, indem sie ihm in den Kopf setzten, er müsse ein Mädchen lieben und es auf dem Soziussitz seiner Vespa spazierenfahren, ein Bild, das mich selbst dann verfolgte, wenn der junge Mann fern von Rom und von Annamaria in einem Hotelzimmer neben dem meinen schlief. Hätte er ohne den Druck der Medien, ohne die Reklamespots für das Paar, die den ganzen Tag lang über den Äther und in den Zeitungen verbreitet wurden, ohne diese Vergiftung, die die italienische Kultur in ein Büro heterosexueller Werbung umgewandelt hat, wohl je daran gedacht, daß er durch Blumensträuße, die er der Nichte seiner Meisterin brachte, sich nicht seiner männlichen Verpflichtungen entledigte? Und diese ungeheure Sünde, die Knaben ihrer natürlichen Bestimmung zu entfremden, zu bestrafen, bedurfte es keines Geringeren als Gott. Ich mobilisierte folglich Gott unter der Maske des schönen und rätselhaften amerikanischen Schauspielers, der sich Zutritt zu Paolos Haus verschafft und nacheinander jedes einzelne Familienmitglied, Vater, Mutter, Sohn, Tochter, und das junge Dienstmädchen verführt, die einzige, die diese Erfahrung auf den Weg des Mystizismus leitet, während der Sohn und die Tochter, Opfer meines Hasses gegen die studierende Jugend, in senilem Stumpfsinn enden.

Im Herbst in Venedig aufgeführt, erhielt der Film den Preis des Internationalen Katholischen Filmbüros, eine zum zweitenmal einem meiner Werke zuteil gewordene Würdigung. Was es jedoch, nach dem gewohnten Wust von Beleidigungen im Festspielhaus und der nicht minder rituellen gegen die Leinwand abgefeuerten Breitseite von Fenchel, nicht vor der Verfolgung wegen Obszönität noch vor der Beschlagnahme bewahrte. Die stets vor dem Zeitgeschmack liebedienernden Kritiker beglückwünschten mich dazu, daß ich ein für allemal die letzten Nachwehen meines naturalistischen Geschmacks überwunden hätte. Ich hätte endlich eine »moderne« Sprache gefunden, denn die kalte und unpersönliche Ausstattung meines Films spiegelte ihrer Ansicht nach die Trostlosigkeit der neokapitalistischen Epoche wider. Freilich, Paolos Villa ähnelt eher einer Klinik als dem stattlichen Wohnsitz eines reichen Industriellen: glatte weiße Wände, leere Korridore, auf ein Mindestmaß reduziertes Mobiliar, Küche ohne Tiegel und Lebensmittel, alles geometrisch und auf Hochglanz lakkiert. Aber ich hatte keinen Grund, mich zu rühmen, ich, der ich wußte, warum ich in diesem Werk mit meinem üblichen Stil gebrochen hatte, warum es aus kleinen Details und konkreten Genauigkeiten bestand: wegen des geheimen Wunsches, die Gunst derer zurückzugewinnen, die auf Godard und auf Antonioni schworen; wegen der Hoffnung, Revanche an der Gruppe 63 zu nehmen, indem ich einen lobenden Artikel in den *Cahiers du cinéma* losließ, einer in Paris herausgegebenen avantgardistischen Zeitschrift, zehnmal wertvoller als die provinzielle *Il Verri* unter der Leitung des provinziellen Sanguineti; wegen des Ehrgeizes, in die Spitzengruppe der Filmschaffenden reintegriert zu werden durch eine internationale Anerkennung, die mir in der Tat das Publikum von Roland Barthes und von Alain Robbe-Grillet zubilligte.

Und nun, Gennariello, bereite dich auf den Auftritt einer außergewöhnlichen, einmaligen und unersetzlichen Persönlichkeit vor, der ich mit dieser kindischen Einleitung die Huldigung zukommen lassen will, die nur sehr großen Heroinen, den Göttinen und den Feen gebührt: Maria Callas, jawohl, La Divina, wie man sie nannte, mit der ich eine Besprechung wegen eines Films hatte und mit der ich mich auf dem Flughafen von Venedig traf, damit sie zwischen zwei Maschinen den Vertrag unterzeichnete. Obwohl sie der Bühne vor mehr als drei Jahren Valet gesagt hatte, zog sie noch immer die Meute der Journalisten an. Der Beamte der Grenzpolizei gab ihr ihren Paß zurück, ohne ihn aufzuschlagen, sie stieß die Schwingtür mit der Hüfte auf und kam mit ausgestreckten Händen direkt auf mich zu. Ich erwiderte ihre Umarmung in einem Anflug brüderlicher Zuneigung, aber in dem Moment, da sich unsere Wangen hätten berühren sollen, wandte sie urplötzlich den Kopf und drückte ihre Lippen fest auf die meinen. Dabei blickte ihr spitz zulaufendes schönes etruskisches Auge zur Seite, um sich zu vergewissern, daß die Fotografen diese Szene nicht versäumten. Ich war etwas überrascht von diesem Winkelzug, denn wir hatten uns lediglich zwei- oder dreimal in der Menge irgendeiner Galaveranstaltung gegenübergestanden, und wich rasch mit meinem Mund aus. Weit entfernt von jeder Förmlichkeit, war sie offenbar über meine Begrüßung entzückt, ließ ostentativ ihren Arm auf dem meinen liegen, während sie die Fragen der Reporter beantwortete, und bekundete in der gesamten Zeit ihrer Zwischenlandung eine redselige Heiterkeit.

Das Foto mit dem Kuß erschien schon tags darauf in der Presse der ganzen Welt. Die amerikanischen Zeitungen zögerten nicht, mit dem Titel aufzumachen: »Eine Idylle zwischen P. P. P. und der Callas?« Drei Wochen später erfuhr man, daß Aristoteles Onassis Jacky Kennedy heiratete, ohne daß der griechische Reeder die Frau zu unterrichten gewagt hatte, die neun Jahre lang sein Bett, seine Jacht und seine Insel Skorpios geteilt hatte. Die verlassene Geliebte war in Ohnmacht gefallen, als sie diese Nachricht in der Zeitung las. Ich erinnerte mich daraufhin jedes Details unseres kurzen Zusammentreffens in Venedig: Marias übertriebener Heiterkeit, der Nervosität ihrer Hände, die unentwegt damit beschäftigt waren, ihre Tasche zu öffnen und zu schließen, eine Tasche, deren Verschluß allein eine Million wert war, vor allem aber dachte ich an den Auftritt mit dem provokatorischen Kuß. Letzter Versuch – um so rührender, als ein Mann wie ich dessen Werkzeug war –, um die Eifersucht des Treubrüchigen herauszufordern, die letzte Hoffnung, ihn zu ihr zurückzuführen.

Befand ich mich in einer besseren Lage, und verdiente ich nicht, mit dem gleichen Mitleid bedacht zu werden, ich, der ich die gleichen Berechnungen angestellt hatte? Während Danilo guter Dinge zum Frühstück sein Brioche auf der sonnenüberfluteten Terrasse des *albergo* zweiter Klasse verzehrte, das ich dem luxuriösen *Danieli* vorgezogen hatte, legte ich das Kußfoto vor ihn hin, in der törichten Erwartung, daß er sich von einer fünfundvierzigjährigen Frau bedroht fühlen würde. Er schluckte den letzten Bissen hinunter, trank einen Schluck *cappuccino* hinterher und fragte mich, ob es wahr sei, daß die Besatzung der Jacht *Christina* aus sechzig Matrosen bestehe und daß sechs Oberkellner bei jeder Mahlzeit zwölf verschiedene Sorten Kaviar servierten.

Im Dezember, einige Tage vor der Galavorstellung zur Eröffnung der römischen Opernspielzeit, traf ich Maria wieder, gealtert, verfallen. Sie hatte versprochen zu kommen, um sich in einer ihrer früheren Lieblingsrollen den neuen internationalen Star anzuhören, eine Spanierin, die einem in Rom umlaufenden boshaften Gerücht nach lange Zeit in einem Caféhaus in Basel bedient hatte, um ihre Gage als Double aufzubessern.

Sie ließ sich in dem kleinen blau-roten, mit Reproduktionen von Ölgemälden holländischer Meister geschmückten Boudoir, das uns der Direktor des *Excelsiors* zur Verfügung gestellt hatte, auf einen Polsterhocker sinken. Ein einfaches Perlenkollier lag auf ihrem bis zum Hals geschlossenen Kleid.

»Erledigt, ich bin erledigt«, sagte sie zu mir. »Was bleibt mir noch? Meine Stimme ist dahin, meine Karriere ruiniert, mein Leben als Frau zerbrochen. Keine Familie, keine Kinder, keinerlei Zuneigung, wie auch immer.«

»Maria . . .«, stammelte ich, außerordentlich verlegen. Diese Frau, die Millionen von Fans während ihrer ruhmreichen Zeit vergöttert hatten, suchte sich, um ihr Herz auszuschütten, einen Menschen aus, der für sie kaum mehr als ein Unbekannter war.

»Ich bin ein abgestorbener Ast«, fuhr sie fort, den Blick starr auf die Arabesken des Teppichs gerichtet. »Entschuldigen Sie, daß ich so zu Ihnen spreche, Pier Paolo, aber wir sind gleichaltrig und . . . oh, seien Sie mir nicht böse, wenn ich Ihnen indiskret scheine . . . mir ist, als könnten Sie allein mich verstehen, denn . . . dieses Gefühl, ein abgestorbener Ast zu sein, empfinden Sie das nicht auch? Oh, entsetzlich, alt zu werden, ohne Familie, ohne Kinder, ohne etwas zu hinterlassen . . .« Sie vergrub das Gesicht in den Händen und seufzte mehrere Male, bis sie sich plötzlich zu ihrer vollen Größe aufrichtete. Anstatt der Tränen, die zu sehen ich erwartet hatte, zeigte sie mir ein hartes Antlitz mit zornsprühenden Augen.

»Ich habe es noch niemandem erzählt, aber Sie sollen es wissen, bis zu welchem Punkt er mich erniedrigt hat. Ich erwartete ein Kind von ihm, Pier Paolo, und . . . er hat mich gezwungen, es abzutreiben. Ich habe gehorcht, weil mir Ari immer wieder versichert hat, er hasse die Ehe. Wie dumm ich doch gewesen bin! Er wollte mein Kind nicht, weil er schon den Entschluß gefaßt hatte, Jacky zu heiraten!«

So ist's recht! dachte ich, entzückt, zu beobachten, daß sie ihre legendäre Energie so rasch zurückgewann, die den Bewunderern ihrer Tosca eine Gänsehaut über den Rücken jagte und deren sie für unsere Medea bedurfte. Zur Bestärkung dieser Überlegung sagte ich mir, daß sie für eine »erledigte« Frau genug Selbstzucht bewahrte, einen Hocker ohne Rückenlehne zu wählen, der sie zwang, sich gerade zu halten, nicht einen der bequemen Sessel, in dem sie sich hätte fallen lassen können.

»Maria«, sagte ich laut, »Sie könnten am Vorabend zur ersten Klappe unseres Film in keiner besseren Verfassung sein.«

»Wirklich, Pier Paolo?«

»O Pardon!« rief ich aus, fürchtete ich doch, sie durch diesen wenig taktvollen Vergleich von Onassis' Treulosigkeit mit dem Verrat Iasons verletzt zu haben. Im übrigen – hatte ich es nötig, ihr zu suggerieren, daß sie, um in die Haut der Prinzessin von Kolchis zu schlüpfen, nur noch einmal die Gefühle von Demütigung, Zorn und Rache durchzumachen brauchte, die sie seit einigen Monaten bewegten? Die Rolle der Medea war stets ein Fetisch für sie gewesen, mit ihr hatte sie in der Oper von Cherubini die ersten Triumphe eingeheimst. Aber als ich versuchte, sie wieder auf den Weg jenes denkwürdigen Abends in Florenz zurückzuführen, erhielt ich lediglich eine enttäuschende Antwort.

»Kennen Sie die einzige Erinnerung, die ich an das Teatro Comunale bewahre? Zeffirelli hatte mir eine viel zu schwere Robe anfertigen lassen. Zeffirelli oder Margarita Wallmann? Oh, mein armer Kopf . . . Ich entsinne mich der ungeheuren Anstrengungen, die ich unternahm, damit die Kilo über Kilo roten Velours in glatten Falten auf die Stufen des Palastes fielen.«

Meine ungläubige Miene bemerkend, fuhr sie fort: »Da wir beim Kapitel Geständnisse angelangt sind, sollen Sie ebenso wissen, daß ich weder die Tragödie des Euripides je gelesen noch die griechische Sage von Medea studiert und nicht einmal das Libretto zu Cherubinis Oper von Anfang bis Ende gelesen habe.«

Sie schüttelte den Kopf und lächelte, wie nur eine Frau von Welt zu lächeln versteht, die auf die souveräne Waffe ihres Charmes baut, damit man ihr verzeiht, daß sie ungebildet ist.

»Ich habe nie Zeit gehabt zu lesen, müssen Sie wissen.

Als ich acht Jahre alt war, meldete mich meine Mutter in Amerika zum Gesangsunterricht an. Mit siebzehn debütierte ich in Athen in *La Traviata* . . . Nein, ich irre mich, in *Tosca.* Verzeihen Sie diesen Lapsus.«

»Sehr aufschlußreich!« konnte ich mich nicht enthalten zu murmeln.

»Nie einen Tag Urlaub, nie einen Moment der Ruhe«, fuhr sie, in ihre Erinnerungen versunken, fort. »Triller, Stimmübungen, Arpeggien, Vibratos, die Tonleitern rauf und runter, Summen, Appoggiaturen. Die Lehrer ließen mich dieselbe Melodie zehn-, zwanzigmal wiederholen, ohne sich darum zu kümmern, ob ich einen Sinn in die Worte legte. In Venedig, als ich in *Die Puritaner* debütierte, verstand ich meinen Text derart schlecht, daß ich anstatt *Son vergine vezzosa* (Ich bin eine liebliche Jungfrau) *Son vergine viziosa* (Ich bin eine liederliche Jungfrau) gesungen habe. Meine Impresarios, meine Repetitoren, meine Theaterdirektoren, die Musikkritiker, meine Mutter, mein Publikum interessierte nur eins: meine Stimme, die technischen Möglichkeiten meiner Stimme. So ist es während meiner gesamten Karriere gewesen. Eine jede meiner neuen Rollen hat einer technischen Entwicklung meiner Stimme entsprochen. Als sie nachzulassen begann, hat mir Rudolf Bing vorgeschlagen, in der Met die Königin der Nacht zu singen. Er versicherte mir, daß mein noch einwandfreies *contre-fa* Wunder wirke. Andere zählen ihre Lebensjahre nach den Geburten, den Krankheiten, den Erfolgen ihrer Kinder«, schloß sie melancholisch. »Ich nach der Höhe der Noten, die ich habe erreichen können beziehungsweise die sich aus meiner Stimme frei gemacht haben.«

Ich hatte sie reden lassen, denn der Trost, den sie aus der Beschwörung ihrer Arbeitsjahre schöpfte, war offenkundig. Aber als ich sie erneut von ihren quälenden Gedanken überwältigt sah, entschloß ich mich, ihr eine Idee mitzuteilen, die mir schon lange durch den Kopf ging.

»Ich kann Ihnen nicht alles glauben, Maria. Sie haben nicht das Recht, sich derart zu demütigen. Ich habe nicht die geringste Ahnung von Opern, ich bin ein musikalischer Analphabet, aber ich weiß wohl, welch unvergeßliches Bild Millionen Zuschauer und Zuhörer von Ihnen haben. Würden sie vor simplen Akrobatenkunststücken niederfallen, deren Wert der großen Mehrheit mangels Sachkenntnis entgeht? Ihr Mister Bing hat Ihnen eine Rolle für Ihr *contre-fa* vorgeschlagen; Sie aber haben diese Rolle, die Ihren stimmlichen Möglichkeiten noch anstehen würde, abgelehnt. Und warum? Weil die Partie der Königin der Nacht Sie nicht interessiert, Sie nicht betrifft, Ihnen nichts sagt, nicht mehr als irgendeine andere Figur Mozarts. Mozart ist nie etwas für Sie gewesen, Maria. Warten Sie, lassen Sie mich ausreden. Die geschraubte Ausdrucksweise, die Galanterie, die komödiantischen Sittengemälde, das ist nichts für Ihr Genre. Oh, Sie werden jetzt denken, ich versuche Mozart herabzusetzen. Ich will nur sagen, daß man für Mozart Sängerinnen braucht, die im Sinne von Perfektion, von Vollendung, wie Miniaturenmaler arbeiten, die auf jedes Detail des Kolorits achten. Wohingegen Ihr Genie, Maria, das ist, sich von obskuren starken Kräften durchdringen zu lassen, über die die Kunst der Retuschen und der Nuancen nur wenig Gewalt hat. Behaupten Sie nicht länger, Sie hätten Ihre Rollen nach den Möglichkeiten Ihrer Kehle ausgesucht, oder geben Sie zumindest zu, daß die Natur Sie mit dem Organ ausgestattet hat, das fähig ist . . . oh, was für ein Jargon, Maria . . . fähig, Ihre intimste Wahrheit auszudrücken.«

»Meine Wahrheit? Welche Wahrheit?« fragte sie mich, ein unbestimmtes Lächeln auf den Lippen und in ihrer Tasche kramend, auf der Suche nach einem Diamantklipp, mit dem sie zu spielen begann, bevor sie ihn zu ihrem Haarknoten führte.

»Ich kenne mich in Opern so wenig aus, deshalb habe ich Angst, Unsinn zu sagen. Doch einerlei, nehmen wir zum Beispiel die berühmte Trilogie Verdis: Wie erklären Sie sich, daß weder *Der Troubadour* noch *Rigoletto* Ihnen erlaubt haben, sich völlig hinzugeben, sondern nur *La Traviata*?«

»Das ist wegen Luchino«, erwiderte sie, den Klipp in ihre Frisur steckend.

»Nein, Maria, das Schicksal Violettas entspricht so völlig dem Ihren, daß Sie mit siebzehn Jahren gern in *La Traviata* debütiert hätten, als Beweis dafür rufe ich Ihren Lapsus von vorhin an. Lange bevor Sie Visconti begegnet sind, wußten Sie, daß Ihnen Alexandre Dumas' verratene Frau die Gelegenheit bieten würde, völlig Sie selbst zu sein. Und welches sind Ihre anderen großen Rollen gewesen, die immerdar Ihren Gütestempel tragen werden? Medea, von Iason verstoßen; Lucia di Lammermoor, von ihrem Verlobten verlassen; Norma, von Pollione abgewiesen; Anna Boleyn, von Heinrich VIII. verschmäht. Lauter im Stich gelassene Geliebte, verhöhnte Ehefrauen. In ihnen allein, Maria, konnten Sie sich wiedererkennen, mit ihnen allein sich identifizieren. Ihre Tragödie war bereits die Ihre, obgleich Sie, wenn Sie diese Opern sangen, weit davon entfernt waren zu ahnen, daß das persönliche Erleben eines Tages mit dem des Mimen im Theater übereinstimmen würde.«

Erschrocken über meine Kühnheit, wollte ich sie mit einem Vergleich aufheitern, zu dem mir eins der an der Wand hängenden holländischen Gemälde den Vorwand lieferte.

»Schauen Sie sich diese Stadt in Flammen an«, sagte ich zu ihr. »Der Künstler ist ein Zeitgenosse von Dürer und heißt Lucas de Leyde. Er hat sein ganzes Leben damit verbracht, brennende Städte, durch Feuer verheerte Festungen zu malen. Und wissen Sie, wie er starb? Bei der Explosion eines Pulvermagazins.«

»Ich danke! Sie erzählen ja schöne Geschichten!« rief sie lachend aus. »Muß ich mich, um mich meinem Schicksal anzupassen, ins Feuer stürzen wie Medea, oder auf den Scheiterhaufen steigen wie Norma, oder wahnsinnig werden wie die arme Lucia, oder meinen Kopf auf das Schafott legen wie Anna Boleyn? Das wäre, wohlbemerkt, immerhin noch besser als die Schwindsucht der Kameliendame. Ein Glück nur, daß die Plattform der Engelsburg für das Publikum gesperrt ist! Das ist eine Möglichkeit weniger.«

Als wir beide gemeinsam über meine Entgleisung gelacht hatten, fragte sie mich liebenwürdig: »Warum behaupten Sie, nichts von Opern zu verstehen? Niemand hat je so zu mir gesprochen wie Sie. Ich bitte Sie, Pier Paolo, leisten Sie mir heute abend in meiner Loge Gesellschaft.«

»Nein, Maria, ich verabscheue die Oper. Denken Sie daran, was wir verabredet haben: In unserem Film werden Sie nicht eine einzige Note singen. Für mich«, fügte ich hinzu, um den barschen Ton meiner Erklärung abzuschwächen, »ist der Gesang auf ewig mit den Wiegenliedern verbunden, die mir meine Mutter sang, und mit den Volksweisen, die sie in der Küche trällerte.«

Fast hätte ich gesagt: Eine Frau dürfte nur für ihren Sohn singen, aber ich beherrschte mich rechtzeitig.

»Es gibt noch einen anderen Grund, warum ich die Oper nicht mag. Haben Sie jemals in den Saal geschaut? Ihnen machte es ohne Zweifel wenig aus, wer Ihnen applaudierte! Das Publikum eines Opernsaals setzt sich zu drei Vierteln zusammen aus . . . Es ist ein wenig schwierig zu sagen, Maria, helfen Sie mir.«

»Ich glaube es zu erraten, Pier Paolo.«

Ich zögerte, bevor ich das Wort wählte, das ich unter allen, die mir das Vokabular zur Verfügung stellte, wegen seines verhaßten Klangs zurückbehielt.

»Zu drei Vierteln aus Päderasten«, sagte ich mit leiser Stimme, nicht ohne die diesem Begriff innewohnende Beleidigung durch einen verächtlichen Tonfall zu unterstreichen.

Ich werde nie ihre Geste vergessen, die ich in den Schatz meiner Erinnerungen neben den weit zurückliegenden Entschluß von Wilma Katz einreihe, als sich die junge slowenische Geigerin anbot, mir als Schutzschild gegen die gehässigen Gerüchte in Casarsa zu dienen. Maria hörte auf, mit ihrem Klipp zu spielen, und nahm meine beiden Hände in die ihren.

»Jetzt bin ich dran, Pier Paolo, Ihnen zu sagen: ›Sie haben kein Recht, sich derart herabzuwürdigen.‹ Gebrauchen Sie nie wieder dieses gräßliche Wort. Wenn Sie wüßten, welch leidender Ausdruck sich auf Ihrem Gesicht abgezeichnet hat! Es liegt kein Grund vor, sich zu quälen, noch, sich dessen zu schämen, was Sie sind. Nein, wirklich nicht«, fuhr sie fort, nach einem Argument suchend, das mich überzeugen könnte.

Plötzlich fand sie es und sagte, einen wehmütig suchenden Blick um sich werfend: »Meine besten Freunde, meine einzigen Freunde sind Luchino Visconti und Jean-Louis gewesen. Also, was ist?«

Sie senkte den Kopf, was mir gestattete, sie in dem üppigen Herbst ihrer Schönheit zu betrachten, denn nachdem sie dem Theater Valet gesagt, hatte sie wieder ein wenig an Gewicht zugenommen. Ihr zurückgekämmtes Haar gab wie früher ihre Stirn und ihre Schläfen in bewundenswerter Klarheit frei, aber die Grübchen waren in ihren volleren Wangen nahezu verschwunden. Und zum erstenmal konnte ich den makellosen Schnitt ihrer orientalisch mandelförmigen Augen bewundern, die falsche Wimpern sonst scheinbar verlängert hatten. Auf diesem für seine stolze Strenge berühmten Gesicht lag ein Schein großer Sanftmut. Das war nicht mehr die aus Bronze gegossene Maske einer ägyptischen Statue, sondern ein zermürbtes Antlitz, das eine lange Geschichte von Gemütsbewegungen und von Leiden verriet. Als sie wieder zu reden begann, hatte ich den Eindruck, als führte sie einen Traummonolog.

»Wie kommt es, daß wir plötzlich den Sinn von einigen Handlungen verstehen, die wir im Laufe unseres Lebens mechanisch vollzogen haben? Diesen Teil des Publikums, auf den Sie anspielen, Pier Paolo, den fand ich mit Sicherheit im Saal heraus, ich erkannte ihn sofort, ob es in Mailand, in New York, in Mexiko, in London, in Berlin oder in Paris war. Die Getreuesten folgten mir von Stadt zu Stadt. Von wem waren also die anonymen Rosen, die mich in meinem Hotel erwarteten, wenn nicht von einem von ihnen? Aber ich wußte tatsächlich nicht, bis jetzt, da ich mit Ihnen darüber spreche, wieweit ich ihrem beherrschenden Einfluß unterlag, ich, der sie knechtisch lauschten. Jawohl, ich bin mir gegenwärtig bewußt, daß ich mich in manch einer Pose auf der Bühne für sie zeigte, daß ich meine Stimme für sie so oder so einsetzte, daß ich diesen Schrei für sie meinem Innersten entrang, daß ich für sie versuchte, mich in meiner Kunst zu übertreffen. Oh, ich sehe sie jetzt alle vor mir. Die Furchtsamen, die zeit ihres Lebens nie das Wort an eine Frau gerichtet haben und die in die Sammlung von Fotos über ihrem Bett mich als einzige Ausnahme unter die Dutzende von Tänzern und Modeschauansagern einfügen, wenn sie nach der Heimkehr aus der Vorstellung mein Bild aus dem Programmheft ausschneiden. Die Angeber, die ihren mit der Brennschere gekräuselten Schnurrbart hochzwirbeln und ihre arrogante Männlichkeit zur Schau stellen, selbst wenn sie vor ihrer Mutter kuschen, der sie ihr nächtliches Treiben verheimlichen. Die Einsamen, die sich nach der schwesterlichen Seele sehnen und die sich in der Pause bis zur letzten Minute im Foyer aufhalten, wo andere, von der gleichen Hoffnung Getriebene umherirren. Die Schüchternen, die nicht wagen, sich begleiten zu lassen, so als könnte sie schon ihre Anwesenheit in der Oper kompromittieren. Die Freundespaare, die mir lieber wären, die sich ihres Daseins freuenden Ehepartner, die, wenn sie mich auf der Bühne brüllen und wettern hören, von der häuslichen Behaglichkeit ihres bescheidenen Heims träumen. Alle, ich sehe sie alle vor mir, die mich mit verzückten Augen anstarren, bin ich doch die einzige Frau, die sie in ihrem Leben dulden können. Dank der Scheinwerfer, die mich in einer fernen Aureole isolieren, werden sie wieder normale Menschen, hängen an den Lippen einer Frau, verfolgen ihre Abenteuer und ihre Launen; sie werden von einem heftigen Gefühl für eine Frau emporgehoben und sind bereit, für eine Frau eine Leidenschaft zu empfinden, sie, die ohne Zweifel bis in die Kindheit zurückgehende verschwommene Ereignisse nötigen, ihre Begeisterung vor allen anderen zu unterdrücken. Da ich gar keine Frau mehr bin, mache ich sie frei von ihren Hemmungen. Derjenigen, die sie in ihrem Kostüm der Königin oder der Priesterin fasziniert, mit einer funkelnden Krone auf dem Haupt, umrahmt von einem unwirklichen Licht, von ihnen durch den Orchestergraben und von dem der Diva anhaftenden Prestige getrennt, geben sie die volle Zustimmung ihres Wesens, von dem auch nur den kleinsten Teil ihrer Nachbarin zu gewähren, die in einem Sessel gleich dem ihren neben ihnen sitzt, sie sich hüten würden.«

Betroffen, aus ihrem Mund die Antwort auf die Frage zu hören, die mir seit der Bologneser Zeit keine Ruhe ließ, wo ich im Dunkel des Rex-Kinos den Rauch meiner Zigaretten der zu den Hollywoodstars aufsteigenden Beweihräucherung beimischte, die aus ihren mystischen höheren Regionen zu uns herabgestiegen waren, beugte ich mich zu Maria hinüber und küßte ihre Hände, die sie in den meinen gelassen hatte.

»Und ich?« fragte ich sie beklommen. »In welche Kategorie hätten Sie mich eingestuft, wenn Sie mich im Saal bemerkt hätten?«

»Oh, Sie!« sagte sie ohne Zögern. »Sie sind ein Zartbesaiteter, einer, der seiner Mutter in so heftiger Liebe zugetan ist, daß er sich anderen Frauen nicht nähern darf. Und bei Ihnen, der Sie zwangsweise in mir nur ein Idol erblicken, hätte ich meine Vorsichtsmaßnahmen verdoppelt. Darauf bedacht, eine feierliche und distanzierte Attitüde zu wahren, nie von meinem Piedestal herunterzusteigen, mein Zepter nie wie einen Stock zu halten, sondern stets wie ein Zepter, Sie niemals ahnen zu lassen, daß unter dem Ruhmesmantel der Callas das demütige Herz der Maria schlug. Ich verstehe heute den Sinn der Mühen, die ich mir auferlegte. Zum Beispiel als ich die Medea sang, die offensichtlich lächerliche Weise, dafür zu sorgen, daß die roten Falten meiner schweren Robe gerade auf die Stufen des Königspalastes fielen. Niemand von euch, die jenseits des Rampenlichtes vor Verzückung hingerissen waren, brauchte zu merken, daß mein Kostüm aus den menschlichen Händen einer Näherin kam, noch zu entdecken, daß in diesem Gefängnis aus Velours und unter der Pracht des Geschmeides ein menschlicher Frauenkörper versuchte, Luft zu holen. Und wenn ich als verbitterte Norma oder als blutrünstige Turandot oder als zur grausamsten Rache entschlossene Medea oder als entfesselte Tosca in rasende Verwünschungen ausbrach, dann geschah das wiederum für euch alle, Pier Paolo, daß ich mich verausgabte – sagt man heute nicht so? –, daß ich mich verausgabte bis an die Grenze meiner Kräfte, jawohl, für euch alle, damit ihr euch sagen konntet, bequem in euren Sesseln sitzend: ›Armer Tenor, der diesen Sturm ertragen muß; arme Ehemänner, die ihr tagtäglich der Macht trotzen müßt, die dem weiblichen Geschlecht verbrieft ist. Welch Glück für mich, mich rechtzeitig vor einer solchen Hölle gerettet zu haben! Ich bin jetzt zeit meines Lebens gegen dramatische Übertreibung, Nervenkrisen und weibliche Hysterie gefeit!‹ Pier Paolo, habe ich nicht recht? Bin ich nicht die getreue Interpretin eurer Gefühle?«

Ich pflichtete ihr mit einem Lächeln bei, denn ich wollte ihr in ihrem Eifer ebensowenig Einhalt tun, wie Äneas die Sibylle unterbrochen hätte, als sie ihm die Höhen und Tiefen im Leben seines Volkes enthüllte.

»Dennoch«, fuhr sie fort, »war ich noch nicht quitt mit euch. Wenn ich mich mit dieser anstrengenden Energieleistung in der undankbaren Rolle der Furie für euch geopfert habe, blieb mir noch der letzte Teil meiner Mission zu erfüllen. Vielleicht war ich, ohne es zu wollen, wegen der verfänglichen Reize der Musik, wegen des trügerischen Zaubers der Töne, drauf und dran, euch in eurem Exil aufzuscheuchen und zum verbotenen Festland zu locken. Um euch endgültig einzulullen, um mich ein für allemal aus eurer Reichweite zu bringen, um unseren gegenseitigen Nichtangriffspakt mit einem symbolischen Petschaft zu besiegeln, behielt ich euch meine große Sterbeszene vor, die Apotheose eures Vergnügens, die Garantie für euren Seelenfrieden. Ich verfügte zum Zeitpunkt meines Verschwindens über eine unendliche Vielzahl von Möglichkeiten, von denen die eine spektakulärer war als die andere: die Enthauptung der Anna Boleyn; das Brandopfer der Norma; der Wahnsinn der Lady Macbeth; die Umnachtung der Imogène; der Selbstmord der Tosca; der Dolchstoß des Banditen für Gilda; die Klinge des Bruders für Leonore; das Flammenmeer für Armida; der zugemauerte Tempelkeller für Aida; das Stilett für Gioconda; das Gift für Abigaile; die wilden Tiere für Pauline . . . Nicht einmal der Tod durch Ertrinken hätte gefehlt, hätte ich auf irgendeiner Bühne in *Hamlet* gesungen! Aber alle diese Möglichkeiten hatten nur ein und dasselbe Ziel: euch den Rest von Nostalgie nach der Frau auszutreiben. Vier Stunden lang hattet ihr mich, fern und unerreichbar, bewundert. Nun hättet ihr mich, bestraft und gedemütigt, bedauern können. Nachdem ihr euch für die Dauer der Vorstellung gesagt habt: ›Was für ein außerordentliches Wunder ist doch eine Frau, sofern sie sich mir nicht nähert!‹, kehrtet ihr nach Hause zurück und dachtet: Alles in allem, was ich am liebsten an ihnen mag, ist, sie tot und begraben zu sehen.«

»Maria«, protestierte ich, »das ist nicht Ihr Ernst!«

Wir begannen erneut zu lachen.

»Dann müßte man also annehmen«, fuhr ich fort, verblüfft über eine plötzliche Idee, »daß alle Opern geschrieben wurden für ein Publikum von . . .«

»Pst!« machte sie mir eine Hand auf den Mund legend. »Sie haben mir versprochen, dieses Wort nicht mehr zu benutzen. Im übrigen, genug von diesem Kapitel! Schwören Sie mir, daß Sie mich heute abend begleiten werden. Sonst muß ich glauben, Sie sehen in mir eine Idiotin, weil ich Ihnen all das gesagt habe, was ich Ihnen gesagt habe.«

Ich hoffte, daß mir das Libretto, so stupide und überkandidelt wie üblich, eine Ausrede liefern würde.

»Schön«, sagte ich konziliant, »was wird gegeben?«

»*La Traviata.* Das Debüt der Montserrat Caballé. Ich bin gespannt zu hören«, bemerkte sie ohne Neid, »wie sie ihre berühmten *pianissimi* aushält, zu denen ich nie fähig war. Welches Glück für sie, mit der schönsten Rolle des Repertoires zu beginnen.«

Hereingefallen, stammelte ich, ohne zu überzeugen: »Mir wäre ein weniger ... bürgerliches Drama lieber gewesen.«

»Pier Paolo! Sie haben mir gerade erklärt, warum ich mich in *La Traviata* gründlicher verwirklicht habe als im *Troubadour* beziehungsweise im *Rigoletto.* Lassen Sie mich meinerseits Ihnen sagen, warum diese Oper ... diejenigen, von denen wir soeben gesprochen haben, am stärksten ergreift. Ich habe oft mit Luchino über den außergewöhnlichen Erfolg dieser in der Tat überaus konventionellen und spießbürgerlichen Geschichte gesprochen. Ein Sohn aus gutem Hause verliebt sich in eine Kurtisane, aber sein Vater reißt ihn aus dieser Liaison los, weil sie ein Skandal in seinen Kreisen ist und die Heirat seiner Schwester verhindern würde. Bemühen Sie sich, das zu transponieren. Setzen Sie an die Stelle der Kurtisane einen Mann, einen anderen jungen Mann. Und Sie werden sehen, daß die Liebe von zwei Menschen außerhalb der Normalität sofort die gewaltige Maschinerie der gesellschaftlichen Repression in Bewegung bringt: die Väter, die keinen schwarzen Gehrock mehr tragen und nicht mehr mit Enterbung drohen, sondern zur weit schlimmeren Erpressung der psychiatrischen Anstalt, zur Sperrung des Unterhaltes, zur verschlossenen Tür, zum Gespenst der dem Zölibat verurteilten Schwestern greifen ... Ich bin auf alle Fälle sicher, daß meine Bewunderer seit meiner großen Szene mit Monsieur Germont das Drama noch einmal erlebten, das sie im Schoß der eigenen Familie nach Entdeckung ihres Geheimnisses durchstehen mußten.«

Als wollte sie sich dagegen verwahren, intelligenter zu scheinen, als sie es war, fügte sie hinzu: »Oh! Wissen Sie, wenn Sie meinen, daß ich in diesem Augenblick keine

Dummheit gesagt habe, dann gehört das ganze Verdienst Luchino.«

Ich gestehe, daß der Wunsch, unter diesem neuen Aspekt die Heldin wiederzusehen, die zum erstenmal mit dem Film von Greta Garbo in meine Träume eingegangen ist, meine letzten Einwände beiseite schob, obgleich ich doch der umfangreichen Opernliteratur vorwarf, mir nichts dem Vergleichbares zu bieten, was ich bei Proust oder bei Thomas Mann, bei Verlaine oder bei Lorca fand, ohne bis auf Michelangelo und bis auf Plato zurückzugreifen. Konnte es sein, daß der in der Dunkelheit des kleinen Kinos in Bologna vom Tode der Marguerite Gautier erschütterte Gymnasiast sein eigenes Schicksal mit der Geschichte dieser Frau identifizierte? Drei Tage hintereinander war er wiedergekommen, um sich an diesem herben Geruch zu berauschen, in dem sich die Zauberkraft des Grabes mit den Düften der Wollust vermischte. Außerdem hatte ich es jetzt eilig zu sehen, ob die Musik den gleichen Reiz auf mich ausüben, ob sich der Schock meiner ersten Begegnung mit der vermaledeiten Liebe wiederholen würde.

Aber als wir an diesem Abend oben in der Via Barberini eintrafen, Maria in ihrem weißen Nerz und ich in meinem Smoking aus Venedig, wurde unser Taxi beim Einbiegen in die Via Torino von einem Polizeiauto gestoppt, das quer auf der Straße stand. Die Studenten griffen, so wurde uns mitgeteilt, die Menge der Elegants an, die vor der Säulenreihe des Theaters aus ihren Wagen stiegen, und bewarfen sie mit Tomaten und faulen Eiern.

»Bringen Sie mich in mein Hotel zurück«, sagte Maria lächelnd.

Aus Feingefühl wollte sie, die meine politischen Ansichten kannte, mich vor dem Publikum der Krösusse und der Snobs, die zwanzigtausend Lire für einen Platz bezahlt hatten, um bei der Eröffnungsgala gesehen zu werden, nicht kompromittieren. Ich gehorchte, ohne ihr zu gestehen, daß ich diesen von der Jugend Roms gegebenen neuen Beweis von Konformismus und Intoleranz verabscheuungswürdig fand.

47

Gälte es, nur einen meiner Filme zu retten, dann diesen. Ohne den geringsten Zweifel. Die jüngste Treulosigkeit von Onassis, der ungestillte Wunsch nach Mutterschaft, der die Szene mit den Kindern so erschütternd machte – sie hatte ihnen, ohne den Schwur, das, was von ihrer Stimme geblieben war, nie wieder zu beanspruchen, auf ihrem Totenbett ein altes peloponnesisches Wiegenlied gesungen –, aber auch, das wage ich zu glauben, die Erinnerung an unsere Unterredung im *Excelsior*, spornten Maria zu einem großartigen Spiel an. Sie begriff, daß sie gar nicht zu spielen brauchte, sondern sich damit begnügen konnte, der Schar der nackten und tanzenden Argonauten die Unbewegtheit eines Götzenbildes entgegenzusetzen.

»Du verlangst von mir, Frau zu sein – die Frau, nicht wahr, Pier Paolo?« Mit Gewändern und Geschmeide beladen, fragte sie mich das mitten in der Wüste von Kappadozien mit ihrer kupfern klingenden Stimme, in der die Nähe ihrer Heimat den griechischen Akzent wiedergeweckt hatte.

Entschlossen, Danilo nicht nur zu strafen, sondern auch, ihm zu zeigen, daß ich ihn nicht bedingungslos in der Truppe meiner Schauspieler behalten würde, hatte ich ihn mitgenommen, ohne ihn jedoch in dem Film einzusetzen. Um ihn zu trösten, stopfte ihn Maria zu Füßen der von Gorême gemeißelten Felsen, wo wir die Kolchis-Szenen drehten, mit *rahat-lokoum*.

»Es ist seltsam«, bemerkte sie eines Abends, während sie aus dem Augenwinkel Danilo beobachtete, der mit einem spitzköpfigen Gecko mit Schwimmhäuten zwischen den Zehen im Sand spielte, »es ist merkwürdig, daß du es nötig hast, dich mit namhaften Frauen zu umgeben, während du dich bei den Knaben mit völlig unbekannten jungen Burschen begnügst. Denk nur an die Schauspielerinnen, die du engagierst: Anna Magnani, Laura Betti, Silvana Mangano, die Callas.« (Sie legte Nachdruck auf den Artikel mit der gebieterischen Bewegung des Kinns, die uns daran erinnerte, daß sie, mochte sie auch im Staub eines türkischen Dorfes sitzen, die Göttliche blieb.) »Wer weiß noch, wie der dunkelhaarige magere Halbwüchsige hieß, den du in deinem Evangelium als Christus genommen hast?«

Namhafte Frauen, unbekannte Knaben: nichts Merkwürdigeres, aber auch nichts Wahreres. Mit siebenundvierzig Jahren, mit einer langen Karriere als Regisseur und Autor, fand ich mich – zwischen Maria, geschmückt wie ein Schrein, umrahmt von einem Glorienschein, auf den Flughäfen applaudiert, bejubelt, wo sie auftauchte, und Danilo in Levis, sich bäuchlings neben seiner Eidechse sielend – genau in der gleichen Situation wieder wie vor zwanzig Jahren, als ich mich in Begleitung des jungen Svenn, der nach Stroh, Klatschmohn und Mais roch, auf den Bänken des Freilichtkinos in Codroïpo an der raffinierten Aufmachung und an den angemalten Augen der von hundert Millionen Zuschauern vergötterten Rita Hayworth begeisterte.

Diese Erinnerung an das Friaul stimmte mich trübe. Was war wahrscheinlicher, sagte ich mir in einem Augenblick der Entmutigung, als daß mir Danilo am Ende ebenso durch die Finger schlüpfen würde, wie Svenn eines Tages verschwunden war? Was würde von meinem Wandeln auf Erden übrigbleiben? Eine Reihe von Enttäuschungen, von Bitternissen und Mißerfolgen. Es sei denn, ich hinterließ einige Werke, die meinen Namen der Nachwelt überlieferten. Bei diesen Gedanken hob ich den Kopf, trocknete die Tränen, die mir den Blick zu trüben begannen, und fragte Maria, ob sie bereit sei für die Klappe zu Apsirtos Tod.

Endlich einmal kein Skandal und keine Konfiszierung durch den Staatsanwalt, als der Film kurz vor den Feiertagen zum Jahreswechsel kühle Aufnahme bei den Kritikern fand, die enttäuscht waren, kein anstößiges Detail, keine politische Provokation, keine Schmähung der Kirche, nichts darin zu entdecken, das ihnen gestattete, lauthals meine Kühnheit zu preisen, mit einem Seitenblick auf die Zensur, die ihnen die Wonnen eines neuen Sensationsprozesses bereithielt. Höfliche Huldigungen, dann verlegenes Schweigen, als man erfuhr, daß die festliche Premiere in der Pariser Opéra erfolgen sollte, unter der Schirmherrschaft von Madame Pompidou, der Gattin des Präsidenten der Französischen Republik, der im Mai 68 die Unruhen im Quartier Latin niedergeschlagen hatte.

Mein schönstes und originellstes Werk geriet rasch in Vergessenheit. Maria kapselte sich erneut in ihrem Appartement in der Avenue Georges-Mandel ein. Sie nahm ihr einsames und melancholisches Leben mit ihrem Hund wieder auf, den sie in den leeren Avenuen des eintönigen Trocadero-Viertels spazierenführte. Dem Fundus ihrer Garderobe, die sie in manischer Ordnung aufbewahrte, wobei sie jedem Kleidungsstück eine Notiz anheftete, mit dem Datum, an dem es der Kollektion zugesellt worden war, sowie der Gelegenheit, bei der sie es getragen hatte, fügte sie vielleicht, in der Vorahnung, daß es die letzten Kostüme ihrer Laufbahn sein würden, den Mantel und die Tunika der Medea hinzu. Nicht etwa, wie ich gern gedacht hätte, um einen letzten und flüchtigen Achtungserfolg zu feiern, der in keinem Verhältnis zu ihren früheren Triumphen stand, sondern im Gedenken an unsere römische, dann türkische Freundschaft und voll Erstaunen, mehrere Jahre nach ihrem Abtreten von der Bühne den geheimnisvollen Stimulus entdeckt zu haben, der ihr Genie angeregt hatte.

Selbst in Anerkennung seines Wertes hätte der Film zu keinem ungünstigeren Zeitpunkt erscheinen können. Wenige Tage vor Weihnachten trat das erste jener dramatischen Ereignisse ein, die Italien ohne Unterlaß mit Blut besudeln sollten.

Am 12. Dezember um 16 Uhr 30 explodierte in Mailand, Piazza Fontana, in der Schalterhalle der Landwirtschaftsbank eine Bombe. Sechzehn Tote, achtundachtzig Verletzte. Ein Attentat von nie dagewesener Schwere, das das Land traumatisierte. Wer hatte die Bombe gelegt? Zu welchem Zweck? Warum ging er gegen Unschuldige vor? Drei Tage später wurde die Verhaftung des Anarchisten Pietro Valpreda bekanntgegeben. In derselben Nacht fiel ein weiterer Anarchist, der Eisenbahnangestellte Giuseppe Pinelli, den der Kommissar Calabresi gerade in den Räumen des Mailänder Polizeipräsidiums verhörte, aus dem vierten Stockwerk und starb.

Manipulation? War der Polizei etwas vorzuwerfen? Neue Affäre Dreyfus? Wochenlang konnte ich an nichts anderes denken. Das Telefon läutete pausenlos. Mama verzichtete darauf, die Anrufe vorzusortieren, und ich mußte sie selbst beantworten.

»– Pier Paolo, es handelt sich bestimmt nicht um Selbstmord. Vier Bullen waren während des Verhörs durch den Kommissar Calabresi um Pinelli herum.« – »Gab es Indizien gegen Pinelli?« – »Nicht das geringste Indiz außer der Tatsache, daß er Anarchist war.« – »Man hatte also nichts gegen ihn in der Hand?« – »Nichts, außer der Tatsache, daß er sich aus dem Fenster gestürzt hat. Pier Paolo, du mußt eingreifen.«

»– Hallo! Calabresi behauptet, seine Leute hätten versucht, Pinelli daran zu hindern, sich aus dem Fenster zu stürzen. Einer habe ihn sogar bei den Füßen fassen können, aber er habe nur seine Schuhe in der Hand behalten.« – »Warum lachst du?« – »Weil die Polizisten, in ihrem Eifer, sich reinzuwaschen, der Presse drei verschiedene Schuhe vorgezeigt haben.«

»– Denk daran, daß der Vertrag der Metaller in diesen Tagen erneuert werden sollte.« – »Soll das heißen, daß Pinellis Selbstmord . . .« – ». . . sehr gelegen kommt, um die Wähler nach den Ausständen im Herbst, den Streikposten vor den Fabriken, den Solidaritätskundgebungen der Studenten zu beschwichtigen.« – »War die Bombe faschistischer Provenienz?« – »Am 12. Dezember, dem Tage des Attentats – reiner Zufall, wohlgemerkt –, traf der Europarat in Straßburg Anstalten, das Griechenland der Obristen auszuschließen.«

»– Der Richter verweigert die Autopsie von Pinelli, die es gestatten würde, die Herkunft des blauen Fleckens zu erklären, der am Nacken der Leiche festgestellt wurde. Du mußt eingreifen, Pier Paolo. Eine günstige Gelegenheit, dich zu rehabilitieren.«

»– Diesmal scheint man auf der richtigen Spur zu sein. Der Richter verhört einen Verleger aus Treviso, Giovanni Ventura, und seinen Mitarbeiter Franco Freda, notorische Faschisten, Begründer von Ordine Nuovo.« – »Über welche Punkte?« – »Man hat in ihrer Buchhandlung ein Arsenal von Bomben ähnlich der von Piazza Fontana sowie eine Liste mit den detaillierten Plänen all der Orte entdeckt, an denen seit vergangenem Frühjahr Attentate verübt worden sind: während der Mailänder Messe, im Monat August in den Zügen . . .« – »Sitzen sie im Gefängnis?« – »Der Richter hat sie zwar angeklagt, aber laufenlassen.« – »Warum?« – »Warum, warum . . . Es ist an dir, Pier Paolo, das öffentlich zu fragen.«

»– Erklärung Feltrinellis, auf Reisen im Ausland. Er verzichtet darauf, sagt er, nach Italien zurückzukehren. Wenn der Reichstag brennt, bleibt man ihm besser fern.« – »Feltrinelli, hm! Denk daran, daß wir einen gemeinsamen Freund haben, den Maler Giuseppe Zigaïna. Ich habe seinen letzten Brief vor Augen. Er schreibt mir aus seiner Villa im Friaul nahe der jugoslawischen Grenze, um mir mitzuteilen, daß er Besuch von Giangiacomo gehabt hat . . . getarnt mit falschem Bart und dunkler Brille! Er hat ihm ein Zimmer angeboten, aber Giangiacomo hat im Garten in einem Zelt geschlafen. Tags darauf, im Morgengrauen, hat Giuseppe, bestürzt und erschrocken, gesehen, daß sich sein Gast in einem kubanischen Kampfanzug geübt hat, Granaten gegen die Bäume zu werfen.«

»– Eine Neuigkeit, Pier Paolo. Bei Durchsicht der Listen des Roten Kreuzes hat man herausgefunden, daß die Telefonzentrale des Polizeipräsidiums den Krankenwagen zehn Minuten vor Pinellis Sturz angefordert hatte.« – »Und das Alibi des Eisenbahners?« – »Endgültig nachgewiesen, trotz des Manövers, das darauf abzielt, die beiden Zeugen unter dem Vorwand zu diskreditieren, daß der eine ein pensionierter Arbeiter und der andere ein homosexueller Beleuchtungstechniker sei.« – »Was soll ich also deiner Meinung nach tun?« – »Bohren, Pier Paolo. Wir brauchen deine Feder, deinen Mut, deine Großzügigkeit. Camilla Cederna hat sich aufs äußerste engagiert. Du darfst dem *L'Espresso* nicht das Monopol des Kampfes überlassen.«

»– Neuer Einfall von Feltrinelli. Er hat in den Buchhandlungen Graffitti-Bonbons mit dem Slogan ›Mal deinen Bullen gelb an‹ zum Verkauf gebracht. Wir wissen, daß er dir den Nerv tötet, ist er doch der Verleger der Gruppe 63 und der Kongreßprotokolle von Palermo, aber gib zu, daß ›Mal deinen Bullen gelb an‹ ein ganz hübscher Tritt in den Arsch ist, oder? Giangiacomo wird angeklagt werden, so sicher, wie zwei und zwei vier ist.«

»– Hallo? Liest du die Zeitungen, ja oder nein? Der junge Anarchist Paolo Facciolo, seit April wegen der Bombenanschläge auf der Mailänder Messe in Haft, hat seinen Freunden einen Brief zukommen lassen, in dem er die Mißhandlungen beschreibt, denen er durch Kommissar Calabresi ausgesetzt ist: zweiundsiebenzig Stunden Verhör hintereinander, im Stehen, Ohrfeigen, ausgerissene Haare, Nadelstiche in die Hoden.« – »Schön, ich werde sehen, in welcher Form ich eingreifen kann.« – »Du darfst dich nicht mehr wegstehlen, Pier Paolo, sonst wird man glauben, dein Gedicht über die Bullen sei nur eine Laune gewesen.« – »In welcher Zeitung rätst du mir zu schreiben? Ich habe lange Zeit eine Rubrik in der Wochenzeitschrift *Vie Nuove* gehabt . . .« – »Nicht doch! Nicht in einer KP-Zeitung. Es würde dir nicht gelingen, dich in den Augen der Jugendlichen zu rehabilitieren, Pier Paolo. Hast du gelesen, was Kommissar Calabresi gerade einem Reporter der *L'Unità* gegenüber erklärt hat?« – »Nein, sag es mir.« – »Mit Bezug auf die Affäre Pinelli hat er gesagt: »Wir hatten nichts gegen ihn. Er war ein braver Junge, ein vorbildlicher Angestellter. Wir hatten die Absicht, ihn anderntags freizulassen.‹ Nicht in einem Organ der KP, ich versichere es dir, Pier Paolo. Es wird besser für uns alle und für dich im besonderen sein. Du hast ein ernstes Handikap zu überwinden.« – »Also, wo?« – »Versuch's in einem der neuen Journale der außerparlamentarischen Linken. *Lotta continua, Potere operaio, Il Manifesto,* du brauchst nur zu wählen.« – »Sie alle haben mich schon angegriffen, und zwar heftig.« – »Weil sie dich an *Vie Nuove,* an die Parteizeitungen gebunden glaubten. Sie werden nur zu froh sein, dich in ihre Kolumnen aufzunehmen.«

»– Hallo? Diesmal ist es unmöglich, zurückzuweichen. Giovanni Ventura, der Verleger aus Treviso, weißt du noch? Und sein Komplize Franco Freda, die beiden Faschisten . . .« – »Die zwei, die ein Arsenal in ihrer Buchhandlung hatten sowie einen Plan über sämtliche verübten und noch zu verübenden Attentate . . .« – »Ja, die. Nun, der Richter hat sie soeben nach Haus geschickt und das Verfahren eingestellt!« – »Was?« – »Genau das, eingestellt.« – »Aber all die Indizien . . .« – »Reichen nicht aus, um die Ermittlungen fortzusetzen.« – »Na so was! – wie Danilo sagen würde.« – »Die Staatsanwaltschaft gibt die schwarze Spur auf und interessiert sich nur noch für die rote Spur. Allein die extreme Linke muß schuldig sein.« – »Wie hat die KP reagiert?« – »Sei nicht kindisch, Pier Paolo. Die KP hat keinerlei Lust, der Democrazia Cristiana das Monopol und die Vorteile der Strategie der Spannung zu überlassen. Sie will sich auch als Mittler, als Schlichter einschalten.« – »Also?« – »Also hat sie Interesse, daß nach dem Skandal De Lorenzo und dem fehlgeschlagenen faschistischen Staatsstreich die anarchisch-linksradikale Gefahr auf die Titelseite der Zeitungen kommt. Ganz zu schweigen von der Revanche, die sie wegen der wilden Streiks im Herbst nehmen will, aus denen die Gewerkschaft platt wie eine Briefmarke hervorgegangen ist.« – »Die KP wird sich nie nach der Democrazia Cristiana richten. Sie wird sich nie zu dem schmutzigen Trick hergeben, die extreme Linke für Verbrechen verurteilen zu lassen, die von den Faschisten verübt worden sind.« – »Dummkopf, das werden wir sehen.«

»–Ehrlich, Pier Paolo, wenn du noch länger zögerst, wirst du dich für immer zugrunde richten. Die Leute erwarten, daß du Stellung nimmst. Hast du das Festival von Venedig vor zwei Jahren vergessen? Bald werden die Faschisten nicht mehr die einzigen sein, die dich mit Fenchel bewerfen. Du wirst die gesamte Jugend gegen dich haben.«

»– Um so schlimmer, Pier Paolo, die Untersuchung Valpreda erschüttert nunmehr ganz Italien, außer dir offensichtlich. Falsch, völlig falsch die Aussage des Taxifahrers, der behauptet, den eine große schwarze Aktentasche tragenden Anarchisten wenige Minuten vor der Explosion vor der Landwirtschaftsbank abgesetzt zu haben. Glatte, von der Polizei erpreßte Lüge. Was die anderen Belastungszeugen betrifft, so hat sie sie aus den fragwürdigen Kreisen herausgefischt, in denen der Angeklagte, von Beruf Tänzer, arbeitete: unter Drogenabhängigen, Transvestiten und . . .« – »Homosexuellen, wette ich.« – »Ich wagte es nicht zu sagen, Pier Paolo, aber da . . .« – »Gut, ich wäre bereit, für *Lotta continua.*« – »So ist's recht! Der Prozeß wegen Verleumdung, den Kommissar Calabresi gegen sie angestrengt hat, soll in diesem Herbst in Mailand beginnen. Ein Glücksumstand für dich, denn du hast eine Neuvergoldung deines Wappens bitter nötig. Biete dich für die Reportage in *Lotta continua* oder sonstwo an.«

Und so weiter, wochen-, monatelang. Ganz zu schweigen von den Störungen mitten in der Nacht, den anonymen Beleidigungen, den Breitseiten von »Dreckskerl! Scheißer! Achtgroschenjunge!«, am anderen Ende der Leitung von verstellten Stimmen geschrien. »Wir werden dich in'n Arsch ficken, dich und deine Bürschlein!« Wer beschimpfte mich? Die Faschisten? Die Linksradikalen? Gequält, hin und her gerissen, aufgefordert, in die Schranken zu treten, war ich mit den Nerven völlig fertig. Wie sollte ich mich für diese oder jene Zeitung entscheiden, bevor ich wußte, welche unter den im Jahre 1968 neu erstandenen Gruppen und Grüppchen Annamarias und damit indirekt Danilos Sympathien hatte? Obwohl an unseren mittäglichen Zusammenkünften und an unseren Ausflügen ins Gebüsch getreu festhaltend, erzählte er mir von nun an ganz offen alles, was in der Hochschule für Architektur geschah: ohne jedoch das junge Mädchen zu erwähnen, aber ohne mir zu verhehlen, woher er seine Auskünfte bezog. So erfuhr ich, daß die »Studentenbewegung« getaufte Richtung an Boden verlor, da sie, laut Danilo, zu nichts anderem fähig war, als eine Vortragsreihe über die Gedanken von Mao vorzuschlagen. Seriöser dagegen *Il Manifesto*, das die Liste der Professoren veröffentlichte, die für schuldig befunden wurden, schlechte Zensuren zu erteilen und eine unzulässige Selektion zu praktizieren. Ihre Vorlesungen würden von nun an boykottiert werden. Promotion für alle, das war es, was man brauchte. Gab es außer der Wirtschaftskrise, der Arbeitslosigkeit, dem Sex und der Familie noch andere brennende Themen, die Vorlesungsstunden auszufüllen? Nieder mit der Literatur und der Geschichte! Der Kampf um die Scheidung lief nun auf Hochtouren. Die Jugendlichen oblag es, sich für eine Frage zu mobilisieren, die sich mit ihrer Zukunft befaßte! Ohne es zu wagen, Danilo gegenüber meine Befürchtungen hinsichtlich dieses kindlichen Radikalismus zu wiederholen, der sich zum Nachteil der Kinder aus armen Familien auswirken würde, deren Beziehungen kein Ersatz für die fehlenden oder abgewerteten Diplome sein würden, lachte ich mit ihm, als er mir über die Pläne des *Manifesto* berichtete: zum

Beispiel sich mit einem Megaphon im Hintergrund des Hörsaals aufzustellen und ein Lied der Widerstandsbewegung anzustimmen, falls sich der Dozent weigern sollte, über Palladio zu lesen. Aber *Il Manifesto* bewies einen Trend zum Autoritären, der Danilo ebenso mißfiel wie die trotzkistische Beeinflussung von *Avanguardia operaia*, da sie dem in der Hochschule für Architektur so hoch in Ehren gehaltenen »Spontaneismus« widersprach.

Lotta continua dagegen pries das Spiel, die Phantasie. Ich glaubte zu verstehen, daß es diesmal Danilo war, der auf Annamaria einwirkte: Jedenfalls schlossen sie sich (und folglich auch ich) der Tendenz an, die dem Temperament dessen entsprach, der beim Gehen hüpfte und in die Hände klatschte, obwohl er sich zu meinem großen Leidwesen immer seltener seiner natürlichen Ausgelassenheit hingab, seit die Filmkritiker seine Leistung in einem meiner Filme, in dem er die Rolle eines hüpfenden Laufburschen gespielt hatte, als »sympathisch, aber begrenzt auf die nunmehr langweilige Wiederholung einiger stereotyper Kapriolen« beurteilt hatten.

Lotta continua veröffentlichte in ihrem Wochenblatt eine Reihe von Karikaturen über den Fall Pinelli. So sah man in einem überfüllten Autobus einen Fahrgast sich ungehalten zu Kommissar Calabresi umdrehen. »Was ist, *dottore*, warum schubsen Sie mich?« Oder ein in das vierte Stockwerk des Polizeipräsidiums bestellter Bürger hat sich vorsichtshalber einen Fallschirm auf den Rücken geschnallt. Der dem Kommissar gegebene Spitzname »Engelsprung« wurde von der gesamten Presse aufgegriffen. Voller Ungeduld erwarteten wir jede Nummer der Zeitung, die uns schallendes Gelächter entlockte, und deshalb fand ich, als sich der Kommissar entschloß, Klage einzureichen, Mittel und Wege, mich zum Prozeß schicken zu lassen. Es sollte *der* Prozeß gegen die italienische Polizei, gegen ihre Methoden, ihre Schandtaten werden und für mich *die* Gelegenheit, das Mißverständnis des in der Nacht von Valle Giulia geschriebenen Gedichtes auszuräumen.

Vor allem Danilo gegenüber war es höchste Zeit, durch irgendeine öffentliche Bekundung meine antifaschistische Kampfbereitschaft zu unterstreichen, für die er keine anderen Beweise hatte als die blutenden Wunden und die sich von Zeit zu Zeit auf meinem Gesicht abzeichnenden blauen Flecke: Stigmata meiner heimlichen Nächte und der am Bahnhof eingesteckten Prügel, die er aber, mangels jedes Dementis meinerseits, der Roheit eines Schlägertrupps der extremen Rechten zuschrieb, die nach der Einstellung des Verfahrens gegen Freda und Ventura ungestraft durch die Straßen Roms zogen.

Mailand schien mir unheimlich an diesem neblig-feuchten Oktoberanfang. Flugblätter in allen Farben, vom Regen aufgeweicht, bedeckten die Bürgersteige mit ihrem schwammigen Brei. Der Wind spielte mit den umgeknickten Ecken der Plakate an den Mauerwänden. Krankenwagen, blaue Polizeifahrzeuge, rote Feuerwehrautos, von Sirenengeheul vorangekündigt, bogen mit hoher Geschwindigkeit in die Straßen ein. Lange Kordons von Polizisten in Kampfanzügen sperrten die Kreuzungen ab. Doch genug von diesem Thema, das in wenigen Jahren so widerwärtig geworden ist, daß man die Autoren bedauert, die sich in den Kopf gesetzt haben, immer wieder über ihre Barrikadenerlebnisse zu berichten.

Ich wollte wieder einmal Sant'Ambrogio aufsuchen, eine romanische Basilika abseits des Verkehrs, die älteste Kirche der Stadt inmitten eines ruhigen Viertels. Ich erinnerte mich des großen Mosaikchristus, der im Halbdunkel über dem Altar strahlte, das übliche Ziel meiner Spaziergänge in Mailand. Da ich nie in Ravenna gewesen bin, kam ich hierher, um in der Apsis mit ihrem geheimnisvollen Funkeln, unter diesem Gewölbe, unter dem mich das weitaufgerissene Auge des Allmächtigen anstarrte, die Schrecken und die Schauder zu ergründen, die Mama auf ihrer Hochzeitsreise empfunden haben mochte. Die Kirche war geschlossen, das Viertel in Aufregung. Vom Balkon der katholischen Universität hing die schwarze Fahne der Anarchisten herab, die Polizei hatte das Gebäude umstellt.

Das Auge, das ich nicht hatte wiedersehen können, verfolgte mich auch jetzt noch durch die Straßen, in denen scharfer Gasgeruch schwebte. Es war das meines Vaters, ernst, von der Anstrengung geweitet, riesengroß und unbarmherzig schien es dem kleinen dreijährigen Jungen, der rücklings auf dem Wachstuch des Küchentischs lag. Mein Vater hielt mich wie auf der Platte festgenagelt, während er mit der anderen Hand einige Tropfen in den Winkel meines Auges träufelte. Oh, wer würde mich von diesem fast gegen das meine gepreßten Gesicht befreien! Ich versuchte, diese Bilder zu verscheuchen, indem ich mir sagte, daß mir ohne den Gestank der Granaten, der mir in den Augen und in der Kehle biß, die so ferne Zeit meiner Bindehautentzündung nie wieder in den Sinn gekommen wäre. Welche absurde Assoziation verband in meinen Gedanken, während ich zum Gericht hastete, die kleinen glänzenden Mosaiksteinchen von Sant'Ambrogio mit dem mitten im Kiefer des Hauptmannes eingesetzten Goldzahn?

Polizei auch rund um den Justizpalast und in seinem Hof. Ein halbes Dutzend Feuerwehrautos in Stellung, Hunderte von Polizisten in Alarmbereitschaft. Mehr schlecht als recht wand ich mich zum Sitzungssaal durch, der schon überfüllt war und von einer Menge Jugendlicher belagert, die von anderen Polizisten schlagstockschwingend in die Korridore zurückgedrängt wurden. Auf der Bank für Journalisten war ein Platz neben einem bärtigen Riesen frei, dem Sonderkorrespondenten des *Manifesto*, dessen eines Auge eine schwarze Binde bedeckte. Er ignorierte mich betont. Der von der *L'Unità*, ein langjähriger Freund mit trostreichem Körperumfang, streckte mir herzlich eine schwammige Hand entgegen, was meine Verlegenheit noch steigerte.

Vor uns saßen die Vertreter der großen Presse: *Corriere, Stampa, Giorno, Messaggero.* Niemand drehte den Kopf, um mich zu begrüßen, nicht einmal Camilla Cederna, die unkonformistischste der Berufsgattung, die im *L'Espresso* die mutigsten Rechenschaftsberichte über den Prozeß veröffentlichen würde. Die Anwälte vor ihren Tischen palaverten leise miteinander. Mein kommunistischer Nebenmann zeigte mir die beiden Angeklagten: den Direktor von *Lotta continua* und seinen Stellvertreter, in dem ich, halb erstaunt, halb besorgt, Walter Tucci erkannte. Dieselben langen Haare, dieselbe, bis zum Kinn zugeknöpfte Mao-Joppe, dieselbe hochmütige und stolze Miene wie an dem Tag, an dem er gekommen war, mir seinen Literaturunterricht zu erteilen. Instinktiv duckte ich mich in meine Bank, bemüht, mich so klein wie möglich zu machen. Sollten wir uns von Angesicht zu Angesicht wieder gegenüberstehen, dann wollte ich zunächst sicher sein, daß er mich nicht mit dem Verfasser des Gedichtes über die Bullen identifizierte, sondern mit dem Journalisten, der entschlossen war, die Entrüstung seiner Kollegen über den Mord an einem Unschuldigen zu steigern.

Je länger sich das Warten hinzog, um so unbehaglicher fühlte ich mich. Hinter der Absperrung für das Publikum, in der ersten Reihe, saß, taub gegen den Lärm der Menge, die schrie, lachte, trampelte, die Fäuste hob und Bruchstücke der *Internationale* anstimmte, Licia Pinelli, die Witwe, kerzengerade und stumm vor dem Podium, auf dem das Gericht Platz nehmen würde. Als die berühmte Bianca Guidetti-Serra, die Anwältin der Verteidigung, ihren Platz erreichte, beugten sich alle Köpfe vor, um die weibliche Koryphäe der Advokatur anzustarren. In der kurzen Stille, die folgte, verspürte ich einen so starken Niesreiz, daß ich mein Taschentuch hervorholen und mein Gesicht darin verbergen mußte, zur großen Überraschung des Sonderkorrespondenten der *L'Unità*, des gutmütigen Fettwanstes, dem in dem überheizten Gerichtssaal der Schweiß in dicken Tropfen niederrann.

Wenig daran interessiert, ein Gespräch mit dem Vertreter der KP anzuknüpfen, vielmehr bestrebt, mich wieder zu fassen, lieh ich mein Ohr dem, was der Sonderkorrespondent des *Manifesto* sagte, der mir den Rücken zukehrte, um mit seinem Nachbarn zu sprechen, einem kleinen Brünetten, dessen Schnurrbart und gefärbte Haare mich zunächst daran hinderten, Armando in ihm zu erkennen. Er fragte ihn, woher er soviel über Walter Tucci wisse. »Aber er ist doch mein Bruder!« antwortete der junge Mann voller Stolz. »Wie mager er ist!« bemerkte sein Gegenüber. »Er ist schon immer von schwacher Gesundheit gewesen. Unmittelbar nach der Geburt wäre er fast gestorben. Er ist ein Produkt der ersten, aus Amerika eingeführten Antibiotika.« – »Wenn die gewußt hätten!« erklärte der Bärtige mit dem Piratengesicht lachend. Armando begann ebenfalls zu lachen.

Hinter meinem Taschentuch warf ich einen Blick auf das bleiche und hagere Antlitz des stellvertretenden Direktors von *Lotta continua.* »Unmittelbar nach der Geburt wäre er fast gestorben.« Er war nicht gestorben, trug vielmehr überall seine Leichenblässe und Arroganz zur Schau. Der Trend zum Sterben, den die Natur seinen Genen vorgezeichnet, die Wissenschaft aber abgewendet hatte, strahlte von seinem unbewegten Gesicht aus wie ein unmenschlicher kalter Glanz. Sollten alle durch das Penicillin geretteten Neugeborenen ihm gleichen, dann wäre es in der Tat besser gewesen, sagte ich mir, die Amerikaner hätten, statt uns dieses zusätzliche Geschenk zu Colgate und Coca-Cola zu bringen, der Säuglingssterblichkeit die vom Plan der Schöpfung gewollte Rolle überlassen.

Dann schämte ich mich eines solchen Gedankens. Walter Tucci befand sich hier als Wortführer all derer, die Gerechtigkeit für den Eisenbahner forderten; das bewies, daß er von der Literatur zur Politik übergewechselt war und seine Vorliebe für unnütze Polemiken in männliches Engagement umgewandelt hatte. Die »Vögel« der Gruppe 63 hatten die Wände meiner Wohnung mit Kot beschmiert, doch heute kam es darauf an, einen ermordeten Menschen zu rächen. Mama hatte es mit einem Paket Seifenpulver ausgestanden, die Witwe würde das Blut ihres Mannes nicht so leicht abwaschen.

Im Vertrauen auf diese Lösungen hob ich den Kopf und schickte mich an, Walter zu mustern, entschlossen, zu finden, daß sein langes Haar kein Anzeichen für seine Unterwerfung unter die Mode war, sondern ein persönlicher Akt der Herausforderung auf die rasierten Nacken der christdemokratischen Richter und der Polizeibeamten; daß seine Mao-Joppe keinerlei Verachtung für die demokratischen Werte bezeugte, sondern ihren Vorkämpfer wie ein Harnisch schützte, für den diese Rüstung nicht überflüssig war; und daß die Blicke, die er mit abwesender Miene über die Menge schweifen ließ, nicht die stolze Genugtuung des in sich gekehrten Fanatikers ausdrückten, sondern den Willen zur Konzentration, unvermeidlich vor der Gegenüberstellung mit den Mördern Pinellis.

In diesem Moment begegneten seine Augen, die ich soeben im Geiste gepriesen hatte, den meinen. Walter zupfte seinen Anwalt am Ärmel. Der flüsterte dem Anwalt von

Kommissar Calabresi – dem *avvocato* Michele Lener, Spezialist für die Verteidigung von verdächtigen flüchtigen Industriellen, gefeiert, seit er den Freispruch der des Mordes an sieben Arbeitern in Reggio Emilia angeklagten Polizisten durchgeboxt hatte – ein Wort ins Ohr. *Avvocato* Lener wandte sich mir zu. Sein Talar öffnete sich, während er sich umdrehte. Die Nummer der Zeitschrift, die mein Gedicht enthielt, wurde in den Falten seiner Robe sichtbar. Der Sonderkorrespondent der *L'Unità* sah sie ebenfalls. Er hüstelte, um mich seines Wohlwollens zu versichern. Mein Blick trübte sich. Mir war, als bemerkten auch andere Personen im Saal meine Anwesenheit. Man stieß einander mit den Ellenbogen an. Man zeigte mit Fingern auf mich. Was wollten sie von mir? Warum wiederholten sie meinen Namen, zunächst als Gemurmel, das aber allmählich anschwoll und zum Lärm wurde? »Pier Paolo! Pier Paolo! Pier Porco, Pier Porco!« Sie skandierten ihn jetzt, immer lauter werdend; und mit Ausnahme von Licia Pinelli, die gleichmütig blieb, den Blick auf den leeren Richterstühlen, reckten sie den Kopf und gaben sich allen möglichen Verrenkungen hin, um mich, schamhaft auf meinem Platz zusammengekauert, zu betrachten.

Der Bärtige vom *Manifesto* wählte diesen Zeitpunkt, sich mir zuzuwenden. Er lüpfte, ohne sich zu beeilen, die Binde, die sein Auge bedeckte, und starrte mir mit seinen beiden Pupillen, von denen die eine ebenso deutlich sah wie die andere, voll ins Gesicht. Beschimpfungen wären mir lieber gewesen als diese durchdringende und stumme Musterung im Verein mit einer kaum wahrnehmbaren höhnischen Grimasse, die seinen Mund verzerrte. Peinlicher als alles andere schien mir Armandos Gleichgültigkeit: Auf die Bank hingefläzt, die Beine gespreizt, mit brünettem Haar ein ebensolcher Flegel wie mit blondem, aber nicht minder verführerisch, spielte er mit einem schleimigen Faden *chewing-gum*, den er zwischen den Lippen hervorholte, mit Wohlgefallen langzog, dann wieder in den Mund steckte, um ihn weiter auszulutschen, so als hätte er mich nie gesehen, nie gekannt.

Die Gelegenheit, mich aus dem Staube zu machen, bot sich, als das Gericht, vornweg ein Amtsdiener, der eine

Glocke schwang, seinen Einzug in den Saal hielt. Alle erhoben sich, außer Armando, der hingelümmelt verharrte. Der Präsident und die beiden Beisitzer streckten die Hände aus, um den Lärm zu beruhigen. Ich hatte bereits die Tür erreicht, während die Hohnrufe und die Pfiffe gegen mich weiter anschwollen. Ihr Echo verfolgte mich in den Korridoren, wo die Demonstranten, die vor den Knüppeln zurückwichen, keine Zeit hatten, mich zu erkennen. Sie hallten noch lange in meinen Ohren wider, lange nachdem ich das Gebäude verlassen hatte, ziellos durch die Straßen Mailands irrte und bedauerte, nicht ebenfalls einen Hieb mit dem Schlagstock abbekommen zu haben. Eine zünftige Verletzung, eine Wunde hätte meinen Überzeugungen Gerechtigkeit widerfahren lassen, meine Freunde beschwichtigt, Danilo bewiesen, daß die Konditorentochter nicht das Privileg des Mutes, der Jugend, des Risikos, des glanzvollen Auftretens gepachtet hatte. Aber darauf hätte sich die Rolle des Blutes keineswegs beschränkt, und ich weiß wohl, von welch unklarer Schuld sie mich ebenfalls freigekauft hätte.

48

»Pier Paolo! Pier Paolo!«

Ich hörte seine Stimme von der Straße rufen. Er schrie meinen Namen aus vollem Halse. Jeweils drei Stufen überspringend, hastete er die Treppe herauf und trommelte gegen die Tür, zu ungeduldig, um zu läuten.

»Pier Paolo!« rief er, auf mich losstürzend. »Es ist soweit! Wir haben die Scheidung! Das Gesetz ist heute nacht verabschiedet worden!«

Er hatte es sich zur Gewohnheit gemacht, mir die Zeitungen zu bringen. An diesem Morgen warf er die gesamten Presseerzeugnisse auf den Tisch. Mit Ausnahme des unvermeidlichen katholischen Lamentos war der Tenor frohlokkend. »Sieg des Fortschritts und der Demokratie!« – »Zweite Befreiung Italiens!« – »Die Schande der Lateranverträge ist getilgt!« – »Italien tritt in das moderne Zeitalter ein!«

»In das moderne Zeitalter, jawohl«, sagte ich sarkastisch.

»Aber deshalb zu glauben, daß die Einführung der Scheidung ein Sieg des Fortschritts und der Demokratie sei . . .«

Ich hatte Lust zu lachen, als ich seine verdutzte Miene sah. Doch außer mir vor Gereiztheit, fuhr ich fort: »Diese Idioten! Sie halten dem Fortschritt und der Demokratie das zugute, was man der Massenkultur und der Konsumideologie zuschreiben muß. Der Mittelstand hat die Scheidung gewollt und erreicht, aber wer, abgesehen vom letzten Schwachsinnigen, wollte behaupten, daß er sich durch einen Akt politischer Reife von der klerikalen Bevormundung emanzipiert hat?«

»So steht es in allen Zeitungen, Pier Paolo.«

»Du amüsierst dich doch gern, nicht wahr, Niletto?« sagte ich, ohne ihm direkt zu antworten.

»Allerdings«, sagte er nach sekundenlangem Zögern, schwankend zwischen der Furcht vor einer neuen Falle und dem Glück, sich mit diesem liebevollen Kosenamen angesprochen zu hören.

»Was würdest du aber sagen, wenn im Lande ein Gesetz verkündet würde, das dir vorschriebe, dich zu amüsieren? Ein Gesetz, das dich zwänge, allzeit lustig zu sein, und das jeden, der gegenüber der Heiterkeit anderer passiv bliebe, für schuldig erklären und verurteilen würde?«

»Was ich zu solch einem Gesetz sagen würde?«

»Jawohl. Anfangs würdest du dich bestimmt freuen, aber sehr bald würdest du gleichsam ein Gefühl der Sättigung verspüren, und du würdest nicht lange zögern, über eine Forderung zu meckern, die ganz den Anschein haben würde . . . ganz den Anschein von was?«

»Hm? Ich weiß nicht. Deine Argumentationen sind nicht so leicht zu verstehen, gewiß nicht.«

»Die neue Macht würde sie alle zur Sklaverei verdammen«, rief ich, »ohne daß sie die Zeit hätten, sich Rechenschaft darüber abzulegen!«

»Welche Macht, Pier Paolo?«

»Die, die von Stund an in Italien kommandiert und den jungen Leuten befiehlt: ›Macht Liebe, heiratet, werft die überholten Ideen eurer Eltern über Bord, seid ein zeitgemäßes Paar, das heiratet und sich scheiden läßt, verfügt frei über eure Körper . . .‹«

»Und wäre das schlimm, Pier Paolo? Ehrlich, ich vermag dir nicht mehr zu folgen.«

Bei dieser Beteuerung, diktiert vom gesunden Menschenverstand und von der Aufrichtigkeit, hätte ich mich beinahe wieder gefaßt. Aber da erblickte ich die Brieftasche, die er am Abend zuvor auf meiner Couch vergessen hatte.

»Dich, mein armer Danilo, gängelt die neue Macht auch«, fuhr ich mit zischender Stimme fort. »Ich wußte dein Geburtstagsdatum nicht mehr genau; deshalb habe ich in deiner Brieftasche nachgeschaut, und was habe ich entdeckt? Daß du in deinem Ausweis die Bezeichnung ›Laufbursche‹ ausgekratzt und durch das Wort ›Student‹ ersetzt hast. Früher schämtest du dich deiner Unwissenheit nicht, Danilo. Du warst völlig glücklich, ein Laufbursche zu sein. Heute nötigt dich die neue Macht, dich für einen Studenten auszugeben; für einen unwissenden ›Studenten‹, mithin einen unglücklichen, verschämten, neurotischen Typ. Aber für einen modernen jungen Mann, einen jungen Mann, der an der großen Euphorie der anderen jungen Italiener, an ihrem falschen Glück, sich ›modern‹ zu fühlen, teilnimmt. Begreifst du, daß in diesem ›modernen‹ und ›emanzipierten‹ Italien ein Laufbursche ebenso anachronistisch ist wie ein untrennbares Paar? Du wirst ›modern‹, aber neurotisch sein; so wie die unzähligen Jungverheirateten, die in die Falle der Scheidung tappen werden.«

Ich sah, daß er mir nicht mehr zuhörte, sondern mit Schrecken auf die Brieftasche starrte, die ich noch immer vor seiner Nase hin und her schwenkte.

»Und du«, platzte ich heraus, jedes Maß verlierend, ›du wagst mich zu fragen: ›Welche Macht?‹, wo du doch nicht nur mit Annamaria nach Ostia hinausfährst, sondern dich auch mit ihr in den ... abstoßendsten Posen fotografieren läßt!«

Bei diesen Worten holte ich aus der Brieftasche die drei Fotografien, die ich darin gefunden hatte – Danilo und Annamaria nackt am Strand; Danilo und Annamaria küssen sich hinter einer Kabine auf den Mund; Danilo und Annamaria tanzen im Lunapark von Ostia.

»Da schau her, was sie aus dir gemacht hat, die neue Macht: einen Burschen, der es für unehrenhaft erachten würde, sich nicht einer Reihe von Handlungen hinzugeben, deren Vorbild ihm eine allgegenwärtige Werbung liefert, die ihn ohne sein Wissen durchdringt. Er muß mit einem Mädchen ausgehen, er muß sich nackt mit ihr, ebenfalls nackt, zeigen, er muß sie beim Tanzen umschlungen halten, und er muß sie in dieser abgeschmackten Weise küssen. Schreib dir ein für allemal hinter die Ohren, du armer Irrer: Die zugestandene Scheidung, nach den anderen der Masse eingeräumten Erleichterungen, ist eine falsche Toleranz, eine weit schlimmere Unterjochung als die alten Verbote des katholischen Italien. Du bist jetzt verpflichtet, dich als Paar zu amüsieren, so wie die Mädchen verpflichtet sind, ihre Jungfernschaft vor der Eheschließung zu verlieren. Heutzutage würde die Abgeschiedenheit, die Keuschheit, die Treue zu den traditionellen Werten eine Sünde, eine lächerliche und unverzeihliche Sünde sein . . . Und im übrigen«, fügte ich hinzu, um Danilo zuvorzukommen, der sich anschickte, abermals aufzumucken, »das Schlimmste dabei ist, daß die Scheidung, indem sie die sexuelle Freiheit des Paares fördert, einzig und allein diese eine Freiheit fördern wird. Die Macht, nur in diesem Punkt liberal, wird sich mehr denn je . . . allem übrigen entgegenstellen! Du wirst es erleben . . . Die Minderheiten werden im Namen der Freiheit, die der Mehrheit zugebilligt wurde, verfolgt und bestraft werden. Die Verachtung der Welt denen gegenüber, die die Vorteile der Überflußgesellschaft nicht zu schätzen wissen, wird auf ihre Rücken niedersausen, wie die Peitsche Mosis nie niedergesaust ist.«

In dieser Weise machte ich meinem Groll und meiner Eifersucht Luft. Ein anderer als Danilo hätte meine Worte übelgenommen, doch er, zu großzügig, um sich zu ärgern, wandte sich, als ich mit meiner Standpauke fertig war, mit dieser einfachen Bitte an mich: »Du hast vielleicht recht, Pier Paolo. Ich weiß es nicht. Aber behalte diese Gedanken für dich, ich flehe dich an. Schreib keine Artikel für die Zeitungen darüber. Das würde dir nur schaden, glaube mir.«

Anstatt auf ihn zu hören, beeilte ich mich, in *Il Corriere della Sera* eine Polemik gegen die konzessionsbereite Gesellschaft vom Zaun zu brechen, indem ich sie beschuldigte, totalitärer als die Democrazia Cristiana, sogar noch totalitärer und grausamer als das faschistische Regime zu sein. »In einer Gesellschaft, die die Verbote mehrt, stehen alle Möglichkeiten offen; in einer Gesellschaft, die Konzessionen macht, sind alle Möglichkeiten verschlossen, außer der infolge dieser Konzession offenen.« Erste Fassung der berühmt gewordenen Formulierung, die ich fünf Jahre später einer Figur meines letzten Films in den Mund legen würde.

Von links wie von rechts begann es Beleidigungen zu hageln; sie verdoppelten sich, als ich in dumpfer und toller Raserei wagte, über das Thema Abtreibung zu prophezeien. »Die Schwangerschaftsunterbrechung legalisieren«, so lautete der neue Schlachtruf des aufgeklärten Teils der öffentlichen Meinung und der Presse, der neue, über den Vatikan und die Nostalgien des Faschismus davonzutragende Sieg. Und ich: »Die Behauptung, daß die Legalisierung des Abortus die Liebe zwischen Mann und Frau erleichtern wird, ist ein Betrug. Man muß es laut hinausschreien: Eine solche Maßnahme macht die Liebe zwischen Mann und Frau zu einer Pflicht. Kein Junge, kein Mädchen wird sich dieser Pflicht mehr entziehen können, die somit keine Errungenschaft des Fortschritts und der Demokratie sein wird, sondern eine anmaßende Aufforderung unserer neuen Herrscher. Macht Liebe, junge Italiener, das ist ein Befehl. Zeigt euch auf der Höhe eurer neuen Freiheiten. Die Mühelosigkeit zu lieben wird die Zwangsvorstellung zu lieben hervorbringen. Niemand wird das Recht haben, sich abseits zu stellen und Spielverderber zu sein. Wehe dem, der sich weigert, das euphorische und triumphierende Vorbild des Paares zu respektieren. Wehe dem, der ein unüberwindliches Hindernis in sich verspürt, auf diesem Wege zum höchsten Glück zu gelangen. Er wird der öffentlichen Mißachtung preisgegeben und von der Gesellschaft in Bann getan werden.«

Dann, auf den orakelhaften Tenor der Artikel über den anthropologischen Erdsturz verzichtend, der im Begriff war, Italien, bislang das Land der Schicklichkeit und der Bescheidenheit, jetzt ein Rummelplatz des ordinärsten Hedonismus, heimzusuchen, zwang ich mich, auf die praktischen Einzelheiten einzugehen. Wenn die Geburtenkontrolle, erklärte ich, zu einem planetarischen Problem, zu einer Überlebensfrage für die Menschheit geworden ist, dann stößt sie bei uns auf ein großes Hindernis, das in den benachbarten Demokratien schon längst beiseite geräumt wurde, da in ihnen eine erste bürgerliche Revolution im 18. Jahrhundert, dann eine zweite industrielle Revolution im 19. Jahrhundert der dritten Revolution der Medien vorausgegangen sind und die Umwandlung der Mentalitäten vorbereitet haben. In Italien, einem Land starker bäuerlicher Leidenschaften, in dem das Gedenken an die christliche Pietà unangetastet bleibt, könnte es nichts anderes als ein Verbrechen sein, wollte man die Kinder aus dem Leibe ihrer Mütter reißen. Die Einsicht, fuhr ich fort, das Mittel, um die den Müttern gebührende sakrosankte Achtung mit der berechtigten Furcht vor Überbevölkerung in Einklang zu bringen, würde folglich darin bestehen, nicht im Augenblick der Niederkunft, sondern im Augenblick der Paarung einzugreifen. Die Familien der Kleinbürger und des niederen Volkes zu lehren, daß es sterile Koitusse gibt, beziehungsweise ihnen zu helfen, falls sie diese schon kennen, ihre ethische Abneigung gegen die erotischen Techniken zu überwinden, die ihnen die Lust an der Fortpflanzung verleiden.

Diesmal gab es ein unflätiges Gezeter, einen beispiellosen Schwall von Gemeinheiten, von obszönen Witzen und Unterstellungen über mein Privatleben. »Den Papst auf dem falschen Fuß erwischt.« – »Fanfani in der Klemme.« Eine meiner mir teuren Freundinnen (die es von jenem Tag an nicht mehr war), die Schriftstellerin Natalia Ginzburg, schrieb in *La Stampa*, ich propagiere die widernatürliche Liebe als allgemeine Empfängnisverhütung. Moravia beschuldigte mich öffentlich, ein bigotter Sexophobe zu sein. Die Kommunisten ironisierten in plumper Form: Wenn das Überleben der Spezies vom guten Willen der Homosexuellen abhänge, dann müsse man die Geistlichen bitten, Sodom zu rehabilitieren . . . Bei den Rechten war man gleichfalls kaum auf Feinheiten bedacht. »P. P. P. will, daß die Mädchen keusch bleiben, damit er sich die Konkurrenz vom Hals schafft und seine *ragazzi* für sich allein hat.« Ein anonymes Flugblatt wurde in der Nacht aus einem Auto auf die Straßen Roms geworfen:

P. P. P., allzeit erpicht auf linguistische
Folklore, ruft uns in unser gutes
Gedächtnis das römische Sprichwort zurück
»Cazzo in culo
non fa fanciullo«.*

Die Faschisten wagten zu drucken: »P. P. P., der ausschließlich seine Liebe zu seiner Mutter gelten läßt, beansprucht für sich den Rosa Stern für kindliche Zuneigung. Selbst Freud hätte nicht daran gedacht, Ödipus für das Nazi-Lager vorzuschlagen.«

Direkte Aufforderung zum Lynchmord. Zutreffende Bestätigung meiner Diagnostik. Glaubst du, ich hätte versucht, die Attacken abzufangen, indem ich mich zu einer Erklärung bereit fand? Das Gegenteil war der Fall. Ich hatte meinen Lösungsvorschlag nur mit tausend Abstufungen und nur als Hypothese dargelegt. Als ich merkte, daß er mir vergröbert, entstellt, durch Bosheit, Niedertracht, Spott, gemeine Hintergedanken verzerrt zurückgegeben wurde, fühlte ich mich gedrängt, zu antworten und meinen Standpunkt über das hinauszutreiben, was ich wirklich dachte. Den vorsätzlichen Plan, die Jugend aufzubringen, die ich nicht mehr verführen konnte; das Bedürfnis, mich mit Hilfe eines Skandals, wenn mir kein anderes Mittel blieb als dieses, an der Spitze des Zeitgeschehens zu halten; vor allem aber das bittere Vergnügen, ein Vakuum um mich zu schaffen. Meine absurden Polemiken führten mich in einen Tunnel ohne Ausweg. Danilo erriet, daß dieses Motiv in Zukunft die Oberhand über die vernunftgemäßen Argumentationen gewinnen würde. »Nein, Pier Paolo, nein«, flehte er mich anfangs an, als ich ihm mein Manuskript zu lesen gab, bevor ich es an die Zeitungen schickte. »Du wirst ganz Italien gegen dich haben.« Aber bald schwieg er, als er inne wurde, daß mich keine Bemerkung mehr aufregen konnte. Ganz Italien gegen mich, und ich allein gegen das Land, gleich Dante von Stadt zu Stadt gejagt, gleich Savonarola vom Lehrstuhl gezerrt, um auf den Scheiterhaufen geschleift zu werden ... Was sollte ich also noch mehr ersinnen, damit Rom einsah, daß ich in seinen Mauern zuviel war? Bis zu dem Tag, an dem ich dieser

* Schwanz im Hintern, keine Kinder

Provokationen von selbst überdrüssig wurde. Ich benötigte einen direkteren, schnelleren Weg zu dem Ziel, das ich mir gesteckt hatte – vielmehr, das mein innerer Dämon für mich gewählt hatte.

Ich hatte eine halbe Stunde Autofahrt von Via Eufrate entfernt, am Ufer des Meeres, unweit der Tibermündung, ein flaches und einsames Gestade entdeckt, das mir sogleich zauberhaft schien, obwohl sich Danilo nicht ohne Widerstand in diese trostlose Landschaft führen ließ. Die Mietskasernen, die Ostia auf der rechten Seite flankieren, hören am Zugang zu einer Art Heide plötzlich auf, die in der Ferne von der mächtigen Ruine eines achteckigen Turms beherrscht wird, einer alten römischen Warte, isoliert und verloren am Rande dessen, was nur noch ein riesiger Abladeplatz für Schutt und Abfälle ist. Ein paar vom Staub verkümmerte Schilfstengel lassen ihre schlaffen Köpfe in den Splitt hängen. Ein eintöniges Grau in Grau überzieht dieses Stückchen Erde, dem der Meeresrand, weit davon entfernt, ihm einen farbigen Saum zu geben, lediglich einen Streifen schmutzigen Schaums und trüben Wassers zugesellt, in dem Plastflaschen und fettiges Papier schwimmen.

Ich stellte sofort einen Vergleich mit dem Monte Testaccio an. Sieh an, sagte ich mir, die beiden einzigen Orte in dieser degenerierten und korrupten Stadt, die sakrosankt sind. Der eine – der Testaccio mit seinem Rudel mysteriöser Kinder – gesegnet; der andere – dieser Idroscalo mit seinem anachronistischen Namen, der Schiffe und Hafenverkehr heraufbeschwört, die heute verschwunden sind – wahrlich verdammt; aber alle beide sakrosankt, außerhalb der Welt, selten von menschlichen Füßen betreten, geheimen Zeremonien vorbehalten. Feuerriten und Feste der Lebenserneuerung auf dem Testaccio, aber hier, was würde hier sein? fragte ich mich, den störrischen Danilo vor mir her schiebend. Ich hatte uns untersagt, auf den Hügel der Ponys zu steigen, aber jetzt packte ich, wie von einem Zauber angezogen, Danilo am Nacken und dirigierte ihn ins Zentrum dieses Königreiches des Elends und der Verlassenheit.

Schon von Natur aus unfähig stillzusitzen, an jenem Tag

aber doppelt ungeduldig, seine Vitalität zu beweisen, begann er zwischen den verstreuten Hütten dieses Gebiets, das auf den ersten Blick wild schien, hin und her zu rennen. Winzige Schuppen, kaum größer als Strandkörbe, unbefugt benutzte Baracken ohne Grundbucheintragung, ohne Müllabfuhr, ohne Elektrizität, Bretter- und Blechbuden, ergänzt mit Fahrzeugzubehör, zurechtgeflickt mit alten Deckwänden, abgedichtet mit Zeitungspapier, aber durch das eine oder das andere Detail – eine Markise über der Tür, einen Gartenzwerg neben der Schwelle, eine notdürftig angebrachte Fernsehantenne – anzeigend, daß ihre Besitzer die ihre Mittel übersteigende massive Strandvilla hatten nachahmen wollen. Keine Menschenseele am Tag unseres ersten Besuchs. Der Idroscalo belebte sich nur sonntags, wenn sie kamen, um einen Bruchstein, einen Balken zur Verstärkung herbeizuschaffen, um das Dach zu befestigen, eine Gardine vor ein scheibenloses Fenster zu hängen, in Erwartung der schönen Jahreszeit, in der sie den ganzen Tag am Ufer des Meeres verbringen würden wie ihre reichen Nachbarn in Fregene jenseits des Tiber. Ihre erste Sorge war es gewesen, eine Reihe von Pfählen einzurammen oder einen Lattenzaun rund um ihr Haus zu errichten, eine Einfriedung zu schaffen. Hin und wieder trug eine in den Sand gesteckte Tafel den Namen der Familie und sogar eine Nummer. »Na so was! Was für eine Idee, wo doch gar keine Straßen da sind!« Noch verrückter schien uns die mit ihren vier Elefantenbeinen mitten im »Garten« in die Erde eingelassene Badewanne, da unter dem Dach kein Platz war und das Wasser ohnehin nur vom Himmel kommen konnte, Kanalisation gab es ja nicht.

Ich hätte von diesen rührenden Bemühungen, ein illegales Barackenviertel in einen Sommeraufenthalt umzuwandeln, ergriffen sein können oder dieses hartnäckige Sichanklammern an den Privatbesitz mit einem strengen Auge beurteilen, war es doch verantwortlich für die Übersteigerung des schlechten Geschmacks. Aber nichts davon ging in mir vor. Ich schritt voller Beklemmung und Erstaunen weiter, gerade so, als wäre ich nicht in die schäbigste aller nur möglichen Bannmeilen geraten, sondern befände mich durch Berühren mit einem Zauberstab in die Ursprünge des Universums zurückversetzt oder brutal in sein Ende gestürzt. »Afrika«, sagte ich mir, mich dessen erinnernd, was ich in den Vororten von Nairobi gesehen hatte, als ich zwischen zwei Hüttenreihen zu meinem Rendezvous in der Savanne geeilt war. Aber das an sich verzauberte Wort »Afrika« gab mir nicht den Schlüssel zu dem, was ich hier empfand: eine Mischung von Faszination und Entsetzen ohne gemeinsames Maß mit meinen Eindrücken in Kenia. In Kenia, das war die Morgenröte der Welt. Das hier, das war ihr Untergang, die Fäulnis, der endgültige Verfall. Die Geschichte Roms, mit seinen Palästen, seinen Kirchen, seinen übereinandergelagerten Schichten von Jahrhunderten, von Religionen, von Regierungen, endete zwischen diesen Schuttdünen, diesen Zerrbildern von Behausungen. Von dem Hafen, in dem viele Völker, begierig, sich zu den Söhnen der Wölfin zu zählen, gelandet waren, lag nur noch ein verschlammter, selbst von den Fischern verlassener Meeresarm vor uns. Die Möwen, die über jeder Flußmündung kreisen, waren auf Windesflügeln davon und hatten sich einen weniger melancholischen Ort ausgesucht. Diese Landschaft aus Staub und Schmutz, das war alles, was von der Ewigen Stadt, von der Königin und Führerin der Nation, noch übrig war; das Erbe der Urbs beschränkte sich auf diese Kolonie; Roms Ruin, von dem man schon so lange sprach, war letztlich vollzogen.

Ein Zusammenbruch ohne Widerruf und für mich der ideale Rahmen, die Arena, würdig des großen Schauspiels, zu dem ich bereit war. Am Fenster einer alten Bude sah ich als Ersatz für die fehlende Scheibe eine der jüngsten Nummern des *Messaggero* angeheftet. »Untersuchung über die Jugend« verkündete die Schlagzeile. Und in fetten Druckbuchstaben unter der Überschrift diese von Zuversicht überquellenden Sätze: »Giuseppina hat uns lächelnd erklärt: Man weist mir nicht mehr die Tür, wenn ich eine Kirche mit nackten Armen betrete.« Giuseppinas freudestrahlendes Gesicht, dem – leicht zu erratende Schlußfolgerung – die rückhaltlose Genugtuung des Journalisten entsprochen haben mußte. Ach! Sie alle glaubten, daß eine Ära der Freiheit und der Glückseligkeit für Italien begänne. In dem Augenblick, da Rom sein Vertrauen in die Zukunft der Zivilisation hinausposaunte, sollte ich da der einzige sein, der ein Kleid mit

Ärmeln für Giuseppina forderte? Man sagt, die Bewohner Pompejis hätten an dem Abend, der dem Ausbruch des Vulkans vorausging, sorglos gefeiert. Sie starben, den Trinkbecher in der Hand, unter dem Aschenregen begraben. Der Tod hatte schon sein Quartier in der Einöde des Idroscalo bezogen.

Selbst Danilo verzichtete darauf, zu rennen und zu hüpfen, marschierte vielmehr neben mir her, seinen Schritt nach dem meinen richtend und bemüht, meinen Arm zu berühren wie ein ängstliches Kind, das auf Tuchfühlung mit einem bleiben will. Ich prüfte die in den Sand getretenen Trampelpfade des langen und des breiten, während er mir besorgte Blicke zuwarf, als wollte er mich fragen, wohin ich ihn führe. Ich freute mich, festzustellen, daß er der Verzauberung durch diesen Ort voll und ganz unterlag, dem Menschenhand nur noch ein Übermaß an Traurigkeit und an Lächerlichkeit hinzufügte.

»Nein, nicht hier, Pier Paolo, nicht hier!« flehte er mich an, als er das Ziel meiner Prüfungen erkannt hatte.

Wir hatten einen noch unfertigen Fußballplatz entdeckt, den eine Reihe von Kieselsteinen abgrenzte. Ich begann meine Kleider fallen zu lassen, unter den entsetzten Augen Danilos, der es mir widerwillig gleichtat. Kein sichereres Mittel, ihn gegen mich aufzubringen, als die Wahl dieser Gegend und dieser beklemmenden Einsamkeit. Er würde die Trostlosigkeit des Idroscalo mit den Reizen des ganz nahen Strandes von Ostia vergleichen und die mit Annamaria freiwillig und heiter vollzogenen Handlungen mit denen, zu denen ich ihn jetzt zwingen würde.

»Ach, an diese Konzession hast du wohl nicht gedacht!«

Ich knurrte diese Worte durch die Zähne, indem ich den Gürtel meiner Hose löste, einen derben Gürtel mit einer massiven Kupferschnalle, und ihn um meine Faust zischen ließ.

»Wenn du daran glaubst, daß heutzutage alles erlaubt ist, dann mußt du bis an den Rand des Möglichen gehen.«

Ich drückte ihm den Gürtel in die Hand und bot ihm meine nackte Brust dar.

»Schlag zu!« befahl ich laut.

Er blickte mich ungläubig an, riß die Augen auf, hob die

Brauen, wollte in Gelächter ausbrechen; dann, sich in das schickend, was er für ein neues Spiel hielt, gab er mir einen kraftlosen Hieb, der mich kaum berührte.

»Nicht so, Danilo. Schlag fester zu! Schlag mit der Schnalle! Schlag bis aufs Blut!«

Um es ihm vorzumachen, zog ich ihm eins über das Bein. Er stieß einen Schrei aus, dann verharrte er stumm vor Überraschung und vor Schrecken, als er auf seinem Schenkel eine rasch anschwellende und sich rötende Schramme gewahrte, die rasch rot wurde.

»Warum hast du das getan?« stotterte er mit Tränen in den Augen.

»Warum ich das getan habe, Danilo?«

Eine Sekunde früher hätte ich geantwortet: Weil das Recht zu peitschen und gepeitscht zu werden, in der Überflußgesellschaft nicht verbrieft ist. Weil sie dieser Konzession nie zustimmen wird. Weil du, wenn du mich liebst, alles von mir hinnehmen mußt. Weil ich dich einige hundert Meter von dem Ort entfernt, an dem du die ersten Wohltaten der Toleranz kennengelernt hast, lehren werde, daß die Zeit der Apokalypse angebrochen ist. Aber plötzlich wich diese Wut, die mich gepackt hatte. Ich war entsetzt über meine Brutalität. Mit stupidem Gesichtsausdruck betrachtete ich den Gürtel, den ich noch in der Hand hatte.

»Es gibt nur einen Schuldigen, einen einzigen Schuldigen!« murmelte ich, den Riemen gegen mich selbst gebrauchend. Ich begann mich mit der Schnalle zu schlagen; zunächst leicht, gleichsam geistesabwesend, dann immer stärker. Ich bemerkte nicht einmal, daß die Wunden anfingen zu bluten. Ich fuhr fort mich zu geißeln, überallhin, auf die Schultern, auf den Rücken, auf den Bauch. »Geschieht dir recht! Geschieht dir recht!« Ich wiederholte diese Worte ganz mechanisch, ohne zu wissen, wegen welcher Sünde ich mir diese blutige Kasteiung zufügte. Die Freiheit über den Körper, da siehst du, was sie wert ist! hätte ich Danilo hinterherschreien können, wenn ich imstande gewesen wäre, Phrasen zu dreschen.

Er hatte sich entfernt und schaute den Wolken nach, die der Wind in Böen meerwärts trieb; mit beiden Händen bedeckte er sich die Ohren, denn er wollte der Szene weder beiwohnen noch das Klatschen des Leders auf meiner Haut hören.

Sobald ich ihn rief, eilte er herbei, nicht ohne sich vorher zu einer Geste verleiten zu lassen, deren ich mich einige Jahre später in einer fast analogen Situation erinnern sollte. Nackt wie er war, brach er aus dem nächststehenden Zaun eine Latte, die er mitbrachte und zwischen uns auf die Erde legte.

»Was gedenkst du damit zu tun?« fragte ich ihn erstaunt.

Er errötete, hob das Stück Holz auf und warf es weit fort. Es war mir zu diesem Zeitpunkt völlig einerlei, was ihm durch den Kopf gegangen war.

»Niletto«, sagte ich, erregt von dem Blut, von dem Schmerz, von der tristen Schönheit der Landschaft rings um uns her.

»Ich werde uns ein Fleckchen herrichten, warte«, sagte er, denn nach dem, was sich seinen Blicken darbot, mußte er unweigerlich begreifen, daß jeder Versuch, einen Aufschub zu erreichen und mich in unsere gewohnte Umgebung zu führen, zwecklos war.

»Nein, Danilo. Hier, und so. Komm!«

»Im Stehen? Aber das ist doch nicht möglich!« rief er aus.

Und selbst wenn er zugab, daß die Berührung mit dem Schutt und mit dem Staub, der sogar den niedrigsten Grashalm am Rande des Fußballfeldes beschmutzte, meinen Wunden nichts anhaben würde, so sah ich wohl, daß er die demütigende Stellung, zu der ich ihn zwang, skandalös fand und sich nur darein schickte, um einem neuen Gewaltausbruch aus dem Wege zu gehen.

49

Mehrere Ereignisse, teils öffentlicher, teils privater Natur, brachten eine Ablenkung in mein Leben, die mir gestattete, wieder Oberwasser zu gewinnen und zur Vernunft zu kommen nach der Szene am Idroscalo, wo Danilo nahe daran gewesen war, seine Kleidung aufzuraffen, davonzulaufen und mich allein am Strand zurückzulassen.

Nach dem Scheidungsdekret und vor dem Gesetz über die

Schwangerschaftsunterbrechung mußte sich die Regierung den rechten Gruppierungen verpflichten, mit anderen Worten, einen roten Terrorismus entfesseln, den sie bekämpfen würde, indem sie die Schuld der extremen Linken beimaß. Diese Erklärung gibt nicht viel her. Immerhin steht fest, daß eine zweite Welle von Attentaten der ersten folgte. Zu den von den Handlangern des M. S. I. verübten Gewalttätigkeiten kamen die Angriffe auf die Leitungskader der Fabriken. Zu Hunderten die Bomben, die gegen die Ortsgruppen der IKP geschleudert wurden; an der Tagesordnung die verheerenden Überfälle auf Schulen; faschistisch auch der Anschlag auf den *Treno del Sole* in Kalabrien, bei dem es sechs Tote und fünfzig Verletzte gab. Doch zwei Monate danach – am 17. September, um genau zu sein – fand ein Direktor der Sit-Siemens in Mailand seinen Wagen ausgebrannt im Untergeschoß seines Hauses vor; eine Episode, die unter den Tausenden von ähnlichen Vorfällen unbeachtet geblieben wäre, hätten die Urheber nicht ihr Signum auf der Garagenwand zurückgelassen. Ein merkwürdiges Zeichen, bestehend aus einem fünfzackigen Stern und zwei rätselhaften Buchstaben: einem B und einem R in karminroter Farbe.

Von allen Sprachsymbolen angezogen, versuchte ich vergeblich, diese hier zu entziffern; bis zu dem Tag – das war im Januar des darauffolgenden Jahres –, an dem dieselbe Terroristengruppe acht Bomben auf der Teststrecke für Autoreifen der Firma Pirelli zur Explosion brachte; diesmal ließ sie jedoch auf Flugblättern, die neben die zerstörten Lastkraftwagen geworfen worden waren, ihren vollausgeschriebenen Namen zurück: *Brigate Rosse.* Die Zeitungen maßen diesem Ereignis, das zur Routine der Politkriminalität zählte, keine besondere Bedeutung bei. Wahrscheinlich hätte ich selber keinen allzu klaren Unterschied zwischen diesen purpurnen Milizen und anderen, ihnen nahestehenden Organisationen gesehen, obwohl diese weniger bildlich waren und dem farbigen Emblem das der abstrakten Vernunft vorzogen – Movimento del 22 ottobre, Gruppi Armati Proletari (von Feltrinelli, der endgültig zur Untergrundtätigkeit entschlossen war), Nuova Resistenza, Autonomia Operaia –, und die nicht die Manie hatten, ihre Verbrechen zu kennzeichnen, und zwar mit einem fünfzackigen Stern zu kennzeichnen. Ein aufregender Rebus, der meinen Geist sowohl auf Davids Schild wie auch auf das amerikanische Pentagon hinlenkte, zwei Schlüssel, die schlecht ins Schloß paßten. Ganz zu schweigen davon, daß man wußte, daß Renato Curcio, der Anführer der Roten Brigaden, nicht bei Lenin und auch nicht bei Mao in der Lehre gewesen war, sondern als streitbarer Katholik von der Soziologischen Fakultät in Trento kam, Bastion des Glaubens und des Dogmas seit dem berühmten Konzil, Reservoir der Jesuiten, Herd der Gegenreformation, wo er selbstverständlich die Verachtung der demokratischen Institutionen aus dem vollen geschöpft, sich jedoch nicht die Pyrophilie noch die Kunst, mit Explosivstoffen umzugehen, angeeignet hatte.

Die andere Ablenkung – aber kann ich so nennen, was das letzte Glück meines Lebens war? – stellte sich in der Form eines Filmvorhabens ein, in Kilometern gesehen nicht weit entfernt von Rom, aber Lichtjahre, was den Geist und das Herz betrifft: in Neapel, Gennariello, nunmehr meine Lieblingsstadt in Italien. Ich habe dich dort wiedergetroffen. Verändert im Familienstand, aber bewahrt vor Verbürgerlichung, aber integer, aber rechtschaffen.

Erinnerst du dich der Zeit, da du Lampions an den Fenstern anbrachtest? Gelegenheit, auf Hunderte von Balkonen zu steigen und bei den Leuten einzudringen. Du hättest sehr wohl durch den Torweg eintreten und die Treppe hinaufgehen können. Du zogst es vor, deine Leiter an die Fassade zu stellen, überfallartig hochzuklettern und gewaltsam einzubrechen, im Vertrauen darauf, daß dieses romantische Mittel den jungen Mädchen den Kopf verdrehen würde. Denn du liebtest nur sie, Gennariello, und das ist der Grund, warum ich dich sofort geliebt habe. Sie allein gefielen dir. Eine angeborene Neigung, ein wundervolles Schauspiel für mich, war es doch das erstemal, daß ich einen Jungen sah, der sich aus eigenem Antrieb, aus Sinnlichkeit, aus Lust, ohne jegliche Beeinflussung für die Frauen begeisterte. Was bei den anderen widernatürliche Vereinigung ist, erpreßt unter dem Zwang der Umwelt, der Familie, der Schule, vorgezeichneter Fesseln, des Fernsehens, des Pfarrers, den Arztes, erstrahlte bei dir mit der Kraft eines tierischen Instinktes.

O Neapolitaner! Euer Volksstamm wird vielleicht ausgerottet, aber ohne daß er sich hat korrumpieren lassen. Du wohnst jetzt auf dem Vomero, du hast diese Wohnung oben auf der Calata San Francesco gemietet, du hast deine Giuseppina geheiratet, sie wird dir in Kürze dein erstes Kind gebären – und dennoch hast du dich nicht verändert, du hast nicht nachgegeben, ich nehme alles zurück, was ich dir an Unerfreulichem habe sagen können. Jawohl, mein erster Eindruck war falsch. Weder Don Michele, der Seelsorger deiner Gemeinde, den ich im Verdacht hatte, auf deine Entscheidung eingewirkt zu haben, noch dein Bruder, der Vorarbeiter bei Alfa Romeo und Genosse der Partei, haben ihre Hand im Spiel gehabt. Heutzutage als nahezu einmaliges Beispiel eines jungen Mannes, der das bleibt, was er ist, und auf geradem Wege seiner Berufung nachkommt, hast du diese herrliche Gabe, du selbst zu sein, unangetastet bewahrt – auf meine Kosten, was um so schlimmer ist. Du bist Mieter einer hellen Zweizimmerwohnung, stolz auf deine Terrasse und auf deinen Ausblick auf den Golf, Ehemann, Familienvater, Angestellter der Steuerbehörde, aber in erster Linie Neapolitaner, das heißt durch unzerreißbare Fesseln mit der Vorgeschichte der Menschheit verwurzelt, so wie die Häuser in Neapel durch unterirdische Gänge mit dem Feuer der Solfatare, mit der Grotte der Sibylle, mit den Geheimnissen des Universums in Verbindung stehen.

Von der Truppe, die ich aus Rom mitgebracht hatte, um den Film zu drehen, entdeckten die einen – eine kleine Minderheit – mit Erstaunen, daß in Italien nicht alles verloren war; die anderen wagten sich widerwillig in die Straßen, die sie für schmutzig, düster, laut, feucht und unhygienisch erklärten. Ich hatte ihnen die Geschichte von Pasquale Esposito erzählt, dem Brigadiere, der gekommen war, mir meine Wagenschlüssel zurückzugeben. Sie rügten mich, daß ich Sympathie für eine Stadt empfände, die ihre Kinder im Alter von acht Jahren arbeiten schickte, ihnen den verlausten Schädel kahlschor und sie zwang, Polizist zu werden, wenn sie nicht Hungers sterben wollten. Meine Vernunft stimmte diesem Urteil zu. Aber ist die Vernunft das geeignetste Mittel, um Neapel zu verstehen? Ich räumte ein, daß ich mit weniger Vergnügen durch dieses Labyrinth hätte gehen sollen, in dem sich ein Demokrat in wohlbegründetem Abscheu vor den eines zivilisierten Landes unwürdigen Gerüchen die Nase zuhält. Da die einzige Autorität, vor der ich mich – hier wie anderwärts – beuge, mein Glücksgefühl ist, genügte das freimütige Verdikt meiner römischen Freunde nicht, mich zum gesunden Menschenverstand zurückzuführen.

Mit Danilo hatte ich nicht über meine Eindrücke gesprochen. Er fand seine Freude am Leben, seine Begeisterung und seine Sprünge von selbst wieder. Die Ausstrahlung Neapels ist so stark, daß sie ihn der Wirklichkeit zurückgab. Annamaria? Er schickte ihr nicht eine einzige Ansichtskarte, er versuchte nicht einmal, sie vom Hotel aus anzurufen. Wir waren glücklich wie zur Zeit in Monteverde, wie das erstemal hinter dem Gasometer. Aus meinem Film machte ich eine Hymne auf die Jugend, auf den menschlichen Körper, auf die physische Liebe, auf die Geschlechtsorgane der Frau, aber auch auf die der Männer, die ich so zeigte, wie niemand vor mir je gewagt hatte sie zu zeigen.

Bei Einbruch der Nacht machte ich mich auf den Weg, den Spuren Caravaggios folgend: Das war die Stunde, die er geliebt hatte, voller Geheimnisse und flüchtiger Schatten. Auch er ging, sobald er seine Pinsel hingelegt hatte, auf Abenteuer in der Stadt mit den tausend Därmen aus. Die Herberge des Cerriglio, Schlupfwinkel von Matrosen, Schmugglern und Vorbestraften, war schon längst verschwunden, aber du führtest mich in die schmale, krumme Gasse, in der vorzeiten das übelbeleumundetste Gasthaus von Neapel stand. Dort, unweit der Eingangsstufen, hatte der Maler den blutigen Degenstoß mitten ins Gesicht erhalten. Wir sahen in dem heute fast völlig verlassenen Viertel nur Holzfeuer, vor den Häusern angezündet. Einige Burschen, breitbeinig aufgepflanzt, wärmten sich die Hände über den Flammen. Als wir uns näherten, drehten sie die Köpfe, unsere Blicke kreuzten sich, ich wagte eine einladende Geste, worauf du den Schritt beschleunigtest, bis zur nächsten Ecke. »Nein, nicht hier«, sagtest du zu mir, »der Ort ist nach wie vor gefährlich.« Glaubst du, daß sie eine Waffe im Ärmel ihrer Jacke verborgen hatten? Welche Unvorsichtigkeit hatte Caravaggio begangen? Arm, allzeit hinter einem Soldo her, um Firnis für seine Leinwände zu kaufen, hatte er keine Goldstücke vor ihren Augen ausbreiten können.

Was hätte ich nicht gegeben, um dieser Szene beizuwohnen! Die Beleuchtung muß die gleiche gewesen sein: diese von Schimmern durchzogene Finsternis, dieses dem Maler so teure Hell-Dunkel. Ähnlich auch der Kreis der Männer um das Feuer, die Galgenvogelgesichter, die über den Arm gerollten Mäntel, das mißtrauische Schweigen. Da ist der Reisende, der aus der Herberge tritt, fasziniert von der kleinen regungslosen Gruppe, von den Silhouetten gegen das Licht, von den Farbkontrasten zwischen der Schwärze der Visagen und dem durchsichtigen Rosa auf der Unterseite der von der Flamme beleuchteten Finger. Was würde an dem Gemälde fehlen? Ein junger Kerl in seinem enganliegenden Wams ... Ein Dolch, der an seinem Bein funkelt ... Ein ins Ohr geflüstertes Wort, vielleicht eine unterstützende Geste ... Und der andere, der zur Waffe greift und damit die Wange des Verwegenen ritzt. Schließlich sein Staunen über die Demut seines Opfers: Caravaggio bescheidet sich damit, die Wunde mit der Hand zu berühren. Das Blut fließt; er lächelt dem zu, der ihn mit einem einzigen Stoß soeben entstellt hat. Dann entfernt er sich langsam, die Stirn gesenkt zum Zeichen der Unterwerfung. Er erreicht wieder die Schwelle, steigt in seine kleine Kammer hinauf, spannt eine Leinwand auf die Staffelei, und da seiner Phantasie von der Opferung nur zur Hälfte entsprochen worden ist, gibt er dem Goliath seine Züge, hackt sich den Kopf ab und drückt ihn seinem triumphierenden Henker in die Faust.

Du rissest mich aus meinen Träumereien, um mir einen *femmeniello* zu zeigen, der sich aus einem Fenster lehnte, wo er Wäsche an quer über die Straße gespannten Eisendrähten aufhängte, und lachtest über meine Verblüffung. Was? Ein Mann mit Frauenarbeit beschäftigt? Ich würde ihn zu anderen Tagesstunden sehen können, sagtest du mir, mit einem Brotkorb am Arm auf den Markt gehen, Gemüse putzen, bügeln, nähen, vor aller Augen, umgeben von allgemeiner Gewogenheit und Anteilnahme – und sogar, behauptest du, sich einen Rock anziehen, eine Bluse und Schuhe mit hohen Absätzen, um seinen Abendspaziergang im Viertel zu machen. Das Merkwürdigste dabei ist, daß er, obwohl er eins der rigorosesten Gebote der mediterranen Welt verletzte, keinerlei Feindseligkeit hervorrief, sich keinerlei Rüge zuzog. Lediglich einige harmlose Witze ohne Boshaftigkeit wurden hinter seinem Rücken getuschelt. Eine Art stumme Verehrung schützte deinen Freund und gestattete ihm, in Frieden sein Frauenleben zu leben.

»Jedes Viertel, fast jede Gasse hat ihren *femmeniello*, sagst du? Von allen akzeptiert?«

»Von allen, Pier Paolo. Wieso wundert dich das?«

In der Tat, wieso wunderte ich mich über die Nachsicht, deren sich der Transvestit bei euch erfreut? Seine Nachbarn mögen ihn noch so sehr hänseln, wenn er sich unter seinem Blumenhut in den Hüften wiegt, sie haben das Bedürfnis, ihn unter sich zu wissen. Welch unklare Dankbarkeit verspüren sie doch gegen den, der den Mut hat, an ihrer Statt Frau zu sein?

Jetzt bist nun du überrascht, nicht wahr, Gennariello? Du hättest wohl nie gedacht, daß die Ausstaffierung deines Freundes, sein Wäschewaschen, seine Abendstunden am Nähtisch eine andere Rolle spielen könnten, als das Viertel zu belustigen. Beginnst du zu begreifen, daß Männer, denen die Gesellschaft verbietet, die feminine Seite ihrer Natur zu offenbaren, insgeheim den Knaben verehren, der es wagt, das Verbot zu übertreten? Er befreit sie, er befriedigt sie. Weit eher ein Exorzist denn ein Spaßmacher. Du glaubtest an einen dieser malerischen Einfälle, durch die das Volk von Neapel sein Elend zu vergessen sucht. Es hat Pulcinella geschaffen, seine Phantasie liegt nie brach, und seiner Ironie mangelt es nicht an Zielscheiben. Es schmückt die Betsäle der Orte der Begegnung mit bunten Glühlampen aus, zieht den toten Kälbern Petersiliengirlanden durch die Nüstern, besteckt die unter den Arkaden von Spaccanapoli feilgehaltenen Thunfische mit Nelken gleich Fähnchen. Eine Freilichtbühne, ein stetiges Fest. Warum sollte es einem jungen Handlungsgehilfen nicht goldene Sandalen an die Füße ziehen?

Der Ursprung der *femmenielli* geht jedoch auf eine mythischere Quelle zurück, die nichts mit den Straßentheatern zu tun hat. Sie knüpfen an San Gennaro an, dessen Namen du trägst, den Schutzpatron Neapels, in Pozzuoli enthauptet und Urheber des Wunders, das sich zweimal im Jahr in der Kathedrale wiederholt, indem das Blut in der Ampulle vor der knienden Menge wieder flüssig wird.

Um so schlimmer, daß die rote Flüssigkeit in der Phiole, die man mit großem Pomp aus dem Tabernakel holt, schon lange nicht mehr das Blut des Bischofs von Benevento ist, das eine alte Frau an der Hinrichtungsstätte aufgefangen hat. Ebenso unerheblich ist es, daß die pünktliche Verflüssigung – am ersten Samstag im Mai und am 19. September, an den Gedenktagen seiner Festnahme und seines Todes – mehr das Ergebnis menschlichen Eingreifens als eine Gnade Gottes ist. Müßte man die Achseln unter dem Vorwand zukken, daß die Hände des Diakons den Flakon im verborgenen gewärmt haben, bevor er ihn dem Publikum zeigt? Ihr habt einen Mann zu eurem Schutzheiligen auserkoren, der an regelmäßig wiederkehrenden Tagen blutet; ich will lediglich auf diese symbolische Wahl hinweisen, die eurem Aberglauben die Stärke und die Schönheit eines griechischen Mythos verleiht.

Gennaro hatte der Verfolgung durch Diokletian getrotzt. Er war zwei seiner christlichen Freunde zu Hilfe geeilt, die auf Befehl des Timotheus, des römischen Statthalters von Kampanien, eingekerkert worden waren. Weder die wilden Tiere, denen er in der Arena gegenübergestellt wurde, noch das Beil des Henkers vermochten seinen Mut zu brechen. Als tapferer Paladin von Christus, geprägt nach dem Vorbild der ersten Apostel, hat er euch die Erinnerung an einen Soldaten und einen Führer hinterlassen. Nichts Anmutiges an ihm, nichts Feminines. Du wirst ihn nie an den Gesimsleisten eines Museums zwischen einem heiligen Johannes und einem heiligen Sebastian hängen sehen. Doch was würdet selbst ihr, die ihr für die unversöhnlichsten Menschen in puncto Mannesehre geltet, mit einem ausschließlich männlichen Helden anfangen? Damit ihr Vertrauen zu eurem Beschützer habt, damit ihr ihm die Heiligkeit zusprecht, müßt ihr ihm das den Frauen vorbehaltene Privileg zuerkennen, den periodischen Blutfluß, der in dem am wenigsten verdächtigen Vorkämpfer das Vorhandensein und das Geheimnis des anderen Geschlechts erklärt.

Lebe wohl, Gennariello. Du hast nicht gewollt, daß ich dich liebe. Ein wenig vergeudete Liebe macht die Welt trister und ärmer. In Neapel sind selbst die Statuen Gegenstand zärtlicher Bemühungen, und ein Mann, den fünfundneunzig Prozent seiner Landsleute bereits abgelehnt haben, hat dich nicht beugen können! Eines Nachts, als ich nicht schlafen konnte – es muß gegen zwei oder drei Uhr früh gewesen sein –, ging ich die Via Roma hinauf. Vor mir erhob sich die düstere Masse des Museo Nazionale, dessen Fenster zu meiner großen Überraschung hell erleuchtet waren. Alles schien verlassen und still im Innern des Gebäudes. Der junge Bursche, dem ich von weitem folgte, blieb, unter einem der Fenster des Bauwerks angelangt, plötzlich stehen, stieg auf den vorspringenden Mauerfuß und zog sich zum Gitter hoch. Ein Dieb, sagte ich mir. Wie wird er es anfangen, hineinzukommen? Aber er rührte sich nicht, begnügte sich vielmehr damit, einen Blick in den Raum zu werfen. Nach mehreren Minuten der Betrachtung sprang er zu Boden und entfernte sich.

Ich dachte nicht mehr daran, ihm zu folgen. Nachdem ich mich überzeugt hatte, daß die Straße leer war, näherte ich mich dem Fenster und kletterte auf den Mauerfuß. Ein sehr kleinmaschiges, dichtes Gitter verwehrte mir den Blick ins Innere, nur durch ein etwa faustgroßes Loch konnte ich schauen, wo ein Stück des Drahtgeflechts herausgerissen war. Ich sah Büsten von Kaisern, Fragmente von Basreliefs, mehr oder minder stark beschädigte Amphoren, alles, was ein archäologisches Museum in seinen Lagerräumen aufbewahrt, ungeordnet auf dem Boden stehen. Aber unvermittelt trat aus diesem verstaubten Gerümpel eine wunderbare Vision zutage. Eine von einem Scheinwerfer voll angestrahlte Statue zeichnete sich gegen die graue Rückwand ab. Völlig unversehrt, zu drei Vierteln der Straße zugewandt, so als wollte sie mit mir reden oder mir die Arme entgegenstrekken, wirkte sie wie lebendig. Sobald ich mich von meinem Schock erholt hatte, erkannte ich den berühmten und großartigen marmornen Antinoos, den ich in den Sälen, die dem Publikum zugänglich waren, vergebens gesucht hatte.

Ich kam wieder. Jede Nacht, in den Stunden, da in der wie ausgestorbenen Stadt niemand mehr unterwegs war und der eine oder andere verspätete Passant an der Mauer entlangstrich und auf den Mauervorsprung stieg, um sein Auge an das Loch zu halten. Nachtwächter, Arbeiter, Zugführer, mit denen ich bald Freundschaft schloß. Sie lösten einander an dem Fenster ab und betrachteten im Licht des bis zum Tagesanbruch stets eingeschalteten Scheinwerfers den in Gedanken versunkenen Jüngling, dessen leicht auf ein Bein gestützter Körper sie zu sich heranzurufen schien.

»Warum kommst du nicht ihn dir bei Tage anschauen?« fragte ich einen Drucker des *Mattino*, dessen wiederholtes Fehlen bei der Zeitung zu seiner Entlassung geführt hatte. »Bei Tage?« antwortete er, als hätte ich über einen Stern am Firmament zu ihm gesprochen. »Bei Tage erlischt er.« Und das stimmte; in dem fahlen natürlichen Licht konnte man den Antinoos vor den Grautönen des kleinen Raums kaum erkennen. Er zeigte sich in seinem ganzen leuchtenden Glanz nur den Bewunderern, die besessen genug waren, auf ihren Schlaf zu verzichten oder ihren Lohn einzubüßen.

Wußten sie, daß er der Liebling Hadrians gewesen war? Hatten sie den Namen Griechenland überhaupt schon einmal gehört? Warum brannten die Lampen in dem menschenleeren Museum? Wie rätselhaft der Gedanke, daß ein in den Staub der Jahrhunderte gebetteter junger Mann jede Nacht aus dem Finstern erstand, um sich der leidenschaftlichen Anbetung einer kleinen Anzahl heimlicher Bewunderer darzubieten!

Sie ließen ihre Familien im Stich, sie versagten sich ihren Schlaf, um das Rendezvous einzuhalten. Die späte und ungewohnte Stunde, die Stille und die Dunkelheit, die sich um uns breitete, der Fanatismus einer Handvoll Eingeweihter, die sich verabredet, ihre Ruhe, ihren Beruf geopfert hatten, diese stumme Selbstverleugnung, das mysteriöse Aufleuchten ihres Idols – hatte ich einen jener esoterischen Kulte entdeckt, deren Geheimnis Neapel birgt? Ich schloß mich ihnen an, ohne ein Wort zu sagen! Da du nicht wolltest, daß ich dich liebe, erneuerte ich vor einer Statue meinen Eid, der Jugend und der Schönheit zu huldigen.

50

Sie saßen zu dritt auf der Terrasse des *Canova* und riefen mich mit herzlichen Worten heran. Raf (Raffaele, vor seinem Aufenthalt in den Vereinigten Staaten) kannte ich aus den Studios von Monte Mario, wo er das ganze Jahr über eine Opernsendung produzierte. Ein früher anspruchsloser, schüchterner Bursche (aus dem Grunde, den ich sofort erraten hatte), der mir aber – falls dies keine frühlingsbedingte Einbildung war, begünstigt durch den ersten Tag schönen Wetters, das ein laues Lüftchen über die Müßiggänger auf der Piazza del Popolo wehte – vom Scheitel bis zur Sohle verwandelt schien; vor allem sonnverbrannt und magerer geworden, war er doch Stammkunde nicht nur in den Schwimmbädern, sondern auch in den Gymnastikzentren, wo man sich mitten im Winter bräunen lassen kann; dann ausgestattet mit dem gleichen schmalen Schnurrbart und der gleichen Bürstenfrisur wie seine beiden Begleiter; schließlich aus allen Poren eine glückliche Selbstgefälligkeit atmend, die in krassem Gegensatz zu seiner früheren Bescheidenheit stand.

Ohne Zweifel, seit ich ihn das letztemal gesehen, hatte er sich »befreit«; vielleicht unter dem Einfluß seiner beiden Freunde Bruno und Jean-Jacques – eines Franzosen, den er mir vorstellte, kaum daß ich an ihrem Tisch Platz genommen hatte –; sie glichen ihm in jeder Hinsicht, angefangen bei dem kleinen arroganten Schnurrbart bis zur Bekundung seiner Männlichkeit, die er seinem sportlichen Haarschnitt anvertraut hatte. Ein neuer Typ von Mensch, wie man ihn seit einiger Zeit zu Hunderten von Exemplaren zwischen dem Pincio und dem Kolosseum sah. Entscheidendes Kennzeichen: bronzefarbene Haut durch Höhensonne, Diplomatenköfferchen in Reichweite, modische Kleidung, den Schal aus dem Hause Cucci; und dann das geckenhafte Lächeln derer, die lange Zeit mit der Heuchelei und der Lüge gelebt haben und es nicht fassen können, daß sie den Mut gefunden haben, sich in aller Öffentlichkeit so zu zeigen, wie sie sind.

Sie machten sich in Rom breit und sagten, sie hätten das *Canova* zum Hauptquartier gewählt wegen der Aussicht, die man von hier auf den Obelisken Ramses' II. hat, »den größten Phallus aller Obelisken Roms«.

Gewiß, ich hätte mich mit Raf freuen müssen, daß ihm sein »come out« so großartig gelungen war, wie er seit seiner Heimkehr aus Amerika hinausposaunte, und daß aus dem blassen und scheuen Geschöpf, das an den Wänden entlangschlich, dieser selbstsichere Kraftprotz geworden war. Welch ungeheuren Nutzen hatte er aus seinem Aufenthalt in New York zu ziehen verstanden! Jener Stadt, die als Reise- und Anlaufsziel heute an die Stelle des Berlin der zwanziger Jahre, des Capri von neunzehnhundert getreten war und aus der manch junger Europäer, der dem erstickenden Milieu seiner Familie entronnen war, mit unbefangenem Auftreten, einem esoterischen Vokabular und neuen Manieren zurückkam: Lederbekleidung, wohnlich eingerichtete Junggesellenbude, sich über alles lustig machen, seinen Körper verhätscheln, Ferien in Marrakech und in Tunis verleben, Wochenende in Amsterdam (den Kleinen Planet-Führer in der Hand), Berichte über sagenhafte Abenteuer im Thermos II von Leidseplein oder in den Continental Baths in der 74. Straße, ausgiebiger Gebrauch des Wortes *gay*, um sich als einer von ihnen zu bezeichnen und mit ihren Amüsements zu prahlen.

Jean-Jacques war zudem Opernfan. Diese Mode, die um die ganze Welt ging, hatte auch ihn erfaßt. Aber handelte es sich schlicht und einfach um eine Mode? Gleich vielen seiner Landsleute, die diese Kunstform, im offenen Bruch mit der geistigen Tradition ihres Landes, gewählt hatten, um anzuzeigen, daß sie auch seine puritanische Moral ablehnten, gab sich der junge Franzose voll und ganz einer Leidenschaft hin, die zu seiner persönlichen Entwicklung beitrug. Indem er behauptete, »Lyriker« und Liebhaber von »barokken« Schnörkeleien und Paroxysmen zu sein, bestritt er den nationalen Klassizismus und trat ein für ein Leben ohne Normen und Zwänge. Bloß, er konnte es sich, hingerissen von seiner Begeisterung, nicht versagen, bei jeder Gelegenheit die an den vier Enden Europas gehörten Sängerinnen miteinander zu vergleichen und das Gespräch auf dieses Thema zu bringen. Raf, von Berufs wegen, und Bruno, aus Snobismus, ließen sich übrigens gern darauf ein. Nichts Komischeres, als sie heftig die Verdienste ihrer jeweiligen Favoritin, die Vorliebe für die oder jene Diva bis ins Detail erörtern zu hören, was einem jeden von ihnen die Möglichkeit zu einem keinen Widerspruch duldenden Urteil bot. Dank der Kehle dieser Damen schieden sie sich in nicht reduzierbare Einheiten, sie, die doch alles andere gemeinsam hatten: die Sprache, die Ticks, die Kleidung, die Saunen, die sprühende, unbeschwerte Fröhlichkeit.

Ich setzte mich widerwillig auf den Stuhl, den mir Raf hinschob. Als erste Handlung bestellte ich einen Negroni, ich, der ich niemals Alkohol trank. Sie ihrerseits hatten beschlossen, sich an Mineralwasser zu halten, und nippelten jeder mit einem Strohhalm ein Viertel San Pellegrino. Eine vernünftige und augenfällige Wahl: Wenn man frei ist, wenn man sich keinen Zwang mehr auferlegt, hat man es da nötig, sich mit Aufputschmitteln zu trösten? Sie empfingen mich in heiterer und beschwingter Laune, der ich zu meinem Verdruß nicht angemessen begegnete. Ich preßte mein Glas zwischen den verkrampften Fingern, außerstande, mich diesem zarten Frühlingsmorgen hinzugeben. Sosehr ich billigte, daß sie jedes Schuldgefühl abgeschüttelt und mit den Gesetzen Mosis Schluß gemacht hatten, so sehr verstimmten mich ihre Unbefangenheit und ihr Selbstvertrauen. Sie schienen kein anderes Ziel zu haben, als so angenehm wie möglich zu leben. Ihre Ungeniertheit löste eine instinktive Antipathie in mir aus, für die ich mich selbst sofort rügte.

Jean-Jacques ließ uns eine Flasche Parfüm von Yves Saint Laurent, Großformat, bewundern, die er im Duty-free-shop des neuen Flughafens Charles-de-Gaulle in Paris gekauft hatte. Er rutschte auf seinem Stuhl hin und her, rein außer sich vor Glückseligkeit – stolz, vom modernsten Flugplatz Europas gestartet zu sein, vergnügt, etwas so Prächtiges zeigen zu können, befriedigt, es zu einem reduzierten Preis erstanden zu haben, und voller Freude, rechtzeitig zur *Carmen*-Aufführung von Cossotto heute abend in der Oper eingetroffen zu sein. Bruno grübelte über eine Gemeinheit nach, die ihn in seinem harmlosen Chauvinismus am tiefsten kränken würde, als Raf, der mich als erster herbeigewinkt hatte, versuchte, mich in ihre Diskussion einzubeziehen.

»Wir würden gern deine Meinung kennenlernen, o großer Meister«, sagte er zu mir. (Entschlossen, nichts mehr ernst zu nehmen, nachdem ihn die Bars der Christopher Street frei gemacht hatten, konnte er nur noch in spaßigem Ton reden.) »Mauro meint, wir müßten das Käseblättchen abonnieren, das *Fuori* herausgibt. Was sagst du dazu? Ich wäre eher gegen die Politik.«

»Ihr Papier ist von allzu schlechter Qualität, puh!« bemerkte Bruno, der ein zur Krawatte passendes Ziertüchlein trug. »Wenn sie wollen, daß man sie liest, dann sollen sie eine Druckerschwärze benutzen, an der man sich die Finger nicht dreckig macht.«

»Und dann«, fügte Jean-Jacques hinzu, hinter seiner sorgfältig manikürten Hand losprustend, »haben sie die Deutekom in der Armida von Venedig gut gefunden.«

»Premierenschnitzer!« sagte Bruno lachend.

»Haben sie sich nie mit dir in Verbindung gesetzt?« fragte mich Raf.

»Doch.«

»Und . . . wird man bald einen Artikel von dir lesen?«

»Nie«, sagte ich, die Zähne zusammenbeißend.

»Ich kenne deine Einwände«, fuhr Raf fort. »Ein Schriftsteller darf kein Kämpfer sein, sein Platz ist nicht auf den Barrikaden und so weiter und so fort.«

»Dennoch«, unterbrach ihn Bruno, »sie verteidigen unsere Rechte.«

»Unsere Rechte!« – noch eins ihrer Schlagworte, das mich aufbringt. Weil Raf, Bruno, die Redakteure des *Fuori*, vier Millionen Italiener und ich *eins* gemeinsam haben – muß daraus für jeden einzelnen dieser vier Millionen Menschen, die sich in allem anderen unterscheiden, das Bewußtsein eines solidarischen und einhelligen *Unser* folgern? Und im übrigen, der Begriff »Rechte« macht mich schaudern. Damit ich jemanden liebe, muß er völlig ignorieren, daß er »Rechte« hat. Oder, wenn er sich bewußt ist, welche zu haben, daß er darauf verzichtet. Ich hatte mehrere Nummern des *Fuori* gelesen: ein anmaßender und aggressiver Jargon. Doch ich hatte schon zu viele Feinde. Von der Avantgarde abgelehnt, die, obwohl seit zehn Jahren verkalkt, fortfuhr, die Schriftsteller zu terrorisieren; abermals vor Gericht gestellt, wegen des Films über Neapel mit seinen anstößigen Nuditäten; von den Studenten ausgepfiffen; von den Feministinnen verunglimpft; von der Rechten bedroht; von der Linken gerügt; von allen Parteien verleugnet – konnte ich mir da den Luxus leisten, mich mit meinen einzigen sicheren Verbündeten anzulegen?

Ich trank einen Schluck von meinem Negroni und sagte, mich zu einem liebenswürdigen Ton zwingend: »Ich habe erklärt, daß ich niemals bei *Fuori* mitarbeiten würde, weil ich glaube, daß es mir nicht ansteht, feierliche Reden in einer Jugendzeitschrift zu schwingen.«

»Schade«, antwortete Jean-Jacques, »denn es wäre Rechenschaft abzulegen über diese außergewöhnliche Schwemme von Büchern, die uns seit zwei oder drei Jahren gewidmet sind. Eine regelrechte Explosion, ein noch nie dagewesenes kulturelles Ereignis.«

»Eben deswegen«, gab ich in schrofferem Ton zurück, als ich eigentlich wollte, »ich würde nämlich befürchten, mein Mißfallen über diese Art Literatur zu äußern.«

»Aber warum? Das hast du dir gedacht!«

Alle drei hatten gemeinsam protestiert.

»Zu der Zeit, da sie das Monopol der Psychoanalytiker war«, sagte Bruno mit unangenehmer Fistelstimme, »verstehe ich, daß du keinerlei Verlangen danach hattest, zu erfahren, daß der Papa von Oscar Wilde das Geschirr spülte, während seine Mama die Haushaltsbücher führte . . .«

»Witzbold!« sagte Raf hellauf lachend. »Aber er hat recht; es interessiert uns wenig, zu wissen, wer daheim das Gemüse putzte, während wir in unserer Wiege am Daumen lutschten . . . Onkel Sigmund hat wahrhaftig ein recht außergewöhnliches Einfühlungsvermögen für die Küchenkünste bewiesen . . .«

Als sich die Heiterkeit gelegt hatte, sagte ich mit müder Geste: »Ja, ja. Man vergießt heute keine Krokodilstränen mehr, man kämpft. Aber alle diese Bücher . . .«

»Was ist mit all diesen Büchern?« fragte Jean-Jacques, das Kinn reckend, um seine kleine Gestalt vergessen zu machen. »Ist es nicht phänomenal, daß das Problem, statt tabu zu bleiben, zu einem Thema öffentlicher Debatte geworden ist? Daß man in der Presse, im Radio, im Fernsehen darüber spricht? Italien ist Paris dabei sogar um Längen voraus«, fuhr er fort, als brächte er ein unwiderlegliches Argument vor.

Mit der seinen Landsleuten eigenen Überheblichkeit glaubte er, ich wäre überglücklich, zu hören, daß er die Vorherrschaft meines Landes auf einem Gebiet anerkannte, auf dem sich Rom endlich einmal nicht im Schlepptau Frankreichs befand.

Das Kompliment ließ mich kalt. Raf kam Jean-Jacques zu Hilfe.

»Weißt du, daß die Buchhandlung Feltrinelli hier hinter uns nächsten Monat eine Diskussionswoche veranstaltet?«

Ich sagte abermals: »Ja, ja«, die Nase in meinem Glas, und fragte mich, was meine Freunde aus den *borgate* – Sergio, Franco, die beiden Alduccio – sowie auch die aus den Schlachthäusern – Carlo, Romolo – und noch weiter zurück in meiner Vergangenheit die Gefährten meiner fernen Sommer – Nuto, Manlio, Elmiro –, was sie alle wohl über diese geräuschvolle Mobilisierung gedacht hätten. Weit davon entfernt, ein Symbol des »Fortschritts« zu sein, schien mir eine solche Fülle von Pamphleten, Apologien, Rundtischgesprächen sowie Rundfunk- und Fernsehprogrammen ein unheilbringendes Omen. Wie! Würde man von Stund an ein Abzeichen an seiner Jacke tragen müssen? Würden wir unter einem Banner marschieren? Würde ich mich dessen, was ich bin, wie etwas Besonderem rühmen müssen? Würde ich in eine Kategorie eingegliedert? Würde das, was nicht mehr von meinem Willen abhängt, wie die Farbe meiner Haare oder die Form meiner Nase, zu einer Sache werden, die ich verteidigen muß? In Anspruch nehmen, fordern, demonstrieren, sie hatten nur noch diese Worte im Mund ... Tragisches Zurückziehen auf mein Italien des Friaul und von Ponte Mammolo, wo wir das waren, was wir in voller Ahnungslosigkeit waren, wo uns die physische Ausweitung der Freude, beisammen zu sein, ganz von selber zur Liebe führte. Aber wie einen solch unpassenden Pessimismus vor diesem Trio forscher junger Neulinge eingestehen, die sogar durch Billigung der haarsträubenden Konventionen von Sheridan Square ihren Stolz hinausposaunten, einem emanzipierten Jahrhundert anzugehören?

Jean-Jacques, der mit Raf schalt, riß mich aus meinen Träumereien.

»Was sagst du? Die Souliotis ist eine bessere Lady Macbeth als die Rysanek? So was Verrücktes, geh! Tu nicht so, als hättest du nicht gemerkt, daß sie ihr *contre-re* im Bolero verpatzt hat.«

»Im Bolero? Er nennt den Trinkspruch im zweiten Akt Bolero? Du verwechselst das mit *Die sizilianische Vesper.* Hu! Hu! Kann man noch *gloopy-glooper* sein, he?«

Sie stritten noch eine ganze Weile miteinander, dann wandte sich Raf, der seine Idee verfolgte, von neuem an mich.

»Es sei denn, du bist dir mit dir selbst noch nicht ganz im reinen, Pier Paolo. Du behauptest, ein Schriftsteller dürfe nicht Mitglied einer Partei sein, aber du lieferst Artikel an die Wochenzeitung der KP. Ich will nicht annehmen, daß du nach wie vor ein wenig *closet queen* bist.«

»Das ist es nicht«, mischte sich Bruno mit seiner etwas schrillen Stimme ein, entschieden der unsympathischste der drei. »*Fuori* mag nicht die Paare, die den ehelichen Alltagstrott nachäffen. Hör mal«, fügte er mit hinterlistiger Lässigkeit hinzu, »wie kommt es, daß dein kleiner Freund heute nicht mit dir ist?«

»Danilo ist nicht mein kleiner Freund«, sagte ich trocken.

»Oh, das ist doch kein Grund, dich zu ärgern«, bemerkte Raf. »Du hast großes Glück, immer ein Gefolge von Jugendlichen an deinen Rockschößen zu haben.«

»Das ist zwar teuer, aber mit Geld hält man sie.«

Dieser neue Furz kam von dem kleinen Stänker Bruno. Es fehlte nicht viel, und ich hätte ihm mein Glas ins Gesicht geschleudert, aber Raf griff vermittelnd ein. Er legte seine Hand auf meinen Arm.

»Hör nicht auf ihn, Pier Paolo! Er schwätzt vor sich hin. Unlängst, als wir über dich sprachen, bestätigte er mir, daß sich deine Beziehung zu Danilo aus einem alten, tiefsitzenden Schuldgefühl erklären lasse. Du habest dir einen armen und unwissenden Knaben ausgesucht, behauptet er, um ihn pausenlos mit Wohltaten überhäufen zu können. Das, was du ihm an Geld, an Bildung, an Begegnungen, an Erleichterungen aller Art zukommen läßt, sei der Preis, den du bezahlst, um dein Gewissen zu beruhigen. Ich habe, wohlbemerkt, die Schultern gezuckt und geantwortet, so sei es keineswegs. In deinem Fall drücke der soziale und kulturelle Unterschied zwischen Danilo und dir im Gegenteil . . .«

»Ja, ja, ich weiß schon, was du sagen willst!« rief Bruno aus. »Die Überbrückung der Klassenschranken, die absolute Entscheidungsfreiheit, die überwältigende Macht der Liebe und so ein Kokolores, ein Zitat von Bismarck zur Gedächtnisstütze. Aber aus keinem seiner Bücher, aus keinem seiner Filme kannst du mit Sicherheit schließen, daß er *gay* ist. Nie ein klares und offenes Glaubensbekenntnis. Auf sein *come out* warten wir noch. Im Grunde hattest du vorhin recht, Raf. Kann man noch mehr *crushed fruit* sein? Das frage ich euch.«

So widerwärtig er mir auch war mit seinem getüpfelten Ziertüchlein und seinem Teint, der die Hände der Kosmetikerin verriet, die Richtigkeit seiner Diagnose erschreckte mich. Ich hatte oft über meine – ausschließliche, jawohl – Hinneigung zu nicht nur weit jüngeren, sondern auch standesmäßig unter mir stehenden Knaben nachgedacht. Und wenn ich mir in Augenblicken von Optimismus und Selbstvertrauen das Patent eines Revolutionärs zuerteilen konnte, der in der Lage ist, die zwischen der Bourgeoisie und dem Volk errichteten historischen Schranken durch die Begierde niederzureißen, so mußte ich andere Male wohl einräumen, daß ich mich mit einer frommen Rhetorik zu begnügen hatte, statt mir diesen Ruhm anzumaßen, und das trotz der Wechselbürgschaft von Proust und seiner geplatzten Sicherheit. Ganz zu schweigen von Svenn, dem ich geholfen hatte, Maler zu werden, und von Danilo, diesem zum Filmschauspieler beförderten Laufburschen, konnte ich einen einzigen meiner *ragazzi* nennen, dem ich nicht Wohltäter, Beschützer gewesen bin? Nie in meinem ganzen Leben einer meinesgleichen . . . Die Söhne von Arbeitern, von Bauern sollten, was auch geschehen mag, davon profitieren, daß sie mir begegnet waren. Vage Hoffnung, daß sie zu meiner Erlösung beitragen würden . . .

Raf, sich seiner jüngsten Vergangenheit erinnernd, erachtete es für anständig, Brunos Urteil zu korrigieren.

»Wer von uns ist gefeit gegen einen leichten Gewissensbiß? Ich wette, daß auch du den Schlüssel zu deinem Wandschrank nicht in den Tiber geworfen hast und daß er an einem Nagel neben deinem Bett hängt, für den Fall, daß ... Rom gehörte vor hundert Jahren noch dem Papst!« schloß er, als wollte er das Echo meiner Gedanken sein.

Da die Unterhaltung zu ernst wurde, übernahm Jean-Jacques es, sie aufzulockern.

»Am kommenden Samstag, wißt ihr, wird der *Blue Angel* eingeweiht.«

»In Trastevere?«

»Piazza Trilussa, auf der anderen Seite des Ponte Sisto.«

»Geheimniskrämer, hast uns nichts davon gesagt!«

»Unsere erste Nachtbar, für uns allein.«

»Ein Ereignis, Pier Paolo. Wirst du dasein?«

»Eine absolute *gay*-Bar?« fragte Bruno.

»Mach nicht so ein Gesicht!« sagte Raf zu mir. »Zur Zeit der Polemiken über die Abtreibung sagtest du in apokalyptischer Manier eine Verschärfung der Verfolgung voraus. Nun gut, wie du siehst, ist das Gegenteil eingetreten. Der *Blue Angel* wird eine allen zugängliche öffentliche Disko sein. Wir werden unter uns sein, wir werden unter uns tanzen. Ein denkwürdiges Datum! Zum erstenmal im Stadtgebiet von San Pietro! Egal, wer läuten, reinkommen mag ...«

»Vorausgesetzt, er bezahlt«, sagte ich in sarkastischem Ton.

»Er hat recht«, stimmte Jean-Jacques zu, den diese Anspielung auf seine Brieftasche als guten Franzosen ernüchterte.

»Nicht doch, Jean-Jacques!« wehrte Raf ab. »Du wirst doch nicht wieder deine Nummer über die Kommerzialisierung des Sex und die Ausschlachtung durch die Bourgeoisie abziehen. In den anderen Nachtbars muß, soviel ich weiß, auch bezahlt werden. Hauptsache, wir haben jetzt ein Lokal, wo wir unter uns sind. In aller Ruhe. Wenige Jahre nach dem Tumult in der *Stonewall Inn* können wir nur stolz auf ein solches Resultat sein.«

Ich war froh, daß sie miteinander diskutierten und mir Zeit ließen, mich wieder zu fassen. Welch schreckliche Neuigkeit! Man würde eine *gay*-Nachtbar eröffnen (aber wenn mir danach ist, traurig zu sein?), eine Disko völlig »für uns« (oh, dieses Besitzanzeigende, das mich solidarisch macht mit

Leuten, denen ich ohne diese erzwungene Zuordnung nicht die Hand drücken würde!), und an welchem Ort! Piazza Trilussa, auch das noch! In dem alten Arbeiterviertel, in dem ich meinen ersten Film gedreht habe! Ich empfand dieses belanglose Ereignis – schlimm genug, es zu akzeptieren – als eine ungeheure Beleidigung, als eine regelrechte Profanierung. Beleidigung für wen oder für was? Wenn sich Rom entschloß, endlich eine moderne Hauptstadt zu werden, durfte ich da die Abschaffung des letzten Verbots als Sakrileg verurteilen? Ich nahm mein Glas in beide Hände, um auf den Grund zu sehen. Vor allem, sagte ich mir, ihnen nicht meinen Abscheu, mein Entsetzen zeigen. Mit welchem Namen würden sie mich bedacht haben? Würde ich in dem Augenblick, da die Toleranz einen entscheidenden Punkt vermerkte, der einzige sein, der sich nicht freute? Was bedauerte ich? Die Zeit, in der man sich verstecken, als Paria leben, überall mit dem Gefühl seiner Schande einhergehen mußte?

Ein Ghetto, dachte ich, das ist es, was wir gewonnen haben. Ein vergoldetes Ghetto, aber ein Ghetto. Aber nein, das war ja gar nicht die Ursache meiner Ablehnung, nicht mehr als die gepfefferten Preise (»ein Whisky dreitausend Lire!« kläffte der in diesem Punkt unzugängliche Jean-Jacques) oder die Wahl des proletarischen Trastevere (das es schon lange nicht mehr gab). Vorwände, nichts als Vorwände. Wäre die Bar ärmlich und kostenfrei gewesen, sie hätte mir den gleichen Widerwillen eingeflößt. Oh! Aber ich werde schon einen Weg finden, sie wissen zu lassen, was ich denke, sagte ich mir, indem ich sie, die auf ihre Uhren sahen und den Kellner riefen, um zu bezahlen, anschaute – auf eine Weise, daß sie für immer darauf verzichten würden, mich an ihren Tisch einzuladen.

Darauf beschränkten sich meine Überlegungen, denn ich wollte die kleine Komödie nicht verpassen, die sich gerade abspielte. Jean-Jacques, den das Bedürfnis quälte, wieder über seine Sängerinnen zu sprechen, von denen seit gut einer Viertelstunde nicht mehr die Rede gewesen war, stürzte sich in dem Augenblick, da der Oberkellner die Rechnung auf einem silbernen Tablett brachte, auf sein Diplomatenköfferchen. Dieses Zusammentreffen entging keinem von uns dreien. Wir tauschten ein Lächeln. Aus dem *suit-case* holte er auch kein Fläschchen Parfüm, sondern das Foto einer jungen Frau. Das Glück, tausend Lire zu sparen, indem er die traditionelle italienische Gastfreundschaft nutzte, sowie der Stolz, uns das mit einer Widmung versehene Bild von Katia Ricciarelli zu zeigen, trieben frische Röte in das Gesicht des Franzosen. Rosig vor Freude, rühmte er uns die Verdienste der neuen Diva, einer noch wenig bekannten Blondine, deren Talent zu loben die anderen – ohne Zweifel eben deswegen – sich mitreißen ließen.

Bruno kam meiner Geste zuvor und zückte als erster seine Brieftasche. Er schob eine Banknote unter die Rechnung und reichte dem Kellner das Tablett.

51

»Nein, nein, nein!« Seit dieser Begegnung im *Canova* war ich einer ständigen Unruhe preisgegeben. »Nein!« Mit diesem Schrei versuchte ich mich von der Last zu befreien, die mich erdrückte. »Nein! Das ist unmöglich!« wiederholte ich immer wieder, ziellos vor mich hin schreitend, ohne daß es mir gelang, mehr als diese wenigen unzusammenhängenden Worte auszustoßen oder gar zu begreifen, gegen wen oder gegen was ich mich mit dieser absurden Raserei stemmte. Ich fühlte mich im Widerspruch zur ganzen Welt. Der römische Frühling prangte in seinem vollen Glanz. Weit davon entfernt, unter den duftenden Pinien von Villa Borghese zu verweilen, floh ich diese Düfte, dieses Licht. Die Schönheit Roms tat mir weh. Elsa Morante, wegen ihres feinen mütterlichen Instinktes weniger zur Langmut neigend, würde sich mit dem überwerfen müssen, der ihr nicht von der Pelle ging, um sie dafür zu strafen, daß sie ihn, gemäß einer seit fünf Lustren zwischen ihnen vereinbarten liebevollen Gewohnheit, in ein neues Restaurant einlud. Nein zur Freundschaft, nein zu den gemeinsamen Essen, nein zum Erwachen der Natur, nein zum Gesang der Vögel vor meinen Fenstern. Selbst die scharlachroten Knospen meines Granatapfelbaums störten mich wie etwas Ungebührliches. Ich trieb diese allgemeine Ablehnung des Lebens so weit, daß ich das Lächeln der Jungen auf der Straße nicht mehr beantwortete.

Eine gewisse Erleichterung empfand ich nur am Idroscalo. Ich sprang in meinen Wagen, ganz gleich, zu welcher Tagesstunde, und raste über die Via del Mare bis zu der achteckigen Warte, deren unförmige Masse am Rande der Siedlung wacht. Von dort schlug ich zu Fuß über verlassene Pfade den Weg zwischen den Baracken und den Hütten ein, wo ich nicht einer Menschenseele begegnete. Da kein Baum, kein Strauch in dem sterilen Staub dieser Heide Wurzeln schlägt, konnte man an keinem Anzeichen erkennen, daß die Jahreszeit gewechselt hatte. Die seit langem unfruchtbare Erde konnte nicht durch treibende Pflanzensäfte in Bewegung geraten noch sich in vegetabiler Harmonie entfalten. Kein bißchen Grün unterbrach die Öde der Steinwüste. In ihrer absoluten Trostlosigkeit war sie die Landschaft, die meiner gereizten Stimmung entsprach. Armselig und mistig zog sich der Tag selbst kraftlos dahin. Ein fahles Licht ergoß sich über die Schuttrabatten, über die Holzdächer, über die Pappwände. Die vom Meer her wehende Brise entlockte den losen Blechplatten, die mit Eisendraht befestigt waren, um als Fensterläden zu dienen, ein trübseliges Scheppern. Jedes Häuschen in seiner Einfriedung hinter dem in der lockeren Erde schwankenden Zaun schien in sich zusammengeschrumpft, als regierte ein endloser Winter an diesem Ort. Alles war erstarrt, verlassen, abgestorben, einsam. Mochte der Frühling in den Gärten Roms duften und das Flußtal unter meinen Fenstern mit roten Blüten bestreuen, hier hatte eine unsichtbare Hand das Grau in Grau ewiger Kasteiung ausgebreitet.

Des Nuditätenfilms über Neapel sowie der beiden folgenden, die ebenfalls Hymnen an die Lebensfreude waren – der eine im mittelalterlichen England angelegt, der andere in der orientalischen Pracht Jemens –, schämte ich mich jetzt fast. Silberner Bär bei den Berliner Filmfestspielen für den ersten Teil dieser Trilogie, Goldener Bär für den zweiten. Großer Sonderpreis in Cannes für den dritten. Petrus im Smoking mit Schleife hatte sich dort seine Belohnungen abgeholt, während Paulus nach Einsamkeit und Verborgenheit strebte. Ich bereute es, zur Verherrlichung des Sex und der Geschlechtsorgane beigetragen zu haben, einer Ware, die heutzutage allen zugänglich ist und die von der Macht selbst verteilt wird. Der Kampf der Fortschrittler um das Recht, sich mit dem Körper auszudrücken, war auf ganz erbärmliche Weise zu einer erotischen Duldung herabgesunken, die Eröffnung des *Blue Angel* war nur das unheilvollste Resultat.

Danilo, konsterniert über meinen Umschwung, versuchte mir das Gegenteil zu beweisen.

»Man hat soeben deinen Goldenen Bären abermals beschlagnahmt!« verkündete er mir voller Stolz, in dem Glauben, diese Nachricht würde mich aufmuntern.

Er hatte erraten, daß der Erfolg meiner letzten Filme mit schuld an meiner Niedergeschlagenheit war. Wenn ich erneut den Bannstrahl der Justiz herausforderte, dann deshalb, weil sich mein Werk an der Spitze des Kampfes wiederfand. Eine Zeitlang konnte ich mich in der Tat in dieser Illusion wiegen. Statt mich wie bei den anderen Malen von der Heftigkeit der Attacken demütigen zu lassen, machten mir die Anzeigen wegen »Obszönitäten« und wegen »Pornographie« vorübergehend Mut. Meine Filme hatten weiterhin einen Sinn, wenn sie das Gewissen der Bourgeoisie aufrüttelten und die Angst der Wohlmeinenden weckten.

»Fünfzehnte Beschwerde gegen deinen Silbernen Bären!« rief Danilo, meine Post öffnend. »Der Große Sonderpreis in Siracusa beschlagnahmt!«

Oder er trompetete auch, die Zeitung schwenkend, mit triumphierender Stimme: »Störtrupps in Taranto, in Apulien! Fenchelhagel in Ancona! Vorführung in Perugia abgebrochen! Der Bischof von Treviso besteigt die Kanzel, um deine Unmoral zu geißeln. Da siehst du es, Pier Paolo.«

Aber ich konnte nicht lange genarrt werden.

»Schau auf der Programmseite nach«, antwortete ich, nachdem ich mich, um aufrichtig zu sein, einige Minuten zu lange von der Hoffnung hatte einlullen lassen, wieder ein verfluchter Autor geworden zu sein.

»Wieso auf der Programmseite?« fragte er mit verständnisloser Miene.

»Schau nach und lies mir die Liste der besten Einspielergebnisse vor.«

Und entsprechend ihrem Einsatz auf den Leinwänden

mußte er mir unumwunden eingestehen, daß die Kinokassen die drei Teile meiner »Trilogie des Glücks« regelmäßig an erster Stelle nannten.

»Was für ein Titel auch!« knurrte ich, wütend auf mich selbst.

Doch Danilo gab keine Ruhe.

»Achtzehnte Beschwerde gegen deinen Silbernen Bären. Hör mal! In Bari entrüstet sich Signora Santoro, Polizeiinspektorin, dein Film sei ›von der widerwärtigsten und scheußlichsten Obszönität‹. Neunzehnte Beschwerde in Mailand. Eine ›junge Mama‹ hat den Vorführungssaal ›verstört‹ verlassen. Sie hat mehrere Tage lang einen Schock gehabt. Oh, diesmal ist es aber Ernst, Pier Paolo. In Benevento ordnet der Staatsanwalt eine erneute Beschlagnahme deines Goldenen Bären an, und zwar auf die Beschwerde eines Obersten im Ruhestand hin. ›Nichts als Verderbtheit, eine schmutzige Anstößigkeit von der ersten bis zur letzten Szene.‹ Schwester Rosa Zanotti, Missionarin des Sacro Cuore, hat sich beim Verlassen des Kinos erbrochen. ›Analkoitus zwischen Männern . . . Sodomitische Paarungen zwischen Eheleuten . . .‹, hat sie, am ganzen Leibe zitternd über die Worte, die sie gebrauchte, dem Richter erklärt, dem sie ihre Beschwerde vortrug.«

»Nun«, antwortete ich einmal, plötzlich verbittert, meinem Namen nur durch den Einspruch eines weiblichen Polizeiinspektors, eines Obersten im Ruhestand und einer Betschwester einen Rest von höllischer Gloriole zu bewahren, »du müßtest der Akte über diese drei Filme, wenn du sie lückenlos haben willst, die Abrechnungen hinzufügen, die mir die Produktionsfirma zuschickt. Weißt du, wieviel allein der erste in drei Jahren eingespielt hat?«

Er hob die Brauen und riß die Augen mit der verdutzten und spitzbübischen Miene auf, die mir so oft ein Lachen entlockt hatte.

»Vier Milliarden«, äußerte ich mit tonloser Stimme. »In vierzehn Jahren hat der Verkauf meines letzten Romans nur achtzehn Millionen eingebracht. Die Journalisten, denen ich erkläre, ich habe das Romanschreiben aufgegeben, weil ich vom rotwelschen Terrorismus der Avantgarde angewidert bin, werden albern grinsen, wenn sie die Ziffern erfahren.«

»Vier Milliarden!« wiederholte er, die Augen so groß wie zwei Untertassen.

Dann sperrte er Mund und Nase auf, denn er wußte nicht, ob er sich über diesen außergewöhnlichen Erfolg freuen oder anerkennen sollte, daß ich der Liebling des großen Publikums geworden war. Die Kinos, in denen man meine Filme zeigte, zogen sonntags die Familien an, die auf der Suche nach einer erheiternden Vorstellung waren, um ihre Verdauung zu fördern.

»Nein! Nein!« rief ich. »Das darf nicht sein! Ich werde meiner Trilogie abschwören. Ich werde öffentlich verkünden, daß ich ihr abschwöre.«

Was ich einige Tage später auch tat. Aber solange mein postumer Film mit seiner hinzugefügten Sammlung von Unsittlichkeiten die Säle nicht durch ein entsetztes Rette-sich-wer-Kann geleert noch Feuer und Schwefel über mein Werk ausgegossen hatte, mußte ich das unablässige Klingeln der Kinokassen von oben bis unten in Italien, jenseits der Alpen und auf der anderen Seite des Ozeans in meinem Ohr widerhallen hören. Einzig und allein Danilos Zartgefühl, seine große Herzensgüte hinderten mich daran, mich zu fragen, warum ich nicht rings um mich herum – zum Beispiel an die Witwe und an die Kinder des von den Roten Brigaden ermordeten Brigadiere Pasquale Esposito – ein wenig von dem Vermögen verteilte, das ich einsackte.

Um mich aus diesem neuen Widerspruch herauszuwinden, kaufte ich eine aufwendige Ruine nördlich von Rom, in der Provinz Viterbo: einen massiven, einzeln stehenden Turm in solch schlechtem Zustand, daß sich die dringendsten Reparaturen auf mindestens das Hundertfache des an sich schon hohen Preises für ein historisches Bauwerk beliefen, das früher Eigentum eines Renaissanceherzogs gewesen war. »Warum willst du dich dort verkriechen?« fragte mich Moravia, beunruhigt zu sehen, daß es mir so sehr an praktischem Sinn fehlte. Es ist wahr, dieser Ort war nahezu unzugänglich. Man erreichte ihn über eine unbefahrbare Straße, die mitten im Wald endete. Um an das Tor zu gelangen, das zwei gotische Teufel in der Form von Wasserspeiern bewachten, mußte man sich einen Weg durch ein wirres Dornengestrüpp bahnen. Niemand würde mich beschuldigen können, die Annehmlichkeiten eines zweiten Wohnsitzes gewählt zu haben. Bei Albertos Bemerkung hatte ich aufgehorcht, und nun beließ ich Straße und Gestrüpp in ihrem Zustand. Wer mich besuchen wollte, der würde sich die Hände an den Stacheln blutig stechen müssen. Ich würde, wenngleich keineswegs ein Cenci oder ein Borgia – einem von beiden hatte diese Festung vielleicht als Schlupfwinkel gedient –, zumindest ein ungeselliger Typ, ein Wilder werden, den man seiner Trübsal nicht entreißen konnte. Sooft ich eilte, mich in meinen Turm einzuschließen, war es, als wendete ich der Welt den Rücken. Ein Stylit auf seiner Säule hätte sich mitten in der Wüste in keiner verzweifelteren Lage befunden als ich in diesen Mauern, die mit Millionen und aber Millionen Schlägen errichtet worden waren.

Dort blätterte ich, vielleicht zu dieser Lektüre angeregt durch die Spitzbögen, die niedrigen Gewölbe und den Brunnen, dessen verrostete Kette noch an der Winde hing, wieder die großen Legenden von der Liebe und vom Tod auf: Tristan und Isolde, Don Juan und der Komtur, Phädra und Hippolytos, der heilige Paulus und Nero. Ich schmiedete Pläne für weitere Filme, die ebenso finster und grausam sein würden, wie die von Boccaccio und von Chaucer inspirierten heiter und leicht gewesen waren.

»Ich danke!« rief Danilo lachend aus. »Du hast mich von den jemenitischen Frauen kastrieren lassen. Was willst du mehr? Aber sag mal, du wirst dir doch den Dez nicht mit dem Ehebruch schwer machen?«

Angesprochen, blickte ich ihn an, ohne zu antworten.

»Noch behaupten wollen, daß man in der Hölle schmoren muß, nur weil man sein Leben lang nicht in ein und demselben Bett geschlafen hat?«

»Worauf willst du hinaus?« fragte ich.

»Dein Film über Tristan und Isolde wird eine Pleite werden. Niemand würde heutzutage verstehen, daß man eine kleine eheliche Untreue mit dem Tode sühnen muß. Und dein Film über Don Juan wird ebenfalls ein Fiasko erleben. Glaub mir, befaß dich mit anderen Themen.«

Mit seinem gesunden Menschenverstand legte er den Finger auf eine Schwierigkeit, die ich nicht bedacht hatte. Bei der Toleranz unserer Zeit galten alle mythischen Helden der Negation als überholt. Der eine, weil er den Ehebruch gewählt, der andere, weil er seine heiligsten Versprechen nicht gehalten hatte, der dritte wiederum wegen eines Inzestes: unwesentlich die Mittel, wenn nur ihre Verweigerung lauthals widerhallte. Ein jeder verkörperte nicht eine Sünde, sondern eine Art und Weise, nein zu seiner Zeit, zu seiner Umwelt, zu den Normen seiner Kreise zu sagen. In unseren Tagen, wer würde diese Rolle ausfüllen? Wer würde im Italien des *Vaticano II* und des *Blue Angel*, in dem es weder einen Gott noch Tabus gab, intolerant genug sein, sich dieser Willfährigkeit zu verschließen? Wer würde durch seinen persönlichen Protest die Gesellschaft vor dem Konformismus und vor der Uniformität retten? Wer würde bezeugen, daß die Größe des Menschen in seiner Kraft zum Aufbegehren besteht?

»Du könntest zum Beispiel . . .«, fuhr Danilo fort, dessen Hartnäckigkeit mir allmählich verdächtig schien, ». . . ich weiß nicht, was . . . Tristan und Isolde ist auf jeden Fall verdammt deprimierend als Geschichte. Weil man sich abseits gestellt, hat man nur noch das Recht zu krepieren! Ehrlich, ich begreife dich nicht mehr, Pier Paolo! Dein Leben lang hast du gekämpft, um mehr Freiheit zu haben . . .«

»Ich habe für die Freiheit gekämpft, als uns die Repression an der Gurgel packte.«

»Und was haben wir jetzt gewonnen? Nein, aber das ist ja zum Verrücktwerden! Du wirst wütend, sobald man in deiner Gegenwart das Wort *gay* ausspricht. Doch wie oft hast du mir erklärt, daß das alte Wort medizinisch, bullenhaft, säuisch gemeint ist . . . Ehrlich, Pier Paolo, was soll das! Es lohnt nicht, dieses Schloß« (so nannte er meine Ruine) »gekauft zu haben, um dich in die Nostalgien des Mittelalters zurückzuversetzen! Versuche eine Liebesgeschichte zu erzählen, die gut endet. Sei modern! Nicht diese Elixiere und diese Verwünschungen, die in den Kesseln des Schicksals brodeln . . .«

»Warum«, sagte ich plötzlich, »stört es dich so sehr, daß ich mich mit Tristan befasse?«

Er wurde unruhig unter meinem Blick, was meinen Verdacht bestätigte.

»Es stört mich nicht«, sagte er errötend, »es wundert mich . . .«

»Ach wirklich? Dir wäre es ohne Zweifel lieber, wenn ich nur Lust hätte, mich zu amüsieren . . . Wenn diese großartigen Dramen voller Grausen keinen Reiz für mich hätten . . . Es würde dir zustatten kommen, mich sorglos, heiter, ungezwungen zu sehen, wie? . . . Du sagst, daß ich falsch rede, dir wäre es wohl lieber, wenn ich wieder wie in Neapel redete . . . Gib zu, daß dir das zustatten käme!«

Er wurde blaß, war verwirrt von der Heftigkeit meines Ausfalls.

»Geh«, sagte ich zu ihm, »verlaß mich jetzt.«

Ohne daß ich ihn darum gebeten hätte, riß er die Glastür sperrangelweit auf und sprang auf den Platz festgestampfter Erde, den wir vor dem Turm angelegt hatten. Kurz danach hörte ich ihn mit der Axt dem Buschwald, der sich den Hügel hinaufzog, zu Leibe gehen.

Was ich durch die Indiskretion eines gemeinsamen Freundes erfahren hatte, war also wahr! Danilo wollte Annamaria heiraten, zitterte aber vor Angst, es mir mitzuteilen. Scharfsinnig genug, um zu erraten, daß die im letzten Teil meiner Trilogie an dem jungen Aziz vorgenommene Kastration eine Art Warnung war, überlegte er, wie er es vermeiden könnte, mir ins Gesicht hinein zu sagen, was er vorhatte. Alle seine Hoffnungen ruhten auf meiner Bereitwilligkeit, von den neuen, den Römern zur Verfügung gestellten erleichterten Unterhaltungsmöglichkeiten zu profitieren. Die Stadt, die dem *Letzten Tango von Paris* meines ehemaligen Schülers Bernardo Bertolucci Ovationen darbrachte und die Nachtlokale für alle Arten Publikum eröffnete, dieses Rom, das den heiligen Paulus ein zweites Mal getötet hatte, würde uns ganz sacht zu einer gütlichen Trennung führen. Einer verloren, zehn neue gewonnen! Vorbei die Zeit, in der die Sittenstrenge, die Bedeutung der zu überwindenden Hindernisse, die ständige Furcht, entdeckt und bestraft zu werden, der Liebe eine außergewöhnliche Kraft verliehen und sie bis zur Leidenschaft steigerten. Er würde sich von mir losmachen, indem er mich in den *Blue Angel* schickte, und würde sich auf diese Weise die Unannehmlichkeiten eines Bruchs ersparen. Ein schlauer Plan, der jedoch durchkreuzt, vereitelt worden war, seit er mich im Bann der überlieferten mittelalterlichen Legenden und von ihrer anachronistischen Unduldsamkeit eher verzaubert als verärgert sah. Anstatt mir wie alle meine durch den Film reich gewordenen Kollegen eine Villa am Strand von Sabaudia südlich von Rom bauen zu lassen, hatte ich mich in diesen ungastlichen Turm zurückgezogen; und als ganz Italien, nach zwanzig Jahrhunderten der Unterdrückung ohne Fesseln erwachend, seinem Verlangen nach Sinnenlust freien Lauf gab, predigte ich das Absolute, die Abgeschiedenheit, die Einsamkeit, den Tod.

Ach! Jetzt überblickte ich mein ganzes Leben in einem neuen Licht. Als die Gesellschaft in Mosis Halseisen erstickte, hatte ich mich für die Freiheit geschlagen, allein gegen alle; man wies mit dem Finger auf mich, prangerte mich an, verunglimpfte mich; ich war der letzte der Menschen, wie ich in der Presse beschimpft wurde. Heute nun hatten sich die Dinge von Grund auf verändert, aber ich, ich wollte, ich mußte derselbe bleiben: allein gegen alle, wie früher; die Seichtheit der Sitten geißelnd, so wie ich deren Tyrannei angegriffen hatte; ein ebensolcher Skandal in der Überflußgesellschaft, wie ich es im katholischen und patriarchalischen Italien gewesen war. Sie wiesen mit dem Finger auf mich, prangerten mich an, verunglimpften mich – dieselben, die ich zur Auflehnung angestachelt hatte und die meine Meinungsänderung verblüffte; ich wurde verachtet als der letzte der Menschen, in einem Augenblick, da ich verdient hätte, als Prophet gefeiert zu werden. Dies war meine Mission auf Erden: mich zu widersetzen, nein zu sagen; während alle meine Zeitgenossen sich am Licht berauschen würden, mich zu entschließen, ins Dunkel zu tauchen. Und falls Gott oder das Schicksal geruht hatten, aus mir einen Außenseiter des Sex zu machen, dann wollte ich ihr Vertrauen nicht dadurch mißbrauchen, daß ich an der Tür das *Blue Angel* läutete. Wenn mir dieses Unterscheidungsmerkmal auf der Haut geschrieben stand, dann würde man mich nicht in die Menge hinabsteigen sehen, um meinen Anteil am Amüsement zu fordern. Als andersartig geboren, würde ich meinen Weg bis zum Ende gehen; ich würde den Gipfel der Überspanntheit erklimmen; der Ebene, in der das zum Götzen gemachte Glück Millionen von glühenden Verehrern anlockt, den

Rücken kehren und durch enge Täler zu den unfruchtbaren Bergkuppen hinaufsteigen, auf denen man nur Ekstase oder Verdammnis finden kann. Keine Verachtung würde aus meinen Augen leuchten, wenn ich von meiner Höhe herab zurückschauen würde. Die Masse muß glücklich sein, damit eine kleine Anzahl sich verdammt. Selbst gegen Danilo empfand ich weder Zorn noch Groll. Gerade, daß er mich ein wenig dauerte, wegen seines legitimen Strebens, eine Familie zu gründen und sein Herz zu erwärmen. Nun sind wir also am Scheideweg angelangt, dachte ich. Ich sagte es mir nicht ohne Schmerz, denn wer sich ohne die Möglichkeit der Rückkehr in eine unbekannte Richtung aufmacht, der kehrt betroffen und niedergeschlagen zu alldem zurück, was er verläßt. Als ich das deutliche Geräusch der Axt hörte, das kräftig im Unterholz widerhallte, stiegen mir die Tränen in die Augen. Zu spät, es war zu spät, von einer friedlichen Idylle inmitten der Stille der Wälder zu träumen. Bald würden wir in zwei entgegengesetzte Himmelsgegenden aufbrechen, bald würde ich in eine Welt hinweggerafft werden, die niemand je mit einem Begleiter betreten hat. Aber ich wollte in dieser letzten Stunde meines Lebens durch eine Minute der Erregung nicht das große und schreckliche Privileg verlieren, für das ich geboren war.

Wir begaben uns regelmäßig zum Idroscalo. Widerwillig er, ohne irgendwelche Freude ich. Ich legte meinen Gürtel ab, hielt ihn Danilo hin. Resigniert ließ er den Riemen zischen, bevor er mir den Rücken peitschte. »Fester!« sagte ich. »Fester!« Nach und nach ereiferte er sich und schlug bis aufs Blut. Beim ersten Tropfen ließ er sich auf die Knie fallen, barg das Gesicht in seinen Händen und murmelte, den Körper von Schauern geschüttelt: »Genug! Genug!« Das war der Augenblick, den ich wählte, um ihn auf den Rücken zu werfen oder ihn bäuchlings auf den Boden zu strecken und ihn in die Stellung zu zwingen, in der ich ihn an diesem Tag zu demütigen wünschte. Er fügte sich gehorsam meinen Forderungen, erleichtert, daß er nicht mehr die Rolle des Peinigers zu spielen brauchte. In der inneren Unruhe, der Leidenschaft, im Unvorhergesehenen unserer Phantasien fanden wir eine Art glücklicher Unschuld wieder, obwohl unser Lager nichts anderes war als ein Bett aus Abfällen und unser

Stimulans zur Liebe diese schäbige Landschaft, in der uns selbst die Möwen, wenn sie über unseren Köpfen flogen, das wachsame Auge auf die grauen Fluten des Meeres gerichtet, ihre Mißbilligung zuzukreischen schienen.

Wessen würde es noch bedürfen, um ihn zum Äußersten zu treiben und ihn zu zwingen, Schluß zu machen? Ein Bedürfnis Danilos bot mir die Gelegenheit, auf die ich wartete. Er hatte sich an den Rand des Fußballfeldes entfernt. Ich sah, wie er sich mit gespreizten Beinen vor den Pfosten stellte. Plötzlich, ohne zu überlegen, was ich tat, stützte ich mich auf den Ellenbogen, um ihn zurückzurufen.

»Komm her, Danilo!«

Dieser herrische Ton überraschte ihn. Er drehte den Kopf, und ohne sein Glied loszulassen, das er zwischen Daumen und Zeigefinger hielt, näherte er sich mit hochgezogenen Brauen.

»Auf mich, Danilo, auf mich!«

Er verstand nicht gleich, was ich von ihm wollte. Ich hatte mich auf den Rücken gewälzt, die Arme verschränkt, die Augen geschlossen. Krampfhaft lächelnd flüsterte ich: »Tu es mir zuliebe, Danilo.«

Wegen meiner wiederholten Drohungen und Bitten bequemte er sich zu guter Letzt, brach aber sofort in Tränen aus und beschwor mich, ihn nie wieder zu einer Schweinerei zu zwingen, die ihn so sehr abstieß.

»Wir sind schließlich keine Hunde!« jammerte er zwischen zwei Schluckaufs.

Ich riß ihn an mich und sagte ihm mit wilder Freude ins Ohr: »Eben weil wir keine Hunde sind, wollen wir etwas versuchen, was zwei Hunde niemals wagen würden.«

Entsetzt trat er einen Schritt zurück.

»Nein! Nein!« flehte er. »Das nicht, Pier Paolo.«

Und da er mich in einer Stellung niedergekauert sah, die ihm bestätigte, daß er meine Absicht richtig erraten hatte und daß ich es nicht bei Worten bewenden lassen würde, wich er weiter zurück, bis an den das Terrain eingrenzenden Zaun.

»Du bist verrückt, Pier Paolo, du bist total verrückt!«

Indem er mir immer wieder mit betroffenem Staunen »Du

bist verrückt! Du bist übergeschnappt!« vorwarf, hob er ein Brett auf, das sich von der Einfriedung gelöst hatte.

»Komm hierher!« befahl ich ihm.

Ich hatte mich wieder auf den Rücken fallen lassen.

»Danilo!« sagte ich noch einmal.

Und leiser, fast hauchend: »Niletto!«

Er näherte sich auf Zehenspitzen. Aus dem Augenwinkel beobachtete ich seine Bewegungen. Er trug das Brett so vor sich her, daß es seine Blöße knapp bedeckte und er genötigt war, dessen Position bei jedem Schritt zu korrigieren. Noch überraschter war ich, zu sehen, daß er sich jäh bückte, sein Kleiderbündel aufraffte und losrannte, um sich hinter dem Zaun wieder anzuziehen, und zwar mit einer unvermuteten Scham, die aufschlußreicher für mich war als sein Stottern und seine Tränen.

Wäre noch Zeit gewesen, ihn zurückzuhalten? Eine ungeheure Kraft nagelte mich rücklings am Boden fest. Meine gespreizten Arme klebten wie eine träge Masse am Schlamm. Ich blickte zu den Möwen auf, die über dem Tiber kreisten, sich dann auf ihren leisen Flügeln gleiten ließen. Regenschwangere Wolken schickten sich an, über dem Uferstreifen zu bersten. »Niletto! Niletto!« Mein Seufzer dehnte sich zu einem verzweifelten Murmeln. Obwohl das Verlangen, Danilo an mich zu pressen und wieder glücklich mit ihm zu sein, mich erbarmungslos quälte, hinderte mich ein geheimnisvoller Wille, dem ich gehorchen mußte, mich zu erheben und ihn in der Richtung suchen zu gehen, in die er verschwunden war. Ich hatte keine Macht über meinen Körper. Eine leere Hülle lag im Dreck. Endlich drang von der Warte her – er war demnach schon bis zur Höhe meines Wagens gekommen – seine verschwommene Stimme durch die feuchte Luft zu mir herüber. »Du hast es so gewollt!« schrie er mir zu. Ich ahnte, daß er all seine Kraft zusammengenommen hatte, um mir diese Herausforderung entgegenzuschleudern – vielleicht breitbeinig dastehend, die Faust in die Hüfte gestemmt wie die Burschen Roms, wenn sie einander den Kampf ansagen. Nur daß ihm die letzte Silbe in der Kehle steckenblieb und daß sie in einem Schluchzen erstarb.

52

Unter den Namen der Verdächtigen, die wegen der Ermordung des Brigadiere Pasquale Esposito festgenommen worden waren, las ich mit Erstaunen den von Walter Tucci. Trotz des Bartes, der sein vorspringendes Kinn verdeckte, erkannte ich auf dem Zeitungsfoto das hagere und hochmütige Gesicht dessen wieder, der, nachdem er in der Gruppe 63 aktiv gewesen war, als der Anführer der römischen Kolonne der Roten Brigaden galt. Der grausame Tod von Feltrinelli, der auf einem Hochspannungsmast durch die vorzeitige Explosion der Bombe zerfetzt wurde, die er gerade scharf machen wollte, schien mir weniger gräßlich als die kaltblütige Hartnäckigkeit dieses jungen Mannes, dessen destruktive Neigung sich nicht mit literarischen Polemiken zufriedengab.

Vielleicht ekelte ihn ebenso wie mich das Schauspiel an, das die Jugendlichen Roms nunmehr Tag und Nacht mit der laschen Zustimmung der Behörden an den Orten boten, die sie besetzt hielten: rund um die Fontana di Trevi, auf den Stufen der Piazza di Spagna, auf der Piazza Navona, der Piazza del Pantheon, der Piazza Farnese (am frühen Morgen von leeren Injektionsspritzen übersät), dem Campo de' Fiori, den sonst so schönen Vorplätzen von Santa Cecilia in Trastevere und von Santa Maria. Verkommen, dreckig, vertiert, unter dem Einfluß von Drogen stehend, Jungen und Mädchen in Decken eingerollt und im Freien schlafend, aber trotz dieser allgegenwärtigen Promiskuität unfähig der Zärtlichkeit, was mich am meisten verwunderte. Sie ignorierten einander und blickten stur vor sich hin, ohne ein Lächeln für ihren Nachbarn. Eher maulfaul als schweigsam, traten sie aus ihrer Apathie nur heraus, um mit einem unartikulierten Grunzen einen *chewing-gum* zu fordern oder ihren *joint*, wenn sie an der Reihe waren. Natürlich lange Haare bei beiden Geschlechtern, obwohl diese problematischen langen Mähnen, einst Kokarde der männlichen Auflehnung, den Burschen nur noch dazu dienten, zu demonstrieren, daß sie gleichgültig und zu faul waren, zum Frisör zu gehen.

Die schönste Stadt der Welt war ihnen in die Hände gefallen! Aber das wäre noch zuviel der Ehre, ihnen eine dem

Kriegsgott entlehnte Metapher zuzuerkennen. Denn wenn sie in ihrem pittoresken Aufzug und mit den bunten Einsatzstücken in ihren Hosen auch an die Landsknechte Karls des Fünften und an die alten Haudegen erinnerten, die Rom geplündert hatten, so wohnte keinerlei Wille, irgend etwas zu tun, ob im guten oder im bösen, auf dem Grunde ihrer glanzlosen Augen.

Piazza Navona, sechs Uhr abends. Ein Kerl, schön wie Christus mit seiner glatten Stirn, seinen ausgezehrten Wangen und seinem acht Tage alten Bart, versuchte, die Schaulustigen anzupumpen, die in lockeren Wellen in die Arena strömten und vor den Auslagen orientalischer Spielwaren und indischer Saris verharrten, weil sie nicht verpassen wollten, was sie für eine historische Attraktion hielten. »Hundert Lire, gibst du mir hundert Lire?« wiederholte er mit tonloser Stimme. Auf der Erde lagen mit dem fünfzackigen Stern verzierte Flugblätter umher, auf denen die Roten Brigaden die Knechtschaft der Lohnabhängigkeit anprangerten und zum Aufstand gegen jede Form von bezahlter Arbeit aufriefen. »Hundert Lire, hundert Lire, gibst du sie mir?« Empört, die revolutionäre Rhetorik zur Rechtfertigung eines Nichtstuers angewandt zu sehen, wartete ich, bis er nahe genug an mir vorüberging, um ihm ins Ohr zu flüstern: »Du kriegst hundertmal mehr, wenn du mitkommst Liebe machen.« Glaubst du, der kleinste Funke von Begierde wäre in seiner Pupille aufgeblitzt? Er wich erschrocken zurück und nahm seine Zuflucht zu der einzigen Beschimpfung, die ihm sein beschränkter Verstand eingab: »Dreckiger Faschist!« Ich hätte lachen sollen, aber an jenem Tag, nach Danilos Telefonanruf – »Wir haben den Termin festgesetzt, weißt du, unmöglich, länger zu warten, Annamaria ist im vierten Monat . . .« –, war meine Reaktion, daß ich dem Kerl an die Gurgel fuhr und ihn aufs Maul schlug. Zu lasch, sich zu wehren, begnügte er sich damit, ein Gewimmer auszustoßen, das die Aufmerksamkeit der Neugierigen auf uns zog. Eine Kleinbürgerin, die zwischen den Schlafsäcken umherschlenderte, um sich an einem Schauspiel zu weiden, über das sie sich an der abendlichen Familientafel entrüsten würde, erkannte mich. »P. P. P.!« begann sie zu kreischen. »Nehmt eure Kinder in acht!« Ein Auflauf bildete sich vor der Fassade von Saint'Agnese. Keiner wußte, was los war, aber jeder wollte mitreden. »Faßt ihn! Laßt ihn nicht entwischen! Endlich hat man mal einen von den Kerlen!« Wollten sie mich lynchen? »Die Kinder! Nehmt eure Kinder in acht!« Irgend jemand schrie plötzlich noch idiotischer: »Bildet keine Gruppen! Sie werden schießen!« Die sinnlose Angst vor den Kugeln der Terroristen zerstreute die Menge in alle vier Ecken des Platzes. Allein geblieben vor dem Gittertor der Kirche, an der Stelle, an der mich die Rasenden in die Enge getrieben hatten, wischte ich mir den kalten Schweiß von der Stirn. Ich war noch einmal davongekommen. Sie waren geflohen, ohne sich umzudrehen, dumm genug, zu glauben, daß aus dieser Masse von Schmarotzern ein Mörder auftauchen könnte.

Stumpfsinnig oder kriminell: Gab es denn keine andere Alternative für die Jugend meines Landes? Neue Attentate, neue Massaker. Acht Tote, vierundneunzig Verletzte in Brescia nach der Explosion einer Bombe in einem Papierkorb auf der Piazza Grande. Zwölf Tote, hundertfünf Verletzte im *Italicus*, dem Schnellzug aus Rom, kurz vor dem Bahnhof von Bologna in die Luft gesprengt. Zu Beginn der Frühjahrswahlen sechs kommunistische Funktionäre auf offener Straße durch Genickschüsse umgebracht. Die extreme Rechte hatte die Mörder bewaffnet. In meinen Artikeln im *Corriere della Sera* klagte ich die gesamte Gesellschaft an, Mandantin des Blutbades zu sein.

Vor mir geht ein Pärchen. Der junge Mann hat seinen Arm um die Hüfte seiner Begleiterin gelegt. Ein reizendes Bild, das uns an die einfachen und rechtschaffenen Sitten des alten Italien erinnern sollte. Nur daß beide Bluejeans der Marke »Jesus« tragen, die erst kürzlich auf den Markt gebracht wurde. »Wer mich liebt, der folge mir«, sehe ich an auffallender Stelle auf der Hose vermerkt. Ich mag mir die Augen noch so sehr reiben, die Aufschrift ist nach wie vor da. Sie zieht sich über die Rundungen ihrer Gesäße. »Wer mich liebt, der folge mir« in flammenden Buchstaben. Der *Osservatore Romano* hat beim Auftauchen dieses blasphemischen Slogans laute Schreie von sich gegeben, die bald zu resigniertem Lamentieren wurden; und in einvernehmlichem Schweigen endeten. »Du sollst keine anderen Jeans haben neben mir«, diese Reklame steht regelmäßig in den Zeitungen. Der Vatikan, machtlos geworden, protestiert nicht einmal mehr. Nun ja, werden Sie mir sagen, es wäre doch nur recht und billig, sich zu beglückwünschen, daß der weltliche Arm der Kirche nicht mehr lang genug ist, die Gotteslästerer zu erreichen und zu bestrafen, wenn man den Erfolg der »Jesus«-Jeans einem Sieg des profanen Scharfsinns zuschreiben könnte. In Wahrheit leben wir aber in einer Zeit, in der die Religion, die drauf und dran ist, als Autorität und als Form der Macht zu verschwinden, als von der Konsumindustrie benutzte Werbung überlebt; in einer Zeit, in der die religiösen Werte gestorben sind, ohne daß neue ihren Platz eingenommen haben. Man hat das Kind mit dem Bade ausgeschüttet, wie die Deutschen sagen. Man darf sich daher nicht wundern, wenn sich an dem mit dem süßen Namen Jesus geschmückten Gesäß die Ausbuchtung einer Smith & Wesson, Kaliber 38, abzeichnet und darauf wartet, Feuer zu spucken.

Ich wäre wohl weniger stolz auf diese letzte Formulierung gewesen, hätte ich geahnt, welchen Skandal sie heraufbeschwören würde; weit sensationeller gelegentlich dieser kurzen, aus der Beobachtung des täglichen Lebens geschöpften Apologie, als wenn ich gegen das Fernsehen, die allgemeine Schulpflicht, die Democrazia Cristiana oder die Abtreibung wetterte. Gott allein weiß, warum diese Assoziaiton Gesäß – Jesus – P 38 (die in der Tat bestand und nicht Frucht meiner Phantasie war) so ein Zetergeschrei auslöste. Die Linke fiel als erste über mich her. Ich griffe die Verfassung an, so die *L'Unità. Paese Sera* nannte mich einen Neoaristokraten und zurückgekehrten Franziskaner. »Umherirrender Asteroid«, war ich für *Il Giorno.* »Narziß, Gefangener seines Spiegels« für *Avanti*, »pathologischer Kurzsichtiger« für *Aut.* Gemeine Beleidigungen wie »Fetischist, der bei seinen Spaziergängen durch die Ewige Stadt von seinen Landsleuten weniger enttäuscht sein würde, wenn er die Nase über ihre Gürtellinie erhöbe«, wechselten ab mit der abgefeimten Persiflage »Savonarola, der sich im Jahrhundert geirrt hat, Fanatiker, der möchte, daß man in unseren Geschäften noch braunen Kuttenstoff verkauft«. Die Rechte bezeichnete mich ganz einfach als einen Menschen, den man niedermachen müsse. Man zerrte wieder die Affären von Anzio, von der Via die Panico, von dem Colt mit den goldenen Kugeln ans Licht. Man ging bis nach Valvasone zurück, und der Schrei, den ich auf der Piazza Navona gehört hatte: »Nehmt eure Kinder in acht!«, wälzte sich von dem einen Ende der Halbinsel bis zum anderen. Der Postbote brachte mir jeden Morgen Todesdrohungen, mit gekreuzten Knochen unterzeichnet. Ich mußte meinen Telefonanschluß ändern lassen und meine Nummer geheimhalten. An einem Oktobertag erschien ich blutüberströmt vor Mama. Das war aber nicht nach der Rückkehr von einem meiner verstohlenen Ausflüge in die Bahnhofsgegend, sondern am frühen Nachmittag, als ich aus dem Hotel Hassler kam, wo ich mit dem Produzenten meines neuen Films gespeist hatte. Am hellen Tag, um drei Uhr, unter den gleichgültigen Blicken von Dutzenden apathischer Burschen, denen die Philosophie der Gewaltlosigkeit als Vorwand diente, um auf den Stufen liegenzubleiben, griffen mich junge Schläger am unteren Ende von Piazza die Spagna an. Ich sah Hakenkreuze am Aufschlag ihrer Blousons. Sie hieben mit Ketten auf mich ein und flohen auf schweren japanischen Motorrädern. Einen Monat, bevor ...

Ach! Wie verlockend wäre es, das, was in der Nacht vom 1. zum 2. November geschah, als das Ende der Verschwörung hinzustellen, die sich schon seit langem im verborgenen zusammenbraute! Ein Wagen, der an der Bar Italia auf mich wartet und unauffällig gleich nach mir losfährt ... Drei, vier gedungene Mörder, die uns bis zum Idroscalo folgen und sich auf ihr Opfer stürzen ... Mit ihnen unter einer Decke steckend der Minderjährige, der aufgrund seines Alters mit nur ein paar Jahren davonkommen wird, wenn er sich bereit findet, den Mord auf sich zu nehmen ... Ein einwandfreies Szenarium, um mich von meinen nächtlichen Gepflogenheiten reinzuwaschen, um mich zwischen Winckelmann und Lorca in den Himmel zu heben! Ein plausibler Hinterhalt, eine vertretbare Wahrscheinlichkeit, die nach dem 2. November zur absoluten Gewißheit wird für meine Freunde, für meine Genossen der KP, für die Linke innerhalb und außerhalb Italiens, für alle die, denen die Liebe, die Sympathie, das politische Interesse oder die Parteilichkeit die Ermordung von P. P. P. auf einem öden Gelände als das logische Ergebnis der vor zwanzig Jahren begonnenen Verleumdungs- und Haßkampagne aufzeigen. Zwanzig Jahre lang haben die Presse, die Justiz und die öffentliche Meinung immer wieder Genehmigungen erteilt, ihn zu töten. An dem einen oder anderen Tag mußte man wohl zur Vollstreckung des Urteils schreiten. Und wo ließe sich ein seinen Verbrechen angemessenerer Rahmen finden als diese Geröll-und-Dreck-Wüste?

Für mich selbst wäre es von großem Vorteil, die These von einem Komplott in Anspruch zu nehmen. Werde ich diese Chance packen? Die Schande eines Sittlichkeitsverbrechens mit dem Ruhm einer Ermordung durch Faschisten tarnen? Noch einmal versuchen, was mir vor sechsundzwanzig Jahren in Valvasone so gut geglückt ist? Damals, bedroht von einer schimpflichen Anklage wegen Erregung öffentlichen Ärgernisses und Verführung Minderjähriger, hatte ich mir aus der Klemme geholfen, indem ich coram publico, in Anwesenheit der Schulbehörde, vor der ich bei der Jahrestagsfeier des Sieges die Ansprache hielt, tadelte, daß die Regierung Millionen vergeudete zur Errichtung von Denkmälern für die Gefallenen des ersten Weltkriegs. Ein Skandal, aber ein politischer Skandal, der meine Suspendierung beschleunigte, mich aber mit einer dünnen Märtyreraureole entließ. Ich bin heute nicht mehr siebenundzwanzig Jahre alt, ich bin dreiundfünfzig. Der Makel, der haftenbleibt, überall und immer, der Sexualskandal stimuliert mich, statt mich zu schrecken. Schlimm für die Vestalinnen der Revolution, die ein Feuer, ihr Mitleid zu erwärmen, verlieren werden. In der Stunde des Todes, in dem Augenblick, da ich vor Gott erscheine, kann ich nicht aus Gefälligkeit, nicht einmal meinen vertrautesten Freunden zuliebe, die reine Seele spielen. Die Wahrheit ist, daß ich mich, sowie ich ihn bemerkt hatte, meinen strahlenden und schamlosen Henker, gegen eine der Arkaden gelehnt, die Arme verschränkt und ein Lächeln auf den Lippen, bereit fühlte zur schändlichsten Kapitulation. Zwecklos der Versuch, erhobenen Hauptes von der Weltbühne abzutreten, sie unter Applaus zu verlassen. Das ist nicht mehr die Stunde der persönlichen Heuchelei noch die der Lüge für eine Sache, welcher auch immer. Diesen höchsten Augenblick nutze ich, die ganze Erbärmlichkeit meines Schicksals auf mich zu nehmen.

An diesem Samstag, dem 1. November, ging ich nach einem arbeitsreichen Tag – der Allerheiligen feiernde Postbote brachte mir weder Bitten um Interviews noch gekreuzte Knochen – gegen neun Uhr aus. Ich hielt Mama meine Stirn hin; sie musterte mich, bevor sie mich küßte.

»Bleib nicht zu lange, Pier Paolo, du bist abgespannt.«

»Aber nein, Mama, woraus schließt du das?«

Sie streckte die Hand aus und berührte mein rechtes Lid.

»Dein Lid hängt herab«, sagte sie zu mir, »das ist ein Zeichen.«

Ich zuckte zusammen. Woher wußte sie, daß mich seit fünfundzwanzig Jahren Caravaggios Gemälde quälte?

»Es ist wahr«, gab ich zu, mit einem Fuß noch im Bad. »Die Folge einer leichten Schlaflosigkeit. Ich esse mit Danilo und komme dann heim.«

»Warum besucht er dich nicht mehr?« fragte sie mich. »Warum höre ich ihn nicht mehr an der Tür läuten?«

»Aber du weißt doch, daß er verheiratet ist, Mama.«

»Ach, eine Frau hat ihn dir weggenommen, so ist es?« murmelte sie, ohne mich anzuschauen, als wäre es sinnlos, eine unvermeidliche Schicksalsfügung zu erörtern.

»Ich werde der Pate ihres Kindes sein!« erklärte ich, um sie zu beruhigen. »Sie haben mich darum gebeten, ich habe zugesagt. Und du, du wirst den Kuchen backen.«

Abermals den Blick hebend, sah sie mich ungewohnt eindringlich an.

»Du rauchst wieder zuviel, mein Kleiner. Tagtäglich füllst du mir zwei Aschenbecher mit Stummeln.«

Einer plötzlichen Eingebung folgend, sagte ich ihr ins Ohr: »Sei nicht traurig, Mama. Du wirst morgen nicht allein auf dem Friedhof sein.«

Jetzt zuckte sie zusammen. Sie wich zurück und fragte mich mit zitternden Lippen: »Nicht allein auf dem Friedhof? Was soll das heißen?«

»Ich werde mit dir gehen, Mama.«

»Das wird dann das erstemal sein, daß du dich entschließt, mich zu begleiten!« rief sie aus, wenn auch keinerlei Vorwurf in ihrer Stimme lag.

Alljährlich war der Allerseelentag Anlaß zu einem kurzen liebevollen Disput zwischen uns. Ich weigerte mich stets, ihr zu den Gräbern von Verano zu folgen, wo sie im Gedenken an Guido spazierenging, da sie seine Ruhestätte in Casarsa nicht schmücken konnte.

»Adieu«, murmelte sie auf der Türschwelle. Sie segnete mich mit einem Kreuzzeichen.

»Guten Abend, Mama!«

Mit einem Satz sprang ich die ersten drei Stufen hinab. Worüber machte sie sich Sorgen? Solange ich mein linkes Lid beherrschte, war keine Gefahr für mich in Sicht. Dem Schwur nach, den ich damals im ersten Stock der Villa Borghese getan hatte, brauchte ich nicht auf der Hut zu sein; zwar konnte ich mich altersmäßig jetzt mit Goliath vergleichen, doch hatte das Schicksal den noch nicht bestimmt, der mein David sein würde; und nichts würde mich heute nacht, ebensowenig wie in den anderen Nächten, daran hindern, mein Glück auf dem Bahnhofsvorplatz zu versuchen, nachdem ich mit Danilo gespeist hatte.

53

Ich traf ihn in einer Trattoria unweit von San Lorenzo, wo er mich mit seiner Frau erwartete. Einmal im Monat aßen wir jetzt dort ein Nudelgericht mit gebackenen Auberginen. Nie Fleisch: Danilo hatte seine Abneigung gegen Geschlachtetes auf mich übertragen. Der Wirt, ein Freund – wir nannten ihn vertraulich Peppone, wegen seines Leibesumfangs –, machte für uns eine Ausnahme, als er an dem Abend sein Lokal öffnete. Die aus den Abruzzen abgewanderten Arbeiter, die das Gros seiner Kundschaft waren, kehrten an den Wochenenden in ihre Berge zurück. Ob geschlossen oder nicht, Peppone weigerte sich nie, uns zu bedienen. Eines der letzten Gasthäuser Roms, wo man sich die eiserne Jalousie hochziehen lassen konnte, wenn man den Inhaber kannte. Zwischen dem Salz und dem Pfeffer duftete statt der Ketchup-Flasche eine Untertasse mit frischem Majoran auf den Tischen.

Auch Annamaria liebte dieses kleine Lokal wegen seiner rustikalen Einfachheit, während Danilo ein richtiges Restaurant vorgezogen hätte. Wie sehr sie sich doch seit ihrer Eheschließung verändert hatte und wie sympathisch ich sie nach dieser Metamorphose fand! Keine Vorlesungen mehr an der Hochschule für Architektur, keine Studien mehr, kein intellektueller Ehrgeiz mehr. Die bevorstehende Mutterschaft hatte das Wunder bewirkt, sie in die Welt des Aberglaubens ihrer Kindheit zurückzuversetzen. In Pachino bei Avola geboren, dieser Hauptstadt der Mandeln, aus der ihr Vater die Rezepte für die Petits fours mitgebracht hatte, überließ sie sich den absurdesten und charmantesten Anschauungen des sizilianischen Volksglaubens. In ihr lebte der poetische und legendäre Süden wieder auf, wo die Mütter eine Schere über das Babykörbchen hängen, damit sie die bösen Geister zerschneide, die es wagen sollten, ihr Kind zu belästigen. Annamaria drehte sich beim Anblick einer schwarzen Katze wie ein Kreisel um sich selbst; vom Spaziergang heimkehrend, warf sie Salz über ihre Schulter, wenn sie einer Nonne mit Haube begegnet war; sie hielt ständig ein fertiges Gedeck in ihrem Speisezimmer bereit, für den Fall, daß ein aus der anderen Welt zurückkommender Ahn sie unerwartet besuchen sollte. Sie beobachtete eine Menge Riten, die mir wegen ihrer offensichtlichen Naivität und ihrer verborgenen Weisheit gefielen. Ich schimpfte mit Danilo, weil er sie als Kindereien verspottete. Mama hatte auf dem Totenbett meines Vaters eine Ecke der Matratze aufgetrennt, damit sich die Seele des Verstorbenen zum Himmel aufschwingen konnte. Derartige Bräuche, die einige ältere Bäuerinnen im Friaul noch praktizierten, würden bald in ganz Italien, von einem Ende bis zum andern, verschwunden sein; außer auf Sizilien und im äußersten Süden, wohin ich mich zu guter Letzt vielleicht zurückziehen würde, wenn diese überall verbreitete ansteckende Krankheit auch Neapel heimsuchte.

An jenem Abend glich Annamaria mit ihren vollen, schwarzen, zu einem Kranz zusammengerollten Haarflechten und ihrer schneeweißen Haut – nie würde sie Arme, Hals und Gesicht der Sonne aussetzen – einer jener archaischen Matronen, deren klares Profil die in den Ruinen von Syrakus ausgegrabenen Medaillen ziert. Die leere Betriebsamkeit des jungen Mädchens war ohne Zwischenstufe dem gesammelten Ernst der Mutter gewichen. Aus diesem Grunde litt ich ohne Zweifel weniger, wenn ich Danilo wiedersah, den sie mehr wie einen Sohn als wie einen Liebhaber behandelte. Sie waren kein Paar, das mich ausschloß. Neben ihnen hatte ich das Gefühl, an der ewigen Ordnung der Dinge teilzuhaben, wieder meinen Platz in der Harmonie des Universums einzunehmen. Ja, Annamarias stille Schönheit, ihre bedächtige Art, ihre mehr animalische als menschliche Fürsorglichkeit haben mir ermöglicht, die Taue zu kappen, die mich mit der Vergangenheit verbanden. Dank ihr habe ich Eifersucht, gegenseitige Beschuldigungen, Gewissensprüfungen, steriles Wiederkäuen, blinde Verzweiflung, wütendes Gegen-die-Wand-Anrennen vermeiden und in voller Klarheit und Entschlossenheit dem letzten Abenteuer meines Schicksals entgegengehen können. (Niemand möge auf den Gedanken kommen, einen ursächlichen Zusammenhang zwischen der bitter-süßen Stunde, die ich mit diesem Paar verbracht habe, und dem herzustellen, was mir wenig später in derselben Nacht zugestoßen ist – was ich mir habe zustoßen lassen. Man versuche nicht, die fieberhafte Überstürzung und die fügsame Unterwerfung, die der Geschichte meines irdischen Lebens ein Ende gesetzt haben, mit gemeinhin psychologischen Gründen zu erklären.)

Annamaria hatte die Wirtin gebeten, ihr Bescheid zu sagen, sobald das Wasser zu kochen anfinge. Die kurz vor der Niederkunft stehende junge Frau wollte die Spaghetti selbst hineinwerfen; ein Mittel, das Geschlecht des Kindes vorweg zu erkennen, je nachdem, ob sie auf den Boden des Topfes sanken oder sich oben hielten. Altes magisches Rezept, von der Großmutter aus Pachino der Runde um die Rebholzfeuer überliefert.

Danilo sah ihr nach, wie sie, ohne Anmut, aber nicht ohne Würde, vorsichtig über die vom allwöchentlichen Aufwischen am Samstag noch glitschigen Fliesen schritt, zur Küche hin, hob die Schultern mit einem Lächeln, stieß mich dann mit dem Ellenbogen an und sagte, während der herkulische Peppone mit einer einzigen Bewegung seines dicken Unterarms das Eisengitter wieder herunterließ, mit leiser Stimme zu mir: »Ich bin heute Bernardo begegnet.«

Von dem metallischen Geräusch in das Bologna meiner Jugend zurückversetzt, reagierte ich nicht sofort. Mit Giovanna, mit Enrico, mit Mathias, mit Daniel, seit langem in meinem Gedächtnis verschwommene Gestalten, die jedoch urplötzlich so deutlich wieder vor mir auftauchten, als hätte ich mich erst gestern abend von ihnen verabschiedet, zogen wir von Espresso zu Espresso, bis uns der Wirt in vorgerückter Stunde hinauswarf, indem er uns mit dem hölzernen Ende seiner Hakenstange in den Rücken schubste. Das Rasseln des Gitters, das hinter uns niederfiel, erfüllte die nächtliche Stille. Rechts und links erstreckten sich die finsteren Reihen der Arkaden. Wir warteten, bis das von Bogen zu Bogen rollende Echo das Ende der Straße erreicht hatte, und setzten uns dann in Marsch. Ein leichter Nebel wogte unter den Gewölben. Der Milchjunge, auf den Pedalen seines Fahrrades balancierend, bog pfeifend aus einer Seitenstraße ein und stellte seine Flaschen in die aus den Fenstern hängenden Eimer. Von meinen Büchern würde vielleicht nichts bleiben, Via Eufrate würde an einen anderen Besitzer übergehen, er würde meinen Namen auf dem Türschild austauschen, und alles wäre gesagt. Aber diese Bilder, die das Beste in meinem Leben zusammenfaßten, diese flüchtigen Impressionen – ein offenes Portal, das auf den Hof eines Palazzo führte, eine Laterne, die an einem Draht zwischen zwei Häusern schaukelte, der schwache Hauch unseres Atems in der kalten Luft, die Säulenflucht vor uns, die rosaroten Spiegelungen der Gäßchen in der zitternden Dunkelheit, die ebenso rasch verschwundene wie gesichtete Silhouette eines Pärchens, diese Geräusche von Schritten, von Stimmen, von letzten verstummenden Lauten, einem Lied, das auf den Lippen eines späten Passanten erstirbt –, diese Augenblicke, die ich für tot gehalten hatte und die mit der ungebrochenen Kraft der Erregung jäh wiederauflebten, würden ausreichen, mein halbes Jahrhundert Erdenwandern zu rechtfertigen.

Danilo mußte seinen Satz wiederholen.

»Bernardo ... Bernardo Bertolucci! Träumst du?«

»Oh!« sagte ich, noch immer verärgert, von meinem ehemaligen Schüler, dem ich zu den heroischen Zeiten meines Filmdebüts vertraut hatte, so maßlos unverschämt behandelt worden zu sein.

Die Sache hatte sich im vergangenen Sommer zugetragen. Während ich in Mantua das Werk drehte, das mein postumes werden würde, nahm er in Parma *Novecento* auf: einen Kolossalstreifen, finanziert von Amerika nach dem unverdienten Erfolg von *Der letzte Tango von Paris.* Seit neun Monaten stolzierte er im Atelier umher und hatte Zeit und Geld, soviel er wollte, zur Verfügung, während mein Produzent mir nur ganz erbärmliche Hilfsmittel und zwei Monate Frist bewilligte. Hatte Bernardo seinen Unterricht in Trastevere vergessen? Hatte ich ihn, unbekannt und ohne Qualifizierung, nicht zum Assistenten für meinen ersten Film erwählt? Undank und Dünkel! Sich nicht ein einziges Mal die Mühe zu machen, mich in Mantua zu besuchen, von wo er nur sechzig Kilometer entfernt war! Und dann diese quälende Erinnerung an das Fußballspiel! Ich hatte seiner Truppe den Fehdehandschuh hingeworfen. Wir waren vielleicht ärmer und gezwungen, uns mit Notbehelfen aus der Affäre zu ziehen, aber was die physische Gesundheit und die Muskelkraft betraf, da wollten wir es ihnen zeigen, diesen Städtern, die in großen Limousinen aus Rom angerauscht waren und sich anmaßten, die Bauern der emilianischen Ebene zu verstehen und die Seele des Landvolkes wiederzugeben. Ich traf an der Spitze von rund einem Dutzend robuster Burschen, den Beleuchtern und den Tischlern meiner Truppe, in einem Leihbus in Parma ein. Als Fetische trugen wir Trikots mit dem Emblem der Elf von Bologna. Nun gut, es wurde eine Schlappe, ein ernüchterndes Vier zu Null; für mich, doppelt getroffen in meinem Kirchturmpatriotismus und in meinem sportlichen Stolz, eine regelrechte Demütigung. Anschließend mußte ich, begleitet vom gönnerhaften Lächeln Bernardos, das Maisfeld besichtigen, auf dem er eine Eisenbahnstrecke hatte aufbauen lassen, für eine amerikanische Einstellung von dreißig Sekunden Dauer; ich fühlte mich jedoch, als Ästhet, nicht berechtigt, diese kostspielige Laune zu kritisieren, denn die katastrophale Fußballpartie hatte den Mythos von der naturgemäßen

Überlegenheit des Proletariers über den Bourgeois Lügen gestraft. Eine neue Schande, aus der mich im letzten Augenblick ein grober Schnitzer Bernardos rettete. Ich dachte noch darüber nach, wie ich ihm sagen sollte, daß es römischen Intellektuellen niemals gelingen würde, die Geschichte des ländlichen Italien in einem glaubwürdigen Fresko nachzugestalten, und welche Szene sehe ich ihn gerade anleiten? Ein Bauer auf einer Kuh reitend! Und das, um mit einem gewissermaßen eindrucksvollen Bild zu zeigen, was man 1945 mit den in den Dörfern verhafteten und dem allgemeinen Gelächter preisgegebenen Kollaborateuren machte. »Das Rückgrat einer Kuh hält aber das Gewicht eines Menschen nicht aus!« rief ich, während Bernardo seine Akteure vergeblich drängte, diese unsinnige Anweisung auszuführen. Und ich schloß, heilfroh, durch diesen Seitenhieb unser verhängnisvolles Vier zu Null mit einem Schlag auszugleichen: »Kein Bauer auf der Welt würde aus keinem politischen Motiv eine Kuh einer solchen Quälerei aussetzen.«

Seit diesem Zwischenfall hatte ich Bernardo nicht mehr wiedergesehen.

»Na und?« sagte ich zu Danilo, der zögerte zu sprechen.

»Er hat eine private Vorführung deines Films besucht, weißt du. Er übermittelt dir seine Glückwünsche. Nur, hat er hinzugefügt, bestelle Pier Paolo, daß der blühende Baum, unter dem die Flüchtende getötet wird, kein Weißdorn ist, wie im Kommentar behauptet wird. Richte ihm meine Worte genau aus, kapiert? Sag ihm, daß kein Bauer auf der Welt aus keinem politischen Motiv einen Weißdorn nennen würde, was ein Kirschbaum ist.«

»Ein Kirschbaum?« stammelte ich.

»Du hast ihn mächtig geärgert, so daß er dir deinen Ausspruch Wort für Wort zurückgibt!« rief Danilo hellauf lachend aus, ohne meine Verwirrung zu bemerken.

»Danilo«, sagte ich und legte ihm meine Hand auf den Arm.

Er sah mich totenblaß und bestürzt.

»Pier Paolo, du wirst es doch nicht tragisch nehmen, daß du zwei Bäume verwechselt hast! Es ist schon so lange her, daß du das Friaul verlassen hast!«

Idiotische Reaktion auf ein belangloses Versehen; aber ich fühlte mich so tief gedemütigt, als hätte man mir bewiesen, daß der Dialekt meiner ersten, in Casarsa verfaßten Gedichte nichts anderes wäre als künstliche Folklore, als Schund. Mithin Illusion, meine bäuerliche Herkunft? Blendwerk, das Paradies meiner Kindheit? Betrug, der Mythos dieses erlösenden Eden? Worin unterschied ich mich von der Masse der Kleinbürger meines Landes, wenn ich mit ihnen ihre sprichwörtliche Unkenntnis der Natur und ihre Verachtung der Grundbegriffe der Botanik teilte?

Annamaria erschien auf der Schwelle zur Küche.

»Nun?« rief Danilo ihr zu.

»Die Spaghetti haben sich oben gehalten, es wird ein Junge.«

Sie stand in ruhiger, üppiger Majestät im Türrahmen.

»Und wie soll der Junge heißen?« fragte ich sie. »Hast du seinen Namen in den Wasserblasen gelesen?«

Die Antwort überraschte mich.

»Wir haben beschlossen, ihn Pier Paolo zu nennen.«

»Pier Paolo?« stotterte ich.

Danilo warf mir einen flüchtigen Blick zu.

»Annamaria hat sich auf diesen Namen versteift«, sagte er, plötzlich beunruhigt, daß mir ihre Wahl anmaßend scheinen könnte.

»Nein«, erklärte ich, »so dürft ihr ihn nicht nennen.«

Sie schauten mich verdutzt an.

»Das dürft ihr nicht ... Das dürft ihr nicht.«

Annamaria näherte sich dem Tisch.

»Dann willst du also nicht mehr sein Pate sein?« fragte sie mich unbefangen.

»Das ist es nicht, nein ...«

»Pier Paolo«, rief Danilo mit dem ganzen Ungestüm seiner großzügigen Natur, »ich hätte nie und nimmer gedacht, daß ...«

Aber er hielt jäh inne und errötete vor Annamaria, die uns zuhörte. Kein einziges Mal hatten wir in ihrer Gegenwart unsere früheren Beziehungen erwähnt. Stillschweigendes Übereinkommen zwischen uns. Danilo begnügte sich damit, in bewußt unklarer Rede, die jedoch sein Bedauern durchschimmern ließ, ungewollt eine Wunde wieder aufgerissen zu haben, von der er mich geheilt glaubte, hinzuzufügen: »Sollte dir der Name aus dem einen oder dem anderen Grunde nicht gefallen«, sagte er, jedes Wort betonend, »dann werden wir ihn ändern, nicht wahr, Annamaria?«

Ich schüttelte den Kopf. Er irrte sich ganz gewaltig, wenn er dachte, daß mich die Erinnerung an die Zeit, da es für ihn nur einen einzigen Pier Paolo gab, noch quälte. Diese Vergangenheit konnte mir nichts mehr anhaben.

»Nein, nein«, sagte ich, mich zu einem Lächeln zwingend. »Ich habe versprochen, Pate zu sein, und ich werde es sein. Aber ich ahnte ja nicht, daß ihr ihn so nennen würdet. Ein dummer Gedanke ist mir durch den Kopf gegangen ... Verzeiht ... Es ist zu blöd!«

Keiner der beiden wagte mich zu fragen. Danilo, um nicht untätig zu sein, nahm die Menage vom Nachbartisch herüber. Er machte sich noch weiter zu schaffen, indem er das Etikett der Flasche hellroten Pinots, Huldigung unseres Wirtes an den Weinberg von Casarsa, zu mir hindrehte, indem er die Stühle vor die Gedecke schob, die Teller zurechtrückte, bis zu dem Augenblick, da Annamaria ihn in die Küche schickte, mir ein Glas Grappa zu holen.

»Er ist käsebleich«, sagte sie. »Er muß sich nicht wohl fühlen.«

»Du, du wirst mich verstehen«, sagte ich zu ihr, als wir allein waren. »Ich bin von jeher abergläubisch gewesen. Hast du mich in einem deiner letzten Träume vielleicht tot gesehen?«

»Pier Paolo«, rief sie verwundert aus, »wo denkst du hin!«

»Weil ... in meiner Jugend, da wählte man nie den Vornamen eines Lebenden für ein noch ungeborenes Kind aus. Die Bauern im Friaul meinten nämlich, daß die Anzahl der Plätze auf der Erde begrenzt ist. Ein neues Geschöpf muß sich, um auf die Welt zu kommen, nicht nur den Namen, sondern auch das Fleisch und das Blut dessen aneignen, dem es nachfolgt. Deshalb achten sie darauf, unter den Kalenderheiligen einen Namen zu suchen, unter dem sie niemanden, weder in der Verwandtschaft noch im Umkreis, kennen. ›Jedes Neugeborene ist ein unbekannter Toter.‹ Magst du dieses Sprichwort?«

»Auf Sizilien ist das aber ganz anders! Wenn wir von einem Menschen viel halten, dann glauben wir, daß mit seinem Vornamen alle Eigenschaften übertragen werden, die uns an ihm gefallen. ›Ehre deinen Vater und deine Mutter, aber arte deinem Paten nach.‹ So lautet unser Sprichwort.«

»Oh, das ziehe ich vor!« sagte ich lachend. »Diese Vorahnung war unsinnig.«

»Nicht verwunderlich«, sagte sie, ein noch zusammengefaltetes sauberes Taschentuch aus ihrem Kleid hervorziehend, das sich über ihrem Leib bauschte. »Morgen ist Allerseelen, und jedermann bereitet sich darauf vor, auf den Friedhof zu gehen. Du wirst doch gewiß auch jemanden haben, der dich in seinem Grab erwartet?«

»Ja«, sagte ich.

Ich erinnerte mich der Zusicherung, die ich eine Stunde zuvor Mama gegeben hatte. Erst als ich dieses Ja ausgesprochen hatte, schien mir Annamarias Frage merkwürdig formuliert und nicht ohne eine versteckte Anspielung, die mich erschauern machte. Aber ich wollte die junge Frau, deren besänftigende Hand mir einen mit dem klaren Wasser aus der Karaffe angefeuchteten Umschlag auf die Stirn legte, nicht noch mehr beunruhigen. Ich hob den Kopf und dankte ihr mit einem Lächeln.

»Jesus«, rief sie, an Danilo gewandt, aus, der mit einem Glas Grappa auftauchte, »er hat geglaubt, wir kündigen ihm seinen Tod an!«

54

Der Alfa Romeo 2000 GT Metallic lockte die kleine Gruppe an, die unter den Arkaden stand. Keiner von ihnen gefiel mir. Ich sagte, sie sollten verschwinden, und schickte mich an weiterzufahren, als ich ihn erblickte, den anderen, lässig gegen die Säule gelehnt, die Arme verschränkt und ein Schlüsselbund zwischen den Fingern. Er war der einzige, der sich von dem heranrollenden Wagen nicht hatte stören lassen. Ein spöttisches Lächeln kräuselte seine Lippen. Er schaute mit seinen hervorstehenden Augen, die sein freches Aussehen noch unterstrichen, ins Leere. Ich mußte mich aus der Tür lehnen und ihn ansprechen.

»Willst du eine Runde mit mir machen? Ich schenke dir danach auch was.«

»Warum nicht?« antwortete er und stieg ins Auto.

Ein Blick in den Rückspiegel: alles in Ordnung. Ich bog in die Via Nazionale ein. Er spielte nach wie vor mit seinen Schlüsseln. Seine an den Hüften enganliegende Hose hatte keine Taschen.

»Hat deine Hose überhaupt keine Taschen?«

»Nur eine hinten.«

»Und wie heißt du?«

»Pino, genannt Pino la Rana.«

»La Rana? Warum das?«

»Wegen meiner Glotzaugen«, sagte er lakonisch.

Pino, der Frosch! Mein Vater nannte mich so an den Tagen, an denen er sich liebevoll zeigte. Zum zweitenmal an diesem Abend dachte ich an meinen Vater. Das war seit Jahren nicht mehr vorgekommen. Der Frosch! Wegen Galvani. Bologna, das Gymnasium meiner Schulzeit, der Wettbewerb der »Stahlbücher« . . . Warum kehrten die Jugenderinnerungen an diesem Abend so zahlreich zurück, heiter oder melancholisch wie ein Film ohne einheitlichen Stil? Toscanini am Theatereingang geohrfeigt . . . Ciano auf dem Hügel, sich an Pistazien-Preßkopf vollfressend . . . Der Parco Margherita, wo uns ein junger Radfahrer den Überfall auf die UdSSR mitteilte . . . Warum flitzten diese Bilder im Eiltempo durch meinen Kopf? Und jetzt die dem heiligen Dominikus geweihte Basilika und beiderseits des Altars die beiden Marmorengel: der Seraph mit dem reinen Antlitz, der den Leuchter an sich preßte, ernst und nachdenklich, als wäre er soeben vom Himmel herabgekommen und sammelte sich im Halbschatten; der andere, gedrungen, muskulös, erdgeboren, bereit, aufzuspringen und seinen Kandelaber fallen zu lassen – den er an diesem Abend vielleicht auch hätte fallen lassen, um mich am Bahnhof zu erreichen, in meinen Wagen zu steigen und schließlich auf meinen Ruf zu antworten, fünfunddreißig Jahre später, nachdem ich mich zum Anhänger seiner ungeschliffenen und aggressiven Rauheit und gegen die Anmut seines schöneren, aber Svenn allzu ähnlichen blonden Kollegen erklärt hatte. Mit einem Flügelschlag war er bis nach Rom geflogen, ohne daß der Wind die pechschwarzen Locken seiner Mähne zerzaust hatte.

Ich streckte eine Hand aus, um seinen Oberschenkel zu berühren. Eine Geste, die ich mir sonst nie erlaubte. Aber war heute nicht alles ganz anders? Ich fürchtete, dem Jungen neben mir ins Gesicht zu schauen, ich verlor meine gewohnte Sicherheit, ich war schüchtern wie ein Anfänger – ich erkannte mich nicht wieder. Ohne daß wir mehr als einige wenige Worte gewechselt hatten, war ich ihm auf Gnade und Ungnade ausgeliefert. Ich streckte die Hand mit der Ergebenheit eines Sklaven aus, der seinen Herrn auf seine Existenz aufmerksam machen will.

Er hielt diesen Akt der Unterwerfung für einen Anbiederungsversuch und knurrte in ordinärem Ton: »Pfoten weg!«

In dieser Minute, ich weiß nicht, warum – wir fuhren am Kolosseum vorbei, und die Erinnerung an die großen, in Halbdunkel getauchten Bögen ist in meinen Gedanken mit dem Zeitpunkt dieser Entdeckung verbunden geblieben –, sah ich, als hätte ich es wirklich vor Augen, das Gemälde des Caravaggio vor mir. Und ich begriff den Fehler, den ich seit fünfundzwanzig Jahren beging. Das erloschene Auge, das Auge mit dem herabfallenden Lid war nur auf dem Bild das linke. Ich hatte Goliaths rechtes Auge für sein linkes gehalten. Während fünfundzwanzig Jahren hatte ich mein linkes Auge beobachtet, in der Gewißheit, wohlauf aus meinen Abenteuern hervorzugehen, ohne zu ahnen, daß ich mich auf einen unbrauchbaren Talisman als Gewähr für meine Unversehrtheit verließ. Mamas Mahnung an diesem Morgen: »Dein Lid hängt herab, das ist ein Zeichen« und die Bewegung, mit der sie mein rechtes Auge berührt hatte, kamen mir wieder in den Sinn. Ich drehte am Rückspiegel, um mich ein zweites Mal anzuschauen. Der Wagen schleuderte. Pino knurrte wieder: »He, wenn du deine Windschutzscheibe zertrümmern willst, dann mach das gefälligst an 'nem anderen Tag!« Ein bemerkenswert wortreicher Satz aus seinem so wenig gesprächigen Mund, aber ich hatte keine Lust mehr, darüber zu lächeln. Das rechte Auge, das rechte Auge ließ mich im Stich! Das Lid des rechten Auges hing herab! Das Sonderbarste ist, daß ich, statt umzukehren und Pino wieder an der Piazza dei Cinquecento abzusetzen, auf den Gashebel trat. Die Scheinwerfer bahnten uns einen Weg durch die Finsternis. Schneller! Schneller! Ich hatte es eilig, die letzten Häuser, in denen Licht brannte, hinter mich zu bringen. Hatte nicht mein ganzes Leben diesem Moment zugestrebt, in dem ein Goliath mit rätselhaftem und grausamem Lächeln nach seinem Ermessen über mich verfügen würde?

»Gehn wir zu dir?« fragte er mich, als wir am Fuße der Pyramide vorbeifuhren und in die Via del Mare einbogen.

»Nein.«

»Aber hier gibt's keine Hotels mehr!« rief er aus.

»Wir gehn auch nicht ins Hotel.«

»Was! Mach keine Witze, Kumpel. Wo man sowieso schon in deiner Karre friert; heut ist kein Tag für einen Ausflug ins Grüne.«

»Reg dich nicht auf, Pino. Ich werde dir zwanzigtausend Lire geben, einverstanden?«

Er beruhigte sich, legte sein Schlüsselbund auf das Armaturenbrett und begann mit seinem Ring zu spielen, einem einfachen Messingschmuck, verziert mit einem großen roten Stein, auf dem ich, einen Stopp vor der Ampel bei San Paolo nutzend, eingraviert las: *United States Army.*

»Ist das ein Geschenk eines amerikanischen Soldaten?« fragte ich ihn.

»Hör mal! Hältst du mich vielleicht für einen *frocio*?«

»Das habe ich nicht gesagt«, erwiderte ich hastig, in verächtlichem Eifer, ihn nicht vor den Kopf zu stoßen; um so mehr, als sein Protest nicht eben lau gewesen war. Ich fürchtete, daß er die Wagentür öffnen und mich seiner Gesellschaft berauben würde, obwohl er bequem auf seinem Sitz hockte und nicht zu erkennen gab, daß er den Beweis für seine Ehrbarkeit antreten wollte, es sei denn mit Worten.

Die Via del Mare führte nicht weit von meinen Fenstern vorbei. Ich hätte den Schatten Mamas, die nach mir ausschaute, auf dem Vorhang abgezeichnet sehen können. Die Nacht schien nicht allzu kalt für die Jahreszeit. Nur regnerisch und von durchdringender Feuchtigkeit. Immerhin, ob mild oder rauh, eine Allerheiligennacht. Das Thermometer dürfte nicht mehr als zwölf Grad anzeigen, und ich, statt in meine komfortabel eingerichtete und gut geheizte Wohnung hinaufzusteigen und mich mit Pino in einem der drei Schlafzimmer einzuschließen, ich raste wie ein Verbrecher durch Nacht und Wind. Mit dreiundfünfzig Jahren sah ich im Sex noch immer eine Angelegenheit, deren man sich schämen und die man verheimlichen mußte. Trennte ich ihn doch nach wie vor von der Familie, vom heimischen Herd, von der Mutter, und das Lager, auf dem ich mein Vergnügen suchte, konnte nicht das Bett sein, in dem Mama mich wecken kam. Im übrigen gab ich zu, mich an Pinos Ausruf erinnernd, der sich gerade eine Marlboro mit einem kleinen Gasfeuerzeug anzündete, daß es in Rom an Stunden- und Monatsunterkünften nicht mangelte. Warum, wenn ich nicht in die Via Eufrate gehen wollte, sollte ich nicht auf ein Hotelzimmer umsteigen? Warum hatte ich bei den Millionen, die ich verdiente, nie daran gedacht, mir ein Atelier zu mieten oder zu kaufen? Warum Rom fliehen und die festgestampfte Erde und den Dreck des Idroscalo wählen? Konnte ich denn nirgendwo anders Liebe machen als in einer Art Wunschgemeinschaft mit den Armen und den Erniedrigten der *bassifondi*, abseits von dem bürgerlichen Viertel und der komfortablen Etage, die ich bewohnte?

Zwei Widersprüche, die auf einen einzigen hinausliefen, sagte ich mir mit einem bitteren Gefühl meiner Niederlage. Wenn ich es nötig hatte, Pino in einer feuchten Nacht zum 1. November in die schmutzige Trostlosigkeit einer öden Gegend zu führen, dann deshalb, weil es mir noch nicht gelungen war, alle meine Leben in einem einzigen und ausgefüllten Leben zusammenzuschließen. Die Liebe war und blieb für mich etwas, was ich abseits erledigen mußte, im Dreck der Umgebung, inkognito, indem ich mich meiner doppelten Situation als Sohn und als Intellektueller entäußerte. Mit dreiundfünfzig Jahren! Grund genug, in mir die Lust zu wecken, meinen Kopf in die Hände des Henkers zu geben, und wäre er auch nur halb so schön gewesen wie mein junger Begleiter.

Inzwischen versuchte ich, um meine Verwirrung zu verschleiern und auch aus beruflicher Gewohnheit, ihn über sich zum Sprechen zu bringen. Er antwortete brockenweise. So erfuhr ich, daß er vor kurzem siebzehn Jahre alt geworden war, daß er mit seinen Eltern in der Via Tiburtina, in

Setteville, wohnte, von wo aus ihn die 209 in einer halben Stunde zum Bahnhof brachte. Der Vater war in einem Lampengeschäft in der Via Arenula tätig, die Schwester als Verkäuferin in einer Fleischerei der Star-Kette, die Mutter als Halbtagsaufwartung. (Dieses Detail rührte mich im Gedenken an die Zeit unserer Übersiedlung nach Rom, als Mama bei anderen saubermachen und Geschirr spülen mußte.)

»Und du?«

Er hatte versucht, bei einem Tankstellenbesitzer in der Nähe des Kolosseums zu arbeiten, dann als Lehrling bei einem Bäckeronkel in der Garbatella. Acht Tage Gefängnis in Casal Bruciato wegen eines Autodiebstahls. Am Montag, dem 3. November, würde er als Aushilfe in einem Fleisch-und-Wurstwaren-Laden anfangen. Abends vor dem Fernseher, wenige Freunde. Er schlief im Wohnzimmer, sein Bett wurde tagsüber in die Schrankwand hochgeklappt.

»Was für Bücher gibt es in dieser Schrankwand?«

»Heulendes Metall«, »Sukia«, Jonny Locan, Tex, Mickymaus, die komplette Serie von *Tiramolla* und vom *Corriere dei piccoli.*

»Wehe meiner Alten, wenn sie vergißt, mir eine Nummer zu kaufen!«

Kurzer und einziger Augenblick, da er lebhaft wurde in seinem widerwillig vor sich hin gebrummten abgehackten Bericht. War ich blind geworden, diesen Schwindler mit meinen früheren *ragazzi* in einen Topf zu werfen? Aufgewachsen auf dem Baugelände der *borgate*, nicht weit von Pietralata und von Ponte Mammolo, aber gefühllos, anmaßend, ohne Heiterkeit, stolz auf sein Bettmöbel und sich seines zukünftigen Schlächtermeisters schämend, gespalten zwischen der Eitelkeit, in der Schule einige Grundbegriffe gelernt zu haben, und der Unzufriedenheit, wegen seiner Unkenntnis zu einem untergeordneten Broterwerb verdammt zu sein, aussichtslos korrumpiert von den unerreichbaren Vorbildern, die ihm die Helden seiner *comic-strips* und die Stars seines Bildschirms vorgaukelten.

Als ich aus dem Handschuhfach ein Päckchen Kleenex hervorholte, um mir die Nase zu putzen, mißverstand er in der Dunkelheit meine Absicht.

»Rechne nicht damit, daß ich die *bomba* nehme, he!«

»Die *bomba*?«

Er erklärte mir, nicht ohne Zurückhaltung, das Geheimnis dieser Mischung: Kautabak, zu Tabletten gepreßt und mit Glaspulver vermengt. Das Glaspulver verursacht winzig kleine Einschnitte in der Zunge und im Mund.

»Du kaust und kaust, dadurch gelangt das Nikotin in das Blut, und dein Herz ballert los. Selbst ein Kerl, der nichts mehr in der Flinte hätte ... nun, die Burschen würden auf Knien rutschen und um Gnade winseln. Arnaldo, der mir diesen Trick verraten hat, hat gesagt: ›Probier mal, du wirst dich unheimlich stark fühlen. Wenn ich das zu mir nehme‹, hat er mir gesagt, ›dann würde ich selbst mit Casanova nicht tauschen.‹ Na, ich danke. Kennst du die neueste Masche dieser *froci*?«

»Sag's mir.«

»Einen Ring, damit er steif bleibt.«

»Ach so, den *cock-ring*. Der kommt aus Amerika.«

»Ob aus Amerika oder anderswoher, der ist gut für die Homos.«

Darüber bramarbasierte er mit überheblicher Miene, die ihn mir hätte hassenswert machen müssen. Ich wollte ihn ein wenig mehr aushorchen.

»Gehst du oft ... in das Espresso, wo ich dich getroffen habe?«

»Je nachdem ... Ich bin kein Stammgast. Papa gibt mir tausend Lire pro Tag. Damit lang ich nicht hin, mit tausend Mücken pro Tag. Du darfst mich nicht für etwas halten, was ich nicht bin, ist das klar, he?« fügte er in drohendem Ton hinzu. »Beweis – du wirst nie erlebt haben, daß ich mit einem halben Hellen Anschluß gesucht habe.«

»Einem halben Hellen? Ach so, das ist das Kennzeichen.«

»Ich persönlich, ich mag kein Bier.«

»Du bist mir trotzdem gefolgt? Du weißt, worum es geht, wenn du mit einem Unbekannten im Auto sitzt?«

»Na und? Das hat nichts zu bedeuten! Hin und wieder sage ich nicht nein, aber das hat nichts zu bedeuten. Als *frocio* wird man geboren, ebenso wie als Neger oder als Jude«, schloß er verächtlich.

An einer Biegung des Flusses hoben sich die noch erleuchteten breiten Fenster des Restaurants der Fischer ab, des Tevere Biondo, in das ich so oft mit Niletto, mit Elsa und mit Sandro eine Pizza essen gegangen war.

»Halt an«, sagte Pino barsch, »ich hab Hunger.«

Ich parkte den Wagen hundert Meter hinter dem Restaurant am Rande des Gehwegs der in Dunkelheit getauchten Straße. Pino stolperte in dem Kies und fluchte. Der Wirt, ein alter Freund, verkündete uns hocherfreut, er habe noch ein halbes *pollo alla diavola* übrig.

»Ihr habt Glück, in fünf Minuten wollte ich schließen.«

»Bring mir ein Bier«, sagte ich. »Ich habe schon gegessen. Ein dunkles!« fügte ich betont hinzu, in der Hoffnung, mein Gegenüber zum Lachen zu bringen.

Doch Pino vertiefte sich mürrisch in die Betrachtung seines Ringes. Dann, sobald er bedient war, hängte er die Nase über seinen Teller und begann schweigend zu schlingen.

»Ist es nicht gut?« fragte ich ihn.

»Das ist es nicht«, antwortete er achselzuckend.

»Magst du Huhn nicht?«

Er sah mich scheel an.

»Wenn ich schon mal ausgehe, dann wär' mir was anderes lieber gewesen. Ist keine Languste da?«

»Hast du schon welche gegessen?«

»Sie schmeckt zwar nicht besonders, aber Languste ist Languste«, entschied er, der braun gebratenen, saftigen Keule den Garaus machend. Er hatte tüchtig reingehauen, obwohl er die bescheidene Küche des Tevere Biondo verachtete.

Der Wirt brachte eine Karaffe Rotwein und kehrte dann in die Küche zurück. Niemand wohnte der Fortsetzung unseres Tête-à-tête bei. Pino nahm die zweite Hälfte seiner Portion in Angriff, bei jeder Bewegung von meinem ihn prüfenden Blick verfolgt. Ohne Zweifel nicht mit meiner üblichen Unbefangenheit des Cineasten auf der Suche nach Statisten, der seine Augen ziellos schweifen läßt, weil ihn ihre Starre stört.

»Was glotzt du mich so an? Paß auf, he!«

»Es ist nichts, Pino. Ich fragte mich, welche Rolle ich dir in meinem nächsten Film wohl geben könnte.«

Er beruhigte sich umgehend und lächelte mir das erstemal zu.

»Ich hatte dich erkannt, weißt du. Du kommst jeden Abend zum Bahnhof.«

»Aber du, ich glaubte, du kämst nur selten dorthin.«

Als er merkte, daß er sich verplappert hatte, stopfte er den halben Flügel in den Mund, um nicht sofort antworten zu müssen.

»Kino mag ich«, fuhr er in einem Ton fort, der ungezwungen klingen sollte.

»Na großartig. Du hast gesagt, du hättest eine Karre gestohlen?«

Er ließ den Knochen fallen und protestierte.

»Mein Bruder hat mich dazu gezwungen. Ich bin kein Dieb.«

»He, trink einen Schluck«, sagte ich, »reg dich nicht auf.«

»Nein, ich bin auch kein Säufer.«

Er bemächtigte sich der Karaffe und des Glases, das ich ihm vollgeschenkt hatte, stand auf, öffnete die Tür und goß den Wein bis auf den letzten Tropfen in den Kies vor der Schwelle. Diese Präzisierung soll die Gerüchte zum Verstummen bringen, die im Umlauf waren, als man nach der Aussage des Wirtes die Wirkung eines Liters kostbaren Weins zu dreizehn Grad aus den Albanerbergen in den Adern eines siebzehnjährigen Jungen geschätzt hatte.

Er kehrte an seinen Platz zurück und begann wieder an der Keule zu knabbern, nicht ohne sich die Kehle ostentativ mit einem großen, randvollen Glas frischen Wassers zu netzen.

»In meinen Filmen, verstehst du, verlange ich von jedem, das zu tun, was er auch im Leben tut. Vom Dieb verlange ich, daß er die Rolle eines Diebes spielt . . .«

»Ach so!« sagte er, bedauernd, daß er mir zu früh geantwortet hatte.

»Vom Strichjungen verlange ich, daß er die Rolle des Strichjungen spielt . . . Aber du«, fügte ich hinterhältig hinzu, »wenn du nichts Besonderes aufweist . . .«

»Ich, wirklich . . .«, stammelte er, in die Falle getappt.

Aber während er nachdenklich die Augen niederschlug, die der Schönheit seiner Züge eine gewisse Weichheit und etwas Geheimnisvolles beimischten, so als wären meine beiden Bologneser Engel, der robuste und der zarte, der plebejische und der seraphische, der profane und der himmlische, zu einem einzigen verschmolzen, machte eine schreckliche Erleuchtung mein Herz erzittern. Er wollte eine Rolle? Er weigerte sich, die des Diebes oder die des Homos zu übernehmen? Er trachtete nach einer edleren und bedeutsameren Figur? Nun gut, was brauchten wir noch länger zu suchen? Die Rolle war da, ihm wie auf den Leib geschrieben. In seinem leicht vorspringenden Kinn, in seinem breiten und gierigen Mund, in seinen hervorstehenden Augen, die aussahen, als intrigierten sie eigenmächtig, in seinem kräftigen Halsansatz über dem schmächtigen Rumpf eines Halbwüchsigen, in seinen zum Zupacken und zum Drücken geschaffenen groben Händen sah ich die erforderlichen Bedingungen erfüllt. Alles prädestinierte diesen Burschen, die Rolle zu spielen, die noch in meinem Leben fehlte. Der gleiche Instinkt, der mich unter den Arkaden der Piazza dei Cinquecento zu ihm geführt hatte, sagte mir, daß die Stunde gekommen war, ihn in Szene zu setzen. Kein Schwert blitzte in seiner Faust; anstelle der Wüstenkleidung trug er den Blouson der Vorstädte; aber wie sollte ich ihn nicht erkennen, mit seinem abwesenden Blick, seinen zu einer verächtlichen Grimasse erstarrten Lippen und seinem kleinen rosa Ohr, das alles Blut in sich sammelte?

»Gehn wir«, murmelte ich, denn ich hatte es eilig, zum letzten Akt des Dramas zu kommen und zu sehen, wie die beiden Akteure den Knoten lösen würden. Als wir beim Wagen waren, umgeben von Dunkelheit, noch tiefer, seit die Lichter des Restaurants hinter uns erloschen waren, hielt uns die plötzliche Eingebung, der ich folgen mußte, einige Augenblicke auf. Ich ließ mich vor Pino auf die Knie fallen, neigte das Gesicht bis auf die Erde und küßte den Boden mehrere Male. Ein leidenschaftliches Mitgefühl beugte mich zu Füßen desjenigen, der für lange Jahre seiner Freiheit beraubt und bis an sein Lebensende wegen einer Tat gebrandmarkt sein würde, die er nicht gewollt hatte. Seit den fernen Tagen meiner Kindheit hatte ich nicht mehr zu Gott gebetet, aber diesmal kamen die Worte von selbst auf meine Lippen, um ihn zu bitten, Erbarmen mit einem Unschuldigen zu haben, der schon bald etwas tun würde, wofür er nicht verantwortlich war. »Herr, verschone ihn, hilf ihm, die

Prüfung des Prozesses und des Gefängnisses zu bestehen, flöße seinen Richtern Milde ein. Und solltest du einen Justizirrtum nicht verhindern können, dann verkürze wenigstens das Maß seiner Strafe.« Ich richtete den Kopf wieder auf, um Atem zu holen, dann neigte ich mich abermals. Meine Stirn berührte den Erdboden, damit, falls der Himmel nicht unbewohnt war, der, der die Gerechtigkeit wiederherstellte, den Schuldigen an seiner Haltung erkenne.

Pino wurde inzwischen ungeduldig in der Kälte. Da er nicht recht begriff, was ich zu seinen Füßen machte, bückte er sich auch und zündete sein Feuerzeug an. »Da sind sie ja!« rief ich aus und tat, als höbe ich die Schlüssel auf, die ich die ganze Zeit über in der Hand hatte. Statt mir zu glauben, dachte er vielleicht, einen lasterhaften oder geistesgestörten Kunden vor sich zu haben. Der Ablauf der Ereignisse, die zunehmende Feindseligkeit, die er mir bewies, die Lebhaftigkeit seiner Reaktionen im entscheidenden Augenblick ließen sich aus diesem ersten Mißverständnis erklären. Meine stumme Pantomime, angeregt vom reinsten Mitgefühl, schreckte ihn als ein Zeichen von Perversität oder Fetischismus.

Während der Fahrt hörte er nicht auf zu rauchen und nervös an seinen Zigaretten zu ziehen, die er, kaum angesteckt, aus dem Fenster warf. Die letzten Häuser von Ostia verschwanden hinter uns. Der Wagen begann zu rumpeln auf dem ausgefahrenen Weg, die Reifen spritzten Fontänen schlammigen Wassers hoch. Ich orientierte mich an der viereckigen dunklen Masse des Torre San Michele. Im Licht der Scheinwerfer erschien mir der Idroscalo noch erbärmlicher. Die Einzelheiten wurden plötzlich wie Großaufnahmen aus dem Dunkel hervorgehoben, während sie tagsüber mit dem Grau ringsum verschmolzen. Plastiktüten, gleich Leuchtreklamen an Stacheldrähten aufgehängt, blitzten in der Nacht auf. Schreiende Farben, die ich bei meinen früheren Ausflügen nicht bemerkt hatte, trugen zur allgemeinen Lächerlichkeit bei. Die Namen der Hütten, in rudimentären Lettern mit Kalk gemalt, prangten auf Holztafeln: Die Ranch, La Siesta, La Villa dei Nani. Ein Zerrbild der verschwundenen *borgate*. Pino, stur und zurückhaltend, blickte nicht um sich. Dieser Mangel an Neugier, der mich bei einem jungen Menschen stets rasend gemacht hat, schien mir ein Zeichen für die Anmut, die meinen Gefährten wie eine Gloriole umgab. Beinah hätte ich seine Aufmerksamkeit auf einen Weihnachtsbaum aus künstlichen Nadeln gelenkt, der seit einem Jahr wie ein Ornament in einer Einfriedung stand. Aber warum über diese Leute lachen? sagte ich mir, betroffen von Pinos Schweigen. Besser als ich begriff er an diesem Abend, daß wir die Welt der Sterblichen verlassen hatten. Die Heide, die sich vor und rings um uns in der Finsternis erstreckte, gehörte nicht mehr zur Bannmeile Roms noch zu irgendeiner Gemeinschaft von Lebenden. Welcher Vesuv hatte sie unter einem Lavastrom und unter Aschenregen begraben? War Golgatha öder und unfruchtbarer? Wenn dieser Strand je parzelliert und bebaut worden war, dann waren die Bewohner geflohen, verjagt von einer planetarischen Landplage. Die Wüste beherrschte erneut das Territorium. Ich selbst war ergriffen von der Einsamkeit, der Verlassenheit und der außergewöhnlichen Majestät des Ortes. Einzig und allein die Stille und die Reglosigkeit der Natur würden sein, wenn nicht nur Rom von der Erdoberfläche verschwunden, sondern die ganze Welt durch Zerstörungswut untergegangen wäre. Die letzte siderische Stille, ausgeweitet auf die vier Himmelsrichtungen des Alls, nach dem Triumph des Todes und der Läuterung aller Dinge durch das Nichts.

Ich erkannte das Fußballfeld wieder, wohin ich mit Danilo zu gehen pflegte. Ich parkte den Wagen ein wenig weiter weg an einem rosa gestrichenen Staketenzaun. Rings um uns wirbelte die Meeresbrise schmutziges Papier auf, das in die Pfützen zurückfiel.

Vor dem Aussteigen drehte ich mich halb um und streckte wortlos den Finger aus. Er stimmte meiner Bitte mit einem Wink des Kopfes zu und legte sich zurück, um mir Handlungsfreiheit zu lassen. Ich hatte nicht erwartet, ihn so rasch und so völlig bereit zu finden. In einer Stellung über ihn gebeugt, die mehr Demütigung verriet als Ausschweifung, brachte ich seiner Schönheit die Huldigung dar, die er mit der unbewegten Gleichgültigkeit eines Idols entgegennahm.

»Wollen wir an die Luft gehen, was meinst du?«

Ich wußte noch nicht, worum ich ihn bitten würde. Ich

hatte im Augenblick nur Lust, meine Schuhe in den Dreck zu tauchen.

So frisch, als hätte uns der Sitz des Alfa Romeo nicht als Alkoven gedient, erspähte er eine leere Orangensaftbüchse und begann zwischen den Radspuren zu dribbeln. Ich lief ihm nach und holte ihn am Zugang zum Fußballplatz ein. Ich umklammerte ihn von hinten, bedeckte ihn mit meinem Körper, griff mit beiden Händen nach seiner Gürtelschnalle und sagte ihm ins Ohr: »Jetzt machst du die Frau.«

Quecksilbrig schnellte er herum und gab mir einen kräftigen Fausthieb auf die Nase. Ich hob mein Hemd hoch, um das in Strömen fließende Blut zu stillen. Pino war inzwischen zum Wagen zurückgekehrt, erschreckt, mich in diesen Zustand versetzt zu haben. Er ahnte nicht, daß ich im Gegenteil eine unbestimmte und große Erleichterung verspürte, als habe er gerade meinen letzten Zweifel beseitigt. Keine Dienstleistung hätte ihm so sicher die zwanzigtausend Lire eingebracht, die zu verlieren er bangte. »Da!« rief ich, die zwei Scheine aus meiner Hosentasche hervorholend und sie von weitem schwenkend, aus Furcht, er könnte die Flucht ergreifen. Ich näherte mich mit langsamen Schritten, dann – die Riten mußten befolgt werden, trotz der Eile, mich gänzlich und endgültig seinem Gesetz zu unterwerfen –, als ich am Zaun entlangging, stürzte ich mich auf einen Pfahl, der ohne Anstrengung nachgab.

»Pino«, sagte ich, »zieh den Ring von deinem Finger und leg ihn neben dem Auto auf die Erde.«

Verdutzt über mein Verlangen, aber vorübergehend beruhigt, fügte er sich, mit einem Auge nach dem Pfahl schielend, ohne Widerrede. Er streifte, laut fluchend, den ein wenig engen Reif vom Finger und bückte sich, um im Straßenschotter eine gut sichtbare Stelle zu suchen, an der er ihn ohne Mühe wiederfinden würde. Als ihn die Polizei einige Stunden später am Steuer meines Wagens in verbotener Richtung fahrend stoppte und seine ersten Worte eine Klage darüber waren, daß er seinen Ring verloren hätte, schlußfolgerte man, daß er ihn absichtlich, zusammen mit seinem Päckchen Marlboro und seinem Gasfeuerzeug, als Signatur des Verbrechens vergessen hatte, um so seine Komplizen zu entlasten. In Wirklichkeit hat er ihn auf meine Anweisung hin abgenommen. So gewöhnlich der Ring auch war, er rief mir dennoch wegen seines phosphoreszierenden roten Steins manch eines der kostbaren Juwelen ins Gedächtnis zurück, die in den barocken Kirchen in den Marmor der Altäre eingeschlossen sind. Ich mußte ihn unbedingt dort, zwischen uns, sehen; wie er, belebt von der Feuchtigkeit des Bodens, in der Dämmerung funkelte, unerläßlicher Teil des Opfers, dessen letzte Phase soeben begonnen hatte.

»Pino«, sprach ich weiter, »wenn du einverstanden bist, das zu tun, worum ich dich gebeten habe, schenke ich dir einen anderen mit einem echten Rubin.«

Ohne die Überspanntheit meines Angebotes zu erfassen, drehte er sich um und überlegte. Ich stürzte mich, den Pfahl in der Hand, auf ihn. Er bekam Angst, oder er heuchelte zumindest Angst, versuchte zu fliehen, rutschte aber in dem Schlamm aus und fiel mit dem Gesicht auf die Erde. Ich ließ mich auf ihn fallen, er rief: »He, *frocio*, fängst du schon wieder an!«, versetzte mir einen Stoß in die Nieren, der mich auf die Seite warf, dann richtete er sich auf die Knie auf und entriß mir den Pfahl, den er über seinem Kopf schwang.

Ihn an den Beinen zu fassen und auf den Boden zu schmettern wäre für mich, Meister im Karate, ein Kinderspiel gewesen. Ich wälzte mich auf den Rücken und empfing den ersten Schlag auf den Unterleib. Er hielt seine Waffe wie einen Stock und verprügelte mich nach Strich und Faden. Eine Art Raserei bemächtigte sich seiner. Sein Gesicht strahlte in schrecklicher Schönheit. Er warf den Pfahl fort, hob ein Brett auf und zerbrach es auf meinem Kopf. Dann stand er auf und bearbeitete meinen Thorax mit Fußtritten. Instinktiv hatte ich die Arme kreuzförmig ausgebreitet. Ich schaute ihn an, die Augen weit aufgerissen. Dieser stumme und kriecherische Blick brachte ihn auf den Gipfel der Erregung. Jawohl, ich glaube, daß er sich gegen mich ereiferte, um mich zu zwingen, die Augen zu schließen, und daß er mich verschont hätte, wenn es ihm gelungen wäre, nicht mehr die drückende Bürde meiner stillen Bewunderung auf sich zu spüren. Mochte er schlagen, soviel er wollte, selbst tot würde ich meinen Befreier weiterhin verehren.

Und als ich, tatsächlich tot, mich ihm in dem ganzen Entsetzen eines verunstalteten und besudelten Leichnams offenbarte, leuchtete meine fluoreszierende Pupille ungebrochen inmitten dieses Schmutzes. Hörte er den Lobgesang aus meinen halbgeöffneten Lippen zum Himmel steigen? Mein geheimstes Gelöbnis hatte sich erfüllt. Ich hatte mein Leben in die unwürdigsten Hände, es entgegenzunehmen, gelegt, das Gleichgewicht eines schimpflichen Endes zwischen Peter und Paul wiederhergestellt, dem Mordeifer eines Milchbartes als blutiges Spielzeug gedient, sowohl meine Verfehlungen wie die der Menschheit gesühnt. Auch der Künstler konnte sich gerettet nennen. In keinem meiner Bücher, in keinem meiner Filme hatte ich mich auf der Höhe meines Ehrgeizes gezeigt. Aber jetzt schied ich friedlich, hatte ich doch meine Totenfeier in allen Einzelheiten organisiert und mein einziges Werk signiert, das ganz gewiß nicht der Vergessenheit anheimfallen wird.